조선정판사 '위조지폐' 사건 연구

임성욱 지음

조선정판사 '위조지폐' 사건 연구

2019년 4월 9일 초판 1쇄 인쇄
2019년 4월 11일 초판 1쇄 발행

지은이 ▪ 임성욱
펴낸이 ▪ 정용국
펴낸곳 ▪ (주)신서원
서울시 서대문구 냉천동 260 동부센트레빌 아파트 상가동 202호
전화 : (02)739-0222·3 팩스 : (02)739-0224
신서원 블로그 : http://blog.naver.com/sinseowon
등록 : 제300-2011-123호(2011.7.4)
ISBN 978-89-7940-143-1 (93910)
값 35,000원

신서원은 부모의 서가에서 자녀의 책꽂이로
'대물림'할 수 있기를 바라며 책을 만들고 있습니다.
잘못된 책은 연락주세요.

조선정판사 '위조지폐' 사건 연구

임성욱 지음

신서원

　늦은 나이에 학업을 시작해야겠다고 마음먹었을 때 필자의 관심은 한국 현대사를 향해 있었다. 부모님이 태어나서 살아오신 기간만큼에 해당하는 한국 현대사. '격동의 시기'라는 틀에 박힌 표현만으로는 담아내기 벅찬, 그저 수없이 많은 일이 있었다는 말밖에는 달리 말하기 힘든 그 70여 년의 세월. 그중에서도 꾸준히 필자의 관심을 끄는 건 한국 현대사의 출발점인 '해방 직후의 시기'였다.

　왜 그랬을까? 정확히는 모르겠지만 아마도 역사를 공부하면 공부할수록 1945년 해방의 감격이 불과 3년 만에 1948년 분단이라는 최악의 상황으로 변하고 말았다는 데서 오는 황망함과 안타까움, 그리고 그러한 분단의 비극이 민족 상잔의 전쟁을 거쳐 현재까지도 이어지고 있다는 데서 오는 우울함과 좌절감을 감정적으로나 논리적으로나 도저히 받아들이기 힘들었기 때문이었던 것 같다. 그래서 그 짧은 3년이라는 시간 동안 도대체 무슨 일이 있었는지를 제대로 이해하고 싶었다. 어떤 과정을 거쳐 미군과 소련군의 잠정적 분할 점령이 대한민국과 조선민주주의인민공화국이라는 반영구적 분단 정부 수립으로 귀결된 것일까? 해방을 함께 맞은 당시 사람들은 언제부터 두 개의 진영으로 나뉘어서 서로를 증오하게 되었던 것일까? 왜 이런 일들이 벌어져야 했는가? 누구에게 그에 대한 책임을 물어야 하는가? 한마디로 말해 '분단의 기원'을 알고 싶었던 것 같다. 그래서 해방 직후의 역사를 다룬 책과 논문, 자료를 꾸준히 읽었던 것 같다.

그러나 그 3년을 제대로 이해한다는 것은 생각만큼 쉬운 일이 아니었다. 필자의 머리가 좋지 않아서일 수도 있지만, 간단히 말하자면 그 3년 동안 복잡한 일이 너무나도 많이 일어났기 때문이었다. 그 시기 한국의 역사가 왜 그렇게 복잡했는지를 필자 나름의 언어로 표현해 보자면 다음과 같다.

20세기는 제국주의 침략, 제1차세계대전, 제2차세계대전, 동서 냉전과 같은 전 세계적인 규모의 갈등과 대립이 폭발한 시기였으며, 한반도는 이러한 갈등과 대립의 폭발이 관통하는 주요 전선(戰線) 중 하나였다. 20세기 초에는 후발 제국주의 국가로 부상한 일본의 침략 및 폭압적 지배로 인해 제국주의-식민지 전선에 놓이게 되었고, 1930~1940년대에는 일본 군국주의의 팽창 및 제2차세계대전 발발과 함께 파시즘(추축국)-반파시즘(연합국) 전선으로 빨려 들어갔으며, 제2차세계대전 종료 후에는 미소 대립으로 대표되는 동(공산주의)-서(자본주의) 냉전의 최전방에 놓이게 되었다. 그 중에서 1945년 제2차세계대전의 종료로 인한 급격한 전선 변경은 한국에 엄청난 혼란을 가져왔으며, 결국 한국인들은 분단과 전쟁이라는 민족사적 비극을 감내해야 했다.

즉, 해방 후 3년은 20세기의 세계사적 대전환이 한국이라는 특수한 공간에서 매우 짧은 기간에 압축적이고 폭발적으로 나타난 시기라고 할 수 있다. 보다 구체적으로 말하자면, 이 시기 한반도의 정세 변화는 국외적으로는 제2차세계대전 이후 미국과 소련을 중심으로 하는 전 세계적인 정세 변화 및 중국, 일본 등 주변국의 정세 변화로부터 영향을 받았으며, 국내적으로는 38선을 경계로 한반도를 남과 북으로 분할 점령한 미국과 소련의 대한 정책 및 한반도에 파견된 미군과 소련군의 정치 행위로부터 그에 대한 남북한의 다양한 정치 세력 및 민중들의 대응에 이르기까지 매우 다양한 주체들 간의 복잡한 상호 작용을 통해 이루어졌다.[1] 그렇기 때문에 한국 역사에서 해방 후 3년은 마치 다른 시기 30년에 해당한다고 느껴질 정도로 복잡다단했다고 할 수 있다.

이렇듯 해방 직후는 대단히 복잡한 시기였으므로 이 시기에 있었던 수많은 일을 하나의 연구에서 모두 다룬다는 것은 사실상 불가능하다. 따라서 연구의 공간적 범위를 남한에 한정하여 이를 중심으로 볼 수도 있고, 북한을 중심으로 볼 수도 있으며, 또는 연구의 시간적 범위를 더 잘게 쪼개어서 볼 수도 있다. 또, 연구 대상을 미국 또는 미군정으로 한정하여 이를 중심으로 보거나 소련 또는 소군정을 중심으로 볼 수도 있고, 남북한의 우익, 좌익, 중도 혹은 한국민주당, 조선공산당, 조선인민당, 북조선노동당 등 정당 및 각종 정치 세력이나, 더 세부적으로는 이승만, 김구, 김일성, 여운형, 박헌영 등 한 개인에 한정시켜 접근할 수도 있다. 또한 정치 세력이 아니라 노동자, 농민, 지식인, 청년, 여성 등 일반 민중의 입장에서 볼 수도 있으며, 모스크바 3상회의, 신탁통치 파동, 미소공동위원회, 좌우합작, 9월 총파업, 10월 항쟁, 남북 협상, 제주 4·3 사건, 5·10 선거, 단독정부 수립 등 당시 발생했던 중요한 사건을 중심으로 볼 수도 있다. 사실상 해방 3년사에 대한 총체적 이해를 위해서는 이러한 여러 요소에 대한 세세한 연구의 축적을 토대로 하여 거시적인 차원에서 종합적으로 봐야 할 필요가 있다.

그렇게 막연하게나마 분단의 기원에 대해 관심을 갖고 해방 3년사에 대

---

[1] 그러한 점에서 흔히 '해방 3년사'라고도 불리는 1945년부터 1948년까지의 3년간 한국의 역사는 매우 특별하고도 중요한 의미를 지닌다고 할 수 있다. 세계사 측면에서는 앞서 말한 세계적 차원의 전선이 변경되는 과정을 매우 극적으로 보여 준다는 점에서, 또한 한국사 측면에서는 '일제강점기'(1910~1945)와 '남북분단기'(1948~현재)라는, 현대 한국인들의 의식과 생활 전반에 걸쳐 결정적인 영향을 미친 두 시기의 전환기라는 점에서 그러하다.

한 공부를 계속하던 중 필자는 1946년 5월 제1차 미소 공위가 결렬된 직후에 발생한 하나의 사건에 주목하게 되었다. 그것은 바로 조선정판사 '위조지폐' 사건, 또는 줄여서 정판사 '위폐' 사건이라고 하는 사건이었다. 나중에 다시 설명하겠지만 이 사건은 '조선정판사'(朝鮮精版社)라는 한 인쇄소에서 조선공산당 간부들, 그리고 조선공산당 당원인 조선정판사 직원들이 공모하여 위조지폐 1,200만 원어치를 찍어 당 자금으로 사용했다는 사건이다.

그런데 이상한 점은 이 사건이 수많은 한국 현대사 개론서 및 대중서에 등장하기는 하지만 매우 간략하게만 나와 있을 뿐이고, 이 사건을 자세히 다룬 연구는 거의 없다는 점이었다. 필자도 처음에는 '그런 사건이 있었나 보다' 하고 그냥 지나쳤다. 필자의 관심사는 거시적인 차원에서 '분단의 기원'의 구조를 찾아내는 데 있었기 때문이었다. 그러나 공부를 하면 할수록 마음 한 구석에서 이 사건에 대한 호기심과 궁금증이 점점 자라나는 것을 막을 수 없었다. 이 사건에 뭔가가 있을 것 같다는 직감 비슷한 것이 계속 필자를 괴롭혔다. 그리하여 본격적으로 이 사건에 관심을 갖고 살펴본 결과 이 사건은 크게 세 가지 특징이 있음을 알 수 있었다.

첫째, 정판사 '위폐' 사건은 조작 여부에 대한 논란이 있는 의혹 사건이라는 점이다. 정판사 '위폐' 사건은 1946년 5월 사건이 발표된 직후부터 피고 및 변호사 측이 무죄 및 사건 조작을 주장한 이래 사건의 진위에 관한 의혹이 끊이지 않았다. 비록 1946년 11월 28일 1심 언도 공판에서의 유죄판결과 1947년 4월 11일에 있었던 상고기각 결정으로 사법적 판단은 완결되었지만 의혹의 불씨는 여전히 남아 있었다. 반공 독재기에는 법원에서의 유죄판결 내용을 기정사실화했기 때문에 공식적 문제 제기 자체가 불가능했지만, 1980년대 민주화 이후 의혹을 제기하는 목소리가 다시 조금씩 수면 위로 떠오르면서, 사건이 발표된 지 70년이 넘은 지금까지도 사건의 진위에 대한 논란은 여전히 진행 중이다.

그 결과 한쪽에서는 재판부의 판결을 그대로 받아들여 이 사건은 조선 공산당이 실제로 저지른 범죄 사건이라고 주장하는 반면, 다른 한쪽에서는 이 사건은 조작된 것이라거나 혹은 사실인지 아닌지 의혹이 풀리지 않은 사건이라고 주장하는 등 사건에 대한 인식이 양분되어 정확한 평가가 이루어지지 않는 상황이다. 단편적으로 사전을 예로 들면『두산세계대백과사전』,[2)]『한국 브리태니커 백과사전』,[3)]『한국민족문화대백과사전』,[4)]『교학 한국사사전』[5)]에서는 재판부의 판결을 그대로 반영하여 피고의 유죄를 단정하는 반면,『한국근현대사사전』[6)]과『위키백과사전』[7)]에서는 재판부의 판결과 변호인 측의 주장을 모두 제시하여 논란의 여지가 있는 사건으로 다룬다. 정판사 '위폐' 사건에 대한 이러한 시각의 차이는 현대사를

---

2) [정판사사건], 두산동아 백과사전연구소,『두산세계대백과사전』, 제23권, 두산동아, 2002, 55쪽.

"1946년 5월 8·15광복 후 혼란기를 틈타 남한의 경제를 교란하고, 또 당비를 조달할 목적으로 조선공산당이 일으킨 지폐위조사건. (하략)"

3) [조선정판사위폐사건], 한국 브리태니커 온라인, http://preview.britannica.co.kr/

"조선공산당이 1945년 10월부터 조선정판사에서 일제가 사용하다가 남겨둔 지폐원판을 이용해 거액의 위조지폐를 발행한 사건. (하략)"

4) [조선정판사위폐사건], 한국민족문화대백과사전, http://encykorea.aks.ac.kr/

"조선정판사위폐사건: 1945년 10월 20일부터 6회에 걸쳐 조선정판사 사장 박낙종(朴洛鍾) 등 조선공산당원 7명이 위조지폐를 발행한 사건. (하략)"

5) [조선정판사위폐사건], 변태섭·강우철,『교학 한국사대사전』, 교학사, 2013, 137쪽.

"광복 직후인 1945년 10월 조선정판사 사장 박낙종(朴洛鐘) 등 7명이 조선공산당의 지령을 받고 위조지폐를 발행한 사건. (하략)"

6) [조선정판사 위폐사건], 한국사사전편찬회,『한국근현대사사전』, 가람기획, 2005, 292쪽.

"1946년 5월 조선공산당이 당비를 조달할 목적으로 위조지폐를 만들어 시중에 유통시켰다는 죄목으로 기소된 사건. 줄여서 정판사사건이라고도 한다. (하략)"

7) [정판사 위조지폐 사건] 한국어 위키백과, http://ko.wikipedia.org

"정판사 위조지폐 사건은 1946년 서울에서 일어난 위폐 범죄 적발 사건으로, 정치적인 파장이 커서 남한의 공산주의 운동 세력과 미군정의 정면 충돌을 불러오는 결과를 낳았다. (하략)"

다룬 대중 역사서는 물론 전문 연구서에서도 나타난다.

그런데 문제는 이러한 양측의 주장이 정확한 문헌 고증이나 역사적 연구에 기반을 둔 것이 아니라 단지 과거의 주장을 되풀이하거나 편향적이고 선별적인 참고 문헌에 기반을 둠으로써 70년 전의 논쟁에서 조금도 더 나아가지 못하고 있다는 점이다. 특히, 2003년경부터는 인터넷을 통해 정판사 '위폐' 사건의 피고 중 1명인 박낙종이 모 정치인의 조부라는 가짜 뉴스가 유포, 확산되면서 이는 단지 학문적인 논쟁을 넘어 정치적인 영역으로 확대되었으며 역사 교과서의 좌우익 편향성 논란의 핵심에 있던 모 출판사의 교과서8)에도 정판사 '위폐' 사건에 대한 일방적 기술만 실려 논란의 여지를 남기기도 했다. 이러한 점에서 볼 때 이 사건은 해방 3년사를 제대로 이해하기 위해서뿐만 아니라 학문적으로나 사회적으로 소모적인 논쟁을 줄이기 위한 측면에서도 진상에 대한 철저한 규명이 반드시 필요한 사건이라고 할 수 있다.

둘째, 앞서도 언급했지만 정판사 '위폐' 사건은 알려진 것에 비해 그동안 전문적인 연구가 제대로 진행되지 않았다는 점이다. 반공 독재기는 논외로 하더라도 민주화 이후에도 정판사 '위폐' 사건에 대한 연구가 부족했던 가장 큰 이유는 사건과 관련된 자료가 부족하기 때문이라고 할 수 있다. 그랬기 때문에 이제까지의 연구는 대부분 사건의 전개 과정이나 사건에 대한 논란 및 사건이 미친 영향을 피상적으로 언급하는 수준에 머무를 수

---

8) 권희영, 이명희 외, 『고등학교 한국사』, 교학사, 2014, 305쪽.
"이승만이 반공적 단독 정부 수립을 위해 활동하는 사이 좌익 세력은 남한을 공산화시키기 위해 본격적인 활동을 전개하였다. 그들은 활동 자금을 마련하기 위하여 위조 지폐까지 발행하였다(조선 정판사 위조 지폐 사건)."
"조선 공산당 사무실이 조선 정판사 건물에 있었는데, 조선 공산당은 이를 활용하여 대규모로 위조 지폐를 발행하고 활동 자금으로 사용하였다. 이것이 미군정에 의하여 발각되어 조선 공산당 간부를 구속하고 박헌영에 대하여 체포령을 내렸다. 조선 공산당은 이에 대항하여 역공세를 취하여 총파업과 폭동을 일으켰다."

밖에 없었다.

셋째, 정판사 '위폐' 사건은 해방 3년사에서 한반도의 정세가 변하게 된 결정적 계기와 관련 있을 가능성이 크다는 점이다. 사건이 발생한 1946년 5월은 제1차 미소공위가 결렬됨에 따라 한반도에 분단의 그림자가 드리우기 시작한 시기로서, 미군정의 좌익에 대한 분열 공작과 탄압이 본격화되었고, 1946년 7월은 조선공산당이 이른바 '신전술'로 미군정에 맞받아친 시기로서, 이를 계기로 38도선 이남의 조선은 온갖 갈등과 대립이 폭발하는 국면으로 넘어갔다는 것이 일반적인 해석이다. 그런데 해방 3년사를 다룬 대부분의 책에는 1946년 5월부터 1946년 7월 사이의 시간이 비어 있다. 즉, 정판사 '위폐' 사건에 대한 언급 자체가 별로 나오지 않는 것이다. 만약 정판사 '위폐' 사건이 조작된 사건이라면 정판사 '위폐' 사건은 미군정의 좌익 탄압의 일환으로서 비중 있게 다뤄져야 한다. 또 만약 정판사 '위폐' 사건의 피고들이 위폐를 제조한 것이 사실이라면 정판사 '위폐' 사건은 조선공산당에 대한 미군정의 탄압이 아니라 정당한 법 집행이라고 봐야 할 것이며, 오히려 조선공산당의 실책을 보여 주는 예로서 비중 있게 다뤄져야 한다. 그러나 이를 명확히 판단할 수 없었기 때문에 이제까지 해방 3년사에 대한 연구 대부분은 정판사 '위폐' 사건을 아예 다루지 않거나, 간혹 다루더라도 간단하게만 언급했던 것이다.

이상에서 살펴본 정판사 '위폐' 사건의 특징을 정리하면 다음과 같다. (1) 정판사 '위폐' 사건은 의혹 사건이다. (2) 그런데 사건에 대한 자료가 부족하다. (3) 따라서 사건의 진위를 가리기 힘들다. (4) 따라서 사건의 영향에 대해 논하기도 힘들다. (5) 그 결과 사건에 대한 전문적 연구가 부족했다.

결국 핵심은 자료 부족이었다. 그래서 일단은 정판사 '위폐' 사건에 대한 자료를 최대한 모아 보자고 생각했다. 거의 1년 동안 매일 같이 국립중앙도서관, 국회도서관, 국사편찬위원회 자료실 등을 다니며 옛 신문, 잡지 등 각종 자료를 복사하고 마이크로필름 자료를 필사하고 컴퓨터로 자료를 정리하는 지난한 작업이 계속되었다. 그런데 해방 직후의 인쇄물은 일제 강점기의 자료보다도 인쇄 상태가 안 좋아서 글자를 알아보기 힘든 경우가 많았다. 특히, 알아보기 힘든 글자가 한글이 아니라 한자일 경우에는 해독 작업이 훨씬 더 어려웠다. 이렇게 인쇄 불량이나 보존 상태 불량으로 인해 글자가 희미해져 인식하기 힘든 자료의 경우, 원문을 온전히 알아내기 위해 자료를 수십 배로 확대해서 들여다보거나 똑같은 자료를 국립중앙도서관과 국회도서관에 있는 다른 버전의 마이크로필름과 인쇄물들을 비교하는 등 자료 수집의 완벽성을 기하고자 했다.

다음으로 그렇게 모은 자료를 분석하는 작업 또한 만만치가 않았다. 수많은 자료에 흩어져 있는 조각조각의 사실들을 어떻게 엮어서 재구성해야 할지 처음에는 엄두가 나지 않았다. 작은 기사 한 줄 속에 혹시라도 사건에 대한 해석에 영향을 미칠 수 있는 중요한 단서가 있지는 않은지 하나하나 꼼꼼히 살펴야 했다. 또한 일부 자료의 경우 명확하게 나와 있지 않거나 매우 단편적으로 나와 있는 내용의 행간의 의미를 파악하기 위해 고민하고 생각하는 작업 역시 쉽지 않았다. 무엇보다도 검찰 및 재판부의 논리와 피고 및 변호사단 측의 논리가 충돌하는 부분에 대해서는 편견을 배제한 채 과연 누구의 말이 진실에 가까운지를 판단하기 위해서 이제까지 모은 자료를 수십 번씩 되짚어 읽어 보며 단서를 찾아내고 비교하고 분석하는 논리 검토 작업 역시 많은 시간이 걸렸다. 그러나 처음에는 해결하기 힘들었던 이러한 여러 문제들이 다양한 계기를 통해 퍼즐 맞춰지듯 하나씩 해결될 때 보람을 느끼기도 했다.

또한 이러한 자료 분석 결과를 글로 쓰는 작업 또한 힘겨웠다. 쓰고 싶은 내용은 많은데 이를 논문의 형식으로 한정시키는 것이 어려웠다. 정판사 '위폐' 사건은 단순한 일개 범죄 사건이 아니라 진위 논란이 있는 의혹

사건이기도 하고, 미군정·좌익·우익이 개입된 정치적 사건이기도 하며, 일제강점기부터 미군정기로 이어지는 경제 문제 및 통화·조폐 정책과 관련된 사건이기도 하고, 언론·경찰·법조계가 관련된 사건이기도 하며, 분단의 기원과 관련된 사건이기도 하고, 대한민국 정부 수립 이후 반공주의 체제 형성과도 관련된 사건이기도 하며, 국가 폭력과 관련된 사건이기도 한 만큼 논지를 어떻게 잡아서 어느 부분을 더 강조해서 논문을 써야 할지 그 방향성을 잡는 것이 매우 어려웠다. 나름대로 중요하다고 생각되는 부분을 중심으로 쓰고, 상대적으로 덜 중요하다고 생각되는 부분을 덜어 냈는데도 처음에 논문을 썼을 때의 분량이 A4 1,000매에 달하기도 했다. 그래서 논지를 더 명확히 하고, 그에 따라 논문의 전체 구조를 변경하여 글을 처음부터 다시 쓰는 작업을 수없이 거듭해야 했다. 그 과정에서 20개가 넘는 다른 버전의 논문이 생겨났다.

이러한 자료 수집과 분석과 고민과 시행착오의 글쓰기 끝에 부족하지만 나름대로 정판사 '위폐' 사건을 재조명하는 연구를 마칠 수 있었으며, 이는 본 연구서의 저본이 된 필자의 학위 논문[9]으로 발전되었다.

학문적인 측면에서 볼 때 정판사 '위폐' 사건은 필자 개인적으로 매우 의미 있는 주제이다. 역사를 연구할 때 "바늘 구멍이 작을수록 오히려 그 구멍을 통해 더 큰 세상을 바라볼 수 있다"는, 즉 미시적이고 단편적인 주제를 꼼꼼히 다룸으로써 오히려 거시적이고 보편적인 차원의 통찰과 해석이 가능하다는 말의 의미를 연구 과정을 통해 체험할 수 있었기 때문이다.

한편, 본 연구는 학술적 차원을 넘어 사회적 차원에서도 일정한 역할을 할 수 있을 것으로 기대한다. 그것은 정판사 '위폐' 사건이 국가 폭력 피해 구제 및 사회주의 독립운동가 서훈 문제와 관련되기 때문이다. 정판사 '위

---

9) 임성욱, 「미군정기 조선정판사 '위조지폐' 사건 연구」, 한국외국어대학교 국제지역대학원 박사학위논문, 2015.

폐' 사건의 피고는 모두 징역 10년 이상, 최고 무기징역이라는 중형을 선고 받았으며, 그중 일부는 한국전쟁 발발 직후 적법한 절차 없이 처형당했다. 이로 인해 이들은 경제 질서를 어지럽힘으로써 독립국가 건설을 방해한 파렴치한 범죄자라는 불명예를 안게 되었을 뿐만 아니라 국가 폭력에 의해 무자비하고 억울하게 희생당해야 했다. 또한 유가족들은 평생에 걸쳐 이러한 사회적 비난과 불명예를 안고 살아야 했다. 따라서 이 사건의 진상을 규명하는 것은 피고와 유가족들의 명예 및 인권과도 관련되는 문제이다.

1993년 문민정부가 들어서면서 일제하 사회주의 독립운동가에 대해서도 국가유공자로 인정하겠다는 정부 발표가 있었다. 피고 중 한 명으로서 독립운동가 출신이자 조선공산당의 간부였던 이관술의 가족은 이에 고무되어 1996년 4월 고향인 울산의 선바위 유원지 내 이관술의 사촌 동생 이수은 개인 소유의 주유소 안쪽에 '憂國志士 鶴巖 李觀述 遺蹟碑'(우국지사 학암 이관술 유적비)라는 비문을 새겨 이관술의 항일 행적을 기리는 비석을 세웠다. 그러나 얼마 지나지 않아 건국회, 재향군인회 등 울산 지역 반공보수 단체의 반발 및 강제 철거 협박과 경찰, 국가안전기획부(안기부)의 압력에 못 이겨 결국 1997년 8월 비석을 자진 철거하여 땅속에 파묻을 수밖에 없었다.[10] 이같은 보수단체의 주장은 공산당 핵심 간부인데다가 화폐위조 범죄자를 독립운동가로 인정할 수 없다는 데에 근거한 것이었다.

또한 2005년 12월 1일 진실·화해를 위한 과거사 정리 위원회가 출범하자 해방 이후 국가 폭력 피해자 모임은 2006년 1월 10일 진실화해위원회 건물 앞에서 기자회견을 갖고 국가 폭력 피해 사건을 엄정하게 조사해 줄 것을 요구하며, 16개 사건[11]의 진상 조사를 공동 신청, 접수했는데, 그중에는

---

10)「공산주의 운동가 '유적비' 싸고 논란」,『연합뉴스』, 1997.6.17.
　　「〈8·15 특집〉 공산주의 운동가 유적비 자진 철거」,『연합뉴스』, 1997.8.13.
　　안재성,『이관술 1902-1950』, 사회평론, 2006, 299~300쪽.

정판사 '위폐' 사건도 포함되어 있었다.[12] 사건의 진상을 신청한 사람은 정판사 '위폐' 사건의 주요 피의자인 이관술의 5녀 이경환이었다. 그러나 이후 진실화해위원회가 2010년 6월 30일 활동을 종료할 때까지 정판사 '위폐' 사건은 조사되지 않았으며, 최종 조사 결과 보고서에도 언급되지 않은 것으로 보아 신청서 검토 및 조사 개시 결정 과정에서 각하된 것으로 보인다. 좌익, 우익의 입장을 떠나 국가 폭력에 의한 명예, 인권, 생명의 유린이 의심되는 사건이 있다면 철저히 진상을 규명하여 억울함이 없도록 하는 것이 국가의 의무이며, 진리를 탐구하고 진실을 밝히는 것을 목표로 하는 역사학 등 학문의 역할도 이와 무관하지 않다고 할 수 있다.

마지막으로 부족한 필자가 이 연구를 하는 데에는 많은 선배 연구자 및 저술가 분들의 도움을 받았기에 지면을 빌려 감사의 말씀을 드리고 싶다. 해방 공간의 역사적 맥락을 파악하는 데에는 강만길, 강성현, 강준만, 김광운, 김기협, 김남식, 김무용, 김성보, 박명림, 박병엽, 박찬표, 서중석, 송광성, 송남헌, 신복룡, 심지연, 안진, 이완범, 이정식, 이혜숙, 정병욱, 정병

---

11) 이날 공동 접수된 16개 사건은 다음과 같다. 조선정판사 '위조지폐' 사건, 여운형 암살 사건, 반민특위 습격 사건, 민족일보 조용수 사법살인 사건, 사북탄광 사건, 사회안전법 피해 사건, 4·19 교원노조 사건, 5·3 동의대 사건, 아람회 사건, 신귀영 조작간첩단 사건, 김양기 조작간첩 사건, 김장길 조작간첩 사건, 서경윤 조작간첩 사건, 조봉수 조작간첩 사건, 조상록 조작간첩 사건, 심진구 조작간첩 미수사건.

12) 「민족일보·진보당 등 13건 사건, 묻혀진 '진실' 캔다」, 『경향신문』, 2006.1.10.
「여운형 암살 등 16건 과거사委에 진상 규명 신청」, 『문화일보』, 2006.1.10.
「"현 과거사위 인력 한계 보여주자" … 여운형 암살등 진상규명 신청」, 『세계일보』, 2006.1.10.
「국가폭력 피해자 모임, 과거사 진상규명 요구」, 『연합뉴스』, 2006.1.10.
「가해자 용서할것 … 그러니 진실 밝혀라」, 『코리아포커스』, 2006.1.10.
「국가폭력 피해자 모임, 여운형 암살 등 16개 사건 과거사위에 진상규명 신청」, 『쿠키뉴스』, 2006.1.10.
「여운형 암살 사건 등 20여건 조사신청」, 『NGO 타임즈』, 2006.1.10.
「암살 등 국가폭력 진상 조사를」, 『동아일보』, 2006.1.11.

준, 정용욱, 한홍구 선생님 등의 논문과 저서가 많은 도움이 되었다. 특히, 정판사 '위폐' 사건과 관련해서 고지훈, 김기협, 박수환, 안재성, 장성운 선생님의 선구적인 노력이 없었다면 아마도 필자가 본 연구를 제대로 할 수 없었을 것이다.

또한 부족한 필자가 이 책을 쓸 수 있도록 응원해 주시고 격려해 주시고 도와주신 분들께 마음으로부터 감사의 뜻을 전한다. 박사과정 재학 시절, 정판사 '위폐' 사건이라는 다소 위험(?)한 주제로 학위 논문을 쓰겠다고 겁도 없이 지도를 부탁드렸을 때 흔쾌히 수락하시고, 학문적으로 큰 가르침을 주셨으며, 학자로서의 모범이 되어 주신 반병률 교수님께 감사를 드린다. 필자가 반병률 교수님을 학문의 스승으로 만나게 된 것은 일생의 행운이라고 생각한다. 또한 애정 어린 관심으로 심사를 맡아 주셨던 김태우, 박진경, 윤정란, 조영한 선생님께도 감사를 드린다. 특히, 논문을 쓰고 책을 내는 과정에서 어려움이 있을 때마다 본인의 일처럼 같이 고민해 주시고 도움의 말씀을 주신 윤정란 선생님께 진심으로 감사를 드린다. 또한 책을 펴낼 수 있도록 기회를 주시고 적극적으로 추진해 주신 신서원 정용국 대표님, 깔끔한 편집을 위해 세세한 것까지 신경 써 주시고 수고해 주신 김민교 편집자님께도 감사의 말씀을 드린다. 무엇보다도 부족한 아들을 위해 늘 응원해 주시고 기도해 주시는 부모님께 지면을 빌려 사랑하고 감사한다고 말씀드리고 싶다.

끝으로 정판사 '위폐' 사건으로 억울하게 희생된 독립운동가 이관술을 비롯한 모든 피의자분들, 그리고 70년이 넘는 세월 동안 고통과 피해를 겪으면서도 이를 드러내 놓고 표현할 수조차 없었던 그분들의 유가족분들께 이 책을 바친다. 아울러 일제강점기, 미군정기, 대한민국에 이르기까지 한국 근현대사에서 권위주의 정치권력의 부당한 탄압과 조작 사건으로 억울하게 희생당하고 참혹한 피해를 입은 모든 분들, 그리고 그러한 피해자들

의 편에 서서 정의와 진실을 위해 용감하게 싸워 오신 모든 분들께 마음
깊은 위로와 존경 어린 감사를 드린다.

2019년 4월

임성욱

일러두기

1. 1910년 대한제국이 일본에 강제 병합된 이래 1945년까지 한반도는 '식민지 조선'이라고 불렸으며, 그에 따라 1945년 8월 15일 이후 한반도는 '해방된 조선'이라고 불렸다. 당시 기록을 살펴 보면 당시 사람들은 우리 자신을 가리키는 말로서 '한국' 혹은 '대한'이라는 명칭보다는 '조선'이라는 이름을 월등하게 더 많이 사용했으며, 38선 이남은 '남조선', 38선 이북은 '북조선'이라고 표현했다. 물론 '한국' 또는 '대한'이라는 이름이 일부 사용된 것은 사실이지만 당시 38선 이남에 주둔한 미군을 가리키는 말도 '남조선주둔미국육군'이었으며, 미군정이 설치한 자문기구, 입법기관 및 정부의 이름도 각각 '남조선대한국민대표민주의원', '남조선과도입법의원' 및 '남조선과도정부'였다. 따라서 이 책에서는 1945년부터 1948년까지의 3년간에 한해서는 당시의 통상적 명칭 및 표기방식에 따라 '한국', '한국인', '남한', '북한' 이라는 명칭 대신 '조선', '조선인', '남조선', '북조선'으로 표기하는 것을 기본으로 삼았다. 그리고 1948년 대한민국 정부 수립 이후에 대해서는 '한국', '남한', '북한'으로 표기했다. 단, '한반도'와 같은 지리적 용어나 '대한 정책'과 같은 외교적 용어는 시기와 상관없이 그대로 사용했다.

2. 이 책에 등장하는 여러 단체의 약칭과 본 명칭은 다음과 같다.

건준	조선건국준비위원회(朝鮮建國準備委員會)
건청	조선건국청년회(朝鮮建國靑年會)
경성콤그룹	경성콤무니스트그룹(京城 Communist Group)
고려공청	고려공산청년회(高麗共産靑年會)
공산당	조선공산당(朝鮮共産黨)
공청	조선공산주의청년동맹(朝鮮共産主義靑年同盟)
국준	조선국군준비대(朝鮮國軍準備隊)
남로당	남조선노동당(南朝鮮勞動黨)
대한노총	대한독립촉성전국노동총동맹(大韓獨立促成全國勞動總同盟)
독립동맹	조선독립동맹(朝鮮獨立同盟)
독촉	대한독립촉성국민회(大韓獨立促成國民會)
미소공위	미소공동위원회(美蘇共同委員會, US - USSR Joint Commission)
민전	민주주의민족전선(民主主義民族戰線)
민주의원	남조선대한국민대표민주의원(南朝鮮大韓國民代表民主議院)
민청	조선민주청년동맹(朝鮮民主靑年同盟)
반민특위	반민족행위특별조사위원회(反民族行爲特別調査委員會)
반탁학련	반탁전국학생총연맹(反託全國學生總聯盟)
법맹	조선법학자동맹(朝鮮法學者同盟)
부총	조선부녀총동맹(朝鮮婦女總同盟)
북로당	북조선노동당(北朝鮮勞動黨)
산노	산업노동조사소(産業勞動調査所)
신민당	조선신민당(朝鮮新民黨)
인공	조선인민공화국(朝鮮人民共和國)
인민당	조선인민당(朝鮮人民黨)
인위	인민위원회(人民委員會)
임정	대한민국임시정부(大韓民國臨時政府)
전농	전국농민조합총연맹(全國農民組合總聯盟)
전평	조선노동조합전국평의회(朝鮮勞動組合全國評議會)
정판사	조선정판사(朝鮮精版社)
조공	조선공산당(朝鮮共産黨)
조미공위	조미공동소요대책위원회(朝美共同騷擾對策委員會)
중경임정	중경대한민국임시정부(重慶大韓民國臨時政府)
진실화해위원회	진실·화해를 위한 과거사 정리 위원회
청총	전국청년단체총동맹(全國靑年團體總同盟)
학병동맹	조선학병동맹(朝鮮學兵同盟)
한민당	한국민주당(韓國民主黨)
모스크바 3상회의	모스크바 3국외상회의(Москва三國外相會議)
3당 합당	좌익 3당 합당(左翼三黨合黨)
CIC	미군 방첩대(Counter Intelligence Corps)

조선정판사 '위조지폐' 사건 연구

차 례

제 1 장

서 론

1. 문제 제기

한국 현대사에 있어 해방 이듬해인 1946년은 좌우 대립이 격화되고 남북 간 이질화가 심화됨으로써 사실상 분단을 결정지은 시기였다. 특히, 제1차 미소공동위원회가 결렬된 시점인 1946년 5월은 한반도의 정세가 근본적으로 변하게 되는 하나의 전환점이 되는 시기였다. 본 연구는 이 시기에 발생한 하나의 사건에 주목하고자 한다. 그것은 바로 조선정판사 '위조지폐' 사건[1]이라고 하는 사건이다.

정판사 '위폐' 사건이란 조선공산당 간부 및 조선정판사 직원들이 공모하여 조선정판사 인쇄 시설과 인쇄용 재료를 이용하여 1945년 10월 하순부터 1946년 2월 상순까지 총 6회에 걸쳐 매회 200만 원씩 총 1,200만 원이라고 하는, 당시로서는 엄청난 금액의 위조지폐를 찍어 내어 조선공산당의 자금으로 사용했다는 사건이다. 그리고 재판 결과 피의자 10명이 최소 징역 10년, 최고 무기 징역에 이르는 중형을 선고받은 사건이다.

이러한 정판사 '위폐' 사건은 1946년 5월 초 경찰이 사건의 피의자들을 체포하여 수사를 개시하고, 5월 15일 미군정 공보부가 사건에 대해 공식 발표를 하면서부터 세상에 알려지게 되었는데, 발표 직후 조선공산당 측이 사건이 조작된 것이라는 반론을 제기함에 따라 정판사 '위폐' 사건은 수사 및 공판 진행 내내 사건의 진위 논란으로 정국의 뜨거운 이슈가 되었

---

[1] 이 사건의 명칭으로 현재 조선정판사 위조지폐 사건(약칭 정판사 위폐 사건)과 조선정판사 사건(약칭 정판사 사건)이라는 두 가지 용어가 사용되고 있는데, 명확히 구분되는 것은 아니지만 전자는 대체로 위조지폐 범행 사실이 있었음을 강조하는 맥락에서 사용되며, 후자는 위조지폐 범행 사실이 있었다고 확신할 수 없음을 강조하는 맥락에서 사용되는 경우가 많다. 이에 본 연구에서는 이 사건이 조작된 사건임을 표시하는 차원에서 이 사건의 명칭을 위조지폐라는 단어 앞뒤에 '소위'라는 의미의 작은따옴표를 붙여 조선정판사 '위조지폐' 사건 혹은 줄여서 정판사 '위폐' 사건으로 사용하고자 한다.

다. 그리하여 존 리드 하지(John Reed Hodge) 사령관 등 미군정 수뇌부로부터 사법부, 검찰, 경찰, 각 정당, 언론, 사회문화 단체 등이 사건 진행 과정에서의 중대한 국면마다 수많은 성명, 언명, 담화 등을 발표했으며, 수사나 재판 등 사건과 관련된 새로운 소식이 나올 때마다 당시 발행되던 모든 신문에 매우 상세하게 기사화될 정도로 세간의 주목을 끌었다.

또한 이 사건은 수사 및 재판의 규모에 있어서도 상당히 방대한 사건이었는데, 경찰 및 검찰 수사 기간 2개월 이상, 공판 기간 총 4개월, 공판 횟수 30회, 피고인 10명, 변호인 9명, 증인 27명, 감정인 3명에 이르고,[2] 뚝섬 위폐 사건 및 위폐 공판 소요 사건을 포함하여 수많은 사건 및 그에 따른 재판이 복잡하게 얽혀 있는 대형 사건이었다.

그런데 정판사 '위폐' 사건은 1946년 당시뿐만 아니라 현재까지도 피고들이 위폐를 실제로 제조한 것인지 아닌지, 즉 사건이 조작된 것인지 아닌지에 대한 논란이 계속되어 왔다. 사건 발표 직후 시작된 이러한 논란은 1946년 11월 1심 판결에서 피고들에게 유죄가 선고되고 1947년 4월 상고가 기각됨으로써 종지부를 찍는 듯했다. 그리고 사건에 대한 기사는 더 이

---

2) 서울지방심리원, 「정판사 급 독도 위조지폐 사건 공판 요약표」, 『위폐사건 공판기록』, 대건인쇄소, 1947, 93~100쪽에 따르면 정판사 '위폐' 사건과 뚝섬 위폐 사건을 합하여 다음과 같은 재판 관련 기록이 있었음을 알 수 있다.
- 공소 제기까지의 기록: 2,279장
- 공판조서 기록: 1,283장
- 공소 제기 후 사건 종료까지의 기록: 3,676장
  (공판조서 외 영치 조서, 검사, 변호인 제출 서류, 기타 서류의 총 장수)
- 공판 총 시간: 209시간 25분
- 피고인 신문 횟수: 14인 37회
- 검증 횟수: 2회
- 변호인 변론: 6인 11회
- 경비 순시 연정 총 연수(總延數): 651명
- 경비 경찰 관리 총 연수(總延數): 4,775명

상 신문에서 찾아볼 수 없게 되었고, 서서히 세인들의 관심에서 잊혀 갔다. 그 후 이승만, 박정희, 전두환 정권으로 이어지는 반공 독재 시기에는 이 사건에 대해 의혹을 제기하는 것 자체가 금기시되었으며, 단지 이 사건이 유죄임을 강조하는 목소리만 언론과 매체를 통해 반복되었다. 그럼에도 이 사건에 대한 의혹은 해소되지 않았으며, 1980년대 민주화 이후 이 사건에 대해 의혹을 제기하는 목소리가 조금씩 나오기 시작했다. 하지만 사건에 대한 진실 규명은 아직 요원한 상태이다. 따라서 학문적인 차원에서도 이러한 논란에 대한 연구와 논의가 필요한 실정이다.

그런데 정판사 '위폐' 사건은 일차적으로는 사건의 진위 논란과 관련해서 연구가 당연히 필요하지만, 그와 더불어 주목해야 할 점은 이 사건이 당시 해방 정국에 미친 파급효과 혹은 영향에 대한 것이라고 할 수 있다. 앞서 언급했듯이 정판사 '위폐' 사건은 1946년 5월 미소공위 결렬이라고 하는 전환기에 벌어진 사건이었고, 당시 정계와 일반 시민 사회에 큰 충격을 주었으며 1946년 하반기의 정세 변화와 깊은 관련성을 가지고 있기 때문이다. 따라서 이에 대한 연구와 논의가 충분히 이루어져야 한다.

하지만 이러한 정판사 '위폐' 사건은 수많은 한국 현대사 개론서 및 대중서에 등장할 정도로 많이 알려져 있는 사건임에도, 정작 학계에서는 그 인지도에 비해 그동안 전문적인 연구가 제대로 진행되지 않아 왔다. 정판사 '위폐' 사건이라는 단일 주제를 연구한 논문으로는 석사 학위 논문 1건,[3] 학술지 논문 1건[4]이 전부이며, 그 외에는 해방 직후의 시기를 대상으로 한 일부 연구에서 부분적으로만 다뤄지고 있는 정도이다.

---

3) 김경란, 「조선정판사 위조지폐 사건 연구」, 성신여자대학교 교육대학원 석사학위 논문, 1999.

4) 고지훈, 「정판사사건 재심청구를 위한 석명서」, 『역사문제연구』 제20호, 역사문제연구소, 2008, 349~373쪽.

이렇게 정판사 '위폐' 사건에 대한 연구가 많이 이루어지지 않은 이유는 무엇일까? 여러 가지 이유가 있을 수 있겠지만 한 가지 핵심적인 이유는 이 사건이 지닌 정치적 성격 때문인 것으로 보인다. 이 사건은 피고들이 위폐를 실제로 제조한 것인지 아닌지, 즉 사건이 조작된 것인지 아닌지에 대한 논란이 연구의 기본적인 출발점이 될 수밖에 없는 사건이다. 따라서 이 사건을 전문적으로 연구할 경우 이러한 논란에 대한 언급을 피할 수 없다. 앞서 밝혔듯 반공 독재기에 이 사건은 공산당원인 피고들이 위폐를 실제로 제조한 것으로 '국가적'으로 성격이 규정되어 있었으므로 이에 동조하는 성격의 연구는 굳이 필요가 없었고, 이에 대해 의혹을 제기하는 성격의 연구는 금기시되었다. 그러나 민주화 이후에도 상황은 크게 다르지 않은 것 같다. 피고들이 위폐를 실제로 제조한 것으로 보는 시각의 연구는 굳이 필요가 없으며, 이에 의혹을 제기하는 연구는 여전히 상당 부분 자체적 검열의 대상이 되어 온 것으로 보인다.

이 사건에 대한 연구가 부진했던 또 다른 중요한 이유는 사건과 관련된 자료가 부족했기 때문인 것으로 생각된다. 피고들이 실제로 위폐를 제조했는지의 여부를 밝히기 위해서는 그를 뒷받침할 만한 근거가 필요한데, 근거가 될 자료가 부족하다는 것은 이 사건에 대한 전문적인 연구의 진행을 가로막는 결정적 제한 요인으로 작용했을 것이다. 또한 그렇게 사건의 실체 여부에 대한 논의가 진행이 되지 못함에 따라 사건의 성격 규정이 어려워질 수밖에 없었고, 그에 따라 이 사건이 당시 해방 정국 및 한국 현대사에서 어떠한 영향을 미쳤으며, 어떠한 역사적 의미를 지니는지에 대한 부분 역시도 깊이 있게 논의되기 힘들었다고 할 수 있다. 이에 따라 이제까지 대부분의 연구는 사건의 전개 과정 혹은 사건에 대한 의혹이나 논란을 간단히 언급한 후, 사건이 미친 영향을 매우 단편적으로 언급하는 수준에 머무를 수밖에 없었다.

그런데 필자가 정판사 '위폐' 사건에 대해 관심을 갖고 자료를 모으는 과정에서 이제까지의 연구에서 사용되지 않았던 자료들이 꽤 있음을 발견하게 되었고, 이를 근거로 사건의 진위 논란에 대해 나름의 해석을 내릴 수 있는 여지가 있음을 알게 되었다. 그리고 이를 바탕으로 이 사건이 미군정기 및 정부 수립 이후 등 한국 현대사에 미친 영향 등에 대해서도 논할 수 있겠다고 판단하게 되었다.

이에 따라 필자는 정판사 '위폐' 사건의 배경, 사건의 전개 과정, 사건에 대한 논란, 사건의 영향에 대해 보다 세밀하고 깊이 있는 연구를 진행함으로써 정판사 '위폐' 사건을 재조명하고자 한다.

2. 선행 연구 검토

우선 정판사 '위폐' 사건 자체에 대한 선행 연구를 살펴보겠다. 앞서 밝혔듯 정판사 '위폐' 사건이라는 단일 주제를 연구한 논문은 필자의 연구 이전에는 단 두 편뿐이었다.

김경란의 「조선정판사 위조지폐 사건 연구」[5]는 정판사 '위폐' 사건을 다룬 최초의 학위 논문으로서 정판사 '위폐' 사건에 대한 전반적인 고찰을 통해 사건의 진실을 규명하는 것을 목적으로 연구를 진행했다. 『위폐사건 공판기록』[6]과 미군정 자료 등 다양한 자료를 이용하여 사건의 발단부터 결말에 이르기까지의 전개 과정과 사건의 영향을 서술했다. 그리고 논문의 마지막에서 재판부의 「판결문」의 논리에 의존하여 "김창선 자신이 위폐 원판 은닉 사실과 뚝섬사건과의 관련 사실을 인정하고 위조권의 적출

---

5) 김경란, 앞의 논문.
6) 서울지방심리원, 『위폐사건 공판기록』, 대건인쇄소, 1947.

과 133건의 증거품, 관련 피고들의 자신진술 등 다수의 증거로 이 사건이 공산당원에 의해 자행된 위조지폐사건임을 알 수 있었다"라고 최종 결론을 내렸다.

고지훈은「정판사사건 재심청구를 위한 석명서」7)라는 논문에서「Explanatory Statement for Appeal to the Superior Court for 'Counterfeit Case at Jung-Pan-Sa'」(정판사 위폐 사건의 상고이유서)(이하,「Explanatory Statement」)8)라는 사료를 소개 및 분석했다. 고지훈은 정판사 '위폐' 사건에 대한 "극히 일부를 제외한 공식적인 재판 기록이 아직 발견되고 있지 않은 상태이기 때문에 이 사건에 대한 총체적인 점검은 아직 불가능한 상태"이며, 좌우익 신문을 제외하면 사건과 관련된 자료가 거의 존재하지 않는 상황에서「Explanatory Statement」는 자료의 빈곤을 부분적이나마 보완해주며, 기존의 공판 기록이나 신문 등의 자료가 검찰과 재판부 및 우익의 입장을 대변한 것이 많았던 현실에서 변호인의 논리를 체계적으로 정리함으로써 사건을 균형 있게 바라볼 수 있다는 점에서 사료의 가치를 높이 평가하고 있다.「Explanatory Statement」는 피고의 무죄에 대한 근거를 17가지 항목으로 제시했는데, 고지훈은 그중 핵심적이라고 판단한 3가지(고문에 의한 강제 자백, 위조지폐 사실 자체에 대한 의문점, 조선공산당의 위폐 사용 문제)를 소개했다. 고지훈은 이러한「Explanatory Statement」의 내용 소개를 통해 정판사 '위폐' 사건이 조작되었을 가능성을 말했지만, 논문의 목적이 어디까지나「Explanatory Statement」라는 자료에 대한 소개 및 평가였으므로 정판사 '위폐' 사건이 조작된 것이라고 명확하게 밝히지는 않았

---

7) 고지훈, 앞의 논문.

8) Department of Defense. Joint Chiefs of Staff. U.S. Army Forces in Korea. Office of the Commanding General. (07/26/1947-06/30/1949), "*An Explanatory Statement for Appeal to the Superior Court for "Counterfeit Case at Jung-Pan-Sa*"", National Archives and Records Administration, 국사편찬위원회 전자사료관 http://archive.history.go.kr/

다. 다만 당시의 정황상 미군정과 우익 세력은 정판사 '위폐' 사건을 통해 "미소공위 휴회의 파장과 남한경제 악화 문제, 그리고 조선공산당이라는 강력한 야당 모두를 한꺼번에 해결할 수 있는 호기를 잡게 된 것"이라고 평가하며, 정판사 '위폐' 사건을 1933년 나치의 베를린 제국의회 의사당 방화 사건에 비유한 문헌을 인용함으로써 정판사 '위폐' 사건이 조작되었을 가능성이 높음을 암시하고 있다.

다음으로 정판사 '위폐' 사건 자체에 대한 연구는 아니지만 미군정기 혹은 해방 전후사에 대한 연구 중 정판사 '위폐' 사건에 대해 의미 있는 분석이나 해석을 한 선행 연구들을 살펴보겠다.

로버트 스칼라피노(Robert A. Scalapino)와 이정식은 『한국 공산주의 운동사』 제2권 제4장 10절 「공산당과 미군정 간의 격증하는 충돌」9)에서 정판사 '위폐' 사건을 제1차 미소공위 기간 중 조선공산당의 소련 지지 활동으로 인해 조선공산당과 미군정 당국 간 사이가 벌어진 데 이어 양측의 대립을 격화시킨 '기묘한' 사건으로 평가했다. 정판사 '위폐' 사건의 전개 과정을 매우 간략하게 서술했으며, 사건의 조작 여부에 대해서는 명시적으로 판단을 내리지 않았다.

브루스 커밍스(Bruce Cumings)는 『한국전쟁의 기원』10)에서 1950년 발발한 한국전쟁의 직접적 원인을 1945년부터 1950년까지의 5년간에 있었던 사건들을 통해 설명했는데, 매우 간략하게나마 정판사 '위폐' 사건에 대해서도 다루었다. 그는 정판사 '위폐' 사건을 미소공위 전후에 걸친 점령 당국의 좌익에 대한 탄압의 일환으로 보면서도 사건의 진위에 대해서는 명확한 판단을 내리지 않았는데, 군정 당국 측의 사건에 대한 발표 내용과 이에 대한 피고들의 반박 주장을 모두 서술한 후 "이 사건의 재판에 부조

9) 로버트 스칼라피노 · 이정식, 『한국 공산주의 운동사』 2, 돌베개, 1986, 382~383쪽.
10) 브루스 커밍스, 『한국전쟁의 기원』, 일월서각, 1986, 324~325쪽.

리가 있었음은 명백하지만 어느 편에서 사실을 말했는지는 알 길이 없다"며 중립적인 시각을 유지했다. 그런데 그 이유로서 "정판사는 1945년 8월 15일과 9월 8일 사이에 일인 수중에 있을 때, 조선은행권 약 1억 원을 인쇄했었다. 그 곳에 있었던 대량의 지폐는 경찰이 이를 조작에 이용할 수도 있고, 공산당에서 이를 당비로 사용할 수도 있었음을 뜻하는 것이다"라고 덧붙인 것을 볼 때 사건의 기소 및 재판 내용에 대해서는 정확히 파악하지 못한 것으로 보인다.

데이비드 콩드(David W. Conde)는 『분단과 미국』 제2권 제10장 「1946년 5월」11)에서 정판사 '위폐' 사건을 제1차 미소공위 이래 진행되었던 미군정의 이승만을 중심으로 한 우익 강화 및 좌익 탄압 '계략'에 이어 발생한 하나의 '음모' 사건으로 규정하며, 사건과 관련된 여러 가지 의혹들을 제기했다. 비록 "이 사건이 확실한 증거에 기초해 있었는가 아니면 완전히 날조인가는 아직까지도 명확하지 않다"며 조작이 확실하다고 말하지는 않았지만, "그러나 남한의 반좌익주의자가 자신의 입장을 관철시키기 위해서는 시기적절한 사건이었다. 이 사건으로 인하여 좌익세력의 자유를 억압하는 정책은 정당화되었다. 역으로 유추한다면 결백한 세력은 우익뿐이며 군정부가 만인의 권리라고 선언했던 여러 가지 자유를 향유할 자격이 있는 세력도 우익뿐이라는 조짐이 나타나기 시작하였다"라고 함으로써 군정당국이 이 사건을 이용했을 가능성을 배제하지 않았다.

서중석은 『한국현대민족운동연구』12)에서 해방 후 3년간 남한에서 있었던 좌파, 우파, 중도파 세력의 민족국가건설운동을 다루면서 각 정치 세력의 관계 및 상호 유기적인 대응과 변화를 파악하여 설명했다. 저자는 제4장의 「보론 2: 미소공동위원회 휴회 직후 미군정의 좌익에 대한 분열 ·

---

11) 데이비드 콩드, 『분단과 미국』 2, 사계절, 1988, 18~19쪽.
12) 서중석, 『한국현대민족운동연구』, 역사비평사, 1991.

탄압 활동」이라는 절의 일부를 할애하여 정판사 '위폐' 사건을 자세히 소개하고 있는데, 결론적으로 이 사건은 "미군정시기 최대의 의혹사건"이라고 하면서 "조선정판사의 인쇄시설을 이용하여 소량의 위조지폐를 만든 것은 사실 같지만, 이 사건에 조선공산당의 간부가 관여된 것으로는 보이지 않는다. (중략) 미소공위 휴회 후의 제반 상황을 종합하여 볼 때, 이 사건은 정치적 사건으로 봐야 할 것이다"라고 평가함으로써 사건이 조작되었을 가능성을 제기했다.

정초희는 「조선공산당의 '신전술'에 관한 연구: 1945-1946」[13]에서 조선공산당이 신전술로 전환하게 되는 배경, 신전술의 전개 과정, 영향 및 결과에 대해 분석했다. 또한 정초희는 기본적으로 신전술을 폭력 투쟁으로 규정했으며, 전술 전환의 내부적 요인으로는 「8월 테제」의 정세 인식 오류, 민족 부르주아 배제, 내부 갈등을, 외부적 요인으로는 제1차 미소공위 결렬 이후 미군정의 탄압을 지적했다. 또한 신전술의 전개 과정으로서 9월 총파업과 10월 항쟁을 살펴보았으며, 신전술의 한계로는 9월 총파업에서 신전술의 정치적 성격과 노동자들의 경제 투쟁의 괴리, 9월 총파업에서의 조선공산당 내부 파쟁으로 인한 지도력 부재, 10월 항쟁에서의 지방인민위원회의 전멸을 들었다. 주목할 만한 것은 신전술 전환의 요인의 하나로서 정판사 '위폐' 사건을 하나의 절을 할애하여 서술했는데, 정판사 '위폐' 사건으로 조선공산당이 치명적인 타격을 입고 합법적 활동이 불가능해짐에 따라 신전술로 전환할 수밖에 없었다고 지적한 점이다.

박찬표의 『한국의 국가 형성과 민주주의』[14]는 1945~1948년까지의 미군정기를 '남한 국가 형성' 및 '민주주의의 제도화'가 이루어진 시기로 파악

---

13) 정초희, 「조선공산당의 '신전술'에 관한 연구: 1945-1946」, 연세대학교 대학원 석사학위 논문, 1991.
14) 박찬표, 『한국의 국가 형성과 민주주의』, 후마니타스, 2007.

하고 그 과정을 주요 행위자로서의 역할을 담당한 미군정의 대한 정책 및 점령 정책을 중심으로 세밀하게 서술했다. 박찬표는 이러한 미군정 3년을 미국의 대한 정책과 정책 수단의 변화 및 점령 통치 기구의 변화 과정 및 점령 정책의 변화를 기준으로 ① 점령 제1기(1945.9.~12.): 군사점령과 점령 통치 기구의 수립, ② 점령 제2기(1946.1.~5.): 반공 체제의 형성, ③ 점령 제3기(1946.5.~1947.6.): 남한 국가의 기반 확대·개혁 시도와 좌절, ④ 점령 제4기(1947.7.~1948.8.): 반공 체제의 강화와 자유민주주의의 제도화 라고 하는 4개의 소시기로 구분하여 설명했다. 박찬표는 정판사 '위폐' 사건 에 대해 많은 언급을 한 것은 아니지만 1946년 5월 이후 수립된 미 국무성 의 '신정책'의 핵심으로서 추진된 좌우합작과 정판사 '위폐' 사건의 관계에 대해 "1946년 5월 좌우합작 추진과 동시에 시작된 조선정판사 사건을 신호 로 한 조공에 대한 탄압은, 좌우합작에서 공산당 세력을 배제하기 위한 '양 동작전'이었다고 할 수 있다"[15]라고 평가했다. 그리고 "이런 점에서 정판 사 사건은 일본에서 아시다 히토시(芦田均) 내각 붕괴의 결정적 계기가 된 소화전공(昭和電工) 사건에 비견될 수 있다. 소화전공 사건은 점령 정책의 전환을 두고 민정국과 대립하고 있었던 G-2에 의해 주도되었고, 그 결과 로 민정국이 추락했고, 중도 정권이 종식되었다"[16]라고 의미를 해석했다.

정용욱의 『해방 전후 미국의 대한정책』[17]은 1942~1947년 미국의 대한 정책의 형성 및 전개 과정을 과도정부 형태 구상을 중심으로 국제정치적 측면과 한국 국내 정치적 측면에서 매우 세밀하면서도 종합적으로 분석했 다. 정용욱의 분석에 따라 미국의 대한 정책의 시기별 변화를 살펴보면 다

---

15) 박찬표, 위의 책, 253쪽.

16) 歷史学研究会, 『日本同時代史 2: 占領政策の転換と講和』, 青木書店, 1990, 38~40쪽, 위의 책, 253쪽에서 재인용.

17) 정용욱, 『해방 전후 미국의 대한정책』, 서울대학교출판부, 2003.

음과 같다. ① 태평양전쟁기(1942~1945.8.)에 미국 정부는 신탁통치안 및 국제민간행정기구안을 구상했다. ② 제2차 대전이 종료되고 미소에 의한 한반도 분할 점령 합의에 따른 점령 초기(1945.8.~1946.5.)에는 미 국무부의 원래의 구상인 신탁통치안 및 국제민간행정기구안과 미군정의 정무위원회안이 절충되어 그 결과 남조선대한국민대표민주의원이 설치되었다. ③ 제1차 미소공위 결렬 이후(1946.5.~1947.5.)에는 미 국무부와 미군정 모두 과도정부 수립을 목표로 중간파를 활용하여 좌우합작을 통해 과도입법의원 수립을 시도했고, 제2차 미소공위 개최 직전 남조선과도정부 설치를 선포했다. ④ 제2차 미소공위가 시작된 이후(1947.5.~12.)에는 1947년 여름까지도 미국은 중간파를 활용한 과도정부 수립 계획을 추진했으나 결렬이 예상됨에 따라 남조선 단독정부안으로 변경하게 되었다. 본 연구와 관련지어 생각해 본다면 정판사 '위폐' 사건은 ② 점령 초기에서 ③ 제1차 미소공위 결렬 이후의 시기로 넘어가는 상황에서 발생한 사건이다. 정용욱은 5월 초에 들어서 미군정이 좌익을 분열시키기 위해 터뜨린 일련의 공작사건의 하나로 정판사 '위폐' 사건을 언급하고 있다.

이규성의 「조선공산당의 신전술 채택요인에 관한 연구」[18]는 조선공산당이 신전술을 택하게 된 요인을 크게 외부 요인과 내부 요인으로 구분했다. 외부 요인으로는 임시민주주의정부 수립 위기, 경제적 균열 구조와 대중의 불만을, 내부 요인으로는 좌익 탄압의 전면화와 지지 기반의 동요, 좌우합작운동과 좌익의 분열을 제시했다. 이규성은 신전술 채택의 내부 요인인 좌익 탄압의 대표적인 사례로서 정판사 '위폐' 사건을 들고 있으며, 사건에 대해 비교적 상세히 설명했다. 그리고 정판사 '위폐' 사건이 협조합작전술에 대한 조선공산당 지도부의 문제의식을 심화시키는 계기가 되었

18) 이규성, 「조선공산당의 신전술 채택요인에 관한 연구」, 인하대학교 대학원 석사학위논문, 2005.

다고 평가했다.

김무용은 「해방 후 조선공산당의 노선과 국가건설 운동」[19]에서 1945년 8월 15일부터 1946년 11월까지의 시기를 중심으로 조선공산당의 혁명론과 국가건설운동을 풍부한 자료를 이용하여 세밀하게 고찰했다. 구체적으로는 「8월 테제」가 대중운동에 미친 영향, 인공의 수립 과정과 성격, 좌우합작운동, 신전술 이후 대중 동원 및 남로당 결성 과정을 분석했다. 김무용은 조선공산당이 국가권력의 형성 과정에서 아래로부터의 대중들의 민주주의 작동보다는 국가권력 장악 이후 국가권력에 의한 위로부터의 민주주의 제도화에 더 관심이 많았음을 비판했다. 또한 미소공위를 통한 임시정부 수립이라는 비혁명적 노선을 추구하면서도 우익 세력에 대한 배제를 고수하는 등 혁명적 비합법적 운동 방식을 취함으로써 자체 모순이 발생했음을 지적했다. 또한 신전술 전환을 통해 대미 독자성을 확보하고 당과 대중운동을 결합했지만 북한이나 소련에 대해서는 의존성이 심화되었다고 비판했다. 또한 김무용은 조선공산당의 노선이 대미 협조 노선에서 신전술로 넘어가는 과정에 대해 다루면서 정판사 '위폐' 사건은 "미군정의 조공에 대한 정면 공격이라는 점에서 협조전술이 현실에서 유지되기 어렵다는 것을 증명한 사건"이라고 평가했다.

강성현의 「한국 사상통제기제의 역사적 형성과 보도연맹 사건, 1925-50」[20]은 반공주의를 포함하는 사상 통제 기제의 개념을 정립하고 구조를 모델화했으며, 일제강점기에 구축된 사상 통제 기제가 대한민국에서 어떻게 부활했으며, 그것이 보도연맹 사건에서의 학살과 어떻게 연결되는지를

---

19) 김무용, 「해방 후 조선공산당의 노선과 국가건설 운동」, 고려대학교 대학원 박사학위 논문, 2005.

20) 강성현, 「한국 사상통제기제의 역사적 형성과 보도연맹 사건, 1925-50」, 서울대학교 대학원 박사학위 논문, 2012.

연구했다. 강성현에 따르면 사상 통제 기제는 사상 통제법, 사상 통제 기구, 관변사상 동원단체라는 세 가지 요소로 구성되며 이것이 절대적 적을 창출하는 이데올로기와 내전 상태의 전장화라는 조건하에서 대량 학살로 이어진나고 설명했다. 그리고 일제의 사상 통제 기제와 대한민국의 사상 통제 기제를 하나하나 비교 대조했으며, 사상 통제 기제의 결과로 창출된 절대적 적의 개념인 '아카'(ァカ, 赤)와 '빨갱이'의 이미지에 대해서도 분석했다. 특히, 강성현은 정판사 '위폐' 사건이 사상검찰의 부활에 있어 중요한 계기가 되었음을 지적했다. 강성현의 연구는 사상 통제 기제라는 사상 통제 체제의 '하드웨어'적인 측면과 그 결과로서 창출된 적의 개념인 '빨갱이'라는 '최종 결과물'에 대해 매우 세밀하고 깊이 있는 분석을 했다는 점에서 의의가 있다.

본 연구에서는 이러한 선행 연구 검토 결과를 종합적으로 반영하여 정판사 '위폐' 사건에 대한 깊이 있는 분석을 통해 정판사 '위폐' 사건이 미군정의 정책 변화 과정, 조선공산당의 노선 변화 과정과 어떤 관계를 맺고 있으며, 해방 정국의 정세 변화 및 대한민국 반공 체제 형성 및 공고화에 어떤 영향을 미쳤는지 등 보다 넓은 범위로 논의를 확대해 나가고자 한다.

3. 연구서 구성 및 연구 자료 소개

본 연구서는 본론을 네 개의 장으로 구성하여 서술할 것이다.

본론의 첫째 장인 제2장에서는 정판사 '위폐' 사건이 어떠한 배경 속에서 일어나게 되었는지를 알아볼 것이다. 이를 위해 해방 이후부터 1946년 중반까지 미군정의 대좌익 정책과 조선공산당의 대미 노선의 변화 과정을 중심으로 살펴볼 것이다. 이 시기에 한반도의 정세에 큰 변화를 일으킨 사건은 모스크바 3국외상회의와 제1차 미소공위 결렬이었으므로 이를 기준으로 (1) 해방 이후 모스크바 3상회의 이전, (2) 모스크바 3상회의 이후 제1차 미소공위 결렬 이전, (3) 제1차 미소공위 결렬 이후의 세 시기로 구분할 것이다. 이에 따라 미군정의 대좌익 정책과 조선공산당의 대미 노선이 소시기별로 어떻게 변화의 과정을 거쳤는지를 검토할 것이다. 그리고 그 과정에서 정판사 '위폐' 사건이 어떤 흐름 속에서 발생하여 전개되었는지를 살펴볼 것이다. 또한 정판사 '위폐' 사건에 대한 기본적인 이해를 위해 조선정판사가 근택빌딩에 자리 잡게 된 과정 및 피의자, 경찰, 판검사, 변호사 등 사건 관련 주요 인물에 대해 살펴볼 것이다.

본론의 둘째 장인 제3장에서는 사건의 발단과 전개 과정 및 결말에 이르기까지 정판사 '위폐' 사건의 전체적인 모습을 매우 구체적으로 세밀하게 재구성해 볼 것이다. 우선 정판사 '위폐' 사건이 어떻게 전개되었는지를 최대한 객관적이고 정확한 사실관계에 입각하여 서술할 것이며, 다음으로 사건 전개 과정에서 미군정, 우익, 좌익 등 각 세력이 어떻게 대응해 나갔는지를 분석할 것이다.

본론의 셋째 장인 제4장에서는 제3장에서 살펴본 사건의 전개 과정에서 제기된 사건에 대한 논란의 쟁점을 검토할 것이다. 이러한 검토 작업을 통해 이 사건이 미군정이 조작한 사건인지, 아니면 실제로 피고들이 위폐를 제조한 사건인지를 판단하고 그에 따라 사건의 성격을 규정할 것이다. 검토 결과 정판사 '위폐' 사건은 미군정의 조작 사건이자 조선공산당에 대한 탄압 사건으로 규정할 수 있다고 판단했다. 그리고 이러한 검토 결과를 사건에 대한 의혹과 사건 판결의 모순으로 구분하여 정리했다.

본론의 넷째 장인 제5장에서는 정판사 '위폐' 사건이 미군정기 및 대한민국 정부 수립 이후에 미친 영향을 검토할 것이다. 우선 단기적으로는 정판사 '위폐' 사건이 미군정기 혹은 해방 정국의 정세 변화에 어떤 영향을 미쳤는지를 살펴볼 것이다. 다음으로 장기적으로는 정판사 '위폐' 사건이 대한 민국 정부 수립 이후 반공주의 사상 통제 체제 형성과 공고화에 어떤 영향을 미쳤으며 어떤 관계가 있는지를 분석할 것이다. 이를 통해 권위주의 정치권력이 정판사 '위폐' 사건과 같은 조작 사건을 어떻게 만들어 내고 또 이용하는지를 살펴볼 것이다.

다음으로 본 연구에서 사용한 자료를 소개하겠다.

정판사 '위폐' 사건은 그동안 제대로 연구되지 못했던 만큼 무엇보다 정확한 사실관계의 확인이 가장 중요하다. 기존 연구나 대중서, 개론서 중에는 사실관계가 틀린 부분이 상당수 존재한다. 따라서 본 연구의 출발점은 정판사 '위폐' 사건의 전개 과정을 정확한 사실관계에 근거하여 최대한 객관적으로 재구성하는 작업이 될 수밖에 없다. 이를 위해서는 사건과 관련된 1차 자료의 확보가 가장 중요하다.

그런데 문제는 당시 수사를 담당했던 경찰이나 검사국 측의 수사 기록, 증거물, 재판을 담당했던 법원의 공판 기록이 현재 거의 남아 있지 않으며, 사건과 직접 관련된 인물들은 이미 모두 사망한 상태라는 점이다.

그러나 이 사건이 당시 사회적으로 많은 파장을 일으키며 세간의 관심을 끌었기 때문에 일간지 등 여러 신문에 상당히 많은 양의 기사가 보도되었다. 따라서 본 연구에서는 우선 당시 발행된 각종 신문에서 보도한 정판사 '위폐' 사건 관련 기사를 가능한 한 모두 입수하여 검토할 것이다.[21] 기존 연구에서는 신문 기사를 인용함에 있어 매우 일부의 신문 기사만을 이용했으므로, 이러한 다량의 기사에 대한 철저한 검토는 이 사건의 실체를

---

21) 『경향신문』, 『국도신문』, 『국제신문』, 『노력인민』, 『대동신문』, 『대중일보』, 『대한독립신문』, 『독립신문』, 『독립신보』, 『동아일보』, 『문화일보』, 『민보』, 『민주일보』, 『민중일보』, 『서울석간』, 『서울신문』, 『자유신문』, 『전국노동자신문』, 『조선인민보』, 『조선일보』, 『조선중앙일보』, 『중앙신문』, 『중외신보』, 『연합신문』, 『청년해방일보』, 『한성일보』, 『해방일보』, 『현대일보』.

파악하는 데 있어서 반드시 필요한 작업이라고 할 수 있다.

단, 당시 신문 기사들의 내용이 반드시 사실관계에 있어 정확하고 객관적이었다고는 말할 수 없다. 당시 신문들은 정치적 입장에 따라 좌익과 우익의 어느 한쪽의 시각에서 기사를 쓰는 경우가 많았으며, 사실관계에 대해서도 부정확한 내용을 포함하는 경우가 더러 있었으므로 그러한 점을 감안해야 한다. 이에 따라 같은 내용을 다룬 기사라 할지라도 가능한 모든 신문들의 기사를 다 조사하여 이들을 비교하고 종합하여 어떤 부분이 사실이고 어떤 부분이 사실과 다른지를 가려내는 작업이 필요하다.

한편 당시 일부 신문의 기사가 우익이나 좌익의 시각을 견지하고 있다는 것은 사건의 사실관계 파악에는 방해 요소가 될 수 있지만 사건에 대응하는 우익이나 좌익 측의 시각을 파악하는 측면에서는 오히려 장점이 될 수도 있다. 당시의 신문은 사실을 보도하는 관찰자로서의 역할뿐 아니라 사건에 영향을 미치는 참여자로서의 역할도 수행했다는 점에서 신문은 당시의 정세를 파악하는 데 유용한 자료가 될 수 있다.

신문 기사 이외에 본 연구에서 중요하게 참고한 자료는 『위폐사건 공판기록』, 『소위 '정판사위폐사건'의 해부』,[22] 「Explanatory Statement」이다. 비록 현재 공식적인 재판 기록은 남아 있지 않지만 이들 자료를 통해 당시 재판 과정에서 어떠한 논쟁이 있었는지를 상당 부분 파악할 수 있었다.

『위폐사건 공판기록』은 정판사 '위폐' 사건의 재판이 완료된 후인 1947년 당시 서울지방심리원에서 발간한 것으로서 정판사 '위폐' 사건의 재판 기록 중 일부(검찰 및 재판부 측에서 작성한 「공판청구서(1)」, 「공판청구서(2)」, 「논고 요지」, 「재논고 요지」, 「정판사 급 독도 위조지폐 사건 공판요약표」, 「제28회[23] 공판조서」, 「판결」[24])를 포함하고 있다. 이 자료는 검찰과 재판부의 논

---

22) 박수환, 『소위 '정판사위폐사건'의 해부』, 아세아서점, 1947.

23) '제30회'의 오기.

리를 파악하는 데 결정적인 역할을 했다.

『소위 '정판사위폐사건'의 해부』는 1947년 4월 피고 측의 상고가 기각된 이후인 1947년 6월 정판사 '위폐' 사건의 변호사단 측에서 집필, 발행한 것으로 정판사 '위폐' 사건이 조작된 것이며 피고는 무죄라는 내용을 담고 있다. 이 책은 변호사단이 상고 당시 작성 제출한 「상고이유서」25)의 내용을 거의 그대로 포함하고 있는 것으로 추정된다.

「Explanatory Statement」는 상고가 기각된 이후 변호사단이 1947년 8월 하지 남조선주둔미국육군 사령관 앞으로 정식 제출한 서한에 첨부된 문서로서 앞서 말한 「상고이유서」의 영문 번역본이다. 이는 『소위 '정판사위폐사건'의 해부』와 마찬가지로 피고가 무죄인 주장과 그에 대한 입증으로 구성되어 있으며 그 내용이 거의 일치한다.

『위폐사건 공판기록』은 피고들의 유죄를, 『소위 '정판사위폐사건'의 해부』 및 「Explanatory Statement」는 피고의 무죄를 각각 주장하고 있으므로 양자를 비교하는 것은 사건에 대한 논란의 쟁점을 검토하는 데에 매우 큰 도움이 된다고 할 수 있다. 특히, 『소위 '정판사위폐사건'의 해부』는 기존의 연구에서 한 번도 사용된 적이 없으므로 본 연구에 있어 매우 중요한 자료라고 할 수 있다.

다음으로 미군정의 입장을 파악하는 데에는 주한미육군사령부 정보참모부에서 작성한 「일일보고서」 및 「주간정보요약보고서」26)를 참고했다. 정판사 '위폐' 사건과 직접적으로 관련된 정보가 많지는 않았지만 일부 정판사

---

24) 「판결문」의 수기 원문은 다음의 출처에서도 확인할 수 있다. 양원일, 「조선정판사사건 판결문」, 연세대학교 국제학대학원부설 현대한국학연구소 우남이승만문서편찬위원회, 『이화장 소장 우남 이승만 문서 동문편』 제15권, 중앙일보사 · 현대한국학연구소, 1998, 384~427쪽.

25) 「상고이유서」의 한글 원문은 현재 남아 있지 않다.

26) 주한미육군 정보사령부 정보참모부, 『미군정정보보고서』, 일월서각, 1986.

'위폐' 사건과 관련한 의미 있는 자료들을 참조할 수 있었다.

또한 소련의 입장을 파악하는 데에는 러시아연방국방성 중앙문서보관소에 소장되어 있는 「남조선 정세보고서」27) 및 「쉬띄꼬프 일기」28)를 참조했다. 여기에도 정판사 '위폐' 사건과 직접 관련된 자료는 거의 없었지만 장택상이 정판사 '위폐' 사건과 관련하여 취한 태도 등 일부 중요한 정보를 참조할 수 있었다.

이외에도 해방 이후 근택빌딩 및 조선정판사의 상황에 대해서는 국사편찬위원회 한국사데이터베이스,29) 김철수의 증언록,30) 고준석의 회고록,31) 박갑동과 이철승의 대담집,32) 경향신문사사33)를 참조했고, 박헌영이 1946년 6월과 7월 평양을 방문하여 김일성 및 북조선의 당국자들과 정판사 '위폐' 사건에 대한 대응 방안에 대해 회담한 내용에 대해서는 박병엽의 증언록34)이 도움이 되었다.

27) 국사편찬위원회, 『러시아연방국방성중앙문서보관소 소련군정문서, 남조선 정세 보고서 1946~1947』, 국사편찬위원회, 2003.
28) 국사편찬위원회, 『쉬띄꼬프 일기 1946~1948』, 국사편찬위원회, 2004.
29) 국사편찬위원회 한국사데이터베이스, 『한국근현대인물자료』, http://db.history.go.kr/ 국사편찬위원회 한국사데이터베이스, 『한국근현대회사조합자료』, http://db.history.go.kr/
30) 한국정신문화연구원 현대사연구소 편, 『지운 김철수』, 한국정신문화연구원 현대사연구소, 1999.
31) 고영민, 『해방정국의 증언』, 사계절출판사, 1987.
    고준석, 『해방 1945 - 1950』, 흔겨레, 1989.
32) 이철승 · 박갑동, 『대한민국, 이렇게 세웠다』, 계명사, 1998.
33) 경향신문사사 편집위원회, 『경향신문 40년사』, 경향신문사, 1986.
34) 박병엽 구술, 유영구 · 정창현 엮음, 『김일성과 박헌영 그리고 여운형』, 선인, 2010.

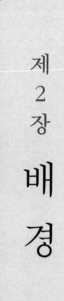

제
2
장

배
경

본 장에서는 정판사 '위폐' 사건이 어떠한 역사적 배경 속에서 일어났는지를 검토할 것이다. 보다 구체적으로는 해방 이후부터 1946년 중반까지 미군정의 대좌익 정책 및 조선공산당의 대미 노선의 변화 과정을 중심으로 살펴볼 것이다.

1. 미군정의 대좌익 정책 변화 과정

1) 해방 이후 모스크바 3상회의 이전

1945년 9월 한반도의 38도선 이남에 진주한 미군정[1]의 목표는 공산주의에 대한 방벽을 구축함으로써 한반도에 대한 소련의 지배를 방지하고 친미 정부를 수립하는 것이었다.[2] 이에 따라 좌익을 탄압하고 우익을 지원하는 것은 미군정 점령 정책의 기본 방향이 될 수밖에 없었다.

그러나 미군정이 진주할 당시 남조선은 좌익 세력의 주도하에 조선인민공화국, 인민위원회, 치안대 등 준국가기구가 수립되어 활발하게 활동하고 있었으며 대중의 지지를 획득하고 있었다. 반면, 우익 세력은 조직적으로나 대중적 기반으로나 미약했다. 또한 통신사, 신문사 등 언론 분야

---

1) 출범 당시 미군정의 공식 명칭은 'Military Government, United States Army Forces in Korea'(남조선주둔미국육군 군사정부)이고 약칭은 'MG, USAFIK'(주한미군 군정)이었으며, 1946년 1월 4일 조직 체계를 정비하며 변경한 명칭은 'United States Army Military Government in Korea'(남조선 주재 미국육군군사정부)이고 약칭은 'USAMGIK'(주한미군정)이었다. 전자는 각 지역 군정 부대에 대한 통제권이 전술지휘관에 있었던 반면, 후자는 미군정청 사령부가 자체적으로 각 군정 부대에 대한 통제권을 지녔다. 이 책에서는 양자를 구분 없이 모두 '미군정' 혹은 '미군정청'으로 표시하기로 한다.

2) 김원덕, 「미군정 초기의 점령 정책」, 『건국대학교 대학원 학술논문집』 제38집, 건국대학교, 1994, 112쪽.

역시도 좌익이 먼저 선점하여 활발한 활동을 펼쳤으며, 우익 언론은 미약한 상태였다. 또, 일제 조선총독부 체제의 붕괴로 인해 미군정의 통치를 뒷받침하고 좌익 탄압을 수행할 수 있는 경찰, 사법 등 억압적 국가기구가 아직 재구축되지 못했으며, 법령도 정비하지 못한 상태였다.

이에 따라 미군정은 한편으로는 경찰, 사법과 같은 억압적 국가기구를 정비했고, 다른 한편으로는 좌익 정치 세력과 좌익 언론의 움직임을 주시하고 견제하며, 그 과정에서 좌익 탄압을 조금씩 실행에 옮기기 시작했다. 그리고 우익 정치 세력과 우익 언론을 양성해 나갔다.

우선 미군정의 좌익 정치 단체에 대한 대응을 알아보겠다. 미군정이 정당과 관련하여 가장 먼저 한 조치는 정당에 대한 탐색이었다. 9월 17일 하지 사령관은 소위 '정당은 오라'라고 하는, 즉 국내 각 정치단체 대표들과 정례적으로 회견하겠다는 성명을 발표했다.[3] 즉, 어떤 정당이든 (1) 정당 명칭, (2) 정당 대표자, (3) 정당 본부 주소 및 전화번호, (4) 정당의 정확한 정견 혹은 정강, (5) 정당의 조직, (6) 당원 수 등의 정보를 서면으로 제출하면 하지가 당 대표 혹은 당 부대표와 5분 정도 면담할 기회를 준다는 것이었다. 미군정이 이러한 조치를 취하게 된 데에는 세 가지 정도의 의도가 있었던 것으로 보인다. 첫째는 정당의 정보를 제출케 함으로써 어느 정당이 좌익이고 우익이며, 그 조직과 규모가 어떻게 되며, 대표자는 어떤 사람인지를 파악하려는 것이었다. 특히, 조선공산당을 비롯한 좌익 정당에 대한 정보와 동향을 파악하는 데 유용할 수 있었다. 둘째는 서류만 제출하면 정당으로 인정하고 하지와 면담할 수 있게 함으로써 그때까지 활발하지 못했던 우익 세력의 정치 활동 기회를 보장하는 것이었다. 이로 인해 1개월 내에 40~50개의 정당, 단체가 난립하게 되었다.[4] 셋째, 이러한 조치

---

3) 「건국의 경륜을 듯자/하-지 중장 정당 대표와 정례회견 실시/각 지방 단체도 인정」, 『매일신보』, 1945.9.17.

를 통해 세력이 큰 정당이나 작은 정당이나 모두 똑같은 발언의 기회를 주는 것은 상대적으로 세력이 큰 좌익의 기득권을 인정하지 않고 무력화하려는 의도가 있었다고 할 수 있다.

이러한 탐색 작업과 함께 미군정은 좌익에 대한 견제에 들어갔다. 당시 미군정에게 가장 신경 쓰이는 것은 조선인민공화국의 존재였다. 남조선 유일의 정부임을 자처하는 미군정으로서는 정부를 '참칭'하는 인공을 도저히 용납할 수 없었다. 이에 따라 하지는 모든 정치 집단에게 9월 12일 경성부민관으로 대표를 보내도록 요청한 후, "조선의 정부로서 어떤 한 개의 당이나 단체를 승인할 의사가 조금도 없음"을 명백히 함으로써 간접적으로 인공을 부인함을 시사했으며,5) 미군정 정보부장 폴 헤이워드(Paul Hayward) 중령은 한국민주당 선전부 책임자가 방문했을 때 "현재 조선 내에는 미군정부 이외에는 여하한 정부도 있을 수 없다. 관념적으론 어떤 정부를 운운할 수 있을지나 조선인민공화국 운운은 인정할 수가 없다"라고 언명했다.6) 그러나 인공을 즉시 해체시키거나 탄압을 가하지는 않았으며, 미군정이 남조선의 유일한 정부임을 확인시키는 수준에서 대응했다.

그러던 중 인공이 1946년 3월 1일에 개최될 **전국인민대표자대회**에서 총선거를 통해 인민의 대표를 선출할 것임을 10월 3일에 발표하자,7) 10월 10일 미군정장관 아치볼드 빈센트 아놀드(Archibald Vincent Arnold) 소장은 인공을 공식적으로 부인하는 성명을 발표했다.8) 또한 미군정은 인민

4) 서중석,『한국현대민족운동연구』, 역사비평사, 1991, 258쪽.

5)「지도자 각층의 협력으로 치안 유지에 힘쓰라/하지 중장, 각 단체 대표에 부탁」,『매일신보』, 1945.9.13.

6)「한국민주당, 미군당국 정보부장의 '조선인민공화국' 부인에 관한 전단을 살포하다」, 1945.9.13., 국사편찬위원회,『자료대한민국사』제1권, 국사편찬위원회, 1968, 97쪽.

7)「명년 3월 1일에 전국인민대표대회/중앙위원회서 소집/대표 전형위원 결정」,『매일신보』, 1945.10.3.

8)「정당의 존재는 인정/군정 이외 정부 없다/미군정장관 아놀드 소장 담」,『매일신보』,

공화국 측에 그 명칭에서 '국'자를 뺄 것을 요구했고, 이에 인공은 11월 20일부터 22일까지 열린 전국인민위원회대표자대회에서 이를 검토했으나 결국 국호 변경을 거부하는 결의를 발표했다. 그러자 12월 12일 하지는 인공을 부인하는 성명을 발표했다.[9] 이어서 미군정은 12월 15일 인공의 청사 건물 명도를 요구했으며, 12월 19일 미군 방첩대 대원 수십 명이 청사를 수색하여 서류를 압수하고 중앙인민위원회의 간판을 뜯어 갔다. 다만 중앙인민위원회 자체를 해산시키지는 않았다.[10]

또한 경찰이 조직되고 「군정법령 제28호 제3조: 경찰군사기관의 금지」가 발표된 후 미군정은 인민위원회 및 자생적 치안 단체를 본격적으로 탄압해 나갔다. 11월 15일에는 무장 경찰 20명을 남원에 투입하여 군청 안의 인민위원회 간부 5명을 검거하고 11월 17일 이들의 석방을 요구하는 시민들에게 발포하여 3명이 즉사하고 50여 명이 부상을 당한 남원 사건이 발생했다.[11] 이러한 조치는 인공 중앙에 대한 조치와 대비되는데, 이는 인공 중앙이 명목상으로는 정부를 칭하고 있지만 실제로는 정당 혹은 정치단체의 역할에 머무른 데 반해 지방인민위원회는 실제적인 국가 기능을 수행하며 미군정의 지방 행정기관과 충돌하는 상황이 벌어지고 있었기 때문이었다.[12] 이를 통해 미군정은 인공 중앙은 정치 활동의 자유를 어느 정도 허용함으로써 정당 수준으로 관리하려 한 반면 지방인민위원회는 매우 확실하고 철저하게 파괴해 나갔음을 알 수 있다.

1945.10.11.

9) 「인민공화국 존재는 조선 독립 달성을 방해/하-지 최고지휘관 중대 성명」, 『동아일보』, 1945.12.13.

10) 서중석, 앞의 책, 261쪽.

11) 「남원사건진상 (상)/경성변호사회 홍순화 씨 보고서」, 『자유신문』, 1945.12.3.
「남원사건진상 (하)/경성변호사회 홍순화 씨 보고」, 『자유신문』, 1945.12.4.

12) 미군정의 인민위원회 탄압에 대해서는 브루스 커밍스, 「제9장 지방인민위원회의 운명」, 『한국전쟁의 기원』, 일월서각, 1986, 373~437쪽 참조.

다음으로 미군정의 좌익 언론에 대한 대응을 알아보겠다. 해방 공간에서는 정당, 사회단체뿐만 아니라 언론계 역시도 좌우 대립이 분명했으며, 각 신문은 대부분 '대중지'라기보다는 정치적 성향이 뚜렷한 '정론지'로서의 성격이 강했다. 또한 일부 신문은 아예 특정 정당이나 단체의 '기관지'이거나 기관지의 성격에 가까웠다. 이에 따라 미군정의 정당에 대한 탄압과 언론에 대한 탄압은 그 궤를 같이했다고 할 수 있다.

일제강점기에 극도로 위축되었던 언론계는 해방 이후 왕성한 활동을 재개하기 시작했다. 해방 다음 날인 1945년 8월 16일 건국준비위원회 측에서 조선총독부 기관지인『매일신보』접수를 시도하자 이를 필두로 언론계에서도 일본인 소유의 출판사, 인쇄소, 신문사를 접수 또는 매수하여 생산 시설의 파손을 막고 자주적 민족 언론을 부활시킴으로써 국가 재건 사업에 활용하려는, 이른바 '자주관리운동'이 시작되었다. 그 과정에서 언론 및 출판계는 자연스럽게 건준 및 조선공산당 등 좌익 세력에 의해 장악되었으며 김정도, 고재두 등『경성일보』출신의 기자들은 인민공화국 설립과 때를 같이하여 미군정이 선포되기 직전인 9월 8일 인공 기관지 성격의『조선인민보』를 창간했다.

미군정 진주 직후인 9월 11일 하지 사령관은 기자회견을 통해 조선의 언론 자유를 말하면서도 치안에 방해될 경우 별도의 조치를 취하겠다는 취지를 밝혔는데, 이는 미군정의 이중적인 언론 정책을 암시하는 것이었다.13) 그럼에도 미군정은 신문 발간 등 조선인들의 언론 자유와 의지를 인정하지 않을 수 없었으며『해방일보』,『자유신문』,『중앙신문』을 포함하여 전국적으로 수많은 신문이 발간되기 시작했다. 그리고 좌익 언론의 우세는 막을 수 없는 대세였다.

---

13) 「조선 동포를 위한 자주국가 수립에/조선의 기능을 충분 발휘/하지 군사령관 기자단 회견 담/포고를 명기(銘記)하라」,『매일신보』, 1945.9.12.

이러한 상황에서 미군정은 적산(敵産) 접수[14]를 통해 좌익 계열의 언론을 장악해 나갔다. 우선 미군정은 9월 25일 「군정법령 제2호: 패전국 소속 재산의 동결 및 이전 제한의 건」,[15] 즉 일본인의 국공유 재산에 대한 미군정의 접수를 공표했다. 이러한 방침에 따라 미군정은 우선 공공 언론기관인 경성방송국, 『경성일보』, 『매일신보』를 접수했는데, 『매일신보』의 경우 사원자치위원회의 인사 반발이 있자[16] 11월 10일 재정 조사를 이유로 정간 처분하고 11월 23일 새 임원진을 구성하여 『서울신문』으로 제호를 변경하여 속간시켰다.[17]

다음으로 미군정은 10월 23일부터 30일 사이에 「일본인 재산 처리방침」 4개 조항,[18] 즉 일본인 사유재산에 대한 미군정의 접수를 공표했다. 이에 따라 미군정은 사설 언론기관 귀속재산에 대해서도 처리하기 시작했는데, 뚜렷한 원칙 없이 상황에 따라 (1) 조선인 사원들이 접수한 것을 회수하여 미군정이 지정한 다른 인물에게 관리권을 이양하기, (2) 관리권을 이양받은 인물이 미군정에 협조적이지 않을 경우 관리권을 회수하여 다른 인물에게 넘기기, (3) 귀속재산의 조선인 소유를 잠정적으로 묵인했다가 소유자가 문제가 있다고 생각될 경우 폐간 처분한 후 관리권을 다른 인물에게 이양시키기[19] 등 그때그때 처리 방식을 달리했다.[20] 그러나 어떠한 처리 방

---

14) 미군정의 언론 관련 귀속재산 처리 방식에 대해서는 김민환, 『한국언론사』, 나남, 1996, 335~348쪽 참조.

15) 김태승, 「미군정기 노동운동과 전평의 운동노선」, 『해방전후사의 인식』 3, 1987, 311~312, 332쪽.

16) 『매일신보』의 정간 이유에 대해서는 아놀드 군정장관의 인공 부인 발언을 강하게 비판했기 때문이라는 주장도 있다.

17) 김민환, 앞의 책, 340쪽.

18) 김태승, 앞의 글, 332쪽.

19) 가장 대표적인 예가 정판사 '위폐' 사건 이후 『해방일보』를 폐간시키고 조선정판사 인쇄 시설을 천주교계에 넘겨 『경향신문』을 창간케 한 것이다.

식이든 간에 결국 미군정에게 협조적인 우익 세력에게 관리권을 넘겼다는 점에서는 공통적이었다.

한편 미군정은 귀속재산으로 접수한 경성일보사 시설을 이용하여 11월 23일 『조선일보』를 복간시키고, 12월 1일 『동아일보』를 복간시키는 등 우익 언론의 육성에도 힘을 쏟았다.

또한 미군정은 10월 30일 공포한 「군정법령 제19호 제5조: 신문 기타 출판물의 등기」를 통해 「신문 및 출판물 등록제」를 실시했는데, 이는 '허가제'가 아닌 '등록제'였으므로 한편으로는 언론의 자유를 보장하는 정책이었지만, 다른 한편으로는 언론계의 실정을 파악함으로써 언론의 규제 및 단속을 꾀하려는 사전 준비 작업의 일환이기도 했다.[21]

이러한 미군정의 초기 언론 정책은 좌익의 동향을 주시하고 견제하면서 산발적으로 억압하는 한편, 우익 세력의 양성을 시도했다는 점에서 정당 정책과도 일맥상통하는 면이 있다고 할 수 있다.

2) 모스크바 3상회의 이후 제1차 미소공위 결렬 이전

모스크바 3상회의 이후 미군정의 좌익에 대한 탄압은 가속화되기 시작했다. 우선 미군정은 "소련이 신탁통치를 주장했고 미국은 즉시 독립을 주장했다"는 내용의 『동아일보』 1945년 12월 27일 자 왜곡 보도 기사[22]에 방조와 묵인 이상으로 깊이 개입했다.[23] 이는 공산당 및 좌익에게 신탁통

---

20) 김민환, 앞의 책, 341쪽.

21) 송건호, 『송건호 전집 9 민주언론 민족언론 · 2』, 한길사, 2002, 41쪽.

22) 「소련은 신탁통치 주장/소련의 구실은 38선 분할 점령/미국은 즉시 독립 주장」, 『동아일보』, 1945.12.27.

23) 신탁통치 왜곡 보도 사건에 대해서는 정용욱, 『해방 전후 미국의 대한정책』, 서울대학교출판부, 2003, 91~93쪽 참조.

치를 찬성하고 독립을 방해하며 소련에 나라를 팔아먹는 매국노라는 이미지를 씌움으로써 좌익으로부터의 민심 이반을 조장할 뿐 아니라 우익 단체들의 좌익에 대한 테러를 유도할 수 있는 매우 효과적인 공작 방식의 탄압이었다.

이러한 왜곡 보도의 확산으로 인해 미군정은 ① 신탁통치안에 대한 조선인들의 반발과 비난의 화살이 소련 측으로 전가됨으로써 정치적 위기를 모면할 수 있었고, ② 국내에 반공·반소 여론이 확산될 수 있었으며, ③ 미 국무부의 국제주의 노선이 타격을 입게 되었다는 점에서 1석 3조의 효과를 얻을 수 있었다. 거기에다 박헌영이 1945년 12월 28일부터 1946년 1월 2일까지 평양을 방문하여 **모스크바 3상회의** 결정에 대한 대응 전략에 대해 협의를 하고 돌아온 후 조선공산당 측이 **모스크바 3상회의** 결정 총체적 지지로 돌아서자 남조선 내의 탁치 논쟁은 좌우 극한 대립으로 이어지게 되면서 ④ 상대적으로 우익의 정치적 기반이 급격하게 강화되는 효과까지 발생했다.

이로 인해 좌익에 대한 우익 단체들의 테러가 계속되었다. 최초의 사건은 1945년 12월 29일 한민당의 사주를 받은 조선건국청년회 단원 20여 명이 좌익계 신문사인 조선인민보사를 습격한 것이었다. 이들이 조선인민보사를 때려 부수는 도중에 국군준비대가 출동하여 사태를 진정시켰는데 그 과정에서 건청 단원들은 인민보사 직원 26명을 납치 감금했다. 그러나 미군정 측은 이틀 동안 이에 대해 아무런 조치를 취하지 않았다. 이에 국준이 12월 31일 건청 사령부를 습격하여 인민보사 직원들을 구출하고, 건청 단원 17명을 체포하여 연행하자 1946년 1월 2일 미군과 경찰이 출동하여 국준을 급습하고 대원 4명을 체포한 후, 건청 습격의 책임을 물어 국준 사령관 이혁기를 체포하고, 이어서 국준을 해체해 버렸다. 이것이 **국군준비대 사건**이다.[24]

한편, 신탁통치 왜곡 보도 사건과 마찬가지로 미군정의 공작으로 의심되는 사건이 또 발생했는데, 바로 박헌영-존스턴 기자회견 사건이다.25) 1월 5일 박헌영은 내외신 기자 회견을 가졌는데, 이에 대해 1월 15일 미국 샌프란시스코 방송은 "기자회견 자리에 참석한 리차드 존스턴(Richard Johnston)이 쓴 『뉴욕타임즈』 기사에 따르면 박헌영은 '조선에 대한 소련의 1국신탁제를 지지하며, 향후 10~20년 이내에는 조선이 소련에 합병되어야 한다'고 말했다"는 내용의 방송을 내보냈다. 그리고 이 샌프란시스코 방송 내용은 다시 국내로 전해져 1월 16일 우익지에서 확대 보도했다.26) 그러나 박헌영은 그런 말을 한 적도 없었고, 『뉴욕타임즈』에도 그런 기사가 실린 적이 없었다. 존스턴은 이 왜곡 보도를 해명하지 않고 방치했다. 박헌영과 조선공산당은 존스턴의 왜곡에 강력하게 항의했으며, 기자회견에 참석했던 조선인 기자 12명도 존스턴의 발언이 왜곡이라는 공동 성명을 발표했지만, 속수무책이었다. 이로 인해 박헌영과 조선공산당은 소련에 나라를 팔아먹으려는 매국노이자 괴뢰라는 이미지가 더욱 강하게 덧씌워졌고, 우익은 이를 놓치지 않고 공산당 공격의 구실로 삼게 되었다.27)

---

24) 국군준비대 사건에 대해서는 이강수, 「해방직후 국군준비대의 결성과 그 성격」, 『군사』 제32호, 국방군사연구소, 1996, 237~240쪽 참조.

25) 박헌영-존스턴 기자회견 사건에 대해서는 정용욱, 앞의 책, 71~77쪽 참조.

26) 「조선을 소련의 한 연방으로/이 반역자의 죄상/조공과 그 일파의 매국행위/작일 상항(桑港) 뉴-쓰」, 『대동신문』, 1946.1.16.
「조선을 소련 속국으로/상항(桑港)방송이 전하는 조공 박헌영 씨 희망」, 『동아일보』, 1946.1.16.

27) 「박헌영의 매국 언동/한민당에서 배격을 결의」, 『동아일보』, 1946.1.16.
「매국적 행동에 단연 배격 소탕/민중당 간부회에서 결의」, 『대동신문』, 1946.1.17.
「조공을 소련의 연방화하려는 조공 일파에 민족의 심판/주목되는 금후의 사태/매국적 징치/각 단체 긴급협의회 개최」, 『대동신문』, 1946.1.17.
「매국적 성토대회에서 박헌영 일파를 타도/미소중영에 결의문 타전」, 『대동신문』, 1946.1.17.

이러한 분위기 속에서 1월 18일 서울 정동교회에서 반탁전국학생총연맹은 **반탁성토대회**를 개최하여 "찬탁으로 민족을 팔아먹는 공산당을 타도하자"는 등의 구호를 외치며 조선공산당을 반민족적 · 매국적이라고 맹비난을 가했다. 그리고 대회를 마친 1,000여 명의 학생들이 거리로 몰려나와 가두시위를 벌이며 반탁 의지를 알리기 위해 소련영사관과 미국영사관 등을 돌았다. 그리고 조선인민보사 건물에 난입하여 인쇄 시설을 파괴하고, 조선인민당 본부와 서울시인민위원회를 습격해 기물을 파괴했다. 이에 좌익계 청년 단체인 전국청년단체총동맹 대원들을 중심으로 얼마 전에 해체된 국군준비대 출신 일부 대원들이 출동하여 반탁시위대를 습격했는데, 퇴각하던 국군준비대 출신 백종선이 경찰에 체포되었다. 경찰은 반탁시위대를 습격한 좌익 청년들이 조선학병동맹 소속이라고 판단하고, 1월 19일 새벽 무장 경찰대를 파견하여 학병동맹 본부를 습격했다. 그 과정에서 3명의 사망자를 내고 140명을 검거한 후 학병동맹을 해체했다. 정작 학병동맹원들은 반탁학련 시위대를 습격하지도 않았는데 이를 학병동맹에 뒤집어씌워 학병동맹원을 사살하고 학병동맹을 해체시켜 버린 것이었다. 이것이 **학병동맹 사건**이다.[28]

이렇게 '미군정 및 우익 신문의 공작' - '우익 단체의 좌익 습격' - '경찰의 방치' - '좌익의 무력 대응' - '경찰의 좌익 체포'로 이어지는 방식의 탄압을 통해 미군정은 1946년 초 국준과 학병동맹 등 좌익의 무장력을 해체했다. 물론 직접 좌익을 습격한 것은 미군이 아니라 조선인 경찰과 우익이었지만, 미군정 수뇌부는 경찰과 우익의 행동을 방조, 방치하거나 지지, 비호

「전국적으로 배격 운동/각 정당과 50여 단체 분연 궐기/조공 박헌영 씨 언동에 큰 파문」, 『동아일보』, 1946.1.17.

28) 학병동맹 사건에 대해서는 임나영, 「1945~1948년 우익 청년단 테러의 전개 양상과 성격」, 서울대학교 대학원 석사학위논문, 2008, 33~35쪽; 홍석률, 『민주주의 잔혹사』, 창비, 2017, 267~278쪽 참조.

했다. 미군정은 1945년 9월 남조선에 진주한 이래 건준, 인공, 인민위원회 등 좌익 및 변혁 세력이 치안대를 조직하여 사실상 정부의 치안 유지 기능을 수행하려는 것을 용납할 수 없었으며, 점진적으로 이들의 무장력을 해체시켜 왔다. 그리고 신탁통치 파동을 계기로 격화되는 좌우 대립 및 우익의 테러를 이용하여 좌익 및 변혁 세력의 무력을 완전히 제거했다.

미소공위가 개최되던 기간인 3월과 4월에는 경찰의 정치 집회 금지로 좌익에 대한 우익 단체의 테러가 다소 줄어들었지만, 미소공위가 결렬된 후인 5월에는 미군정의 좌익 탄압이 본격화되면서 다시 급증했다.[29]

한편 미소공위 개최 기간 중에도 미군정은 좌익을 견제 탄압했는데, 대단히 폭력적인 방식의 탄압은 아니었지만 주로 법령 위반 등을 구실로 민주주의민족전선 등 좌익 단체 인사들을 검거하는 방식으로 탄압했다.

우선 군정장관 아처 린 러치(Archer Lynn Lerch) 소장은 1946년 2월 20일 「군정법령 제55호」를 공포했는데,[30] 이는 정당 등록 절차를 까다롭게 개정한 것으로서 미소공위에서 임시정부 수립을 위해 정당, 사회단체와 협의할 때를 대비하여 좌익 정당의 확대를 막으려는 것이었다. 이에 조선독립동맹, 무정부주의자총연맹, 중앙인민위원회, 조선인민당, 조선공산당 등 40여 단체는 2월 25일 미군정 공보국장 글렌 뉴먼(Glenn Newman) 대령에게 질의하는 한편, 「군정법령 제55호」가 사실상 정치 활동을 금지하는 것이라는 내용의 성명을 발표하는 등 강하게 반발했으며,[31] 3월 1일 민전 측

---

29) 월별 우익 테러 발생 건수를 보면 1945년 12월 6건, 1946년 1월 32건, 2월 7건, 3월 10건, 4월 6건, 5월 62건이었다(임나영, 앞의 논문, 39쪽, 53쪽).

30) 「법령 제55호(정당에 관한 규칙)가 공포되다」, 『군정청 법령 제55호』, 1946.2.23., 국사편찬위원회, 『자료대한민국사』 제2권, 국사편찬위원회, 1969, 126~128쪽.

31) 「인권 자유를 전연 망각/정치활동을 봉쇄하는 악법/정당등록령에 반대 여론 비등」, 『자유신문』, 1946.2.27.
「당명만은 위선 등록/정당 법규에 대해 20여 정당 단체, 반대 결의」, 『서울신문』, 1946.2.28.

에서 주최한 3·1기념서울시민대회에서는 군정 당국에「군정법령 제55호」의 철폐를 요구하는 결의문을 발표하기도 했다.[32] 그러나 미군정은 이러한「군정법령 제55호」의 철폐 요구를 받아들이지 않았고 단지 등록 마감일을 연기해 주는 수준으로 대응했다.[33] 이에 조선인민당, 조선공산당, 조선신민당 및 23개 단체는 대책위원회를 조직하여 3월 23일「군정법령 제52호: 신한공사령」의 폐지와「군정법령 제55호: 정당등록법」의 수정을 요구하는 결정서를 발표했다.[34]

그러나 제2차 등록 마감일인 3월 31일이 지나면서「정당등록법」위반을 이유로 대규모 검거 사태가 전국적으로 속출했는데, 4월 1일 광주에서는 전남인민위원장 겸 인민당 전남지부장 박준규, 민전 전남 부위원장 국기열 등 민전, 인민당 간부 10여 명을 검거하고 민전, 인위, 청총, 부총 등을 수색하여 서류를 압수했고,[35] 4월 9일경 부산, 마산, 진주, 밀양 등 경남 지방에서는 민전, 인위, 공산당, 인민당, 전농, 전평, 청총, 부총 등의 수뇌부 20명을 검거했다.[36] 이러한 미소공위 시기에 있었던 미군정의 좌익 탄압은 소련을 의식했기 때문에 우익의 테러를 이용하는 등의 폭력적인 방법을 대대적으로 쓸 수는 없었으며, 대신 법령 위반을 이유로 좌익 정당

「군정청 방문객 단체의 성명서」,『서울신문』, 1946.2.28.

「실제에 잇서 실행불가능/정당등록법에 반대성 치열」,『자유신문』, 1946.2.28.

32)「정당등록법 철폐하라/31기념서울시민대회서 결의」,『자유신문』, 1946.3.3.

33)「정당 등록은 16일까지」,『자유신문』, 1946.3.8.

34)「신민당 등 23개 단체, 신한공사령의 철폐와 정당등록법의 수정을 요구하는 결정서를 발표하다」,『서울신문』, 1946.3.24.,『자료대한민국사』제2권, 국사편찬위원회, 1968, 276~277쪽.

35)「광주 민주진영을 총검거/경관대 출동으로 서류까지 압수」,『조선인민보』, 1946.4.9.

36)「부산에 검거 선풍」,『서울신문』, 1946.4.11.

「남선 일대에 버려지는 검거의 이유는 무엇인가?/민전 사무국 담화 발표」,『해방일보』, 1946.4.16.

및 단체의 간부를 검거하여 지방에서 민전의 세력이 확대되는 것을 막으려는 시도였다고 할 수 있다. 한편, 미군정 측은 이러한 사전 정지 작업을 바탕으로 지방에서의 우익 세력의 조직화를 모색했는데, 하지의 권유로 이승만은 4월 15일부터 6월까지 남부 지방으로 순회 여행을 떠났으며, 이를 계기로 미군정·경찰·지방 행정관리·우익 청년 단체의 협력하에 대한독립촉성국민회 지회를 결성하게 되었다.37)

또한, 미소공위 기간 중 있었던 좌익에 대한 탄압 중 중요한 사건으로는 김성숙 및 안기성 체포 사건을 들 수 있다. 1946년 3월 19일 전북 민전 결성 대회에 참석한 민전 부의장 김성숙, 인민당 재정부장 안기성 등 7명은 이후 전북 각지를 순회하며 강연을 하고 있었는데, 3월 24일 김제에서 강연 도중 우익 측의 테러를 당했고, 3월 25일 정읍과 부안에서 강연 도중 "미국이 신탁 10년을 주장했다", "민주의원은 비민주주의적이다"라고 말했다는 이유로 경찰에 체포되어 군정 재판에 회부되었다. 3월 29일 전북도지사실에서 열린 군정 재판에서 김성숙, 안기성은 사회의 안녕질서를 교란시켰다는 이유로 「맥아더 포고령 제2호」와 「군정법령 제19호」 위반으로 징역 6개월을 선고받았다. 전주형무소에서 복역 중이던 이들은 만기 출소를 3주 앞둔 9월 7일 하지의 명령에 따른 재심 결과 무죄로 석방되었다.38)

---

37) 이승만의 남부 지방 순회 여행에 관해서는 정병준, 『우남 이승만 연구』, 역사비평사, 2005, 548~563쪽 참조.
38) 「군정방해로/민전 간부 일부 구금」, 『동아일보』, 1946.3.30.
「순회 강연 중에 구금된/김성숙 씨 등에 체형 언도」, 『동아일보』, 1946.3.31.
「민전 김성숙 씨에 6개월 체형 언도」, 『자유신문』, 1946.4.1.
「김 의장 피검에 조공 측 강경 의견」, 『자유신문』, 1946.4.2.
「김성숙, 안기성 양 씨/군정재판의 재심 진상」, 『서울신문』, 1946.4.11.
「김성숙, 안기성 양 씨 석방」, 『서울신문』, 1946.9.14.
「김성숙, 안기성 씨 무죄/만기되기 3주일 전인 7일 출옥」, 『자유신문』, 1946.9.14.
「민전 김, 안 양씨는 석방/재심리한 결과 무죄로 판명/건국에 일로매진/신생혁명세력과 합력하야/김성숙 씨 담/이번은 내 감옥/안기성 씨 담」, 『중외신보』, 1946.9.14.

김성숙은 1945년 12월 2일 귀국한 중경임정 국무위원으로서, 귀국 이후 임정과 인공의 합작 등 좌우합작을 위해 노력했는데, 비상국민회의 최고정무위원회가 남조선대한국민대표민주의원으로 전환되어 하지 미군정 사령관의 자문기관으로 탈바꿈하게 되자 이를 강하게 비판하며 장건상, 김원봉, 성주식과 함께 임정을 떠나 민주주의민족전선에 참여했으며 민전 부의장에 선출되었다. 임정 요인 4인의 민전 참여는 민전에 큰 힘을 실어주는 반면에 민주의원의 정통성에 엄청난 타격을 주게 되었으며, 민주의원을 통해 정계를 통합하여 미소공위를 대비하려던 미군정에게도 큰 부담이 되었다. 따라서 미군정은 어떻게든 민전의 확대를 막고 민주의원을 육성시켜야 할 필요가 있었다. 이런 상황에서 김성숙이 지방을 순회하며 미군정과 민주의원을 비판하는 대중 강연을 하자 미군정으로서는 그의 입을 막아야 할 필요가 있었으며, 재판의 형식을 통해 구금시켰던 것이다.

3) 제1차 미소공위 결렬 이후

한편, 미군정은 제1차 미소공위 결렬 시점에서 새로운 대좌익 정책을 추진하기 시작했다. 미군정이 선택한 새로운 대좌익 정책은 좌익의 핵심 세력이자 '극좌' 세력으로 분류되는 박헌영파를 고립시키고, 여운형을 비롯한 '중도좌파' 세력 혹은 반박헌영파 세력을 분리해 내어 개량주의화시킴으로써 좌익 내 분열을 심화시키고 결국 좌익의 몰락을 꾀하는 것이라고 할 수 있다.

이러한 미군정의 새로운 대좌익 정책은 미국 정부와 미군정이 협의하여 1946년 6월 결정하게 되는 '중도파 활용 좌우합작 및 과도입법기구안'이라고 하는 새로운 대한 정책(조선정부수립안)과 관련이 있다. 따라서 우선 미국 정부와 미군정의 대한 정책의 변화 과정을 먼저 살펴볼 필요가 있다.

미국 정부의 대한 정책은 제2차 세계대전 참전 이후 프랭클린 델라노 루즈벨트(Franklin Delano Roosevelt) 대통령의 국제주의 노선에 따라 이전 식민지 국가들에 신탁통치를 실시하여 그 기간을 통해 친미적 정부를 육성함으로써 미국의 이익을 극대화한다는 전후 세계 전략에 따른 것이었다. 이러한 전략에 따라 조선도 일정 기간 신탁통치를 실시한 후 독립을 시킨다는 계획이 미국의 대한 정책의 기본 바탕이 되었다.

이러한 미국 정부의 대한 정책은 1945년 10월 24일 "① 38도선을 중심으로 미·소 양군에 의한 분할 점령, ② 미소 양 군정 통합, ③ 4대국에 의한 국제신탁통치 협정하의 중앙행정기구, ④ 독립"이라는 4단계 처리 방안으로 정리되었다. 미국은 ③의 중앙행정기구를 미국이 남조선에 수립한 행정부를 토대로 마련하겠다는 공세적인 구상을 마련했다.[39] 그러나 조선의 어느 정치 세력에게도 대표성이나 정책 결정권을 부여하지 않은 채 조선인들을 선택적으로 활용한다는 입장이었다.[40]

그러나 미국 정부는 모스크바 3상회의 결정으로 인한 탁치 정국의 충격으로 현지 한반도의 실정에 대한 고려 없이는 효과적인 대한 정책을 추진할 수 없음을 깨닫게 되었다. 그리하여 기존의 '조선인 배제' 및 '신탁통치안 고수'의 태도를 전격 철회하고 조선인으로 구성된 협의 기구를 발전시켜 미소공위에 참여시키는 새로운 계획을 세우게 되었다. 그리하여 1946년 1월 28일 미국 삼부조정위원회(State-War-Navy Coordinating Committee, SWNCC)는 미소공위 미국 측 대표단에게 전달할 지침[41]을 최종 승인했다.

---

39) 삼부조정위원회 십진분류문서철, 「SWNCC 176/3, 삼부조정위원회 극동소위원회가 삼부조정위원회에 보내는 비망록: 민정에 관한 기본훈령 초안」, 1945.9.1.;「SWNCC 79/1, 한국민간행정기구의 구성과 구조」, 1945.9.27.;「SWNCC 101/4, 삼부조정위원회 극동소위 보고서」와 첨부 "C"「한국의 국제신탁통치에 관한 미국의 정책」, 1945. 10.24., 정용욱, 위의 책, 122~124쪽의 재인용 내용을 종합.

40) 정용욱, 앞의 책, 133~134쪽.

이 지침에는 조선임시정부 수립 계획이 포함되어 있었는데, 남북이 각각 '협의대표기구'를 구성하고 이를 이용하여 임시정부를 수립한다는 새로운 구상이었다. 이러한 협의대표기구안은 그동안 미군정이 추진하여 왔던 과도정부수립안과 매우 유사하다는 점에서 미국 정부가 그동안 거부해 왔던 미군정의 의견을 적극적으로 수용한 것이라고 볼 수 있다.

이 지침에는 남조선 내 협의대표기구를 구성할 때 '좌우익의 극단주의자가 아닌' 지도자들이 다수 선출되도록 하라는 내용이 담겨 있었다.[42] 이는 미국 정부 측에서 '극좌', 즉 조선공산당 세력뿐만 아니라 '극우', 즉 김구와 이승만 세력을 기피 대상으로 삼고 있었음을 의미한다. 김구는 반탁운동으로 미군정에 '쿠데타'를 일으킨 장본인이었고, 이승만은 미 국무부와의 불화를 일으켜 온 인물이었기 때문인 것으로 보인다. 그러한 점에서 미국 정부의 중도파를 활용한 정계 개편 구상은 이미 1946년 1월부터 시작되었다고 할 수 있다.

그런데 이러한 미국 정부의 협의대표기구안에서의 중도파 활용 방침은 제대로 실현되지 못했다. 미군정이 협의대표기구로서 조직한 것이 남조선대한국민대표민주의원이었는데, 민주의원은 김구, 이승만, 한민당 등 '극우' 세력을 중심으로 구성되었기 때문이다.

어차피 협의대표기구안은 소련 측 대표의 반대로 거부됨으로써 사장되고 말았지만, 미소공위 내내 계속된 우익 세력의 반탁 주장 문제는 결국 미소공위 결렬의 핵심 원인이 되고 말았다.

이러한 상황에서 미소공위 결렬 이후 미국 정부는 더욱더 '중도파 중심'의 협의대표기구안의 연장 선상에서 새로운 대한 정책을 구상하게 되었다. 이러한 취지를 기본으로 하여 미국 정부와 미군정 정책 담당자 간에

---

41) 「SWNCC 176/18; 한국에 관한 정치적 방침」, 위의 책, 201쪽에서 재인용.
42) 위의 책, 202쪽, 219쪽.

거듭 논의를 진행한 끝에 미국 정부 측은 6월 6일 새로운 대한 정책[43]을 작성하여 맥아더 사령부에 전달했다. 그 내용은 온건 좌우파 정치인을 활용하여 조선인 정당들 간의 통합을 추진하고 이를 통해 민주의원을 능가하는 입법자문기구를 구성하며, 행정기관에 조선인의 참여를 확대하고, 재개될 미소공위에 대비하라는 것이었다.[44] 이러한 지침에 따라 미국 정부와 미군정 정책 담당자 측은 좌우합작을 통해 남조선과도입법의원을 설치하는 안을 구상하게 되었으며, 남조선과도입법의원을 남조선과도정부 수립으로 발전시키려는 계획을 세우게 되었다.

이러한 점에서 모스크바 3상회의 결정 이후 수정되기 시작한 미국 측의 대한 정책은 조선인 정치 조직을 구성해야 한다는 미군정의 의견과 그러한 정치 조직을 극좌, 극우가 아닌 중도 성향의 인물들을 중심으로 구성해야 한다는 미국 정부의 의견이 하나로 합쳐지게 된 것이라고 할 수 있다.

그런데 이러한 미국의 '신정책'에는 "비행정내각 및 입법기구 창설 전제조건은 공산주의자들의 개입 없는 정당들 간의 만족할 만한 통합",[45] "(입법의원에서) 공산주의자들의 역할은 축소 내지 고립화되어어야 함",[46] "(입법기구에) 공산당을 포함한 모든 정당을 초대, 공산당은 1/16~2/16의 역할을 갖게 하거나 고립화"[47] 등의 표현이 등장하고 있다. 이를 통해 미국 측은 1946년 5월 이후 조선공산당을 고립화하려는 의도를 가지고 있음을 알 수 있다.

---

43) 740.00119 Control (Korea), 「대한정책」, 1946.6.6., 위의 책, 237쪽에서 재인용.

44) 위의 책, 120~121쪽.

45) *FRUS* 1946, Vol. Ⅷ, 「랭던과 데이어가 국무장관에게」, 1946.5.24., 위의 책, 237쪽에서 재인용.

46) 육군부 정보참모부 전신철, 상자번호 114, 「Tfurc 53, 랭던과 데이어가 국무장관에게」, 1946.6.19., 위의 책, 240쪽에서 재인용.

47) 트루만 대통령 문서관, 데이어 문서철, 「데이어가 하지에게」, 날짜 미상, 위의 책, 240쪽에서 재인용.

그런데 이는 단지 입법기구를 구성할 때 조선공산당을 소수파로 만든다는 원칙을 밝힌 것일 뿐, 구체적으로 어떤 방법으로 조선공산당을 고립화시킬 것인지에 대한 내용이 나와 있는 것은 아니었다.

'조선공산당 고립화'라는 미국 정부의 '신정책'을 구현하기 위해 미군정이 선택한 방법은 박헌영 및 재건파로부터 다른 좌익 인사들을 분리시키는 것이었다. 이러한 방법은 미군정 초기부터 사용되어 왔지만 본격적으로 추진된 것은 제1차 미소공위 결렬 시점부터라고 할 수 있다.

대표적인 사례로는 우선 조봉암 편지 공개 사건을 들 수 있다. 5월 7일 『동아일보』를 비롯한 일부 우익 신문들은 조봉암의 명의로 된 「존경하는 박 동무에게」라는 제목의 편지를 공개했는데,[48] 박헌영의 인민위원회, 민전, 조선공산당 운영 방식이 독단적임을 비판하는 내용이었다. "조봉암이 박헌영에게 낸 사신(私信)은 1946년 3월 중순경 미군 CIC가 민전 인천 지부를 수색했을 때 빼앗은 것에 몇 군데를 개악한 것"이었으며 미군정은 이를 통해 박헌영과 조선공산당의 이미지를 실추시킴으로써 대중들의 좌익 및 조선공산당에 대한 지지를 떨어뜨리고 좌익 내부에서의 박헌영에 대한 지지를 떨어뜨려 좌익의 분열을 획책했다.[49] 이러한 공작은 치밀한 계획하에 이루어진 것으로 공작 내용뿐 아니라 공작 시기까지도 미리 정해져 있었다. 1946년 4월 6일 미국 측 대표단 단장 아놀드는 미소공위 각 분과위원회 미국 측 대표에게 「분과위원회에 주는 지시」와 그 부록인 「일정표」를 보냈는데, 그 안에는 조봉암의 박헌영 비판 서한 공개 등 조선공산당에 대한 공작을 5월 중에 실시할 것이 이미 계획되어 있었던 것이다.[50]

---

48) 조봉암, 「존경하는 박 동무에게 (1)」, 『동아일보』, 1946.5.7.
조봉암, 「존경하는 박 동무에게 (2)」, 『동아일보』, 1946.5.8.
조봉암, 「존경하는 박 동무에게 (완)」, 『동아일보』, 1946.5.9.
49) 서중석, 앞의 책, 496~497쪽.
50) 정용욱, 앞의 책, 224쪽.

또 다른 공작으로는 여운홍 인민당 탈당 및 사회민주당 창당 사건이 있다. 여운형의 동생 여운홍은 5월 9일 방송을 통해 인민당이 조선공산당의 모략에 빠져 독자성을 잃었다며 탈당을 선언했고,[51] 5월 11일 여운홍을 포함한 인민당원 94명이 정식 탈당했다.[52] 최종적으로 106명이 탈당하여 5월 22일 사회민주당을 결성했으며,[53] 8월 3일 발당식을 가졌다.[54] 이러한 일련의 공작은 조선공산당과 여운형을 이간질하여 좌익을 분열시키고 결국 여운형을 '극좌'로부터 빼내어 조선공산당을 고립시키려는 것이었다. 미군정은 이러한 공작을 이미 4월 12일 시행했는데, 프레스턴 굿펠로(Millard Preston Goodfellow), 찰스 테이어(Charles Wheeler Thayer), 레너드 버치(Leonard M. Bertsch), 황진남, 여운홍 등과 모인 자리에서 여운형에게 조선공산당과 관계를 끊으라고 설득했다.[55] 그러나 여운형은 흔들림이 없었다. 이에 따라 미군정은 우선 여운홍을 먼저 탈당시키는 방법을 쓴 것이었다. 그러나 이번에도 여운형은 별다른 행보를 보이지 않았다.

그 후 5월 15일 미군정은 이러한 공작의 연장선에서 정판사 '위폐' 사건을 발표하여 박헌영 및 조선공산당에게 결정적인 공격을 했다. 조선공산당이 위폐를 인쇄하여 당비로 사용하는 동시에 남조선의 경제를 교란시키려 했다는 주장이 제기되면서 조선공산당의 이미지는 크게 실추되었는데, 이는 대중으로 하여금 조선공산당에 대한 지지를 철회하게 하는 동시에 우파로 하여금 좌파에 대한 공격의 빌미를 주는 것이었다.

또한 정판사 '위폐' 사건 발표 이후 미군정은 이를 빌미로 조선공산당의 당 기관지 『해방일보』를 폐간시키고 인쇄 시설인 조선정판사를 폐쇄했으

51) 「인민당 수 분열/공당 모략에 빠젓다고 여운홍 씨 탈당」, 『동아일보』, 1946.5.10.
52) 「여운홍 씨 정식 탈당/신당 조직에 착수」, 『동아일보』, 1946.5.13.
53) 「사회민주당 결성」, 『동아일보』, 1946.5.27.
54) 「사회민주당 발당식」, 『동아일보』, 1946.8.6.
55) 「서울-워싱턴 비화 50년 (8) 여운형과 미군정 (상)」, 『경향신문』, 1995.2.16.

며, 조선공산당의 근거지인 근택빌딩을 적산관리 이유로 몰수하여 조선공산당 본부를 축출했다. 또한 증거물을 조사한다는 명목으로 두 차례에 걸쳐 조선공산당 본부를 급습하고 주요 서류, 도장 등을 압수했다.

그렇다면 미군정의 새로운 대좌익 정책은 기존의 대좌익 정책에 비해 어떤 특징이 있는가? 첫째는 탄압 대상을 조선공산당으로 집중했다는 점이다. 미군정은 진주 이래 변혁 세력 전체를 소위 좌익으로 간주하고 미군정에 위협이 된다는 이유로 배제, 탄압했다. 그리하여 1945년에는 좌익 전체의 집결체인 인공을 부정하고 탄압의 강도를 높여 나갔으며, 1946년 2월 이후에는 민전 소속 인사나 단체를 법률 위반 등의 혐의로 탄압했다.

그러나 이러한 좌익 세력 전체에 대한 탄압만으로는 좌익 세력을 '근절'시킬 수 없었으며 미군정의 정책 실패로 인해 좌익은 여전히 민중의 지지를 받고 있었다. 이런 상황에서 미군정은 좌익을 보다 효율적으로 탄압하고 좌익으로부터 민중의 지지를 이탈시키기 위해서 탄압 대상을 박헌영과 조선공산당 등 강경파로 집중화시킴으로써 좌익을 분열시킬 필요가 있었다. 앞서 밝힌 조봉암 편지 공개 사건, 여운홍 인민당 탈당 및 사회민주당 창당 사건, 정판사 '위폐' 사건 등은 모두 탄압 대상이 조선공산당으로 집중된 사건들이라고 할 수 있다.

둘째는 공작 정치의 성격이 강화되었다는 점이다. 미군정기 3년 내내 미군정이 좌익 탄압을 위해 기본적으로 동원한 수단은 경찰과 사법 등 억압적 국가기구의 물리적, 법적 폭력이었다. 즉, 법률 위반의 적용을 좌익 측보다 엄격하게 적용하여 경찰을 이용하여 체포 구금하고 재판에 회부하여 처벌하는 형식이 탄압 방식의 근간을 이루었다고 할 수 있다. 대표적인 예로는 인민위원회 및 자치적 치안 기구 탄압을 들 수 있다.

그러나 이러한 억압적 국가기구만을 사용하는 탄압 방식은 좌익이나 대중들에게 미군정이 직접적으로 좌익을 탄압하고 있다는 인식을 심어 줄 수 있다. 따라서 오히려 좌익 측의 반발 및 좌익을 지지하는 민중의 불만을 더 강하게 불러일으키게 되어 탄압의 효과도 크지 않고 미군정의 부담만 더 커질 수 있다.

그에 대한 대안으로 등장한 것이 언론 등 이데올로기적 국가기구를 동원하여 유언비어, 허위 사실, 왜곡 보도, 흑색선전 등을 유포함으로써 좌익의 도덕성이나 이미지, 권위, 신망 등을 실추시키는 공작 정치 방식의 탄압이었다. 이는 미군정이 좌익을 직접적으로 탄압한다는 인식을 주지 않음으로써 탄압에 따른 반발 등 부작용을 최소화하고, 좌익으로부터 민중의 지지를 이탈하게 한다는 점에서 보다 효율적이었다.

이러한 공작 정치 방식 탄압의 또 다른 장점은 당시 좌우익의 대립이 팽배한 상황에서 우익 강경파의 즉각적인 대응을 불러일으켜 좌익에 대한 테러와 공격을 유발한다는 점이었다. 그리고 경찰은 그러한 우익의 테러를 적절히 방조 방치하고 재판부는 우익 테러 단체 인사들을 적절히 석방하거나 상대적으로 약하게 처벌했으며, 반면 그러한 우익의 테러에 대응하는 좌익의 무력 사용에 대해서는 경찰과 사법부가 법을 엄격하게 집행하는 식으로 이중적으로 처리했다. 이런 식으로 이데올로기적 국가기구를 이용한 공작 정치 방식은 억압적 국가기구의 활용과도 연결될 수 있는, 대단히 '효과적'인 탄압 방식이라고 할 수 있다.

또한 미군정은 제1차 미소공위가 결렬될 무렵부터 본격적으로 언론 통제 및 좌익 언론 탄압 국면으로 들어서기 시작했다. 미군정은 『조선인민보』 3월 26일 자 사설 「식량과 우리의 요구」 중 "미군정이 어찌 이에 무관심 할 수 있으랴?"라는 문구와 4월 2일 자 기사 중 쌀을 달라고 시청 앞에 모여든 군중 중 부인 한 사람이 총에 맞아 부상을 당했다는 기사 등에 대해 「맥아더 포고령」 위반 혐의로 4월 하순 『조선인민보』 사장 홍증식과 편집국장 김오성을 체포하여 군정 재판에 회부했으며 1946년 5월 4일 징

역 90일과 벌금 3만 원을 선고했다.[56)]

또한 미군정은 5월 4일 「군정법령 제72호: 군정에 대한 범죄」를 공포함으로서 정국을 공포 분위기로 몰아갔는데,[57)] 제22항 "주둔군에 의하여 해산을 당했거나 불법이라 선언을 받은 또는 주둔군의 이익에 반하는 단체운동을 지지, 협력하는 행동 급 지도행위 또는 기조직에의 참가, 여사한 행동을 원조하는 인쇄물, 서적의 발행, 유포 또는 상기행동을 선전, 유포하는 물건의 소지 또는 상기단체운동의 기, 제복, 휘장으로써 하는 선동행위", 제31항 "주둔군, 연합군 또는 기국민에 대하여 유해, 불손하고 기자와의 불평, 불쾌를 조장하는 또는 필요한 신고를 하지 않은 인쇄물, 등사물, 서적의 발행, 수입, 유포, 주둔군, 연합군, 기국민 또는 주둔군 명령하에 행동하는 자에 대한 비방물의 발행유포" 등을 명시함으로써 언론 탄압 국면을 예고했다.

그리고 5월 7일 인천 CIC는 『인천신문』의 인천시청 적산과장에 대한 보도가 허위라는 이유로 인천신문사에 출동하여 직원 전체와 공무국 직원 및 『서울신문』 특파원까지 총 60여 명을 검거했다.[58)]

한편, 5월 12일 반탁 진영에서 주최한 대규모 집회인 독립전취국민대회 폐회 직후 시위대가 조선인민보사, 자유신문사, 중앙신문사를 습격하여 인쇄 설비를 훔쳐가거나 파괴하는 등의 대규모 테러가 발생했는데,[59)] 경찰은 단지 이들을 해산하여 버릴 뿐 적극적 조치를 취하지 않았으며, 신문기자회에서 강력하게 항의하며 나서자,[60)] 러치 군정장관, 이인 검사총장,

---

56) 「인민보 대표 징역 90일과 3만 원」, 『중외신보』, 1946.5.5.

57) 「법령 제72호(군정위반에 대한 범죄)가 공포되다」, 『군정청 법령 제72호』, 1946.5.4., 국사편찬위원회, 『자료대한민국사』 제2권, 국사편찬위원회, 1969, 538~543쪽.

58) 「인천신문사원 전원 검거 소동」, 『중앙신문』, 1946.5.9.
「허위보도 때문/인천신문 사건/스틸맨 중좌 담」, 『중앙신문』, 1946.5.12.

59) 「3 신문사를 습격/전취 데모 끄테 일부 폭행」, 『서울신문』, 1946.5.14.

장택상 제1관구경찰청장은 테러를 엄단하겠다고 담화를 발표했지만,[60]
검거된 테러 혐의자 평안청년회 6인은 증거 불충분으로 무죄판결을 받았
고,[62] 또한 검거된 **독립전취국민대회** 책임자인 대한독립촉성국민회 회장
오하영 등 5명은 각각 징역 3개월과 벌금 2만 원이라는 가벼운 처벌만이
내려졌다.[63] 이는 군정청의 언론 탄압의 목표가 무엇인지를 상징적으로
보여 주는 사례라고 할 수 있다.

이런 상황에서 군정청 공보부는 문제의 **정판사 '위폐'** 사건을 5월 15일 특
별 발표했고, 피고 중 1인이 해방일보사 사장인 권오직이며, 『해방일보』가
조선정판사에서 인쇄된다는 이유만으로 5월 18일 『해방일보』를 무기 정간
후 폐간시켰다.

또한 『대동신문』은 미소공위의 책임을 들어 연합국의 1국, 즉 소련을
비방했고 여운형 테러 등 좌익에 대한 폭행, 살인을 찬양하는 기사를 게재
했다는 이유로 미군정으로부터 5월 15일부로 3주간 정간당했다.[64] 여기
에는 중도파 중심의 **좌우합작** 사업을 추진하는 데 있어 핵심 인물인 여운
형을 보호하고 극우파를 견제하려는 미군정의 의도도 담겨 있는 것으로
볼 수 있는데, 3주가 지나 속간된 이후로도 『대동신문』의 태도는 변함이

60) 「군정청과 경찰부에 신문기자회서 항의」, 『독립신보』, 1946.5.14.
61) 「법에 의해 처단/이 검사총장 담」, 『서울신문』, 1946.5.14.
　　「테로 행위 엄벌/장 경찰부장 담」, 『서울신문』, 1946.5.14.
　　「비법 행위 단호 처단/군정장관 러취, 신문사 습격사건에 관한 담화 발표」, 『서울신문』,
　　1946.5.15.
62) 「습격 사건 관계자/무죄로 석방」, 『동아일보』, 1946.5.18.
63) 「오하영 씨 등에 징역, 벌금 언도」, 『동아일보』, 1946.5.18.
64) 「대동신문 정간」, 『독립신보』, 1946.5.16.
　　「대동신문 3주간의 정간 처분」, 『동아일보』, 1946.5.16.
　　「대동신문 정간에 군정청 특별 발표」, 『조선일보』, 1946.5.16.
　　「'일제'지 대동신문에 군정당국 현명한 쾌단」, 『해방일보』, 1946.5.16.

없었음에도 추가적인 조치는 없었다. 이 역시도 형식적으로는 좌우익 모두를 공평하게 대한다는 외양을 취하면서도 실제로는 좌익과 우익 언론을 차별적으로 대하는 미군정의 의도를 알 수 있게 한다.

정판사 '위폐' 사건으로 『해방일보』를 폐간시킨 후 미군정의 좌익 언론 탄압은 보다 노골적으로 진행되었다. 대표적인 것이 바로 「신문허가제」였다.

미군정은 5월 29일 「군정법령 제88호: 신문 및 기타 정기간행물 허가에 관한 건」을 공포함으로써[65] 「군정법령 제19호: 신문등록제」를 불과 7개월 만에 「신문허가제」로 변경했다. 군정청 측은 「신문허가제」 실시 이유에 대해 현재 신문이 많으며, 용지가 부족하기 때문이라고 밝혔지만[66] 이는 명백히 좌익 언론을 통제하기 위함이었다.

조선공산당으로서는 기관지가 폐간된 상황에서 조선공산주의청년동맹 기관지인 『청년해방일보』를 일간지로 허가를 신청했으나 군정청은 『청년해방일보』가 『해방일보』와 같은 계통이므로 권오직을 데려올 때까지 허가할 수 없다거나 5월 29일 이후에 신청한 것은 주간지로 승인할 수밖에 없다는 이유로 『청년해방일보』 측의 허가를 승인하지 않았으며 결국 7월 1일 「군정법령 제88호」 위반으로 정간 명령을 내렸다. 이에 『청년해방일보』 측에서는 『청년해방일보』는 공청의 기관지로서 조선공산당 기관지인 『해방일보』와는 무관하고, 이미 5월 28일 이전에 일간으로 등록했다며 항의를 계속했으나[67] 미군정은 이를 묵살했고, 7월 18일에 이르러서는 아예

---

65) 「법령 제88호(신문 및 기타 정기간행물 허가에 관한 건)가 공포되다」, 『군정청 법령 제88호』, 1946.5.29., 국사편찬위원회, 『자료대한민국사』 제2권, 국사편찬위원회, 1969, 684~685쪽.
　　「신문 발행도 허가제/기존 정기간행물은 6월 말까지 요 허가」, 『조선일보』, 1946.6.1.
66) 「"신문이 좀 만타"/법령 88호 러취 장관과 문답」, 『서울신문』, 1946.6.5.
67) 「청년해방일보 일간 부활 운동」, 『독립신보』, 1946.7.8.

5월 28일 이전에 등록된 간행물 외에는 허가를 금지한다고 발표했다.[68] 군정청 측은 이러한 조치의 실시에 대해 현재 신문이 많으며, 용지가 부족하기 때문이라고 「신문허가제」 발표 때와 동일한 이유를 댔지만 이는 명백히 『청년해방일보』를 위시한 좌익 언론을 억제, 탄압하기 위함이었다.

2. 조선공산당의 대미 노선 변화 과정

1) 해방 이후 모스크바 3상회의 이전

해방 직후 좌익 내에서의 주도권을 장악하고 조선공산당을 재건한 박헌영과 경성콤그룹 중심의 재건파는 박헌영이 직접 작성한 「현(現) 정세와 우리의 임무」, 이른바 「8월 테제」를 당의 노선으로 삼았다. 그리고 박헌영은 「8월 테제」를 기반으로 당을 지휘할 뿐만 아니라 좌익 전체의 활동 방향을 주도하여 나갔다. 조선공산당의 대미 노선 역시도 「8월 테제」에 근거한 것이다. 따라서 조선공산당의 대미 노선을 논하기에 앞서 우선 「8월 테제」를 심도 있게 살펴볼 필요가 있다.

「8월 테제」의 최종 형태인 1945년 9월 25일 조선공산당 중앙위원회에서 채택한 「정치 노선에 대한 결정, 현 정세와 우리의 임무」[69]에 따르면 그 핵

「청년해방일보 불허가에 성명」, 『중앙신문』, 1946.7.10.

「청년해방일보 불허가/이유 안 된다고 동사 호소」, 『조선인민보』, 1946.7.15.

「청년해방일보 허가하라/민청 중앙 선전부서 당국에 요망」, 『조선인민보』, 1946.7.17.

68) 「5월 28일 이후에 등록한 새 출판물은 불허가/용지 부족의 비상조치로/러취 장관 담」, 『동아일보』, 1946.7.19.

「신문 등 5월 28일 이전 등록물 외 불허」, 『한성일보』, 1946.7.19.

「신 간행물 출판금지/5 · 28 이전 등록물만 면허/러 장관 언명」, 『현대일보』, 1946.7.19.

69) 이정박헌영전집 편집위원회, 『이정 박헌영 전집』 5, 역사비평사, 2004, 51~69쪽.

심은 부르주아 민주주의 혁명을 목표로 민족적 완전 독립과 토지문제의 혁명적 해결을 중심 과업으로 하며, 이를 위해 대미 협조 노선하에 민족통일전선을 통해 인민정부를 수립하는 것으로 요약할 수 있다. 즉, 「8월 테제」는 (1) 코민테른 제6차 대회 결의 및 「12월 테제」의 '계급 대 계급 전술'을 기본적인 틀로 하면서 (2) 코민테른 제7차 대회의 '반파시즘 인민전선전술'을 일부 수용한 것이라고 할 수 있다.

그런데 (2)는 (1)에 대한 비판으로서 탄생한 것이기 때문에 (1)과 (2) 양자를 함께 수용할 경우에는 양자 간의 모순을 변증법적으로 통합하는 것이 필요하다. 이미 일제 말기에 박헌영을 비롯한 경성콤그룹은 인민전선전술을 적극 수용했으며, 상층 통일전선과 하층 통일전선의 개념으로 양자 간의 통합의 가능성을 보여주었다.[70]

그러나 정작 「8월 테제」의 내용을 보면 그러한 양자 간의 모순을 통합하여 자신만의 논리로 녹여내는 과정 없이 (1)과 (2)가 기계적으로 접합되어 겉돌고 있을 뿐이다. 그리고 (1)에 대한 강한 지향성과 (2)에 대한 약한 지향성이 혼재되어 있다.

이러한 「8월 테제」에 나타나는 모순을 어떻게 이해해야 하는가? 박헌영은 왜 1940년대 초반의 인식으로부터 후퇴하여 1920년대 후반의 인식으로 회귀하려는 강한 지향성을 보였는가? 그러면서도 인민정부론만을 어색하게 접합시킨 이유는 무엇인가? 이는 박헌영이 특정한 의도를 갖고 「8월 테제」를 작성했기 때문이라고 생각된다. 이러한 「8월 테제」에 담긴 박헌영의 의도를 분석해 보겠다.

「8월 테제」의 초기 버전인 「8월 20일 테제」[71]를 발표할 당시 박헌영은

---

70) 이애숙, 「일제 말기 반파시즘 인민전선론 - 경성콤그룹을 중심으로-」, 『한국사연구』 제126호, 한국사연구회, 2004, 224~228쪽.

71) 「8월 테제」로 알려진 박헌영의 조선공산당의 노선에 관한 문서는 8월 20일에 작성된 것

좌익 내 주도권 경쟁에서 불리한 상황이었다. 해방 직후 대중에게 가장 명망이 높은 인물은 단연 여운형이었다. 해방 이전 조선건국동맹을 결성하여 이미 건국 사업을 준비했고, 해방이 되자마자 건준을 선포하고 전국적으로 그 지부가 확대된 시점에서 여운형보다 더 대중의 지지를 받는 좌익 지도자나 세력은 없었다. 또한 장안파 역시 그 일부는 건준에 참여했고, 8월 15일부터 모임을 갖고 조선공산당 창당을 선점하는 등 빠른 행보를 보였다. 또한 ML파 인사들도 독자적인 공산당 창당을 시도하고 있었다. 반면, 박헌영과 재건파는 여운형만큼의 명성도 없었고, 공산당 결성에 있어서도 장안파에 선수를 빼앗겼으므로 좌익 내에서의 주도권 측면에서 볼 때 가장 불리한 위치에 놓여 있었다.

박헌영에게 있어 가장 시급한 과제는 먼저 공산당을 결성한 장안파로부터 당권을 가져오는 일이었다. 그러나 장안파가 공산당을 이미 결성한 상황에서 또 다른 공산당을 결성하는 것은 '1국1당'이라는 국제공산당의 전통적인 규범을 위배하게 되어 반당 행위로 비판받을 수 있기 때문에 일단 박헌영은 조선공산당 재건준비위원회라는 조직을 결성하고 「8월 테제」로서 이론적인 면에서 장안파를 압도하고자 했다.

박헌영은 「8월 20일 테제」[72)]에서 자신이 조선공산당 재건 운동의 적자라는 것을 보이기 위해 「12월 테제」의 힘을 빌릴 필요가 있었다. 1928년 「12월 테제」에서 조선공산당 재건 지령이 떨어진 이후 각 분파는 자신들이 가장 긴밀히 코민테른에 선이 닿아 있는 것처럼 주장했으며, 재건파는 자신들이 「12월 테제」의 진정한 상속인이라고 강조했다.[73)] 따라서 박헌

과 9월 20일에 작성된 것 두 가지가 있다. 편의상 전자를 「8월 20일 테제」, 후자를 「9월 20일 테제」라고 부르겠다.

72) 이정박헌영전집 편집위원회, 『이정 박헌영 전집』 2, 역사비평사, 2004, 47~56쪽.

73) 서중석, 앞의 책, 234쪽.

영은 「12월 테제」가 이미 코민테른 제7차 대회에서 비판받은 바 있는 '계급 대 계급 전술' 노선임을 알고 있음에도 이를 「8월 테제」에 전면 반영했던 것이다. 또한 박헌영은 자신들이 일제강점기에 변절하지 않고 끝까지 투쟁했다는 사실을 강조하기 위해 장안파 등을 해방 이전 기득의 영예에 만족하다가 해방 이후 준비 없이 당을 조직한 파벌주의자라고 비난했다.

이러한 재건파의 정통성 주장에 밀려 장안파는 크게 동요했으며, 파벌을 청산하고 당을 통일하자는 주장이 내부적으로 제기되었다. 이에 따라 장안파는 8월 24일 중앙집행위원회를 소집하여 당 해체를 결의했고, 사후대책을 협의하기 위해 **열성자대회**를 개최하기로 했다.[74] 그리하여 인공 수립으로부터 이틀 후인 9월 8일 장안파 조선공산당에서 주최한 **열성자대회**가 열렸다.

이 대회에 재건준비위원회 대표 자격으로 참석한 박헌영은 참가자 60여 명 중 이영, 정백, 최익한 등 소수파를 제외한 다수의 지지를 얻고, 조선공산당 중앙 기관 구성에 관한 전권을 장악했다.[75] 박헌영은 이러한 권한을 이용하여 9월 11일 재건준비위원회를 해체하고 중앙위원 및 중앙검열위원 등 조직을 정비하여 조선공산당을 재건했으며, 박헌영 자신은 조선공산당 총비서로 취임했다. 이로써 박헌영은 장안파가 결성한 조선공산당의 당권을 손에 쥐게 되었다.

그러나 장안파에서 재건파로 흡수되지 않은 소수의 반대파들은 이후에도 박헌영의 「8월 20일 테제」의 핵심인 '부르주아 민주주의 혁명노선'에 비판을 가하며 계속 대립했다. 9월 15일 장안파는 「현(現) 계단의 정세와 우리의 임무」[76]를 발표하여 박헌영 노선에 반대했는데, 장안파의 입장은

74) 김남식, 『남로당 연구』, 돌베개, 1984, 26쪽.
75) 임경석, 『이정 박헌영 일대기』, 2004, 역사비평사, 217~218쪽.
76) 김남식·심지연, 『박헌영 노선 비판』, 세계, 1986, 192쪽.

재건파보다도 더 급진적이라고 할 수 있는 '프롤레타리아 혁명론'에 가까운 것이었다.[77]

이에 재건파는 조선공산당의 기관지 『해방일보』 9월 19일 자 창간호에서 장안파와 재건파가 통일된 것을 기정사실화했고,[78] 9월 25일 조선공산당 중앙위원회는 「8월 20일 테제」를 수정 보완한 「정치 노선에 대한 결정, 현 정세와 우리의 임무」, 이른바 「9월 20일 테제」를 당의 노선으로 채택하여 다시 한 번 재건파 조선공산당의 노선이 올바름과 동시에 재건파의 일제강점기 지하투쟁을 강조하는 한편 장안파의 행동을 파벌주의, 반당 행동, 탁류로 규정하며 신랄하게 공격했다.[79]

이러한 「8월 20일 테제」 및 「9월 20일 테제」를 통해 박헌영과 재건파는 조선공산당 내에서의 당권이 갈수록 더욱 견고해지게 되었고, 장안파는 더욱 수세에 몰리게 되었다.

그렇다면 박헌영은 왜 「8월 20일 테제」에서 「12월 테제」 일색으로 작성하지 않고, '반파시즘 인민전선전술'에 해당하는 '인민정부론'을 삽입한 것일까? 이는 당시 해방 정국에서 조직적인 면에서나 명망에 있어서 타의 추종을 불허하는 여운형의 건준을 접수하기 위한 사전 포석의 하나로 보인다.

8월 말경 미군 진주설로 인해 안재홍 등 우파가 건준에서 이탈하는 것을 계기로 9월 4일 건준 제3차 조직 개편이 이루어지자 박헌영은 건준 내에 재건파의 세력을 확장함으로써 사실상 건준의 주도권을 장악했다. 그리고 이러한 주도권을 이용하여 이틀 후인 9월 6일 건준 주최의 **전국인민**

---

77) 장안파의 노선에 대해서는 김무용, 「해방 후 조선공산당의 노선과 국가건설 운동」, 고려대학교 대학원 박사학위 논문, 2005, 49~55쪽 참조.

78) 「조선공산당은 마침내 통일되었다」, 『해방일보』, 1945. 9. 19.

79) 김남식, 앞의 책, 520쪽.

대표자대회에서 조선인민공화국의 수립을 선포하고 중앙인민위원의 다수를 차지함으로써 인공에서도 주도권을 장악했다.

이만규에 따르면 9월 6일 대회에서 건국동맹 측에서는 국호를 '조선공화국'으로 제출했고, 이동화에 따르면 주최 측의 복안은 '조선민주공화국'이었는데 대회장에서 좌익 계열의 열렬한 주장으로 '조선인민공화국'이 되었다고 한다.[80] 그런 점에서 인공 수립 계획은 박헌영의 「8월 20일 테제」에서 이미 구상된 것으로 판단된다.

즉, 박헌영은 '인민정부론'을 「8월 테제」에 삽입하여 건준을 인민공화국으로 개편하고 주도권을 장악하여 향후 수립될 전체 조선 정부의 권력을 쥐려는 의도를 갖고 있었다고 할 수 있다.

그런데 「9월 20일 테제」의 내용을 살펴보면 장안파에 대한 공격의 강도가 심해진 것 외에도 「8월 20일 테제」에 비해 몇 가지 추가 변경된 부분이 있다.[81]

그중 한 가지는 미국에 대한 인식 변화이다. 박헌영은 기본적으로 조선이 해방된 것은 국내 주체 세력의 힘에 의해서가 아니라 국제적 원조에 의한 것으로 파악했는데, 소련군의 조선 진주를 예상한 시점에서 발표된 「8월 20일 테제」는 제2차 세계대전을 "진보적 민주주의와 사회주의의 승리"라고 규정한 반면, 이미 미군이 진주한 시점에서 발표된 「9월 20일 테제」는 조선의 해방이 "진보적 민주주의 국가 소·영·미·중 등 연합국 세력에 의하여" 실현되었다고 했다. 전자에서는 미국 등 자본주의 국가를 '진

---

80) 이만규, 『여운형투쟁사』, 총문각, 1946, 260쪽; 이동화, 「몽양 여운형의 정치활동」 하, 『창작과비평』 1978 가을, 창작과비평사, 1978, 125쪽, 서중석, 앞의 책, 218쪽에서 재인용.

81) 「8월 20일 테제」와 「9월 20일 테제」의 비교에 대해서는 문광석, 「조선공산당 8월 20일 테제와 9월 20일 테제 비교 분석」, 성균관대학교 대학원 석사학위논문, 2004, 47~79쪽; 김무용, 앞의 논문, 16~44쪽 참조.

보적 민주주의 국가'로, 소련을 '사회주의 국가'로 분리하여 인식했는데, 후자에서는 미국과 소련을 모두 '진보적 민주주의 국가'로 인식하고 있는 것이다.

불과 한 달 만에 이러한 차이를 보였다는 것은 박헌영의 근본적인 대미 인식관이 변한 것이라기보다는 전술상 현실을 반영한 것으로 보인다. 즉, 남북이 분할되어 미군과 소련군이 각각 점령하고 있고, 미국과 소련이 협조 체제를 이루고 있는 상황에서 조선공산당으로서는 굳이 미국을 적으로 만들 필요가 없었다. 따라서 조선공산당 내부적으로는 미군정과 협조해야 함을 지침으로 삼고, 미군정에는 자신의 호의를 전달하는 간접적인 메시지로서 「9월 20일 테제」를 작성한 것이라고 할 수 있다.

「9월 20일 테제」에서 보이는 또 다른 변화는 한국민주당에 대한 비판이 강화되었다는 점이다. 「9월 20일 테제」는 "반동적 민족부르조아지 송진우와 김성수를 중심한 한국민주당은 지주와 자본계급의 이익을 대표한 반동적 정당이다"라고 표현한 것에서 알 수 있듯이 한민당에 대한 강한 비난과 배제 의사를 보이고 있다.

이는 한민당이 출범과 동시에 인공을 강하게 배격한 것과 관련이 있다. 인공 수립이 선포된 직후인 9월 8일 한민당 창당 발기인 600여 명은 임정 봉대와 인공 타도를 주장하는 매우 과격한 내용의 성명서를 발표하며 인공 수립에 강하게 반발했다.[82]

인공 측은 9월 6일 중앙인민위원 55명을 선출했는데, 여기에는 김성수, 이용설, 김병로, 안재홍 등 한민당 인사를 포함한 국내 우파 계열이 포함되어 있었다. 또한 9월 14일에는 총 20개 부서 중 7개 부서에 우익 측 인사

---

82) 「한국민주당 발기인, 대한민국임시정부 외에 소위 정권을 참칭하는 일체의 단체 및 그 행동을 배격하는 결의와 성명서를 발표하다」, 1945.9.8., 국사편찬위원회, 『자료대한민국사』 제1권, 국사편찬위원회, 1968, 60~63쪽.

를 배정했는데, 사법부장에는 김병로, 문교부장에는 김성수를 배정했다.

그러나 한민당 측의 반응은 냉담했으며, 이는 미군정 측도 마찬가지였다. 미군정이 진주한 다음 날인 9월 10일 아놀드 소장은 사회 유지 초청 간담회를 주최했는데, 미국에 유학한 한민당 관계자 다수를 초청했다.[83] 반면, 미군정은 좌익 인사는 만나 주지도 않았다.

한민당은 9월 13일 미군정 정보부장 헤이워드가 인공을 부인했다는 전단을 살포했다.[84] 또한 9월 16일에는 미군 헌병의 경호하에 창당 대회를 열고 임정 봉대를 결의하며 정식 출범했다.[85]

이런 상황에서 박헌영은 한민당을 도저히 통일전선의 대상으로 삼을 수 없다고 판단하게 되었다. 그리하여 미군정을 조선공산당의 편으로 끌어들이고 한민당을 배제하기로 결정했던 것이며, 그러한 의도가 「9월 20일 테제」에 반영된 것으로 보인다.

이상을 종합해 볼 때 조선공산당의 노선은 대미 협조 노선과 한민당 배제 노선을 결합한 통일전선전술을 모색하고 있지만, 미군정과 한민당이 밀착 관계에 있는 상황에서는 성공을 거두기 힘들다는 점에서 태생적 한계를 지니고 있음을 알 수 있다.

한편, 이러한 「8월 테제」의 '인민정부론'에 근거하여 수립된 인민공화국은 결국 실패로 끝났다. 수립 과정과 실패 과정을 각각 살펴보면 다음과 같다.

박헌영과 재건파 조선공산당의 주도하에 9월 6일 개최된 **전국인민대표자대회**에서는 '민주주의적 인민의 정부'를 즉시 수립하기로 결의하고, 조

---

83) 서중석, 앞의 책, 257쪽.

84) 「한국민주당, 미군당국 정보부장의 '조선인민공화국' 부인에 관한 전단을 살포하다」, 1945.9.13., 국사편찬위원회, 『자료대한민국사』 제1권, 국사편찬위원회, 1968, 97쪽.

85) 「한국민주당 결성/16일 1600명 참집」, 『매일신보』, 1945.9.17.

선인민공화국이란 국호를 결정했다. 또한 이날 조선인민공화국 임시조직 법안을 통과시켰는데,[86] 이 법안은 자본주의국가의 헌법을 본떠 만든 것이었다.[87]

또한 중앙인민위원 55명, 후보위원 20명, 고문 12명을 선출하여 중앙인민위원회를 결성했는데, 중앙인민위원에는 "조선공산당의 이관술, 이승엽 등 재건파 계열, 이승만, 김규식, 김구, 김원봉, 신익희 등 임정 계열, 김일성, 무정 등 갑산파나 연안파, 강기덕, 조만식, 현준혁 등 38선 이북에 있는 인사, 김성수, 이용설, 김병로, 안재홍 등 우파 계열, 그리고 최익한, 정백 등 장안파 계열 등이 광범하게 포함되었다".[88] 또한 중앙인민위원과 후보위원 75명 가운데, 사회주의 계열은 52명으로 69.3%[재건파 조선공산당 40명(53.33%), 장안파 조선공산당 7명(9.33%), 연안파와 갑산파 5명(6.66%)]를 차지하고 있다.[89] 이를 통해 재건파는 인공의 조직 및 인원 구성에 있어 민족통일전선을 내세워 전 정파를 아우르면서도 자신의 세력권하에 두려 했음을 알 수 있다.

직접 나서지는 않았지만 사실상 이 대회 개최를 주도한 박헌영[90]은 9월 8일 조선공산주의운동 열성자대회에서 인공 수립에 대해 "최대한도의 포용력을 발휘하여 각 단체, 각 파벌, 각 계급에 접근하여 신교, 성별을 초월하

---

86) 김무용, 앞의 논문, 65쪽.

87) 이동화, 「몽양 여운형의 정치활동」 하, 『창작과 비평』, 1978 가을, 128쪽, 서중석, 앞의 책, 224~225쪽에서 재인용.

88) 김무용, 앞의 논문, 65~66쪽.

89) 이정식, 「조선공산당과 인민공화국」, 한림대학교 아시아문화연구소 편, 『한국현대사와 미군정』, 한림대학교출판부, 1991, 90~95쪽, 위의 논문, 66쪽에서 재인용.

90) 박헌영은 이 대회에 참석하지 않았으며, 중앙인민위원으로도 선정되지 않았는데, 이는 자신이 전면에 나설 경우 인공은 재건파 조선공산당에 의해 장악되어 있으며 진정한 민족통일전선이 아니라는 인상을 주게 됨으로써 인공을 통한 정계 통합에 방해가 될 것을 고려한 정략적 결정에 의한 것으로 보인다.

고서 가장 넓은 범위의 통일민족전선을 결성하기에 노력한 결과로, 조선 인민공화국을 건설하기에 노력했다. 또한 인민중앙위원회를 선거 발표한 것이었다"[91]라고 평가했다.[92]

또한 9월 14일 인공 중앙인민위원회는 선언, 강령, 시정방침과 함께 정부 부서를 발표했다. 총 20개의 부서 중 7개 부서에 우익 측 인사(주석 이승만, 내정부장 김구, 외교부장 김규식, 재정부장 조만식, 사법부장 김병로, 문교부장 김성수, 체신부장 신익희)를 배정하고 그것도 주석을 포함한 요직에 배치함으로써 민족통일전선의 측면을 강조하고 우익을 배려한다는 인상을 주려고 시도했음을 알 수 있다. 그러나 선정자들 본인의 의사 문제는 차치하고서라도 이들 7명 중 5명이 해외나 북조선 지역에 체류 중이었으므로 유명무실하다는 점에서 진정한 의미의 민족통일전선이라고 보기 힘들다.

이러한 인민공화국은 대미 협조도 민족통일전선도 이루지 못한 채 총체적인 실패로 끝났다. 실패의 과정을 하나씩 살펴보겠다.

첫째, 인공은 수립 초기에 가장 큰 우익 정당인 한민당 세력을 통일전선 대상으로 삼으려 노력했지만 결국 한민당과 극단적인 대립 관계를 맺게 되고 말았다. 이는 인공의 잘못이라기보다는 한민당이라는 정당 자체가 태생적으로 인공 수립에 두려움을 느끼고 이를 타도하기 위해 결집된 단체였기 때문이라고도 할 수 있다. 한민당은 인공 타도의 명분으로서 임정 봉대를 내세웠으며, 미군정과 밀착하여 끊임없이 인공을 견제했다. 이는 인공의 성공을 가로막는 가장 큰 장애 요인이었다.

둘째, 인공은 스스로 주석으로 추대한 이승만과도 통일전선을 이루지 못하고 결국 극단적인 대립 관계를 형성하게 되었다. 철저한 반공주의자인 데다 정치적 야망을 가지고 독자적으로 권력을 장악하려는 이승만의

---

91) 「열성자대회의 경과」, 『해방일보』, 1945.9.25.
92) 임경석, 앞의 책, 216~217쪽.

실체를 미리 파악하지 못하고 통일전선의 대상으로 삼았을 뿐만 아니라 주석으로 추대하기까지 했다는 것 자체가 인공의 실수였다고 할 수 있다. 10월 16일 이승만이 귀국한 이후 정계가 이승만을 중심으로 개편되어 가는 상황에서 박헌영은 10월 29일 이승만을 만나 회담을 가졌는데, 독립촉성중앙협의회(獨立促成中央協議會)를 통해 자신을 중심으로 정계를 통합하려 했던 이승만은 "하지 중장은 비합법적으로 조직되어 군정청에 대립하고 있는 조선인민공화국을 강제로 해산할 것이라고 나에게 언명한 바 있다"며 박헌영에게 인공 해산을 권고했고, 박헌영은 이승만에게 인공은 미군정에 대립하지 않으며, 조선인 스스로 정부를 수립할 권리가 있음을 강조했다.[93] 11월 7일 이승만은 방송을 통해 인공 주석 취임을 공개적으로 거절했다.[94] 재건파가 인공의 주석으로 추대한 이승만이 이를 거부함으로써 인공의 실패는 명확해졌다. 또한 11월 16일 박헌영은 이승만과 두 번째 회담을 갖고 이승만이 인공 주석 취임을 거절하고 중경임정 지지를 표명한 데 대해 항의했으며, 이승만은 "만일 당신이 (임시정부 이외의) 다른 정부를 조직하려 한다면 이는 단지 투쟁만을 불러일으킬 뿐 아무런 성과도 거둘 수 없을 것이다"라고 답했다.[95]

셋째, 인공은 중경임정 세력과도 민족통일전선을 이루는 데 실패했으며, 결국 극단적인 대립 관계로 끝나게 되었다. 중경임정 세력은 임시정부야말로 정통성을 지닌 유일한 집단이며, 따라서 자기들을 중심으로 해방된 조선의 정부를 조직해야 한다고 생각했기 때문에 인공이라는 정치체를 인정한다거나 인공과 협력할 생각이 전혀 없었다. 더구나 김구로 대표되

---

93) 위의 책, 228~230쪽.
94) 「일희일비, 비상한 기회 중요 단계에 직면/인민공화국 주석은 수락할 수 업다/이박사 방송 요지」, 『자유신문』, 1945.11.8.
95) 임경석, 앞의 책, 241쪽.

는 중경임정의 주류는 철저한 반공주의자들이었다. 그랬기 때문에 박헌영과 인공은 겉으로는 중경임정을 통일전선의 대상으로 삼으면서도 경계했다. 11월 23일 중경임정 요인 1진의 귀국을 전후로 일반 민중들의 중경임정에 대한 기대 및 지지가 높아지면서 정계가 김구 및 중경임정을 중심으로 개편될 조짐을 보였다. 그러한 가운데 박헌영은 중경임정을 상당히 경계하는 모습을 보였다. 11월 17일 박헌영은 중국의 중앙사(中央社) 특파원과의 인터뷰에서 김구에 대한 견해를 묻는 질문에 "그가 진보적 민주주의자이기를 바란다. 국내 민중은 사상적으로 몹시 진보되어 잇슴으로 보수적 방법론만으로는 수습할 수 업기 때문이다. 대체로 해외민족주의자의 결함이란 보수적이요, 반소반공적이어서 진보민주주의의 실천자로서는 부족한 점이 적지 안타"[96]라고 답했다. 또한 11월 20일 『뉴욕타임즈』 존스턴 기자와의 단독 회견에서 중경임정에 대한 태도를 묻는 질문에 "임시정부가 오랫동안 활동해 왔음에도 불구하고 조선 민중과 아무런 실제 연관도 갖지 못하고 있기 때문에 정부로 인정할 수 없다"고 답했다.[97]

그리고 11월 23일 중경임정 요인들이 귀국하자 박헌영과 재건파 조선공산당 측은 이들을 인공 중심의 민족통일전선에 합류시키는 방안을 모색했다. 즉, 9월 14일 발표한 인공 내각 부서에 임정 요인들이 참여하도록 하려는 것이었다. 11월 27일 허헌은 김구와 김규식과 회담을 갖고 이에 대한 의사를 타진했는데, 김구와 김규식은 하등의 의사교환 없이 일방적으로 자신들을 인공 내각원으로 선정한 것은 비법적이라며 인공 입각을 강력하게 거부했다.[98] 이에 박헌영은 11월 30일 측근인 김형선으로 하여금 김구

---

96) 「비판적으로 대중운동/박헌영 씨, 중앙사 증은파 씨 대담」, 『중앙신문』, 1945.11.19.
97) 임경석, 앞의 책, 243쪽.
98) 「임시정부 정부(正副)주석 인민공화국 입각 부인/재작일 허헌 씨와 회담 중 의사 표시」, 『중앙신문』, 1945.11.29.

를 대리 방문케 하여 민족반역자, 친일파를 제외한 진보적 민주주의자와 더불어 민족통일전선 수립에 진력해 달라는 부탁을 전달했다.[99]

이후 한민당은 인공을 해체하고 중경임정을 개조 없이 그대로 정식 정부로 추대하는 '임정직진론'을 주장했고, 안재홍은 중경임정의 주도권하에 좌우 민족협동전선을 펴자는 '임정개조론'을 주장했으며, 여운형은 중경임정과 인공을 다 같이 해소하고 연합위원회를 만들어 과도 정권을 세우자고 하며 먼저 중앙인민위원회 측에서 인공 부서를 해산하자는 '인공-임정 동시 해산론'을 주장했다.[100] 임정 측은 임정직진론에 가까운 '소규모의 임정개조론'의 입장에서 임정의 국무위원직을 1~2석 신설하여 인공 간부들이 취임함으로써 합작하자는 방식으로 역제안을 했다.[101] 이는 사실상 인공 해체 요구나 마찬가지였다. 이렇게 인공-임정 간 합작이 불가능해진 상황에서 박헌영은 12월 12일 성명을 발표하여 '망명 정객', '분열 조장', '왕가', '전제군주', '허명무실' 등의 용어를 써 가며 중경임정을 강하게 비난했다.[102]

넷째, 박헌영을 중심으로 한 인공 주도 세력은 인공의 부주석이자 대표인 여운형마저 포용하지 못했다. 9월 14일 정부 부서 발표는 여운형 부재 시에 이루어졌으며, 이후 여운형은 이에 대해 반대[103]하는 등 여운형과 재건파 조선공산당 사이에 균열이 생기기 시작했던 것이다. 결국 "여운형은

99) 「공당대표대리 김구 주석 방문」, 『중앙신문』, 1945.12.1.

100) 서중석, 앞의 책, 277~278쪽.

101) 비공개적으로 추진된 임정-인공 간의 합작 추진 내막은 Supreme Command for the Allied Powers(SCAP), Summation of U.S. Military Government Activities in Korea No.3(December 1945), 17쪽, 양동안, 『대한민국 건국사』, 현음사, 2001, 165~166쪽에서 재인용.

102) 「좌우익이 연휴(連携)하자/통일전선에 대해 조공대표 담화 발표」, 『중앙신문』, 1945. 12.13.

103) 서중석, 앞의 책, 220쪽.

초기에는 어느 정도 인민공화국에 협조하다가 재건파 조선공산당 중심으로 중앙인민위원회가 이끌어지자 인민공화국에 거리를 두게 되었다".[104]

다섯째, 인공은 같은 좌파 내 다른 계파로부터도 비난을 받았다. 장안파 계열은 인공 자체를 부정하지는 않았지만 9월 6일 전국인민대표대회 소집, 진행 등 인공 수립 과정을 비판했다.[105] 영등포 지역 사회주의 그룹은 인공 수립이 국제적 사정에 대한 무지와 국내 정세 및 계급 역량에 대한 몰이해에서 나온 전술로서 정부 수립 시기가 상조했고, 정부원의 구성도 극좌적이었다고 비판했다.[106] 그리고 경성콤그룹이 종파적 헤게모니를 확고하게 하기 위해 인공을 이용했는데 이것은 경성콤그룹의 이익을 위해 계급과 민족의 희생을 의미한다며 박헌영파를 강하게 비판했다.[107]

여섯째, 인공은 소련과 북조선으로부터도 외면당했다.[108] 소련군 당국은 진주 이후 대외적으로 인공에 관해서는 한 번도 언급한 적이 없었다. 그리고 1945년 11월 20일부터 서울에서 전국인민위원회대표자대회가 열리기 직전인 11월 19일 소련은 북조선5도행정국을 발족시켰다. 그리고 전국인민위원회대표자대회에는 함경남도, 황해도, 강원도 이북의 대표만을 파견했다. 이는 서울에 있는 인공 중앙의 세력권을 남조선으로 한정하겠다는 의미였다. 전국인민위원회대표자대회에서는 인공 사수가 각 지방 대표들의 지배적인 의견이었으나 함남 대표는 인공 지지에 대한 유보적인 태도를 보였다. 그리고 인공 측은 "미군정이 존재하는 한 38도선 이남에서

---

104) 위의 책, 224쪽.

105) 김무용, 앞의 논문, 74~76쪽.

106) 정희영, 「박헌영 동지에게 서간」, 1946.1.25., 한림대학교 아시아문화연구소, 『조선공산당 문건자료집 1945~1946』, 한림대학교 출판부, 1993, 92쪽.

107) 조선공산당 서울시 영등포임시지구 상무위원회, 「전선(全鮮)당원 동지들에게 소함」, 1946.2.13., 위의 책, 132~133쪽.

108) 소련과 북조선의 인공 외면에 대해서는 서동만, 앞의 책, 78~80쪽 참조.

는 정부로서의 기능과 행동을 할 수 없으며, 또 하려고도 하지 않는다"[109]
는 내용의 성명서를 채택했다. 이로써 인공은 사실상 북조선5도행정국을
인정하고 북조선에 대한 관할권을 포기했을 뿐만 아니라 남조선에서도 상
징적인 존재가 되었음을 인정한 셈이 되었다.

마지막으로 인공은 대미 협조 노선을 추진했지만 결국 미군정의 인정과
협조를 얻지 못하고 유명무실해지고 말았다. 이는 인민공화국이라는 명칭
을 사용한다는 것 자체가 조선의 유일한 정부임을 자처하는 미군정과 양립
할 수 없다는 태생적 한계에서 비롯된 것이다. 미군 진주 직후인 9월 12일
하지는 51개 정치 문화 단체의 대표들을 경성부민관으로 초대한 자리에
서, "조선의 정부로서 어떤 한 개의 당이나 단체를 승인할 의사가 조금도
없음"을 명백히 함으로써 간접적으로 인공을 부인함을 시사했다.[110] 그리
고 인공이 1946년 3월 1일에 개최될 **전국인민대표자대회**에서 총선거를 통
해 인민의 대표를 선출할 것임을 10월 3일에 발표하자,[111] 10월 10일 아놀
드 군정장관은 인공을 공식적으로 부인하는 성명을 발표했다.[112]

인공 측은 미군정의 냉대에도 미군정과의 관계를 악화시키지 않으려
조심했다. 10월 27일 박헌영은 하지 사령관과 최초로 회견을 했는데, 조
선공산당과 인공의 관계를 묻는 하지의 질문에 박헌영은 조선공산당과 인
공 사이에는 아무런 특별한 관계도 존재하지 않으며 인공은 미군정에 대
립하는 것이 아님을 거듭 강조했다.[113] 11월 11일 인공 중앙인민위원회는

109) 「[사설] 전국인민위원회대표대회의 성과」, 『해방일보』, 1945.11.27.
110) 스칼라피노・이정식, 『한국 공산주의 운동사』 2, 돌베개, 1986, 322쪽.
111) 「명년 3월 1일에 전국인민대표대회/중앙위원회서 소집/대표 전형위원 결정」, 『매일
    신보』, 1945.10.3.
112) 「정당의 존재는 인정/군정 이외 정부 없다/미군정장관 아놀드 소장 담」, 『매일신보』,
    1945.10.11.
113) 임경석, 앞의 책, 225~226쪽.

「군정에 대한 태도 방침」을 발표했는데, 민족반역자의 중상으로 미군정이 오해하여 인민위원회와 미군정 사이에 대치와 충돌이 생겼음을 지적하고 미군정과의 협력이 필요함을 강조했다.[114]

그러한 상황에서 11월 15일 박헌영은 하지와 두 번째 회담을 가졌는데, 하지가 "인공의 정부 성격을 없애고 정당 자격으로 잔류시키는 것이 좋을 것이라고 제안"한 데 대해 박헌영은 "우리는 군정청에 협력하지만 군정청 사업에 활용하는 사람들 가운데 친일파나 민족반역자들이 많은 등 군정청의 잘못에 대해서는 비판적 태도를 취하지 않을 수 없으며, 군정청이 특정 정당이나 정파만을 일방적으로 지지하지 말고 모든 정당들을 공평하게 대해 줄 것을 요망한다"는 내용으로 답했다.[115]

한편, 인공은 11월 20일부터 25일까지 열린 전국인민위원회대표자대회에서 미군정이 요구한 '인민공화국' 명칭 변경 문제('국'자를 뺄 것)를 검토했다. 이 대회에서 인공 측은 미국을 건국의 원조자로 추켜세우고, 연합군의 지원에 대한 감사문을 발송하는 등 미군정에 협조적인 자세를 취했으며, 인공의 실질적 정부 역할 포기를 선언했지만, 11월 30일 국호 변경에 대해서는 거부하는 결의를 발표했다.[116]

그러자 12월 12일 하지는 인공을 부인하는 성명을 발표했다.[117] 그리고 미군정은 12월 15일 인공 청사 건물 명도를 요구했으며, 12월 19일 CIC 대원 수십 명이 청사를 수색하여 서류를 압수하고 중앙인민위원회의 간판

---

114) 『조선인민보』, 1945.11.12., 김무용, 앞의 논문, 81쪽에서 재인용.

115) 「조선공산당 중앙위원회 총비서 박헌영 동지와 미 제24군사령관 하지 중장의 회담, 1945.11.15.」, 이정박헌영전집 편집위원회, 『이정 박헌영 전집』 2, 역사비평사, 2004, 87~89쪽.

116) 「인민공화국 문제에 중앙인민위원회 결의서 발표」, 『자유신문』, 1945.12.1.
「해체 문제는 부결/인민위원대회 결의문 발표」, 『중앙신문』, 1945.12.1.

117) 「인민공화국 존재는 조선 독립 달성을 방해/하-지 최고지휘관 중대 성명」, 『동아일보』, 1945.12.13.

을 뜯어갔다. 다만 중앙인민위원회 자체를 해산시키지는 않았다.[118]

이로써, 결국 조선공산당 재건파의 대미 협조 노선하의 민족통일전선의 일환으로서 좌파 중심의 인민정부 수립을 목표로 추진된 인민공화국은 미군정의 협조도, 한민당·이승만·중경임정 등 우익 정치 세력의 협조도 얻지 못했으며, 소련과 김일성으로부터도 외면당했다. 뿐만 아니라 장안파, 영등포 사회주의자 그룹 등 좌파 내로부터도 인정받지 못하거나 비판받았으며, 심지어는 인공의 대표 격인 여운형마저 소외시킨 채 유명무실하게 되고 말았다.

한편, 박헌영과 재건파 조선공산당은 인공을 중심으로 하는 정계 통합, 즉 소위 상층부에서의 민족통일전선 형성 시도와는 별도로 노동자, 농민, 청년, 여성 등 대중 단체 조직을 통해 소위 하층부에서의 민족통일전선을 형성하고 이들과의 연대를 통해 정국의 주도권을 장악하고자 시도했다. 이러한 대중운동 전개 방식은 「9월 20일 테제」의 「우리의 당면 임무」에도 명시되어 있었다.

우선 조선공산당의 노동 단체 조직 과정을 살펴보면 다음과 같다.

해방 이후 조선인 노동자들은 "일본인들에 의한 산업 시설 파괴 및 재고품과 원자재의 불법 방매를 방지하기 위해 자발적으로 공장을 접수하여 운영하는 등 공장, 광산, 철도 교통 및 산업기관에서 자연발생적인 자주관리운동을 전개했다".[119] 이러한 노동자 자주관리운동은 해방 직후 2개월 반의 기간에 걸쳐 거의 전국적으로 확산되었다.[120]

그러나 미군정은 1945년 9월 25일 「군정법령 제2호: 패전국 소속 재산의 동결 및 이전 제한의 건」을 발표하여 국공유재산은 군정부가 접수하고 일

---

118) 서중석, 앞의 책, 261쪽.
119) 이혜숙, 『미군정기 지배구조와 한국사회』, 2008, 선인, 473쪽.
120) 위의 책, 475쪽.

본인 사유재산의 조선인 소유·처분권을 인정하지 않았다.[121] 또한 10월 23일부터 30일 사이에 '일본인 재산 양도에 관한 4개 조항'을 발표하여 "일본인의 사유재산은 군대·경찰에 의해서 보호된다", "협박이나 강제에 의해 일본인의 상점을 접수 관리해 온 조선인은 가까운 경찰서에 관리를 양도해야 할 것"이라며 자주관리운동을 불법행위로 단정했다.[122]

이러한 미군정의 탄압으로 인해 노동자들의 조직화가 급속하게 추진되었으며, 전국적 산업별 노동조합을 결성한 후 이를 통일적으로 지도하기 위한 중앙집권적 조직의 필요에 의해 11월 5일과 6일에 걸쳐 최초의 전국적 노동자 조직인 **조선노동조합전국평의회**가 출범하게 되었다.[123]

초기의 지역적 산업별 노조는 노동자들이 자발적으로 조직하여 형성되었으나 전평 출범을 계기로 조선공산당의 영향을 받는 하향적 조직의 성격을 띠게 되었다. 이는 전평 결성 당시의 결의 사항에서 장안파 박멸, 박헌영 절대 지지 등의 사항이 명시되어 있는 점과 전평의 실천 요강과 행동강령이 「8월 테제」(9월 20일 테제)의 '부르주아 민주주의 혁명론'에 기초하여 그 내용을 반영하고 있다는 점에서 확인된다. 따라서 전평은 결성 당시부터 단순한 노동조직이 아니라 정치조직이자 조선공산당의 외곽단체로서의 성격을 띤 채로 출발하게 되었다.[124]

다음으로 조선공산당의 농민 단체 조직 과정을 살펴보면 다음과 같다.

농민들도 노동자들과 마찬가지로 해방 직후부터 자발적인 요구를 표현하기 시작했다. 구 일본인 소유지와 민족반역자의 토지에 대한 접수·관리 및 관리위원회를 통한 이들 토지의 배분, 조선인 지주에 대한 소작료

---

121) 김태승, 「미군정기 노동운동과 전평의 운동노선」, 『해방전후사의 인식』 3, 1987, 311~312, 332쪽.
122) 위의 글, 332쪽.
123) 위의 글, 317~318쪽.
124) 위의 글, 320~324쪽.

불납 내지 인하 운동, 공출미 창고 습격 및 생계 투쟁 등이 그것이다. 이러한 농민들의 움직임은 곧 농민들의 건준을 중심으로 하는 건국운동 참여를 통해 농민 조직 형성으로 대체되어 갔으며,[125] 농민위원회, 농민조합, 농민연맹, 노농동맹, 노농협의회 등 다양한 성격의 조직이 형성되었다.

한편, 일제하 농민운동 경력자들 및 석방된 정치사상범들, 그리고 조선공산당과 연결된 사회주의자들에 의한 농민의 조직화도 전개되었다.[126] 9월 10일 인공은 시정방침에서 "토지개혁을 위한 당면의 실천과제로서 '일제와 민족반역자의 토지를 몰수하여 농민에게 무상분배'하며 '비몰수 토지의 소작료는 3·7제를 실시'한다"[127]고 했다.

그러나 미군정은 9월 25일 '패전국 소속 재산의 동결 및 이전 제한의 건'을 발표하여 "일인 농지 경작자들에 의한 토지몰수와 지방인민위원회를 통해 이를 분배하며 부분적으로 토지개혁을 실행해나가겠다는 밑으로부터의 움직임을 불법화"[128]했는데, 이는 농민의 의지와 인공의 정책 모두를 무시하는 처사였다.

이에 조선공산당은 10월 3일 「토지는 농민에게 적정분배: 공산당의 토지 문제에 대한 결의」를 발표하여 즉각적인 토지개혁의 전면적 시행을 미루고 일본인 소유지에 대한 소작료 불납 및 소작료 인하를 위한 3·7제 투쟁을 채택했다.[129] 이러한 다소 온건한 투쟁 방식은 「9월 20일 테제」 및 인공으로 대표되는 대미 협조 노선하의 민족통일전선의 영향을 받은 것으로 보인다.

---

125) 이혜숙, 앞의 책, 454~455쪽.
126) 박혜숙, 「미군정기 농민운동과 전농의 운동노선」, 『해방전후사의 인식』 3, 1987, 365~367쪽.
127) 위의 글, 377쪽.
128) 위의 글, 371쪽.
129) 위의 글, 377~379쪽.

한편 미군정은 10월 5일 「군정법령 제9호: 3·1제 소작료 실시 및 소작 조건의 개선건」을 발표하여 고율 소작료 문제를 법적으로 제한하겠다는 조치를 취했다. 이는 일견 조선공산당 측의 3·7제와 차이가 없어 보이는 소작료 인하 정책이라고 볼 수 있으나 본질적으로 식민지적 지주제의 현상 유지라는 점에서 토지개혁을 거부하고 농민운동을 개량화하려는 정책이라고 할 수 있다.[130] 게다가 "일부 농민운동이 미약한 지역에서는 1946년 중반까지도 3·1제가 전혀 실시되지 않았다".[131]

조선공산당은 "11월 13일 임시조직요강을 발표, 빈·중농을 중심으로 한 조합 결성의 원칙과 군·도의 조직단위를 제시하여 전농 결성을 추진"[132]하며, 소작료 불납 투쟁을 극좌적 오류로 비판함으로써, 3·7제 투쟁으로 투쟁 방식을 일원화해 나갔다. 이러한 3·7제 투쟁 과정에서 미군정의 인민위원회 및 농민운동 탄압이 시작되었다.

이러한 배경하에 12월 8일 전국농민조합총연맹이 결성되었다. 전평과 마찬가지로 전농 결성도 조선공산당 재건파가 주도했다. 이는 **전농결성대회**에서 박헌영을 명예 의장으로 추대하고 행동 강령 역시 농업·농민 문제는 일제 잔재인 반봉건적 토지 소유관계에 있으므로 이를 청산하기 위해서는 민족통일전선에 의해 민주주의 정권을 수립함으로써 부르주아 민주주의 혁명을 완성하는 것으로 되어 있으며, 「대회 결정서」에는 근로농민의 이익을 대표해 줄 수 있는 인공을 지지·옹호할 것임을 명시하고 있는 데에서 확인할 수 있다.[133] 이를 통해 전농 역시 정치적 성격을 띠며 조선공산당의 외곽단체임을 알 수 있다.

---

130) 위의 글, 372~373쪽.

131) 마크 게인, 『해방과 미군정』, 까치, 1986, 94쪽, 위의 글, 373쪽에서 재인용.

132) 『전농결성대회의사록』, 조선정판사, 1946, 187~189쪽, 위의 글, 380쪽에서 재인용.

133) 박혜숙, 위의 글, 383~384쪽.

다음으로 조선공산당의 청년 단체 조직 과정을 살펴보면 다음과 같다.

해방과 동시에 건준 중앙은 산하 청년 조직으로 건국치안대를 조직했으며, 이후 지방에서도 건준 지부가 결성됨에 따라 청년들은 다양한 이름의 치안대에 참여하여 자발적인 치안 유지 기능을 담당했다.134) 치안 유지 운동의 주도적인 단체는 조선학도대, 조선학병동맹, 조선국군준비대, 청년돌격대 등을 들 수 있으며,135) 이러한 치안 단체들은 사상과 상관없이 다양한 계급과 계층으로 구성된 무규율적 통일전선의 형태를 띠고 있었으나 "치안유지운동의 핵심세력은 일제치하에서 지하활동을 해오던 청장년층과 강제징집되었다가 귀환한 청년, 학생층, 석방된 정치범들 및 그 주위에 집결된 노동청년들이었으며 그 외에 자생적으로 조직된 각 지방과 지역 내에서의 청년단체들이었다".136)

한편, 이와는 별도로 8월 18일 장안과 조선공산당의 후비대로 조선공산주의청년동맹이 재건되었는데, 이는 다시 9월 18일 재건파 산하로 흡수되었다.137) 공청은 1925년 제1차 조선공산당 산하 고려공산청년회를 시작으로 제4차 조선공산당까지의 고려공산청년회 조직에 시원을 두고 있다.138)

9월 6일 인공이 수립되면서 청년 치안 단체들은 단순한 치안 유지 활동을 넘어서 진보적 대중운동으로 방향을 전환하기 시작했다. 조선공산당은 공청을 통해 학생 대중들과 연계를 맺게 되었으며, 시민대회나 학생대회를 통해 조선공산당의 지도력과 대중운동이 결합되면서 청년운동의 방향은 점차 정치적인 운동으로 전환되어 갔다.139) 조선공산당은 이러한 진보

---

134) 류상영, 「8·15 이후 좌·우익 청년단체의 조직과 활동」, 『해방전후사의 인식』 4, 1989, 64쪽.
135) 김행선, 『해방정국 청년운동사』, 선인, 2004, 46쪽.
136) 위의 책, 46쪽.
137) 김남식, 앞의 책, 63쪽.
138) 류상영, 앞의 글, 62~63쪽.

적인 청년 단체들 간의 대중적 통일전선을 통해 10월 23일 전국청년단체대표자회를 결성했고 이를 해소한 후 11월 29일 전국청년단체총동맹 서울시연맹을 결성했으며, 이를 기반으로 12월 11일부터 13일까지 전국청년단체총동맹을 결성했다.[140]

이로써 조선공산당은 공청과 청총의 이원화 체제를 조직했는데 이는 공청은 공산주의를 지향하는 극소수의 청년들만을 망라한 단체로서 노동청년의 전위 조직이자 조선공산당의 후비대였으며, 청총은 일반 청년 대중 단체들 간의 통일전선체로서 성격이 달랐기 때문이었다.[141] 공청이 계급운동적이라면 청총은 통일전선적이라고 할 수 있으며 양자는 협력·제휴 및 상호 견제하는 관계라고 할 수 있다.[142]

다음으로 조선공산당의 여성 단체 조직 과정을 살펴보면 다음과 같다.

"일제 식민지 착취구조 속에서 소외받고 있던 여성들에게 해방은 일본으로부터의 독립인 동시에 가부장제에 의한 억압으로부터 벗어날 수 있는 결정적 계기로 인식"되었다.[143] 일제하에서부터 조직적 연계를 맺고 활동했던 여성운동가들은 1945년 8월 17일 건국부녀동맹을 결성했지만 구성원들이 주로 공산주의자들이었으므로 조직이 대중성을 띠지 못했고,[144] 우익 인사들의 탈퇴로 한 달도 되지 못해 분열되었다.[145]

이후 건국부녀동맹은 12월 22일부터 24일까지 전국부녀단체대표자대회를 소집하여 조선부녀총동맹으로 개편되었다. 부총은 여성 단체이긴 하지

---

139) 김행선, 앞의 책, 69쪽.

140) 위의 책, 65쪽.

141) 위의 책, 103~104쪽.

142) 위의 책, 106~107쪽.

143) 이혜숙, 앞의 책, 508쪽.

144) 김남식, 앞의 책, 96쪽.

145) 이혜숙, 앞의 책, 509, 513쪽.

만 전평이나 전농과 마찬가지로 조선공산당의 외곽단체였는데, 이는 강령에 '진보적 민주주의 국가 건설과 발전에 적극적으로 활동하기를 기함', 행동 강령에 '친일파, 민족반역자, 국수주의자를 제외한 민족통일전선 결성에 적극 참가하자'는 항목이 포함된 것과 **부총결성대회**에서 「박헌영 선생님께 드리는 글」을 채택하여 "이 대회의 이름으로 박헌영 선생을 절대 지지"한다고 한 점에서 확인할 수 있다.146)

이렇듯 박헌영과 재건파 세력은 대중 단체를 조직하고 이를 조선공산당의 외곽단체화함으로써 강력한 지지 기반을 구축할 수 있었다. 물론 우익 계열의 대중 단체들도 존재했지만 최소한 1945년 말까지는 조직과 규모 면에서 좌익 단체들이 우익 단체들을 압도했다고 할 수 있다. 이러한 대중 단체들의 존재는 박헌영과 조선공산당의 정치적 힘의 원천이 되었다.

2) 모스크바 3상회의 이후 제1차 미소공위 결렬 이전

1945년 12월 말 **모스크바 3상회의** 이후 박헌영과 조선공산당은 심각한 위기를 겪게 되었다. 3상회의의 결정 내용에 등장하는 신탁통치에 대한 반대 열기가 남조선 전역을 휩쓸 당시 박헌영과 조선공산당은 결정문 원문을 아직 확인하지 못한 상태에서 일단 반탁 입장을 밝히는 동시에 소련의 의중을 알아보기 위해 12월 29일부터 1월 1일까지 평양을 방문했다.147)

12월 30일 북조선 조선공산당 간부들과의 협의회 및 31일 소련군사령부 민정담당 부사령관 안드레이 로마넨코(Андрей Алексеевич Романенко) 소장과의 만남을 통해 3상회의 결정 내용의 실체 및 소련의 입장에 대해

---

146) 「부총서 박헌영 선생께 멧세이지」, 『해방일보』, 1945. 12. 28.

147) 제2차 박헌영-김일성 회담에 대해서는 박병엽 구술, 유영구·정창현 엮음, 『김일성과 박헌영 그리고 여운형』, 선인, 2010, 25~37쪽 참조.

파악하게 된 박헌영은 서울로 돌아온 후 '모스크바 3상회의 결정 지지' 입장으로 돌아서야 했는데 이는 박헌영으로서는 매우 난감한 일이 아닐 수 없었다. 소련과 북조선 측으로부터는 사정을 제대로 파악하지도 않고 반탁 표명을 한 것에 대해 비난을 감수해야 했으며, 남조선 내에서는 반탁에서 찬탁으로 돌아선 것으로 인해 우익 측으로부터 매국노라는 공격과 함께 테러가 이어졌던 것이다. 이로써 박헌영 및 조선공산당의 입지는 북조선과 남조선 내에서 모두 좁아질 수밖에 없었다.

이렇듯 박헌영과 조선공산당이 '모스크바 3상회의 결정 지지' 입장으로 선회한 것은 전적으로 소련과 북조선 측의 의사를 받아들인 결과였다. 그리고 그 결과 반탁 운동을 등에 업고 우익의 정치적 기반이 급격하게 강화되었으며, 좌우 대립의 구도가 선명해지게 되었다.

이러한 좌우 갈등과 대립 심화는 좌익의 위기이자 동시에 민족 분열을 우려하는 모든 이들의 위기였다. 이러한 위기를 해결하기 위해 인민당의 발의로 1월 7일 4당(한국민주당, 국민당, 조선공산당, 조선인민당) 대표 간담회가 열렸으며, 모스크바 3상회의 결정에 대해 (1) 조선의 자주독립 의도에 대해서는 전면적으로 지지하고, (2) 신탁 문제에 대해서는 장래 수립될 조선임시정부가 해결하도록 하겠다는 「4당 공동합의」를 발표했다. 민족 분열의 위기 속에 좌우합작 분위기가 형성되는 듯 했지만, 곧 한민당, 국민당 등 우익의 반대로 결국 무산되었다. 이후 신한민족당을 포함한 5당 회의를 계속했으나 역시 탁치 문제로 성과를 거두지 못했다.

이러한 5당 회의에서의 좌우합작 분위기가 지속되고 있을 당시에 터진 것이 바로 박헌영 - 존스턴 기자회견 사건이었다. 이로 인해 박헌영은 소련에 나라를 팔아먹는 매국노라는 비난에 시달려야 했다. 이러한 공작은 좌우합작 분위기를 깨고 탁치 정국을 지속시키려는 미군정과 우익 측의 의도에서 비롯된 것이라고 추정된다. 이로 인해 박헌영과 조선공산당 측의 우익에 대한 불신은 한계 수준을 넘어서게 되었다.

한편, 모스크바 3상회의 결정이 내려진 이후 미군정은 미소공위를 대비하기 위해 시급히 조선인 협의대표기구를 마련할 필요가 있었다. 이에 미군정은 이승만을 매개로 중경임정의 비상국민회의 최고정무위원회를 2월 14일 하지의 자문 기구인 민주의원으로 만들어 버렸다. 그리고 좌우 대표가 모두 참여한 단체라는 정통성을 확보하기 위해 여운형을 이에 포함시켰다. 여운형은 곧 탈퇴했지만, 이는 미군정이 일찍부터 여운형과 박헌영 사이의 분열을 획책하고 있음을 말해 준다.

이러한 우익 측의 움직임에 맞서 좌익 측은 민전 결성을 준비했고, 민주의원 발족 직후인 2월 15일 민전을 결성했다. 민전은 조선공산당, 조선인민당, 조선독립동맹 경성특별위원회를 주축으로 중경임정 요인인 김원봉, 장건상, 성주식, 김성숙이 합류하여 구성되었다. 그중 중경임정, 인민당, 독립동맹 계열 등 대부분은 민전이 인공처럼 좌익 블록에 머물러서는 안 되며 좌우합작을 위해 문호를 개방해야 한다는 주장을 펼쳤다.

그러나 박헌영과 조선공산당 측은 민전은 이미 민주주의통일전선체이며, 현재의 분열은 좌우 대립이 아니라 민주주의 대 반민주주의 세력의 분열이고 중간파란 있을 수 없다며 민주의원 등 우익 측과의 협상이나 합작을 거부했다.[148]

박헌영과 조선공산당이 우익 측과의 통일전선에 대해 회의적인 태도를 보인 것이 이번이 처음은 아니었다. 인공에 대한 한민당의 계속되는 공격과 이승만, 김구의 귀국 이후 활발한 활동, 미군정의 우익 옹호가 감지되는 가운데, 이를 경계하며 겉으로는 민족통일전선을 내세우면서도 사실상 우익을 배척하려는 이중적인 모습을 보여 왔다.

---

148) 서중석, 앞의 책, 349~351쪽.

1945년 10월 30일 박헌영은 민족통일전선 결성에 대한 조선공산당의 견해와 주장을 피력했는데, 지주·자본가라도 친일파가 아니면 협력이 가능하다고 했다.[149] 이는 표면적으로는 우익과 협력을 배제하지 않는 것처럼 보이지만 사실상 우익이 친일파라는 것을 공격하는 이중적인 태도이며, 이로 인해 조선공산당 및 좌익 측의 도덕적 우위를 선전하려는 전술이라고 할 수 있다. 또한 지주·자본가 층을 전면 배제하려는 프롤레타리아 혁명 노선의 장안파를 극좌로 비난하며 미군정의 협력을 끌어내려는 고도의 술책이었다.[150]

이렇듯 겉으로는 민족통일전선을 내세우면서 사실상 우익에 대한 공격을 시도하는 조선공산당의 전략은 이후 12월 12일 박헌영이 중경임정을 강도 높게 비판하는 담화를 발표할 때도 사용되었다.[151] 이 시기 이후로 박헌영과 조선공산당은 사실상 우익 정당과의 상층 통일전선을 비관적으로 보고 대중 조직의 장악을 통한 이른바 하층 통일전선으로 정국을 주도하려는 태도를 보이게 되었다고 할 수 있다.[152]

이렇듯 표면적으로나마 유지되던 박헌영과 조선공산당의 민족통일전선, 즉 우익과의 합작 노선은 민전 설립 이후 공식적으로 폐기된 셈이라고 할 수 있다. 이는 코민테른 제6차 대회의 '계급 대 계급 전술' 및 「12월 테제」의 부활을 연상케 한다. 물론 박헌영의 「8월 테제」가 이미 「12월 테제」를 전폭적으로 수용한 것이긴 했지만, 앞서 언급했듯 이는 사실 장안파와의 당내 주도권 장악의 차원에서 명분을 얻기 위한 선언으로서의 측면이 강했

---

149) 「완전한 민족통일 위해서/일본제국주의 잔재 말살/조공 중앙 대표 담」, 『자유신문』, 1945.10.31.
150) 「극좌와 극우를 배격/미군정에는 절대 협력/1문1답」, 『자유신문』, 1945.10.31.
151) 「좌우익이 연휴(連携)하자/통일전선에 대해 조공 대표 담화 발표」, 『중앙신문』, 1945. 12.13.
152) 「조공 이관술, 민족통일운동 현황 문답」, 『서울신문』, 1945.12.12.

고, 실제로 박헌영은 모호하고 모순될지언정 대미 협조 노선과 통일전선전술을 주창하고 시도해 온 측면이 존재했다고 할 수 있기 때문이다.

따라서 민전 설치 이후 박헌영과 조선공산당의 강경화는 그동안 쌓여왔던 이승만, 김구, 한민당 등에 대한 불신이 모스크바 3상회의 이후 좌익에 대한 우익의 대대적인 공격을 통해 보다 더 확고해짐으로써 대결 의식이 강해진 결과라고 할 수 있다.

그리고 조선공산당은 이러한 대우익 강경화 노선으로 인해 민전 내 나머지 세력과 좌우합작에 대한 의견의 차이를 보이게 되었으며, 이는 향후 좌익 분열의 씨앗을 내포하는 것이었다. 그리고 조선공산당이 미군정의 분열 공작에 말려들게 되는 원인이 된다.

그러나 이러한 상황에서도 박헌영과 조선공산당은 여전히 대미 협조 노선을 견지했으며, 단지 우익 반탁 세력 및 친일 경찰만을 배제 및 타도해야 할 대상으로 비판했다. 이는 미소공위가 개최되어 미소 간의 협조가 잘 이루어진다면 독립국가를 수립할 수 있을 것이며, 결국 좌익이 우세한 정부를 장악할 수 있을 것이라는 낙관적 정세 인식이 기본이 되었기 때문이다. 즉, 조선공산당은 미군정의 좌익 탄압이 점차 심해짐에 따라 미군정이 본질적으로 협조의 대상이 되기 힘들다는 것을 인식하고 있었지만 미소공위를 통해 소련과 미국이 협조를 추진하고 있는 상황에서는 협력하지 않을 수 없다는 '조건부 협력'의 차원에서 대미 협조 노선을 유지했던 것이라고 할 수 있다.[153)]

---

153) 박헌영은 1946년 2월 20일에 열린 '중앙 급 지방 동지 연석 간담회' 제2일 회의에서 미군정에 대해 당이 배격하지 않고 협력하여 온 것은 민주주의 실시를 기대하고 좋은 의미에서 환영한 것으로서, 조건부 협력이었다고 말했다. 또한 미군정의 불법체포 등 좌익 진영 탄압의 구체적 사실을 조사하여 미소공위에 제출하여 폭로 비판 투쟁을 전개하려 하고 있음을 밝혔다(「중앙 급 지방동지 연석간담회 회의록」, 1946.2.20., 한림대학교 아시아문화연구소, 앞의 책, 172쪽).

3) 제1차 미소공위 결렬 이후

조선공산당은 1946년 1월 2일 모스크바 3상회의 결정을 지지하는 쪽으로 선회한 이래 미소공위의 성공을 통한 조선임시정부 수립 및 조선공산당의 정권 장악을 목표로 삼았다. 이에 따라 비록 우익과 경찰의 좌익에 대한 탄압이 이어졌고 그 배후에 미군정이 있었음에도 미군정과의 협조 전술을 계속 유지했다. 이러한 대미 협조 전술은 미소 협조에 근거한 세계 민주주의 노선이 계속 유지될 것이라는 낙관적인 전망에 따른 것이었다.[154] 그리고 이러한 낙관적인 전망 아래 정부 수립 과정에서 반민주요소, 친일파, 민족반역자 및 김구, 이승만 등 반탁 우익 세력을 배제하고 조선공산당, 민전을 중심으로 하는 좌익 세력이 주도권을 장악하고자 했다.[155]

그러나 이러한 조선공산당의 낙관적인 인식은 미국 측이 미소공위를 결렬시키려 하고 있음을 파악하지 못했다는 점에서 한계를 지닌다. 또한 조선공산당 측의 미군정에 대한 협조 노선과 우익에 대한 강경 노선이라는 일종의 분리 대응 방식이 미군정과 우익의 밀착 관계하에서는 효과를 거

---

154) 김무용, 앞의 논문, 116~117쪽.
155) 「[사설] 임시민주정부의 성격/반민주주의자는 각성하라」, 『조선인민보』, 1946.3.21.
　　 「3상회의 결정 반대자의 정부수립 참가 거부/민전 사무국」, 『조선인민보』, 1946.3.22.
　　 「[사설] 민원(民院)의 정체를 알려라」, 『조선인민보』, 1946.3.23.
　　 「이박사, 김구 씨 신정부서 추방하라/재미동포 각단체, 트 대통령에 서한」, 『조선인민보』, 1946.3.29.
　　 「3상회의 지지 여부로 정당 참가 자격을 결정/남조선엔 민전이 있을 뿐/미소공동위원회」, 『조선인민보』, 1946.3.29.
　　 「이박사의 데마 반박/공산당서 성명 발표」, 『조선인민보』, 1946.3.29.
　　 「정부수립 촉진 주간 4월 1일부터 1주간/반민주요소를 배제/전인민의 의사를 반영시키자!」, 『조선인민보』, 1946.3.29.
　　 김원봉, 「민전의 신정부설계(6), 민족반역자, 친일파의 배제와 처단」, 『조선인민보』, 1946.4.8.

두기 어렵다는 점에서 한계를 지닌다.

실제로 미국 측 대표단은 제1차 미소공위가 개최된 1946년 3월 20일 제1차 회담에서 '협의대표기구안'을 소련에게 제시한 후, 소련 측이 이러한 중간 기관은 민주주의 정당 및 단체가 접촉하는 것을 막을 뿐이라며 거부하자[156] 내부적으로는 미소공위 결렬 쪽으로 방향을 굳힌 것으로 보인다. 그러나 예상 외로 4월 5일 소련 측이 과거의 반탁운동 여부와 관계없이 향후 모스크바 결정을 지지하면 협의 대상으로 할 수 있다며 양보안을 제시하자 다음 날인 4월 6일 아놀드 수석대표는 미소공위 각 분과위원회 미국 측 대표에게 「분과위원회에 주는 지시」와 그 부록인 「일정표」를 보내 미소공위 방해 공작을 지시한 지침을 내렸다. 그 지침에는 (1) 소련 측이 거부한 바 있는 38도선 개방을 거듭 주장할 것, (2) 협의 대상 단체의 명부 작성 시 이북의 종교단체를 포함시키라고 주장할 것, (3) 명부에 올라 있지 않은 정당들에게 건의 제출을 요청할 것, (4) 이북 망명 단체들의 활동을 선동할 것, (5) 조봉암의 박헌영 비판 서한 공개 및 비슷한 침투 공작 사례 공개, (6) 남북의 좌익정당들의 연결 관계 지적, (7) 공산당의 침투 전술 지적 등이 포함되어 있었다.[157]

또한 샌프란시스코 방송에서 "미군정 측이 미 본국에 남조선단독정부수립안을 제의했으며 이승만이 남한 정부의 주석이 될 것이라"는 내용을 방송했다는 보도가 4월 6일발 AP 합동통신으로 들어왔으며,[158] 이 내용이 『동아일보』 4월 7일 자에 1면 머리기사로 대서특필 보도되었다.[159]

156) 서중석, 앞의 책, 362쪽.

157) 정용욱, 앞의 책, 224쪽.

158) 서중석, 앞의 책, 363쪽.

159) 「남부조선에 단독정부수립설/미군정 당국의 제의로 조선인에게 계획을 일임/미국측 정보에 의하면 이렇게 관측하고 잇다/주석엔 이승만 박사/미국인은 자문격으로 참여」, 『동아일보』, 1946.4.7.

그리고 하지는 4월 8일 갑작스럽게 도쿄로 가서 태평양지역미국육군(United States Army Forces Pacific, USAFPAC) 총사령관 더글러스 맥아더(Douglas MacArthur) 원수를 만나 회담을 한 후 4월 12일 돌아왔다. 하지와 맥아더의 회담 내용은 어떻게 하면 드러나지 않게 미소공위를 결렬시킬 수 있을지에 대한 방안 모색과 관련된 것으로 보인다.[160]

이후 미국 측 대표들은 소련 측과 협상을 진전시켜 4월 17일「제5호 공동성명」이 발표되었다. 이는 앞서 소련 측의 양보안에 대한 합의가 이루어진 것으로서 지금까지 반탁 투쟁을 했어도 모스크바 3상회의 결정을 지지하는 서명을 하면 임시정부 수립을 위한 협의 대상으로 삼겠다는 것이었다. 이로써 미소공위는 활기를 띠게 되었다.

그러나 일부 민주의원 인사들이「제5호 공동성명」에 서명하기를 거부하자 하지는 4월 27일 특별 성명을 발표하여 서명 이후에도 찬탁이나 반탁의 의견 발표를 보장한다고 했다. 소련 측은 이를 문제 삼았고, 미국 측은 반탁 단체의 의사 표현의 자유를 주장하는 등 공방이 계속되다가 결국 미소공위는 5월 8일 양측 수석대표인 하지 중장과 테렌치 스티코프(Терентий Фомич Штыков) 중장의 협상을 마지막으로 결렬되고 말았다.[161]

이러한 과정을 종합할 때 미군정은 표면적으로는 성실히 협상을 성립시키기 위해 노력하는 것처럼 활동하면서도 실제로는 협상을 결렬시키는 이중적 전략을 사용한 것으로 추정할 수 있다. 또한 미소공위 결렬을 위해 조봉암 편지 공개 사건 등을 이미 치밀하게 계획하는 등 조선공산당에 대한 본격적인 탄압을 준비하고 있었다. 이는 조선공산당의 국제 정세 인식, 정부 수립 노선, 대미 협조 노선 모두에 정면으로 배치되는 것이었다.

이렇게 미소공위가 결렬되고 무기 휴회로 들어서자 미소공위의 성공만

---

160) 정용욱, 앞의 책, 225쪽.
161) 서중석, 앞의 책, 378~380쪽.

을 예상한 채 안이하게 대처하고 있던 조선공산당 측으로서는 대안을 마련하지 못했다. 따라서 기존의 대미 협조 노선 및 대우익 강경화 노선에 따라 단지 미소공위가 결렬된 책임을 반동분자들의 책동과 우익 측의 반소운동에 돌리며, 미소협력 및 미소공위의 속개 주장만을 되풀이했다.162) 특히, 박헌영은 미소공위 결렬 책임자로서 친일파, 친파쇼분자, 우익반동거두, 한민당 등을 거론하며 강도 높은 비난을 퍼부었다.163)

그런 상황에서 5월 15일 미군정 공보부의 발표로 정판사 '위폐' 사건이 세상에 알려지게 되었다. 이는 미군정의 본격적이고 치명적인 탄압책이었으며, 조선공산당으로 하여금 미국에 대한 인식을 재고하게 만듦과 동시에 기존의 대미 협조 노선을 전환하는 계기가 되었다.

조선공산당은 정판사 '위폐' 사건이 보도되기 시작한 이래 이를 우익 측의 모략으로 간주하고 합법적인 언론 투쟁을 통해 미군정에 호소하는 방식으로 해결하고자 했다. 그러나 미군정은 5월 18일 근택빌딩 폐쇄, 조선공산당 본부 압수 수색, 당 기관지 『해방일보』 폐간, 5월 27일 조선공산당 본부에 대한 근택빌딩 퇴거 명령 등 감당하기 힘든 가혹한 탄압을 가해 왔으며, 우익 측은 테러, 선전, 허위 사실 유포 등으로 협공해 왔다.

---

162) 「휴회 원인은 우익의 반연합국적 행동/공산당서 태도 성명」, 『조선인민보』, 1946.5.10.
「미소협조는 공고/난관 극복하고야 말 것/민전」, 『조선인민보』, 1945.5.11.
「반탁을 구호로 책모/반동자는 반성하라/시 인민위원회」, 『조선인민보』, 1946.5.11.
「원인은 민주의원의 책동/부총」, 『조선인민보』, 1946.5.11.
「전제 위한 선동 극복코/총역량을 정부수립으로/연합국 평화 재건에 협력하자」, 『조선인민보』, 1946.5.12.
「우리 정부는 반드시 선다/대국민의 금도(襟度) 보이라/냉정침착, 갈 길은 하나 국제노선」, 『조선인민보』, 1946.5.12.
「친소친미 운동을 전개코/미소공위 재개를 촉진/독립으로 집요한 실천를/민족전선 의장단 성명」, 『조선인민보』, 1946.5.16.
박헌영, 「동포에게 고함(1)」, 『조선인민보』, 1946.5.16.
163) 박헌영, 「민주정부 조직을 방해하는 자 누구냐」, 『조선인민보』, 1946.5.12.

이렇게 명백한 미군정의 탄압이 있었음에도 조선공산당 측은 5월 30일 퇴거 명령의 부당성을 지적하는 성명을 발표하고[164] 5월 31일 이주하가 장택상을 방문하여 사건의 진상을 발표할 것을 요구하기만 한 채[165] 별다른 대응을 하지 않았다.

그렇게 침묵을 지키던 조선공산당은 6월 22일 「제3차 성명」을 발표했다. 이는 처음으로 우익 '반동' 세력뿐만 아니라 군정 '당국'에 대한 비판을 가한 것이었고, 조선공산당의 태도가 이전과는 분명히 달라진 것이었다.

이를 통해 6월 1일부터 21일 사이에 조선공산당은 비로소 정판사 '위폐' 사건이 미군정의 주도하에 이루어진 사건이라는 인식을 표면적으로 드러내어 미군정의 탄압에 대해 비판의 목소리를 내기로 결정했음을 추론할 수 있다. 그렇다면 도대체 6월 초순부터 중순 사이에 무슨 일이 있었는가? 당시의 주요 사건을 통해 조선공산당의 태도 변화의 배경을 살펴보고자 한다.

첫째, 앞서 밝혔듯 미군정은 5월 29일 「군정법령 제88호: 신문 및 기타 정기간행물 허가에 관한 건」을 공포함으로써 「군정법령 제19호: 신문등록제」를 「신문허가제」로 변경했다. 이로써 국가의 언론 통제 정책은 일제강점기로 회귀한 셈이 되었다.

조선공산당으로서는 기관지인 『해방일보』가 폐간된 이후 공청 기관지인 『청년해방일보』를 일간지로 등록했으나 미군정은 이러한 「신문허가제」를 소급 적용하여 5월 28일 이전에 등록하지 않았다는 이유로 『청년해방일보』의 허가를 승인하지 않았다. 그리고 결국 7월 1일 「군정법령 제88호」 위반으로 정간 명령을 내렸으며, 7월 18일에는 아예 5월 28일 이전에 등록된 간행물 외에는 허가를 금지한다고 발표했다.[166]

---

164) 「근택 삘 명도령으로 혼란 초래할 우려/공산당서 부당성 지정」, 『조선인민보』, 1946. 5.31.
165) 「위조지폐 사건에 조공 이 씨와 문답」, 『독립신보』, 1946.6.2.

이렇듯 미군정은 일제 법령으로 회귀하면서까지 정판사 '위폐' 사건과 관련된 사항을 포함한 조선공산당의 언론 활동 일체를 억압하려는 조치를 취했다. 이는 조선공산당으로 하여금 기존처럼 우익에 대한 비판과 미군정에 대한 호소의 방식만으로는 상황을 타개하기 힘들다고 판단하게 하는 요소의 하나로 작용했을 것으로 보인다.

둘째, 6월 3일 이승만의 소위 '정읍 발언'이 있었다. 이승만은 이를 통해 '남조선단독정부수립안'을 제기했다.[167]

사실 단정안이 제기된 것은 이것이 처음은 아니었다. 미소공위가 진행 중이던 4월 7일 『동아일보』는 샌프란시스코 방송 보도를 인용하여 미군정이 남조선단독정부수립안을 제안했다는 기사를 대서특필한 바 있었다. 또한 남부 지방을 순행 중이던 이승만은 5월 6일 목포에서 "공동위원회가 결렬되면 남조선에 단독정부를 세워 병력으로써 38선을 깨뜨리고 소군을 내어쫓고 북조선을 차지"하겠다고 주장했다.[168] 하지만 당시는 미소공위가 진행 중이었기 때문에 이러한 단정안은 그다지 큰 반향을 불러일으키지는 못했다.

그러나 5월 9일 미소공위가 결렬되면서 사정은 달라지기 시작했다. 통일 정부 수립의 길이 난망해지자, 자칫 분단이 고착화되는 것이 아니냐는 위기의식이 고조되었으며, 모스크바 3상회의 결정과 미소공위를 지지하고 있던 좌익 측은 단정안에 대해 매우 민감해질 수밖에 없었다.

그런 상황에서 5월 12일 우익 측의 대중 집회인 **독립전취국민대회**에서

---

166) 「5월 28일 이후에 등록한 새 출판물은 불허가/용지 부족의 비상조치로/러취 장관 담」, 『동아일보』, 1946.7.19.
　　「신문 등 5월 28일 이전 등록물 외 불허」, 『한성일보』, 1946.7.19.
　　「신 간행물 출판금지/5·28 이전 등록물만 면허/러 장관 언명」, 『현대일보』, 1946.7.19.
167) 「대표적 민족통일기관을/이승만 박사 정읍서 중대 강연」, 『자유신문』, 1946.6.5.
168) 『청년해방일보』, 1946.5.20., 정병준, 앞의 책, 556쪽에서 재인용.

김규식은 미소 양군 철퇴 및 '자율정부수립론'을 주장했다.[169] 김규식이 언급한 자율정부라는 것이 명확히 단독정부를 의미하는 것은 아니었지만 자칫 단정안으로 해석될 여지가 있는 것은 사실이었다. 이에 좌익 측에서는 즉각 김규식의 발언을 문제 삼아 단정안으로 간주하고 비판했다.[170]

그리고 얼마 지나지 않아 정판사 '위폐' 사건이 발표되었고, 이를 계기로 미군정과 우익은 조선공산당을 거세게 탄압하기 시작했다. 바로 그 시점에서 이승만이 정읍 발언을 통해 본격적으로 단독정부 수립을 주장하고 나섰던 것이다.

이러한 상황에서 단정안이 주장된 것은 이전의 단정안 사례에 비해 그 무게감이 달랐다. 미소공위의 결렬로 인해 소련의 남조선 정세에 대한 개입을 기대하기 힘든 상황에서 고립된 채 탄압을 받고 있는 조선공산당으로서는 미군정이 실제로 이승만 및 한민당 등 우익을 중심으로 남조선단독정부 수립을 추진할지도 모른다는 위기의식과 불안감이 들지 않을 수 없었다.

이에 조선공산당 및 좌익 측은 즉각 반대 담화 등을 발표하고 나섰으며,[171] 6월 10일 6·10만세운동 20주년 기념일에는 미소공위 재개 촉진을 요구하는 대중 집회를 열고 미군정에 대해 (1) 「군정법령 제72호」 및 「군정법령 제88호」 철폐 건의, (2) 정판사 '위폐' 사건 진상 발표 요구, (3) 『해방일

---

169) "이제는 우리 손으로 자율적인 정부수립에 일로매진해야 할 것이다. (중략) 그럼으로 장차 수립될 정부가 그 소재는 대구든, 경주든 통일정부만은 틀림없을 것임으로 이제는 좌익이니 우익이니 할 것 없이 우리가 맨든 정부를 통일정부로 하여야 할 것이니 이를 누가 부인하랴"(「자율적으로 정부 세우자/국민대회 석상 김규식 박사 사자후」, 『한성일보』, 1946.5. 14).

170) 「남조선단독정부 계획/극소수층의 이익 위한 가증한 모략/민선 담화」, 『중앙신문』, 1946.5.15.

171) 「반역적 죄악/인민당 이여성 씨 담」, 『중앙신문』, 1946.6.5.
「철저희 분쇄/민전 사무국 담」, 『중앙신문』, 1946.6.5.
「마각 노출/조공 담화」, 『중앙신문』, 1946.6.5.

보』속간 건의, (4) 남조선단정수립안 배격 등의 사항을 긴급 동의했다.[172]

이렇듯 이승만의 단정안이 제기되면서 조선공산당 측으로서는 더 이상 예전과 같이 대미 협조 노선을 견지하며 낙관적으로 정세를 관망할 수만은 없게 되었다.

셋째, 6월경부터 조선공산당에 대한 대중의 지지 이탈 조짐이 나타나고 있었다. 1945년 말부터 조선공산당은 전평, 전농과 같은 대규모 노동자, 농민 조직을 외곽단체화함으로써 대중의 지지 기반을 마련해 놓고 있었다. 노동자, 농민들은 미군정의 산업 정책, 경제 정책 실패로 인해 더욱 조선공산당과 밀착하는 모습을 보여 왔고, 이는 조선공산당의 정치적 영향력의 큰 부분을 차지하고 있었다.

그런데 미군정의 노동 억압 정책이 심화되고, 「미곡수집령」이 강화되면서 노동자, 농민의 반발은 극심해져 갔는데, 정작 전평, 전농 지도부는 노동자, 농민의 요구를 적극 대변하지 못하고, 미군정에 타협하는 모습을 보였다. 이는 조선공산당의 대미 협조 노선에 따른 것이었다.

이에 따라 노동자, 농민이 전평, 전농 지도부의 노선과 분리되거나 조선공산당을 이탈하는 현상이 6월부터 점차 발생하기 시작했다.[173] 이는 조선공산당에게는 상당한 부담으로 작용했으며, 대미 협조 노선의 변화를 고려하지 않을 수 없게 만들었다. 이러한 상황에 대해 하나씩 살펴보겠다.

우선 전평은 1945년 11월 결성 직후 산업건설운동을 노동운동 전술로 채택했다. 이는 조선공산당의 대미 협조 노선에 따른 통일전선전술의 일환으로서 "양심적 민족자본가와 협력하여 산업을 부흥하고 악질자본에 대해 투쟁한다는 방침"[174]이었다. 전평 지도부는 이러한 조선공산당의 대미

---

172) 「20년 전 교훈 살리자/미소공위 재개 촉진 6·10 사건 기념 시민대회 성황」, 『중앙신문』, 1946.6.11.
173) 1946년 중반 전평과 전농의 움직임에 대해서는 김무용, 앞의 논문, 222~237쪽 참조.

협조 노선을 충실히 따르며 노동자들을 지도했으며, 이에 따라 파업과 같은 자본가에 대한 투쟁은 억제되었다.

그러나 아래로부터의 자생적인 노동운동은 계속 분출하기 시작했다. 1946년 6월 1일 삼척탄광회사 소속 5개 광산노동자 1만 6천여 명은 관리인 배격, 사장 및 과장 등 직원 유임 등을 주장하며 총파업을 벌였고,[175] 『조선일보』, 『동아일보』, 『한성일보』를 인쇄하는 경일공장의 노동자들도 생활 보장을 요구하며 총파업을 벌임으로써 위 3개 신문은 6월 27일부터 7월 6일까지 휴간되었다.[176] 또한 7월 3일 조선화물자동차회사 직원들이 해고 명령을 따르지 않는다는 이유로 미군이 트럭 30대를 강제 인수하자 노동자들이 반발했는데, 이에 미군과 무장 경관대가 노동자들을 습격하여 노동자 500여 명 중 50여 명이 부상당하고 200여 명이 검거되는 대사건이 일어났다.[177]

전평은 이렇듯 1946년 5월 미소공위 휴회 이래 우익 테러단이 전평을 비롯하여 노동조합 조직을 파괴하는 상황에서 공장, 직장에 자위단을 조직하며 맞섰다. 그럼에도 전평은 여전히 조선공산당의 대미 협조 노선에 따른 산업건설운동의 틀에서 벗어나지 못한 채 방어적인 노선을 견지했다. 이에 불만을 느낀 일부 노동자들과 조합원들은 전평과 분리되는 모습을 보였는데, 6월 12일 영등포 한성피혁회사,[178] 7월 14일 영등포 조선피

---

174) 위의 논문, 222~223쪽.
175) 「삼척광산 1만6천명/이종만 사장까지 합류 총파업/생산을 파괴하는 악질관리인 배격」, 『전국노동자신문』, 1946.6.7.
176) 「생활의 보장을 위하야/경일공장 총파업」, 『전국노동자신문』, 1946.7.5.
「근고(謹告)」, 『한성일보』, 1946.7.7.
「계쟁에서 건설로/불유쾌에서 생겨난 새로운 유쾌/경일 파업과 수습의 전말」, 『동아일보』, 1946.7.7.
177) 「조선화물자동차회사에 출동/2백여 명의 대량 검거/종업원 측 중경상 60여 명의 참극」, 『중앙신문』, 1946.7.5.

혁공장[179] 등 전평 계열의 노동조합이 이탈하여 우익 계열의 대한독립촉성전국노동총동맹에 참여하는 사례가 늘어나고 있었다.[180]

또한 농민 단체의 경우도 마찬가지였다. 조선공산당의 「8월 테제」에 따르면 무상몰수·무상분배의 토지개혁이 부르주아 민주주의 혁명의 중요한 과업 중 하나였지만 대미 협조 노선 및 중소 지주를 포함시키는 민족통일전선에 따라 농민 대중운동의 현실적 당면 임무는 3·7제 소작료 실시로 제시되었으며, 1945년 12월 결성된 전농도 이러한 조선공산당의 방침에 따라 3·7제 소작료 실시 운동을 농민운동의 당면 과제로 설정했다. 미군정은 1946년 1월 「군정법령 제45호: 미곡수집령」을 발표하여 미곡공출을 실시했는데, 전농은 산하 농민조합 차원에서 이에 협력[181]하는 등 매우 온건한 노선을 견지했다. 그런 상황에서 북조선에서 1946년 3월 토지개혁을 완료하자, 이에 영향을 받은 전농은 5월 4일 확대집행위원회를 개최하여 행동강령을 3·7제 실시에서 무상몰수·무상분배의 토지개혁으로 수정했다.[182] 그러나 전농은 여전히 대미 협조 노선에서 벗어나지 못하고 있었다.

그러던 중 미군정은 5월 29일 「식량규칙 제1호」, 이른바 「하곡수집령」을 공포했다.[183] 가뜩이나 쌀이 부족한 상황에서 「미곡수집령」에 이어 「하곡수집령」까지 실시될 경우 농민에게 큰 희생이 따를 것은 명약관화한 사

178) 「대한노총연맹/한혁공장 분회/성대한 결성식」, 『대동신문』, 1946.6.14.
179) 「대한노총 조피 분회 결성」, 『대동신문』, 1946.7.14.
180) 김무용, 「해방 후 조선공산당의 신전술 채택과 당면 과제」, 『역사연구』 제5호, 역사학연구소, 1997, 245쪽.
181) 김무용, 「해방 후 조선공산당의 노선과 국가건설 운동」, 고려대학교 대학원 박사학위논문, 2005, 232쪽.
182) 박혜숙, 「미군정기 농민운동과 전농의 운동노선」, 『해방전후사의 인식』 3, 1987, 389쪽.
183) 「식량규칙 제1호(하곡수집)가 공포되다」, 『조선경제연보』, 1946.5.29.; 국사편찬위원회, 『자료대한민국사』 제2권, 국사편찬위원회, 1969, 685~689쪽.

실이었다. 그러나 전농 중앙상임집행위원회는 하곡 수집의 부작용을 우려하면서도 이러한 조치에 대해 미군정 측에 강력하게 항의하거나 반대 투쟁을 벌이기는커녕 하곡 수집을 적극적으로 완수하기 위해 대책협의회를 구성하고, 신곡(新穀) 출회 시까지 농민들의 자가소비량을 확보하고 나머지를 시장가격으로 내어놓게 하며 농민들에게 생활필수품을 교환 배급하는 방침을 제시하고, 미군정의 '선처'를 요구하는 등 매우 소극적인 자세를 취했다.[184]

한편, 이러한 하곡 수집에 대해 농민들은 격렬하게 저항하기 시작했다. 더구나 1946년 6월 20일경부터 계속된 유래 없는 폭우로 인해 엄청난 수해가 발생하면서[185] 전국적으로 가옥 붕괴・유실・침수, 농경지 유실, 도로・교량・철도 유실, 사망자・부상자・행방불명자 속출 등 피해 규모가 엄청났으며 5월 말에 유행하던 콜레라가 재창궐했다. 또한 하곡 수확량은 평년에 비해 32%나 감소할 것으로 예측되었고,[186] 영동 지방의 경우 60%가 손실되었다.[187] 그럼에도 미군정과 경찰은 하곡 수집을 강행했고, 이에 일부 농민들의 불만은 극에 달하게 되었으며, 일부 농민들은 하곡 수집을 하는 경찰을 공격하기도 했다.[188]

그러나 전농은 여전히 대미 협조 노선에 묶여 농민들의 요구를 대변해 주지 못했으며, 전농에 대한 불만 혹은 우익 단체들의 농민 조합 파괴 등이

---

184) 「하기수집에 제의/전농이 대책 강구」, 『중앙신문』, 1946.6.3.

185) 「남조선 일대에 홍수/이재 동포 구제가 시급하다/막심한 수재로 교통도 두절」, 『중앙신문』, 1946.6.26.

186) 「보리 수확 예상은 불량」, 『중앙신문』, 1946.6.26.

187) 「남조선의 수해 판명/사자 110명, 침수가옥 만2천여/16일 발표」, 『동아일보』, 1946. 7.17.

188) HQ, USAFIK, G-2 Weekly Summary, No. 45, 1946.7.25., 김무용, 「해방 후 조선공산당의 신전술 채택과 당면 과제」, 『역사연구』 제5호, 역사학연구소, 1997, 245쪽에서 재인용.

원인이 되어 강원도 횡성군 공근면 농민조합,[189] 충북 장호원 농민조합[190] 등이 조합을 해산하고 독립촉성국민회에 가입하는 일이 발생하는 등 전농과 농민의 분리가 시작되고 있었다.[191]

즉, 1946년 6월과 7월 조선공산당은 대미 협조 노선에서 벗어나지 못함에 따라 미군정의 폭압적이고 착취적인 노동정책 및 농업정책으로 인한 노동자, 농민의 불만을 정치적으로 대표하지 못하고 있었으며, 대중과 유리될 위기 상황에 처해 있었다.

넷째, 6월 24일 소련영사관이 철수했다. 미국 정부는 남조선에 소련영사관이 있으므로 북조선 지역에도 미국영사관을 개설할 것을 소련 정부에 요구했는데, 소련이 이를 거부하자 소련영사관의 철수를 요구했다. 소련정부는 이를 받아들여 6월 13일 서울 주재 소련영사관의 철수 명령을 내렸다.[192] 그리고 이에 따라 6월 24일 소련영사관은 전격 철수를 결정했다.[193] 이는 사실 하지 미군정 사령관이 소련영사관이 남조선에서 좌익운동의 중심이 되고 있다며 미국 정부에 불만을 제기하면서 시작된 것이었다. 철수를 앞둔 소련영사관 측은 소련영사관의 철수와 미소공위 문제는 관련이 없다고 했지만, 소련영사관을 통해 북조선 및 소련과 연락을 취해 왔던 조선공산당으로서는 엄청난 타격이 아닐 수 없었다.

이러한 점에서 볼 때 소련영사관 철수는 미군정 측의 좌익 압박의 일환

---

189)「파괴를 일삼는 농조/단연 해산코 독촉에 가맹/정 조합장 성명서 발표」,『대동신문』, 1946.7.6.

190)「민청, 농조 과오 청산/독촉국민회 산하로/장호원, 감곡의 미담」,『대동신문』, 1946. 7.27.

191) 김무용, 「해방 후 조선공산당의 신전술 채택과 당면 과제」, 『역사연구』제5호, 역사학연구소, 1997, 245쪽.

192) 김도종, 「단정된 아관(俄館)의 역사에 대한 고찰: 해방 후 소련영사관의 활동 및 철수 과정을 중심으로」,『국제정치논총』38권 3호, 한국국제정치학회, 1999, 97쪽.

193)「주경 소련 총영사 철퇴/미소 국교엔 영향 업는 조처」,『중앙신문』, 1946.6.25.

으로 전개된 측면이 있다고 할 수 있다. 그리고 이러한 소련영사관 철수는 조선공산당으로 하여금 심각한 위협을 느끼게 했으며, 대미 노선의 전환을 결심하게 되는 중요한 계기의 하나가 되었다고 할 수 있다.

다섯째, 미군정의 지원하에 중도파를 중심으로 하는 좌우합작이 활발하게 추진되었다. 위에서 살펴본 네 가지는 조선공산당으로 하여금 대미 노선 변화를 추진하게 하는 요소라고 할 수 있다. 그러나 조선공산당은 미국에 대한 인식의 변화와 약간의 비판을 제기하는 정도의 태도 변화는 보였지만 근본적인 대미 노선의 변화를 추진하지는 못하고 있었다. 그것은 바로 미군정의 좌우합작 공작 때문이었다.

좌우합작이란 앞서 살펴봤듯 미국 정부의 '중도파 활용 좌우합작 및 과도입법기구안'이라는 새로운 전후 조선 처리 방안에 따라 미군정이 여운형을 좌익 전체 진영으로부터 이탈시켜 중도파 진영에 묶어 두고 조선공산당을 정치적으로 고립, 매장시키려고 하는 좌익 분열 책략의 일환이었다. 따라서 미군정은 좌우합작위원회를 조선공산당이 배제된 남조선과도입법의원을 잉태할 때까지만 쓰고 버리는 한시적 기구로만 이용하려는 속셈이었으며, 이후 좌우합작위원회에 어떠한 정치적 힘도 실어 줄 생각이 없었다. 그러나 여운형은 이러한 미군정의 의도대로 움직이지만은 않았으며 조선공산당까지도 포함하는 좌우합작을 성사시켜 이를 남북합작으로까지 확대 발전시킴으로써 남북 전체를 아우르는 통일 독립국가를 건설하고자 했다.

먼저 좌우합작의 전개 과정을 간단히 살펴보겠다. 5월 25일 하지의 정치고문 레너드 버치(Leonard Bertsch) 중위의 주선과 선교사 앨리스 레베카 아펜젤러(Alice Rebecca Appenzeller)의 동석하에 여운형, 황진남, 김규식, 원세훈 등 좌우익 지도자들이 회담을 가진 것이 언론에 보도되면서[194] 좌우합작이 알려지기 시작했다. 이날 모임은 사적인 성격의 회합이었고, 신탁 문제와 북조선 상황에 대한 좌우 간의 의견 차이로 특별한 성과가 있는 것은 아니었지만 좌우익 지도자들이 정국 타개를 위해 만남을 가졌다는 것 자체만으로도 충분히 의의가 있었으며, 특히 미군정이 이를 지지하는 분위기를 주었으므로 정치권과 여론에 고무적이었다고 평가할 수 있다. 조선공산당은 이에 대해 특별한 언급을 하지 않은 채 이승만의 단정 발언과 맞물려 단정 반대 및 미소공위 속개 촉진 운동을 추진했다.

그러던 중 6·10운동 20주년 기념 미소공위속개촉진대회 다음 날인 6월 11일 여운형은 신문기자단과의 회견 석상에서 우익 측의 자율정부/단독정부안을 일축하고 "미소공위 재개를 알선하기 위해 군정당국과 합의해서 좌우를 통일한 무슨 기관 하나를 만들고 싶다"며 좌우합작 추진 의지를 밝혔다.[195]

여운형은 좌익 내에서 조선공산당에 밀려 주도권을 뺏긴 상태였으며, 5월 이후로는 동생 여운홍의 조선인민당 탈당 및 사회민주당 결성 결정, 장권 등 조선인민당 간부 10여 명을 포함한 94명의 탈당으로 인해 많이 위축되어 있는 상태였다. 이러한 상황에서 미군정은 좌우합작운동을 통해 여운형에게 접근했고, 건국동맹 및 건준 이래 줄곧 좌우합작을 추구하여 왔던 여운형으로서는 미군정의 실제 의도를 떠나 좌우합작 추진이 하나의 정치적 기회가 될 수 있었다. 더구나 탁치 정국 이래 좌우 대립의 격화에 염증을 느끼고 있던 대중들 사이에서는 좌우 극단보다는 중도파를 중심으로 하는 좌우합작에 동조하는 분위기가 형성되었다. 1946년 7월 미군정이 서울 시내 시민 1만 명을 대상으로 실시한 여론 조사에 따르면 응답자 8,476명 중

194) 「좌우합작에 심력 경주/여운형, 김규식 씨 등의 동정 주목/원세훈 씨 담」, 『독립신보』, 1946.5.29.
  「민공합작 교섭류회/여운형 씨와 회담 후 원세훈 씨 담」, 『동아일보』, 1946.5.29.
195) 「군정당국과 합의하야 좌우통일기관 설치 필요/공위의 재개는 우리가 주동 알선/여운형 씨 정국담」, 『중앙신문』, 1946.6.12.

4,577명(54.0%)이 스스로를 중립으로 분류했고, 우익이라고 대답한 사람은 2,497명(29.5%), 좌익이라고 대답한 사람은 1,402명(16.5%)이었던 것이다.[196]

이러한 여운형의 활동 개시에 박헌영과 조선공산당으로서는 긴장하지 않을 수 없었으며, 좌우합작 참여에 대해 깊이 고민하지 않을 수 없었다. 좌우합작을 지지하고 이에 동참한다면 여운형에게 좌익 내 주도권을 뺏기지나 않을까 우려되는 한편, 좌우합작을 반대한다면 대미 협조 노선에도 어긋나고 가뜩이나 미군정의 탄압을 받고 있는 상태에서 정계에서 완전히 배제될 위험이 있었으며, 가뜩이나 정판사 '위폐' 사건으로 인해 조선공산당에 대해 여론이 안 좋은 상황에서 대중들로부터는 좌우합작이라는 대의명분을 거스른다는 비판을 받음으로써 민심이 더욱 이반될 가능성이 있었던 것이다.

6월 14일에는 여운형, 김규식, 허헌, 원세훈 4인이 버치의 집에서 좌우합작에 대해 구체적인 논의를 진행했으며,[197] 이 회담 직후에는 여운형, 허헌, 박헌영을 포함한 민전 의장단 전원이 참석하여 좌우합작에 대해 논의했다.[198] 이러한 상황에서 일단 조선공산당은 원칙적으로는 미군정에

---

196) 신복룡 편,『한국분단사 자료집』6, 원주문화사, 1993, 7~42쪽.
197) 「좌우요인 4씨/뻐-취 씨 댁에서 요담」,『독립신보』, 1946.6.16.
　　원세훈에 따르면 이 회담에서는 (1) 부르주아민주공화국 수립 및 불편부당한 외교정책 추진, (2) 좌우를 막론하고 진정한 애국자 및 혁명가에 대한 배격 금지, (3) 남북 합작의 선결 조건으로서의 북조선에서의 공산당 1당 독재 배제 및 언론, 집회, 결사의 자유 보장이라는 3가지 의견 합치점이 도출되었다(「원칙 문제는 의견 일치/민주의원 원세훈 씨 담」,『독립신보』, 1946.6.19.;「회담 순조 진행/민주의원 원세훈 씨 기자회견 담」,『중앙신문』, 1946.6.19.). 그러나 허헌은 그러한 합의가 도출된 것은 아니며, 남북합작의 선결 조건은 모스크바 3상 결정의 지지라는 의견을 표명했고, 좌우합작의 원칙은 4당 코뮤니케로 돌아가는 데 있다고 말했다(「공위속개 촉진 목표로/4인회담은 성과 기대코 계속 중/허헌 씨 담」,『중앙신문』, 1946.6.21.).
198) 「민전의장단서 합작 문제 토의」,『독립신보』, 1946.6.16.

대한 협조 노선을 유지하면서 구체적 사안에 대해서 비판할 것은 비판하는 식으로 가닥을 잡아 나갔다.

6월 18일 박헌영은 미소공위 결렬 및 휴회의 책임에 대해 기존의 입장과 마찬가지로 이승만, 김구 등 우익 '반동' 거두들이 3상 결정 반대 운동을 벌이는 것을 지적하면서도 이들을 미소공위 협의에 끌어들여 임시정부에 참가시키기 위해 적극 옹호하는 미군정의 태도를 처음으로 비판하기 시작했다.[199]

또한 박헌영은 6월 20일 좌우합작에 대해 좌우 통일이 달성되지 않는 이유는 친일파 및 반동 세력이 조선의 주권을 장악하기 위해 3상 결정을 적극 반대하기 때문임을 지적하며 우익이 좌익과 마찬가지로 3상 결정을 지지하는 '옳은' 노선으로 돌아올 때 좌우 통일이 가능함을 주장했다. 이러한 주장은 겉으로는 좌우합작에 찬성하는 모양을 취하는 것 같지만, 실제적으로는 탁치 문제와 관련하여 좌익의 노선을 우익이 받아들일 것을 강조함으로써 결국 좌우 대립 구도를 다시 불러일으키는 것으로서 사실상 좌우합작을 반대하는 것이었다.

6월 22일에는 덕수궁에서 상기 좌우 요인 4인이 아놀드 소장과 버치 중위가 참석한 가운데 회담을 열었다.[200] 회담의 성과를 떠나서 회담 자리에 미군정의 초대 군정장관이자 미소공위의 미국 측 수석대표인 아놀드 소장이 참석했고, 회담 장소가 미소공위가 개최되었던 덕수궁이라는 사실 자체가 주는 효과는 대단히 큰 것이었으며, 미군정이 여운형과 김규식에게 힘을 실어 주고 있음이 공식적으로 확실해지는 순간이었다. 박헌영과 조선공산당은 이를 좌익 내 주도권에 대한 심각한 위협으로 느끼지 않을 수

---

199) 박헌영, 「자주독립 완성을 위하야 (5)」, 『조선인민보』, 1946.6.18.
200) 「좌우합작 작일 전(轉) 신전개?/아놀드 소장 동석하/4요인 덕수궁서 회담」, 『중앙신문』, 1946.6.23.

없었다.

그런 상황에서 좌우합작 회담이 열린 것과 같은 날인 6월 22일 조선공산당은 앞서 언급했듯 정판사 '위폐' 사건과 관련하여 미군정의 태도를 비판하는 성명을 발표했다. 즉, 조선공산당은 1946년 6월 중순경을 기점으로 정판사 '위폐' 사건으로 대표되는 미군정의 좌익 탄압에 대해 비판의 목소리를 높이기 시작했고, 좌우합작 공작에 대해서도 사실상 반대를 표시하고 나서기 시작한 것이다.

그런데 이러한 조선공산당의 태도 변화는 미군정의 전술에 그대로 끌려가지 않겠다는 의도에서 비롯된 것이지만, 오히려 미군정의 전술에 말려드는 결과를 낳게 될 소지가 있었다. 미군정의 좌익 탄압에 대해 조선공산당이 반발할 경우 결국 미군정의 더욱 강한 탄압을 초래하게 되며, 미군정의 좌우합작을 반대하거나 참여하지 않을 경우 박헌영의 조선공산당과 여운형의 인민당은 갈등과 분열이 더 심화될 수밖에 없기 때문이다.

이상에서 살펴본 바를 정리하면 미군정이 주도하고 중도파가 중심이 되는 좌우합작이란 박헌영과 조선공산당에게 딜레마였다. 참여할 수도 없고, 참여하지 않을 수도 없는 상황이었기 때문이다. 이는 조선공산당의 대미 노선 변화를 전격적으로 막는 요소는 아니었지만 대미 노선 변화를 설불리 추진하지 못하게 하는 요소로 작용했다.

이런 상황에서 박헌영은 정세 타개책에 대해 북조선 및 소련과 협의할 필요가 있었고, 김일성 역시도 급박하게 돌아가는 남조선의 정세에 대해 남북 좌익이 공동으로 보조를 맞추기 위해서 박헌영과의 협의가 필요한 상황이었다.

이에 박헌영은 6월 27일 해방 이후 네 번째로 북조선을 방문했으며, 6월 30일경에 김일성과 함께 모스크바로 출발하여 7월 10일쯤 평양으로 돌아왔으며, 7월 12일 다시 서울로 향했다.[201] 박헌영이 김일성 등 북조선 측과 주로 협의한 내용은 크게 (1) 미소공위 휴회에 따른 대책, (2) 정판사 '위폐' 사건 등 미군정의 탄압, (3) 좌우합작 등이었다.

정판사 '위폐' 사건에 대해 허가이 등 북조선 측 일부 인사는 조선공산당이 실제로 위폐를 제조한 것이 아닌가 의심을 하기도 했으며, 미군정이 조작한 사건이라고 하더라도 왜 미리 기계들을 치워 버리지 않고 서투르게 미군정이 조작할 빌미를 주었는지에 대해 조선공산당 측을 비판하기도 했다.[202]

또한 좌우합작에 대해서 박헌영은 여운형의 야심과 미군정의 좌익 분열을 통한 남조선단독정부 수립 계략이라고 설명했는데, 김일성은 이미 성시백을 통해 여운형의 입장을 파악한 상태였으므로 박헌영의 말을 다 받아들이지는 않았다.

모스크바 방문에서 소련은 북조선과 남조선 내 여러 좌익 정당을 각각 합당할 것을 지시 또는 제안한 것으로 보인다. 그에 따라 북조선 내 좌익 2개 정당(북조선공산당, 조선신민당) 간 합당과 남조선 내 좌익 3개 정당 간 합당(조선공산당, 조선인민당, 남조선신민당) 추진을 결정했다. 특히, 남한에서는 미군정이 조선공산당을 탄압하고 있었고, 좌익에 대한 분열 정책을 쓰고 있었으므로 합당을 통해 조선공산당을 대중정당으로 바꿀 필요가 있었다.

그리하여 김일성과 박헌영은 모스크바에서 평양으로 돌아오자마자 각각 이러한 좌익정당 간 합당을 추진하기 시작했다. 그런데 박헌영이 남조선 좌익 3당의 합당을 추진하기 위해서는 우선 여운형과 백남운의 의견을 들어봐야 했다. 하지만 서울의 소련영사관이 철퇴한 상황이었고, 밀사를 내려보내는 것은 곤란했다. 게다가 이북의 수재의연금 전달 및 조선화물

---

201) 박헌영의 제4차 평양 방문 및 모스크바 방문에 대해서는 박병엽 구술, 앞의 책, 54~73쪽 참조.
202) 위의 책, 67쪽.

자동차주식회사 사태 수습 등 처리해야 할 일도 있었으므로 박헌영은 7월 12일 서울로 돌아와서 여운형 및 남조선신민당 인사들을 만났다.[203)]

박헌영은 서울에서의 짧은 일정을 마친 후 7월 16일 또다시 평양을 방문하여 김일성 등 북조선 인사들과 현안에 대해 논의한 뒤 22일경 서울로 귀환했다.[204)] 박헌영의 제5차 방북 시에 북조선공산당 조직위원회 상무위원회가 열렸는데, 주로 논의된 문제들은 (1) 정판사 '위폐' 사건, (2) 좌우합작, (3) 좌익 3당 합당, (4) 대미 전술 등이었다.

정판사 '위폐' 사건에 대해서는 미군정이 조선공산당을 탄압하기 위해 조작한 사건이라고 결론을 짓고, 사건의 진상을 대중들에게 폭로하기 위해 공판투쟁과 군중 투쟁을 해야 한다는 대책이 마련되었다.[205)]

좌우합작에 대해서는 김일성과 박헌영의 의견이 달랐는데, 박헌영은 미국의 좌우합작운동을 철저히 분쇄해야 한다는 입장이었으나 김일성은 미국의 의도가 어떻든 미국과의 싸움에서 이기려면 민족통일전선을 강화하고 임시정부 수립을 위한 정치적 기초를 만들기 위해 좌우합작운동이 필요하다는 입장이었다.[206)] 결국 박헌영은 민족통일전선운동 및 임시정부 수립을 위한 테두리 안에서 좌우합작을 전개하고 좌우합작 세력이 미국의 간섭이나 조종에서 떨어져 나오도록 하자는 김일성의 의견에 동조했다. 또한 좌우합작을 이용해 반탁 단정 세력을 고립시켜야 한다는 양자 간의 합의가 있었다.

다음으로 3당 합당에 대해서는 신당은 당위원장으로 조선인민당이나 남조선신민당 대표를 내세워야 하며, 계급정당이 아닌 근로대중의 정당의

---

203) 위의 책, 73쪽.
204) 박헌영의 제5차 평양 방문에 관해서는 위의 책, 74~83쪽 참조.
205) 위의 책, 74쪽.
206) 이는 김일성이 이미 여운형과의 편지 왕래를 통해 여운형의 생각을 파악한 상태에서 여운형의 주장에 동조한 것이었다.

성격을 갖춰야 함에 동의했다.

또한 미국의 탄압, 분열 정책에 어떻게 대응할 것인가의 문제에 대해서 박헌영은 정당방위에 의한 정면 대결로 군중의 힘을 동원하여 이제까지의 합법 활동과는 달리 반합법, 비합법을 철저히 배합해야 한다고 주장한 반면, 김일성은 미군정이 탄압하기 때문에 당 내부적으로 비합법 태세는 갖춰야 하지만 활동은 합법, 반합법적 군중 투쟁을 해야 하며 비합법 투쟁으로까지 방향을 전환할 필요는 없다고 주장했다. 특히, 김일성은 군중의 힘으로 미군정과 정면 대결하는 것은 미군정의 탄압을 부채질할 염려가 있으며 3당 합당에도 지장을 초래할 염려가 있음을 강조했다. 그러나 박헌영은 합법적인 군중 투쟁으로 시작해도 미국 측이 탄압하면 군중들이 분노에 차 자연발생적으로 폭력 투쟁으로 변하는 것은 당 차원에서 막을 수 있는 것이 아니며, 군중들의 투쟁 의식이 낮은 형태에서 높은 형태로 나아가는 것 또한 어쩔 수 없다고 반박했다.

결국 극한 대립을 불러올 극한 행동을 자제하면서 군중 동원에 의한 시위나 파업도 평화적인 합법 투쟁으로 몰고 가야 하며, 좌익이 3당 합당을 통해 합법성을 쟁취해 나아가기로 결정을 보았다.[207] 이렇게 해서 조선공산당은 기존의 '대미 협조 전술'에서 '합법적·반합법적 투쟁 전술'로 변경할 것을 결정했다.

1946년 6월 27일 박헌영이 방북한 시점으로 다시 돌아가 보면, 미군정이 지원하는 좌우합작 사업은 계속 순조롭게 진행되고 있었다. 6월 30일 하지는 좌우합작을 전폭 지원한다는 성명을 발표했고,[208] 이에 따라 이승만, 한국독립당 등 우익 세력들도 좌우합작을 지지하게 되었으며 조선공산

---

207) 박병엽 구술, 앞의 책, 81~82쪽.
208) 「아연! 정국 활발히 전개/좌우합작과 군정태도에 주목 집중」, 『중앙신문』, 1946.7.2.
　　「하지 중장 성명 내용/김, 여 회담 신뢰코/합작을 전폭 지원」, 『중앙신문』, 1946.7.2.

당도 (1) 모스크바 3상회의 결정 총체적 지지 (2) 친일파, 민족반역자, 반소 반공적 파쇼분자 제외, (3) 테러 행위 중지, 테러 단체 해산, 테러 희생자 석방 등을 원칙으로 하여 지지를 표시했다.[209]

그리고 이와 때를 같이 하여 미군정은 좌우합작 공작의 실제 목표인 입법기관 설치 문제를 언론에 내보내기 시작했으며, 6월 29일 러치 군정장관은 하지 사령관에게 입법기관 설치안을 제출했고,[210] 하지는 7월 9일 이에 동의했다.[211] 그런데 미군정은 입법기관 설치와 좌우합작과의 연계성을 숨긴 채 별도의 문제인 것처럼 취급했다. 이는 입법기관 설치가 단독정부 수립으로 보일 오해가 있었으므로, 좌우합작이 입법기관 설치와 관련이 있음을 밝힐 경우, 좌우합작 자체에 대한 대대적인 반대 여론에 부딪칠 것이 예상되었기 때문이었다.

그러나 이를 간파한 민전 및 여운형을 포함한 좌익들은 좌우합작에 대해서는 찬성하면서도 입법기관 설치에 대해서는 명백히 반대했다. 7월 10일 민전의 이주하는 기존의 합작 3원칙을 강조하는 한편, 좌우합작과 입법기관은 별개여야 함을 지적했다.[212] 한편, 조선공산당은 이 무렵까지 좌우합작 3원칙이라는 우익 측이 받아들이기 힘든 조건을 내세워 사실상 좌우합작을 반대하면서도 표면적으로는 그러한 원칙을 전제로 좌우합작에 찬성하는 것 같은 입장을 표명하는 이중적 태도를 취하고 있었다.[213]

---

209) 「원칙은 3상 결정의 지지/하지 중장 성명은 지당한 조치」, 『중앙신문』, 1946.7.3.
210) 「러취 장관, 하지 중장에 입법기관 설치를 제안/각계 대표로 구성, 민의 창달이 사명」, 『중앙신문』, 1946.7.2.
211) 「입법기관은 잠정적으로 필요/하지 중장 성명」, 『중앙신문』, 1946.7.10.
212) 「합작과 입법기관은 별개/조공 이주하 씨 기자단과 문답」, 『중앙신문』, 1946.7.11.
213) 서중석, 앞의 책, 406쪽; 정병준, 「1946~1947년 좌우합작운동의 전개과정과 성격변화」, 서울대학교 대학원 석사학위 논문, 1992, 29쪽 등 기존 연구에서는 이러한 조선공산당 측의 좌우합작 3원칙을 온건한 것으로 보고 이에 따라 조선공산당이 좌우합작을 통해 우익과 협상할 여지가 있는 것으로 평가했으나, 그렇게 보기 힘든 측면이 있

그럼에도 **좌우합작**은 계속 진행되어 7월 10일에는 좌우 대표 10인[214]이 결정되었고, 7월 22일에는 **좌우합작**의 양측 대표들이 회합하여 제1차 예비회담을 개최하고 김규식, 여운형의 명의로 공동성명을 발표했다.[215]

그러나 7월 22일 박헌영이 방북을 마치고 귀환한 이후 상황이 달라지기 시작했다. 조선공산당은 해방 직후부터 줄곧 견지하던 대미 협조 노선을 폐기하고 마침내 소위 '신전술'이라고 하는 대미 강경 노선으로 전환한 것이다. 박일원[216]에 따르면 박헌영은 7월 26일 이른바 '신전술'에 대한 지시를 내렸는데, 그 내용을 요약하면 다음과 같다.[217]

(1) 대미 노선에 있어 협조 합작 등의 수세에서 적극적 공세로 변환할 것.

다. 3원칙의 (1)항은 반탁 세력을 합작 대상에서 배제하겠다는 것으로 탁치 정국 이래 미소공위 시기까지의 조선공산당의 노선과 조금도 다르지 않다. (2)항의 친일파·민족 반역자는 김성수 등 한민당 일부 세력을, 반소 반공적 파쇼 분자란 이승만, 김구, 한민당 세력을 가리키는 것으로 협상 대상에서 배제할 뿐만 아니라 도덕적인 비난을 하려는 것이었다. (3)항에서 테러 중지는 큰 문제가 없으나 테러 단체 해산은 우익 단체를 해산하라는 말로써 우익 측에서 받아들일 가능성이 없으며, 테러 희생자 석방이라는 말도 정판사 '위폐' 사건을 비롯하여 경찰이 무고하게 투옥시킨 좌익 인사들을 석방시키라는 것이었다. 이는 결국 피의자들이 무죄이며, 경찰 및 미군정이 좌익 인사들을 체포한 것이 불법적이었음을 인정하라는 것으로서 우익 및 미군정으로서 결코 받아들일 수 없는 것이었다. 따라서 조선공산당의 이러한 3원칙 주장은 표면적으로는 일리 있어 보이나 상당히 강경한 것이고, 협상하려는 자세가 아니라 비난하려는 자세에 가깝다는 점에서 사실상 **좌우합작**을 반대하는 이중적인 태도라고 볼 수 있다.

214) 좌익 대표: 여운형, 허 헌, 정노식, 이강국, 성주식.
우익 대표: 김규식, 원세훈, 안재홍, 최동오, 김붕준.

215) 「좌우합작 공동성명(제1호)/회합은 매주 2회 덕수궁서/의장에 여, 김 양씨가 교체제」, 『중앙신문』, 1946.7.24.

216) 박일원, 『남로당의 조직과 전술』, 세계, 1984, 30~32쪽.

217) 이러한 신전술 지시 내용은 박헌영이 작성한 원문이 아니며 박일원의 정치적 의도가 개입되었을 가능성이 있지만 김무용, 「해방 후 조선공산당의 신전술 채택과 당면 과제」, 『역사연구』제5호, 역사학연구소, 1997, 216쪽에 따르면 박일원의 책도 신전술 내용을 포괄하는 것으로 볼 수 있다고 평가했다.

(2) 미국 트루먼 정부의 정책이 제국주의적 반동 노선으로 전환되었으므로 중국, 일본 공산당과 긴밀히 연결하여 반미 운동을 적극화할 것.

(3) 남조선을 북조선과 같이 개혁할 것을 강력히 요구 항의할 것.

(4) 미 제국주의의 정책, 모략, 반동성을 민중에게 폭로하고, 군중을 조직하여 강력한 대중투쟁을 전개할 것.

(5) 북조선의 제도를 선전하여 남조선의 북조선화를 도모할 것.

(6) 무저항적 태세를 청산하고 적극적 공격 태세를 취하며, 우익 진영에 일대 타격을 줄 준비를 갖추고 지도자가 반동 경찰에 검거될 때는 탈환 운동을 할 것.

(7) 군정 및 군정하에 있는 친일파들이 잡은 정권을 인민위원회에 넘기도록 요구할 것.

(8) 자기희생적 투쟁을 사양치 말 것.

이는 완전히 비합법적인 폭력 전술이라고만 볼 수는 없지만 박헌영과 김일성이 합의했던 합법적, 반합법적 투쟁 전술의 수준을 넘어서는 면을 포함하고 있다. 애초에 박헌영과 김일성이 사용한 반합법적 투쟁이라는 용어가 모호하므로 합법적으로 시작한 투쟁이 비합법적으로 전개될 가능성을 내포하고 있었다. 위 지시 사항의 문구가 과격한 어조를 띠고 있으므로 조선공산당 간부들이나 하부에 전달될 때는 폭력 전술화했을 가능성이 크다고 할 수 있다. 어쨌든 박헌영은 김일성과의 합의 사항에 비해, 보다 자신의 주장에 가까운 과격한 노선을 지향하고 있는 것으로 볼 수 있다.

이러한 조선공산당의 '신전술'은 미군정의 새로운 대좌익 정책인 좌익 분열 및 조선공산당 고립화 정책에 대한 대응 방식이었다. 미군정의 대표적인 좌익 분열책은 좌우합작 공작이었으며, 미군정은 이를 통해 여운형과 박헌영을 분열시키려 했다. 또한 미군정의 대표적인 조선공산당 고립화 정책은 바로 정판사 '위폐' 사건이었다. 미군정은 이를 통해 조선공산당의 근거지, 언론 활동을 막으려 했고, 공산당의 도덕성과 이미지를 추락시킴으로써 대중의 지지를 이탈시키고자 했다.

따라서 조선공산당의 '신전술'은 이러한 좌우합작과 정판사 '위폐' 사건에 대한 대응 방식으로부터 시작되었다. 좌우합작에 대해서는 민전 5원칙을 통해 합작을 깨려 했고, 대신 좌익 3당 합당을 통해 좌익의 분열을 막고자 했다. 또한 정판사 '위폐' 사건에 대해서는 사건의 진상을 대중들에게 직접 알리고 시위를 주도하는 대중투쟁을 통해 미군정과 사법 당국을 압박하고자 했으며, 재판에 있어서도 사건을 속전속결로 처리하여 유죄로 몰아가려는 미군정과 사법 당국에 대해 재판장 기피 신청, 합석 심리 요구, 사건의 재조사 요구 등 공세적으로 맞서고자 했다.

3. 정판사 '위폐' 사건 관련 기본 정보

1) 근택빌딩과 조선정판사

조선공산당 본부와 조선정판사가 있었던 건물인 근택(近澤, 치카자와)빌딩은 경성부 장곡천정 74번지(현재 서울특별시 중구 소공동 웨스틴조선호텔 맞은편의 부지)에 위치한 지상 5층, 지하 1층의 건물로서, 근택빌딩이란 명칭은 일제강점기에 이 건물이 처음 지어졌을 때의 소유자 일본인 치카자와 모헤이(近澤茂平)의 성에서 따온 것이다.

치카자와 모헤이는 1886년 일본 미에현(三重縣) 태생으로 1909년 조선으로 건너와서 명함 인쇄, 인쇄 기계 및 인쇄 재료 판매업으로 사업을 시작했으며, 1922년 근택빌딩을 지어 근택양지점이라는 이름으로 가게를 차린 후 1924년경 근택상점으로 이름을 바꾸어 종이[화양지(和洋紙)] 판매, 인쇄용 기계·기구·부속품 판매, 인쇄 및 제본, 도서 출판업 등으로 업종

을 확장했다. 1928년경에는 치카자와 치에(近澤チエ)가 근택상점의 대표
직을 넘겨받았고, 다시 1940년경에는 치카자와 시게루(近澤茂)가 대표를
맡게 되었다.218) 이러한 근택상점은 일제강점기 말엽에는 조선서적인쇄
주식회사 및 조선인쇄주식회사 다음으로 유명하고 규모도 크며 시설이 훌
륭한 인쇄소 겸 출판사로 성장하게 되었다.

그러던 중 1945년 8월 15일 해방이 되고 미군이 38도선 이남에 진주한
다는 사실이 알려지자, 조선총독부와 조선은행은 조선서적인쇄주식회사
와 근택상점 인쇄부(이하, 근택인쇄소) 시설을 이용하여 추가적으로 조선은
행권을 인쇄·발행하여 일본인들의 본국 퇴각 자금으로 사용할 계획을 세
웠다. 그리하여 1945년 8월 25일경부터 9월 7일경 사이에 양 인쇄소에서
1,000원권 약 70억 원, 100원권 약 13억 원을 인쇄한 것으로 추정되며, 이
중 100원권만 발행되었다.219)

한편, 해방 이후 근택빌딩은 조선공산당으로 소유권이 이전되는데, 그
와 관련하여 김철수(金錣洙)220)와 ML파 공산주의자들의 움직임에 대해
살펴볼 필요가 있다. 해방을 맞음과 동시에 활동의 자유를 얻게 된 조선의
공산주의자들은 일제강점기에 해체되었던 조선공산당 재건 활동을 활발
히 벌이기 시작했다. 가장 먼저 활동을 시작한 것은 구 서울파 출신인 이

218) 東亞經濟時報社, 『朝鮮銀行會社組合要錄』, 東亞經濟時報社, 1923, 1925, 1927, 1929,
　　 1931, 1933, 1935, 1937, 1939, 1942, 국사편찬위원회 한국사데이터베이스, 『한국근
　　 현대회사조합자료』.
219) 해방 이후 일본인들이 근택인쇄소에서 화폐를 대량 인쇄한 것에 대해서는 제5장 1절
　　 1)에서 자세히 다루겠다.
220) 김철수의 생애에 대해서는 [김철수], 강만길·성대경, 『한국사회주의운동 인명사전』,
　　 창작과비평사, 1996, 134쪽; 한국정신문화연구원 현대사연구소 편, 『지운 김철수』, 한
　　 국정신문화연구원 현대사연구소, 1999; 반병률, 「남한에 남은 혁명가 김철수(1893-
　　 1896)의 삶과 한국전쟁」, 국제한국사학회, 『국제한국사학』, 국제한국사학, 2014, 49~
　　 88쪽 참조.

영(李英), 정백(鄭栢) 등을 중심으로 하는 '장안파'였다.

한편, 구 ML파 출신인 이우적, 최익한, 하필원 등은 8월 15일 별도로 동대문에서 공산당 서울시 당부를 결성했다가 곧 장안파에 합류했다.[221] 그러나 뒤늦게 상경한 박헌영(朴憲永)이 8월 20일 이른바 「8월 테제」를 발표하며 조선공산당 재건준비위원회를 발족하자, 장안파의 대다수가 8월 24일 해체를 결의하는 등 박헌영의 '재건파' 중심으로 조선공산당이 통일 재건될 움직임을 보이게 되었다. 그런데 ML파의 일부는 재건파에 맞서기 위해 공산주의운동의 원로 김철수를 중심으로 별도의 당을 조직할 계획을 추진했다.

김철수는 일제강점기 조선공산당 책임비서를 지낸 인물로서 공주형무소에서 해방을 맞았다. 김철수는 1945년 8월 17일 공주형무소를 출감했는데, 이때 함께 복역했던 20여 명의 공산주의 운동가들이 서울로 가서 공산당을 조직하자고 했지만 김철수는 이를 거절하고 고향인 전북 부안으로 내려가 있었다. 그 이유는 박헌영을 중심으로 하는 조선공산당 재건운동이 자신의 상경으로 분열될 것을 우려한 것이었다. 그러나 ML파의 김근, 김현수 등이 부안으로 김철수를 찾아가서 상경을 적극 권유함에 따라 김철수는 어쩔 수 없이 9월 4일 서울로 올라갔다.[222]

김철수가 상경하자 ML파이자 김철수의 친동생인 김광수(金光洙)를 비롯한 박낙종(朴洛鍾), 송언필(宋彦弼)도 김철수에게 공산당을 조직해야 한다고 권유했다. 그리고 김광수, 박낙종, 송언필은 당시 우수한 인쇄 시설을 갖추고 있던 근택빌딩을 일본인 건물주 치카자와 시게루에게 20만 원[223]을 주고 정식으로 문서를 받고 매입하여[224] 당의 사업을 위해 사용

---

221) 김남식, 앞의 책, 17쪽.

222) 「남북의 대화 〈25〉 분단이 되기까지 (7) 공산당의 내분」, 『동아일보』, 1971.11.27.

223) 해방 직후 미군이 진주하게 되면 재산을 몰수당할지 모르는 상황에서 일본인들은 미

하기로 했다.

이들 세 사람은 1926년 4월 일본에서 사회주의 계열의 신문『대중신문』(大衆新聞) 발기인[225]으로 참여하여[226] 6월 5일 창간했고,[227] 이후 귀국하여 제3차 조선공산당 재건에 참여한 일명 ML파의 간부급 인물로서, 모두 신문 등 언론을 통한 당 사업의 전문가들이라고 할 수 있다. 특히, 김광수는 해방 직후인 8월 16일 최익한, 이여성, 양재하 등과 함께 매일신보사를 점거하여『매일신보』의 제호를『해방일보』로 변경하여 창간 발행했으나 일경의 간섭으로 곧 발간이 중단된 적이 있었다.[228]

김철수가 상경한 직후인 9월 6일 중앙인민위원회에서는 조선인민공화국을 선포하고, 박헌영의 재건파가 중앙인민위원 다수를 차지했다. 또한 9월 8일 열성자대회에서 박헌영이 당의 전권을 가지게 되고 장안파 인사 대부분을 재건파로 흡수할 것을 결정했다. 그리하여 결국 9월 11일 박헌영을 중심으로 조선공산당이 재건되자, 김철수는 9월 15일 재건파 조선공산당에 입당했다. 그리고 ML파의 제안이 조선공산당의 분열을 초래할 우

군 진주 전에 헐값에라도 재산을 처분할 필요가 있었다. 이러한 당시 상황을 고려할 때 김광수, 박낙종, 송언필이 건물 매입 가격으로 치카자와 시게루에게 지불한 20만 원은 꽤 비싼 금액이었다. 이는 이들 간의 부동산 매매 거래가 상호 합의하에 정식으로 이루어진 것이며, 결코 강압에 의한 것이 아님을 방증한다. 그런 점에서 미군정이 나중에 조선공산당으로부터 근택빌딩을 몰수하면서 그 이유로 조선공산당이 일본인의 재산을 불법적으로 취득했다고 한 것은 사실과 전혀 다르다고 할 수 있다.

224) 한국정신문화연구원 현대사연구소 편, 앞의 책, 90쪽, 146~147쪽, 250쪽.

225) 당시 발기인은 김광수, 박낙종, 김정규, 안광천, 김세연, 정순제, 남대관, 정순종, 이여성, 한림, 송언필, 하필언 등이었다(정진석,『언론과 한국 현대사』, 커뮤니케이션북스, 2001, 390쪽).

226)「대중신문 발기」,『조선일보』, 1926.4.20.

227)「대중신문/6월 1일 창간/동경에서 발간」,『동아일보』, 1926.5.15.
　　「대중신문 창간/사회운동자들이 계급의식덕 신문으로」,『조선일보』, 1926.5.15.
　　배성룡,「"계급의지이론"의 박문을 읽고(1)」,『동아일보』, 1926.6.20.

228) 김남식, 앞의 책, 19쪽; 송건호, 앞의 책, 18쪽.

려가 있다며 거부했으며, 친일파 거부(巨富)인 신용욱이 김철수에게 바친 자동차와 항공사 사무소도 당에서 쓰도록 내주었고, 근택빌딩도 당에서 쓰도록 내주었다.[229] 이에 따라 ML파 인사들도 시간이 걸리긴 했지만 김철수의 뜻을 따라 재건파와 힘을 합치지 않을 수 없었다.[230]

9월 19일 박낙종은 근택상점을 조선정판사(朝鮮精版社)[231]로 개칭하여 사장으로 취임했다. 조선정판사는 사무실을 근택빌딩 1층에 두었으며, 부지 내에 별도의 인쇄공장 건물(근택인쇄소)을 갖고 있었으며, 조선공산당과 관련된 문서, 신문 등을 인쇄하게 되었다. 또한 같은 날 조선공산당의 기관지인 『해방일보』 창간호가 발행되었다. 해방일보사는 근택빌딩 3층에 입주했는데 사장은 권오직(權五稷)이었다. 한편, 9월 중순경 최승우가 박낙종을 찾아와 사무실 임대를 부탁했고, 박낙종이 이를 허락함으로 동무사 사무실은 근택빌딩 4층에 입주하게 되었고, 또한 9월 하순경 근택빌딩 5층에는 산업노동조사소가 입주한 것으로 보인다.[232]

그리고 근택빌딩 2층은 한동안 비어 있다가 조선공산당 본부가 입주하게 되었다.[233] 조선공산당 본부는 9월 상순과 중순경 서울시 안국정 155번지 구 행림서원 건물 2층에 있으면서 1층에 조선좌익서적출판협의회 총

---

229) 한국정신문화연구원 현대사연구소 편, 앞의 책, 147~148쪽.

230) 박낙종은 1945년 10월, 송언필은 1946년 2월, 신광범은 1946년 1월에 입당했다. 피의자들의 조선공산당 입당 시기는 사건의 진위와 관련하여 재판 내내 계속된 주요 논란거리 가운데 하나였다. 1945년 10월 하순에 조선정판사에서 제1차 위폐 인쇄가 있었다는 검사 측의 주장에 대해 피고 및 변호사 측은 당시 피의자들은 아직 공산당원도 아니었는데 어떻게 조선공산당 당비 마련을 위해 위험을 무릅쓰고 위폐를 인쇄했겠냐며 반박했던 것이다. 자세한 것은 제4장 2절 2)에서 다루겠다.

231) '정판'(精版)이라는 말은 '오프셋(offset) 방식 인쇄'를 뜻하므로 '정판사'(精版社)란 '오프셋 방식 전문 인쇄·출판사'를 의미한다고 할 수 있다.

232) 고영민, 『해방정국의 증언』, 사계절출판사, 1987, 68~69쪽.

233) 최승우, 「소위 정판사 위폐 사건의 기소 이유를 박함 (중)」, 『현대일보』, 1946.8.22.

표 2-1. 해방 이후 근택빌딩 입주 상황

위치	입주자	대표자	입주 시기
5층	산업노동조사소	고준석	1945년 9월 하순
4층	동무사	최승우	1945년 9월 중순
3층	해방일보사	권오직	1945년 9월 중순
2층	조선공산당 본부	박헌영	?234)
1층	조선정판사	박낙종	1945년 9월 상순
지하실	식당235)		
별도 건물	조선정판사 인쇄부	박낙종	1945년 9월 상순

판매소로서 우리서원236)을 운영하다가 근택빌딩으로 옮겨 왔으며, 11월 23일 장안파 조선공산당이 발전적 해소를 선언하고 재건파 조선공산당에 백기 투항을 하자237) 그날 근택빌딩에 조선공산당 간판을 정식으로 내걸었다.238) 이는 한국 역사상 최초로 공산당이 공개적이고 합법적으로 활동하게 되었음을 상징적으로 보여 주는 것이라고 할 수 있다.

이로써 근택빌딩은 명실상부 조선공산당과 좌익을 대표하는 건물로 자리 잡게 되었다. 근택빌딩 입주 상황을 정리하면 표 2-1과 같다.

1946년 5월 정판사 '위폐' 사건 발표 이후 미군정은 근택빌딩을 폐쇄하고 적산으로 취급하여 몰수했으며, 1946년 6월 초 천주교 측에 임대했다. 천주교 측은 근택빌딩을 경향신문사 사옥으로 삼고, 조선정판사 인쇄부를 대건인쇄소로 개칭하여 1946년 10월 6일 『경향신문』을 창간했다.

---

234) 조선공산당 본부의 근택빌딩 입주 시기 역시 사건의 진위와 관련하여 재판 내내 계속 된 주요 논란거리 중 하나였다. 1945년 10월 하순에 조선정판사에서 제1차 위폐 인쇄 가 있었다는 검사 측의 주장에 대해 피고 및 변호사 측은 당시에는 조선공산당 본부 가 아직 근택빌딩으로 입주도 하기 전인데 어떻게 위폐 인쇄를 공모할 수 있었겠냐며 반박했던 것이다. 자세한 것은 제4장 2절 1)에서 다루겠다.
235) 이철승·박갑동, 『대한민국, 이렇게 세웠다』, 계명사, 1998, 247쪽.
236) 「좌익서적안내」, 『해방일보』, 1945.11.27.
237) 「공산당 합동 통일/1국1당 원칙하에 장안파 해소」, 『자유신문』, 1945.11.24.
238) 「내걸은 조공당 간판/당 본부를 근택삘딍에」, 『중앙신문』, 1945.11.24.

이후 근택빌딩은 계속 경향신문사 사옥으로 사용되었으나 1974년 박정희 정권에 의해 경향신문사가 문화방송(MBC)과 강제 합병되면서 정동 사옥으로 옮겨간 후 한일은행이 근택빌딩을 인수하여 본점 별관으로 사용했다. 그후 근택빌딩은 1980년 소공동 지역 재개발과 함께 철거되었으며, 현재 근택빌딩 부지에는 소공동 롯데백화점 주차용 건물이 들어서 있다.

2) 정판사 '위폐' 사건의 피의자

정판사 '위폐' 사건의 피의자는 기소되어 재판을 받은 피의자 10명(이관술, 박낙종, 송언필, 신광범, 박상근, 김창선, 정명환, 김상선, 김우용, 홍계훈)과 체포를 피해 기소되지 않은 피의자 1명(권오직)을 합하여 총 11명이며, 모두 조선공산당원이었다.

이관술(李觀述, 1902~1950)[239]은 경성콤무니스트그룹[240] 출신의 사회주의 독립운동가로서 해방 직전까지 일제 경찰의 고문, 투옥 등의 탄압에도 굴하지 않고 전국 각지를 돌아 위장 피신 생활을 해 가며 일제와 타협하지 않고 끝까지 투쟁을 벌인 몇 안 되는 인물 중 한 사람이다.

이관술은 울산의 명문 양반 가문 학성(鶴城) 이 씨 이석도의 장손이자, 이종락(李宗洛)의 장남으로 1902년 울릉도에서 태어났다. 5살 무렵에 가족 모두가 고향인 울산으로 돌아오면서부터 울산에서 계속 생활하게 된다. 10살 터울의 이복 여동생 이순금(李順今) 역시 유명한 독립운동가이다.

---

239) 이관술의 생애에 대해서는 장성운, 『인물기행 문화기행』, 울산매일, 1995, 7~156쪽; [이관술], 강만길 · 성대경, 앞의 책, 315~316쪽; 안재성, 『이관술 1902 - 1950』, 사회평론, 2006; 장성운, 『그때 울산사람들』, 울산 중구청, 2015, 142~149쪽 참조.

240) 1939년 4월경 이관술, 이순금, 장순명, 권오직, 김섬, 김삼룡, 이현상, 정태식, 이인동 등이 당 재건을 위해 조직한 공산주의자 그룹으로서 같은 해 9월에 출옥한 박헌영을 책임자로 추대했다(김남식, 앞의 책, 16쪽; [박헌영], 강만길 · 성대경, 위의 책, 217쪽).

표 2-2. 정판사 '위폐' 사건 피의자 명단

구분	이름	나이(1946년)	직책	조선공산당 입당 시기
조선공산당 고위급/ 경성콤그룹계	이관술	45	조선공산당 총무부장/재정부장	1945.9.
	권오직	41	해방일보사 사장	1945.9.
조선공산당 중간급/ 조선정판사 사무직	박낙종	48	조선정판사 사장	1945.10.
	송언필	45	조선정판사 서무과장	1946.2.
	신광범	41	조선정판사 인쇄주임	1946.1.
조선공산당 평당원/ 조선정판사 기술직	박상근	43	조선정판사 창고주임	1946.1.~3.
	김창선	35	조선정판사 평판과장	
	정명환	30	조선정판사 평판과부과장	
	김상선	32	조선정판사 평판직공	
	김우용	28	조선정판사 평판직공	
	홍계훈	31	조선정판사 평판직공	

　어머니를 일찍 여의었지만 부유한 가정 형편과 가족들의 사랑을 받으며 다복한 어린 시절을 보낸 이관술은 1923년 22살이라는 늦은 나이에 경성 중동고등보통학교에 입학하여 처음으로 신학문을 접하게 되었다. 우수한 성적으로 두각을 나타낸 이관술은 1925년 중동고보를 졸업하자마자 일본인들도 입학하기 힘들다는 일본의 도쿄고등사범학교에 합격하여 유학 생활을 하게 되었다. 그리고 4년 후인 1929년 졸업과 함께 귀국하여 자신이 꿈꾸던 민족주의 교육가로서의 뜻을 실현하기 위해 민족종교인 천도교 계열의 동덕여자고등보통학교 지리 및 역사 교사로 부임했다.

　그러나 부임한 해에 광주학생항일운동이 발발함에 따라 광주는 물론 전국 학생들의 항일 시위운동이 전개되면서 이관술의 인생은 또 한 번 전환의 계기를 맞게 되었다. 시위에 참가한 제자들이 일제 경찰에 끌려가고 폭행당하는 모습과 이를 방치하고 뒤로 물러서 있는 비겁한 민족주의 교사들의 모습을 목격한 이관술은 계몽적 민족주의의 허상과 한계를 깨닫고 사회주의 독립운동에 투신하기로 결심하게 되었다. 그리하여 진보적 학생들 및 지식인, 사회주의 운동가들과 교류를 넓혀 가기 시작했고, 1932년에는 동덕여자고등보통학교 재학생과 졸업생들로 구성된 독서회를 지도했다.

이관술.

1931년 만주사변 이후 사회주의자들을 중심으로 반제국주의 투쟁이 추진되는 가운데 이관술은 1932년 11월 조선반제동맹 결성을 위한 경성지방 준비위원회에 가담했다. 그러나 얼마 지나지 않은 1933년 1월 체포되어 1심에서 징역 2년을 선고받았다. 이로써 4년간의 짧았던 교사 생활은 끝나게 되고 이를 계기로 이관술은 본격적으로 사회주의 독립운동에 투신하게 되었다.

1934년 4월 가석방된 이관술은 이재유(李載裕), 박영출(朴英出) 등과 연결되어 조선공산당 재건을 위한 경성준비그룹을 결성하고 본격적인 활동을 시작했다. 이관술은 학생운동 부문을 담당했으며, 출판 책임자로 기관지 『적기』(赤旗)를 발간했다. 그러나 그 과정에서 박영출, 박진홍, 이재유, 이순금 등 동지들이 각각 체포되는 등 어려움을 겪게 된다. 1935년 3월 이관술은 검거를 피해 이재유와 함께 수해 이재민 형제로 가장하여 농사를 지으며 비밀 활동을 했으며, 1936년 말 이재유가 검거된 이후에는 강원도 산간 지역을 떠돌며 피신했다. 1937년 6월 영등포로 상경하여 활동을 재개하던 중 경찰의 검문에 체포되었으나 극적으로 탈출하여 대전, 대구 등지에서 신분을 위장하고 비밀 공산주의 소그룹을 조직했다.

1939년 1월 다시 서울로 올라온 이관술은 이순금, 김삼룡과 함께 비밀 활동을 시작했으며, 5월에 경성콤그룹을 결성하고 조직 확장과 출판 사업에 주력했다. 그리고 그해 9월 조선 공산주의 운동의 핵심 인물인 박헌영(朴憲永)이 출옥하자 경성콤그룹의 지도자로 영입하여 활발히 활동을 전개했다. 그러나 1941년 1월 일제 경찰에 검거되어 징역을 선고받고 서대문형무소에 수감되었다. 1943년 11월 폐병이 심해져 병보석으로 3개월간 시한부로 가석방되었으며, 가석방 마지막 날인 1944년 2월 도주하여 구두 수선공, 땜장이 등으로 변장하여 전국을 떠돌며 지하활동을 계속했다.

1945년 8월 해방이 되자 이관술은 재건된 조선공산당의 중앙검열위원 및 총무부장 겸 재정부장으로 선출되는 등 사실상 조선공산당의 2인자로 활동했다. 또한 9월 조선인민공화국 내각이 구성될 때 선전부장에 임명되기도 했다. 그러나 그는 결코 남 앞에 나서거나 권력을 휘두르는 것을 좋아하지 않았고 그저 묵묵하고 성실하게 자신이 맡은 책임을 다했다.

당시 이관술에 대한 세인들의 평가를 잘 보여 주는 예로서 선구회(先驅會)라는 단체가 시행한 설문 조사 결과가 있다. 선구회는 1945년 10월 10일부터 11월 9일까지 1개월간 각 정당·언론사·문화단체·학교 등 105개 단체를 대상으로 설문 조사를 실시하여 발표했다. 설문 조사 중 '새로운 나라를 건국함에 있어 조선을 이끌어 나갈 지도자로 추천하는 인물' 문항에서 이관술은 12%의 지지를 얻어 5위를 차지했으며, '정부 내각 조직 시 추천하는 인물' 중 '경제부장(농업, 상업, 공업)' 문항에서 19%를 득표하며 2위를 차지했다.[241]

설문 조사 표본의 크기가 대단히 큰 것은 아니었으며 중경임정 요인들이 입국하기 전에 실시된 조사였기 때문에 정확한 여론 혹은 민심을 반영한 결과라고는 할 수 없지만 '건국 지도자' 부문에서 4위를 차지한 박헌영 (16%)과 큰 차이가 없으며 6위 김일성(9%), 8위 김규식(6%)을 앞섰다는 것은 이관술이 조선공산당이나 좌익 내부에서뿐만 아니라, 대중적으로도 상당히 큰 영향력을 가진 인물이었음을 짐작케 한다.

그러나 1946년 5월 미군정이 갑작스럽게 정판사 '위폐' 사건을 발표하며

---

241) 선구회본부 여론조사부, 「조선 지도인물 여론조사 발표」, 『선구』, 1945년 12월, 45~52쪽.

이관술을 핵심 피의자로 지목하여 체포령을
내리면서 이관술은 해방된 지 9개월 만에 일
제에 이어 다시 미군정에 쫓기는 신세가 되
고 만다. 그리고 체포되어 무기징역형을 선
고받아 서울형무소(구 서대문형무소)에 수감
되었으며 1947년 4월 대전형무소로 이감되
었다. 그리고 1950년 한국전쟁이 발발한 직
후 이승만이 북한군에 협조할 가능성이 있

권오직.

다는 이유로 형무소 재소자 중 좌익 계열 인물과 보도연맹원들에 대한 살
해 명령을 내림에 따라 불법적으로 총살되었다.

　권오직(權五稷, 1906~?)[242]은 이관술과 마찬가지로 경성콤그룹 출신의 사
회주의 독립운동가로서 해방 이후 박헌영을 중심으로 하는 재건파 공산당 활
동에 적극 참여했으며, 조선공산당의 기관지 『해방일보』의 사장을 지냈다.

　권오직은 1906년 경북 안동에서 태어났으며, 고려공산청년회 책임비서
이자 6·10만세운동의 지도자인 권오설(權五卨)의 동생이다. 안동 권씨인
권오직의 집안은 대대로 양반 가문이었으나 가세는 빈한했다. 1923년부
터 사회운동에 참여했으며, 1924년 2월 신흥청년동맹, 1925년 4월 고려공
청에 가입했다. 그리고 그해 고려공청의 추천으로 모스크바 동방노력자공
산대학에 입학하여 1929년 5월에 졸업했다. 졸업 후 모스크바에 있는 공
장에서 노동을 하다가 8월에 국제공산청년동맹으로부터 고려공청을 재조
직하라는 지시를 받고 10월에 귀국했으며, 11월에 조선공산당 조직준비위
원회 결성에 참여하여 선전부 책임자가 되었다. 1930년 1월 조선공산당 경
성지구 조직위원회를 결성했으며, 2월에는 3·1운동 11주년 기념일을 맞아

---

242) 권오직의 생애에 대해서는 [권오직], 강만길·성대경, 앞의 책, 35쪽; [권오직], 한국민
　　족문화대백과사전, http://encykorea.aks.ac.kr/ 참조.

광주학생항일운동으로 고조된 반일 감정을 격발시키기 위해 반일 격문을 전국의 청년동맹·농민조합·노동단체에 배포했다가 같은 달 일본 경찰에 검거되어 1931년 10월에 경성지방법원에서 징역 6년을 선고받고 복역했다. 출옥한 뒤 이관술·김삼룡 등이 주도한 경성콤그룹에서 활동하다가 1940년 12월 종로경찰서에 검거되어 징역 8년을 선고받고 복역하던 중 해방을 맞아 출옥했다. 해방 이후 박헌영 중심의 재건파 조선공산당에 참여하여 1945년 9월 조선공산당 정치국원, 당 기관지『해방일보』사장, 조선인민공화국 후보위원이 되었다. 1946년 2월 민주주의민족전선 결성대회에 참가하여 중앙위원으로 선출되었다.

그러던 중 5월 정판사 '위폐' 사건으로 지명수배를 받게 되자 38선 이북으로 피신하여 인민위원회 외무성 부수상을 역임했다. 1948년 8월 해주에서 열린 남조선인민대표자대회에서 제1기 최고인민회의 대의원으로 선출되었으며, 1950년 2월부터 1952년 1월까지 헝가리 주재 조선민주주의인민공화국 공사로 활동했다. 그해 3월 중국 주재 대사로 부임했으나 1953년 8월 소환되어 조선노동당 중앙위원회 후보위원에서 축출되었다. 그후 반당·반국가 파괴 분자라는 이유로 숙청되어 평안북도 삭주의 농장으로 추방되었으며 이후 행방불명되었다.

박낙종(朴洛鐘, 1899~1950)[243]은 ML파 출신의 사회주의 독립운동가로서 앞서 언급했듯이 해방 이후 김광수, 송언필과 함께 근택빌딩을 인수했으며, 근택상점을 조선정판사로 개칭하여 사장이 되었다.

박낙종은 1899년 경상남도 사천에서 태어났으며 어린 시절 한학을 수학한 후 서울 중동학교에서 2년간 공부했다. 1922년 일본으로 유학을 떠나 도쿄에 있는 세이소쿠(正則)영어학교에서 2년간 수학한 뒤, 1924년 와세다(早稻

---

243) 박낙종의 생애에 대해서는 [박낙종], 강만길·성대경, 위의 책, 183쪽; [박낙종], 한국
민족문화대백과사전, http://encykorea.aks.ac.kr/ 참조.

田)대학 전문부 정치경제과에 입학했다.

박낙종.

대학 입학 직후 구월회(九月會)를 조직하고, 북성회(北星會)에 참여했으며, 11월에는 김세연, 신현성, 하필원 등과 함께 인쇄소를 차려 한국어로 잡지와 서적을 발행하기 시작했다.[244] 또한 1925년 1월에는 북성회를 해산하고 일월회(一月會)를 조직하여 사회주의 운동을 벌여 나갔으며,[245] 일월회 기관지 『사상운동』(思想運動)의 발행인 겸 편집인을 지냈다. 당시 박낙종은 송언필, 안광천(安光泉), 이여성(李如星) 등과 함께 편집부 소속이었으며, 김광수, 하필원(河弼源) 등은 서무부 소속이었다. 또한 이를 위해 일본 도쿄에서 한국어 인쇄가 가능한 인쇄소 동성사(同聲社)를 설립하여 이사로 참여했다.[246] 1926년 와세다대학을 졸업한 후, 4월에는 일월회의 기관지 성격을 띠는 『대중신문』(大衆新聞)의 발기인으로 참여했으며, 이후 동성사를 통해 『대중신문』, 『현계단』(現階段) 등 정기간행물과 700여 종의 사회주의 관련 출판물을 꾸준히 간행했다. 12월에는 안광천, 하필원과 함께 일시 귀국하여 조선공산당 제2차 대회에 재일 조선인 대표로 출석하여 제3차 조선공산당 재건에 참여했다.

1927년 4월에는 제3차 조선공산당의 일본 내 지부인 조선공산당 일본부를 재조직하고 책임비서로 선임되었으며, 11월에는 일본을 방문한 조선총독부 정무총감 유아사 쿠라헤이(湯淺倉平)를 대중신문사 대표의 자격으로 재일본조선노동총동맹 대표 김한경, 신간회 동경지회 대표 조헌영, 동

---

244) 「동경 유학생/인쇄소 설치/조선글로 각종 인쇄」, 『동아일보』, 1924.11.1.

245) 「1월회 소식/강령과 임원」, 『동아일보』, 1925.1.16.

246) 「동성사 설치/일본 동경에서/조선인 경영의 인쇄소」, 『동아일보』, 1925.1.16.

경자유법조단 후세 다츠지(布施辰治)와 함께 찾아가 조선공산당 사건 피고에 대한 경찰의 고문에 대해 항의했다.[247]

1928년 2월, 조선공산당에 대한 제3차 대검거가 시작될 즈음, '3·1운동 기념일'에 뿌릴 격문 20만 장을 인쇄하여 조선에 우송하다 발각되어 3월에 최익한(崔益翰)과 함께 검거되었다.[248] 그리하여 1930년 경성지방법원에서 「치안유지법」 위반으로 징역 5년을 선고받고 서대문형무소에 수감되었다가 1933년 대전형무소로 이감되었으며, 1934년 1월에 만기 출옥했다.

1945년 8월에는 조선공산당(장안파) 결성에 참가했다가, 재건파에 합류했으며, 9월에는 조선인민공화국 중앙인민위원회 위원으로 선임되었고, 조선정판사 사장으로 선임되어 『해방일보』를 비롯한 당 관계 각종 출판물을 간행했다. 10월에는 조선공산당에 정식으로 입당했으며, 1946년 2월 민주주의민족전선 중앙위원으로 선임되었다.

그리고 5월 정판사 '위폐' 사건으로 경찰에 검거되어 재판을 받았으며 무기징역을 선고받고 서울형무소에 수감되었다. 이후 목포형무소에 이감되었으며, 이관술과 마찬가지로 한국전쟁이 일어난 직후 총살되었다.

송언필(宋彥弼, 1902~?)[249]도 박낙종과 마찬가지로 ML파 출신의 사회주의 독립운동가였으며 정판사 '위폐' 사건 발발 당시 조선정판사의 서무과장이었다.

송언필은 1902년 황해도 해주에서 태어났으며, 가정이 상당히 부유했다. 인천공립상업학교를 중퇴하고 일본으로 건너가 세이소쿠영어학교 중

---

247) 「정무총감 방문/고문사건 항의/엄중한 항의 질문을 하여/재동경 각단체대표」, 『동아일보』, 1927.11.6.

248) 「검거 선풍은 동경에도 파급/일월회 계통 인물을 검속/박낙종 체포 호송」, 『동아일보』, 1928.2.7.

249) 송언필의 생애에 대해서는 [송언필], 강만길·성대경, 앞의 책, 249쪽; [송언필], 한국민족문화대백과사전, http://encykorea.aks.ac.kr/ 참조.

학강습과를 졸업했다. 이후 니혼(日本)대학
문과에서 2년간 수학하고, 와세다대학 정치
경제과를 2년간 다니다가 중퇴하고 1923년
경 귀국했다.

1924년 2월 해주노농회 임시총회에서 임
시의장이 되었고, 6월에는 해주청년회 간부
가 되었다. 1925년 1월 도쿄에서 박낙종과
함께 일월회 편집부 위원이 되어 기관지『사

송언필.

상운동』발행에 참여했으며, 「소부르주아사상과 무산계급사상」 등 여러
편의 글을 기고했다. 11월에는 일월회 선전부 위원으로 활동을 시작했으
며,[250] 1926년 4월 박낙종과 함께 『대중신문』 발기인으로 참여했다.

송언필은 1926년 중반 귀국하여 국내 활동을 개시했는데, 9월에 해주청
년회 주최 국제청년데이 기념강연회 연사로 선정되었고, 11월에는 해주청
년회 검사위원으로 선출되었다. 12월에는 고려공산청년회 중앙집행위원
이 되어 '제3차 조선공산당' 재건에 참여했다. 또한 1927년 8월 조선청년
총동맹 중앙집행위원에 선출되었으며, 10월에 고려공산청년회에 가입하
여 중앙간부로 선출되어 선전부에 소속되었으며, 11월 고려공산청년회 노
동 제2야체이카에 소속되어 활동했다.[251]

1928년 3월 고려공청 만주총국의 위원으로 선임되었으며, 그 무렵 도쿄
에서 발행되던 고려공청 일본총국 기관지『현계단』(現階段)의 책임편집위
원으로 선정되어 일본으로 갔다. 그러나 제3차 조선공산당 검거 사건으로
1929년 1월 도쿄에서 체포되어 약 6개월간 도쿄 시내 10여 개 경찰서를 전
전하며 조사받은 후 서울로 압송되었다. 그러나 송언필은 구속 수사 중 건

---

250) 「1월회의 확충/뎡긔총회를 열고서/임원 개선과 새 결의」, 『동아일보』, 1925.11.1.
251) 「ML당 사건 판결 전문 (3)」, 『동아일보』, 1930.9.9.

강이 악화되어 병보석으로 치료를 받아야 했으며,[252] 예심을 거쳐 「치안유지법」 위반으로 기소되어[253] 1930년 8월 경성지방법원에서 징역 5년, 1931년 1월 경성복심법원에서 징역 3년 9개 월을 선고받고 3월에 병보석을 중단하고 수감되었다가[254] 이후 형 집행정지로 석방되었다.

해방이 되자 1945년 9월 조선인민공화국 서울시인민위원회 위원으로 선출되었고, 김광수, 박낙종과 함께 근택빌딩을 구매한 후 조선정판사 서무과장으로 활동했으며, 1946년 2월에는 조선공산당에 입당했다. 그러던 중 1946년 5월 정판사 '위폐' 사건으로 체포되어 재판을 받고 무기징역을 선고받았다. 마포형무소에 수감되었다가 1947년 5월에 대전형무소로 이감되었으며, 한국전쟁 발발 직후 국군에 의해 살해당한 것으로 추정된다.

신광범(辛光範)은 만주에서 조선공산당 만주총국을 조직하던 중 일본 관헌에게 검거되었다가 1945년 8월 해방 이후 석방된 인물로서, 9월 조선정판사 개시 이래 인쇄주임으로 근무했다. 조선공산당에는 1946년 1월경에 입당했으며, 1946년 5월 정판사 '위폐' 사건으로 체포되어 재판을 받고 징역 15년을 선고받고 수감되었다.[255] 1950년 6월, 한국전쟁 발발 직후 인민군이 서울을 점령했을 때 서울형무소에서 풀려나서 이후 월북한 것으로 추정된다.

마지막으로 김상선(金商宣), 김우용(金遇鏞), 김창선(金昌善), 박상근(朴相根), 정명환(鄭明煥), 홍계훈(洪啓壎)은 일제강점기에 근택인쇄소에서 인쇄 직공으로 재직해 왔으며, 박낙종이 근택빌딩을 접수하고 근택상점을 조선정판사로 개칭한 이후에도 그대로 조선정판사 직원으로 흡수되어 계

---

252) 「철창 전전 21개월/염려되는 피고 건강/송언필은 보석 치료 중/발병자 전후 3인」, 『동아일보』, 1929.11.2.

253) 「ML당 사건 예심 결정서」, 『동아일보』, 1929.11.2.

254) 「송언필 수감」, 『동아일보』, 1931.3.4.

255) 서울지방심리원, 「공판청구서(1)」, 『위폐사건 공판기록』, 대건인쇄소, 1947, 5쪽.

속 일하게 되었다. 또한 이들은 1945년 8월 25일부터 9월 6일 사이에 조선총독부와 조선은행의 명령으로 근택인쇄소에서 조선은행권을 인쇄할 때 지폐 인쇄 작업에 관여한 적이 있었다.[256] 이로 인해 1946년 5월 정판사 '위폐' 사건의 피의자가 되었을 때에도 의혹을 사게 되었다. 이들은 1946년 1~3월에 조선공산당에 입당했으며, 1945년 5월 당시 김창선은 조선정판사 평판과장, 정명환은 평판과 부과장, 박상근은 창고주임, 김상선·김우용·홍계훈은 평판과 직공이었다. 1946년 5월 정판사 '위폐' 사건으로 체포되어 재판을 받고 김창선은 무기징역, 박상근·정명환은 징역 15년, 김상선·김우용·홍계훈은 징역 10년을 선고받았다. 이들은 모두 서울형무소에 수감된 것으로 보이며, 박상근·정명환은 1947년 4월 이관술과 함께 대전형무소로 이감되었다. 이후 이들의 행적은 알 수 없으나 1950년 6월, 한국전쟁 발발 직후 처형되었거나 월북했을 것으로 보인다.

3) 정판사 '위폐' 사건의 경찰 관계자

1946년 5월 초 정판사 '위폐' 사건의 피의자를 체포하여 수사를 개시한 것은 본정(本町)경찰서[257] 소속 경찰이었다. 이는 곧 상부에 보고되어 장택상 수도경찰청장, 조병옥 경무부장 등도 수사 과정에 적극적으로 개입했다. 이러한 경찰 관계자들의 이력과 활동을 간략히 살펴보면 표 2-3과 같다.

조병옥(趙炳玉, 1894~1960)[258]은 정판사 '위폐' 사건 발발 당시 경무부장이던 인물이다. 조병옥은 1894년 충청남도 천안에서 태어났으며, 한학을

---

256) 서울지방심리원, 「공판청구서(1)」, 『위폐사건 공판기록』, 대건인쇄소, 1947, 5쪽.
257) 현재 중부경찰서의 전신.
258) 조병옥의 생애에 대해서는 [조병옥], 한국민족문화대백과사전, http://encykorea.aks.ac.kr/; 조병옥, 『나의 회고록』, 해동, 1986 참조.

표 2-3. 정판사 '위폐' 사건 관련 경찰 관계자 명단

이름	나이(1946년)	직책 및 직위
조병옥	53	경무부장
장택상	54	제1관구경찰청장
이구범	45	본정경찰서장
최난수	38	본정경찰서 수사주임(경위)
김원기		본정경찰서 형사주임(경위)
현을성		본정경찰서 형사(경위)
김성환		본정경찰서 형사(경사)
이희남		본정경찰서 형사(경사)
조성기		본정경찰서 형사(경사)

수학하고 공주 영명중학교를 거쳐 평양 숭실중학교를 졸업했으며, 연희전문학교에 입학했다. 졸업 후 1914년 미국으로 유학을 떠나 1918년 펜실베이니아주 와이오밍고등학교(Wyoming Seminary Upper School)를 졸업하고, 컬럼비아대학교(Columbia University)에 진학하여 학사, 석사를 거쳐 1925년 경제학 박사 학위를 취득했다. 유학 중인 1919년 3·1운동의 여파로 4월 13일부터 15일까지 필라델피아에서 개최된 제1차 한인연합회의에 참가했고, 4월 16일에 서재필의 주도로 열린 한인자유대회에 참석했다.

귀국 후 연희전문학교 교수로 있으면서 독립운동에 투신했는데, 신간회 창립위원으로 참여하여 재정부장, 총무부장을 지냈으며, 1929년 광주학생항일운동 탄압을 규탄하는 민중 대회를 열어 광주학생항일운동의 배후조종 혐의로 체포되어 3년간 징역을 살았다. 1932년 『조선일보』 인수 운동에 참여하여 조선일보사 전무 겸 영업국 국장을 지냈고, 1937년 수양동우회 사건으로 2년간 복역했으며, 1939년 무죄로 석방된 이후 고향인 천안으로 내려가 해방을 맞았다.

이러한 조병옥의 해방 이전 경력은 크게 친미 민족운동으로 요약할 수 있는데, 그가 친미 성향을 갖게 된 것은 어린 시절 부친 조인원(또는 조택

원)이 기독교에 입문하고, 신학문을 권유한 것이 계기가 되었다고 할 수 있다. 그로 인해 조병옥은 기독교 계통의 영명학교, 숭실학교를 거쳐 미국 유학까지 가게 되었던 것이다. 그는 컬럼비아대학교 유학 시절 극우 반공 성향의 러시아인 블라디미르 심코비치(Vladimir Gregorievitch Simkhovitch) 교수로부터 2년 동안 1주일에 3시간씩 경제학 원리와 사회주의, 공산주의 비판 강의를 들었는데, 이는 조병옥의 극우 반공적 세계관에 많은 영향을 주었다고 한다.[259] 또한 조병옥은 미국 체류 중 뉴욕을 여행하면서 미국의 거대한 문화와 위력에 많은 감명을 받았는데 이러한 경험은 미국의 존재와 힘을 높이 평가하게 되고 친미 성향이 형성되는 하나의 계기가 되었다고 한다.[260]

한편, 그는 유학 기간 부친의 친구인 박용만을 비롯해 이승만, 안창호를 만난 적이 있는데, 박용만의 '무장투쟁론'과 이승만의 '외교론'에 실망한 반면, 안창호의 '실력양성론'에 크게 감명을 받고 이후 활동의 이정표로 삼게 되었다고 한다. 이는 귀국 이후 YMCA 이사로 있으면서 인간 사회의 3대 죄악인 질병, 무식, 궁핍을 없애자는 주장을 하며 민족운동의 일환으로 사회개혁운동에 가담하자는 'YMCA 개혁론'을 제안하는 것으로 나타났으며, 신간회 활동, 『조선일보』 운영을 통한 언론 활동 및 수양동우회 참여 등으로 이어졌다.[261] **수양동우회 사건 이후 대부분의 민족주의 계열 인사들이 변절하여 일제에 타협하거나 적극적으로 친일 활동을 벌였는데, 조병옥 역시 시국좌담회에 참여했다거나[262] 일본에 협력할 것을 주장하는 강연을 했다는 등[263]** 친일 행적의 의혹이 있다. 그러나 친일 행적에 대한 정확하

---

259) 김무용, 「조병옥의 친미반공노선과 극우 테러」, 『역사비평』, 제7호, 역사비평사, 1989, 243~244쪽.
260) 위의 글, 244쪽.
261) 위의 글, 244~245쪽.
262) 임종국, 『실록 친일파』, 민족문제연구소, 돌베개, 1991, 190~191쪽.

고 풍부한 기록이 남아 있지 않으며, 조병옥이 해방 직전까지 빈궁한 삶을 살며 고향인 천안에 내려가 있던 점으로 보아 만일 친일 발언을 했다고 하더라도 심각한 정도의 친일 행위를 한 것으로는 보기 어렵다. 이는 1919년 3·1운동 당시 그의 부친 조인원과 동생 조병호가 징역 3년을 선고받고 옥고를 치른 것에 영향을 받은 것으로 보인다.[264]

1945년 해방 직후 조병옥은 한민당 창당에 참여했으며, 8총무 지도 체제에서 총무로 활동했다. 그러나 그가 정치권에 두각을 나타내게 된 것은 1945년 10월 송진우의 추천으로 미군정에 의해 한국인 경찰 책임자로 등용되면서부터였다.[265] 1946년 1월 16일 경무국이 경무부로 승격되면서 조병옥은 경무부장에 취임했고, 미군정에 협력하여 일제강점기 경찰 출신자들을 대거 경찰로 기용하고, 우익 청년 단체를 후원함으로써 좌익 탄압에 앞장섰다. 또한 조병옥은 일제강점기에는 이승만보다 안창호를 지지했으나 안창호가 사망하고 해방 후에는 이승만을 지지하게 되었으며, 경무부장으로서 이승만의 정치 활동에 많은 도움을 주었다.

1948년 8월 대한민국 정부 수립 후, 12월에 파리에서 열린 제3차 국제연합 총회에 한국 대표단 일원으로 참가했으며, 1949년 제4차 국제연합 총회에서 단장으로 참가했다.

정부 수립 후 이승만과 한민당이 결별하게 되면서 조병옥도 이승만과 멀어지게 되었으며, 그 결과 1949년 2월 한국민주당과 대한국민당의 신익희·지청천 계열이 통합하여 민주국민당을 창당할 때 참여했다.

1954년 5월 대구에서 제3대 민의원 선거에 입후보, 출마하여 당선되었고 범야 신당 창당 준비조직인 호헌동지회 창설에 참여했을 때 조봉암의

---

263) 임중빈, 「[편집자에게] '친일' 조병옥 면죄부 칼럼 유감」, 『한겨레신문』, 2001.3.26.
264) 조병옥, 앞의 책, 40~41쪽.
265) 조병옥의 등용 과정에 대해서는 제5장 1절 3)에서 보다 자세히 다룰 것이다.

신당 참여에 반대했다. 결국 조봉암이 배제된 채 1955년 민주당이 결성되었고, 조병옥이 이에 참여하면서 1956년 신익희의 급서로 대표 최고위원으로 추대되었다.

이후 민주당 내 신파와 구파 간 분쟁이 가시화되면서 조병옥은 구파의 리더로 활약하게 되었다. 1959년 11월 26일 민주당 정·부통령 선거 지명대회 표결 결과 조병옥은 불과 세 표 차이로 장면을 누르고 승리하여 대통령 후보가 되었다. 조병옥은 대통령 후보 등록까지 마쳤지만 갑자기 발병하자 도미하여 미국 월터 리드(Walter Reed) 육군 병원에 입원했다. 그리고 입원한 지 23일 만에, 선거를 불과 한 달여 남겨 두고 심장마비로 사망했다. 그의 장례는 1960년 2월 25일 국민장으로 치러졌다. 1962년 건국훈장 국민장이 추서되었다.

장택상(張澤相, 1893~1969)[266]은 정판사 '위폐' 사건 발발 당시 제1관구경찰청장으로 재직했던 인물이다. 장택상은 1893년 경상북도 칠곡에서 태어났으며 장승원의 아들이자 장길상과 장직상의 동생이다. 1908년 일본에 유학하여 와세다대학에 재학하던 중 1910년 일제가 대한제국을 강제 병합하자 중국 상하이로 망명했다가 러시아를 거쳐 독일을 경유하여 영국에 도착했다. 독일 체류 중 마침 독일을 방문 중이던 안창호를 만나 그와의 토론과 가르침에 감화를 받았다고 한다. 1913년 영국 에든버러대학교(University of Edinburgh) 경제학과에 입학했으나 중퇴했다. 제1차 세계대전 이후 김규식의 파리강화회의 일을 도왔으며 김규식과 함께 미국으로 건너가 구미외교위원회 위원으로 활동했으며, 이때 조병옥, 이승만을 만나게 되었다. 1922

---

266) 장택상의 생애에 대해서는 [장택상], 한국민족문화대백과사전, http://encykorea.aks. ac.kr/; 장병혜, 『상록의 자유혼: 창랑 장택상 일대기』, 창랑장택상기념사업회, 1992; 장병혜·장병초 편, 『창랑 장택상 자서전: 대한민국 건국과 나』, 창랑장택상기념사업회, 1992; 최선우·박진, 「미군정기 수도경찰청장 장택상 연구」, 『경찰학논총』, 제5권 제1호, 원광대학교 경찰학연구소, 2010 참조.

년에 귀국했으며, 1930년에 경일은행 상무에 취임했고, 1938년 청구구락부 사건으로 투옥되기도 했다. 이후 고향에서 칩거하다가 해방을 맞았다.

1945년 해방 직후 상경하여 송진우 등과 국민대회준비위원회를 창설했으며 한민당 창당에 참여하여 당 외교부장에 선출되었다. 10월 초순 아놀드 군정장관의 고문단은 미군정에 경기도경찰부장으로 장택상을 추천했는데, 장택상은 이를 수락하지 않다가 모스크바 3상회의 결정 직후 12월 30일 송진우 암살과 1946년 1월 4일 8개 경찰서장 사표 수리 등으로 치안 문제에 심각성을 느끼게 되면서 1월 12일 경기도경찰부장 임명에 응했다.[267] 장택상은 경기도경찰부에 임명된 직후 치안 강화를 위해 친일 경찰 출신자들을 중심으로 수사 인력을 확보하여 경찰진을 강화하기 시작했다. 장택상의 친일 경찰 등용은 테러 및 폭력 방지라는 치안 유지 목적을 위한 전문적 수사 인력 확보의 일환이기도 했지만 좌익 탄압이라고 하는 정치적 목적을 위해 친일 경찰들에게 면죄부를 주고 등용시켜 자신에게 충성을 다하도록 하려는 의도의 발로였다고 할 수 있다.

이후 미군정기 내내 제1경무총감 겸 수도관구경찰청장직을 유지했으며, 1948년 8월 대한민국 정부 수립과 함께 초대 외무부 장관에 임명되었다. 1950년에는 고향인 경북 칠곡군에서 국회의원으로 당선되었으며, 그해 국회 부의장이 되었다. 1950~1951년 유엔총회 한국 대표로 참석했으며, 1952년 국무총리가 되었다. 부산정치파동이 일어나자 발췌 개헌을 제안해 이승만의 대통령 직선제 개헌을 도왔다. 1954년 제3대 민의원에 당선되었고, 1956년 원내국민주권옹호투쟁위원장을 지냈으며, 1958년 제4대 민의원에 당선되었다. 1960년 제5대 민의원에 당선되었으나 5·16군사정변으로 국회가 해산됨에 따라 의원 자격을 박탈당했다.

---

267) 장택상의 등용 과정에 대해서는 제5장 1절 3)에서 보다 자세히 다룰 것이다.

그 뒤 제6대 국회의원 선거에서 공화당 후보에게 패했으며, 한일협정반대투쟁위원회에 참여하고 신민당 고문을 지내기도 했다. 1969년 8월에 사망했으며, 장례는 국민장으로 치러졌고 국립묘지에 안장되었다.

이구범(李九範, 1902~?)[268]은 일제강점기 경찰 출신으로 민족문제연구소에서 발간한 『친일인명사전』에 등재된 인물이다. 해방 이후에는 미군정에 그 경력을 인정받아 정판사 '위폐' 사건 발발 당시 본정경찰서장으로 재직했다. 이구범은 1902년 경상북도 달성에서 태어났으며 본명은 이봉세(李鳳世)이다. 1928년부터 1930년까지 경기도 경성 본정경찰서에서 순사로 지냈으며, 1930년 5월 순사부장 시험에 합격하여 1931년 경기도경찰부 고등경찰과 순사부장에 임명되었다. 이후 1933년 3월 경부 및 경부보 고시에 합격했으며, 고등경찰과 순사부장으로 재직 중이던 1934년 4월, 조선공산당재건동맹 및 적색노동조합전국협의회 관련자인 이재유 등을 검거하기 위해 조직된 총지휘부의 강원도조사반 제1반에 소속되어 주문진과 양양에서 관련자 검거에 참여했다. 1935년부터 경기도 여주경찰서 경부보에 임명되어 근무했으며, 1937년 3월 다시 경기도경찰부 고등경찰과 경부보로 옮겨 1940년까지 재직했다. 1938년 청구구락부 사건으로 장택상이 서대문경찰서에 수감되어 있을 때 이구범은 장택상의 옥바라지를 하는 부인 김연식의 편의를 봐 주기도 했다. 이후 이구범은 개성경찰서에서 근무했으며, 일제 말엽 경찰을 떠나 송도항공회사를 설립해 일제의 전쟁에 협력했다.

1945년 8월 17일 개성 시민들은 친일파인 이구범의 집에 몰려가 불을 지르기도 했다. 이구범은 서울로 도망쳐 와서 본정경찰서에서 경무주임으로 근무하다가 1945년 11월 초 경기도 개성경찰서 서장으로 임명되었다.

---

268) 이구범의 생애에 대해서는 [이구범], 친일인명사전 편찬위원회, 『친일인명사전』, 2, 민족문제연구소, 2009, 757~758쪽 참조.

개성 시민들은 일제 강점기에 개성경찰서에 근무한 적이 있는 이구범을 친일파라며 배척 운동을 벌였다. 이구범은 한 달도 못 되어 다시 서울로 쫓겨 와 본정경찰서에서 경무주임으로 복귀하게 되었으며, 1월 4일 손석도 본정경찰서장의 사표가 수리된 이후 공석인 본정경찰서장 대리를 맡게 되었다. 그러던 중 1946년 1월 12일 장택상이 경기도경찰부장으로 취임한 날 저녁 이구범은 장택상을 찾아가 자신을 본정경찰서장으로 임명해 줄 것을 부탁했고, 장택상은 1월 26일 서울 시내 서장 인사 단행 시 이구범을 본정경찰서장으로 임명했다.[269] 그러한 까닭에 이구범은 이후 상관이자 은인인 장택상에게 절대 충성을 다하게 되었다고 할 수 있다.

이구범은 1948년 7월 해적단을 임의로 석방하고 압수 물품을 처분한 독직 사건으로 체포되어 서울지방검찰청에 불구속 송치되었다가 8월에 불기소 처분을 받았으며, 9월에 수도경찰청 부청장으로 임명되었다. 1949년 1월 반민족행위특별조사위원회가 활동을 개시하고 체포령을 내리자 이를 피하여 일본으로 도주했다가[270] 반민특위가 해산된 이후 귀국하여 복귀했으며, 1952년 7월부터 1953년 3월까지 경무관으로 강원도 경찰국장을 지냈다. 1953년 1월에는 치안 확보에 공훈을 세우고 공비토벌작전에 혁혁한 전과를 거두었다는 이유로 내무부 장관으로부터 표창장을 받기도 했다.[271]

최난수(崔蘭洙, 1909~?)[272]는 일제강점기 경찰 출신으로, 미군정에 그 경력을 인정받아 정판사 '위폐' 사건 발발 당시 본정경찰서 수사주임으로 재직했던 인물이다. 최난수는 1909년 충청북도 영동 출생으로 1939년 전

---

269) 「비화 한 세대 (110) 군정경찰 [41] 고문 경찰의 발탁」, 『경향신문』, 1977.4.15.

270) 「이구범 도피지 일본이 유력시」, 『경향신문』, 1949.3.13.

271) 「각도 치안 책임자/내무장관이 표창」, 『동아일보』, 1953.1.12.

272) 최난수의 생애에 대해서는 반헌법행위자열전편찬위원회, 헌법제정 70주년 반(反)헌법 행위자열전 편찬 1차보고회 보고서 「헌정사 적폐청산과 정의로운 대한민국」, 2018, 147~148쪽 참조.

북 고창경찰서 경부보를 지냈다. 정판사 '위폐' 사건 송치 및 기소 이후 공적을 인정받아 제1관구경찰청 수사주임으로 영전하고, 8월에는 제3관구경찰청(충청남도) 수사과장으로 전임했으며,[273] 1947년 동대문경찰서 수사주임을 거쳐 1948년 수도경찰청 사찰과 부과장이 되었다.

최난수는 제주 4·3 사건 발발 이후 조병옥 경무부장이 각 경찰관구에서 차출한 응원 경찰 약 1,500명을 파견할 때, 제주비상경비사령부 직속 특별수사대 대장의 자격으로 두 차례에 걸쳐 제주도로 내려가 시찰했는데,[274] 사태의 완전한 수습을 위해서는 강력 무장 부대의 파견이 필요하다고 판단을 내렸으며, 1949년 11월 세 번째로 제주도에 내려가 무차별 강경 진압 작전에 참가했다. 그가 지휘한 특별수사대원들은 각종 잔인한 방법으로 고문과 학살을 저지르는 등 가혹 행위로 유명했다.

이후 수도경찰청 수사과장이 된 최난수는 1948년 10월 하순, 친일 경찰로 유명한 전임자 노덕술의 지휘하에 수도경찰청 사찰과 부과장 홍택희, 중부경찰서장 박경림과 함께 「반민족행위처벌법」 제정을 주도한 국회의원들을 암살할 계획을 세웠다.[275] 그리고 11월 초순 노덕술로부터 소개받은 전문 테러리스트 백민태를 고용하여, 친일파 처리에 적극적이던 반민특위 위원장 김상덕, 부위원장 김상돈 및 핵심 관계자 곽상훈, 권승렬, 김병로, 김웅진, 김장렬, 노일환, 오택관 등을 비롯하여 국회의장 신익희, 국회의원 지청천 등 15명의 국회의원을 납치하여 살해할 것을 지시했다. 그리고 제주도에서 서울로 돌아온 후인 1949년 1월에도 백민태에게 자금

---

273) 「위폐 사건 담당한 최 경위는 영전」, 『서울신문』, 1946.8.25.
　　「최난수 씨/충남에 전임」, 『현대일보』, 1946.8.25.

274) 제주 4·3 사건 당시 최난수의 활동에 대해서는 「반민법 제정 국회의원 암살 위해 테러리스트 고용」, 『제주의 소리』, 2014.12.11. 참조.

275) 반민특위 요인 암살 음모 사건에 대해서는 [노덕술], 친일인명사전 편찬위원회, 『친일인명사전』, 1, 민족문제연구소, 2009, 751~754쪽 참조.

과 무기를 주면서 계획 실행을 재촉했다. 그러나 반민특위 활동이 개시되어 친일 경찰들이 체포되기 시작하자 심경의 변화를 일으킨 백민태가 자수함에 따라 음모는 수포로 돌아갔다. 그리하여 최난수는 1월 25일 노덕술, 홍택희와 함께 체포되었으며,[276) 박경림은 2월 1일 구금되었다.[277) 검찰은 이들을 수사한 후 살인예비죄로 기소했으며,[278) 5월 26일 이들 모두에게 징역 4년을 구형했다.[279) 그러나 6월 6일 반민특위 습격 사건이 벌어짐에 따라 6월 13일로 예정되었던 결심공판이 연기되었다. 6월 20일 개정된 1심 결심공판에서 재판부는 노덕술, 박경림에게 증거 불충분으로 무죄를 선고했고, 최난수와 홍택희에게는 징역 2년을 선고했다.[280) 이에 검사는 노덕술, 박경림에 대한 선고에 대해 불복, 상고했다. 한편, 최난수와 홍택희도 1심 결과에 불복하여 상고했는데[281) 7월 26일 병보석으로 풀려났다.[282) 12월 31일 개정된 2심 결심공판에서 노덕술과 박경림은 1심과 마찬가지로 무죄를 선고받았고, 최난수와 홍택희는 벌금 20만 원으로 감형되어 석방되었다.[283)

이후 최난수는 경찰로 복귀하여 1952년 남원경찰서장, 1954년 전남경찰서 수사과장, 1956년 춘천경찰서장, 1958년 김제경찰서장, 1961년 내무부 치안국 정보과 중앙분실장을 지낸 후 퇴직했다. 이후의 행적은 알려져 있지 않다.

---

276) 「최난수 홍택희 양 경감 체포」, 『동아일보』, 1949.1.28.

277) 「요인 암살 음모 사건」, 『동아일보』, 1949.2.2.

278) 「모종 암살 음모? 최난수, 홍택희 기소」, 『동아일보』, 1949.2.15.

279) 「특위 요인 암살 음모 공판/노덕술에 4년 구형」, 『경향신문』, 1949.5.28.

280) 「노덕술에 무죄/최난수엔 2년」, 『동아일보』, 1949.6.22.

281) 「이 검사 노 공소/최는 불복 상고」, 『동아일보』, 1949.6.25.

282) 「최 홍 양 명을 보석」, 『경향신문』, 1949.7.28.

283) 「노덕술 씨 무죄/암상 음모 사건 언도」, 『동아일보』, 1950.1.1.

다음으로 최난수와 마찬가지로 정판사 '위폐' 사건의 피의자들을 직접 체포하거나 취조한 본정경찰서 소속 경찰관들로는 형사주임 김원기(金元起) 경위, 현을성(玄乙成) 경위, 김성환(金成煥) 경사, 이희남(李熙南) 경사, 조성기(趙成基) 경사 등이 있다. 피의자들은 이들 형사들이 자신들을 취조하는 과정에서 가혹한 고문을 했다고 주장했으며, 1심 재판 이후 2회에 걸쳐 이들을 고소했다.

이상에서 살펴본 바를 정리하면 조병옥, 장택상 등 경찰 수뇌부는 일제 강점기에 영어권 유학파 출신으로 민족주의 독립운동에 투신하여 옥고를 치른 경험이 있으며 일제 말기에는 강력한 항일 투쟁을 벌이지는 않았고 시골에서 조용히 칩거했다가 해방 이후 한민당 창당에 관계했으며, 미군정기 추천을 통해 경찰 고위직에 임용되었고, 극우 반공적인 사상에 경도되어 좌익 탄압을 위해 일제강점기 경찰 경력자들을 대거 등용하여 경찰력을 강화했다.

한편, 이구범과 같은 경찰 중견 간부들과 경찰 하위직 형사들은 대부분 일제강점기 친일 경찰 출신이었으므로 자신을 등용해 준 경찰 수뇌부에 충성을 다하지 않을 수 없었으며 그로 인해 일제 경찰의 전통을 이어받아 피의자들을 취조하는 과정에서 고문을 비롯하여 비민주적이고 불법적인 가혹 행위를 했을 가능성이 매우 높다.

4) 정판사 '위폐' 사건의 법조인

다음으로 정판사 '위폐' 사건 재판에 관여한 법조인의 면모를 검토해 보겠다. 우선 사건 1심 재판의 담당 판사는 주심판사 양원일(梁元一), 배석판사 김정렬(金正烈), 최영환(崔榮煥), 이봉규(李奉奎)였으며,[284] 담당 검사는 조재천(曺在千), 김홍섭(金洪燮)이었다. 또한 1심 재판에 참여한 변호사는

표 2-4. 정판사 '위폐' 사건 관련 법조인들의 주요 이력

	이름	일제강점기	미군정기
판사	양원일	1936 일본 주오대 전문부 법학과 졸업 1937 일본고등문시험 사법과 합격 1941 함흥지방법원 판사 1943 함흥지방법원 원산지청 판사	1945.12 경성지방법원 판사 1946. 5 경성지방법원 부장판사
검사	조재천	1939 일본 주오대 전문부 법학과 입학 1943 조선변호사시험 합격 　　　일본고등문관시험 사법과 합격 1945 평양지방법원 판사 　　　평양지방법원 검사	1945.11 법무국 특별검찰청 검사 1946. 1 경성지방법원 부장검사
검사	김홍섭	1939 일본 니혼대 전문부 법률과 입학 1940 조선변호사시험 합격 1941 변호사 생활 시작	1945.10 경성지방법원 검사
변호사	강중인	1935 경성제대 법학과 졸업 1937 일본고등문관시험 사법과 합격 1940 경성지방법원 검사 1943 대전지방법원 검사	1946. 3 민전 토지문제연구위원 1946. 3 사법부 총무국장 1946. 5 변호사 개업
변호사	강혁선	1937 조선변호사시험 합격	1945.11 경성지방법원 판사 1946. 3 민전 노동문제연구위원 1946. 7 전평 고문변호사
변호사	김용암	1938 조선변호사시험 합격	1945. 9 중앙인민위원 인공 법제국장 대리 1945.10 경성지방법원 검사 1946. 2 인민당 중앙위원 1946. 2 민전 중앙상임위원 조사부 차장 1946. 3 민전 임시헌법기초위원
변호사	백석황	1936 조선변호사시험 합격	1945.10 경성공소원 검사 1945.11 조선공산당 입당 1946. 4 법학자동맹 가입 1946. 5 부산지방법원 마산지청 판사 1946. 7 변호사 개업 1948.12 법학자동맹 위원장
변호사	오승근	1937 일본 주오대 법학부 졸업 1937 일본고등문관시험 사법과 합격 1940 대구지방법원 판사 1942 대구복심법원 판사 1944 경성지방법원 판사	1945.10 경성지방법원 판사 1946. 5 광주지방법원 장흥지청 판사 1946. 7 변호사 개업
변호사	유영윤	1935 일본 주오대 전문부 법학과 졸업	1945.10 경성공소원 판사 1946.10 변호사 개업 1946.10 법학자동맹 위원장 1947. 6 조선인권옹호연맹 사업부장
변호사	윤학기	1939 조선변호사시험 합격	1945.10 경성지법 판사

---

284) 정판사 '위폐' 사건의 1심 재판에 배석판사로 참여했던 김정렬, 최영환, 이봉규의 활동은 큰 의미가 없는 것으로 판단되므로 분석 대상에서 제외했다.

표 2-4. 계 속

	이름	일제강점기	미군정기
변호사	이경용	1935 일본 주오대 전문부 법학과 졸업	
	조평재	1933 경성제대 법학과 졸업 1937 일본고등문관시험 사법과 합격 1940 평양지방법원 판사 1943 변호사 개업	1946.2 법학자동맹 위원장 1946.3 민전 임시헌법기초위원 1946.4 민전 상임위원 1946.5 민전 위폐사건진상조사위원 1946.7 전평 고문변호사 1947.6 조선인권옹호연맹 사무총장
	한영욱	1929 조선변호사시험 합격	1945.10 경성공소원 판사 1946. 7 전평 고문변호사 ? 법학자동맹 위원장

출처: 대검찰청, 『한국검찰사』, 대검찰청, 1976; 법원행정처, 『한국법관사』, 육법사, 1976; 법원행정처, 『법원사(자료집)』, 법원행정처, 1995; 김이조, 『한국법조인 비전: 법조를 움직인 대표적 인물 31인의 발자취』, 법률출판사, 1999; 김진배·오소백·이치백, 『한국법조의 세 어른』, 한국법조 3성기념사업회, 1999; 친일인명사전 편찬위원회, 『친일인명사전』 1~3, 민족문제연구소, 2009; 최종고, 『사도법관 김홍섭 평전』, 나비꿈, 2015; 한국사데이터베이스 http://db.history.go.kr/ 및 신문 기사를 기초로 필자가 정리한 것임.

강중인(姜仲仁), 강혁선(姜赫善), 김용암(金龍巖), 백석황(白錫滉), 오승근(吳承根), 윤학기(尹學起), 이경용(李璟鏞), 조평재(趙平載), 한영욱(韓永煜)으로 9명이며, 여기에 상고 기각 이후 하지 사령부에 재심을 요청하는 탄원서를 작성 제출할 때 합류한 변호사 유영윤(劉永允)까지 합하면 관련 변호사는 총 10명이라고 할 수 있다. 이들의 일제강점기와 미군정기에서의 법조 관련 주요 이력을 살펴보면 표 2-4와 같다.

양원일(梁元一, 1912~1949)[285]은 일제강점기 판사 출신으로 민족문제연구소에서 발간한 『친일인명사전』에 등재된 인물로서, 해방 이후 미군정에 그 경력을 인정받아 각각 경성지방법원 부장판사로 임명된 엘리트 법조인이다. 양원일은 1912년 전라남도 나주에서 태어났다. 본명은 양판수(梁判壽)였으며, 일제강점기 말기 야나가와 겐이치(梁川元一)로 창씨개명한 후,

---

285) 양원일의 생애에 대해서는 [양판수], 친일인명사전 편찬위원회, 『친일인명사전』, 2, 민족문제연구소, 2009, 486쪽 참조.

해방 이후에 양원일로 개명했다. 1928년 광주공립고등보통학교에 입학하여 1930년 중퇴한 후, 일본으로 유학을 떠나 1933년 교토 도지(東寺)중학교를 졸업했다. 1936년 일본 주오(中央)대학 전문부 법학과를 졸업하고 1937년 일본고등문관시험 사법과에 합격했다. 1939년 함흥지방법원 사법관시보로 법조계 생활을 시작했으며, 1941년 함흥지방법원 판사, 1943년 함흥지방법원 원산지청 판사로 근무했다.

해방 후, 1945년 12월 미군정청에 의해 경성지방법원 판사로 임명되었으며, 1946년 5월 부장판사로 승진했다. 정판사 '위폐' 사건의 유죄판결을 내린 뒤 사법 당국으로부터 인정받게 되었다.[286] 이후 양원일이 담당한 몇 가지 사건들을 살펴보면 다음과 같다.

(1) 임한(臨漢) 지서(支署) 습격 사건

10월 항쟁이 한창 진행 중이던 1946년 10월 19일 이재천 등 20여 명이 경기도 개풍경찰서 관내의 임한 경찰지서를 습격한 사건이 있었다. 이 사건의 재판에서 1947년 7월 18일 검사 측은 피고들에게 최고 무기징역의 구형을 내렸는데, 7월 31일 열린 언도 공판에서 양원일은 최고 사형으로 형량을 강화하여 선고했다.[287]

(2) 회현동 살인 사건

1947년 3월 21일 5명의 강도단이 회현동 거주 김찬영의 집으로 들어가 금품을 요구했는데, 소리를 지르는 김찬영의 부인에게 권총을 발사하여 살해하는 사

---

286) 양원일의 표창에 대해서는 제3장 2절 1)에서 보다 자세히 다룰 것이다.

287) 「임한지서 습격 공판」, 『동아일보』, 1947.6.20.
　　「임한지서 습격 사건」, 『동아일보』, 1947.6.27.
　　「임한지서 습격 사건/최고 무기 구형」, 『동아일보』, 1947.7.20.
　　「임한지서 사건 언도/최고형엔 사형 3명」, 『경향신문』, 1947.8.1.
　　「주모 3명에 사형/임한서 습격 공판 언도」, 『동아일보』, 1947.8.1.
　　「무기 구형에 사형 언도/개풍군 임한지서 습격 사건」, 『자유신문』, 1947.8.2.

건이 발생했다. 그런데 피의자들 중 이의하, 임용기는 독촉 회원이었다. 이 사건의 재판에서 검찰은 7월 30일 무기징역을 구형했는데, 8월 1일 열린 언도 공판에서 양원일은 강도살인 행위에 대해서는 증거 불충분으로 무죄판결을 내리고, 무기불법소지죄로 징역 4개월에 집행유예 1년을 선고하여 석방시켰다.[288]

(3) '6·23 반탁 시위' 관련 엄항섭 체포 사건

제2차 미소공위가 한창 진행 중이던 1947년 6월 23일 우익 측에서 미소공위를 방해할 목적으로 대규모 반탁 대중 시위를 벌였다. 이에 대해 반탁투쟁위원회 지도위원인 엄항섭은 7월 24일 안재홍 민정장관의 특별 지시에 의해 「행정명령 제3호」 위반죄로 긴급 체포되어 25일 공판에서 벌금 10만 원의 구형을 받았는데, 27일 언도 공판에서 양원일은 무죄를 선고했다.[289]

이상의 사건들은 양원일이 미군정 및 우익을 비호하고 좌익 및 변혁 세력을 억압하는 방식의 판결을 내렸음을 보여 주는 단편적인 예라고 할 수 있으며, 정판사 '위폐' 사건 이후 계속되는 양원일의 극우 반공적 성향을 보여 준다고 할 수 있다.

---

288) 「또 권총강도단/5인 중 4명은 체포」, 『경향신문』, 1947.3.23.
　　「시내 회현동의 살해 사건 구형」, 『경향신문』, 1947.7.31.
　　「회현동 살인범/무기징역 구형」, 『동아일보』, 1947.7.31.
　　「회현동 살해 사건/무죄로 판결 언도」, 『경향신문』, 1947.8.2.
　　「무기구형한 회현동 살인범에 4개월 언도」, 『동아일보』, 1947.8.2.
289) 「무허가 시위/책임자 체포/수도청 특별 발표」, 『경향신문』, 1947.6.25.
　　「엄, 김 양 씨 체포령」, 『동아일보』, 1947.6.25.
　　「안 민정장관 성명/반탁시위 책임자/엄, 김 양 씨 체포에 대하여」, 『경향신문』, 1947.6.26.
　　「엄 씨 등 피검은 제3호 명령/안 장관 담」, 『동아일보』, 1947.6.26.
　　「엄, 김 양 씨 피검/반탁 데모 책임자도」, 『동아일보』, 1947.6.26.
　　「엄 씨 즉일 공판/10만원 벌금 구형」, 『동아일보』, 1947.6.26.
　　「엄항섭 씨 무죄」, 『경향신문』, 1947.6.28.
　　「반탁위원 엄항섭 씨 무죄/나를 처벌하면 안 장관도 위법」, 『독립신보』, 1947.6.28.
　　「엄항섭 씨에 무죄 언도」, 『동아일보』, 1947.6.28.

그 후 양원일은 1948년 5월 26일 제주 4·3사건의 처리를 위해 사법부에서 서울지방심리원 소속 판사 5명과 검사 3명을 제주도로 긴급 파견할 때 대표 판사로 파견되었으며,[290] 5월 25일부로 제주지방법원장 대리에 임명되었다.[291] 또한 1948년 11월에는 서울고등법원 부장판사로 전임했다.

법조계의 중견 간부로 출세 가도를 달리고 있던 양원일은 1949년 3월 서울 시내에서 보초병의 총에 맞고 사망했다. 3월 4일 밤 양원일은 지인들과 술을 마시고 귀가하던 중 서울시 회현동 2가 동화백화점 뒤 육군본부 근무중대를 통과하고 있었는데, 당시 보초를 서고 있던 일등상사 이응주(李應周, 21)가 불심 검문을 하려고 하자 양원일은 "이 자식, 사람을 몰라 보나?", "너는 누구냐?"라는 등 폭언을 하며 보초의 총을 탈취하려 했다. 이에 이응주가 격분하여 총대로 양원일을 두 번 구타했고, 그 순간 양원일이 소지하고 있던 권총을 빼어 들고 발사하려는 태도를 취하자 이응주가 정당방위로 총을 쏜 것이었다. 양원일은 이응주가 발사한 카빈총 두 발에 하복부를 관통당하여 서대문 적십자병원으로 옮겨져 치료를 받았으나 다음 날인 3월 4일 38세의 나이로 숨을 거두었다.[292]

조재천(曺在千, 1912~1949)[293]은 일제강점기 판사 및 검사 출신으로 민족문제연구소에서 발간한 『친일인명사전』에 등재된 인물로서, 미군정에

---

290) 「제주에 사법관 파견」, 『자유신문』, 1948.5.26.

291) 「제주법원장 대리에/양원일 판사가 취임」, 『경향신문』, 1948.6.4.

292) 「고등법원 양원일 판사 피살/3일 오후 9시 국방부 보초병 발포로」, 『경향신문』, 1949.3.5.
  「입초병과의 말성?/양원일 판사 피격 절명/작야 회현동서」, 『동아일보』, 1949.3.5.
  「고심 양원일 판사/3일 밤 국군 총탄에 절명」, 『자유신문』, 1949.3.5.
  「양판사 사건 진상/이응준 육군총참모장 담」, 『동아일보』, 1949.3.6.

293) 조재천의 생애에 대해서는 [조재천], 친일인명사전 편찬위원회, 『친일인명사전』, 3, 민족문제연구소, 2009, 588~589쪽; [조재천], 한국민족문화대백과사전, http://encykorea.aks.ac.kr/ 참조.

그 경력을 인정받아 경성지방법원 부장검사로 임명된 엘리트 법조인이다. 조재천은 1912년 전라남도 광양에서 태어났으며, 일제강점기 말기 마사야마 코스케(昌山幸右)로 창씨개명했다. 1931년 광주서공립중학교를 졸업하고, 1933년 관립 대구사범학교 강습과를 수료했으며, 교원자격시험에 합격하여 전라북도 청하공립보통학교에서 훈도로 교원 생활을 시작했다. 1937년 교직을 퇴직하고 전라북도 산업부 농무과 촉탁으로 근무했으며, 1939년 일본으로 유학을 떠나 주오대학 전문부 법학과에 다니면서 1940년 조선변호사시험 및 일본고등문관시험 사법과에 합격했다. 대학을 중퇴하고 1941년 광주지방법원 사법관시보로 법조계 생활을 시작했으며, 1943년 평양지방법원 판사, 1945년 평양지방법원 검사로 근무했다.

해방 후, 1945년 11월 미군정청에 의해 법무국 특별검찰청 검사에 임명되었으며, 1946년 1월부터 경성지방법원 부장검사로 근무했다. 조재천은 정판사 '위폐' 사건을 계기로 능력을 인정받고 1948년 초까지 서울지방법원 부장검사로서 활동했다. 그가 담당한 사건 중 정치적으로 중요한 몇 가지를 살펴보면 다음과 같다.

(1) 광주(廣州)경찰서 습격 사건
1946년 10월 항쟁 당시인 10월 20일 박동규 외 14명이 경기도 광주경찰서를 습격하고 경관 1명을 살해, 4명에게 중상을 입힌 후 경찰서를 방화하여 전소시키며 무기를 탈취한 사건이 발생했다. 이 사건에 대한 재판에서 담당 검사인 조재천은 1947년 6월 11일 징역 15년, 무기징역, 사형 등 중형을 구형했고, 6월 25일 언도 공판에서 재판장 박원삼 판사는 구형보다 낮은, 최고 징역 12년을 선고했다.[294]

---

[294] 「광주서 습격 사건 구형/박동규 등에 사형 무기」, 『동아일보』, 1947.6.12.
　　　「광주서 사건에 언도/이윤재 씨 영식(令息) 감형」, 『경향신문』, 1947.6.25.

(2) 여운형 자택 폭파 사건

1947년 3월 17일 새벽 1시 계동 여운형의 집에 누군가 폭탄을 던져 집이 반파되는 사건이 발생했다. 3월 24일 경찰은 테러 혐의자로 정창화(26)[295]라는 인물을 자수시켜 체포하고 법령 제5호 위반, 폭발물 취체 규칙 위반 등의 죄명으로 구속하여 4월 16일 검찰청으로 송치했다. 사건을 담당한 조재천은 정창화를 취조했는데, 정창화는 범행 사실을 부인했고, 조재천은 4월 26일 정창화를 증거 불충분으로 불기소 석방했다.[296]

(3) 6 · 23 반탁 시위 사건

1947년 6월 23일에 있었던 대규모 반탁 시위의 주동자인 반탁학련, 서북청년회 소속 5명에 대한 재판이 진행되었다. 조재천은 이들에게 각각 1만 원 씩의 벌금을 구형했고, 이근상 판사는 이를 3천 원으로 감형하여 언도를 내렸다.[297]

(4) 여운형 살해 사건

1947년 7월 19일 혜화동 로터리에서 여운형이 테러리스트에 의해 피격 암살당

---

295) 정창화의 정체는 테러리스트 백민태(白民泰)로 알려져 있다.
296)「여 씨 댁 폭탄범 송국」,『경향신문』, 1947.4.17.
　　「여 씨 댁 투탄범/16일 송청」,『동아일보』, 1947.4.17.
　　「허위자백이었다고/여씨 댁 폭탄범 진술」,『경향신문』, 1947.4.18.
　　「여 씨 댁 투탄범/사실을 부인」,『동아일보』, 1947.4.19.
　　「여 씨 댁 폭탄범/정창화 불기소 석방」,『경향신문』, 1947.4.27.
　　「정창화(여 씨 댁 폭파범)/증거불명으로 석방」,『동아일보』, 1947.4.27.
297)「반탁주동자들에/각각 벌금형 언도」,『경향신문』, 1947.7.3.
　　「엄, 김 양 씨 체포령」,『동아일보』, 1947.6.25.
　　「안 민정장관 성명/반탁시위 책임자/엄, 김 양 씨 체포에 대하여」,『경향신문』, 1947.6.26.
　　「엄 씨 등 피검은 제3호 명령/안 장관 담」,『동아일보』, 1947.6.26.
　　「엄, 김 양 씨 피검/반탁 데모 책임자도」,『동아일보』, 1947.6.26.
　　「엄 씨 즉일 공판/10만원 벌금 구형」,『동아일보』, 1947.6.26.
　　「엄항섭 씨 무죄」,『경향신문』, 1947.6.28.
　　「반탁위원 엄항섭 씨 무죄/나를 처벌하면 안 장관도 위법」,『독립신보』, 1947.6.28.
　　「엄항섭 씨에 무죄 언도」,『동아일보』, 1947.6.28.

하는 사건이 발생했다. 경찰은 7월 23일 암살범으로 한지근을 체포했다고 발표했으며 7월 30일 공범 신동운을 체포했다. 사건을 담당한 조재천 검사는 8월 6일 현장검증을 실시한 뒤 범행의 배후 관계에 북조선의 지령이 있었던 것이 확실하다고 발표했다. 8월 28일 경찰은 한지근과 신동운을 검찰청으로 송치했고, 9월 7일 조재천 검사는 신동운을 증거 불충분으로 석방하고 한지근만 살인죄와 무기불법소지죄로 기소했다. 10월 21일 개정된 제3회 공판에서 조재천은 사형을 구형했고, 11월 4일 언도공판에서 박원삼 판사는 무기징역을 선고했다.[298]

(5) 8 · 15 폭동 음모 사건

1947년 8월 11일과 12일 경찰은 좌익 측 인사에 대한 대대적인 검거를 실시했다. 경찰은 이후 2달 동안 검거의 이유에 대해 아무런 발표가 없다가 2개월이 지난 10월 13일 이들이 8월 15일을 기하여 소련 및 북조선과 연계하여 남조선 일대에 폭동을 계획했다고 발표했다. 조재천은 이 사건을 담당하여 출창 취조를 했으며, 10월 30일 126명을 제1차로 검찰청으로 송치했고, 담당 검찰 조재천, 강석복은 11월 11일 이들 중 20여 명을 기소했다. 이러한 송청과 기소는 총 4차에 걸쳐 이루어졌다.[299]

---

298) 「여운형 씨 저격범 체포/23일 오후 2시 충무로 모처에서」, 『경향신문』, 1947.7.25.
　　「여 씨 살해 공범?/신동운 체포 취조」, 『동아일보』, 1947.8.1.
　　「한지근의 범행/현장 검증으로 확인」, 『동아일보』, 1947.8.7.
　　「여 씨 살해범 송청/신은 공범을 부인」, 『경향신문』, 1947.8.28.
　　「여 씨 살해범/한지근만을 기소」, 『경향신문』, 1947.9.7.
　　「한지근에 사형 구형」, 『경향신문』, 1947.10.22.
　　「한지근 무기형 언도」, 『경향신문』, 1947.11.5.
299) 「작효, 대검거 선풍」, 『경향신문』, 1947.8.13.
　　「8 · 15 폭동 음모 사건/수도청에서 진상 발표」, 『조선일보』, 1947.10.14.
　　「8 · 15 음모 사건/관계자 등 송청」, 『동아일보』, 1947.10.31.
　　「8 · 15 사건 관계자 기소」, 『경향신문』, 1947.11.11.
　　「좌익 요인 제2차 송청」, 『조선중앙일보』, 1947.11.11.
　　「8 · 15 폭동 관계자」, 『동아일보』, 1947.12.3.

(6) 박일원 전향 사건

조재천은 1947년 10월 서울지검의 조직 개편을 통해 정보부 부장으로 임명되었는데, 이를 계기로 사상검찰300)의 기초를 닦기 위해 노력했다.301) 이러한 취지에서 나온 첫 시도가 남로당 경기도위원이자 민전 중앙위원인 박일원(朴馹遠)의 전향 선언이었다. 박일원은 8·15 폭동 음모 사건302)으로 구금되어 조재천 검사의 취조를 받고 있었는데, 10월 16일 조재천 검사를 통해 남로당 노선이 반민족적, 매국적, 파괴적, 기만적이라는 것을 지적하는 자기비판을 하며 당 탈퇴를 선언하고 남로당 분쇄에 힘을 다하겠다는 결의를 다지는 취지의 성명서를 발표했다.303)

(7) 법원 내 남로당 세포 사건304)

1947년 12월 15일 법원 내에 남로당 세포를 조직했다는 혐의로 사법관 시보 남상문이 경찰에 체포되는 사건이 발생했다. 이후 다른 사법관 시보들과 서기들도 같은 혐의로 체포되어 취조를 받아오다가 1947년 12월 29일 검찰청으로 송청되었는데, 조재천이 이 사건을 담당했으며,305) 1948년 1월 9일 피의자들을 기소했다. 이후 조재천이 1월 30일 철도경찰청장으로 발령 남에 따라 사건은 다른 검사에게 인계되어 재판이 진행되었다.

---

300) 사상검찰의 성립 과정에 대해서는 문준영, 『법원과 검찰의 탄생』, 역사비평사, 2010; 강성현, 「한국 사상통제기제의 역사적 형성과 보도연맹 사건, 1925-50」, 서울대학교 대학원 박사학위논문, 2012 참조.
301) 「검찰관 부서/전면적 변경」, 『경향신문』, 1947.10.2.
302) 8·15 폭동 음모 사건에 대해서는 제5장 2절 1)에서 보다 자세히 다룰 것이다.
303) 「좌익 독재를 희욕코/민족분열 조장/민전 급 남로의 음모를 비판/민전중위, 남로 경기위원 박일원」, 『동아일보』, 1947.10.16.
「민전, 남로 흑막/민전, 남로위원 박일원 수기」, 『경향신문』, 1947.10.17.
304) 법원 내 남로당 세포 사건에 대해서는 제5장 1절 3)에서 보다 자세히 다룰 것이다.
305) 「남 사법관 시보 검거」, 『경향신문』, 1947.12.17.
「법원 내 좌익계 관계자들 송청」, 『경향신문』, 1947.12.31.
「법원 내 세포 사건 관계자 또 피검」, 『경향신문』, 1948.1.6.
「법원 내 남로당/세포 사건 기소」, 『경향신문』, 1948.1.9.

이상의 사건들은 조재천이 정판사 '위폐' 사건 이후로도 우익을 비호하고 좌익 및 변혁 세력을 탄압하는 방향으로 활동했다는 단편적 예에 해당한다고 할 수 있으며, 이를 통해 양원일과 마찬가지로 조재천도 극우 반공적 성향의 인물임을 확인할 수 있다.

조재천은 철도경찰청장 발령을 계기로 검사 생활을 마쳤으며, 1948년 9월 제1관구경찰청장, 1948년 10월 내무부 치안국 경무과장, 1949년 경상북도 경찰국장 등 경찰로서의 이력을 쌓아 갔다. 1950년에는 경상북도 도지사로 근무하다가 1951년 퇴직했으며, 변호사 생활을 하다가 1954년 제3대 민의원 선거에서 민주국민당 소속으로 달성군 국회의원에 당선됨으로써 정치인으로서의 삶을 시작했다. 이후 민주당 소속으로 1958년 제4대 민의원, 1960년 제5대 민의원을 거쳐 1960년 4·19혁명 이후 법무부 장관 및 내무부 장관에 임명되었으나, 1961년 5·16군사정변으로 물러났다. 이후 변호사와 국회의원 등 정치인으로서 경력을 이어 갔으며 1970년 사망했다.

김홍섭(金洪燮, 1915~1965)[306]은 한국 법조계에서 김병로와 함께 가장 존경받는 인물로 손꼽히는 인물이다. 김홍섭은 1915년 전라북도 김제군 원평에서 출생했으며, 가난한 형편 때문에 보통학교를 졸업한 뒤 상점 점원으로 일하다가 1935년 전주로 가서 일본인 변호사 사무실에서 일하면서 독학으로 법률 공부를 시작했다. 1939년 일본의 니혼대학 전문부 법률과에 입학하여 1940년 조선변호사시험에 합격했다. 이후 니혼대학을 중퇴하고 와세다대학 청강생으로 공부했으며, 1941년 귀국하여 김병로와 함께 경성에서 변호사 생활을 시작했다. 광복이 되자 미군정에 의해 1945년 10월 경성지방법원 검사로 임용되었으며, 1946년 초 김계조 사건, 학병동맹 사건을 담당했고, 1946년 5월 조재천과 함께 정판사 '위폐' 사건의 담

---

306) 김홍섭의 생애에 대해서는 최종고, 『사도법관 김홍섭 평전』, 나비꿈, 2015; [김홍섭], 한국민족문화대백과사전, http://encykorea.aks.ac.kr/ 참조.

당 검사로 배정되었다.

그런데 김홍섭 검사는 정판사 '위폐' 사건 재판이 한창 진행 중이던 9월 18일 오후 돌연 사표를 제출했다. 이에 대해 여러 가지 추측이 있었는데, 그 내막은 다음과 같다. 사표를 제출하기 약 1주일 전인 9월 10일경 김홍섭은 경제보국회 간부 박기효, 전용순을 검사국으로 소환하여 신문한 일이 있었다. 그런데 9월 18일 정판사 '위폐' 사건 제15회 공판 도중 하지 사령관의 정치 고문 레너드 버치 중위가 김홍섭을 불러내어 경제보국회 문제를 조사하지 말 것과 박기효, 전용순에게 찾아가서 사과할 것을 요구하자, 김홍섭은 검찰에 대한 미군정 수뇌부의 이러한 부당한 압력에 항의하는 뜻으로 당일 오후에 사표를 제출한 것이었다.307) 이에 김용찬 검사장을 비롯한 서울지방법원 및 서울공소원 소속 검사 전원은 이인 검사총장을 통해 이후 다시는 이런 일이 없도록 검사의 직권 행위를 보장해 줄 것과 버치에게 그런 일을 하도록 한 배후를 조사하여 처단할 것을 요구하며, 이러한 건의가 지켜지지 않을 때에는 총사직할 각오라는 건의문을 미국인 사법부장 존 코넬리(John W. Connelly, Jr.) 소령 및 러치 군정장관에게 전달했다.308) 이에 따라 박기효, 전용순은 검사 측에 의해 엄중한 취조를 받게 되었다.

그러나 김홍섭은 경제보국회 문제가 잘 해결되었음에도 사의를 표명했으며, 9월 24일 정판사 '위폐' 사건 제17회 공판부터 불참하기 시작했다. 그리고 10월 7일 제20회 공판과 10월 21일 제24회 공판에만 선별적으로 참석하고는 검사를 그만두었다. 어차피 검사를 그만두는 마당에 제20회 공판과

---

307) 「모 단체 취조 간부/김홍섭 검사 사표 제출코 경위 발표」, 『서울신문』, 1946.9.20.
　　「경제보국회 문제로 지방법원 김홍섭 검사 사표 제출」, 『독립신보』, 1946.9.22.
308) 「사법권 독립을 주장/박기효 사건에 검사 총궐기」, 『독립신보』, 1946.9.24.
　　「총사직으로 직권 보장/주목되는 검사 무시의 귀추」, 『동아일보』, 1946.9.24.

제24회 공판만 참석한 데에는 그날 꼭 참석해야 할 이유가 있었기 때문이라고 할 수 있는데, 그 이유는 김홍섭과 박낙종의 관계에서 추측해 볼 수 있다. 박낙종은 일제강점기에 공산주의 운동을 함께했던 김준연(金俊淵)과 친구였으며, 김준연의 셋째 딸 김자선을 마치 자기 딸처럼 여기며 사랑을 베풀었다. 그런데 그러한 김자선이 나중에 김홍섭과 결혼하게 되었던 것이다. 즉, 김홍섭은 아내의 은사이자 장인의 친구였던 박낙종을 보다 각별히 신경 쓰지 않을 수 없었을 것이다.[309] 10월 7일은 박낙종에 대한 보충신문이 있었고, 10월 21일은 구형이 있었다. 그랬기 때문에 김홍섭은 검사를 그만두면서도 이 두 날만큼은 공판에 참석한 것으로 보인다. 김홍섭이 정판사 '위폐' 사건 재판에서 공식적으로 했던 마지막 발언은 10월 21일 제24회 공판에서 있었던 구형의 서론이었는데, 이를 옮겨 보면 다음과 같다.

소감을 간단히 말하면 유감스럽다고 하겠다. 내가 취조한 몇몇 피고 중 특히 박낙종은 50 평생 중 30년의 항일투쟁사를 가진 혁명투사이므로 만강의 감사를 드리는 한편 많은 감회를 느꼈으며 사회 여론은 이번 사건으로 말미암아 좌우익이 일층 소원하여지는 감상을 주는데 이는 시민의 한 사람으로 민족구성의 1인으로 매우 유감스럽게 생각한다. 나는 이 사건을 법률가 입장으로는 한 개의 형사 사건으로 보나, 돌이켜 시민의 한 사람으로 볼 때에는 조선의 기근이요, 민족적 비극으로 본다. 나는 김창선이 공판정에서 죽고 싶다고 말할 적에 2천 년 전에 일어난 예수를 은 30냥에 잡아준 가룟 유다의 비극을 상기했다. 그와 마찬가지로 이것은 어느 한 사람의 죄가 아니라 전부가 운명의 소치요, 건국의 애화(哀話)이다. 공산당 자체가 이에 가담하였다는 것이 아니라 어린애 장난을 잘못 감독한 것이라고 본다.[310]

---

309) 「안해의 고마운 선생을 단죄 않을 수 없는 검사의 심정/위폐 사건에 숨은 법과 인정의 삽화」, 『동아일보』, 1946.11.8.

310) 「무기 등 중형을 구형/위폐 공판 검사 논고」, 『자유신문』, 1946.10.21.

이 발언을 통해 김홍섭은 정판사 '위폐' 사건이 김창선 개인의 죄일 뿐 공산당 자체와 관련된 것으로까지는 생각하지 않았던 것으로 보인다. 그럼에도 그는 피고들에게 유죄 구형을 내리는 검사로서의 자신의 법적 행위가 좌우 대립의 구도 속에서 결국 공산당을 탄압하게 되는 결과를 낳게 될 것이며 그로 인해 민족적 비극을 초래하게 되는 정치적, 역사적 행위가 될 수 있음을 인식하며 좌절을 느끼고 있는 것으로 보인다.

김홍섭이 사임한 진짜 이유가 무엇인지 정확히 알 수는 없다. 그러나 위에서 살펴본 것을 토대로 생각해 볼 때, 미군정의 간섭 등으로 사법권과 검찰의 독립이 지켜지지도 않는 상황에서 무력감을 느꼈고, 누군가를 단죄하는 검사라는 직업 자체가 성격에 맞지 않았던 것으로 보이며, 특히 정판사 '위폐' 사건처럼 정치적인 사건을 다루는 것이 양심적으로 힘들었던 것으로 보인다.

김홍섭은 그의 성격으로 볼 때 양원일이나 조재천처럼 극우 반공적이었다거나 미군정에 무조건적으로 협조하는 인물이었다고 볼 수는 없지만, 한민당 창당 인사인 김병로와 매우 가까웠으며 당시 한민당 정무조사분과 책임위원이었던 김준연의 사위였던 만큼 좌우 대립이 첨예한 시점에서 한민당으로 대표되는 우익의 입장을 고려하지 않을 수 없었던 것으로 보인다. 더구나 이제 막 법조계 생활을 시작한 새내기 검사였으므로 사법 당국 상부 혹은 한민당의 압력이 있을 경우 그에 맞설 수 있을 만한 위치가 아니었다. 그런 상황에서 김홍섭이 취할 수 있는 선택은 양심에 따라 소신 있게 행동하는 것도 아니고, 양심을 저버린 채 상부가 시키는 대로 따르는 것도 아니며, 단지 검사직을 그만두어 그런 상황을 피함으로써 양심의 괴로움을 더는 것뿐이었을 것으로 추정된다.

김홍섭은 정판사 '위폐' 사건 제24회 공판을 끝으로 사직한 지 2개월 만인 1946년 12월 서울지방법원 판사로 임용되어 공직 활동을 재개했다. 그러나

판사 생활을 시작한 지 약 10개월 만인 1947년 9월 또다시 사임하고 10월에 변호사 등록을 했다. 사임한 이후 김홍섭은 뚝섬으로 가서 농사를 짓고 수 필을 쓰며 1년 3개월을 지내다가 생활고로 인해 1948년 12월 서울지방법원 소년부지원장으로 법조계에 다시 복귀했다. 이후 김홍섭은 1950년 서울고 등법원 겸 서울지방법원 소년부지원 판사, 1953년 서울지방법원 부장판사, 1956년 서울고등법원 부장판사, 1959년 전주지방법원장, 1960년 대법원 판사, 대법관 직무대리, 1961년 혁명재판소 상소심 심판관, 광주고등법원 장, 1964년 서울고등법원장 등을 역임했다. 1965년 간암으로 별세했다.

다음으로 정판사 '위폐' 사건에 참여한 변호사들에 대해 살펴보겠다. 정 판사 '위폐' 사건 과정을 보면 피고들이 모두 공산주의자들이었으며, 피고 들의 유죄를 입증하려는 미군정, 사법 당국, 우익 단체들과 이에 반발하여 무죄를 주장하는 조선공산당, 변호인들, 좌익 단체들 간에 엄청나게 치열 한 논쟁과 대립이 있었으므로 변호사들이 모두 적극적인 좌익 활동가였을 것으로 추측하기 쉽다.

그러나 변호사들 중에는 해방 이전에 좌익과는 전혀 상관없이 살아온 사람들도 많았다. 변호사들 중에 특별히 눈에 띄는 인물은 강중인,[311] 오 승근,[312] 윤학기,[313] 조평재[314]라고 할 수 있는데, 강중인, 오승근, 조평재 는 일제강점기 판검사 출신이며, 윤학기는 고등계 경찰 순사부장 출신으로

---

311) 일제강점기 말기 토쿠다 나카히토(德田仲仁)로 창씨개명했다. 강중인의 생애에 대해 서는 [강중인], 친일인명사전 편찬위원회, 『친일인명사전』, 1, 민족문제연구소, 2009, 486쪽 참조.

312) 오승근의 생애에 대해서는 [오승근], 친일인명사전 편찬위원회, 『친일인명사전』, 2, 민족문제연구소, 2009, 538~539쪽 참조.

313) 윤학기의 생애에 대해서는 [윤학기], 친일인명사전 편찬위원회, 『친일인명사전』, 2, 민족문제연구소, 2009, 712쪽 참조.

314) 조평재의 생애에 대해서는 [조평재], 친일인명사전 편찬위원회, 『친일인명사전』, 3, 민족문제연구소, 2009, 610쪽 참조.

서 모두 민족문제연구소에서 발간한 『친일인명사전』에 등재된 인물들이다. 그런데 강중인과 조평재는 해방 이후 민전, 조선법학자동맹, 전평 등 좌익 계열의 단체와 관계를 맺고 적극적으로 활동하는 등 해방 이전과 이후의 모습이 상당히 다름을 알 수 있다. 이러한 변화에 대해 강중인은 1949년 11월 27일 제1차 법조 프락치 사건 공판에서 "일정(日政) 당시에는 내 한 몸을 구하기에 여력이 없었습니다. 8·15 해방을 맞이하자 피고는 이때야 깨달은 바 있었습니다. 이는 다름이 아닙니다. 내가 어찌하면 국가와 민족을 위하여 일할 수 있을까 함이었습니다. 해외에서 국가와 민족을 위하여 투쟁하던 위대한 애국자들이 해방된 조국을 찾아 들어옴을 볼 때 무어라고 표현할 수 없는 느낌이 있었습니다. 그 후 피고는 남로당에 가입을 작정하였던 것이며, 법맹에도 초창기부터 가입하였습니다"라고 진술했다.[315]

또한 오승근은 일제강점기 판사 출신으로 친일파로 분류될 수 있는 인물이면서도, 미군정기에 판사직을 그만두고 변호사로 개업했는데, 정판사 '위폐' 사건에 참여하긴 했지만 그렇다고 좌익과 관계를 맺지도 않는 독특한 행보를 보였다. 오승근은 1946년 초 김계조 사건[316] 담당 판사로 있을 때 김용무 대법원장이 오승근에게 민사 전임 지시를 내리자 김용무와 대립각을 세우게 되었고, 결국 1946년 5월 좌천 인사 발령으로 사임했던 인물이다. 즉, 오승근이 정판사 '위폐' 사건에 참여하게 된 것은 좌익에 관심이 있어서가 아니라 재조(在朝) 법조계에 대한 불만과 반발로 인해 좌익 활동에 적극적인 다른 변호사들과 함께 이른바 '연합 전선'을 형성하기 위한 것으로 보인다.

이렇듯 정판사 '위폐' 사건 재판이 시작되었을 당시 변호사들은 '좌익'이

---

315) 「법조 프락치 사건 제3회 공판이 개정되어 김영재·강중인에 대한 사실심문이 진행」, 『서울신문』, 1949.11.27., 『자료대한민국사』 제15권, 국사편찬위원회, 2001, 325~326쪽.
316) 김계조 사건에 대해서는 제5장 1절 3)에서 보다 자세히 다룰 것이다.

라고 묶기에는 상당히 이질적인 집단이었으며, 따라서 이들 변호사들이 단지 좌익이었기 때문에 조선공산당 소속 피고들을 변호했다는 말은 성립하지 않는다. 정판사 '위폐' 사건의 변호사들을 하나로 뭉치게 해 준 것은 오히려 한민당을 중심으로 하는 재조 법조계 대 그렇지 않은 재야(在野) 법조계의 대결 구도였다고 할 수 있다. 이러한 대결 구도는 정판사 '위폐' 사건 발발 전후 미군정이 사법계 인사를 단행함으로써 재조 법조계를 재편하는 과정에서 형성된 것이며, 법조인들의 엘리트 의식과 경쟁의식에서 기인한 측면이 강하다고 할 수 있다. 주목해야 할 것은 정판사 '위폐' 사건 재판 이후 법조계 내의 이러한 재조 법조계와 재야 법조계 간 대립 구도가 점차 좌우 대립 구도로 변모해 갔다는 것이다.317)

정판사 '위폐' 사건에 참여했던 변호사들은 대부분 재판 종료 후에도 조선공산당, 민전, 법맹 등 좌익과의 관계를 유지하며 변호사 활동을 계속했다. 다만 변호사들 중 오승근은 1심 종결 이후 좌익과의 관계를 끊었고, 조평재는 중립적인 입장을 취한 것으로 보인다.

우선 오승근은 정판사 '위폐' 사건 1심 판결에 대해 변호사단이 불만을 제기하는 성명서를 발표한 것 때문에 검찰에게 호출 조사를 받게 되면서,318) 좌익 탄압이 심화되는 상황 속에서 더 이상 좌익에 발을 담가서는 안 되겠다는 현실적인 판단을 한 것으로 보인다. 오승근은 변호사단이 정판사 '위폐' 사건 상고를 신청할 때 및 하지에게 진정서를 제출할 때 불참했으며 그 이후 오승근이 좌익 관련 사건을 담당한 예도 발견되지 않는다. 대신 오승근은 1949년 5월 이승만의 심복 중 한 명인 임영신 상공부 장관

---

317) 미군정이 사법계 인사를 단행하여 재조 법조계를 재편하는 과정에서 재조 법조계와 재야 법조계의 대립 구도가 형성되는 과정과 정판사 '위폐' 사건 이후 법조계의 좌우대립이 심해지는 과정에 대해서는 제5장 1절 3)에서 보다 자세히 다룰 것이다.
318) 변호사단의 성명서 발표 및 사법 당국의 변호사단 호출에 대해서는 제3장 2절 1)에서 보다 자세히 다룰 것이다.

의 독직, 직권 남용 사건에 대한 변호를 담당했고,[319] 반민특위에 의해 기소된 장로교계의 대표적 친일 목사인 정인과(鄭仁果)에 대한 변론을 하기도 했다.[320]

이후 오승근은 1963년 4월부터 서울제일변호사회 부회장, 1964년 4월부터 서울제일변호사회 회장을 지냈으며, 1963년 6월에는 대한변호사협회 총무를 역임하기도 했다. 1982년 한일은행 법률고문으로 지냈으며, 2002년 1월 사망했다.[321]

또한 조평재는 검사국 기밀비 사건[322]으로 처벌을 받은 이후 법학자동맹, 민전 등 좌익 단체와의 관련을 점차 약화시킨 것으로 보이며, 1947년 4월에는 『조선일보』 상무 이사로 취임했고,[323] 재조 법조계의 지지를 받는 조선인권옹호연맹에 참여하여[324] 6월에는 사무총장에 임명되었다.[325]

---

319) 「임 장관 행정소송/원고와 피고 간에 논전」, 『동아일보』, 1949.5.5.
　　　「임 장관 대 감위/사건 작일 공판」, 『동아일보』, 1949.5.19.
　　　「임영신 행정소송/작일 제2회 공판 개정」, 『조선중앙일보』, 1949.5.19.
320) 「반민행위를 당연시하는 해괴한 변론 속출/변호사 망동에 검사들 격분」, 『연합신문』, 1949.5.22.
321) [오승근], 친일인명사전 편찬위원회, 『친일인명사전』, 2, 민족문제연구소, 2009, 538~539쪽.
322) 검사국 기밀비 사건에 대해서는 제3장 2절 1)에서 보다 자세히 다룰 것이다.
323) 「인사」, 『경향신문』, 1947.4.10.
　　　「인사」, 『독립신보』, 1947.4.10.
　　　「인사」, 『동아일보』, 1947.4.11.
324) 「조선인권옹호연맹을 결성」, 『경향신문』, 1947.5.25.
　　　「조선인권옹호연맹 결성/법조인 300여 명 참집 하에」, 『독립신보』, 1947.5.25.
　　　「조선인권옹호연맹 결성」, 『민보』, 1947.5.25.
325) 「인권옹호연맹/중앙위원 선정」, 『경향신문』, 1947.6.15.
　　　「인권옹호연맹/위원 50명 결정」, 『동아일보』, 1947.6.15.
　　　「인권옹호연맹 개편」, 『독립신보』, 1947.6.15.
　　　「인권옹호연맹/중앙 집원 선정」, 『민보』, 1947.6.15.
　　　「인권연맹서도 전남북 테로 조사」, 『자유신문』, 1947.6.15.

또한 오승근과 마찬가지로 정판사 '위폐' 사건 변호사단이 하지에게 보내는 진정서 제출에 참여하지 않았다. 그러나 1948년 12월 8·15 폭동 음모 사건 관계자에 대한 변호를 담당하는 등[326] 비교적 중립적인 입장을 취하며 인권 문제 등에 관심을 가진 것으로 보인다.

이후 조평재는 서울변호사회 부회장(1948.7.~1949.7.), 서울제일변호사회 부회장(1961.11.~1962.4.), 서울제일변호사회 회장(1962.4.~1964.4.)을 역임했으며, 이 외에도 대한변호사협회 상무위원장, 국제법률가협회 회장, 한국법학원 이사 등을 지냈다. 그리고 변호사로서 대한중석 법률고문과 삼성물산 법률고문을 맡았으며, 1968년 6월 사망했다.[327]

한편, 정판사 '위폐' 사건 이후, 좌익 단체에 몸을 담거나 관련을 맺고 활동했던 변호사들은 「국가보안법」 제정 이후 법조계 내 매카시즘이 횡행할 때 법조 프락치 사건[328] 등으로 고초를 겪거나 월북하게 된다.

---

326) 「8·15 사건 1차 송청자 공판/이기석 피고 등 1년 구형/1혈(頁) 애사(哀史)라고 피고들 최후 진술」, 『독립신보』, 1948.12.23.

327) [조평재], 친일인명사전 편찬위원회, 『친일인명사전』, 3, 민족문제연구소, 2009, 610쪽.

328) 법조 프락치 사건 등 법조계의 반공주의 사건에 대해서는 제5장 1절 3)에서 보다 자세히 다룰 것이다.

제 3 장

전개

앞 장에서는 해방 이후부터 제1차 미소공위 결렬 전후 시기까지 미군정과 조선공산당이 처해 있던 상황을 살펴보았다. 본 장에서는 이에 대한 이해를 바탕으로 정판사 '위폐' 사건이 어떻게 전개되었는지를 살펴볼 것이다. 아울러 이러한 사건 전개 과정에서 미군정과 조선공산당이 구체적으로 어떻게 대응했는지를 살펴볼 것이다.

1. 정판사 '위폐' 사건의 전개 과정

정판사 '위폐' 사건의 전개 과정은 크게 다음과 같은 3개의 시기로 나눠볼 수 있다.

제1시기는 정판사 '위폐' 사건의 피의자들에 대한 체포, 수사 및 조사, 송치, 기소가 있었던 3개월간의 시기이다. 미군정이 정판사 '위폐' 사건에 대해 최초 공식 발표를 한 직후부터 사건의 실체 여부를 두고 논란이 점화되어 당시 정국의 최대 이슈로 떠오름에 따라, 이 시기 내내 좌익과 우익 및 군정 당국 간에 각종 성명, 담화, 언명, 신문 기사, 가두선전 등을 통한 치열한 공방이 있었으므로 이 시기는 이른바 '여론 전쟁'의 시기라고 할 수 있다.

제2시기는 정판사 '위폐' 사건의 1심 재판이 있었던 시기로서, 재판은 4개월간 총 30회에 걸쳐 진행되었다. 이 시기 역시 정판사 '위폐' 사건의 실체 여부를 두고 좌익과 우익 및 미군정이 대립했는데, 제1시기가 주로 신문 기사 등을 통한 '여론 전쟁'의 시기였다면, 제2시기는 공판정에서의 피고 및 변호사단과 검사, 판사 등 사법 당국 간의 공방이 중심이 되었던 이른바 '재판 전쟁'의 시기였다고 할 수 있다.

제3시기는 정판사 '위폐' 사건의 1심 판결이 끝난 이후의 시기로서, 피고 및 변호사단 측은 1심에 불복하여 상고를 했으나 기각을 당하게 되었고,

표 3-1. 정판사 '위폐' 사건의 시기 구분

시기 구분		기간	성격
제1시기	수사 및 조사	1946년 5월 초~7월 28일	여론 전쟁
제2시기	1심 재판	1946년 7월 29일~11월 28일	재판 전쟁
제3시기	1심 종결 이후	1946년 11월 28일~1950년 7월	공론장 소멸

그럼에도 포기하지 않고 끝까지 사건을 공론장으로 끌어들이기 위해 투쟁을 시도한 시기였다. 제1시기와 제2시기에는 각각 '여론' 및 '재판'을 통해 공개적인 논쟁의 장이 마련되었지만 제3시기에는 미군정 및 사법 당국이 그러한 공론장 자체를 회피했기 때문에 피고 및 변호사단 측은 사건을 공론화시키는 기회를 만들기조차 어려웠다. 이와 같이 제3시기는 피고와 변호사들이 정판사 '위폐' 사건과 관련하여 직접적으로 투쟁할 수 있는 방법이 모두 차단된 '공론장 소멸'의 시기였다고 할 수 있다.

1) 제1시기: 수사 및 조사 (1946년 5월 초~7월 28일)

제1시기는 정판사 '위폐' 사건의 수사 및 조사가 진행된 시기이다. 이 시기에 있었던 주요 사건들을 정리하면 표 3-2와 같다.

정판사 '위폐' 사건 피의자에 대한 체포 및 수사 개시 과정에 대한 경찰의 공식 기록은 현재 남아 있지 않다. 수사에 참여했던 본정경찰서 형사 현을성 경위의 증언1) 및 신문 기사들2)을 종합하여 당시의 상황을 재구성해 보

---

1) 서울지방심리원, 「재논고 요지」, 『위폐사건 공판기록』, 대건인쇄소, 1947, 83~84쪽.
   서울지방심리원, 「판결」, 『위폐사건 공판기록』, 대건인쇄소, 1947, 123~129쪽.
2) 「지폐 위조단 체포/석판기 7대 압수」, 『조선인민보』, 1946.5.7.
   「대규모의 화폐 위조 사건 발각/62만 원을 위조」, 『동아일보』, 1946.5.9.
   「위조지폐범 타진」, 『중외신보』, 1946.5.9.
   「거액의 위조지폐범/근택삘딩을 포위코 10여 명 검거」, 『한성일보』, 1946.5.9.
   「대규모의 지폐위조단/검거 동시에 인쇄기를 압수/지금까지 발각액이 5천만 원」, 『대

표 3-2. 정판사 '위폐' 사건 제1시기 주요 사건 내용

날짜	주요 사건 내용
1946.5.3.	경찰: 조선정판사 직공 김창선 체포.
1946.5.4.	경찰: 뚝섬 위폐 사건 피의자 이원재, 배재룡, 랑승구, 랑승헌 검거.
1946.5.6.	이시영, 안미생: 본정경찰서 방문하여 증거물 참관.
1946.5.8.	경찰: 정판사 '위폐' 사건 피의자 10여 명 검거.
1946.5.10.	CIC: 압수된 증거물 조사.
1946.5.15.	미군정 공보부: 정판사 '위폐' 사건 공식 발표(위폐 금액: 300만 원). 조선공산당 중앙위원회: 정판사 '위폐' 사건 관련 제1차 성명 발표.
1946.5.16.	제1관구경찰청: 위폐 금액 900만 원으로 정정 발표. 박헌영: 군정청 방문하여 조선공산당 관련 부인 주장. 이관술, 권오직: 성명 발표.
1946.5.17.	좌익 측: 위조지폐사건진상조사위원회 조직.
1946.5.18.	경기도 적산관리과: 조선공산당 및 정판사에 근택빌딩 명도 요구. CIC, 미헌병: 조선공산당 본부 및 해방일보사 압수 수색, 조선정판사 및 근택빌딩 폐쇄.『해방일보』무기 정간.
1946.5.19.	조선공산당 중앙위원회: 근택빌딩 수색 관련 성명 발표.
1946.5.20.	조병옥: 위조지폐사건진상조사단 초청 면담. 해방일보사 대표: 군정청 방문하여 항의 및 『해방일보』속간 요청.
1946.5.21.	조선공산당 중앙위원회: 정판사 '위폐' 사건 관련 제2차 성명 발표.
1946.5.22.	검사국: 사건 취조의 진두지휘 맡게 됨. 증거물 검사국으로 이송.
1946.5.23.	검사국: 조재천·김홍섭 검사 제1관구경찰청에 파견 조사 실시.
1946.5.24.	민전: 위폐사건조사위원회 구성.
1946.5.25.	군정청 미국인 경무부장 매글린 대령의 사무실로 피의자들을 이송하여 조병옥, 장택상 등이 직접 취조.
1946.5.27.	매글린, 조병옥, 장택상, 노덕술 등 비밀 회의. 미군정청 적산관리과: 조선공산당에 근택빌딩으로부터 퇴거 명령.
1946.5.28.	민전 조사위: 이구범, 장택상, 조병옥과 각각 문답. 정판사에서 위폐 시험 인쇄.

동신문』, 1946.5.10.
「위조 400만 원 야/관계자 11명을 검거코 계속 취조」,『동아일보』, 1946.5.10.
「위조지폐 수천만 원/본정서서 일당을 타진」,『서울신문』, 1946.5.10.
「위폐 사건 더욱 확대/주모자 검거되는 대로 전모 판명」,『한성일보』, 1946.5.11.
「1억 이상 위조지폐/모 정당 간부 등 배후 관계 엄사 중」,『조선일보』, 1946.5.11.
「판명된 것은 천만 원 정도/대 위조지폐 사건 불일 전모 판명」,『자유신문』, 1946.5.12.
「기계, 서류를 또 압수/갈수록 커지는 위조지폐 사건」,『한성일보』, 1946.5.12.
「위조지폐 1억 원 계획/배후 관계를 엄중히 취조 중」,『동아일보』, 1946.5.14.
「천수백만 원 위조/본정서에서 취조 중」,『독립신보』, 1946.5.15.

표 3-2. 계 속

날짜	주요 사건 내용
1946.5.30.	조선공산당 본부: 근택빌딩으로부터 퇴거, 남대문 일화빌딩으로 이전. 조선공산당 중앙위원회: 퇴거 명령과 관련 성명 발표.
1946.6.중순	뚝섬 위폐 사건 피의자 이원재 석방.
1946.6.22.	조선공산당 중앙위원회: 정판사 '위폐' 사건 관련 제3차 성명 발표.
1946.6.25.	러치 군정장관: 위폐 사건 관련 특별 담화 발표. 검사국: 조선공산당 본부 압수 수색.
1946.7.6.	경찰: 이관술 체포.
1946.7.9.	경찰: 정판사 '위폐' 사건 및 뚝섬 위폐 사건 피의자 송국.
1946.7.19.	검사국: 정판사 '위폐' 사건 및 뚝섬 위폐 사건 피의자 기소.
1946.7.20.	재판 담당 판검사 및 제1회 공판일, 공판 장소가 결정됨. 조선공산당 중앙위원회: 정판사 '위폐' 사건 관련 제4차 성명 발표.
1946.7.21.	조선공산당 중앙위원회: 하지에게 재판 관련 8개 조항 요청 서신 송부.
1946.7.24.	사법부장 김병로: 정판사 '위폐' 사건 관련 언론 보도 비판 담화 발표.
1946.7.26.	러치 군정장관: 하지로부터 받은 조선공산당 요청에 대한 거부 서신 발표. 정판사 '위폐' 사건 담당 변호사 9인의 선임 완료.

면 다음과 같다.

① 1946년 4월 30일, 현을성 경위는 본정경찰서에서 일하던 도공 박순석으로부터 사직정 부근에 사는 어떤 사람이 하왕십리에 거주하며 청구사에서 근무하는 이창훈이라는 사람의 집에 지폐 인쇄용 징크판[3]을 팔려고 가져온 것을 보았다는 말을 듣고, 즉시 조성기 경사와 함께 사건 조사에 착수했다.

② 5월 2일, 현을성이 이창훈을 만나서 경찰서로 데려가 조사한 결과 징크판을 가져온 사람이 이창훈의 동생 이기훈의 친구라는 사실을 알게 되었다.

③ 5월 3일, 아침 7시경 현을성은 이기훈의 집으로 가서 물었더니 단식

---

3) '징크판'이란 징크(zinc), 즉 아연 성분을 포함한 인쇄용 금속판을 말하며 '아연판'이라고도 한다. 여기서 말하는 징크판은 지폐 인쇄용 징크판이다. 정판사 '위폐' 사건 및 뚝섬 위폐 사건에서 등장하는 징크판에는 소징크판과 대징크판 두 가지가 있었는데, 소징크판은 조선은행권 100원권 1매분, 대징크판은 조선은행권 100원권 20매분이 새겨져 있는 징크판을 의미한다.

인쇄소 직원인 윤경옥이 가져왔다고 대답하여 윤경옥의 집으로 찾아가 가택수색을 하여 소징크판 1매를 압수하고 그 출처를 물었더니 윤경옥은 단식인쇄소의 동료 직원인 홍사겸으로부터 난 것이라고 했다. 단식인쇄소로 찾아가서 홍사겸에게 물었더니 조선정판사의 김창선으로부터 받은 것이라고 하여, 조선정판사로 찾아가 김창선을 체포했다. 김창선을 취조한 결과 김창선은 조선정판사에 있던 징크판을 집에 가지고 갔다가 일부는 수영사 직공 배재룡에게 팔았으며 일부는 홍사겸에게 주었음을 알게 되었다.

④ 5월 4일, 현을성이 수영사에 찾아가 배재룡을 취조한 결과 뚝섬의 랑승구, 랑승헌 형제와 함께 위조했다고 자백하여, 본정경찰서원 최난수, 김원기, 현을성, 조성기, 이희남은 뚝섬으로 가서 랑승구, 랑승헌 및 이원재를 체포했다. 또한 위조 장소인 뚝섬의 간장 공장 2층에서 증거물로서 석판 인쇄기 7대, 랑승헌의 집에서 소징크판 4매를 발견하여 압수했다.

⑤ 5월 6일, 본정경찰서에서는 이시영, 안미생을 불러 인쇄기, 재료 등 증거물을 참관케 했다.[4]

⑥ 5월 8일, 정오경에 본정경찰서와 제1관구경찰청은 무장 경관대를 조직하여 근택빌딩을 포위하고 조선정판사를 급습, 수색하여 피의자 10여 명을 검거했으며, 기타 정판사 사무원들을 취조했다.

⑦ 5월 10일, 아침에 미군 CIC가 중앙청에 가서 압수된 증거물을 조사했고, 위폐 사건에 개입하여 수사 당국으로 하여금 비밀리에 수사를 진행할 것을 명했다.

이상의 체포 과정을 살펴보면 세 개의 사건이 얽혀 있음을 알 수 있다. 이 세 개 사건 간의 연결고리는 조선정판사의 직공인 김창선이다. 이를 정리하면 다음과 같다.

---

4) 「조공서 또 성명」, 『독립신보』, 1946. 5. 22.

(1) 김창선은 정판사에 있던 지폐 인쇄용 징크판을 훔쳐서 일부를 홍사겸을 통해 윤경옥에게 팔았거나 전달했다. 윤경옥은 징크판을 이기훈과 함께 이기훈의 형 이창훈의 집에서 누군가에게 팔려고 시도하던 중 이 광경을 본 박순석이 현을성 경위에게 신고함으로써 발각되었다. 이것을 편의상 징크판 판매 미수 사건으로 부르겠다(위의 ①, ②, ③에 해당함).

(2) 김창선은 정판사에 있던 지폐 인쇄용 징크판을 훔쳐서 일부를 홍사겸을 통해 배재룡에게 팔았으며, 배재룡은 이원재, 랑승구, 랑승헌과 함께 뚝섬에서 위폐를 인쇄했다. 이것이 뚝섬 위폐 사건이다(위의 ④, ⑤에 해당함).

(3) 경찰은 김창선이 단지 징크판을 판매했을 뿐만 아니라 정판사에 있던 지폐 인쇄용 징크판을 이용하여 정판사에서 다른 인쇄공들과 공모하여 직접 위폐를 인쇄했을 것이라고 추정하고 피의자를 검거하여 수사를 진행했다. 이것이 이른바 정판사 '위폐' 사건이다(위의 ⑥, ⑦에 해당함).

1946년 5월 7일 언론에 기사가 나기 시작한 이래 5월 14일까지 여러 가지 정리되지 않고 서로 아귀가 들어맞지 않는 추측성 보도 기사가 계속되면서 세간에서는 추정에 의한 소문이 분분해지게 되었고, 좌익과 우익 간에는 위폐 사건을 둘러싼 공방이 가속화되고 있었다. 그러던 5월 15일 미군정청 공보부에서는 위폐 사건에 대해 다음과 같이 최초의 공식 발표를 했다.[5]

---

5) 「위조지폐 사건/공보부서 특별 발표」, 『독립신보』, 1946.5.16.
「지폐위조 사건 진상 전모/공보부서 정식 발표/위조일당은 16명 전부가 공산당원/이관술, 권오직은 피신」, 『동아일보』, 1946.5.16.
「총액 300만 원/위조지폐 사건 전모」, 『자유신문』, 1946.5.16.
「대규모 지폐 위조단 사건 진상 정식 발표/주범 공산당 간부 2명 미체포/당원 14명은 체포」, 『조선일보』, 1946.5.16.
「300만 원 위조지폐 사건/어제 공보부에서 특별 발표」, 『중외신보』, 1946.5.16.
「근택빌딩 위조지폐단의 전모/전율할 공당의 음모/이관술, 권오직은 탈주, 14명은 체포/정판사를 이용, 교묘히 범행/공보부 발표」, 『한성일보』, 1946.5.16.
「공보부 15일 특별 발표」, 『조선인민보』, 1946.5.17.
「위조지폐 사건 파문/군정청 공보부 발표」, 『중앙신문』, 1946.5.17.

300만 원 이상의 위조지폐로써 남조선 일대를 교란하든 지폐위조단 일당이 일망타진되였다고 조선경찰 제1관구경찰청장 장택상 씨가 발표하였다.

경찰 보고에 의하면 이 지폐위조단에는 16명의 인물이 관계되였는데 조선공산당 간부 2명, 조선정판사에 근무하는 조선공산당원 14명이라고 한다. 이 지폐위조단은 해방일보를 인쇄하는 조선정판사 소재지 근택빌딩에서 지폐를 위조하였는데 이 근택빌딩은 조선공산당 본부이다. 상기 공산당 간부 2명은 아직 체포되지 않았으나 이미 체포장이 발포되여 있는 중이며, 그들은 조선공산당 중앙집행위원, 조선공산당 총무부장 겸 재정부장의 이관술(46)[6]과 조선공산당 중앙집행위원 해방일보사장 권오직(45)[7]이다. 그리고 이미 체포된 조선정판사원 14명은 다음과 같다.

사장 박낙종(47)[8], 서무과장 송언필(46)[9], 공장장 안순규(50), 기술과장 김창선(36), 창고계주임 박상근(43), 인쇄과장 신광범(41), 재무과장 이필상(46), 평판기술공 정명환(30), 평판기술공 김우용(26), 평판기술공 이정환(18), 평판기술공 김영관(25), 평판기술공 홍계훈(31), 평판기술공 김상선(32), 화공 이한녕(39)

경찰 당국의 말에 의하면 이 위조단은 절취한 조선은행권 평판을 사용하야 위조지폐를 인쇄한 것이라고 한다. 이 지폐를 인쇄한 용지는 일본 것으로 조선에서 생산되지 않은 것이다. 경찰의 보고에 의하면 이와 동일한 용지가 위조지폐가 최초로 출판하기 전에 인천 부두에서도 도난을 입었다고 한다. 이 평판은 작년 9월에 백 원 지폐를 인쇄하기 위하야 조선은행으로부터 조선정판사에 이전되였었는데 기후(其後)[10] 은행에서는 그 평판을 조선인쇄주식회사에 이관하도록 명령하였다. 그리하야 이 평판을 이전하는 중에 행방불명이 된 것이다. 경찰

「지폐 위조 사건/공보국 발표 내용」, 『현대일보』, 1946.5.17.
6) 이관술은 1902년생이므로 당시 나이는 45세였다. 따라서 46세는 오류로 보인다.
7) 권오직은 1906년생이므로 당시 나이는 41세였다. 따라서 45세는 오류로 보인다.
8) 박낙종은 1899년생이므로 당시 나이는 48세였다. 따라서 47세는 오류로 보인다.
9) 송언필은 1902년생이므로 당시 나이는 45세였다. 따라서 46세는 오류로 보인다.
10) '그 후'를 뜻하는 옛말.

에서는 분실되었든 평판 9개를 발견하였다. 경찰의 보고에 의하면 해(該)[11] 위조지폐 300만 원의 대부분은 근택삘딩 지하실에서 위조한 것이라고 한다. 경찰은 평판의 잔해인 듯한 철재와 지폐인쇄에 사용되는 평판 초-크, 염료, 잉크, 기타 제 재료를 발견하였다고 한다.

또한 다음 날인 5월 16일 제1관구경찰청 정보과에서는 사건에 대한 설명은 공보부 특별발표와 같으나, 위조지폐 금액은 300만 원이 아니라 900만 원이라고 정정발표를 했으며,[12] 또한 5월 18일 경찰부장 장택상도 추가보고에 따라 위조지폐 금액은 900만 원이라고 밝혔다.[13]

한편, 5월 16일 경기도 적산관리과 미군 행정관 둘로리 대위는 조선정판사 사장인 박낙종이 지배인으로 있는 서울시 중구 장곡천정 74번지 근택빌딩을 지목하며 "적산 가옥 지배인 혹은 관리인에 있어서 불미한 점이 있거나 혹은 적산 관리 규칙에 위반된 점이 있으면 적산 관리 규칙에 비추어 지배인을 변경 혹은 처벌할 것이다. 동 빌딩에 대해서는 상사의 지시에 따라 처리하게 될 것이다"[14]라고 말했다. 이는 조선정판사 및 그 소유 건물인 근택빌딩에 대한 조치가 곧 있을 것임에 대한 예고였다.

이틀 후인 5월 18일 오후 3시경 조선공산당과 정판사에 대한 경기도 적산관리과의 명도 요구와 함께, CIC 소속 미군과 헌병들이 근택빌딩을 포위하고 건물 내로 진입하여 조선공산당 사무원, 해방일보사원, 정판사 직공 등 모든 인원을 신체 수색하여 건물 밖으로 내보낸 후, 조선공산당 및 해방일보사 사무실을 수색하고 증서, 인장, 문서 등을 압수한 후 근택빌딩을 폐쇄했다.[15] 다음 날인 5월 19일 조선공산당만은 출입이 허가되었으나

---

11) '해당'(該當)을 뜻하는 옛말.
12) 「지폐 위조 총액은 900만 원의 거액」, 『조선일보』, 1946.5.17.
13) 「총 900만 원 위조 지폐 또 발표」, 『자유신문』, 1946.5.19.
14) 「삘떵 관리인은 변경, 처벌할 터」, 『동아일보』, 1946.5.17.

조선정판사와 해방일보사가 폐쇄됨에 따라『해방일보』는 무기 정간을 맞게 되었고 결국 폐간되었다.

공보부 발표에 대한 조선공산당 등 좌익의 반박 및 진상 규명 요구가 강해지고 있던 상황에서 제1관구경찰청은 경성지방법원 검사국에 사건에 대해 보고했고 검사국은 경찰 조사에 지시를 하기 시작했다. 5월 22일에는 사건 관련 증거물도 검사국으로 옮기게 되었다.[16) 5월 23일 검사국에서 개최된 재판소감독관 회의석상에서 이인 검사총장은 위폐 행위에 대해 강력한 처벌을 주장했고, 검사국은 사건 취조의 진두지휘를 맡게 되면서 조재천, 김홍섭 양 검사를 본정서에 특별 출장시켰다.[17)

한편, 수사 당국은 본정서뿐만 아니라 서울 시내 각서에 피의자 14명을 분리 수용하여 취조한 데 이어 5월 23일부터 검사가 본정서로 출장을 나가 취조했다. 또한 5월 25일에는 군정청 미국인 경무부장 윌리엄 매글린 (William Henry Maglin) 대령의 사무실로 피의자들을 데려다 놓고 조병옥 경무부장, 장택상 제1관구경찰청장, 본정경찰서 사법주임 등 경찰 책임자들을 총동원하여 직접 취조했으며,[18) 5월 27일에는 매글린, 조병옥, 장택

15)「공산당 기관지 해방일보 폐쇄」,『한성일보』, 1946.5.19.
　　「해방일보 폐쇄/공산당은 무관」,『독립신보』, 1946.5.20.
　　「위조지폐를 인쇄한 근택삘딩을 폐쇄/공산당 기관지 해방일보는 폐간」,『동아일보』, 1946.5.20.
　　「근택빌 축출 사건」,『조선인민보』, 1946.5.20.
　　「사설 조폐국 총 봉괴」,『한성일보』, 1946.5.20.
　　「근택빌 폐쇄 명령/단, 공당 본부는 예외」,『현대일보』, 1946.5.20.
16)「증거품도 검사국에 이송/지폐 사건」,『조선인민보』, 1946.5.23.
　　「위폐 건에 본격적 조사/검사국에 증거품을 이송」,『중외신보』, 1946.5.23.
17)「위폐 사건 철저 규명/검사단 출동, 진두 지휘」,『한성일보』, 1946.5.24.
18)「위폐 최후 처단의 서막/범행 배후와 용도 판명/경무부장실에서 극적 취조」,『동아일보』, 1946.5.26.
　　「위폐 사건 피의자를 경찰부장실서 신문」,『중외신보』, 1946.5.27.

상, 노덕술 제1관구경찰청 수사과장, 기타 관계자들이 모여 장시간에 걸쳐 비밀회의를 진행했다.[19]

5월 28일 오후 조선정판사에서는 매글린, 조병옥, 장택상, CIC 브루스 대위, 노덕술, 이구범 본정경찰서장, 최난수 본정경찰서 수사주임, 김홍섭 검사 등의 입회하에 위조지폐 시험 인쇄가 있었다. 시험 인쇄 현장에는 신문기자들의 입회가 전면 금지되었다.[20] 이러한 조치는 전날인 5월 27일 군정청과 경찰 당국의 수뇌부가 장시간에 걸쳐 진행한 비밀회의에서 결정된 것으로 보인다.

위폐 시험 인쇄는 조선공산당, 좌익 언론에서 정판사 '위폐' 사건이 조작이라고 주장하자 이를 반박하는 증거를 확보하기 위해 수사 당국이 실시하는 것이었다. 그리고 정판사의 인쇄기 및 인쇄 재료를 이용하여 시험 인쇄를 한 결과 만약 위폐 제조가 가능하고 그것이 압수된 위폐[21]와 동일하다면 이는 압수된 위폐가 정판사 '위폐' 사건에서 제조한 위폐임을 입증하게 되는 것이며, 만약 위폐 제조가 불가능하거나, 위폐 제조가 가능하다고 해도 그것이 압수된 위폐와 동일하지 않다면 정판사 '위폐' 사건은 허구적 사건이 된다는 논리에 입각한 것이었다.[22]

시험 인쇄가 끝난 후 『동아일보』[23]와 『한성일보』[24] 등 일부 우익 신문

---

19) 「위조지폐 사건 그 뒤 진전/불일 또 발표코저 경찰 수뇌 협의」, 『자유신문』, 1946.5.28.
20) 「공당원 위폐 사건 실지로 인쇄 시험」, 『동아일보』, 1946.5.28.
　　「위폐 인쇄 실험? 신문기자단에 입회 금지」, 『현대일보』, 1946.5.30.
21) 실제로 정판사나 피고들로부터 압수한 위폐는 없었으며, 단지 김창선이 조선은행에서 보관하고 있던 위폐를 골라낸 것은 있었다. 증거물로서의 위조지폐에 대해서는 제4장 2절 4)에서 보다 자세히 검토할 것이다.
22) 위폐 시험 인쇄에 대한 의혹에 대해서는 제4장 1절 4)에서 보다 자세히 검토할 것이다.
23) 「진폐 못잔은 위폐/공당원 위폐 인쇄 감정 결과/위폐 시험, 의운 일소」, 『동아일보』, 1946.5.30.
24) 「위폐 사건은 일단락/실험 결과 물적 증거 확연」, 『한성일보』, 1946.5.30.

들은 시험 인쇄가 잘 되었고, 압수된 위폐와 동일했다며 정판사 '위폐' 사건
이 조작된 것이 아니라 실제로 있었던 사건이라는 주장을 실은 기사를 보
도하기 시작했다.

한편, 5월 27일 미군정청 적산관리과에서는 조선공산당에 서울 중구 장
곡천정 근택빌딩으로부터 48시간 이내 퇴거할 것을 명령했다.25)

이에 조선공산당은 이러한 축출이 위조지폐 사건과 조선공산당이 관계
가 있는 것처럼 비칠 것을 우려하여 당국에 명도 명령을 재고할 것을 요청
했으나 당국에서는 군정청 농림국의 사무실로 쓴다는 이유로 거절했고,
여러 차례의 교섭 끝에 퇴거 기한을 2일 더 연장했다. 그리하여 조선공산
당은 5월 30일 남대문통 5정목 일화빌딩 4층으로 이전했다.26)

그로부터 한 달도 더 지난 7월 6일 이관술이 경찰에 체포되었다.27) 미

<hr />

25) 「조공, 정판사에서 퇴거/농림국에서 사용, 조공서 성명서」, 『독립신보』, 1946.5.31.
　　「사무소 퇴거에 조공에서 성명」, 『자유신문』, 1946.5.31.
　　「여하한 탄압 음모에도 불굴」, 『전국노동자신문』, 1946.5.31.
　　「근택 삘 명도령으로 혼란 초래할 우려/공산당서 부당성 지정」, 『조선인민보』, 1946.
　　5.31.
　　「사무소 퇴거 명령에 대해 조공 중위 서기국 성명」, 『현대일보』, 1946.5.31.
26) 「조공 본부 신 주소」, 『전국노동자신문』, 1946.5.31.
　　「조선공산당에 퇴거령/근택삘딩에서」, 『동아일보』, 1946.6.1.
　　「조공 본부 이전」, 『자유신문』, 1946.6.1.
　　「조공 본부 이전」, 『조선인민보』, 1946.6.1.
　　「조선공산당 본부 이전」, 『현대일보』, 1946.6.1.
27) 「위폐단의 거괴(巨魁) 이관술 수(遂) 피체」, 『대동신문』, 1946.7.9.
　　「위폐 사건의 주범 이관술을 체포/시내 충신정 처에 잠복 중」, 『동아일보』, 1946.7.8.
　　「피신 2삭의 이관술/박선숙은 본정서에서 검거」, 『동아일보』, 1946.7.9.
　　「이관술의 피신, 체포까지의 경과」, 『동아일보』, 1946.7.9.
　　「1주일에 한 번식 태연히 들렷소/해방서점원 담」, 『동아일보』, 1946.7.9.
　　「이관술 씨 피검」, 『서울신문』, 1946.7.9.
　　「이관술 씨 피착/문제의 위폐 진상도 판명될 듯」, 『자유신문』, 1946.7.9.
　　「이관술 씨 피체」, 『조선인민보』, 1946.7.9.

군정이 5월 15일 공보부 발표와 동시에 조선공산당 간부 이관술과 해방일보사 사장 권오직에게 정판사 '위폐' 사건의 주요 피의자로서 체포령을 내리자 이관술과 권오직은 경찰의 체포를 피해 피신했다.

이후 권오직은 38선 이북으로 탈출했고, 이관술은 사상적 동지이자 연인이었던 박선숙의 집(서울 종로구 충신정 86의 3)에서 은신했다. 박선숙은 동업자 김옥순과 함께 종로 1정목의 어느 건물 2층에서 경성미장원을 운영해 왔는데, 해방 이후에는 이관술을 만나 이관술의 지도로 미장원 아래 1층에서 해방서점도 경영하게 되었다. 이관술은 박선숙의 집에서 사는 동안 새벽에 외출했다가 밤늦게 귀가하여 수사진의 눈을 피했으며, 1주일에 한 번씩은 잠깐씩 해방서점에 들렀다고 한다.

그런 생활을 반복해 오던 이관술은 7월 6일 오후 해방서점에 들러서 사회과학 서적을 사 가지고 나오던 길에 종로경찰서원에게 목격되어 화신백화점 앞에서 검거되었다. 이관술은 검거 직후 종로경찰서에 구금되어 취조받았으며, 7월 7일 본정경찰서로 이송되었다. 7월 8일경에는 중앙청으로 이송된 것으로 보인다. 그리고 장택상은 7월 9일 기자단에게 "이관술 씨는 피검되자 즉시 나에게 대어달라고 요청하였다고 한다. 그래서 내가 수 일 중에 직접 취조하겠다"라고 말했으며, 이후 이관술은 제1관구경찰청으로 이송되어 취조받게 되었다.[28]

경찰은 7월 9일 오전 정판사 '위폐' 사건 피의자 12명 및 뚝섬 위폐 사건

「이관술 씨 피체」, 『중외신보』, 1946.7.9.

「체포령 나린지 5순/위폐 사건 주범 이관술, 드디어 취박」, 『한성일보』, 1946.7.9.

「책 사들고 나오다 잡혀/이관술 아니라고 항변/체포 경위」, 『한성일보』, 1946.7.9.

「서점은 동업/1주 한 차례식 왔다/해방서림/이희남 씨 담」, 『한성일보』, 1946.7.9.

「애첩 선숙도 구금/이의 애첩으로 갈렷다 다시 만나」, 『한성일보』, 1946.7.9.

「이관술 씨 검거」, 『독립신보』, 1946.7.10.

28) 「장 경찰부장 직접 지휘 문초(問招)」, 『조선인민보』, 1946.7.10.

「이 씨 취조는 내가 할 터/장 경찰부장 담」, 『현대일보』, 1946.7.10.

피의자 3명 등 총 15명과 압수한 증거물을 경성지방법원 검사국으로 송국했다.29) 위폐 사건 수사 개시 2개월여가 지난 시점에서 송국이 이루어졌는데, 물론 형식적으로는 이날 경찰서에서 검사국으로 사건을 송국한 셈이지만, 이미 5월 23일부터는 검사국이 직접 수사를 진두지휘하기 위해 조재천, 김홍섭 양 검사를 본정경찰서에 출장 보내어 취조해 왔으므로 사실상 7월 9일의 송국은 경찰이 검사국에 사건 수사 결과를 넘긴 것이라기보다는 검사국이 경찰에서 사건 수사를 하다가 자기 스스로에게 사건을 송국한 셈이라고 할 수 있다.

그로부터 10일 후인 7월 19일 검사국은 정판사 '위폐' 사건 피의자 9명30) 및 뚝섬 위폐 사건 피의자 4명31) 등 총 13명을 기소했다.32)

---

29) 「조공원의 위폐단/15명 9일 송국」, 『대동신문』, 1946.7.10.
   「정판사, 독도의 위폐 관계자 송국」, 『독립신보』, 1946.7.10.
   「공당원의 위폐 사건/박낙종 등 12명을 송국」, 『동아일보』, 1946.7.10.
   「독도 위폐 사건도 동시에 송국」, 『동아일보』, 1946.7.10.
   「위폐 사건 관계자 15명 송국」, 『서울신문』, 1946.7.10.
   「위폐 관계자 송국/통화위조죄로 15명」, 『자유신문』, 1946.7.10.
   「위폐 사건 금명간 판명?/정판사 사장 외 14명을 송국」, 『중외신보』, 1946.7.10.
   「위폐 사건 취조 일단락, 송국」, 『중앙신문』, 1946.7.11.

30) 조선정판사 사장 박낙종(48), 조선정판사 서무과장 송언필(45), 조선정판사 인쇄주임 신광범(41), 조선정판사 창고주임 박상근(43), 조선정판사 평판과장 김창선(35), 조선정판사 평판부과장 정명환(30), 조선정판사 평판직공 김상선(32), 조선정판사 평판직공 김우용(28), 조선정판사 평판직공 홍계훈(31).

31) 조선단식인쇄소 직공 홍사겸(24), 수영사 직공 배재룡(32), 무직 랑승구(40), 무직 랑승헌(28).

32) 「조공당원의 지폐 위조 사실 명백/1,200만 원을 당비에 사용」, 『대동신문』, 1946.7.20.
   「양 위폐 사건 관계자/어제 11명을 공판에 회부」, 『독립신보』, 1946.7.20.
   「공당원 위폐 사건 수 기소/김 검사장 사건 진상을 발표」, 『동아일보』, 1946.7.20.
   「정판사 위폐 사건 관계자 기소」, 『서울신문』, 1946.7.20.
   「양 사건 관계자 전부 기소/위폐 사건에 검사국 담화 발표」, 『자유신문』, 1946.7.20.
   「위조지폐 사건, 작 19일 기소」, 『중앙신문』, 1946.7.20.
   「정판사 위폐 관계자 기소/독도 사건 네 명도 동시에」, 『중외신보』, 1946.7.20.

표 3-3. 정판사 '위폐' 사건 및 뚝섬 위폐 사건 피송치자 명단

	소속	이름
정판사 '위폐' 사건 (12명)	조선정판사 사장	박낙종(48)
	조선정판사 서무과장	송언필(45)
	조선정판사 인쇄주임	신광범(41)
	조선정판사 창고주임	박상근(43)
	조선정판사 기술과장	김창선(35)
	조선정판사 평판직공	정명환(30)
	조선정판사 평판직공	김상선(32)
	조선정판사 평판직공	김우용(28)
	조선정판사 평판직공	홍계훈(31)
	조선단식인쇄소 직공	홍사겸(24)
	조선단식인쇄소 직공	윤경옥(24)
	동아정판회사	이기훈(29)
뚝섬 위폐 사건 (3명)	수영사 직공	배재룡(32)
	무직	랑승구(40)
	무직	랑승헌(28)

표 3-4. 정판사 '위폐' 사건 및 뚝섬 위폐 사건 피소자 명단

	소속	이름
정판사 '위폐' 사건 (9명)	조선정판사 사장	박낙종(48)
	조선정판사 서무과장	송언필(45)
	조선정판사 인쇄주임	신광범(41)
	조선정판사 창고주임	박상근(43)
	조선정판사 평판과장	김창선(35)
	조선정판사 평판부과장	정명환(30)
	조선정판사 평판직공	김상선(32)
	조선정판사 평판직공	김우용(28)
	조선정판사 평판직공	홍계훈(31)
뚝섬 위폐 사건 (4명)	조선단식인쇄소 직공	홍사겸(24)
	수영사 직공	배재룡(32)
	무직	랑승구(40)
	무직	랑승헌(28)

「위폐 사건 기소 내용」, 『현대일보』, 1946.7.21.

검사가 작성한 「공판청구서」의 내용을 요약하면 다음과 같다.33)

1. 정판사 위폐 사건 범죄 사실

① 박상근, 김창선, 정명환, 김상선, 김우용, 홍계훈은 일제강점기 때부터 근택
인쇄소 직공으로 일을 해 오던 중 1945년 8월 23일부터 9월 5, 6일 사이에 조
선총독부 일본 관헌의 명령에 의해 근택인쇄소에서 제1차로 조선은행권 백
원권을 인쇄할 때 참여했으며, 근택인쇄소는 9월 15일부터 제2차 인쇄를 할
예정이어서 백 원권 인쇄용 징크판 4조 12매를 제작, 보관하고 있었다.

② 박낙종은 9월 상순 근택인쇄소를 인수하여 9월 19일 조선정판사로 개칭하
고 사장이 되었다. 조선정판사 개업과 동시에 송언필은 서무과장, 신광범은
인쇄주임으로 재직하게 되었으며, 박상근 이하 6명도 계속 조선정판사 직
공으로 일하게 되었다.

③ 미군정 진주에 따라 제2차 인쇄는 무산되었으므로 조선정판사는 9월 19일
오후 3시경부터 4시 반경 사이에 인쇄용 징크판 4조를 석유와 세사 소량으
로 다소 희미하게 되도록 닦은 후 다음 날인 9월 20일 연마기에 걸어 완전
히 연마할 예정으로 출입문에 걸어 두었다. 그런데 김창선은 배재룡으로부
터 징크판을 구해 달라는 부탁을 받은 일이 있어서 9월 20일 오전 7시 30분
경 징크판 4조 중 비교적 선명한 것 1조를 잉크 창고 상단에 은닉하고 오후
5시 30분경 또 다른 1조를 같은 장소에 은닉했으며, 이들 징크판 2조에 보
존용 아라비아고무를 칠해 두었다.

④ 10월 하순경 어느 날 밤 송언필과 김창선이 조선정판사에서 숙직을 하던 중
조선공산당과 조선정판사의 재정난에 대해 이야기하다가 김창선은 징크판
이 있으니 위폐를 제조하자고 제의하자 송언필은 일단 위험하다고 불응했
다. 그러나 약 3일 후 송언필이 박낙종에게 김창선의 제의를 전달하자 박낙
종은 이관술에게 이를 전달했고, 이관술은 주저하다가 "탄로되지 않고 될
수 있는 일이라면 군에게 일임하니 해 보라"고 하여 박낙종은 송언필에게,
송언필은 김창선에게 순차로 인쇄를 부탁했고, 김창선은 정명환, 김상선,

---

33) 서울지방심리원, 「공판청구서(1)」, 『위폐사건 공판기록』, 대건인쇄소, 1947, 3~8쪽.

김우용, 홍계훈 등을 설득하고, 또 송언필은 별도로 신광범에게 경계를, 박상근에게 용지 출고 및 재단을 부탁하여 위폐 제조 및 사용을 공모했다.

⑤ 인쇄에 사용한 도구 내역

    징크판 3매(흑색, 청색, 자색)(김창선이 절취)

    징크판 1매(적색)(김창선, 정명환이 제작)

    오프셋인쇄기 제2호 1대, 재단기

    80근 모조지 1연(500매), 잉크(흑색, 청색, 자색, 적색)

⑥ 역할 분담

    김창선, 정명환: 잉크 조절

    김상선, 김우용, 홍계훈: 지절(紙折),[34] 지차(紙差),[35] 지취(紙取)[36]

    신광범: 외인 내방 경계

    박상근: 재단

⑦ 인쇄 시기

    제1회: 1945년 10월 하순 오후 9시경~다음 날 오전 5~6시경

    제2회: 1945년 12월 27일경 오후 9시경~다음 날 오전 5~6시경

    제3회: 1945년 12월 28일경 오후 9시경~다음 날 오전 7시경

    제4회: 1945년 12월 29일경 오후 9시경~다음 날 오전 7시경

    제5회: 1946년 2월 8일 오후 9시경~다음 날 오전 7시경

    제6회: 1946년 2월 9일 오후 9시경~다음 날 오후 1시경

⑧ 위조지폐 발행 액수: 매회 약 200만 원씩 총 1,200만 원

⑨ 위조지폐 사용: 인쇄 직후 이관술이 조선공산당 자금으로 사용함

2. 뚝섬 위폐 사건 범죄 사실

① 김창선은 1945년 9월 20일경 절취하여 은닉하여 두었던 징크판 2조 중 1조를 9월 말경 자신의 집에서 홍사겸과 함께 수정을 해 두었다.

---

34) 가장자리에 맞춰 종이 접기.

35) 인쇄기에 종이 넣기, 급지(給紙)하기.

36) 인쇄된 종이 빼기.

② 배재룡, 랑승구, 랑승헌은 10월경 랑승헌의 방에서 위폐 인쇄를 공모하고, 배재룡은 기술, 랑승구는 자금, 랑승헌은 기타 노무를 담당하기로 역할을 분담했다.

③ 10월 말일경 김창선은 자신의 집에서 배재룡, 랑승헌에게 소징크판(백 원권 1매분을 절단한 것) 1조 3매(흑색, 청색, 자색)를 판매했다(당일 2,500원을 받고 다음 날 홍사겸을 통해 소징크판을 전달함).

④ 배재룡, 랑승구, 랑승헌은 이 외에 인쇄기, 용지, 잉크 등을 구입한 후 화투를 인쇄하겠다고 거짓말을 하여 랑승구의 처조카인 이원재를 통해 뚝섬 소재 곽재봉의 창고 2층을 빌려 11월경 인쇄 기계를 설치했다.

⑤ 배재룡, 랑승구, 랑승헌은 12월 말경 김창선에게서 구입한 흑색 인쇄용 소징크판을 전사한 석판으로 1,200원을 인쇄해 보았으나 인쇄가 불선명했다.

⑥ 배재룡, 랑승구, 랑승헌은 김창선으로부터 선명한 소징크판 1매(흑색)를 다시 얻은 후 1946년 1월 초 전과 같은 방법으로 44,000원을 인쇄했는데 이번에는 인쇄가 선명했다. 다음 날 청색 인쇄용 소징크판을 전사한 석판으로 다시 인쇄하던 중 배재룡은 범죄 발각의 위험을 느끼고 고의로 롤러를 비틀어 버림으로써 인쇄가 불선명하게 되어 위폐 제조는 미수로 끝났다.

그리고 기소 다음 날인 7월 20일 제1회 공판과 관련된 사항이 발표되었는데, 공판일은 1946년 7월 29일, 공판 장소는 경성지방법원 제4호 법정, 담당 판사는 주심 양원일, 배석 김정렬·최영환, 담당 검사는 조재천·김홍섭이었다.[37] 한편, 정판사 '위폐' 사건의 담당 변호사 9명[38]의 선임은 7월

---

37) 「조공의 위폐 사건/29일 제1회 공판」, 『대동신문』, 1946.7.21.
　　「위폐 사건/내 29일 공판」, 『독립신보』, 1946.7.21.
　　「위폐 사건 1회 공판, 29일에 개정」, 『동아일보』, 1946.7.21.
　　「위폐 사건, 29일 공판」, 『자유신문』, 1946.7.21.
　　「위조지폐 사건/내 29일 제1회 공판」, 『중앙신문』, 1946.7.21.
　　「위폐 사건 공판 29일」, 『조선인민보』, 1946.7.21.
　　「1회 공판은 29일」, 『현대일보』, 1946.7.21.
38) 김용암, 강혁선, 백석황, 조평재, 윤학기, 한영욱, 강중인, 오승근, 이경용.

20일에 시작하여 7월 26일에야 완료되었다.[39]

2) 제2시기: 1심 재판(1946년 7월 29일~1946년 11월 28일)

제2시기는 정판사 '위폐' 사건의 1심 재판이 진행된 시기이다. 재판은 1946년 7월 29일 제1회 공판으로부터 11월 28일 마지막 공판에 이르기까지 30회에 걸쳐 진행되었다. 공판의 주요 내용을 정리하면 표 3-5와 같다. 그런데 표 3-5에서 알 수 있듯 정판사 '위폐' 사건의 재판은 제1회 공판 개시와 동시에 연기되어 제2회 공판이 열리기까지 3주 이상 지체되었다. 이 기간에 다양한 사건들이 발생했으며, 그 여파는 제2시기 내내 계속되었는데 이를 정리하면 표 3-6과 같다.

제1회 공판일에 위폐 공판 소요 사건이 발생했다. 정판사 '위폐' 사건 및 뚝섬 위폐 사건의 제1회 공판은 1946년 7월 29일 오전 9시에 개정될 예정이었다. 재판은 공개였고 일반인에게 배당된 방청권은 약 100장이었으며

표 3-5. 정판사 '위폐' 사건 1심 재판 각 공판의 주요 내용

회	날짜	주요 내용
1	1946.7.29.	재판장 기피 신청, 공판 무기 연기.
2	1946.8.22.	공판 재개, 피고인 회의. 피고인 김창선 심리.
3	1946.8.23.	피고인 김창선 심리.
4	1946.8.27.	피고인 김창선, 김상선, 김우용, 홍계훈 심리.
5	1946.8.28.	피고인 정명환, 김우용 심리.
6	1946.8.30.	피고인 병합 심리 결정. 변호인 윤학기 변론 금지.
7	1946.8.31.	피고인 병합 심리 개시. 피고인 김우용 심리.
8	1946.9.3.	피고인 박상근, 김우용 심리.

---

39) 「위폐 사건의 담당 변호사」, 『중앙신문』, 1946.7.26.
「위폐 공판 변호인 결정」, 『현대일보』, 1946.7.27.

표 3-5. 계 속

회	날짜	주요 내용
9	1946.9.5.	피고인 김상선, 홍계훈, 정명환 심리.
10	1946.9.6.	피고인 신광범, 송언필, 김창선 심리.
11	1946.9.9.	피고인 송언필, 박낙종 심리.
12	1946.9.13.	증인 및 증거 신청.
13	1946.9.14.	증인 및 증거 결정. 조선정판사 현장검증, 증인 김석완 신문. 본정경찰서 현장검증.
14	1946.9.17.	감정인 백인제, 공병우 신문. 증인 매글린, 윔스 신문.
15	1946.9.18.	증인 킬린, 맥마흔, 안순규 신문.
16	1946.9.20.	증인 윤경옥 신문, 번역인 차영조 신문. 증인 장택상, 김광수, 이철원 신문.
17	1946.9.24.	감정인 겸 증인 오정환 신문. 증인 이구범, 김한규, 홍사겸, 배재룡 신문.
18	1946.9.26.	증인 이필상, 신영철 신문.
19	1946.9.30.	증인 하필원, 이균, 원영규 신문.
20	1946.10.7.	피고인 박낙종, 송언필, 김창선 심리.
21	1946.10.17.	피고인 이관술 단독심리.
22	1946.10.18.	피고인 이관술 단독심리.
23	1946.10.19.	피고인 이관술 단독심리. 증인 정영기, 안기성, 최기화, 박두성 신문.
24	1946.10.21.	피고인 이관술 단독심리. 피고인 이관술 및 피고인 박낙종 외 8인 병합 심리. 검사 논고, 구형.
25	1946.10.24.	변호인 김용암, 한영욱, 오승근, 강혁선 변론.
26	1946.10.25.	변호인 강혁선, 이경용 변론.
27	1946.10.26.	피고인 이관술, 박낙종, 신광범, 김창선, 정명환 최후진술.
	1946.10.28.~30.	양원일, 조재천: 개성 출장 조사.
28	1946.10.31.	변호인 백석황 변론. 피고인 송언필, 박상근, 김상선, 김우용, 홍계훈 최후진술.
	1946.11.2.~10.	양원일, 조재천: 충주, 부산, 진주 등 남부 지방 출장 조사.
29	1946.11.12.	피고인 이관술 출정 거부 및 강제 구인. 증인 이영개 신문. 재판장 출장 보고, 검사 재논고. 변호인 김용암, 한영욱, 강혁선, 한영욱, 이경용 재변론. 피고인 이관술, 박낙종, 송언필, 신광범, 김창선 재최후진술.
30	1946.11.28.	언도.

출처: 서울지방심리원, 「정판사 급 독도 위조지폐 사건 공판요약표」, 『위폐사건 공판기록』, 대건인쇄소, 1947, 93~100쪽 및 신문 기사를 참조하여 필자가 작성함.

표 3-6. 정판사 '위폐' 사건 제2시기 주요 사건 내용

날짜	주요 사건 내용
1946.7.29.	위폐 공판 소요 사건 발발, 전해련 사망, 소요자 구금. 정판사 '위폐' 사건 제1회 공판: 재판장 기피 및 재판 무기 연기. 뚝섬 위폐 사건 제1회 공판: 구형. 변호사단: 재판장 기피 이유 성명 발표.
1946.8.1.	전해련 부검 실시. 변호사단: 경성지방법원에 기피 원유 소명서 제출.
1946.8.3.	양원일: 재판장 기피 신청 각하 요망 의견서 제출.
1946.8.4.	전해련 장례식 거행, 장례 조문객 체포.
1946.8.5.	위폐 공판 소요 사건 군정 재판 제1회 공판. 뚝섬 위폐 사건 제2회 공판: 언도.
1946.8.6.	변호사단: 하지에게 기피 원유 소명서 전달.
1946.8.7.	양원일 판사 기피 1심 재판: 기피 신청 기각(주심 이천상).
1946.8.10.	변호사단: 경성공소원에 양원일 판사 기피 1심 불복 항고서 제출.
1946.8.12.	이관술 송국. 장례 조문객 피체포자 중 이영, 오영 석방.
1946.8.13.	양원일 판사 기피 2심 재판: 항고 기각(주심 이명섭).
1946.8.16.	위폐 공판 소요 사건 군정재판: 조규영 사실심리. 정판사 '위폐' 사건 제2회 공판일 발표(8월 22일).
1946.8.17.	위폐 공판 소요 사건 군정재판: 조규영 추가 사실심리. 조선공산당: 하지에게 정판사 '위폐' 사건 관련 8개 조항 재요청 편지 송부.
1946.8.19.	변호사단: 성명서 발표.
1946.8.20.	위폐 공판 소요 사건 재판: 선고. 7월 29일 주간신문 『건국』 호외 건으로 김광수 구속, 송국.
1946.8.21.	이관술 기소. 경성지법: 정판사 '위폐' 사건 제2회 공판 방청권 배부(당일 배부 없음).
1946.8.22.	정판사 '위폐' 사건 제2회 공판.
1946.8.23.	김광수 기소.
1946.10.22.	전해련 장례 조문객 군정재판: 구형.
1946.10.29.	전해련 장례 조문객 군정재판: 선고.
1946.11.4.	김광수 1심 재판: 구형.
1946.11.11.	김광수 1심 재판: 선고.

당일 선착순으로 배부하기로 되었다. 그런데 이날 아침 공판을 보기 위해 재판정 앞에 모인 사람은 수천 명이었다. 이 과정에서 발생한 사건이 바로 위폐 공판 소요 사건[40]이다. 위폐 공판 소요 사건에 대한 신문 기사들을 검토한 결과 신문마다 사실관계에 있어 약간씩의 차이가 있으나 이를 종합

하여 정리하면 다음과 같다.[41)]

7월 29일 새벽 2시경부터 경성지방법원 앞에는 공판의 방청권을 얻고

40) 위폐 공판 소요 사건이라는 명칭은 '소요'라는 말에서 알 수 있듯이 사건의 책임을 군중
   들에게 돌린다는 점에서 경찰 및 사법 당국의 시각이 반영되었다고 할 수 있으나, 군
   중 피해자의 시각만을 반영하여 위폐 공판 방청객 진압 사건이라고 하는 것이나 경찰 및
   사법 당국의 시각만을 반영하여 위폐 공판 방해 사건 혹은 위폐 공판 폭동 사건이라고 명
   명하는 것에 비해서는 중립적이라고 할 수 있으며, 사건 발발 당시 언론에서 사용된
   표현이므로 본 연구에서는 이 명칭을 사용하기로 한다.

41) 「개정 전 적색 데모/경찰대 조지 30명 검속」, 『대동신문』, 1946.7.30.
   「경관대의 굉연한 발포성과 절규하는 혁명가 속에 개정」, 『독립신보』, 1946.7.30.
   「법정 싸고 소동하는 군중/해산, 제지코저 발포」, 『동아일보』, 1946.7.30.
   「조공 만세 부르다 경찰대 제지」, 『동아일보』, 1946.7.30.
   「옥외의 혼란으로 개정 지연/군중 일부는 적가와 만세를 고창」, 『동아일보』, 1946.7.30.
   「계획적으로 선동/공무집행방해죄로 처벌」, 『동아일보』, 1946.7.30.
   「재판정 압헤 군중 소란」, 『서울신문』, 1946.7.30.
   「위폐 공판에 방청 쇄도/무장경관이 발포 검속」, 『자유신문』, 1946.7.30.
   「삼엄한 정내」, 『자유신문』, 1946.7.30.
   「정판사 위폐 사건 공판/총성과 아우성리에 개정」, 『조선인민보』, 1946.7.30.
   「법원 문전에는 인산인해/무장경관대와 유혈 참사」, 『조선인민보』, 1946.7.30.
   「격분한 군중 시위/가두에 버러진 발포, 검거 사건」, 『조선인민보』, 1946.7.30.
   「조 부장, 법정서 일장 훈시」, 『조선인민보』, 1946.7.30.
   「사복형사 발포로 부상/피해자 담화」, 『조선인민보』, 1946.7.30.
   「미군인은 하늘로 발포/목격자 담화」, 『조선인민보』, 1946.7.30.
   「흥분된 군중들 시위/경관 발포, 부상자 발생」, 『중앙신문』, 1946.7.30.
   「정판사 관계 위폐 사건 공판 개정」, 『중앙신문』, 1946.7.30.
   「대의혹! 위폐 사건 공판/운집한 수천 군중 공개를 절규」, 『중외신보』, 1946.7.30.
   「발포 100여 발/30여 명 체포 구금/법정 외에 일대 소동」, 『중외신보』, 1946.7.30.
   「중경상자 다수/경관대 발포로 의외의 불상사」, 『중외신보』, 1946.7.30.
   「공개 재판하라는 고함 소리 진/무장경관대 발포코 제지 해산」, 『현대일보』, 1946.7.30.
   「방청 갓던 군중 다수 피검/경관 총소리에 무수 피타」, 『현대일보』, 1946.7.30.
   「흥분한 방청 미수 군중/가도로 행진」, 『현대일보』, 1946.7.30.
   「방청 문제로 물의 분분/새벽부터 기다린 시민의 불평 담」, 『현대일보』, 1946.7.30.
   「3천만의 이목 보안 듯/피고 쇠고랑을 차고 만면 미소」, 『현대일보』, 1946.7.30.
   박찬모, 「1인 1언/이런 일도 있는가? 위폐 사건 공판정에서」, 『현대일보』, 1946.7.30.
   「거리」, 『독립신보』, 1946.7.31.

자 하는 사람들이 모여들기 시작했고, 일부는 돗자리를 가져와 노숙을 하기도 했다. 새벽 5시가 되어 통행금지가 해제되자 방청을 희망하는 사람들이 재판소로 점점 모여들기 시작했다. 6시가 지났을 때쯤 정문 앞에 모여든 사람은 이미 200명이 넘었는데, 허가된 방청권은 100장이었으므로 먼저 온 사람들부터 100명이 번호표를 만들어 가지고 기다렸다. 한편, 서대문경찰서에서 60명의 경찰대가 출동하여 경성지방법원 내외를 비상 경계하기 시작했다. 7시경 다수 군중이 법원 정문(북문)과 후문(서문, 측문)에 운집해 있었으며, 7시 30분이 지난 상태에서 방청 지원자는 이미 수천 명 운집했고, 남대문통, 정동예배당, 덕수궁 대한문까지 늘어서 있었다. 다수의 무장 경관과 기마 경관이 정동 쪽과 서소문 쪽으로 통하는 길을 차단한 채 법원 내외에서 삼엄한 경계를 펴고 있었다.

8시경 군중 사이에서 「해방의 노래」가 불리기 시작하더니 "모략 공판을 분쇄하라", "인민재판을 하라"는 등의 구호가 터져 나왔다. 그러나 경관대의 제지로 일순 조용해졌다. 그러다가 8시 40분경 수갑을 찬 피고인들이 트럭을 타고 법원 정문으로 들어오자 군중들은 "와!" 하며 함성을 지르는가 하면 "빨리 입정시켜라", "재판을 공개하라"라고 외치기 시작했으며, 일부는 조선공산당 만세를 외치거나 전단을 뿌리고 혁명가를 부르는 등 법원 안팎은 극히 소란스러워지기 시작했다.

개정 예정 시각인 9시가 되어도 개정할 기미가 보이지 않자, 법원 문 앞에 있던 군중들은 "방청을 시켜라", "마이크를 설치하라", "좌우 정당인 배심하에 재판을 열라", "피고는 무죄다", "일제 시대에도 이런 일은 없었다"라는 등 고함을 치거나 「적기가」(赤旗歌), 「혁명가」, 「해방의 노래」를 부르다가 법원 문 쪽으로 몰려들었다. 그러자 법원의 정문과 후문이 뚫리면서 문 앞에 있던 군중들이 법원 구내로 물결처럼 밀고 들어가기 시작했다. 또 일부 군중들은 경찰을 향해 돌을 던지기도 했다.

무장 경관들은 군중들이 법원 안으로 들어오지 못하도록 제지했으나 워
낙 많은 군중들이 일시에 몰려드는 바람에 막을 수가 없었다. 9시 30분경
무장 경관대의 첫 총성이 울렸고, 무장 경관들은 군중들을 총신으로 구타
하고 발길로 차며 진압하기 시작했으며 기마 경관대는 말을 타고 이리저리
다니며 군중을 바깥으로 몰아내려 했다. 군중들의 아우성이 이어지는 가
운데 여러 발의 총소리가 들리면서 중학생을 포함하여 군중 속의 수많은
사람들이 총에 맞아 피를 흘리거나 말에 밟히는 등 큰 부상을 당했다. 경찰
들은 수십 명을 검속하여 유치장에 가두었다. 총성은 11시까지 2시간여 동
안 계속되었다. 11시경 법원 구내에 있던 군중들은 모두 축출되었고 법원
안팎의 군중들도 모두 해산되었으며, 법원 구내는 장택상 경찰청장 등 주
요 간부를 위시한 수백 명의 무장 경관이 삼엄한 경계를 계속했다.

　　경찰로부터 해산당한 군중들은 법원을 나와 인접한 배재중학교 교정에
몰려들어가 「적기가」와 「혁명가」를 부르며 시위를 계속했다. 이에 경관
대는 공포를 발사하는 한편, 군중 속으로 돌입하여 군중을 해산시키며 항
의하는 군중 약 40명을 체포하여 서대문경찰서로 압송했다. 이때 폭력으
로 진압하는 경관의 번호를 적던 공립통신 조규영 기자는 법원 유치장으
로 끌려가 감금, 폭행을 당했고, 또 충돌 장면을 촬영하던 영화동맹 홍순
학은 촬영기를 압수당하고 서대문경찰서로 압송되었다. 한편, 배재중학교
에서 경찰에 의해 해산당한 군중들은 거리로 몰려나와 거대한 시위 행렬
을 이루었다. 군중들은 서대문, 경성역, 남대문을 경유하여 경성부청(서울
시청) 앞에 다다랐는데, 이때 약 100여 명이 어깨동무를 하고 「적기가」를
부르며 시위를 개시하여 위폐 사건에 대한 공정한 재판을 요구하며, 일단
의 모략 선전을 분쇄하라는 가두연설을 시작하려 할 때, 무장 경관대, 기
마 경관대, 헌병대가 공포를 발포하여 오전 11시 20분경 해산시켰으며, 이
로 인해 혼잡해진 남대문 네거리는 인산인해를 이루었다.

한편, 위폐 공판 소요 사건으로 당일 현장에서 무장 경관대에 의해 구금된 사람의 수는 총 38명으로 발표되었다가, 47명으로 수정되었으며, 최종적으로 50명으로 늘어났다. 그중에는 공립통신사 조규영 기자도 있었는데, 조규영은 7월 29일 공판 취재차 법원에 갔다가 경관들이 군중을 법원 유치장에 집어넣고 발길로 차고 총대로 때리는 장면을 보고 이를 제지하며, 경관의 번호를 적었다. 그러자 경찰은 조규영마저 유치장에 구금하고 난타했다가 2시간 만에 석방했는데, 조규영은 머리와 허리 부위에 부상을 당했다.[42] 이에 공립통신사에서는 30일 오후 장택상 경찰청장에게 폭행 경관 처벌과 장 청장의 진사(陳謝)[43]를 요구하는 항의를 제출했는데,[44] 동일 오후 7시 반경 조 기자는 자신의 사택에서 미국인 수사과원 맹키 대위의 고발로 다시 체포되어 제1관구경찰청에 구금되었다.[45]

또한 영화동맹의 이근호, 홍순학이 당일 위폐 사건 공판 실황을 촬영하기 위해 방청하러 갔다가 촬영기 3대와 필름을 압수당하고 체포당하는 사건이 발생했다. 당일 현장을 목격한 영화동맹원들의 증언에 따르면 이근

---

42) 「보라 인민경찰!?/폭행하는 순경 번호 적는다고/신문기자 구타」, 『중외신보』, 1946. 7.30.
　　「방청 갓던 군중 다수 피검/경관 총소리에 무수 피타」, 『현대일보』, 1946.7.30.
　　「기자도 피타/촬영 기사도 압송」, 『현대일보』, 1946.7.30.
43) 사정을 설명하며 사과하는 것.
44) 「기자까지 구타/공립통신사서 항의」, 『조선인민보』, 1946.7.31.
　　「기자 구타 사건/장 청장에 진사를 엄중히 요구」, 『중외신보』, 1946.7.31.
　　「조 기자 다시 구금」, 『독립신보』, 1946.8.1.
　　「구타 경관 엄중 처벌과 장택상 씨의 진사 요구/공립통신사에서 항의 제출」, 『현대일보』, 1946.8.1.
45) 「조 기자 다시 구금」, 『독립신보』, 1946.8.1.
　　「위폐 공판일의 검속자 전원을 군정 재판에/공립통신 기자 또 다시 구금」, 『조선인민보』, 1946.8.1.
　　「공립통신 조 기자/도 경찰부에 피검」, 『현대일보』, 1946.8.1.

호는 당일 법원 후문 측 배재중학교정에서 군중의 방청 요구 시위를 지켜보다가 돌아가기 위해 도로로 나왔는데 기마 경관대에 쫓겨 나오는 군중들에 휩쓸려 넘어졌고, 일어나서 기마 경관의 횡포한 행동에 항의하자 바로 구타를 당하고 체포되었으며, 홍순학은 미 군인에게 영화동맹원증과 완장을 제시한 후 장내 광경을 촬영하다가 조선인 경관에게 이유 없이 구금되었으며, 소형 촬영기도 압수당했다고 한다.[46] 이러한 사태에 대해 영화동맹은 당국자를 방문하여 항의의 뜻을 표했고,[47] 조선문화단체총연맹도 대표 8인[48]이 7월 31일 장택상, 조병옥 등을 방문하여 산하 24개 단체 연서의 항의서를 제출하며, (1) 이근호, 홍순학을 즉시 석방하고, (2) 압수한 촬영기를 즉시 반환하며, (3) 이근호, 홍순학, 조규영에게 진사(陳謝)하고 사회에 사과의 성명을 할 것을 요구하는가 하면,[49] 8월 7일에는 문화인에 대한 탄압을 중지하고 촬영 활동의 자유를 보장할 것을 요구하는 담화를 발표했다.[50]

7월 29일 위폐 공판 소요 사건으로 인해 경찰에 구금된 50명은 경찰의 고발로 군정 재판에 회부되었다. 제1회 공판은 8월 5일 종로경찰서 내 군정 법정에서 군정 재판관 베난 알레산드로니(Venan Joseph Alessandroni) 소위

46)「기자도 피타/촬영 기사도 압송」,『현대일보』, 1946.7.30.
　　「뉴-쓰 촬영 탄압 말라/문련 서기국 담」,『조선인민보』, 1946.8.9.
47)「영화기 압수 검속은 하고(何故)/경찰 당국 처사에 영화동맹 항의」,『자유신문』, 1946. 8.1.
48) 문화단체총연맹 조허림, 문학가동맹 김광균, 영화동맹 허달, 연극동맹 이강복, 과학자동맹 강성호, 미술가동맹 박문원, 법학가동맹 이진태, 조형예술가동맹 류연석.
49)「문총서 항의」,『자유신문』, 1946.8.1.
　　「구금된 영맹원 석방 요구/문총 산하 20여 단서 연서 항의」,『조선인민보』, 1946.8.1.
　　「촬영기 압수와 취재 기자 구금은 일제 학정에도 업든 일」,『현대일보』, 1946.8.1.
50)「촬영 탄압 말라/문총서 담화 발표」,『서울신문』, 1946.8.9.
　　「뉴-쓰 촬영 탄압 말라/문련 서기국 담」,『조선인민보』, 1946.8.9.

주심하에 개정되었으며,51) 이후 공판이 거의 매일 계속되었는데 매회 공판
마다 피고인 평균 약 5명씩의 심리가 진행되었다.52) 피고들은 치안교란, 무

51) 「조공 위폐 사건 공판일의 테로단 군정재판」, 『대동신문』, 1946.8.6.
「조 기자 등 군정재판/제2회 공판은 금조 개정」, 『독립신보』, 1946.8.6.
「위폐 공판 방해 선동자 50명/5개 죄명으로 심문/작일부터 제1회 군정재판」, 『동아일
보』, 1946.8.6.
「위폐 공판일의 피검자/장 씨 고발로 군정 재판/금일 사실심리」, 『서울신문』, 1946.
8.6.
「공판정 소요 사건/금일 군정재판/금일 제2일 9시부터 재개」, 『자유신문』, 1946.8.6.
「위폐 사건 공판날 피검자 50명의 군정재판 개정/금일 제2일, 9시부터 재개」, 『조선인
민보』, 1946.8.6.
「법원 소동 사건 군정 재판/자초부터 계획적/미인 제1관구경찰청 차장 증언」, 『조선
일보』, 1946.8.6.
「위폐 사건 공판 당일 피검자들 군정 재판」, 『중앙신문』, 1946.8.6.
「위폐 공판 당일 검속자/어제 제1회 군정재판」, 『중외신보』, 1946.8.6.
「소위 위폐 사건 공판 방청인 등 금일 군정 재판 개정」, 『현대일보』, 1946.8.6.
52) 「증인들의 증언을 피고 전부 부인/테로단 재판 계속」, 『대동신문』, 1946.8.7.
「시실을 부인/위폐 공판 소요자 공판」, 『자유신문』, 1946.8.7.
「고발 이유가 부당/피고들 무죄를 주장」, 『조선인민보』, 1946.8.7.
「피고 … 구경 갔다 피검/원고 … 폭언하니 체포」, 『조선일보』, 1946.8.7.
「위폐 공판일 검거자 3회 군정재판」, 『독립신보』, 1946.8.8.
「위폐 공판 소동 일당/언도는 수일 내로」, 『동아일보』, 1946.8.8.
「군정 재판의 테로단/철두 철미 부인/시간과 장소까지도」, 『대동신문』, 1946.8.8.
「위폐 공판날 검거자 재판」, 『조선인민보』, 1946.8.8.
「위폐 공판 피검자 재판 속개」, 『조선인민보』, 1946.8.10.
「계획적인 모략 동원/재판장 심문에 범인은 사실 부인」, 『한성일보』, 1946.8.7.
「방청객 군정 재판 속개」, 『현대일보』, 1946.8.7.
「테로단 50명 재판/22일 판결 언도」, 『대동신문』, 1946.8.17.
「공립통신 조 기자의 군정재판」, 『독립신보』, 1946.8.18.
「구형은 20일에/조 기자의 사실 심리」, 『서울신문』, 1946.8.18.
「조 기자 사실심리」, 『자유신문』, 1946.8.18.
「위폐 공판일 피검자 재판 계속/경관 측의 증언을 번복」, 『조선인민보』, 1946.8.18.
「20일경 언도/위폐 공판 방청 사건」, 『중앙신문』, 1946.8.18.
「조 기자 사실심리 종료/장 부장도 증인으로 등정」, 『현대일보』, 1946.8.18.

표 3-7. 위폐 공판 소요 사건 판결

언도	이름	인원
징역 5년	김형기, 손영국, 원용만, 이중재	4명
징역 4년	김철민, 김흥식, 박완철, 송상옥, 송제환, 신진균, 안여성,[53] 오상식, 윤명렬, 이경서, 이병억,[54] 임영택, 장석준	13명[55]
징역 3년	강근, 곽응호, 곽이형, 구연상, 구연행, 권준식, 김광호,[56] 김봉경, 김봉운, 서승만, 안병춘, 안정호, 윤태현, 이근호, 이양우, 이해범, 이현순,[57] 전사옥, 조규영, 차상호, 최승대	21명
징역 2년	경응진, 김동한,[58] 김한수, 방의봉, 홍병우	5명
징역 1년 6개월	한금호	1명
징역 1년	현경순, 한창희	2명
징역 3개월	김진국, 박순성, 안주천	3명
무죄	전석호[59]	1명

허가집회참가, 경찰공무집행방해, 사법재판집행방해 등의 혐의로 「맥아더 포고령 제2호」 위반으로 기소되었는데, 경찰 측 증인들은 피고들이 "판검사를 죽여라", "재판소를 때려 부숴라", "법정에 침입하라", "유치장을 파괴하고 침입하라", "인민재판에 회부하라", "피고들을 즉시 석방하라", "장택상 경찰청장을 타살하라", "경관을 타살하라"라고 고함치는 등 폭언을 했다고 증언했고, 피고들은 모두 경찰 측 증인들의 증언을 강경히 부인하며 무죄를 주장했다.

이후 위폐 공판 소요 사건 재판은 피고 50명에 대한 사실심리를 모두 마치고 8월 20일 오후 2시에 최종 공판이 열렸다.[60] 개정을 선언한 재판장

---

53) 자료에 따라 안귀성 혹은 송귀성 혹은 송기성으로 표기된 경우도 있음.

54) 이준마라고도 불림.

55) 자료에 따라 김수창(혹은 김춘창)이 추가되어 14명인 경우도 있음.

56) 자료에 따라 김원호 혹은 김지호로 표기된 경우도 있음.

57) 자료에 따라 이형순으로 표기된 경우도 있음.

58) 자료에 따라 김동철 혹은 김동연으로 표기된 경우도 있음.

59) 증거 불충분으로 8월 19일 석방됨.

60) 「위폐 공판 방해한 테로단 전부 중형/최고 5년 최하 3개월」, 『대동신문』, 1946.8.21.

은 본 사건은 계획적이며 악질적이라고 평한 후 좀 더 과격했다면 사형에 처했을 것이라며 강경히 발언했다. 그리고 50명 중 49명에게 징역형을 선고했으며, 그중 38명에게 징역 3년 이상 5년 이하의 중형을 선고했다. 선고 결과를 표로 정리하면 표 3-7과 같다.

한편, 정판사 '위폐' 사건의 제1회 공판에서는 양원일 판사에 대한 기피 신청이 있었다.

다시 7월 29일로 돌아가 보면, 공판이 열리는 제4호 법정은 9시경부터 바깥으로부터 총성이 계속 들리는 등 법원 내외의 혼란이 이어지자 제시간에 공판을 개정하지 못했다. 10시 30분경 조병옥 경무부장의 명령으로 법정 안에 있던 피고, 변호사단, 방청인, 기자들을 모두 퇴장시켜 방청권 조사를 한 후 재입장시켰다. 이어서 조병옥 경무부장과 장택상 경찰청장은 제4호 법정에 들어와서 번갈아가며 사법의 존엄성에 대한 강조와 법에 저촉된 자에 대한 처벌을 주 내용으로 하는 언명을 했는데, 특히 법정 내에서 언권 없이 항변하거나 불온한 행동을 하는 자는 즉시 체포될 것이라고 경고했다.

이후 12시 30분경 양원일 주심 판사, 김정렬, 최영환 배석 판사, 조재천, 김홍섭 검사 등이 착석하고 제1회 공판이 개정되었다.[61] 7월 19일 기소

「위폐 공판 소동/군재서 체형 최고 5년을 각각 언도」, 『동아일보』, 1946.8.21.
「최고 5년 체형/위폐 방청 사건 언도」, 『서울신문』, 1946.8.21.
「위폐 공판일 피검자들에 중형」, 『조선인민보』, 1946.8.21.
「최고 5년, 최저 3월/법정 소동 사건 군정재판 언도」, 『조선일보』, 1946.8.21.
「방청객 군정재판 언도」, 『현대일보』, 1946.8.21.
「최고 5년의 중형/위폐 사건 공판일 검거자에」, 『독립신보』, 1946.8.22.
대검찰청 수사국, 『좌익사건실록』, 제1권, 대검찰청 수사국, 1965, 201~202쪽.
61) 「조선공산당원의 대 위폐 사건 공판 개정/먼저 독도 사건부터 심리」, 『대동신문』, 1946.7.30.
「10분 만에 폐정코 무기 연기」, 『독립신보』, 1946.7.30.
「재판장 기피를 신청코 변호인들은 퇴정/경계 해제 요구를 재판장 일축」, 『동아일보』, 1946.7.30.

시 검사국은 정판사 '위폐' 사건 피의자 9명과 뚝섬 위폐 사건 피의자 4명을 함께 기소했는데, 제1회 공판 때도 이들 양 사건의 피의자 13명은 합석 심리를 하게 되었다. 재판정의 피고석에는 피고인 13명이 수갑을 찬 채 두 줄로 앉아 있었는데, 피고인 사이사이에는 총을 든 무장 간수 10여 명이 끼어 앉아 있었다. 또한 법정 내에는 무장 경관 수십 명이 배치되어 있어 삼엄한 분위기를 연출하고 있었다. 재판장은 양원일 판사, 배석 판사는 김정렬, 최영환, 담당 검사는 조재천, 김홍섭이었으며, 정판사 '위폐' 사건의 변호사는 강중인, 강혁선, 김용암, 백석황, 윤학기, 오승근, 이경용, 조평재, 한영욱으로 9명이었고 뚝섬 위폐 사건의 변호사는 강거복 등 3명이었다. 각 신문 및 통신사 기자 20여 명과 피고 가족 26명을 포함한 80명 정도의 방청객이 참석해 있었다.

양원일 재판장의 개정 선언이 있자 변호사단 측은 (1) 피고 모두가 손에 수갑을 차고, 피고 사이마다 무장 간수 한 명씩을 끼워 놓고 있는 것은 「형사소송법 332조」 위반이며, (2) 법정 내부에 무장간수와 경관 약 50명이 들어와 있는 것으로 인해 피고들이 자유로이 발언할 수 없다며 문제를 제기했으나 재판장은 이를 일축했다. 또한 피고 측은 사실심리 전 20분 내지 30분간의 피고 회의를 허락해 달라고 요청했으나 재판장은 역시 거절했다.

「위폐 사건 첫 공판/판사 기피 문제로 무기 연기」, 『서울신문』, 1946.7.30.

「판사를 기피/정판사 관계자는 공판 연기」, 『자유신문』, 1946.7.30.

「변호사단 개정 벽두에 재판장 기피를 선언」, 『조선인민보』, 1946.7.30.

「정판사 관계 위폐 사건 공판 개정」, 『중앙신문』, 1946.7.30.

「무장경관 임장을 규탄/재판장 기피를 신청」, 『중앙신문』, 1946.7.30.

「재판장 기피로 심리 중지/독도 사건의 심리만 개시」, 『중외신보』, 1946.7.30.

「피고인들은 건재/0시 반에야 겨우 개정」, 『중외신보』, 1946.7.30.

「양 재판장 기피/편파의 우려 농후/변호사단서 기피 신청 성명」, 『중외신보』, 1946. 7.30.

「3천만의 이목 보안 듯/피고 쇠고랑을 차고 만면 미소」, 『현대일보』, 1946.7.30.

이에 변호사 측은 양원일 재판장이 이전에 변호사 측의 공판 연기를 거부했고, 당일 공판정에서의 변호사 측 요구를 거부함에 따라 편벽된 재판을 할 염려가 있다는 이유로 재판장 기피를 신청하고 즉시 퇴정했다. 이에 대해 재판장은 피고들을 향해 피고들의 의사도 변호사단과 같은지를 묻고 판사 기피를 했다가 사실 심리 결과 범죄 사실이 판명되면 피고들에게 더욱 불리하고 벌을 더 엄중하게 받게 되는 줄 아는지, 그래도 기피 신청을 하겠는지를 물었는데 피고들이 그러겠다고 답하자 재판장은 기피 신청을 접수했다. 이에 따라 정판사 '위폐' 사건의 제1회 공판은 15분 만인 12시 45분경에 끝이 났고, 다음 공판은 무기 연기되었으며, 이어서 뚝섬 위폐 사건의 사실심리가 시작되었다.

정판사 '위폐' 사건 변호사단은 7월 29일 오후에 주심 양원일 재판장을 기피한 이유에 대한 성명서를 발표하고,[62] 8월 1일 정식으로 기피 원유 소명서를 경성지방법원장에게 제출했다.[63] 그 내용은 공판정에서의 주장과 마찬가지로 (1) 재판장이 고의로 공판 준비 기간을 주지 않고 있으며, (2) 공판정에서 피고인의 신체를 구속하고, 무장 간수 및 경관을 배치하고 있으

---

62) 「수백 무장경관 포위는 피고의 자유로운 진술을 억압/변호사단 기피 이유」, 『독립신보』, 1946.7.30.
　「재판장 기피의 이유」, 『동아일보』, 1946.7.30.
　「판사 기피 신청/변호사단 이유서」, 『서울신문』, 1946.7.30.
　「피고 구속으로 진술에 장해/변호사단 기피 이유 발표」, 『조선인민보』, 1946.7.30.
　「재판장 기피 이유/변호사단에서 성명」, 『중앙신문』, 1946.7.30.
　「편파된 재판의 우려 농후하다/위폐 사건에 재판장 기피 이유」, 『자유신문』, 1946.7.31.
　「편파된 재판 내릴 조건 지적/소위 정판사 사건 재판장 기피」, 『현대일보』, 1946.7.31.
63) 「재판장 기피 신청서 제출」, 『대동신문』, 1946.8.3.
　「기록 못 읽고 무슨 변호/법정 내의 경찰권 행사도 부당」, 『조선인민보』, 1946.8.4.
　「재판장 기피 원유」, 『중앙신문』, 1946.8.4.
　「위폐 사건 재판장 기피 원유 소명서 (상)」, 『현대일보』, 1946.8.5.
　「위폐 사건 재판장 기피 원유 소명서 (하)」, 『현대일보』, 1946.8.6.

므로 양원일 재판장이 편파적인 재판을 할 우려가 있다는 것이었다.

이에 대해 양원일 판사는 8월 3일 기피 신청의 각하를 요망하는 의견서를 경성지방법원에 제출했는데, 요약하면 (1) 공판일은 여러 가지를 고려하여 공정하게 정한 것이며, 기록을 열람하지도 않은 채 변호사들이 공판기일 연기를 신청한 것은 업무 태만이고, (2) 개정 선언 후라도 피고인의 신원이 확인되기 전에 피고인들의 신체를 구속한 것은 하등 위법이 아니며, 법정에 무장 경관을 배치한 것은 7월 29일 법정 내외의 상황으로 보아 필요한 정도의 조치였을 뿐 추호도 피고를 위압하기 위함이 아니었으며, (3) 판사 기피를 통해 판사가 공정한 재판을 할 자격이 없다는 것을 표명하는 것은 판사의 인격을 모독하고 일대 모욕을 주는 것이며, 소송 지연의 목적으로 행해진 것이라는 내용이었다.[64]

변호사단의 재판장 기피 신청에 따라 경성지방법원 합의1부는 주심 이천상 판사, 배석 민동식·방순원 판사를 배정하여 사건 기록 및 변호사단이 접수한 기피 원유 소명서와 양원일 판사가 제출한 기피 신청 각하 의견서를 검토하는 등 기피 신청의 채택 여부를 심의하는 재판을 진행했다.[65] 한편, 변호사단은 8월 6일 러치 군정장관을 방문하여 재판장 기피 원유 소명서를 전달하고 이어서 재판부의 졸속하고 불공정한 재판 방침을 비난하는 성명

---

64) 「이유 없는 기피 신립/권리 남용의 불법 행위/양 재판장 의견서」, 『대동신문』, 1946.8.4.
　　「기피 신청 각하/양 재판장 의견서 제출」, 『독립신보』, 1946.8.4.
　　「판사 기피 신청 각하 의견서 제출」, 『자유신문』, 1946.8.4.
　　「나를 기피하다니/이유 만부당/위폐 사건과 양 판사 의견서」, 『조선일보』, 1946.8.4.
　　「기피 신청을 각하/양원일 판사 의견서 개진」, 『중앙신문』, 1946.8.4.
　　「기피 신청의 각하 이유/법정 경계는 피고의 위압 아니다」, 『동아일보』, 1946.8.6.
65) 「위폐 사건은 이천상 판사 담당」, 『독립신보』, 1946.8.6.
　　「양 재판장 기피는 각하? 채결?/의견서 중심으로 재판 진행 중」, 『동아일보』, 1946.8.6.
　　「재판장 기피 사건/이천상 판사 담당」, 『자유신문』, 1946.8.6.
　　「재판장 기피 사건/판사 의견서와 변호사단 원유서 검토 중」, 『중앙신문』, 1946.8.6.
　　「판사 기피 이유 심리 중」, 『현대일보』, 1946.8.6.

서를 발표하는 등 기피 신청 채택을 위한 적극적인 활동을 벌였다.[66]

그러나 재판부는 8월 6일 기피 신청 각하 결정을 내렸으며, 8월 7일 공식적으로 각하함과 동시에 결정문을 담당 변호사단 측에 송달했다.[67] 재판부의 각하 결정 이유는 양원일 판사가 제출한 기피 신청 각하 의견서의 주장을 100% 수용한 것이었다.

이에 대해 변호사단은 8월 10일 재판소 측이 기피 신청의 핵심을 놓치고 있다며 각하 이유가 부당하다는 내용의 항고서를 경성공소원장에게 제출하여 재심 판결을 요구했다.[68] 변호사단의 재판장 기피 신청 항고를 접수한 경성공소원장 이명섭은 8월 12일부로 기피 항고 심사를 개시하겠다고 밝혔으며, 주심 유영 판사, 배석 김우설, 김윤근 판사를 배정하여 변호인단의 항고문과 김영렬 검사의 의견을 통해 재판을 진행시켰다.[69] 그 결

---

66) 「이해 못할 당국의 초조/위폐 사건은 이미 국제 문제화」, 『조선인민보』, 1946.8.8.
「정판사 위폐 사건/변호사단에서 성명」, 『중앙신문』, 1946.8.8.
67) 「조공 위조지폐 사건의 재판장 기피 신청 각하」, 『대동신문』, 1946.8.8.
「위폐 사건 공판은 불원 속개/작일 기피 신청을 기각」, 『동아일보』, 1946.8.8.
「위폐 사건 판사 기피 신청 각하」, 『서울신문』, 1946.8.8.
「위폐 사건 판사 기피 신청 각하」, 『자유신문』, 1946.8.8.
「기피 신청은 각하/이천상 씨 등 3 판사 검토 후」, 『조선인민보』, 1946.8.8.
「재판장 기피 사건/필경(畢竟) 신청을 각하」, 『조선일보』, 1946.8.8.
「위폐 사건 기피 신청 각하」, 『독립신보』, 1946.8.9.
「재판장 기피 신청을 각하」, 『중앙신문』, 1946.8.9.
68) 「위폐 사건 기피 신청/변호사 측 공소원에 다시 제출」, 『동아일보』, 1946.8.11.
「기피 각하에 변호단 항고」, 『자유신문』, 1946.8.11.
「지엽 문제로 각하는 부당/변호사단, 재판장 기피를 공소원에 항고」, 『조선인민보』, 1946.8.11.
「다시 공소원에 항소 제출/각하 당한 재판장 기피 사건」, 『조선일보』, 1946.8.11.
「양 판사의 변명에 불과/위폐 사건 변호사단서 항고」, 『중외신보』, 1946.8.11.
「판사 기피 신청 각하로 변호인단 다시 항고」, 『현대일보』, 1946.8.11.
「변호사단서 항고/위폐 사건 담당 변호사 기피 신청 각하에」, 『중앙신문』, 1946.8.13.
69) 「위폐 기피 각하 항고는 심사 중/이 공소원장 담」, 『동아일보』, 1946.8.13.

과 8월 13일 재판부는 기피 항고를 기각했는데, 그 이유는 양원일 판사의 법률 해석에는 잘못이 없고, 양 판사가 편파적인 재판을 할 염려가 있다고 볼 만한 소명(疏明)이 없으므로 기피 신청을 각하한 원심 결정은 정당하며, 항고는 이유가 없다는 것이었다.[70]

다음으로 뚝섬 위폐 사건에 대한 재판에 대해 살펴보겠다.

다시 7월 29일로 돌아가서, 오후 12시 30분경 개정된 정판사 '위폐' 사건의 제1회 공판은 변호인단의 재판장 기피 신청으로 인해 개정 15분 만에 끝나고 무기 연기되었으며, 이어서 뚝섬 위폐 사건 제1회 공판이 진행되었다.[71]

먼저 조재천 검사가 뚝섬 위폐 사건의 기소 사실을 낭독한 후, 양원일 재판장이 피고 배재룡에 대한 사실심리를 개시했다. 배재룡은 1945년 9월경 랑승헌과 인쇄를 공모하여 김창선으로부터 10월경 인쇄 원판 및 11월경 잉크 등을 샀으며 12월경 인쇄를 해 보았으나 불선명하여 실패했고, 1월경 김창선으로부터 다른 원판을 얻어 2차 인쇄를 했으나 역시 실패했다고

「변호단 항고로 공소원서 위폐 사건 판사 기피」, 『자유신문』, 1946.8.14.
「재판장 기피 항고심/담당 판사는 유영 씨」, 『조선일보』, 1946.8.14.
70) 「양 재판장 기피 항고 각하」, 『독립신보』, 1946.8.15.
「위폐 사건 기피 항고/공소원서도 또 기각 판결」, 『동아일보』, 1946.8.15.
「판사 기피 즉시 항고/공소원에서도 각하」, 『서울신문』, 1946.8.15.
「재판장 기피 항고도 각하」, 『조선인민보』, 1946.8.15.
「위폐 항고 재기각」, 『중앙신문』, 1946.8.15.
「소위 위폐 사건/변호인단 항고를 기각」, 『현대일보』, 1946.8.15.
「위폐 판사 기피/공소원서도 각하」, 『자유신문』, 1946.8.16.
「상고 또 기각」, 『대동신문』, 1946.8.17.
「재판장 기피 항고를 기각」, 『조선일보』, 1946.8.17.
71) 「조선공산당원의 대 위폐 사건 공판 개정/먼저 독도 사건부터 심리」, 『대동신문』, 1946.7.30.
「피고 회의를 요구/요구 불승인코 독도 사건부터 심리」, 『동아일보』, 1946.7.30.
「뚝섬 사건 피고 사실심리 진행」, 『자유신문』, 1946.7.30.
「조공원의 위폐 사건(계속)/죄상을 일일이 자백」, 『대동신문』, 1946.7.31.

표 3-8. 뚝섬 위폐 사건 구형

피의자명	죄명	구형
랑승구	통화위조미수죄	징역 8년
랑승헌	통화위조미수죄	징역 6년
배재롱	통화위조미수죄	징역 6년
홍사겸	통화위조미수방조죄	징역 4년

표 3-9. 뚝섬 위폐 사건 판결

피의자명	죄명	언도
랑승구	통화위조미수죄	징역 6년
랑승헌	통화위조미수죄	징역 5년
배재롱	통화위조미수죄	징역 5년
홍사겸	통화위조미수방조죄	징역 3년

진술했으며, 정판사에서 위폐를 인쇄한 사실에 대해서는 전혀 몰랐다고 말했다. 이어서 랑승구, 랑승헌, 홍사겸 등 다른 피고들에 대한 사실심리가 있었는데, 피고들은 재판장의 심문에 대해 부인하는 점 없이 모든 혐의를 시인했다. 그리고 증거조사로 들어가 위폐 원판, 인쇄기, 모필, 철필, 칼, 모조지 등에 대한 심문이 있었고 이로써 오후 4시 30분경 심문을 모두 마쳤다.

이어서 조재천 검사는 범죄 사실에 대한 논고와 함께 표 3-8과 같이 구형했다.[72] 구형이 끝나자 강거복 변호사는 미수불능죄는 무죄 또는 집행유예에 해당한다는 내용으로 30여 분에 걸쳐 피고들의 무죄를 주장하는 변론을 했으며, 이로써 뚝섬 위폐 사건의 제1회 공판은 폐정되었다.

뚝섬 위폐 사건의 제2회 공판은 1주일 후인 8월 5일 오전 10시에 개정되었

---

72) 「최고 8년을 구형/독도 위폐 사건은 단락」, 『동아일보』, 1946.7.30.
「독도 위폐 사건/최고 8년 구형」, 『서울신문』, 1946.7.30.
「독도 사건 구형/최고 징역 8년/언도는 8월 5일」, 『조선인민보』, 1946.7.30.
「독도 위폐 사건 주범에 8년 구형/언도는 내 8월 5일」, 『현대일보』, 1946.7.30.
「뚝섬 위폐/최고 8년 구형」, 『자유신문』, 1946.7.31.
「뚝섬 사건 구형/최고 8개년」, 『중외신보』, 1946.7.31.

다. 재판장은 개정 선언과 함께 피고 4명에게 표 3-9와 같이 선고했다.[73] 이는 구형에 비해 다소 감형된 것이었다. 범죄 사실의 요지는 다음과 같다.

- 랑승구는 지폐를 위조하여 일확천금을 꿈꾸고 1945년 10월에 랑승헌, 배재룡 등과 공모했다.
- 랑승구는 동 10월 하순에 백 원짜리 지폐 원판을 정판사에 있는 김창선으로부터 10만 원에 사기로 계약하고 선금으로 2,500원을 지불했다. 이튿날 김창선의 대리인 홍사겸으로부터 사기로 약속한 원판을 받았으며, 그 외 지폐인쇄에 필요한 기계와 재료를 사들일 준비를 했다.
- 12월 하순에 랑승구는 그의 처조카 되는 뚝섬 사는 이원재(당시 대한독립촉성국민회 뚝섬지부장)를 통하여 화투를 인쇄하겠다고 거짓말을 하고 뚝섬 곽재봉의 간장공장 2층을 빌려서 12월 하순에 제1차 지폐를 위조 인쇄했다. 그러나 인쇄가 선명치 않아서 뜻했던 것을 이루지 못했다.
- 1946년 1월 하순에 다시 김창선으로부터 다른 원판을 가져다 두 번째 인쇄를 하여 백 원권 44,000원분을 인쇄했다. 그러나 도중에 배재룡은 양심에 가책을 느끼고 인쇄기의 롤러를 깨뜨려 인쇄를 못 하게 하고 범행을 중지했다.

이로써 총 2회의 공판에 걸친 뚝섬 위폐 사건의 1심 재판은 모두 종결되었다.

한편, 위폐 공판 소요 사건 발생 당시 현장에서 경찰의 발포로 한 명의 사

---

73) 「독도 위폐단 판결 언도/최고 6년으로」, 『대동신문』, 1946.8.6.
「랑승구에 6년 언도/작일, 독도 위폐 사건 공판」, 『독립신보』, 1946.8.6.
「독도 위폐 사건 공판/랑승구에 징역 9년을 언도」, 『동아일보』, 1946.8.6.
「독도 위폐 사건 최고 6년 언도」, 『서울신문』, 1946.8.6.
「랑승구에 6년 언도/독도 위폐 사건 공판」, 『자유신문』, 1946.8.6.
「랑승구에 6년 언도/작일 독도 위폐 사건에 판결」, 『조선인민보』, 1946.8.6.
「수범에 6년 체형/뚝섬 위폐 사건 언도」, 『조선일보』, 1946.8.6.
「뚝섬 위폐 사건 최고 6년 언도」, 『중앙신문』, 1946.8.6.
「독도 위폐 사건/주범에 6년 언도」, 『현대일보』, 1946.8.6.

망자가 발생했는데, 사망자는 경동중학교 3학년생인 전해련이었다. 당시의 상황을 재구성해 보면 다음과 같다.[74]

1946년 7월 29일 오전 9시 30분경 경찰의 발포로 인한 첫 총성이 울린 후 군중들이 아우성을 치는 가운데 잠시 후 여러 발의 총성이 울리면서 한 학생이 피를 쏟으며 쓰러졌다. 탄환 한 발이 학생의 얼굴에 맞았던 것이다. 그때 이신생, 이경영(혹은 이돈영), 오철, 임승학, 임종하, 전용수 등 6명의 청년이 군중 속에서 뛰어나와 쓰러진 학생을 둘러메고 근처의 적십자 병원으로 옮기려고 이화고등여학교 앞 못미처까지 갔을 때 기마 경관과 무장 경찰 들이 총을 겨누며 길을 막고 자기들이 처치하겠으니 피해자를 놓고 가라고 말했다. 청년들은 누가 입원을 시키든 입원 장소만 알려 주면 되지 않느냐며 경찰과 시비를 벌이느라 시간을 허비하게 되었다.

그러던 중 때마침 지나가던 자동차에 학생을 태워 법원 정문 쪽으로 다

---

74) 「경관 발포로 중상/가료 중의 피해자 위독」, 『독립신보』, 1946.7.30.
「두부 관통 총상/경동중학생 전 군」, 『서울신문』, 1946.7.30.
「문인주 박사 담」, 『서울신문』, 1946.7.30.
「총탄으로 빈사의 중상」, 『자유신문』, 1946.7.30.
「생명은 위독/경대 문 외과 담」, 『자유신문』, 1946.7.30.
「이신생 군 담」, 『자유신문』, 1946.7.30.
「중환(中丸) 학생 수 절명」, 『조선인민보』, 1946.7.30.
「미군인은 하늘로 발포/목격자 담화」, 『조선인민보』, 1946.7.30.
「흥분된 군중들 시위/경관 발포, 부상자 발생」, 『중앙신문』, 1946.7.30.
「부상 학생은 경동중학생」, 『중앙신문』, 1946.7.30.
「경관 발포의 탄환에/경동생 명중 생명 위독」, 『현대일보』, 1946.7.30.
「전해련 절명」, 『현대일보』, 1946.7.30.
「위폐 사건이 나은 참극/경관 총 맞인 전 소년 절명」, 『독립신보』, 1946.7.31.
「야속한 경관대/목격자 이돈영 씨 담」, 『독립신보』, 1946.7.31.
「유탄 마즌 경동교생 대학병원서 수 절명」, 『동아일보』, 1946.7.31.
「경동중학 전 군 사망」, 『서울신문』, 1946.7.31.
「유탄 마즌 전군 수 절명」, 『자유신문』, 1946.7.31.

시 돌아왔는데 다시 기마 경관이 달려와 권총을 겨누며 제지하여 운전사를 하차시켰다. 이에 청년들은 울면서 경관에게 빌며 간청했으나 경관은 상관의 명령 없이는 피해자를 다른 곳으로 옮길 수 없다며 법원 내로 들어 갔다가 나와서야 가도 좋다고 말을 했다.

이렇게 40~50분을 허비한 끝에 청년들은 서둘러 자동차로 학생을 옮겨 서울대학교부속병원 문인주 외과에 입원 수속을 밟았다. 사건 발생으로부터 약 1시간 반이 흐른 후였다. 문인주 박사는 "탄환이 왼쪽 뺨 정면을 뚫고 들어가 좌하악골(왼쪽 아래턱뼈)을 분쇄하고 후경부(뒷목) 근육 속에 박혔으며 두개골이 상하지 않았는지 염려된다"고 말했다. 또한 전해련이 의식불명에 생명이 위독한 상태이며 출혈이 많아서 수술이 불가능한 상태라는 말에 청년들 중 임승학, 임종하, 전용수 세 명이 자진하여 수혈했으나 이미 결정적인 때를 놓친 후였다. 청년들은 계속 피해 학생의 주위에 남아 있었는데 얼마 후 경관들이 와서는 청년들더러 나가라고 소리쳤다. 청년들은 피해자의 부모가 오면 인계하겠다며 거절했다. 피해 학생은 총을 맞은 이후 혼수상태였으므로 주소, 성명을 알 수 없었는데 쓰고 있던 모자를 통해 경동중학교 학생이라는 것을 알게 되어 결국 경동중학교 3학년생 전해련임이 판명되었고, 겨우 부모에게 연락할 수 있게 되었다. 뒤따라 들어오는 위문객들의 자진 헌혈로 계속 수혈했으나 결국 전해련은 당일 오후 2시 30분경 숨을 거두었다.

한편, 민전 조사부에서는 7월 29일 경찰 발포로 인한 사상자를 조사하기 위해 임시 조사단을 조직했으며,[75] 7월 30일 민전 회의실에서는 민전 산하 약 30개 단체가 모여 긴급회의를 개최하여 '법원 내 방청인 총살 사건 대책위원회'를 구성했는데 위원장으로는 김원봉, 부위원장으로는 오영,

---

75) 「민전에서 임시 조사단 조직」, 『현대일보』, 1946.7.30.

김승모가 선출되었다.[76] 위원회는 7월 31일 담화를 통해 경찰의 최고 지휘자 조병옥, 장택상의 지휘하에 벌어진 발포 사건을 살해 목적에 의한 것으로 간주하고, "피탄으로 쓰러진 경동중학생 전 군의 생명을 건지고저 부근 병원에 호송하는 것을 경관이 상부 명령이니 옮기지 못한다고 하여 4, 50분 언쟁 끝에 서울대학병원에 입원시킨 사실은 인도상 용인키 어렵다"며 경찰을 강력히 비난했다.[77] 또한 위원회는 31일 오후 민전 산하 30여 단체 대표 40여 명이 회합하여 전해련의 장례를 '민전 산하 각 단체 연합장'으로 거행하기로 하고, 장의위원회를 구성했는데, 위원장은 이영, 부위원장은 오영, 주상은 이주하가 선출되었다.[78]

전해련의 시체는 서울대학병원 영안실에 안치되었는데, 전해련의 친구들과 대학생, 사회단체 인사, 일반 인사 등 수많은 조문객들의 발길이 이어졌다. 그런데 전해련의 장례는 검시(檢屍) 문제로 집행되지 못한 채 지연되었다. 유가족은 검찰의 입회하에 후두부에 박혀 있는 탄환을 빼내고 검시할 것을 요구했지만 동대문경찰서는 검찰 당국의 지시라며 후두부에 탄환이 든 채로 시체를 인수할 것을 수차례에 걸쳐 권유했기 때문이다.

김용찬 검사장은 7월 30일 기자단과의 문답에서 "검사국으로서 당일(29일) 사망자의 검시를 했나?"라는 질문에 단지 "검안서를 제출하도록 명령했다"라는 모호한 대답을 함으로써 검시 명령에 대해 명확한 답을 하지 않았다.[79] 그러나 계속되는 유가족 측과 여론의 검시 요구 주장에 밀리게

---

76) 「법원 내 방청인 총살 사건 대책위원회를 조직/위원장엔 김원봉 장군」, 『현대일보』, 1946.7.31.
77) 「민주 조선 건설에 지장/총살 사건 대책위원회에서 담화」, 『독립신보』, 1946.8.1.
　　「경찰은 인민의 벗이 되라/불상사대책위원회서 성명 발표」, 『조선인민보』, 1946.8.1.
78) 「경동중학의 전 군/사회단체연합장」, 『서울신문』, 1946.8.1.
　　「고 전해련 군 단체연합장/민전서 장의위원회를 구성」, 『조선인민보』, 1946.8.2.
　　「고 전해련 군 단체연합장」, 『중앙신문』, 1946.8.2.
　　「고 전해련 군에 단체연합회 장」, 『독립신보』, 1946.8.3.

되자 8월 1일 기자단과의 회견에서 "위폐 사건 공판 시에 죽은 전해련 군의 후부에 박힌 탄환을 꺼내야지 장례를 하겠다고 부모들이 말했다는데 검시 입회를 거절한 이유는?"이라는 질문에 대해 "전신을 해부하는 것이 아니라면 그 문제는 적당히 해결하겠다"라고 답함으로써 사실상 검시 요구를 수용했다.[80]

그리하여 8월 1일 오후 서울대학병원에서 민전, 반팟쇼공동투쟁위원회, 신문기자 등의 입회하에 조교수 박우균의 집도로 전해련의 부검이 실시되었다.[81] 이후 염습을 마치고 8월 2일 오후에는 입관하여 인사정 민전 사무국 구내로 관을 이송했다.[82]

8월 4일 오전 10시 서대문구 천연정 동명고등여학교에서 민전 산하단체 주최로 전해련의 장례식이 거행되었는데[83] 비 오는 날씨임에도 1만여 명의 조문객이 모였다. 장의위원회 위원장 이영의 개회사로 시작되어 7월 29일 사건 당일의 현장 상황 및 경과보고, 약력 보고, 전해련을 조선공산당원, 민청 중앙위원으로 추대한다는 선언에 이어 민전 대표 이강국, 경동중학 학생 대표 최식, 각 학교 대표 및 중앙인민위원회, 조선공산당, 반팟

---

79) 「피살자의 검시 명령과 기자 구타 사건은 모른다/김 검사장과 1문 1답」, 『현대일보』, 1946.7.31.

80) 「부정 사실 있으면 처분/김 검사장, 기자단과 문답」, 『독립신보』, 1946.8.2.
「기밀비로 밧지 않엇다/김용찬 검사장 기자단과 1문1답」, 『중앙신문』, 1946.8.2.

81) 「고 전 군 시체 해부/민전, 반팟쇼, 기 등 입회」, 『조선인민보』, 1946.8.3.

82) 「고 전 군 영체 앞에 조위객이 접종」, 『현대일보』, 1946.8.1.
「탄환 든 채로 인수를 권청/유가족의 거절로 전 군 장의 지연」, 『조선인민보』, 1946.8.1.
「고 전군 시체 해부/민전, 반팟쇼, 기 등 입회」, 『조선인민보』, 1946.8.3.
「고 전 군 장의 4일/고별식장은 민전 구내」, 『조선인민보』, 1946.8.3.

83) 「고 전해련 군/금일 단체연합장」, 『독립신보』, 1946.8.4.
「고 전해련 군 장의식/오늘 10시 동명고녀 교정서」, 『조선인민보』, 1946.8.4.
「전해련 군 장식 금일 오전 10시」, 『중앙신문』, 1946.8.4.
「고 전해련 군 연합장/금일 오전 10시 동명고녀에서 집행」, 『현대일보』, 1946.8.4.

쇼공동투쟁위원회, 반일운동자구원회, 민족혁명당, 부녀총동맹, 신한민족당, 문화총연맹 등 민전 산하 각 단체 대표의 조사 낭독 및 유가족 대표의 답사, 분향이 있은 후 조객 일동은 장지인 미아리 공동묘지를 향하여 상여의 뒤를 따랐다.[84] 그런데 행렬이 종로를 지날 때 일부 조문객들이 "정판사 사건은 허구다", "암흑 재판을 공개하라", "반동 경찰을 매장하라", "경찰은 인민의 적이다"라고 외치자 행렬을 경계하며 지켜보던 노덕술 제1관구경찰청 수사과장의 지시로 무장 경관대와 기마대는 행렬에 있던 조문객 20여 명을 체포했다. 이날 검거된 사람 중에는 전해련 장의식 책임자인 이영, 오영이 포함되었는데, 이들은 「집합취체 규칙」 위반으로 8월 9일 군정 재판에 회부되었다가, 8월 12일 무죄 석방되었다.[85]

한편, 검찰은 선동 언사를 한 5명을 「맥아더 포고령 제2호」 위반죄로 기소했는데 경성지방법원 방순원 판사의 심리하에 재판이 진행되었으며, 10월 22일 민문기 검사의 구형과 10월 29일 재판장의 선고 결과는 표 3-10과 같다.[86]

---

84) 「고 전해련 군 단체장/동명고녀 교정서 장중히 거행」, 『자유신문』, 1946.8.5.
   「눈물에 젓고, 구진 비에 젓고/스스로 모여드는 조객 2만」, 『조선인민보』, 1946.8.5.
   「구진 비 내리는 가운대 고 전 군 연합장/어제 동명고녀 교정서 엄숙 집행」, 『중앙신문』, 1946.8.5.
   「고 전해련 군 단체장/만여 조객 참석, 성대히 거행」, 『독립신보』, 1946.8.6.
   「전해련 군/단체연합장」, 『서울신문』, 1946.8.6.
85) 「이영, 오영 양 씨 9일 군정재판에」, 『동아일보』, 1946.8.11.
   「이영, 오영 양 씨 석방」, 『독립신보』, 1946.8.13.
   「이영, 오영 양 씨 석방」, 『서울신문』, 1946.8.13.
   「이영 씨 석방/이관술 씨 송국」, 『자유신문』, 1946.8.13.
   「이영 씨 등 무죄 석방」, 『조선인민보』, 1946.8.13.
   「이영 씨 등 무사 석방」, 『현대일보』, 1946.8.13.
86) 「김태자 외 4명 언도」, 『경향신문』, 1946.10.30.
   「전해련 장의일 사건 피검자 언도」, 『자유신문』, 1946.10.30.
   「전해련 장의일 피고자에 언도」, 『독립신보』, 1946.10.31.

표 3-10. 전해련 장례 조문객 체포 사건 구형 및 판결

피의자명	구형	선고
김봉배(27)	징역 2년	징역 1년
박경룡(27)	징역 2년	징역 1년
박정필(25)	징역 2년	징역 1년
김태자(19)	징역 단기 1년, 장기 2년	징역 6개월
이종진(24)	징역 10개월	벌금 200원

한편, 이관술은 8월 12일 관련 서류와 함께 검사국으로 송국되었다.[87] 이날은 변호사단 측의 양원일 재판장 기피 신청에 대한 항고심 재판 결과가 나오기 바로 전날이었다. 7월 6일 체포된 후 한 달이 넘게 구금되어 취조를 받고 있던 이관술은 송국 당시 부어오른 얼굴에 피로한 빛이 드는 상당히 쇠약한 모습이었으며, 송국된 당일부터 조재천, 김홍섭 검사의 취조가 시작되었다.

또한 위폐 공판 소요 사건의 언도 공판일 다음 날이자 정판사 '위폐' 사건 제2회 공판 전날인 8월 21일 경성지방법원 검사국은 이관술을 통화위조 동행사죄[88]로 기소했다.[89] 그러나 8월 22일 제2회 공판에서 심리를 받을

---

87) 「조공 재무부장/이관술 송국/김 검사하에 취조」, 『대동신문』, 1946.8.13.
  「이관술 씨 송국」, 『독립신보』, 1946.8.13.
  「위폐 사건의 이관술/작일 서류와 함께 송국」, 『동아일보』, 1946.8.13.
  「이관술 송국」, 『서울신문』, 1946.8.13.
  「이관술 씨 송국」, 『조선인민보』, 1946.8.13.
  「이관술 송국/위폐 사건 혐의자」, 『조선일보』, 1946.8.13.
  「이관술 씨 송국」, 『중앙신문』, 1946.8.13.
  「이관술 씨 송국」, 『현대일보』, 1946.8.13.
88) 통화 위조죄 및 위조통화 행사죄.
89) 「이관술 씨 기소」, 『독립신보』, 1946.8.22.
  「이관술 기소」, 『동아일보』, 1946.8.22.
  「이관술 기소」, 『서울신문』, 1946.8.22.
  「이관술 씨 기소」, 『조선인민보』, 1946.8.22.
  「이관술 기소」, 『조선일보』, 1946.8.22.

예정인 박낙종 외 8인의 다른 피고들과는 분리하여 심리를 진행하기로 결정했다.

정판사 '위폐' 사건 제2회 공판은 1946년 8월 22일에 개정되었다.[90] 새벽

「이관술 씨를 기소」, 『현대일보』, 1946.8.22.
90) 「삼엄한 경계리에 위폐 사건 공판/법정 내외는 극히 정숙」, 『대동신문』, 1946.8.23.
「피고 회의 문제로 법정 내에 소파동/기소 사실 낭독 후 휴정」, 『대동신문』, 1946.8.23.
「개정 벽두에 피고 회의 열고/고문 사실 지적코 심리 거부」, 『독립신보』, 1946.8.23.
「엄정한 여론 감시하에 전면적으로 재심 요구」, 『독립신보』, 1946.8.23.
「주시 속에 공당원 위폐 사건 제2회 공판 개정/벽두에 피고 회의」, 『동아일보』, 1946.8.23.
「재판장 재조사를 일축/공소 취소를 검사에게 신청」, 『동아일보』, 1946.8.23.
「정판사 위폐 사건 공판」, 『서울신문』, 1946.8.23.
「피고 측 재심 요구」, 『서울신문』, 1946.8.23.
「재심리를 요구하고 피고 일동 함구로 불응/위폐 사건 공판 개정 벽두에 파란」, 『자유신문』, 1946.8.23.
「각 정당에도 통달/피고인 회의의 결의문」, 『자유신문』, 1946.8.23.
「뺨 따린 일 박게 업다/고문 사실에 대하야 검사 답변」, 『자유신문』, 1946.8.23.
「벽두 피고인 회의로 파란/재심사 요구코 함구/변호사단, 공소 취소 요구」, 『조선인민보』, 1946.8.23.
「단독으로 문제 해결하겠다/피고 김창선 담」, 『조선인민보』, 1946.8.23.
「결의문」, 『조선인민보』, 1946.8.23.
「위폐 사건 제2회 공판/피고들 재심 요구/변호사 측은 공소 취소를 요구」, 『조선일보』, 1946.8.23.
「정판사 위폐 사건 공판/삼천만 주시리에 개정」, 『중앙신문』, 1946.8.23.
「개정 벽두 피고 회의/재판장 사회로 사항 결의」, 『중앙신문』, 1946.8.23.
「사실을 재조사하라/김창선 술회에 정내 긴장」, 『중앙신문』, 1946.8.23.
「피고들 일체 함구/사실심리를 거부」, 『중앙신문』, 1946.8.23.
「불법 조사를 지적/공소 취조를 주장」, 『중앙신문』, 1946.8.23.
「어제 정판사 위폐 사건 공판/엄정한 여론하 재조사하라/법정 내에서 피고 회의/피고 송언필 결의문 낭독/진술을 거부/조사 태도를 검사가 설명」, 『중외신보』, 1946.8.23.
「다리를 끌고 피고들 입정/선두에 미소하는 송언필 씨/작일 정외 광경 소묘」, 『현대일보』, 1946.8.23.
「개정 벽두, 피고 회의 개최코 고문 없는 재취조 요구 결의」, 『현대일보』, 1946.8.23.
「결의문/위작된 기록에 의한 본 건 공판을 전면 거부함」, 『현대일보』, 1946.8.23.

부터 법원 내외와 각 통로를 무장 경관과 기마 경관 약 200명이 삼엄하게 경계하는 가운데 재판이 진행되었다.

먼저 피고 박낙종이 일어서서 재판장에게 제1회 공판 때와 마찬가지로 피고 회의를 허용할 것을 요청했는데, 재판장은 허용할 수 없다며 일축했다. 이에 피고 및 변호사단과 재판장 사이에 피고 회의 문제를 놓고 1시간 가량 공방이 이어진 후 재판장은 결국 '재판장의 주재하에 공판정 내에서' 라는 조건하에 피고 회의를 허락했다.

그리하여 오전 11시경 공판정 내에서 피고 회의가 시작되었다. 피고 회의는 피고끼리 직접 대화를 하는 것이 아니라 피고의 말을 양원일 재판장이 의장의 형식으로 중간에서 전달하는 방식으로 진행되었다. 피고 회의에서 피고들은 (1) 7월 29일 검거된 50명과 사망한 1명에게 대한 감사 및 묵상, (2) 이관술 합석 공판, (3) 피고들 중 개인 행동자 즉시 탈퇴, (4) 사건 재조사, (5) 피고들 간 악수 등을 제안했고 전원 동의했다. 다만 피고들이 제의한 내용 중에서 악수와 묵상만은 법정 내의 긴장을 어지럽힌다는 이유로 재판장이 허락하지 않았다. 최종적으로 결정된 피고 회의 「결의문」의 내용은 다음과 같다.

결의문

1. 7월 29일에 공판정에 우리를 위하여 투쟁하다가 희생된 사람과 군정재판에서 중형을 받은 분들에게 조의와 감사를 드린다.

2. 이 사건에 가장 중요한 관계자로 여겨지는 이관술을 참석시키거나 그렇지 아니하면 증인으로라도 불러 줄 것을 요구한다.

3. 양심상으로 개인행동을 할 피고는 이 자리에서 퇴장하야 개인적으로 심리를 받을 것이요, 그렇지 않으면 끝까지 행동을 같이 해야 한다.

「공소 사실 위법이라고 변호인단과 검사 격론/피고의 사실심리는 추후」, 『현대일보』, 1946.8.23.

4. 우리는 사법의 존엄을 모독하는 일부 반동 관리와 검사의 고문과 고문 방조에 의하여 위작된 기록을 기초로 개정되려는 본 건의 공판을 전면적으로 거부하는 동시에 하로 빨리 엄정한 여론의 환시(環視)하에서 본 건의 재심을 요구한다. 우(右)[91] 조건을 관철하기 위하여 끗까지 투쟁하련다.

조선공산당 서울시 중구 정판사지부 법정투쟁단
군정청 재판소, 민전, 각 정당, 각 사회단체, 언론 기관 귀중

이로써 피고 회의를 모두 마치고 11시 30분경 피고에 대한 사실심리로 들어가게 되었다. 재판장의 사실심리 개시 선언이 있자, 피고들은 "피고 전원은 방금 피고인 회의에서 위작된 기록을 토대로 하는 심리는 전면 거부하고 본 사건의 재취조 요구를 결의했으므로 심리를 받을 수 없으며 재판장의 질문에 대해 하등 답변할 수 없다"라고 말하며 심리를 거부했다. 재판장은 이를 받아들이지 않고 그대로 인정 심리로 들어가서 피고 박낙종에게 성명, 나이, 주소, 직업을 물었지만 피고들은 묻는 말에 일절 대답하지 않았다. 그러나 재판장은 피고들의 함구불언으로 답은 없으나 본인임에 틀림이 없다며 인정 심리를 마쳤음을 선언했다. 다음으로 조재천 검사가 기소 이유를 설명했고, 이어서 재판장은 김창선 단독심리를 진행하기 위해 다른 피고들을 퇴정시켰다.

오후 2시경 피고석에는 김창선만이 단독으로 출정한 채 공판이 속개되어 김창선에 대한 사실심리로 들어갔다.[92] 김창선은 일부러 겉옷을 벗고

---

91) 오른쪽에서 왼쪽으로 세로쓰기하던 시기에 사용되던 '오른쪽'이라는 뜻의 단어로, 위에서 아래로 가로쓰기하는 현재의 '위'에 해당하는 말.

92) 「금일 공판 계속」, 『서울신문』, 1946.8.23.
「변호사단으로부터 공소 기각 요구/판사는 인정 공판 진행」, 『자유신문』, 1946.8.23.
「사상의 불철저를/피고 김창선 시인/이관술과의 병합 심리를 재판장 불허」, 『대동신문』, 1946.8.24.

흰색 와이셔츠를 입은 채로 공판정에 나왔는데 셔츠 등 뒤에는 혈서로 "일제잔재 악질경관 고문폐지"[93]라는 글자가 쓰여 있었다. 처음에 재판장은 이것을 못 보았다가 뒤늦게 알게 되자 즉시 정정(廷丁)[94]을 시켜서 김창선의 셔츠를 벗기고 법정과 군정을 모독했다는 이유로 김창선을 엄하게 질책했다. 이러한 문답이 끝난 후 본격적으로 김창선의 사실심리가 시작되었다. 재판장은 정판사의 재정 상태, 노사 관계, 숙직 제도, 야근 상황, 조선공산당 본부 이전 시기, 조선정판사와 조선공산당 및 『해방일보』와의 관계, 김창선의 조선공산당과의 관계, 해방 이후 근택인쇄소에서의 지폐

「김창선만 분리 심리/변호사단 공소 취하를 요구」, 『독립신보』, 1946.8.24.
「김창선 등에 혈서」, 『독립신보』, 1946.8.24.
「원판 않이면 인쇄 불선명」, 『독립신보』, 1946.8.24.
「절취한 판은 찡크판 3매」, 『독립신보』, 1946.8.24.
「당의 정당원이였소/규약은 모른다는 김창선」, 『동아일보』, 1946.8.24.
「김창선의 진술 기소 내용과 딴판/공소 기각 묵살에 변호사단 논박」, 『조선인민보』, 1946.8.24.
「착의에 혈서로 고문 규탄/검사 왈 "사실 아는 자, 전지전능자 뿐」, 『조선인민보』, 1946.8.24.
「60일간 경찰 구금 추궁/제2회 공판 오후 경과」, 『중앙신문』, 1946.8.24.
「재판장과 1문 1답/사건 내용을 진술」, 『중앙신문』, 1946.8.24.
「피고 김창선의 혈서/정판사 사건에는 말 않겠다/김창선 외 퇴정/공소 취하 요구」, 『중외신보』, 1946.8.23.
「검찰의 주체는 누구?/공소 위법을 변호인단 통렬 규탄」, 『현대일보』, 1946.8.24.
「김창선 심리」, 『현대일보』, 1946.8.24.
93) 혈서의 문구는 다음과 같이 신문에 따라 약간씩 차이를 보이고 있다.
　　『중앙신문』, 1946.8.23.: "일본제국의 잔재 악질경관 배격 고문폐지"
　　『중외신보』, 1946.8.23.: "일제잔재 악질경관 고문폐지"
　　『현대일보』, 1946.8.23.: "악질경관 일제적 고문폐지"
　　『대동신문』, 1946.8.24.: "악질경찰 일제잔재 고문 천무심"
　　『독립신보』, 1946.8.24.: "일제잔재 악질경관 고문폐지 천지신명"
　　『조선인민보』, 1946.8.24.: "일제잔재 악질경관 고문폐지"
　　『현대일보』, 1946.8.24.: "악질경관 배격, 일제적 고문폐지"
94) 법정의 잡무를 보는 직원. 사환.

인쇄 상황, 지폐 원판의 수량 및 행방, 인쇄 재료의 행방 등에 대해 심문했고, 김창선이 징크판을 훔친 정황 및 동기에 대해 물었다. 김창선은 경찰에서는 고문 때문에 허위로 징크판 2조 6매를 훔쳤다고 했으나 실제로는 1조 3매만을 훔쳤다고 진술했으며 이로써 오후 5시경 제2회 공판을 모두 마쳤다.

　제3회 공판은 8월 23일 오전 10시에 개정되었는데, 피고석에는 전일 제2회 공판의 오후와 마찬가지로 김창선만이 출정했다.[95] 개정과 함께 전일에 이어 김창선에 대한 사실심리가 속행되었다 초반 30분간은 뚝섬 위폐 사건에 관한 내용으로 진행되다가 이후 정판사 '위폐' 사건에 관한 심리로 이어졌다.

---

95) 「엄연한 증거 대면 몰으겠다고 도피/23일 오전의 공판」, 『대동신문』, 1946.8.24.
　　「경찰 고문 사실을 역설」, 『대동신문』, 1946.8.24.
　　「시인, 부인/갈피를 못 채려」, 『대동신문』, 1946.8.24.
　　「인쇄 낫버 독도서 못한 걸 정판사서 어떠케 찍소」, 『독립신보』, 1946.8.24.
　　「송언필의 명령으로 인쇄한 일 절대 업소」, 『독립신보』, 1946.8.24.
　　「조서는 고문으로 위작/네 차레나 코에 물을 부었오」, 『독립신보』, 1946.8.24.
　　「공당원 위폐 사건 제3회 공판 속개」, 『동아일보』, 1946.8.24.
　　「백 원 위폐권을 피고에게 제시」, 『동아일보』, 1946.8.24.
　　「기소 사실 전부 부인/정판사 사건 김창선 사실심리」, 『서울신문』, 1946.8.24.
　　「배후 관계를 부정」, 『서울신문』, 1946.8.24.
　　「경찰의 취조 경위를 진술」, 『서울신문』, 1946.8.24.
　　「김창선 단독 심리/위폐 공판 제2일/뚝섬 사건만 시인, 정판사 사건은 부인」, 『자유신문』, 1946.8.24.
　　「전부 고문으로 위작/김창선 통분의 진술/위폐 공판 제3일」, 『조선인민보』, 1946.8.24.
　　「사실을 부인으로 일쇄/중요한 안순규의 증언 … "보았오"」, 『조선일보』, 1946.8.24.
　　「정판사 사건을 일체 부인/고문에 허위 자백한 것이라고 김창선 공술」, 『중앙신문』, 1946.8.24.
　　「재판장과 1문 1답/사건 내용을 진술」, 『중앙신문』, 1946.8.24.
　　「고문한 경관 성명 지적/형사 입회하 취조 바덧다」, 『중앙신문』, 1946.8.24.
　　「점차 드러나는 사건 전모/고문에 못 이겨 뭇는대로 답」, 『현대일보』, 1946.8.24.
　　「악독한 일제적 고문으로 사건은 완전히 위작된 것이다」, 『청년해방일보』, 1946.8.28.

김창선은 전일과 마찬가지로 징크판을 1조만 훔쳤다고 진술했으며, 송언필과 숙직한 것, 위폐 제조를 공모한 것, 위폐를 제조한 것 등 정판사 '위폐' 사건과 관련된 공소 사실 일체를 부인했다. 또한 재판장은 안순규의 위폐 제조 현장 목격 증언, 이영개의 김창선 범행 사실 실토 증언, 증거물 등을 근거로 범죄 사실을 추궁했으나 김창선은 완강하게 부인했으며, 그 모든 것이 구타와 물고문 등 경찰의 가혹한 고문으로 인해 허위 자백한 결과라고 말했다. 재판장은 검사는 고문하지 않았는데 왜 검사 앞에서도 범행 사실을 자백했냐고 묻자 김창선은 검사가 경찰서에 출장 와서 조사할 때에 취조실 근처에 항상 형사들이 있었으므로 혹시 범행 사실을 부인하면 검사가 돌아간 후에 형사들이 다시 고문을 할까 두려워서 그대로 거짓으로 진술했다고 대답했다. 검사국으로 송국된 이후에는 왜 범행 사실을 진술했냐고 묻자 검사국에도 본정서 형사들이 수시로 드나들었기 때문이라고 대답했다. 이로써 12시 20분경에 오전 심리는 끝이 나고 일단 휴정했다.

공판은 오후 1시 30분경 재개되었다.[96] 김창선은 재판장에게 다른 피

96) 「소위 2차 인쇄 지휘했다는 박낙종은 진주서 연설」, 『독립신보』, 1946.8.24.
　　「신반증 사실이면 사건 태반 번복」, 『독립신보』, 1946.8.24.
　　「해방일보 야업 등 판명되면 사건은 완전히 전보/조 검사 언명」, 『서울신문』, 1946.8.24.
　　「합동 심리 요구」, 『자유신문』, 1946.8.24.
　　「그 때 박낙종은 부재엿섯다/'아리바이'는 부산 민주중보」, 『조선인민보』, 1946.8.24.
　　「목격자 담은 위작/피고 신광범 모친 담화」, 『조선인민보』, 1946.8.24.
　　「공판, 수 번복점에?/박낙종 부재증명 판명」, 『현대일보』, 1946.8.24.
　　「사회 각 방면에 큰 해독/극형에 처할 범죄/재판장의 준엄한 선언」, 『대동신문』, 1946.8.25.
　　「증거 제시와 검사의 변박」, 『대동신문』, 1946.8.25.
　　「재판장과 변호단 논쟁」, 『대동신문』, 1946.8.25.
　　「피고의 일관하는 부인에 적확한 증거품 제시」, 『동아일보』, 1946.8.25.
　　「박낙종의 부재 증명/민주중보를 증거로 제출/위폐 공판에 주목할 반증」, 『자유신문』, 1946.8.25.
　　「피고의 합석 요구 일축/사건 당시 박낙종 소재 문제로 파란」, 『조선일보』, 1946.8.25.

고들과의 합석 심리를 강력히 요구했으나 재판장은 이를 거부했다. 이어서 재판장은 피고들의 무죄 주장을 반박하고 이에 대한 의견을 김창선에게 물었는데, 그 핵심 내용은 다음과 같다. (1) 박낙종은 제1차 위조 시기인 1945년 10월 하순경에 부산 방면에 출장을 가느라 서울에 없었다고 진술했다. 그리고 그 증거로 박낙종 자신이 경북 김천에 있는 환금(丸金)여관에 투숙했다고 진술했다. 그런데 실제로 김천재판소 검사국 검사를 통하여 조사하여 보니, 여관 주인 김경춘은 박낙종이 그 당시 숙박한 일이 전혀 없다고 증언했다. 또한 박낙종의 아내 역시 10월 하순에 박낙종이 시골에 여행한 적은 없다고 했다. (2) 피고 김창선은 1945년 12월 하순에는 『해방일보』 신년호를 인쇄하느라고 위폐를 인쇄할 시간적 여유가 없었다고 진술했다. 그러나 피고들이 『해방일보』 신년호를 인쇄한 직공과 동일 인물이라는 증거가 없다. 또 박낙종은 12월 하순에는 철도국에서 주문한 달력을 인쇄했는데 어떻게 위폐를 제조할 수 있느냐고 주장했지만 달력을 인쇄한 시기는 12월 중순이므로 이는 말이 되지 않는다. (3) 피고 김창선은 1946년 2월 10일에 척사대회[97]에 갔으므로 위폐를 인쇄한 사실이 없다고 진술했다. 그러나 조사한 결과 그날 척사대회에 같이 참석했던 구찬사의 진술에 의하면 김창선은 그날 초저녁 6시에 참석했다가 30분 후에 돌아갔다고 하므로 이를 인정할 수 없다.

이때 변호사 측은 이를 번복시킬 만한 증거가 있다고 말하며 『민주중보』 11월 3일 자 진주판(증 제50호)과 『민주중보』 11월 6일 자 부산판(증 제51호) 각 1부씩을 증거물로 제출했다. 『민주중보』에는 박낙종이 인민공화국 중앙위원의 자격으로 부산 방면을 여행하여 10월 28일 경남 진주에서 청년동

「사건에 번복의 유력한 반증/모략의 탈은 벗겨지고야 만다」, 『청년해방일보』, 1946.
8.28.
97) 윷놀이 대회.

맹원 약 30명을 모아 놓고 강연을 했다는 내용의 기사가 게재되어 있었다. 또한 12월 말 철야하여 『해방일보』신년호를 인쇄했으므로 위폐를 인쇄할 수 없었다는 증거로서 야업 특별 수당 지출이 기입되어 있는 조선정판사 장부(증거품 제13호)를 제출했다. 이어서 변호사 측은 재판장의 심문 태도에 대해 비판하며, 재판장이 어떠한 선입견과 정치성을 띠고 재판에 임하고 있으며, 변호사단을 너무 압박하고 있다고 말하며 변호인의 요구를 솔직히 들어 주고 재판을 원만히 진행시킬 것을 요구했고, 이에 재판장은 변호사단의 요구를 잘 고려하겠다고 답했다. 이로써 오후 4시 40분경 제3회 공판은 끝을 맺었다.

제4회 공판은 8월 27일 오전 10시경에 개정되었다.[98] 전회 공판에 이어 양원일 재판장은 피고 김창선에 대한 심문을 시작했는데, 김창선은 합석

---

98) 「심문에 함구불언/재판장은 심리를 진행/조공 위폐 사건 3회 공판」, 『대동신문』, 1946. 8.28.

「정판사 위폐 사건 제3회 공판/단독 심리를 종시 거부」, 『독립신보』, 1946.8.28.

「합석 심리가 타당/변호사단 강경히 주장」, 『독립신보』, 1946.8.28.

「공당원 위폐 사건 제4회 공판」, 『동아일보』, 1946.8.28.

「피고들은 함구 일관/재판장은 확증 들어 사실 심리」, 『동아일보』, 1946.8.28.

「합석 심리 요구를 일축」, 『동아일보』, 1946.8.28.

「합동 심리를 요구 함구/위폐 공판 제3일의 심리 부진」, 『자유신문』, 1946.8.28.

「합석 재판을 요구코 피고들은 일체 함구/진술 없는 심리 일사천리」, 『조선인민보』, 1946.8.28.

「고문 못 이긴 허위 자백/김우용 사건 전부를 부인」, 『조선인민보』, 1946.8.28.

「"이것도 모르겠지?"/재판장 심문 태도에 물의」, 『조선인민보』, 1946.8.28.

「사사언언 답변을 거부/버티는 위폐 사건의 김창선, 김상선」, 『조선일보』, 1946.8.28.

「공동 피고 합석을 요구/피고 김창선 진술을 완강 거부/정판사 위폐 사건 제2회 3일 공판」, 『중외신보』, 1946.8.28.

「소위 정판사 위폐 공판 제4일/피고, 전원 합석 심리 요구」, 『현대일보』, 1946.8.28.

「고문, 고문에 어찌 하오/피고 오후에도 전적 부인」, 『현대일보』, 1946.8.28.

「수색(愁色) 만면한 홍계훈/심문에 유유 응답」, 『대동신문』, 1946.8.29.

「함구 부답의 피고들/공판은 오히려 일사천리로 진행」, 『자유신문』, 1946.8.29.

심리를 요구하며 심리를 거부했다.

이후 등정한 김상선 역시도 합석 심리를 요구하며 묵비권을 행사하고 재판장이 피고의 묵묵부답 속에 일방적으로 심리를 진행하자 윤학기, 강혁선 변호사 등이 이에 항의했다. 강중인 변호사는 경찰의 고문 문제를 제기하며 사건의 재취조를 요구하여 재판장, 변호사단, 검사 측 사이에 1시간여에 걸쳐 논쟁이 있었다.

오후 공판에 등정한 김우용도 역시 마찬가지로 묵비권을 행사했다. 다음으로 등정한 홍계훈은 심리에 임했는데, 홍계훈도 김창선과 마찬가지로 공소에 따른 범행 사실 일체를 부인했고, 경찰의 고문으로 허위로 자백했다고 진술했다.

제5회 공판은 8월 28일 오전 10시경에 개정되었다.[99] 정명환이 입정하여 사실심리가 시작되었으나 다른 피고들과 마찬가지로 정명환도 합석 심리를 요구하며 심리를 거부했고, 재판장은 혼자 질문하는 방식으로 심리를 마쳤다. 이에 윤학기 변호사가 재판장에게 불만을 토로하며 논쟁했는데, "재판장은 재판을 원만히 진행시키려는 성의와 아량이 없으므로 재판장은 이 재판을 진행해 나갈 자격이 없다. 피고인의 진술이 없는 채 일방적으로 조서를 낭독하고 증거품을 제시한다는 것을 볼 때 이 재판은 죽은

---

99) 「피고 정명환, 재판을 거부」, 『대동신문』, 1946.8.29.

「정명환 여전 부답/합석 심리 문제로 논쟁」, 『독립신보』, 1946.8.29.

「공당원 위폐 사건 제5회 공판 내용」, 『동아일보』, 1946.8.29.

「공판정 소연(騷然)/윤 변호인의 실언에」, 『동아일보』, 1946.8.29.

「오늘도 역시 함구/변호사단서 동석 심리 요구」, 『서울신문』, 1946.8.29.

「함구 부답의 피고들/공판은 오히려 일사천리로 진행」, 『자유신문』, 1946.8.29.

「피고들 의연히 묵묵/변호사단 일방적 심리를 논란」, 『조선인민보』, 1946.8.29.

「법정을 극장시/윤학기 변호사의 망언/위폐 사건 공판 속보」, 『조선일보』, 1946.8.29.

「피고 합석 요구를 일축/피고 정명환도 함구불언」, 『중외신보』, 1946.8.29.

「피고, 단독 심리 거부/재판장 일방적 심리로 폐정/죽은 재판이라고 변호인 격분/소위 정판사 위폐 공판 5일」, 『현대일보』, 1946.8.29.

재판이며, 마치 활동사진이나 연극에서 보는 재판과 같은 감을 주고 있다"라고 발언했다. 이에 양원일은 변호사의 발언을 문제 삼겠다고 응수했다.

이러한 논쟁에 이어서 피고 김우용이 입정했고, 김우용은 심리에 불응할 것을 표명했다. 이어서 합석 심리 문제를 놓고 변호사단과 재판장의 논쟁이 이어진 후, 오승근 변호사는 재판장에게 "피고들이 무슨 이유로 함구부답하는지 그 진의를 모르겠으니 시간적 여유를 주면 변호인 측에서 피고들과 만나 그 진의를 타진한 다음 측면적으로 심리에 응할 방책을 강구하겠다"고 제언하며 일찍 폐정할 것을 요구하여, 제5회 공판은 낮 12시경 폐정했다.

다음 날인 8월 29일 재판장과 변호사단은 피고들의 심리 불응 문제를 두고 협의했으며, 재판장과 오승근 변호사는 수감 중인 피고들의 대표 박낙종을 직접 방문하여 공판정에서 사실심리에 응할 것을 설득하는 등 의견을 교환했다.[100]

한편, 공판 폐정 직후 양원일 재판장은 "윤학기 변호사의 법관 모욕의 언사는 사법권에 큰 먹칠을 한 것이다. 이런 변호사는 징계재판소에 고발하여 징계 처분에 부칠 생각이며 이 외에도 고발을 하면 형법 제203조 명예훼손죄와 군정 포고 제2호에 의하여 처벌을 받게 될 것이다"[101]라고 말하여 윤학기 변호사에 대한 징계 처분이 있을 것임을 예고했다. 그리고 다음 날인 8월 29일 양원일은 윤학기 변호사의 발언 문제를 징계재판소에 보고했다.[102]

---

100) 「인정 있는 양 재판장/고집 말고 진술하라/수감된 피고들 방문코 권고」, 『동아일보』, 1946.8.30.
101) 「철저 징계 처분/양원일 재판장 담」, 『조선일보』, 1946.8.29.
102) 「윤 변호사를 징계」, 『대동신문』, 1946.8.31.
　　「윤 변호인에 함구령/양 재판장 징계 재판에 보고」, 『동아일보』, 1946.8.31.
　　「양 판사, 윤 변호사를 고소/변호권 박탈/공판 휴회를 신청」, 『중외신보』, 1946.8.31.

제6회 공판은 8월 30일에 개정되었다.[103] 개정 전 양원일 재판장은 변호인, 신문기자, 일반 방청인의 입정을 일절 금한 채 공판 장소인 경성지방법원 제4호 법정에서 전 피고의 합석 아래 재판을 진행하는 문제에 대한 의견 교환 회의를 했다. 재판장은 합석 심리를 진행하는 대신 (1) 피고 각자는 자유로운 입장에서 진술할 것, (2) 형식적 여하를 불구하고 다른 피고의 진술을 절대 방해하지 않을 것. 만일 위반자가 있을 때에는 피고 일동은 연대 책임을 지고 분리하여 개별 심리를 해도 이의 없을 것, (3) 심리 순서는 재판소에 일임할 것, (4) 변호인의 보충 심문은 심리 도중에 말고 심리가 끝난 뒤에 할 것이라는 조건을 제시했다.

이에 피고들과 변호사단은 '진술 방해'라는 것이 너무 추상적이라며 상호 성의 있고 공정한 태도를 가지고 신사적으로 재판에 임하자고 주장했으며 재판장에게 사실상 재조사를 하는 태도로 재판을 진행해 줄 것을 요구했다. 재판장은 이에 동의하여 합석 심리를 선언했으며, 원만히 재판을 진행할 것을 천명했다.

---

103) 「조공 위폐 공판 속개/피고 전부를 합석 시켜」, 『대동신문』, 1946.8.31.
　　「개정 전 재판장과 피고 격의 없는 의견을 교환/정판사 위폐 사건 제5회 공판/윤 변호사 변론 금지/5개 조건하에 재심리 정신으로 진행」, 『독립신보』, 1946.8.31.
　　「공당원 위폐 사건 제6회 공판/말문 열린 피고들/공판 반대에 연대 책임을 결의」, 『동아일보』, 1946.8.31.
　　「윤 변호인에 함구령/양 재판장 징계 재판에 보고」, 『동아일보』, 1946.8.31.
　　「합석 심리를 결정/재판장과 피고 간에 신사협정/위폐 공판」, 『자유신문』, 1946.8.31.
　　「합석 심리를 관용/명랑히 진행되는 위폐 사건 공판」, 『조선일보』, 1946.8.31.
　　「1일 변호 금지/실언한 윤 변호사에」, 『조선일보』, 1946.8.31.
　　「피고의 합석 심리를 허락/돌연 윤 변호사의 변호권을 금지/정판사 위폐 사건 제2회 제5일 공판」, 『중외신보』, 1946.8.31.
　　「변호권 박탈/공판 휴회를 신청」, 『중외신보』, 1946.8.31.
　　「합석 심리 수 허가/소위 정판사 위폐 공판 6일」, 『현대일보』, 1946.8.31.
　　「합석 요구는 관철 되고/실제적 재심리로 재출발/정판사 동지들의 공판 투쟁 일보 전진/제2회 제5일 공판기」, 『청년해방일보』, 1946.9.2.

이어서 변호사단은 28일 제5회 공판에서 윤학기 변호사의 발언으로 인한 양원일 재판장의 윤학기 변호사에 대한 징계 문제에 대해 선처를 요구했으나 재판장은 윤학기의 발언이 법정의 신성을 모독했으므로 조치를 취하지 않을 수 없다며 본 사건에 대한 변호권을 중지시켰고, 이에 변호사단의 요구로 공판을 마쳤다. 재판장의 징계 회부 조치에 대해 윤학기 변호사는 재판장을 강하게 비판하는 발언을 통해 자신의 입장을 표명했다.[104]

그리하여 이인 검사총장은 군정장관의 인가를 얻어 징계위원회에 징계재판을 신청했으며, 윤학기 변호사는 명예훼손, 재판모독, 「맥아더 포고령 제2호」 위반으로 원택연 검사에게 취조를 받았다. 그리고 징계재판소는 위원장 이상기 대법관, 위원 노진설 대법관, 양대경 대법관, 준비위원 이명준 공소원장, 김우설 판사로 징계위원회를 구성하여 심의를 거듭했는데, 9월 9일 「법무국령 제4호 제2조 제3항」과 「변호사령 제17호 제44조 제1항」에 해당한다고 인정하여 윤학기 변호사에게 정직 8개월의 처분을 내렸다.[105] 이로 인해 윤학기 변호사는 정판사 '위폐' 사건의 변호인 자격이 박탈되는 것은 물론이고, 1947년 5월 14일에 8개월간의 정직 기간이 만료될 때까지 변호 활동이 전면 중지되었다.[106]

---

104) 「박탈이란 유감/윤 변호사 담」, 『중외신보』, 1946.8.31.
　　 「윤학기 변호인 담」, 『현대일보』, 1946.8.31.
　　 「윤학기 변호사 담」, 『청년해방일보』, 1946.9.2.
105) 「윤, 조 양 변호인/검사국서 취조」, 『대동신문』, 1946.9.5.
　　 「재판 모독타 고소당한 윤 변호사」, 『동아일보』, 1946.9.5.
　　 「윤 변호사 설화 사건/징계 재판 진행 중」, 『서울신문』, 1946.9.8.
　　 「법정서 망언한 죄로/윤 변호사 정직 8월」, 『대동신문』, 1946.9.10.
　　 「윤 변호사에 정직 8개월」, 『중외신보』, 1946.9.10.
　　 「윤학기 변호인 징계/8개월 간의 정직 처분」, 『독립신보』, 1946.9.11.
　　 「8개월 정직을 처분/재판 모독튼 윤 변호사에」, 『동아일보』, 1946.9.11.
106) 「윤학기 변호사 정직 기한 만료」, 『민보』, 1947.5.15.
　　 「윤 변호사 정직 해제」, 『자유신문』, 1947.5.15.

제7회 공판부터는 제6회 공판에서의 합의에 의해 피고 전원 합석하에 심리가 진행되었으므로 재판이 비교적 원만하게 진행되었다. 공판 진행은 (1) 재판장이 공소 사실에 대해 확인 질문을 하면 피고들이 그에 답을 하며, (2) 다시 재판장이 유죄를 입증하는 증언 및 증거물들을 제시하며 질문하면 피고들이 그에 답을 하고, (3) 마지막으로 재판장이 무죄를 입증할 만한 증거를 제시하라고 요구하면 피고들이 이에 답하는 형식으로 진행되었다. (4) 그리고 이어서 변호사단이나 검사 측에서 추가 심문을 하는 식으로 진행되었다. 공판 과정에서 피고들 전원은 위폐 제조 범행 사실 일체를 부인했으며, 단지 경찰의 고문 혹은 고문 위협 때문에 허위로 진술했으며, 안순규 및 이영개의 증언은 거짓이라고 공통된 진술을 했다. 그리고 각자 무죄를 입증할 수 있는 근거를 상세히 제시했다. 이를 정리하면 표 3-11과 같다.

표 3-11. 정판사 '위폐' 사건 피고들의 무죄 주장 진술 내용

시기	피고	무죄 주장의 근거
8.31. 제7회 공판	김우용	(1) 이 사건으로 동료 직공들이 검속당할 때, 만일 나에게 죄가 있다면 도망하였을 텐데 도리어 나는 결백하기 때문에 평시와 다름없이 태연히 먼저 잡혀간 동지의 일까지 하고 있었다. (2) 징크판은 원판과 달라서 10월부터 2월까지 몇 달 동안을 두고 오래 보존하여 쓸 수 없다. (3) 적색판의 도장판은 김창선과 정명환이 새겼다 하나 그들의 기술로는 도저히 만들 수 없으며, 피고 9명 중에는 그것을 할 수 있을 만한 기술자가 하나도 없다.[107]

「윤학기 변호사 정직 기한 만료」, 『독립신보』, 1947.5.21.

107) 「피고 김우용도 심문에 몰은다로 일관/작일의 위폐 공판」, 『대동신문』, 1946.9.1.
「오즉 억울하단 말/피고 김우용 사실을 부인/정판사 위폐 공판 제7회」, 『서울신문』, 1946.9.1.
「검거 당시의 피고 태도/무죄를 증명함이라 진술」, 『자유신문』, 1946.9.1.
「끝내 사실 부인/재판장의 신랄한 추궁에 묵묵/위폐 사건 공판 제6일의 기록」, 『조선일보』, 1946.9.1.
「위폐 인쇄는 끝까지 부인/피고들 혹독한 고문 사실도 진술/정판사 위폐 건/제2회 제

표 3-11. 계 속

시기	피고	무죄 주장의 근거
9.3. 제8회 공판	박상근	(1) 우리가 위폐를 작년 10월, 12월, 금년 2월 3차에 걸쳐 인쇄하였다 하나 정판사에서는 10월에 철야 작업이 많이 있었으며 또한 12월에도『해방일보』특집 관계로 밤일을 많이 하였으니 출근 카드로 그것을 조사하면 잘 알 것이며, 위폐 인쇄는 비밀하게 해야 할 터이니 한 공장에서 야간작업이 있으면 위폐 인쇄가 불가능할 것은 상식이다. (2) 정판사 공장장 안순규가 위폐 인쇄 현장을 목격하였다 하였는데 2월 9일은 과장과 운영위원회의로 정판사에서 회의를 마치고 신광범 집에서 가져온 술과 떡국을 먹고 오후 10시 반경 모두 귀가하여 해산하였고, 나는 안순규와 함께 집에 갔으니 거기 대하여는 안순규 자신도 기억이 있을 것이며 체포되지 않은 다른 과장도 참석한 사람이 있으니 알아보면 명백할 것이다. (3) 밤에 며칠씩 철야하고 인쇄하였다는 데 나는 음력 정월 초하루 윷놀이로 하룻밤 외박한 것뿐 숙직 이외에는 외박한 일이 없다. (4) 숙직 일지를 보아서 위폐 인쇄하였다는 날 숙직한 사람에게 물어보아도 알 것이다.[108]
9.5. 제9회 공판	김상선	(1) 김창선이 경찰 취조 시에 징크판을 석유로 닦고 아라비아고무를 발라 두었다가 썼다고 하였으나 기술적으로 보아 석유로 닦은 징크판은 아라비아고무를 발라도 재생되지 않아 쓸 수 없다. (2) 김창선, 정명환은 적색 도장판을 만들 만한 기술이 없다. (3) 지폐 인쇄와 같은 세밀한 인쇄에는 반드시 고급 잉크가 필요한데 정판사에는 그런 고급 잉크가 없다. (4) 징크판 사용 시 15일 이상 간격을 두면 반드시 재생이 필요한데 피고 중에는 그런 기술을 가진 사람이 없으며 설령 기술이 있다 해도 여러 차례 못 쓴다.[109]
9.5. 제9회 공판	정명환	(1) 김창선, 홍계훈을 위시하여 몇몇 피고는 금년 2월에야 비로소 당원이 되었으니 경찰에서 허위 진술한 위폐 인쇄 때는 일개 직공에 지나지 않는데 그런 중대한 일을 당에서 맡길 리가 없다. (2) 2월에는 경비대가 주야 겸행하여 경비하였으니 많은 사람이 있는 곳에서 위폐를 인쇄하는 것은 불가능하다. (3) 위폐 인쇄는 일류의 기술자라야만 되는데 김창선이나 나로서는 도저히 불가능하다.[110]

6일 공판」,『중외신보』, 1946.9.1.

「개구 응답하는 피고/제7회 공판 김우용 심경 토로」,『한성일보』, 1946.9.1.

「정판사 위폐 사건 공판/9명에 사실심문/차회는 3일에 계속키로 결정」,『독립신보』, 1946.9.2.

108)「반증 진술에 조사 언명/피고 박상근의 주목할 반증」,『자유신문』, 1946.9.5.

「목격했다는 2월 9일/피고 부재였음을 반증/소위 위폐 공판 8일 속보」,『현대일보』, 1946.9.5.

109)「정판사에는 총재인을 팔 주 아는 기술자 없오/위폐 사건 공판 김상선 진술」,『독립신보』, 1946.9.6.

「공당원 위폐 사건 제9회 공판/드디어 일부를 자백」,『동아일보』, 1946.9.6.

「기술 상 불능 라고/피고 김상선, 사실을 부인/정판사 위폐 공판 제9회」,『서울신문』, 1946.9.6.

표 3-11. 계 속

시기	피고	무죄 주장의 근거
9.6. 제10회 공판	신광범	(1) 본건 기소 사실과 같이 200만 원을 하루 저녁 8시간에 인쇄하고 재단까지 하여 금고에 넣는다는 것은 불가능하다. (2) 김창선에게서 압수한 징크판으로는 증거물인 위폐와 같은 인쇄는 불가능하다. (3) 압수된 80근 모조지와 증거물인 위조지폐의 지질을 살펴보면 정판사에서 압수되었다는 종이는 예전 것으로 지질이 좋으나 위폐의 종이는 최근 것으로 자세히 보면 확실히 다르다. (4) 압수된 위폐를 지금까지 발견된 위조지폐단에서 나온 지폐와 대조하여 동일한 경우에는 정판사에서 박지 않은 것이 판명될 것이다. (5) 창고에는 김창선 외에도 다른 사람이 출입하였으니 귀중한 징크판을 함부로 둘리가 없다. (6) 작년 10월 20일경에 박낙종은 부산, 진주 방면으로 윤전기 구입 차 출장하여 동 11월 하순 경에 귀경하였다. (7) 작년 12월 중순경부터 금년 3월 초순경까지 경비대가 연속하여 주야로 경비를 하고 있었으니 12월 중과 2월 중에 위폐 인쇄는 불가능하다. (8) 2월 9일 토요일에는 피고의 집에서 과장 회의가 있어 떡국과 술을 먹고 오후 10시가 지나서 해산하였다.[111]
9.9. 제11회 공판	송언필	(1) 제1차로 위폐를 인쇄했다는 작년 10월 하순 23, 24, 25일경에는 피고 박낙종은 윤전기 구입 차 부산, 진주, 마산 등 경상도 지방에 출장을 갔다가 11월 중순 혹은 하순경에 돌아왔기 때문에 24일 혹은 27일경에 박낙종과 같이 위폐를 인쇄하였다는 것부터 허구이다. (2) 제2차로 위폐를 인쇄했다는 동년 12월 27, 28, 29일경에는 연말 관계로 국군준비대가 정판사를 주야로 특별 엄중 경계하고 있었는데 어느 틈에 야업을 하겠는가? 그것은 불가능하다. (3) 12월 27, 28, 29일경 나는 정판사에 있지 않았다. 나는 12월 25일부터 31일까지 마포 우리 집(용강정 90번지)에서 어학회에서 발행한 '한글 맞춤법 통일안'을 가지고 경서청년회 간부 이균, 김순재, 이필って, 진황건, 윤교중, 심광범 등 7명에게 '한글 강좌'를 매일 저녁 7시 반경부터 2, 3시간씩 열었다. (4) 제3차로 위폐를 인쇄했다는 2월 8일(2월 제2토요일)에는 오후 4시경부터 8시경까지 정판사 사장실에서 전 과장이 참석하여 과장 회의를 열었으며, 9시경 회의가 끝난 후 피고 신광범의 자택에서 가져온 떡국도 먹고 술도 마신 후 밤 10시 반경에 해산하였다. 해산하여 집에 돌아갈 때는 안순규, 김창선, 박상근, 주조과장, 식자과장, 문선과장 등 7, 8명이 함께 동행하여 종로를 일순하고 귀가하였으며, 그때도 정판사에서는 국군준비대가 야간 경비를 하였다.

「증인 심리는 공판정에서/변호사단이 재판장에게 요구/위폐 공판」, 『자유신문』, 1946. 9.6.

「추궁에 피고 어색/김상선도 전언을 번복 부인」, 『조선일보』, 1946.9.6.

「고문으로 허위 자백/김상선의 사실심리 진행/정판사 위폐 공판」, 『중외신보』, 1946. 9.6.

110) 「팔다리의 상처를 제시/고문당한 증거와 억울함 진술」, 『자유신문』, 1946.9.7.

111) 「공판」, 『자유신문』, 1946.9.7.

「전적으로 부인/인쇄주임 신광범도 함구불언/위폐 사건의 제9일 공판」, 『조선일보』, 1946.9.7.

표 3-11. 계 속

시기	피고	무죄 주장의 근거
9.9. 제11회 공판	송언필	(5) 기소 사실에는 김창선과 숙직을 함께했다고 하는데 작년 10월에는 그런 숙직 제도가 없었다. (6) 위폐 200만 원이 금고 안에 들어가는지도 알 수 없고 그 돈을 넣어 두었다는 정판사 금고의 열쇠는 피고들은 안 가졌고 이필상이 가지고 일했는데 열쇠를 가지고 성동역에서 통근하였다. (7) 1,200만 원을 위조하였다는 혐의로 피검되기 얼마 전인 4월 중 나는 정판사 운영금이 부족해서 내 집과 동무 1인의 가옥을 근저당하여 조흥은행 마포 지점에서 10만 원을 차용하였으며 그중 4만 원은 정판사용으로 이필상에게 맡긴 일이 있다. 200만 원의 위폐를 제조한 사실이 있다면 이렇게 돈을 얻어 쓸 필요가 없다. (8) 밤새워 야근을 했다면 기계 도는 소리가 근처에서도 들렸을 것이다.[112]
9.9. 제11회 공판	박낙종	(1) 공산당에서 1,200만 원의 위폐를 박았다면 정판사의 빚진 것을 갚았어야 할 것이며, 개인적으로도 이렇게 극빈하지 않을 것이다. (2) 피고들은 공산당을 위해서라도 위폐를 인쇄할 수가 없는 것이다. (3) 제1회로 위폐를 인쇄했다는 작년 10월 하순경인 27일 오전 6시 반에 김창선과 신광범이 위폐 백만 원을 박아 가지고 정판사 2층으로 이관술과 함께 앉아 있는 곳에 가지고 와서 보였다고 되어 있으나 사실 그 당시 나는 10월 24일 하필원과 함께 서울을 떠나 충주, 상주를 거쳐 김천서 백여 명을 모아 놓고 강연까지 한 일이 있으며, 28일에는 진주에 있었고 11월 8, 9일경에 상경하였다. (4) 정판사에는 오전 6시 출근이라는 것은 전혀 없다. (5) 제2회로 위폐를 박았다는 12월 26, 27, 28일경에는 『해방일보』 신년호를 인쇄하였으며, 이관술과 함께 철야했고, 12월 하순경에는 국군준비대의 경계 등 정판사 문 앞은 마치 장터와 같이 번잡하였는데, 이렇게 번잡한 속에서 어찌 위폐를 박을 수 있겠는가? (6) 제3회로 위폐를 박았다는 2월에는 그달 2일부터 야업 특근을 거절하고 약 3주일 후에 해제하였다.[113]

「고문 받은 상처를 제시/피고 신광범의 사실심리/정판사 위폐 공판」, 『중외신보』, 1946.9.7.

112)「고문 덜 당한 피고/더 분개함은 하고?/검사가 송언필을 추궁」, 『대동신문』, 1946.9.10.
「위폐 공판 백중화/송언필 추궁 심리」, 『대한독립신문』, 1946.9.10.
「송언필, 반증을 열거/정판사 위폐 사건 제11회 공판」, 『독립신보』, 1946.9.10.
「기소 사실을 부인/피고 송언필 반증을 진술/정판사 위폐 공판 11회」, 『서울신문』, 1946.9.10.
「송언필 강경하게 부인/위폐 공판」, 『자유신문』, 1946.9.10.
「억울을 호소/위조지폐 공판 송언필의 진술」, 『조선일보』, 1946.9.10.
「기소 내용을 반증/피고 송언필의 사실심리/정판사 위폐 공판」, 『중외신보』, 1946.9.10.

113)「부인으로 일관/재판장고 박낙종 심경 토로」, 『서울신문』, 1946.9.11.
「정판사 사장 박낙종/서면심리는 일단락/위폐 공판」, 『중외신보』, 1946.9.11.
「30년간 투사가 위폐점 되니 참혹/박낙종, 심경을 설파」, 『대동신문』, 1946.9.12.

제12회 공판부터는 증거조사 및 증인신문의 단계로 들어갔다. 제12회 공판[114] 및 제13회 공판[115]은 각각 9월 13일과 9월 14일에 개정되었는데, 검사 측, 변호사 측, 피고 측은 각각 증인과 증거, 추가 조사 사항을 신청했고, 재판부는 이를 검토한 후 채택 여부 결과를 발표했다. 이를 정리하면 표 3-12, 13, 14와 같다.

이러한 증거 채택 결과 발표가 있은 후 제13회 공판은 폐정되었다. 곧이어 조선정판사에서 현장검증이 이루어졌는데, 양원일 재판장, 김정렬 및 최영환 배석판사, 조재천 검사, 검사국 및 지방법원 서기 2명, 강중인, 김용암, 백석황, 강혁선 변호사, 피고 김창선 등의 입회하에 먼저 정판사 1층 사무실에 있는 창고의 서류, 사장실의 금고 등을 세밀하게 조사한 후 이어 인쇄 공장과 평판실, 기타에 대해 검증을 실시했다. 또한 이어서 본정경찰서

---

114) 「피고의 증인 신청/14일에 허부 결정」, 『대동신문』, 1946.9.14.
　　「피고 사실심리 종결/위폐 장소 검증?/위폐 공판」, 『대한독립신문』, 1946.9.14.
　　「증인 소환을 신청/위폐 사건 공판 제12일 경과」, 『독립신보』, 1946.9.14.
　　「공당원 위폐 사건 제12회 공판」, 『동아일보』, 1946.9.14.
　　「증거 제시와 증인/검사와 변호사단에서 신청/정판사 위폐 공판 12회」, 『서울신문』, 1946.9.14.
　　「피고 심문 일단락/증인 신청과 증거 제출을 요구/위조지폐 사건 공판」, 『조선일보』, 1946.9.14.
　　「증거 제시 증인 소환 요구/위폐 공판 주목할 제2단계로」, 『자유신문』, 1946.9.15.
115) 「위폐 공판/검사 신청 결정」, 『대동신문』, 1946.9.15.
　　「위조지폐 공판은 일단락/증인에 미군 장교 소환」, 『대한독립신문』, 1946.9.15.
　　「정판사와 본정서 검증」, 『독립신보』, 1946.9.15.
　　「정판사 현장을 검증/미인 경무부장도 출정」, 『동아일보』, 1946.9.15.
　　「증인 대부분 보류/정판사 시설 장부 등 감정/제13회 공판」, 『서울신문』, 1946.9.15.
　　「양 재판장장 14일 정판사 시설 검증」, 『서울신문』, 1946.9.15.
　　「정판사 검증」, 『자유신문』, 1946.9.15.
　　「정판사를 임검/양 재판장 이하 대거 출동/위폐 공판 제12일」, 『조선일보』, 1946.9.15.
　　「검사, 변호인 신청 등 결정/각계 중요인물들 증인으로 등장/정판사 위폐 공판」, 『중외신보』, 1946.9.15.

에 대한 현장검증을 실시한 후 일정을 모두 마쳤다.

제14회 공판은 9월 17일 오전 10시 30분경에 개정되었다.[116] 경찰에서

표 3-12. 정판사 '위폐' 사건 증인 신청 내역

	신청	채택
검사 측	매글린 경무부장, CIC 장교 스위프트, 사법부 연락장교 맥마흔, 경무부 웜스, 김점석 검사, 이영개, 박낙종의 아내 하안계를 취조한 경관	매글린 경무부장, CIC 장교 스위프트, 사법부 연락장교 맥마흔, 경무부 웜스, 김점석 검사, 이영개
변호사 측	이시영, 안미생, 장택상 경찰청장, 이철원 공보부장, 사건 취조 형사(최난수, 조성기, 현을성 등), 김광수, 하필원, 이관술, 정판사(회계과 이필상, 제판과장 최사남, 공장장 안순규), 조선서적인쇄주식회사, 제판주임 김한규, 박낙종의 아내 하안계	정판사 공장장 안순규
피고 측	미상	없음(전부 보류)

표 3-13. 정판사 '위폐' 사건 증거 신청 내역

	신청	채택
검사 측	박낙종과 변호인의 접견기, 박낙종의 조선은행 거래 장부, 조선은행권 진폐 및 위폐 공산당, 신민당 회계 장부	박낙종과 변호인의 접견기, 박낙종의 조선은행 거래 장부, 조선은행권 진폐 및 위폐, 공산당·신민당 회계 장부
변호사 측	정판사 출근 카드, 정판사 숙직 일지, 정판사 임금 지불 전표, 정판사 금전출납부, CIC가 압수한 서류, 경상북도경찰부에 있는 인민위원회 서류, 박낙종의 조흥은행 계좌의 입출금 내역, 이관술의 형사 기록, 부산 군정청의 『민주중보』, 『해방일보』 신년호	정판사 출근 카드, 정판사 금전출납부, CIC가 압수한 서류
피고 측	4~5건	없음(전부 보류)

116) 「경찰 고문 사실을 고소해야 되겠소/위폐 공판석, 피고 고집」, 『대동신문』, 1946.9.18.
「허위 진술? 고문?/진찰로 가부 결정/위폐 공판 제14회」, 『대한독립신문』, 1946.9.18.
「고문 상처를 검증/송언필, 신광범 피고 등을/정판사 사건 14회 공판」, 『독립신보』, 1946.9.18.
「공당원 위폐 사건 제14회 공판/경찰이 고문햇나?」, 『동아일보』, 1946.9.18.
「고문 상처를 감정/의사 출두 검진, 결과는 추후 발표」, 『서울신문』, 1946.9.18.
「피고들의 상흔을 검진/송언필은 취조 경관 고소를 제의」, 『자유신문』, 1946.9.18.
「고문 여부를 감정/정판사 위폐 사건 공판」, 『조선일보』, 1946.9.18.
「양 박사 고문 상처 검식/정판사 위폐 사건 14일 공판」, 『중외신보』, 1946.9.18.
「고문 검사(檢查)에 종시/공당원 위폐 공판 14회」, 『한성일보』, 1946.9.18.

표 3-14. 정판사 '위폐' 사건 관련 추가 조사 신청 내역[117]

	신청
변호사 측	- 조선정판사와 그 근린 도로 내부 구조, 야간 인쇄실의 음향 상황 등 지폐 200만 원 인쇄 절단까지의 소요 시간 - 본정경찰서 취조실 및 유치실의 상황, 유치장 2층, 3층과의 음향 관계 - 김창선, 송언필, 신광범, 박상근, 정명환 등의 상처로 본 본정서의 고문 여부 - "5월 15일 공보부 발표는 경찰의 보고와 상이점이 있다"고 장택상 제1관구경찰청장이 언명한 이유 - "현행 법규상으로는 경찰에서 10일, 사법부장의 명령이라도 통산 40일을 초과치 못하는데 어찌하여 60일이나 구속하였는가?"에 대해 "미인 경무부장 명령으로 하였다"는 조재천 검사의 진술에 대한 진상 - 이시영, 안미생에게 경찰서에서 비밀 취조 중인 증거품을 보여 준 동기 - 배재룡이 김창선에게서 구매한 원판이 인쇄 가능하며, 적색판도 함께 샀는지의 여부 - 김창선이 골라낸 백 원권 33매가 위폐인지 아닌지의 여부 및 그 지질이 정판사 위폐의 지질과 같은지의 여부 - 김창선의 오른손 근육 굴신 상태와 그 손으로 제판(製版)이 가능한지의 여부 - 마멸하려고 석유로 닦은 징크판을 1일 후 아라비아고무로 칠한 후 모리카에(盛替)하면 몇 장이나 쓸 수 있는지 - 홍사겸이 김창선의 부탁을 받아 수정을 하였는지의 여부 - 안순규가 2월 10일 목격하였다는 사실에 대한 내용과 목격기를 쓰게 된 동기 - 박낙종이 김천을 방문한 것이 사실인지를 인민위원회 위원장에게 문의할 것 - 박낙종 부인이 경찰에서 자기 남편이 20일간 여행한 사실이 없다고 진술하게 된 동기 - 송언필의 왼눈 시력이 약해진 원인이 무엇이며 언제부터 그렇게 되었는지

고문당하여 상처를 입었다고 하는 피고들의 상처를 감정하기 위해 백인제 의학박사와 경성의전 교수 공병우 안과 의사가 감정인으로 입정했다.

먼저 백인제 박사가 김창선의 손목, 신광범의 좌우 다리와 손목에 있는 상처, 박상근의 허리뼈와 턱, 정명환의 양 다리에 있는 멍든 자국, 송언필의 허리 상처 등을 감정했는데, 김창선이 원래부터 오른팔의 굴신(屈伸)[118] 이 어려워 롤러 회전이 불가능하다는 주장이 사실인지의 여부와 신광범, 박상근, 정명환, 송언필의 상처가 경찰에서 고문을 받아 생긴 것인지의 여부에 대해 재판장을 비롯한 판검사, 변호사, 방청자의 입회 아래 약 50분에 걸쳐 검진이 있었다. 그리고 백인제는 검진 결과를 추후에 정식 서류로 재

---

117) 조사 신청은 변호사단만 했는데, 각 사항에 대한 채택 여부를 모두 알 수 있는 자료가 부족하므로 신청 내역만을 열거하겠다.

118) 굽혔다 펴기.

판장에게 제출하기로 했다. 다음으로 공병우 의사는 송언필의 눈을 검진했는데, 고문으로 왼편 시력을 거의 소실할 지경에 이르렀다는 송언필의 주장이 맞는지의 여부를 검진하기에는 의료 기구가 불충분하여 9월 18일 오전 10시 경성대학교 의학전문대학 병원에서 다시 정밀 검진을 하기로 했으며, 역시 검진 결과는 추후에 문서로 제출하기로 했다.

10월 3일 백인제, 공병우는 정밀 감정 결과를 문서로 제출했다.[119] 백인제의 「감정서」에 따르면 우선 김창선의 오른손 손목은 관절 굴신 운동에 별 지장이 없으며, 엄지손가락은 굴곡(屈曲)[120] 운동을 못하므로 제판용 인쇄기 모터가 직경 1.5cm 이하라면 불가능할 것이나 왼손의 보조를 얻으면 사용할 수 있을 것이라고 했고,[121] 신광범, 정명환의 하퇴부의 반점은 고문 등 외상에 의한 것이 아니라 자연 발생한 것이거나 또는 곤충 등에 물린 상처라고 판정을 내렸으며, 송언필, 박상근의 요통은 하등의 이상을 발견할 수 없다고 했다.[122] 또한 공병우의 「감정서」에 따르면 송언필의 양안에는 외상으로 입은 상처가 전혀 없으며 왼쪽 눈은 의학상으로 원인 불명한 노인성 백내장이 수개월 전부터 발생되어 진행 중에 있다고 했다.[123] 이로써 김창선이 오른손 장애로 인해 징크판 재생 및 제작 작업이 불가능했다는 주장과 신광범, 정명환, 박상근, 송언필의 상처 및 장애가 고문에 의한 것이라는 주장은 감정인의 검진에 의해 증명되지 못했다.

---

119) 「공당원 위폐 사건/고문은 빨간 거짓말/의사의 감정 결과로 판명」, 『동아일보』, 1946. 10.5.
　　 「허헌 씨 변호 출정 취소/위폐 공판 7일 속개」, 『조선일보』, 1946.10.5.
　　 「정판사 위폐 공판 7일에 속개」, 『한성일보』, 1946.10.5.
　　 「위폐 피고에 대한 경찰 고문은 무근/백, 이 양 공의 진단 결과」, 『대동신문』, 1946.10.6.
120) 구부리기.
121) 서울지방심리원, 「논고 요지」, 『위폐사건 공판기록』, 대건인쇄소, 1947, 63쪽.
122) 서울지방심리원, 「논고 요지」, 『위폐사건 공판기록』, 대건인쇄소, 1947, 21쪽.
123) 서울지방심리원, 「논고 요지」, 『위폐사건 공판기록』, 대건인쇄소, 1947, 20~21쪽.

제14회부터 제19회 공판까지는 증인들을 소환하여 심문했다. 9월 17일 제14회 공판에서는 미국인 경무부장 매글린 대령 및 통역 장교 클레어런스 윔스 주니어(Clarence Norwood Weems Jr., 魏大賢) 소령, 9월 18일 제15회 공판에서는 CIC 수사관 리처드 킬린(Richard C. Killin), 사법부 연락장교 존 맥마혼(John E. McMahon) 대위, 정판사 공장장 안순규, 9월 20일 제16회 공판에서는 조선단식인쇄주식회사 인쇄직공 윤경옥, 경무총감 장택상, 김광수, 9월 24일 제17회 공판에서는 조선은행 발행과장 오정환, 본정경찰서장 이구범, 조선서적인쇄주식회사 제판주임 김한규, 뚝섬 위폐 사건 피의자 배재룡, 9월 26일 제18회 공판에서는 정판사 재무과장 이필상, 9월 30일 제19회 공판에서는 하필원, 인왕청년동맹원 원영규, 경서청년회원 이균이 등청하여 증인 심문을 받았다. 증인들의 주요 증언을 정리하면 표 3-15와 같다.

표 3-15. 정판사 '위폐' 사건 증인들의 주요 증언 내용

시기	증인	주요 증언 내용
9.17. 제14회 공판	미국인 경무부장 매글린	(1) 김창선의 진술을 바탕으로 한 경찰로부터 위조지폐 사건 조견표 2매(증 제95호 및 제94호)와 같이 복잡한 것을 경찰이 지어서 하였다고는 할 수 없다. 또한 조선정판사에서 위폐 시험 인쇄할 때 직접 가서 보았는데 그 만든 것이 조선은행권 백 원권 자색판 인쇄물 1매(증 제97호)급 동 백 원권 4도쇄한 것 1매(증 제98호)이다. 또한, 증인으로 안순규를 불러 물어보았는데, 일요일 조선정판사에 들어갔더니 인쇄하던 것을 가리고 하여 지폐를 인쇄한 것이 아닌가 의심을 가졌더니 자세히 자백하였는데 나중에 그 일부를 부인하였으나 상기 위조지폐 사건 조견표와 압수한 징크판과 인쇄 실험하여 본 것과 증인의 말을 종합하여 볼 때 본건 범죄는 사실이 틀림없으리라고 생각한다. (2) 본정서에서 이 사건 취조 중 이시영, 안미생 양 씨에게 증거물을 보여 줬다는 것은 처음 듣는 말이다. (3) 경찰에 사건 수사를 지시할 때 "이 사건은 중대 사건이니 구금 기일에 구애치 말고 철저히 조사하라"고 명령했다는 말이 있으나 나는 "현행 법규 내에 규정된 기일 내에서 철저히 조사하라"고 하였지 위법까지 하여 가며 취조하라는 특별 명령은 절대로 한 일 없다.[124]
9.17. 제14회 공판	통역장교 윔스 소령	(1) 김창선, 안순규를 군정청 경무부에서 취조할 시에 조선인 경찰 관계자 조병옥, 장택상, 노덕술이 입회할 때에는 위폐를 인쇄하였다는 사실을 시인하고, 이상 3인을 퇴석시키고 미인들만이 취조할 시에는 위폐 인쇄 사실을 부인하였다.[125]

124) 「증인 심문에 나타난 피고의 범죄 사실/17, 8 양일의 위폐 공판」, 『대동신문』, 1946.

표 3-15. 계 속

시기	증인	주요 증언 내용
9.18. 제15회 공판	CIC 수사관 킬린	(1) CIC에서 이 사건을 수사하게 된 동기와 목적은 정판사 위폐 사건이 단순히 개인의 범죄가 아니고 일반 사회나 경제계에나 군정에 중대 영향이 되는 사건이므로 CIC에서 제24군단 정보부의 명령에 의하여 조사하게 된 것이다. (2) 수사 과정에 대해 말하자면 본인이 직접 본정경찰서에 가서 여러 가지 증거물을 조사하고 또 부하를 시켜서 박낙종, 김우용을 제외한 전 피고인을 신문하였다. 또 법령 제55호에 의하여 조선공산당에서 재정의 수입 지출에 관하야 보고한 것을 조사한즉 여간 적은 것이 아니고, 따로 CIC에서 압수한 재정 장부를 조사한즉 법령 제55호에 의하여 보고한 것보다 훨씬 많은 금액이 수입 지출되어 있었다. CIC에서는 그 정도로 조사하고 그 후로는 검사가 조사하여서 CIC에서는 조사하지 아니하였으며, CIC에서 압수한 조선공산당 중앙위원회 재정부 금전출납부는 영문으로 번역한 후에 공산당원 김광수 입회하에 동 당원 김재술에게 반환하였다. (3) CIC에서 조사한 것이 완전하다고는 생각할 수 없으나 조사 결과 범죄가 확실하다고 생각하였다. 그 이유는 지폐 인쇄의 기회와 설비가 넉넉하고 김창선이 징크판을 가지고 사용한 것이 확실하고 또 김창선이 여러 가지로 범죄 내용을 자세히 말한 것 등인데 본인의 생각을 미국의 격언으로 말하면 모 건물 지하실에서 연기가 많이 나는데 어느 부엌에서 피운 연기인지는 확실치 못하다는 것이다. 완벽한 증거가 없는 만큼 무엇이라 말할 수는 없다. (4) 경찰의 고문에 의하여 자백하였다고 하지만 고문을 받았다는 기한 중에 CIC에서도 취조를 한 일이 있는데 그때 내가 보기에는 고문을 받은 것 같지는 않았다. 만일 일개인의 죄상이 없다 하더라도 공산당과 다른 동무들의 영향을 생각하여서라도 허위 자백은 못 할 것이라고 생각한다. (5) 이 사건을 일부에서는 공산당에 덮어씌우기 위해 만든 허구한 사실이라고 선전하고 있는 모양인데 그런 일은 절대로 없으리라고 생각한다.[126]
9.18. 제15회 공판	사법부 연락장교 맥마흔	(1) 나는 CIC에서 압수한 조선공산당 중앙위원회 재정부 금전출납부 영문 번역본을 봤는데, 법령 제55호에 의하여 보고된 것과 다를 뿐만 아니라 이관술 개인 명의로 작년 추동으로부터 금년 5월경까지 사이에 전후 20여 회에 걸쳐 매회 회비나 기부금 수입이 아닌 1만 원 내지 10만 원의 금액이 지출 재원이 떨어질 만하면 입금된 것으로 군데군데 기재되어 있어서 이상하게 생각하였다.[127]

9.19.

「장기 구금 명령한 일 없다/맥 경무부장의 주목되는 진술」,『독립신보』, 1946.9.19.

서울지방심리원,「판결」,『위폐사건 공판기록』, 대건인쇄소, 1947, 129~130쪽.

125) 박수환,『소위 '정판사위폐사건'의 해부』, 아세아서점, 1947. 14쪽.

126)「증인 심문에 나타난 피고의 범죄 사실/17, 8 양일의 위폐 공판」,『대동신문』, 1946. 9.19.

「CIC 미 장교 증인 신문/위폐 공판」,『자유신문』, 1946.9.19.

「주목되는 미군인 증언/18일 위폐 제15회 공판」,『조선일보』, 1946.9.19.

「공당원 위폐 사건 제15회 공판/정치적 배경 있다」,『동아일보』, 1946.9.20.

서울지방심리원,「판결」,『위폐사건 공판기록』, 대건인쇄소, 1947, 130~131쪽.

127) 서울지방심리원,「판결」,『위폐사건 공판기록』, 대건인쇄소, 1947, 139쪽.

표 3-15. 계 속

시기	증인	주요 증언 내용
9.18. 제15회 공판	정판사 공장장 안순규	(1) 단지 박낙종 외 수인의 행동이 수상하다고 생각한 적은 있었으나 2월 10일 위폐 인쇄 현장을 목격하였다고 한 것은 전부 허위 진술이다. 사실 정판사 공장 에서의 그러한 위폐 행위는 전혀 보지도 못했고 알지도 못하는 일이다. (2) 허위 진술을 한 이유는 경찰의 고문이 무서워서였다. 경찰서에서의 검사의 취조는 안온하였으나 경찰의 고문이 두려웠고, 검사국에서는 원칙으로는 그렇 지 아니하나 만약 보지 않았다고 부인하면 경찰로 다시 보낼까 두려워 시인하였 다. 석방된 후 7월 18일 검사가 취조할 때 처음에는 목격하지 않았다고 하였더 니 주먹으로 양 뺨을 3차례나 강타하고 구류장 용지를 한 장 책상 위에 내놓으 며 "위증을 하면 법령 제19호에 의하여 군정재판에 회부한다"고 함으로 정직한 진술을 들어주지 않는 것이 야속하여 또 허위 진술을 하였다. 조재천 검사가 목 격기를 써서 가져오라고 해서 변호사에게 상의할 의사도 없이 써서 제출하였다. 앞으로는 재판장 앞에서 정직하게 말하겠다. (3) 검사에게 "목격한 사실을 말하는 것은 공산당에 불리한 결과가 되므로 당에 서 내 자신 또는 가족을 살해할지도 모른다"고 말한 적이 있으나 그러나 나로 서는 하등 여기에 위협을 받아 부인하는 것은 아니다. (4) 본정서에서 다른 피고들과 달리 본인만 우대를 받아 그것을 유혹한 것으 로 생각하고 석방 후 최난수 수사주임 집을 가족을 시켜 방문케 하여 빚 갚은 셈 으로 물품을 갖다 준 일이 있었다.[128]
9.20. 제16회 공판	조선 단식인쇄 주식회사 인쇄직공 윤경옥	(1) 1945년 9, 10월경 이기훈이 와서 징크판을 살 사람이 있으니 구해 달라고 하여 홍사겸에게서 얻은 백 원권 징크판 1매를 팔기 위해 1946년 2월 20일경 이기훈의 집에서 살 사람 방 모를 만났으나 징크판이 마멸되어 선명하지 못하다 고 하여 목적을 달성하지 못하였다. (2) 본인은 5월 20일경부터 7월 9일 송국 시까지 피고 김창선과 본정서에서 같 은 감방에 있었다. 김창선이 고문당한 흔적이나 상처를 본 일은 없지만 김창선 의 입을 통해 수건으로 코를 막고 물을 먹이는 고문을 당했다는 이야기를 십 수 차 들었으며, 김창선의 안색으로 보아 고문당한 것 같은 태도를 볼 수가 있었다. 또 김창선은 자신은 뚝섬 사건에는 관계가 있으나 정판사 사건은 전연 알지도 못하는데 고문으로 인하여 그와 같이 진술하였다고 말하였다. 그리고 5월 28일 저녁에 최난수 수사주임이 "너희들은 죽어서 나갈 줄 알아라"는 등의 말을 하였 다고 하였다.[129]

128) 「현장 목격을 부인/공장장 안순규 증언/정판사 15회 공판」, 『독립신보』, 1946.9.20.
「목격 증언을 부인/공장장 안순규의 진술/위폐 공판 제15회」, 『서울신문』, 1946. 9.20.
「위폐 인쇄 목격 운운은 허위로 한 증언/문제의 안순규 위증죄로 구금」, 『자유신문』, 1946.9.20.
서울지방심리원, 「논고 요지」, 『위폐사건 공판기록』, 대건인쇄소, 1947, 29쪽, 40쪽.
129) 「증인 신문 준열/위폐 공판 백중화」, 『대한독립신문』, 1946.9.21.
「증거 신문을 제출/증인 윤경국 등을 심문/위폐 공판 16회」, 『서울신문』, 1946.9.21.
「유치장에서 본 김창선/한 방에 유치되였든 윤경옥 증언/위폐 공판」, 『자유신문』, 1946.9.21.
「추측적인 증언/위폐 공판 제15일」, 『조선일보』, 1946.9.21.

표 3-15. 계 속

시기	증인	주요 증언 내용
9.20. 제16회 공판	경무총감 장택상	(1) 본정서에서 본 사건을 취조하던 중에 이시영, 안미생 씨에게 증거물을 제시한 것은 전혀 알지 못했고, 나도 신문에서 비로소 알고 조사해 보았는데 신문기자와 김광수 씨 등 좌익 진영 사람들에게도 제시한 일이 있으니 별로 문제될 일이 아니다. (2) 경찰서에서 60일 이상 구금한 것은 일제 시 「법령행정집행령」 제1조에 의하면 10일씩 얼마라도 갱신할 수 있으며 또 군정하에 있는 현재 나의 견해로서는 절대로 위법이 아니라고 생각한다. (3) 피고들에 대한 경찰의 고문 문제는 김광수 씨가 와서 고문을 한다고 하여 조사해 본 결과 고문한 사실은 없으며 취조하는 중 뺨을 좀 때리거나 잠을 못 자게 하는 것쯤은 고문이라고 생각지 않는다.[130]
9.20. 제16회 공판	김광수	(1) 정판사에서 위폐 인쇄가 불가능하다고 말한 것은 그 설비로 인쇄가 불가능하다는 것이 아니고 시간과 그 인원으로는 발표된 전액을 인쇄할 수 없다는 의미이다. (2) 정판사에 조선공산당 본부가 이사 온 것은 금년 정월 중이다.[131]
9.24. 제17회 공판	조선은행 발행과장 오정환	(1) 조선은행권 발행고는 작년 8월 15일 해방 직전에 48억이었는데 같은 해 9월 3일경에는 37억 원이 증가되어 85억 원이 되었고, 금년 9월 23일 현재는 100억 원이다. 그리고 조선은행에서 발견된 위폐는 10계통 40여 종이나 되는데 작년 11월 12월에 상당히 많이 발견되었고 금년 1월에 약간 적어졌다가 3월, 4월에 갑자기 늘어서 최고 110여만 원을 발견했다. 그리고 위폐 인쇄 기술이 날이 갈수록 향상하여 4월경에 발견된 것은 은행 담무자조차 감별하지 못했던 만큼 우수하다. (2) 김창선이 조선은행에 가서 자기네가 위조했다고 골라낸 위폐 33매(증 제45호)(이하, 선별권)와 5월 28일 정판사에서 시험 인쇄한 지폐 1,335매(증 제39호)(이하, 시쇄권)가 같은 징크판에 의해 인쇄된 것인지의 여부에 대해서 감정한 결과, 선별권은 인쇄 선도와 그 색채의 농담이 여일치 않다. 위폐와 경찰 시쇄권과는 흑색판에 있어서는 색채의 감각이 다른데 색채가 시쇄권이 진하고 위폐는 옅고, 청색판에 있어서는 차이가 없으나 이면 자색판에 있어서는 시쇄권은 징크판의 마멸과 기술적 졸렬로 인쇄가 불충분한데 위폐는 진폐보다도 오히려 선명하다. 그리고 전체적으로 보아 시쇄권 찍은 징크판이 위폐를 찍은 징크판보다도 더 마멸된 것 같다. 종합적으로 볼 때 두 지폐를 찍는데 사용된 징크판은 완전히 동일한 판이라고는 볼 수 없으나 같은 종류라고 할 수 있으며 둘 다 정판사에 있었던 것으로 볼 수 있다.[132]

「증인 신문 계속/위폐 사건 공판」, 『독립신보』, 1946.9.22.

130) 「증인 신문을 계속/장택상 경무총감도 출정/정판사 공판」, 『서울신문』, 1946.9.22.

131) 「장 경무총감 등 증인 신문/위폐 사건 16회 오후 공판」, 『독립신보』, 1946.9.22.

132) 「조은 발행과장 오장환 씨 심문/정판사 사건 제17회 공판」, 『독립신보』, 1946.9.25.
「공당원 위폐 사건 제17회 공판/정판사 위폐가 명확/조은 발행과장 오정환 씨의 증언」, 『동아일보』, 1946.9.25.
「진위폐의 감정 본격화/위폐 공판에 조은 전문가 출정」, 『자유신문』, 1946.9.25.
「동종의 찡크판/정판사에 있는 것이다/조선은행 오 발행과장 중대 증언/위폐 사건 공판 새 단계로 진전」, 『조선일보』, 1946.9.25.

표 3-15. 계 속

시기	증인	주요 증언 내용
9.24. 제17회 공판	본정 경찰서장 이구범	(1) 이시영 씨, 안미생 씨에게 증거물을 보이게 된 것은 군정청 미인 경무부장 매글린 씨와 군정 고관이 증거물을 보러 온다고 기별이 있어 증거물을 준비해 놓았는데 때마침 우중에 이시영 씨의 일행이 오셨기에 보여 준 것뿐이며 절대로 계획적으로 보인 것이 아니다. 안미생 씨는 신문에서 보고 나서야 비로소 이시영 씨와 같이 온 여자가 안미생 씨라는 것을 알게 되었다. (2) 피고들에 대한 고문은 없었다. 고문에 대해서는 항시 그런 일이 없도록 부하들에게 누누이 훈시도 하고 엄벌에 처하겠다는 엄명을 내렸으므로 절대로 고문 사실은 없으리라고 확신한다. (3) 60일 이상 피고들을 구금한 것은 10일은 법규상 구류할 권한이 있는 것이며 그 이상은 장택상 경찰청장의 지시에 따라 계속 구류 취조한 것이다. (4) 김창선을 체포한 다음 날 내 자신이 취조한 결과 김창선은 "정판사에서 위폐를 많이 박았는데 이것은 사리사욕을 채우려고 한 것이 아니라 상부의 명령에 의하여 그러한 것이다"라고 하였다. 또 사건에 대해 피고 신광범을 노덕술 과장과 나와 3인이 심문했는데 그때 신광범의 진술로 보아 이 사건은 사실이 틀림없다고 믿게 되었다.[133)
9.24. 제17회 공판	조선 서적인쇄 주식회사 제판주임 김한규	(1) 한 가지 색 잉크가 건조하지 않는데 어떻게 하룻밤에 4색을 계속 인쇄할 수 있느냐고 주장한 피고인도 있는데, 잉크에 '드라이어'라는 건조 잉크를 혼입 사용하면 4색을 연속 인쇄한 후 곧이어서 재단까지 할 수 있으며 일본인이 인쇄할 때도 그리하였다.[134) (2) 석유로 닦은 징크판이므로 판 수명이 짧아 100원권 1,200만 원분, 즉 100원권 20매 대의 용지 6,000매를 인쇄할 수 없다고 말한 피고인도 있는데, 새 판이면 20,000매까지 인쇄할 수 있다.[135)
9.24. 제17회 공판	뚝섬 위폐사건 피의자 배재룡	(1) 나는 안순규와 약 50일간 경찰서 한 감방에 있었는데 동인의 말이 금년 어느 공일(空日)날 활판부 과장 김 모를 만나러 갔더니 그 사람이 외출하고 없었으므로 귀로에 조선정판사에 들렀더니 평판과에서 일을 하다가 무엇을 덮고 감추는 것을 보았다고 하더라.[136)
9.26. 제18회 공판	정판사 재무과장 이필상	(1) 나는 조선정판사 영업과장이며 장부 책임자이었던 사람인데 조선공산당 본부가 조선정판사로 이전하여 온 것이 작년 11월로 생각되나 퍽 오랜 일이 되어서 기억이 자세치 못한데 정확히 작성된 증 제9호 금전출납부 급 제18호 빌딩 관계 장부의 기재를 보면 3월 26일부로 조선공산당 본부 가임 자 서기 1945년 11월지 1946년 3월 분 금 1만 원 입금으로 되어 있고, 조선공산당 본부가 이전하여 온 달은 일수가 얼마 되지 않아 가임을 면제한 사실로 미루어 보면 조선공산당 본부가 조선정판사로 이전하여 온 것이 작년 10월 하순이 틀림없다.[137)
9.30. 제19회 공판	하필원	(1) 박낙종과 함께 1945년 10월 24일 서울을 출발하여 자동차 고장으로 도중 충주, 김천, 거창, 진주 등지에 숙박하고 11월 5, 6일경 귀경하였다.[138)
9.30. 제19회 공판	인왕청년 동맹원 원영규	(1) 1945년 12월 말 당시 인왕청년동맹원 10여 명이 조선정판사를 옥내 옥외에서 경비한 사실이 명백하다.[139) 사무실과 수위실에서 불 쪼이면서 좌담식으로 시간 보내면서 경비하고 공장 내부에 들어간 일은 없다. 경비원은 보통 7인인데 졸리면 들어가 잔다.[140)
9.30. 제19회 공판	경서 청년회원 이균	(1) 1945년 12월 25일부터 동 31일까지 송언필에게서 한글 강습을 받았다.[141)

133) 「조은 발행과장 오장환 씨 심문/정판사 사건 제17회 공판」, 『독립신보』, 1946.9.25.

그런데, 공판정에 출석한 증인들 중 안순규와 이균은 위증죄로 검사의
조사를 받고 재판에 회부되었다.

우선 경서청년회원 이균은 9월 30일 제19회 공판에서 증인으로 출석하
여 "1945년 12월 25일부터 동 31일까지 송언필에게서 한글 강습을 받았
다"고 진술했는데, 이에 윤수중 검사는 이균을 위증죄로 기소했다.

이균의 위증죄 제1회 공판은 10월 11일 오전 10시 서울지방법원 제3호
법정에서 개정되었다.[142] 이날 공판정에는 같이 강습을 받았다는 심광범,
김순재, 윤교중 등이 증인으로 출석하여 "한글강습회를 개회한 일이 전혀
없었다"고 증언했으며, 이균도 "사실은 강습을 받은 일이 없었는데 신문에
내 이름이 나왔기에 다른 사람과 상의하여 강습회가 있었다고 허위 진술
하였다"라고 범행 사실을 시인했다. 이어서 윤수중 검사는 이균에게 위증
죄로 징역 1년을 구형했다. 이에 10월 16일 개정된 언도 공판에서 재판장
이근상 판사는 징역 6개월을 선고했다.[143]

「공당원 위폐 사건 제17회 공판/정판사 위폐가 명확/조은 발행과장 오정환 씨의 증언」,
『동아일보』, 1946.9.25.

「동종의 쩽크판/정판사에 있는 것이다/조선은행 오 발행과장 중대 증언/위폐 사건 공
판 새 단계로 진전」, 『조선일보』, 1946.9.25.

134) 서울지방심리원, 「논고 요지」, 『위폐사건 공판기록』, 대건인쇄소, 1947, 64쪽.

135) 서울지방심리원, 「논고 요지」, 『위폐사건 공판기록』, 대건인쇄소, 1947, 64쪽.

136) 서울지방심리원, 「판결」, 『위폐사건 공판기록』, 대건인쇄소, 1947, 119쪽.

137) 서울지방심리원, 「논고 요지」, 『위폐사건 공판기록』, 대건인쇄소, 1947, 69쪽.
박수환, 『소위 「정판사위폐사건」의 해부』, 아세아서점, 1947, 45쪽.

138) 박수환, 『소위 '정판사위폐사건'의 해부』, 아세아서점, 1947, 42~43쪽.

139) 위의 책, 22쪽.

140) 서울지방심리원, 「판결」, 『위폐사건 공판기록』, 대건인쇄소, 1947, 132쪽.

141) 서울지방심리원, 「논고 요지」, 『위폐사건 공판기록』, 대건인쇄소, 1947, 71쪽.

142) 「정판사 사건 위증죄 공판」, 『독립신보』, 1946.10.12.
「위증죄로 1년 구형/위폐 공판 이 증인에」, 『서울신문』, 1946.10.12.
「공당원 위폐 공판에 위증/이균에 1년을 구형」, 『한성일보』, 1946.10.12.

또한 조선정판사 공장장 안순규는 경찰과 검사국에서는 정판사에서 인쇄 현장을 목격했다고 진술했다가 9월 18일 제15회 공판에서 증인으로 출석하여 그간의 진술은 고문으로 허위 진술한 것이며 목격한 사실이 전혀 없다고 부인했는데, 검사국에서는 안순규를 위증죄로 고발하여 공판의 폐정과 동시에 즉시 구금령을 내려 수감하고 19일부터 정시윤 검사가 취조를 시작했다.

안순규의 위증죄 제1회 공판은 10월 15일 오전 10시 30분 서울지방법원 제4호 법정에서 개정되었다.[144] 안순규는 박원삼 재판장의 심문에 다음과 같이 진술했다.

지난 5월 9일 본정서에 검거되어 팔을 묶어 놓고 물을 먹이고 때리는 등 고문을 하여 이를 이기지 못하고 목격하였다고 허위 진술했고, 검사가 경찰서에 와서 취조를 할 때에는 이전 진술을 부인하자 따귀를 때리고 구류장을 내보이며 군정 재판에 회부한다고 하여 허위 진술을 하였다. 석방된 후에는 허위 진술을 한 양심의 가책으로 자신의 처자에게도 수차 그 이야기를 하였으며, 또 신광범 피고 자택에도 찾아 가서 신광범의 모친[145]과 부인에게 뉘우치고 사과하였다. 이

143) 「위폐 사건 위증범/이균 6개월 언도」, 『대동신문』, 1946.10.17.
　　　「정판사 관계 위증죄 언도」, 『독립신보』, 1946.10.17.
　　　「이균 6개월 언도」, 『자유신문』, 1946.10.17.
144) 「안순규 위증 공판」, 『자유신문』, 1946.10.15.
　　　「절대로 현장 본 일 없오/공장장 안순규의 위증 공판/정판사 관련 공판」, 『독립신보』, 1946.10.16.
　　　「목격한 사실은 업섯다/위폐 사건 위증한 안에 1년 구형」, 『자유신문』, 1946.10.16.
145) 신광범 모친의 진술에 대한 기사 내용은 다음과 같다. "이 사건이 송국되고 4, 5일이 경과한 후에 안순규는 우리 집에 왔다. 그는 대문에 드러서면서부터 눈물을 흘리면서 자기는 정신병자이오니 관대한 용서가 있기를 바란다 하면서 사실은 경찰의 고문에 이기지 못하여 전부를 허위 자백하였고 군정청에 가서도 역시 같은 진술을 하였으니 백 번이나 죽여달라고 하기에 남자로서 백 번 죽드라도 사실이 없는 것을 진술하였느냐고 하였드니 그러니까 정신병자이지요 하고 통곡하면서 백배사죄하였다"(「목

제는 죄의 중경을 염두에 두지 않으므로 사실대로 양심적으로 진술한 것이다.

변호사는 10여 명의 증인을 신청했지만 재판장은 이를 전부 각하했고, 이어서 정시윤 검사는 형법 제169조 위반의 위증죄로 징역 1년을 구형했다. 10월 19일 개정된 언도 공판에서 재판장은 구형과 마찬가지로 징역 1년을 선고했다.[146) 이에 안순규는 1심 판결에 불복하여 10월 25일 상고했는데,147) 3개월 이상이 지난 1947년 1월 28일 고등심리원 이상기 재판장은 상고를 기각했다.148)

제21회부터 제23회 공판까지는 7월 6일 경찰에 의해 체포되어 수사를 받다가 8월 12일 검사국으로 송국되어 8월 21일 기소되었지만 박낙종 등 다른 피고들과 병합하여 심리를 받지 못한 채 2개월 가까이 기소 상태로 수감되어 있던 이관술에 대한 단독심리가 진행되었다.

이관술은 기소 내용, 박낙종 외 8명의 피고에 관한 경찰관 및 검사의 신문조서와 증인 안순규, 이영개의 청취서, CIC 미국인 증인의 청취서, 공판조서, 현장검증 결과 등에 나와 있는 모든 혐의 사실을 부인했다. 또한 이관술은 무죄를 입증할 만한 근거로서 다음과 같이 진술했다.149)

격자 담은 위작/피고 신광범 모친 담화」, 『조선인민보』, 1946.8.24.).
146) 「안순규에 1년 언도」, 『경향신문』, 1946.10.20.
　　「안순규 징역 1년」, 『대한독립신문』, 1946.10.20.
　　「안순규 1년 언도」, 『독립신보』, 1946.10.20.
　　「위증죄로 안순규에 1년 언도」, 『서울신문』, 1946.10.20.
　　「안순규 1년 언도」, 『자유신문』, 1946.10.20.
147) 「안순규 상고」, 『서울신문』, 1946.10.26.
　　「안순규 불복 상고」, 『자유신문』, 1946.10.26.
148) 「위증 공판」, 『현대일보』, 1947.1.29.
　　「안순규 위증죄/상고 기각의 판결」, 『경향신문』, 1947.1.30.
　　「정판사 사장 상고 기각」, 『대한독립신문』, 1947.1.30.
　　「안순규 상고 기각」, 『서울신문』, 1947.1.30.

(1) 10월 하순 위폐 인쇄를 했다는데, 나는 작년(1945) 10월 15, 16일경부터 27, 28일경까지 평양으로 안기성과 여행을 했으므로 서울에 있지 않았다.

(2) 10월 하순경에는 박낙종과 인사한 적도 없었고 정판사가 있는 근택빌딩으로 조선공산당 본부가 이전한 뒤에서야 비로소 박낙종을 알게 되었다.

(3) 10월 하순경은 당 본부를 아직 정판사로 옮기기 전이었다. 조선공산당이 근택빌딩으로 이사 온 것은 10월 말이 아니고 적어도 11월 말일쯤이었다.

(4) 당의 재정은 퍽 곤란하다. 민전 주최 기념행사는 각 산하 정당이 분배하여 지출했고, 공산당 독자적 주최는 지난 4월 18일 당 창립 20주년 기념행사밖에 없다고 생각된다. 당비가 부족하여 나도 개인적으로 4만 원가량 사재를 털어 낸 적이 있다.

한편, 이관술은 제1차 위폐 인쇄가 있었다는 10월 하순에 자신이 서울에 없었다는 사실을 증명하기 위해서, 10월 하순에 자신과 함께 평양에 갔던 안기성과 자동차 운전수 문두련을 증인으로 신청했다. 또한 조선공산

---

149) 「타 피고와 병합 심리 신청/작일 이관술 제1회 공판 개정」, 『경향신문』, 1946.10.18.
　　「조공 재정부장 부인/이관술의 공판」, 『대한독립신문』, 1946.10.18.
　　「범행 사실을 전연 부인/이관술 제1회 공판」, 『독립신보』, 1946.10.18.
　　「이관술 제1회 공판 개정」, 『서울신문』, 1946.10.18.
　　「공판 바들 이유 업다 진술/위폐 사건 관계 이관술 심리 개시」, 『자유신문』, 1946.10.18.
　　「종시일관 "몰으겠오"/병합 심리 요구를 거절/이관술 씨 1회 공판」, 『조선일보』, 1946.10.18.
　　「위폐 사실 점차 명확/이관술 제1회 공판 개시」, 『한성일보』, 1946.10.18.
　　「이관술 심리 준열/증거품 제시와 논답 백열/위폐 공판」, 『대한독립신문』, 1946.10.19.
　　「반증 들어 무죄 주장/이관술의 제1일 오후 공판」, 『독립신보』, 1946.10.19.
　　「이관술 공판 제2일」, 『서울신문』, 1946.10.19.
　　「이관술 공판」, 『한성일보』, 1946.10.19.
　　「이관술 공판/21일에 구형」, 『경향신문』, 1946.10.20.
　　「증인들의 증언을 제시/위조지폐 공판 21일에 론고」, 『자유신문』, 1946.10.20.

당 본부가 10월 말경 근택빌딩이 아니라 안국동 행림서원 건물에 입주해 있었다는 것을 입증하기 위해 건물 주인이자 정기섭병원 원장인 정기섭과 효자동 77의 7에 거주하는 이창훈, 11월 초순경 자신과 안국동에서 만나기 위해 연락을 취했던 김창숙을 각각 증인으로 신청했다.

이에 10월 19일 제23회 공판에 증인으로 출석한 행림서원 주인 정기섭의 장남 정영기는 행림서원 건물 2층은 좌익 계통 사람들의 왕래가 심했는데, 1945년 12월 15일경 일부가 이전한 것으로 생각되며, 2층 전부가 이전한 것은 1946년 1월 중이라고 생각된다고 진술했다.[150]

제24회 공판은 10월 21일 오전 10시에 개정되어[151] 먼저 이관술에 대한 최종 심리로 들어갔다. 이관술은 안순규의 위증죄 유죄판결이 정판사 '위폐' 사건을 유죄로 전제한 것이라며 강력하게 항의했고, 양원일은 안순규 위증 사건 판결과 정판사 '위폐' 사건의 유무죄 판결은 관계가 없다고 답

---

150) 「증인 계속 신문/이관술 3회 공판」, 『대한독립신문』, 1946.10.20.
　　　「이관술 제3일 공판/김창숙 씨 등 증인 신청」, 『독립신보』, 1946.10.20.
　　　「이관술 3회 공판」, 『조선일보』, 1946.10.20.
151) 「이관술 제4회 공판」, 『경향신문』, 1946.10.22.
　　　「이관술 심리 끝나고 정판사 사건은 검사 논고로」, 『독립신보』, 1946.10.22.
　　　「공당 위폐 공판 심리를 완료」, 『동아일보』, 1946.10.22.
　　　「검사, 유죄 논고/위폐 공판 사건 심리 종결」, 『서울신문』, 1946.10.22.
　　　「이관술에 무기 구형/신광범, 박상근에 15년/정판사 위폐 사건」, 『조선일보』, 1946. 10.22.
　　　「이관술 이 3명 무기 구형/위폐 사건 피고 10명의 심리 종료」, 『경향신문』, 1946.10.23.
　　　「위폐범에 중형 구형/최고 무기, 최저 10년」, 『대동신문』, 1946.10.23.
　　　「조공 위폐단에 중형/이관술은 무기」, 『대한독립신문』, 1946.10.23.
　　　「최고 무기에 최저 10년/정판사 사건 중형 구형」, 『독립신보』, 1946.10.23.
　　　「이관술 등에 무기/공당원 위폐 피고 9명에 중형 구형」, 『동아일보』, 1946.10.23.
　　　「이관술 등에 무기 구형/변호사 변론은 24일」, 『서울신문』, 1946.10.23.
　　　「무기 등 중형을 구형/위폐 공판 검사 논고」, 『자유신문』, 1946.10.23.
　　　「정판사 위폐 사건 논고 구형」, 『한성일보』, 1946.10.23.

했다. 이어서 재판장은 전회 공판에서 피고와 변호사 측에서 신청한 증인 및 증거물은 재판부에서 합의한 결과 별 필요 없다고 판단했다며 각하했고, 이로써 이관술의 심리를 마쳤다.

다음으로 오전 11시경 박낙종 외 8인의 피고 전부가 입장하여 합석 심리가 이루어졌다. 재판장은 약 3시간에 걸쳐 이관술에 대한 경찰과 검찰의 신문조서 및 공판정에서의 심리 경과, 기타 증인에 대한 신문조서, 정판사 및 본정경찰서 현장검증, 고문 상처의 감정 결과, 물적 증거 등을 모두 제시하고 설명했으며, 이에 대하여 각 피고의 간단한 의견 진술이 있었고 이로써 피고 10인 전원의 심리 종료가 선언되었다.

이어서 오후 2시경부터 검사의 논고가 시작되었다. 먼저 김홍섭 검사가 서론을 말했고, 다음으로 조재천 검사가 본론을 말한 후 통화위조동행사죄로 이관술, 박낙종, 송언필, 김창선에게 무기징역, 신광범, 박상근, 정명환에게 징역 15년, 김상선, 김우용, 홍계훈에게 징역 10년을 구형했다.

검사의 구형이 끝나자 피고 송언필은 "잘한다"라고 말하며 허허 웃었고, 방청석에 있던 피고들의 가족들로부터는 울음이 터져 나오는 가운데 오후 6시경 공판은 폐정되었다.

제25회 공판부터 제28회 공판까지는 변호인들의 변론과 피고들의 최후 진술로 진행되었다.

우선 변호인들의 변론을 살펴보면, 10월 24일 제25회 공판에서는 김용암, 한영욱, 오승근 변호사, 10월 25일 제26회 공판에서는 강혁선, 이경용 변호사, 10월 31일 제28회 공판에서는 백석황 변호사가 변론했다. 이들은 모두 여러 가지 근거를 들어 피고의 무죄를 주장했다. 특히, 김용암의 변론은 가장 상세하며 논리적이었는데, 김용암의 변론을 기초로 후일 「상고이유서」가 작성된 것으로 보인다. 변호인들의 변론 내용을 정리하면 표 3-17과 같다.

표 3-16. 정판사 '위폐' 사건 구형

피의자명	죄명	구형
이관술, 박낙종, 송언필, 김창선	통화위조동행사죄	무기 징역
신광범, 박상근, 정명환	통화위조동행사죄	징역 15년
김상선, 김우용, 홍계훈	통화위조동행사죄	징역 10년

표 3-17. 정판사 '위폐' 사건 변호인들의 변론 내용

시기	변호인	변론 내용
10.24. 제25회 공판	김용암	(1) 공산주의자가 위폐 인쇄로 가장 막대한 피해를 입는 것이 근로대중이라는 것을 아는 이상 자살행위를 할 리는 없다. 특히 이관술, 권오직은 인도의 간디, 네루와 비견할 수 있는 해방 투사이므로 이 두 사람을 의심할 수는 없다. (2) 피고들이 경찰 혹은 검사에게 진술한 내용에 있어서는 인쇄 시간, 액수, 인쇄 인원 등 외 중요한 골자가 전부 다르니 이로 미루어 볼 때 사실 아닌 허구의 진술을 꾸미느라고 그리한 것이 틀림없다. (3) 검사가 경찰서에 출장하여 취조한다는 것은 일제 시대 주로 사상범 취조에 있어 검사국에 고문 기구가 없기 때문에 했던 것이다. (4) 취조 서류를 보면 검사는 구구한 피고의 진술을 통일하기 위하여 김창선의 진술 내용을 딴 피고에게 일러 주어 너는 이런 기억이 나지 않느냐고 물었는데 이는 피고의 진술을 통일시키기 위한 유도신문이다. (5) 이관술, 박낙종, 송언필, 신광범을 제외하고는 위폐 인쇄하였다는 당시 공산당원이 아니었으니, 필요 이상 타인을 의심하는 성질을 가진 공산주의자들이 비당원인 피고들과 손을 잡고 인쇄를 할 리가 없으며, 또한 당원이 아닌 피고들이 공산당에 무슨 큰 애착심이 나서 자기를 희생시켜 가며 위폐 인쇄를 하겠다고 자청할까 의심하지 않을 수 없다. (6) 정판사와 공산당의 재정 곤란으로 위폐 인쇄를 하였다 하나 정판사 장부에는 그런 흔적이 없으며, 더구나 공산당에서는 정판사에 대한 수십만 원의 채무조차 청산 못했다는 것은 말이 되지 않는다. (7) 10월 하순에 인쇄하였다고 하나 박낙종이 김천, 진주에 갔다는 것이 『민주중보』 기사로 명확하게 된바 문제가 아니 되며 12월 하순에는 많은 경비대가 경비를 하였고 다른 일로 철야 작업을 하였는데 이 수많은 사람의 눈이 있는 가운데서 이 중대한 위폐 인쇄를 할 수는 없을 것이다. (8) 2월 상순에는 안순규가 위폐 인쇄 현장을 보았다 하나 그의 최초의 목격담에 의하면 위폐를 인쇄하는 사람들이 공장문을 열어 놓고 위폐 인쇄를 하였다고 되었으니 상식 밖의 일이다. (9) 기술상으로 보아도 제판과 화공의 기술자가 없는데 이 세밀한 기술을 요하는 위폐 인쇄를 하였다고 보는 것은 마치 운전수와 화부 없는 기선이 천 리 바다를 항해함을 믿는 것과 마찬가지다.[152]

---

152) 「피고 진술 조토불변/위폐 공판 후열화」, 『대한독립신문』, 1946.10.25.

「정의는 권력에 있지 안코 인민의 가슴 속에 있다/정판사 사건 김 변호인 열변」, 『독립신보』, 1946.10.25.

「공평한 판결 요망/김 변호사 장시간 변론/위폐 공판」, 『서울신문』, 1946.10.25.

「피고들의 무죄 주장/위폐 사건 역사적인 대변론」, 『자유신문』, 1946.10.25.

표 3-17. 계 속

시기	변호인	변론 내용
10.24. 제25회 공판	한영욱	(1) 미소공위 결렬 직후 이 사건이 세상에 알려짐과 동시에 우익 정당에서는 벌써 사건에 관해 결론을 내린 채 공산당을 향하여 매국노니 매국 정당이니 하고 선전을 하였으니 사건 취조를 경찰에서 한 것인지 딴 정당에서 한 것인지를 알 수 없다. 우익 진영에서는 이 사건을 성립시키려고 무한히 애를 썼으며, 경찰에서는 자기들이 지지하는 정당에서 그렇게까지 하니 이에 충성을 바치기 위하여 고문을 하였을 것이라고 응당 생각된다. (2) 피고 이관술은 해방 후 정치적으로 적극적 활동을 하느라 매우 분주했으므로 당시로서는 이런 위폐를 인쇄할 기회가 없었다. (3) 이 사건은 공판을 거듭할수록 더욱더 실체가 희미해져 온바 본 사건은 허구적 모략에 불과하다.[153]
10.24. 제25회 공판	오승근	(1) 우익 일부는 정권 획득을 위해 그들의 강적인 공산당을 격렬히 증오했다. 그래서 담당 변호인 본인까지 그들은 적대시했던 것이다. (2) 만약 본건이 복잡해서 60일이나 되는 구류기간에도 처리를 못 할 지경이면 검사의 경찰 출장 취조 대신 예심을 청구했으면 좋지 않았겠는가? (3) 공산당이 위폐를 제조했다면 좌익 진영이 연합한 각 대회 등에서 공산당이 경비를 모두 부담했겠지만 실제로는 당 본부의 지출이 적었으며 산하 단체에서 대개 같이 지출했다.[154]
10.25. 제26회 공판	강혁선	(1) 경찰에서 60일 유치한 것은 위법이며, 본 사건의 청취서는 불법으로 작성되었다. (2) 본건의 물적 증거라고 하는 오프셋인쇄기, 모조지 등은 국내는 물론 세계 어느 인쇄소에도 있는 것으로서 아무런 범죄 사실을 증명할 증거가 되지 않는다. (3) 송국 후에 피고인들이 자백한 것은 심리학상 강박관념이 남아 있어 자연스럽게 허위 자백하게 된 것이며, 이로 보아 범죄 사실은 전연 허위이다.[155]
10.25. 제26회 공판	이경용	(1) 자유 입장에서의 자백이 아니면 증거가 될 수 없다. 그런데 이 사건은 고문으로 인한 자백이니 이 사건은 전연 허위인 것이 명백하다. (2) 공산당 장부에 이관술 이름으로 들어온 많은 금액의 돈은 기부금인데 그것은 돈 낸 사람들 본인들이 무슨 일이 있을까 하여 본명으로 하는 것을 싫어하여 대신 이관술의 명의로 기입한 것이다.[156]
10.31. 제28회 공판	백석황	(1) 이 사건에 있어 가장 유력한 증거로 삼는 것은 소위 피고들의 자백이다. 자백에는 ① 양심을 전제로 과거 범행을 참회하는 의미에서 하는 자백, ② 유력한 증거가 나와서 피고가 아무리 부인하려고 해도 부인할 수 없을 정도로 범죄 사실이 역연할 때에 어쩔 수 없이 하는 자백, ③ 고문으로 말미암아 강제로 없는 사실을 말하게 되는 자백의 3 종류가 있는데, 본건의 자백은 ③에 속하는 자백이다. 어린애의 손을 어른이 꽉 잡고 무엇을 쓰게 하면 어린애는 아픔을 참지 못하여 결국 어른이 쓰라는 것을 쓰게 되지 않는가? 만일 이런 자백이라면 도저히 판결을 내릴 수 없을 것이다.

「변호사 변론 개시/정판사 위폐 건」, 『조선일보』, 1946.10.25.

「위폐 공판 변론」, 『한성일보』, 1946.10.25.

153) 「무죄 주장의 열변으로/위폐 사건 공판」, 『경향신문』, 1946.10.26.

「법정에 민주론 열화/위폐 공판」, 『대한독립신문』, 1946.10.26.

「위폐 공판 변론도 종료」, 『자유신문』, 1946.10.26.

154) 「무죄 주장의 열변으로/위폐 사건 공판」, 『경향신문』, 1946.10.26.

「법정에 민주론 열화/위폐 공판」, 『대한독립신문』, 1946.10.26.

표 3-17. 계 속

시기	변호인	변론 내용
10.31. 제28회 공판	백석황	(2) 안순규 증언 역시 당 공판정에서 목격 사실을 부인하였으니 문제도 안 되나 목격담이라는 자체가 모순 덩어리다. (3) 『민주중보』, 하필원의 증언을 통해 피고 박낙종이 10월 24일부터 말일까지 남부 지방을 여행했음을 검사 자신이 인정하는 한, 10월 하순에 지폐를 위조하였다는 것은 완전히 허구이며, 10월 인쇄가 허구로 돌아간 이상 12월과 2월 인쇄 역시 성립되지 않을 것이다. (4) 이번 위폐 사건은 관련된 인원이 많고 시간이 6, 7개월에 걸치고 위조 액수도 막대하다는 사건이니 응당 수많은 증거가 있어야만 하겠으나 아무런 확고한 증거도 없이 유죄라 함은 인정할 수 없다. 이 사건에 있어서는 100여 종의 증거물이 있으나 이 증거물은 오히려 피고들에게 유리한 증거가 될 뿐이다. 부정확한 몇 개의 증거를 가지고 유죄의 판결을 내릴 수는 없다. (5) 본 사건은 법령의 제한된 기일을 초과하여 불법 감금을 하고 고문으로 자백시켜 구성된 것이며 이를 기소한 것은 완전히 위법이므로 검사는 공소를 취하할 일이며, 재판소로서는 공소 기각의 판결이 있기를 요구한다. 만일 기각되지 않는다 하더라도 피고들이 억울치 않도록 무죄 석방 판결이 있기를 간곡히 재판장에게 원한다.[157]

다음으로 피고들의 최후진술을 살펴보면, 10월 26일 제27회 공판에서는 이관술, 박낙종, 신광범, 김창선, 정명환, 10월 31일 제28회 공판에서는 송언필, 박상근, 김상선, 김우용, 홍계훈이 진술했다. 피고들의 최후진술 내용을 정리하면 표 3-18과 같다.

「위폐 사건/변론을 끗마치고/피고들의 최후 진술」, 『한성일보』, 1946.10.26.

155) 「법정에 민주론 열화/위폐 공판」, 『대한독립신문』, 1946.10.26.
「물적 증거 없다/정판사 사건 강, 이 변호인 변론」, 『독립신보』, 1946.10.26.
「변호인은 무죄를 주장/정판사 위폐 사건 공판」, 『조선일보』, 1946.10.26.
「위폐 사건/변론을 끗마치고/피고들의 최후 진술」, 『한성일보』, 1946.10.26.

156) 「물적 증거 없다/정판사 사건 강, 이 변호인 변론」, 『독립신보』, 1946.10.26.
「위폐 사건/변론을 끗마치고/피고들의 최후 진술」, 『한성일보』, 1946.10.26.

157) 「피고의 무죄 석방을 변론」, 『경향신문』, 1946.11.1.
「유죄면 변호 휴직한다/위폐 공판」, 『대한독립신문』, 1946.11.1.
「민족의 양심으로 무죄 판결을 나리라/무죄 않되면 변호사 그만 두겠다」, 『독립신보』, 1946.11.1.
「공명정대한 판결 요망/위폐 변호인의 최후 변론」, 『동아일보』, 1946.11.1.
「자백은 증거 될 수 업다/위폐 사건 변론 계속」, 『자유신문』, 1946.11.1.
「피고 최후 진술/정판사 위폐 공판」, 『조선일보』, 1946.11.1.

표 3-18. 정판사 '위폐' 사건 피고들의 최후진술 내용

시기	피고	최후진술 내용
10.26. 제27회 공판	이관술	(1) 이 사건은 공산당을 치려고 하던 차에 김창선 사건이 발생하자 이것을 기회로 허위 구성한 사건으로서, 측면적으로 공산당을 공격 탄압한 정치상 음모라고 생각한다. 공산당의 집을 뺏고 기관지를 없애는 것 등은 이 사건을 처음부터 어떠한 목적이 있어 규정하고 나온 것이다. (2) 검사는 비당원인 김창선이 당의 재정 상태의 궁박함을 말하고 위폐 인쇄를 제의하였다는 재정 공개론을 주장하면서 동시에 강진의 성명을 인용하여 재정 상태의 비밀을 지켰다는 재정 비밀론을 양용하는데 이는 모순이다. (3) 고문에 대하여도 그 일부를 승인하는 것 같이 말하고 한편 의사의 감정을 인용하야 고문 사실이 없다 함은 비논리적이다. (4) 소위 위폐 1,200만 원의 용도에 대하여 220만 원은 이관술 명의로 장부에 기입되었다고 말하고 그 밖의 돈은 공산당의 재정 비밀론에 입각하여 장부에 기입함이 없이 공산당 주최 시민대회 등 집회자에 대한 일당을 주었다는 것으로 합리화시키려 하고 있다.[158]
10.26. 제27회 공판	박낙종	(1) 이 사건은 범행의 가능성을 말하는 것 외에는 확실한 증거가 없으니 그것으로써 어찌 이러한 죄가 구성될 수 있겠는가? 나로서는 안순규의 위증만으로도 재판소가 비신사적이란 것을 알 수 있다. (2) 이 사건은 사형이냐, 무죄이냐로 판결 지을 일이지 무기징역은 유감이다. 피고가 유죄라고 생각하면 사형을 시키고 그렇지 않으면 무죄를 바란다.[159]
10.26. 제27회 공판	신광범	(1) 이 사건은 세계사에 유례없는 가공할 사건으로서 우익 정당과 경찰이 결탁하여 조작한 음모이다. 미소공위가 휴회되고 남조선 단정설이 대두할 때 우연히 뚝섬 사건이 발생하자 그 기회를 이용하여 사건을 허위 날조한 것이다. (2) 자금이 필요했다면 '심파'(동조자) 몇 명에게서도 그만한 돈은 구할 수 있다. (3) 검사국에서 부인하면 다시 경찰로 데려가 고문할까봐 강박관념에 의하여 허위자백했다. (4) 안순규의 현장 목격이란 유치한 증언이다. 위폐를 박고 있었다면 문 앞에 파수를 세울 것이니 현장까지 들어오지 못했을 것이다. (5) 위폐를 인쇄했다면 한꺼번에 할 것이지 간격을 두어 인쇄할 리 없다. (6) 숙직 일지가 없어진 것은 경찰의 음모이다. (7) 지폐 절단 면도 확대경으로 조사하면 종류가 다를 것이다. (8) 범행 사실이 있다면 증거도 확실한 것이니 고문할 필요가 없다. 허구이니까 고문한 것이다.[160]

---

158) 「피고들이 의견을 진술」, 『경향신문』, 1946.10.27.

「유죄면 사형 달라/오히려 검사를 동정/정판사 사건 피고의 진술」, 『독립신보』, 1946.10.27.

「다른 피고와 가족에게 미안/이관술, 박낙종 등의 최후 진술」, 『동아일보』, 1946.10.27.

「판결 공정을 기대/피고 이관술 최후 진술」, 『서울신문』, 1946.10.27.

「위폐 사건 피고 최후 진술」, 『자유신문』, 1946.10.27.

「반증을 들어 무죄 주장/정판사 사건 피고 진정」, 『조선일보』, 1946.10.27.

159) 「피고들이 의견을 진술」, 『경향신문』, 1946.10.27.

「유죄면 사형 달라/오히려 검사를 동정/정판사 사건 피고의 진술」, 『독립신보』, 1946.10.27.

표 3-18. 계 속

시기	피고	최후진술 내용
10.26. 제27회 공판	김창선	(1) 이 사건은 내가 뚝섬 사건에 관계했기 때문에 정판사 사건으로까지 발전한 것이다. 내가 검거된 이래 유치장이나 미결감에서 계속 생각했지만 동료들에게 어떻게 사죄해야 할지 모르겠다. 그 무도한 경찰관에게 갖은 고초를 당한 나머지 허위 진술한 것을 부끄럽게 생각한다. 나에게만 죄가 있으니 나만 빼 놓고 다른 사람은 모두 무죄 언도를 바란다.[161]
10.26. 제27회 공판	정명환	(1) 검사가 나 같은 노동자까지도 공산당 탄압의 도구로 사용하는 데 대하여 무한한 원망과 함께 동정하는 바다. (2) 이 사건의 결과는 운명에 맡기지만 이 사건의 진상은 역사가 증명할 것이다.[162]
10.31. 제28회 공판	송언필	(1) 왜놈들 앞에서 춤추고 날뛰던 놈들이 해방이 되자 가장 애국자인 것처럼 행세하며 이 같은 연극을 꾸며 정판사를 탄압하고 공산당을 부수려고 하는 것은 참으로 한심스런 노릇이다. (2) 그러나 공산당은 탄압한다고 없어지지는 않는다. 아무리 경찰이나 관청이 공산당을 탄압하려고 해도 일제의 강력한 헌병과 경찰 밑에서도 꾸준히 운동하여 왔는데 조병옥이나 장택상 밑에서 운동 못할 것이 없다. 또한 아무리 친일배가 조량하나 8·15와 같은 감격의 날 혁명 과정이 오지 않는다고 누가 단정할 수 있으랴? 꼭 올 것이다. 그때에는 만전을 기하여 이런 사건이 만들어지지 않게 하고 출발할 것이다. (3) 이 사건에 있어서는 정판사원들의 숙직 여하가 중요한 문제인데 경찰관이 숙직일지를 압수한 후 그 행방을 모른다는 것은 괴상스러운 현상이다. (4) 재판장에게 청하는 바는 민주주의 원칙에 입각하여 공정한 재판을 하여 무죄 언도를 하든지 그렇지 않으면 차라리 모두 종로 네거리에서 목을 매어 총살을 시켜 달라.[163]

---

160) 「피고들의 진술을 계속/위폐 사건 공판」, 『경향신문』, 1946.10.30.
　　 「찬란한 투쟁 역사 두고 자살 행위를 누가 하랴/정판사 사건 신광범 진술」, 『독립신보』, 1946.10.30.

161) 「피고들의 진술을 계속/위폐 사건 공판」, 『경향신문』, 1946.10.30.
　　 「찬란한 투쟁 역사 두고 자살 행위를 누가 하랴/정판사 사건 신광범 진술」, 『독립신보』, 1946.10.30.
　　 「피고들 진술 계속/정판사 공판」, 『서울신문』, 1946.10.30.

162) 「피고들의 진술을 계속/위폐 사건 공판」, 『경향신문』, 1946.10.30.
　　 「찬란한 투쟁 역사 두고 자살 행위를 누가 하랴/정판사 사건 신광범 진술」, 『독립신보』, 1946.10.30.
　　 「피고들 진술 계속/정판사 공판」, 『서울신문』, 1946.10.30.

163) 「각 피고들의 진술을 종료/위폐 사건 공판」, 『경향신문』, 1946.11.2.
　　 「단군 기원은 몰라도 8·15 혁명은 찬란하다/위폐 공판」, 『대한독립신문』, 1946.11.2.
　　 「피고들 사형 희망/다시 한 번 해방 기다릴 뿐」, 『독립신보』, 1946.11.2.
　　 「숙직 일지 행방 알니라/위폐 공판 최후 진술」, 『자유신문』, 1946.11.2.
　　 「유죄면 극형도 감수/공당원 위폐 사건 공판/피고 최후 진술」, 『한성일보』, 1946.11.2.

표 3-18. 계 속

시기	피고	최후진술 내용
10.31. 제28회 공판	박상근	(1) 취조하던 형사의 말로 미루어 보아 나는 이 사건은 위폐 사건이 아니라 공산당 탄압 사건이라는 것을 알았다. 이 자리에 있는 피고들이 공산당원이 아니었다면 이 사건은 일어나지 않았을 줄로 안다. (2) 나는 위폐를 발행한 놈은 죽여야 마땅하다고 생각한다. 이 사건을 구성시켜 유죄판결한다면 옥문을 나오는 날 후환이 생길 것이니 차라리 사형을 판결해 주기 바란다. 그러므로 재판장의 공정한 재판을 바라며 변호사의 그동안의 수고에 감사한다.164)
10.31. 제28회 공판	김상선	(1) 나는 없는 사실을 꾸며대어 거짓말로 진술하느라고 검사의 청취서가 횡설수설이 되어 김 검사로부터 정신병자가 아니냐는 말까지 들은 일도 있다. 경찰에게 한 나의 모든 진술은 항상 고문으로 그리하였으며 검사와 경찰관은 항상 기맥을 통하고 있었으므로 배후 경찰의 위협을 느껴 검사에게도 그리한 것이다. 아무쪼록 재판장의 공정한 재판을 바란다.165)
10.31. 제28회 공판	김우용	(1) 나는 검거되던 당시에 위폐 사건인지 무엇인지 아무 영문도 모르고 무엇 때문에 검거되는 줄도 몰랐다. 김창선은 재산 문제로 잡아간다 하고, 송언필은 무기 불법 소지로 잡아간다는 모양이라 하기로 그렇게만 알고 끌려갔다. 나는 유치 중에도 죄가 없으니 곧 나갈 줄 알고 조금씩 주는 유치장 밥도 집에 가면 잘 먹을 줄 알고 사흘을 굶는 일까지 있다. (2) 1주일 후부터는 정식으로 고문이 시작되어 하지 않은 위폐 인쇄를 진술하라기로 다른 피고가 진술한 것을 보여 달라 하여 그대로 진술하였다. 억울한 사정을 검사에게 호소하였으나 실망하였다. 검사의 논고는 징역을 주기 위한 것이니 재판장은 공명정대한 판결을 해 주기 바란다.166)
10.31. 제28회 공판	홍계훈	(1) 6개월에 걸친 이 사건이 오늘 나의 말로 끝이 난다 하니 무엇이라 말해야 좋을지 모르겠다. 고문에 못 이기어 허위 진술을 한 것이 이렇게까지 중형을 받게 될 줄은 정말 몰랐다. 정말 억울하다. 만일 내가 정말 위폐 인쇄를 하였다면 사형도 피하지 않겠다.167)

164) 「각 피고들의 진술을 종료/위폐 사건 공판」, 『경향신문』, 1946.11.2.
　　「단군 기원은 몰라도 8 · 15 혁명은 찬란하다/위폐 공판」, 『대한독립신문』, 1946.11.2.
　　「피고들 사형 희망/다시 한 번 해방 기다릴 뿐」, 『독립신보』, 1946.11.2.
　　「숙직 일지 행방 알니라/위폐 공판 최후 진술」, 『자유신문』, 1946.11.2.
165) 「각 피고들의 진술을 종료/위폐 사건 공판」, 『경향신문』, 1946.11.2.
　　「단군 기원은 몰라도 8 · 15 혁명은 찬란하다/위폐 공판」, 『대한독립신문』, 1946.11.2.
　　「피고들 사형 희망/다시 한 번 해방 기다릴 뿐」, 『독립신보』, 1946.11.2.
　　「숙직 일지 행방 알니라/위폐 공판 최후 진술」, 『자유신문』, 1946.11.2.
166) 「각 피고들의 진술을 종료/위폐 사건 공판」, 『경향신문』, 1946.11.2.
　　「단군 기원은 몰라도 8 · 15 혁명은 찬란하다/위폐 공판」, 『대한독립신문』, 1946.11.2.
　　「피고들 사형 희망/다시 한 번 해방 기다릴 뿐」, 『독립신보』, 1946.11.2.
　　「숙직 일지 행방 알니라/위폐 공판 최후 진술」, 『자유신문』, 1946.11.2.
167) 「각 피고들의 진술을 종료/위폐 사건 공판」, 『경향신문』, 1946.11.2.
　　「단군 기원은 몰라도 8 · 15 혁명은 찬란하다/위폐 공판」, 『대한독립신문』, 1946.11.2.

피고들은 이 사건은 조선공산당을 탄압하기 위해 조작된 것이고, 고문에 의한 허위 자백 외에는 증거가 없으므로 자신들은 무죄라고 주장하며 재판장의 공정한 판결을 희망했다. 그중에는 만일 무죄가 아니라면 차라리 사형을 시켜 달라며 자신들의 결백을 호소하는 피고들도 다수 있었다.

10월 31일 개정된 제28회 공판을 전후하여 정판사 '위폐' 사건을 담당하고 있는 재판장 양원일 판사와 조재천 검사는 증거 수집 목적으로 함께 출장을 다녀왔다.

우선 10월 28일부터 10월 30일까지는 1945년 10월 하순경 이관술의 평양 여행 사실을 조사하러 개성 방면으로 출장을 다녀왔고, 11월 2일부터 10일까지는 1945년 10월 하순경 박낙종의 남부 지방 출장 사실을 조사하러 충주, 진주, 부산 등을 다녀왔다.[168] 이로 인해 공판은 12일 동안 휴정 상태가 지속되었다.

제29회 공판은 11월 12일 오전 10시에 개정될 예정이었다. 이관술을 제외한 다른 피고들은 모두 공판정에 출석했으나 이관술이 출정을 거부하며 출석하지 않아서 공판은 11시경 휴정되고 오후 1시로 미루어졌다.[169] 이

「피고들 사형 희망/다시 한 번 해방 기다릴 뿐」, 『독립신보』, 1946.11.2.

「숙직 일지 행방 알니라/위폐 공판 최후 진술」, 『자유신문』, 1946.11.2.

「유죄면 극형도 감수/공당원 위폐 사건 공판/피고 최후 진술」, 『한성일보』, 1946.11.2.

168) 「정판사 사건 증거 수집 차로 양 재판장 등 남선 출장」, 『독립신보』, 1946.11.6.

「여행 등 반증 조사/재판장, 조 검사와 현지로 출발/정판사 위폐 공판」, 『서울신문』, 1946.11.6.

「정판사 사건/12일에 속개 공판」, 『경향신문』, 1946.11.12.

「양 재판장 귀임/공당 위폐 사건 재개」, 『동아일보』, 1946.11.12.

「반증 조사 공개/12일 최후 심리/정판사 위폐 공판」, 『서울신문』, 1946.11.12.

「정판사 위폐 공판 금일 속개」, 『조선일보』, 1946.11.12.

「정판사 위폐 사건/심리 재개」, 『한성일보』, 1946.11.12.

서울지방심리원, 「정판사 급 독도 위조지폐 사건 공판요약표」, 『위폐사건 공판기록』, 대건인쇄소, 1947, 99쪽.

관술이 출정을 거부한 것은 같은 서울형무소(구 서대문형무소)에 수감 중이던 조선공산당 중앙위원 이주하가 단식투쟁으로 생명이 위독한 상태에 빠지게 되자 이에 동참하며 함께 단식투쟁하는 것과 관련된 것이었다. 이주하는 9월 초 '안녕질서에 관한 죄' 위반으로 체포되어 이후 송국, 기소되어 수감 중이었는데, 11월 8일 CIC의 취조를 받기 위해 부평 미군형무소로 갔다가 그곳에서 강제로 어떤 주사를 맞고 난 후 혼수상태에 빠지는 일이 발생했다. 11월 10일 간신히 의식을 회복한 이주하는 이에 대한 항의로 당일부로 옥내에서 단식투쟁을 시작했던 것이다.[170]

169) 「이관술 출정 거부」, 『경향신문』, 1946.11.13.

　　「이관술 출정 거부로/공판은 일시 휴정/12일의 위폐 공판」, 『대동신문』, 1946.11.13.

　　「이관술 출정 거절/주목되는 위폐 최종 공판」, 『대한독립신문』, 1946.11.13.

　　「이관술 씨 출정 거부로/정판사 12일 오전 공판 연기」, 『독립신보』, 1946.11.13.

　　「수감 중인 이관술에 구인장/공당 위폐 공판 재개」, 『동아일보』, 1946.11.13.

　　「이관술 피고/출정을 거부」, 『서울신문』, 1946.11.13.

　　「이주하 씨 소식 듯고/이관술 출정 거부/위폐 32회 공판」, 『자유신문』, 1946.11.13.

　　「정판사 피고 재심에 이관술 출정 거부/옥사의 이 동무 단식 동정이 원인」, 『한성일보』, 1946.11.13.

170) 「이주하 씨 피체/작일, 명륜정 모처에서」, 『독립신보』, 1946.9.9.

　　「서찬의 공당 요인/이주하 외 2인 이미 피체」, 『대동신문』, 1946.9.10.

　　「조공 간부 검거!/철야 성수불설의 수사진」, 『대한독립신문』, 1946.9.10.

　　「이주하 씨 취조 중/박헌영 씨 사건과는 무관계」, 『독립신보』, 1946.9.12.

　　「이주하 송국」, 『대한독립신문』, 1946.9.14.

　　「이주하 씨 송국」, 『서울신문』, 1946.9.14.

　　「송국된 이주하 씨/민심 교란죄 혐의?」, 『서울신문』, 1946.9.15.

　　「이주하 기소」, 『서울신문』, 1946.9.25.

　　「이주하 씨 위독/감방에서 단식」, 『자유신문』, 1946.11.12.

　　「이주하 씨 단식/조선 사람으로 깨끗이 죽겠다」, 『독립신보』, 1946.11.13.

　　「이주하 씨 단식으로 위독」, 『서울신문』, 1946.11.13.

　　「보석은 고려 중/이천상 판사 담」, 『서울신문』, 1946.11.13.

　　「면회 마치고/담당 변호인 담」, 『서울신문』, 1946.11.13.

　　「이주하 씨 단식 추이 주목」, 『자유신문』, 1946.11.14.

　　「박헌영 씨 소재 등 심문/CIC서 이주하 씨에 주사 후」, 『독립신보』, 1946.11.14.

이렇게 이관술이 출정을 거부하자 양원일 재판장은 공판 진행을 위해 이관술에게 두 차례나 소환장을 발부했으나 이관술은 「출정 거부 이유서」를 제출하며 응하지 않았다.[171] 오후 1시가 넘어도 이관술이 출정하지 않자 양원일 재판장은 결국 구인장을 발부하여 강제로 이관술을 공판정으로 출두시킨 후 오후 2시 30분경 공판이 개정되었다.[172]

우선 이영개에 대한 증인 심문이 있었는데, 이영개는 "김창선과 함께 본정서 유치장의 같은 감방에 있을 때, 김창선이 범죄 사실을 자백하며 죄를 참회하고 우는 것을 보았다"라는 내용으로 진술했다.

다음으로 양원일 재판장은 직접 개성, 충주, 진주, 부산 등지로 출장하여 이관술 및 박낙종의 여행 사실에 관한 현장검증 조사 결과를 발표하며, 이관술과 박낙종의 부재증명은 전혀 사실무근으로 범죄 사실에 대한 반증이 되지 않는다고 말했다.

이어서 조재천 검사도 박낙종과 하필원의 숙박 사실을 기재한 충주 홍아여관 숙박기는 위조된 것이며, 부산 『민주중보』도 위조된 것으로 의심되므로 이관술 및 박낙종의 부재증명을 인정할 수 없다는 내용으로 추가 논고를 말했다. 이에 대해 변호인의 변론이 있었는데, 특히 김용암은 구체적 증거를 들어 충주 홍아여관 숙박기가 위조가 아님을 주장함으로써 검사의 논리를 반박했다.

이상으로 변론이 끝나고 피고들의 최후진술이 있은 후 공판은 폐정되었다.

171) 「출정 거부 이유서」, 『독립신보』, 1946.11.13.
172) 「정판사 사건 공판 결심/검사, 변호인, 피고의 최후 논전」, 『경향신문』, 1946.11.14.
　　「위폐 공판/우리를 사형 않으면 검사는 내가 죽이오」, 『대한독립신문』, 1946.11.14.
　　「정판사 사건 최후 결심/단식 중의 이관술 씨도 출정」, 『독립신보』, 1946.11.14.
　　「심리 종료, 내주에 언도/정판사 위폐 공판」, 『서울신문』, 1946.11.14.
　　「위폐 공판 사실심리 완료」, 『자유신문』, 1946.11.14.
　　「피고의 위증 판명/공산당 위폐 공판 결심」, 『한성일보』, 1946.11.14.
　　「위폐 사건 공판/최종 심리 완료」, 『동아일보』, 1946.11.15.

재판부는 최종 공판기일에 대한 발표를 판결 논문, 기타 서류 작성 준비
등 제반 수속이 지연되고 있다는 이유로 여러 차례 연기했다.[173] 그렇게
제29회 공판 이후 2주 이상 지체되던 정판사 '위폐' 사건 1심 재판의 제30회
공판이자 마지막 공판은 11월 28일 오전 10시에 개정되었다.[174]

개정과 함께 재판장은 훈유를 말하고 이어서 판결주문과 범죄 사실과
증거 설명 등 판결 이유를 낭독한 후, 구형과 동일한 형량을 선고했다.[175]

173) 「정판사 사건 언도일/내주일에 발표키로」, 『경향신문』, 1946.11.23.
　　「정판사 사건 내주 중 언도」, 『독립신보』, 1946.11.23.
　　「정판사 사건 공판/28일 언도 예정」, 『경향신문』, 1946.11.28.
　　「위폐 사건 판결은/금 28일 오전 10시」, 『대동신문』, 1946.11.28.
　　「위폐 공판 금일 언도」, 『대한독립신문』, 1946.11.28.
　　「금일 위폐 사건 언도」, 『독립신보』, 1946.11.28.
　　「공당원 위폐 사건/오늘 언도 공판 개정」, 『동아일보』, 1946.11.28.
　　「금일 결판/주목되는 재단!/정판사 위폐 공판」, 『조선일보』, 1946.11.28.
174) 「정판사 위폐 사건 언도/무기 4명, 15년 3명, 10년 3명」, 『경향신문』, 1946.11.29.
　　「검사의 구형대로/최고 무기, 최저 10년/위폐 사건 판결 언도」, 『대동신문』, 1946.11.29.
　　「이관술 등 무기/위폐 사건 10명에 언도」, 『대한독립신문』, 1946.11.29.
　　「검사의 구형대로 언도/이관술, 박낙종, 송언필 등 무기」, 『독립신보』, 1946.11.29.
　　「공당원 위폐 사건/금일 구형대로 언도/법정에서 적기가 부르고 퇴정」, 『동아일보』,
　　1946.11.29.
　　「진지한 태도로 판결/4개월에 종결 짓고 양 재판장 훈유」, 『동아일보』, 1946.11.29.
　　「검사 구형대로 언도/무기 4명, 15년 3명, 10년 3명/정판사 사건」, 『서울신문』, 1946.
　　11.29.
　　「위폐 사건 구형대로 언도/무기 4명, 15년 3명, 10년 3명」, 『자유신문』, 1946.11.29.
　　「정판사 위폐 건/유죄로 판결/검사의 구형대로 언도」, 『조선일보』, 1946.11.29.
　　「이관술, 박낙종, 송언필, 김창선 무기징역」, 『조선일보』, 1946.11.29.
　　「법정 일시 소연」, 『조선일보』, 1946.11.29.
　　「이관술 외 3인에 무기/어제 정판사 위폐 사건 판결 언도」, 『중외신보』, 1946.11.29.
　　「악의 화, 죄의 실, 법의 단/위폐 사건 종결/구형대로 언도」, 『한성일보』, 1946.11.29.
　　「일장곡 일장가/이관술만은 태연자약/언도 받고 나서는 피고들의 표정」, 『한성일보』,
　　1946.11.29.
　　서울지방심리원, 「공판조서 (제28회)」, 『위폐사건 공판기록』, 대건인쇄소, 1947,
　　103~106쪽.

표 3-19. 정판사 '위폐' 사건 판결

피의자명	죄명	언도
이관술, 박낙종, 송언필, 김창선	통화위조동행사죄	무기 징역
신광범, 박상근, 정명환	통화위조동행사죄	징역 15년
김상선, 김우용, 홍계훈	통화위조동행사죄	징역 10년

마지막으로 재판장은 판결에 불복하는 자는 5일 내에 상고 신립서[176])를
당 재판소에 제출하여야 된다고 고지했는데, 이때 박낙종이 "우리들 10명
을 유죄 언도함은 남조선 사법부의 자살 언도와 다름이 없으니 우리는 남조
선 사법부를 위하여 조상(弔喪)합시다"라는 요지의 말을 하고, "어이 어이"
하며 곡을 하자 이관술을 제외한 다른 피고인들 및 피고 가족들도 대성통곡

---

175) 「정판사 위폐 사건 언도/무기 4명, 15년 3명, 10년 3명」, 『경향신문』, 1946.11.29.
　　「검사의 구형대로/최고 무기, 최저 10년/위폐 사건 판결 언도」, 『대동신문』, 1946.
　　11.29.
　　「이관술 등 무기/위폐 사건 10명에 언도」, 『대한독립신문』, 1946.11.29.
　　「검사의 구형대로 언도/이관술, 박낙종, 송언필 등 무기」, 『독립신보』, 1946.11.29.
　　「공당원 위폐 사건/금일 구형대로 언도/법정에서 적기가 부르고 퇴정」, 『동아일보』,
　　1946.11.29.
　　「진지한 태도로 판결/4개월에 종결 짓고 양 재판장 훈유」, 『동아일보』, 1946.11.29.
　　「검사 구형대로 언도/무기 4명, 15년 3명, 10년 3명/정판사 사건」, 『서울신문』, 1946.
　　11.29.
　　「위폐 사건 구형대로 언도/무기 4명, 15년 3명, 10년 3명」, 『자유신문』, 1946.11.29.
　　「정판사 위폐 건/유죄로 판결/검사의 구형대로 언도」, 『조선일보』, 1946.11.29.
　　「이관술, 박낙종, 송언필, 김창선 무기징역」, 『조선일보』, 1946.11.29.
　　「법정 일시 소연」, 『조선일보』, 1946.11.29.
　　「이관술 외 3인에 무기/어제 정판사 위폐 사건 판결 언도」, 『중외신보』, 1946.11.29.
　　「악의 화, 죄의 실, 법의 단/위폐 사건 종결/구형대로 언도」, 『한성일보』, 1946.11.29.
　　「일장곡 일장가/이관술만은 태연자약/언도 받고 나서는 피고들의 표정」, 『한성일보』,
　　1946.11.29.
　　서울지방심리원, 「공판조서 (제28회)」, 『위폐사건 공판기록』, 대건인쇄소, 1947, 103~
　　106쪽.
176) 상고 신청서.

을 했다.

이어서 신광범이 또다시 발언권을 청하자 재판장은 폐정을 선언하고 퇴정했는데, 신광범은 일장 시국 연설을 하고 변호인들에게 "제위는 진정한 좌우합작을 추진시키고 미소공위의 재개를 촉진시키어 민주주의 임시 정부가 하루 빨리 수립되게 노력하여 달라"고 말했다.

한편, 가족들의 통곡 소리와 함께 울분을 이기지 못한 피고들이 「적기가」를 부르면서 정내가 소란스러워지자 간수들은 이를 제지하고 피고들에게 수갑을 채우며 퇴정시켰다. 그 가운데도 이관술은 침착한 태도로 침묵을 지킨 채 다른 피고들의 흥분을 진정시키려 노력하며, 변호인 전원과 감사의 뜻을 표하는 악수를 나누며 퇴정했다. 이로써 오전 11시 15분경 공판은 폐정되었으며, 정판사 '위폐' 사건의 1심 재판은 종결되었다.

3) 제3시기: 1심 종결 이후(1946년 11월 28일~1950년 7월)

제3시기는 정판사 '위폐' 사건의 1심 재판이 종결된 이후에 해당한다. 제3시기에 발생한 주요 사건들을 정리하면 표 3-20과 같다.

11월 30일 피고들은 1심 결과에 불복하여 상고를 제기했다.[177] 처음에

---

177) 「정판사 사건 상고/무죄를 주장/이관술 침묵」, 『경향신문』, 1946.12.1.
「정판사 사건 피고 9명/28일 정식 불복 상고」, 『독립신보』, 1946.12.1.
「이관술만은 복역/기 외 전 피고들은 상고」, 『동아일보』, 1946.12.1.
「1심 언도 불복/박낙종 외 8명 상고/정판사 사건」, 『서울신문』, 1946.12.1.
「정판사 위폐 건 상고」, 『조선일보』, 1946.12.1.
「이관술을 제외한 위폐범 9명 상고」, 『대한독립신문』, 1946.12.3.
「위폐 피고들 상고」, 『자유신문』, 1946.12.3.
「이관술도 상고」, 『경향신문』, 1946.12.4.
「이관술마저 드디어 상고」, 『대한독립신문』, 1946.12.4.
「이관술 씨도 상고」, 『독립신보』, 1946.12.4.
「이관술 피고 상고」, 『서울신문』, 1946.12.4.

표 3-20. 정판사 '위폐' 사건 제3시기 주요 사건 내용

날짜	주요 사건 내용
1946.11.28.	정판사 '위폐' 사건 1심 판결. 변호사단: 성명서 발표.
1946.11.30.	피고들: 1심 불복 상고.
1947.1.20.	대검찰청: 상고 서류 수리.
1947.1.25.	피고들: 본정경찰서 경찰관 6인을 서울지검에 폭행죄로 고소.
1947.3.31.	위폐 공판 소요 사건 수감자 이준마(이병억)가 폐결핵으로 옥사함.
1947.4.9.	변호사단: 2심 판사 5인에 대한 기피 신청.
1947.4.11.	대법원: 판사 기피 신청 기각 및 상고 기각. 변호사단: 성명서 발표.
1947.4.24.	서울형무소 수감자: 대우 개선 옥중 투쟁 시작.
1947.4.말.	이관술, 박상근, 정명환: 대전형무소로 이감됨.
1947.5.7.	송언필: 대전형무소로 이감됨.
1947.5.9.	송언필: 대우 개선 옥중 투쟁 시작.
1947.6.18.	박수환:『소위 '정판사위폐사건'의 해부』발간.
1947.8.5.	변호사단: 하지에게「Explanatory Statement」제출.
1947.8.29.	주한미군사령부:「Explanatory Statement」반환.
1947.	서울지방심리원:『위폐사건 공판기록』발간.
1947.12.22.	피고들: 본정경찰서 경찰관 6인을 서울지검에 폭행죄로 고소.

는 이관술을 제외한 박낙종 등 9명의 피고만 상고했으나 결국 이관술도 합류하여 피고 10명 전원이 상고하게 되었다. 이러한 상고 서류는 약 50일이 지난 후인 1947년 1월 20일에서야 비로소 대검찰청에 수리되었다.[178]

이후 상고 서류는 대법원으로 넘겨져 1947년 4월 11일 상고심 제1회 공판이 이상기 상고심판장 주심으로 정문모 부장검찰관 입회하에 개정될 예정이었다.[179] 그런데 재판장이 김용무 대법원장으로 변경되고, 배석 판사

「이관술 씨 상고」,『조선일보』, 1946.12.4.
「정판사 위폐 사건/전 피고 불복 상고」,『한성일보』, 1946.12.5.
178) 「정판사 위폐 사건/대검찰청에 회부」,『경향신문』, 1947.1.22.
「정판사 사건 상고/대검찰청서 수리」,『독립신보』, 1947.1.23.
179) 「정판사 사건 11일 상고심」,『경향신문』, 1947.3.30.
「정판사 사건 4월 11일 상고심」,『민보』, 1947.3.30.

로서 이상기, 노진설, 김찬영, 양대경 대법관이 담당하게 되자, 피고 전원

및 변호사 5인(강혁선, 김용암, 백석황, 이경용, 한영욱)은 4월 9일 이들 대법

관 5인이 편파적으로 재판할 우려가 있다며 기피 신청을 제출했고, 변호

사단은 4월 10일 기피 신청 원인에 대한 소명서를 발표했다.[180] 그 요지

는 "김용무, 이상기, 노진설, 김찬영, 양대경 대법관은 편파한 재판을 할

우려가 극히 농후하다. 김용무 씨는 우익 진영을 대표하는 한민당의 간부

이며 대법원장 취임 이래 좌익 진영 탄압을 일삼아 왔으며, 이상기 대법관

은 제1심 증인 안순규에 대하여 본 위폐 사건이 유죄로 확정되기 전에 위

증 사건의 상고를 기각함으로써 본 사건에 대하여 직접 심리도 하기 전에

유죄 판단을 하고 있다"는 것이었다.

　　그러나 4월 11일 오전 11시 대법원에서 개정된 상고심에서 김용무 재판

장은 기피 신청은 재판 지연을 목적으로 한 것이라고 인정된다며 이를 각

하했고, 상고이유는 유죄 증거가 불충분하다는 것이나 이것 역시 충분하

다고 인정되므로 피고들의 재심리 요구에 응할 이유가 없다며, 기각 선고

를 내렸다.[181] 이로써 정판사 '위폐' 사건의 1심 판결이 확정되어 피고들은

180) 「피고들도 기피 신청」, 『독립신보』, 1947.4.11.
　　　「담당 심판관 5씨를 기피/정판사 사건 담당 변호인들이」, 『독립신보』, 1947.4.11.
　　　「정판사 위폐 변호인/대법관 기피를 성명」, 『서울신문』, 1947.4.11.
　　　「위폐 사건 상고심 재판장 기피 신청」, 『독립신문』, 4.11.
　　　「기피 원유, 변호사단이 소명」, 『민보』, 1947.4.12.
　　　「상고 중의 이관술 변호인/담당 대법관들에게 기피 성명」, 『서울석간』, 1947.4.12.
181) 「정판사 사건 상고심 기각」, 『경향신문』, 1947.4.12.
　　　「이관술 재판 기피 상고 기각」, 『대동신문』, 1946.4.12.
　　　「정판사 사건 상고 기각/1심대로 이관술 씨 등 무기 징역」, 『독립신보』, 1947.4.12.
　　　「정판사 사건 상고 기각」, 『민보』, 1947.4.12.
　　　「정판사 사건/상고를 기각」, 『서울신문』, 1947.4.12.
　　　「정판사 사건 상고 기각/변호인은 대법관 기피」, 『자유신문』, 1947.4.12.
　　　「정판사 사건 상고를 기각」, 『조선일보』, 1947.4.12.
　　　「위폐 사건 상고 기각」, 『한성일보』, 1947.4.12.

원심대로 복역하게 되었다. 이에 대해 변호사단은 4월 15일 다음과 같은 성명을 발표했다.[182]

사법은 총칼과 같은 무력으로써 그 위신이 유지되는 것이 아니고 공정만이 위신의 유일한 근원력이 되는 것이다. 우리 변호사단은 작년 7월 이래 미력이나마 정의를 위하야 싸웠으나 판결에 있어서 인민을 떠난 권력의 정치적 행동을 방지 못하였음을 동포들에게 미안하게 생각하는 바이며 대법원의 기각 판결이 있었다 해서 정의를 위한 우리 변호사단의 싸움이 끝난 것은 결코 아니라 우리는 남조선 주둔군 하지 장군 사령부와 맥아더 사령부에 대하여 이 정략 판결의 시정을 요구할 것을 여기에 선언하는바 민주주의 사법관이 있는 곳인 한 우리의 목적은 반드시 달성되고야 말 것임을 확신하는 바이다.

1심 판결 이후 정판사 '위폐' 사건의 피고 10명은 기결수로서 서울형무소에 수감되었다. 그중 이관술을 제외한 9명(박낙종, 송언필, 신광범, 박상근, 김창선, 정명환, 김상선, 김우용, 홍계훈)은 사건 취조 시에 허위 자백을 받아내기 위해 고문과 폭행을 하여 직권을 남용했다는 이유로 사건 취조 담당 본정경찰서 경찰관 6인(최난수, 조성기, 이희남, 김원기, 현을성, 김성환)을 1947년 1월 25일 서울지방검찰청에 폭행죄로 고소했다.[183] 고소 대리인

「정판사 사건 기각」, 『동아일보』, 1947.4.13.

182) 「정판사 피고 상고 기각에/변호사단 성명」, 『민보』, 1947.4.16.
「정판사 사건에 변호사단 성명」, 『자유신문』, 1947.4.17.

183) 「정판사 사건 관계자들이 본정서원 등을 걸어 고소」, 『경향신문』, 1947.1.28.
「고문 경관을 고소/정판사 사건 피고들이」, 『대동신문』, 1947.1.28.
「허위 자백을 강요햇소/정판사 피고 거러 상고」, 『대한독립신문』, 1947.1.28.
「고문한 경관을 고소/정판사 사건 피고인 6명이」, 『독립신보』, 1947.1.28.
「위폐 사건 관계자/취조 경관을 고소」, 『동아일보』, 1947.1.28.
「취조하든 경관들을 고소/정판사 사건 피고들이」, 『서울신문』, 1947.1.28.
「취조하든 형사 걸어 정판사 피고들 고소」, 『자유신문』, 1947.1.28.
「옥중 원소/정판사 위폐 사건 피고들/경찰 걸어 고문죄로 고소」, 『한성일보』, 1947.1.28.

은 김용암, 강혁선, 한영욱, 백석황, 이경용 변호사였다. 그러나 이러한 고소 내용에 대한 후속 보도를 찾아볼 수 없는 것으로 보아 검찰 측에서는 별다른 후속 조치를 하지 않았거나 기각한 것으로 보인다.

이로부터 11개월이 지난 1947년 12월 22일 이관술, 박낙종, 송언필, 김창선 외 1명 등 5명은 상기 피고소인 6명을 다시 한 번 독직상해죄로 고소했으며, 12월 24일 신언한 검사는 이에 대해 사실심리를 시작했다.[184] 그러나 이번에도 마찬가지로 이러한 고소 내용에 대한 후속 보도는 찾아볼 수 없었으며, 검찰 조사가 재판 회부로 이어지지 않은 것으로 보인다.

1947년 4월 11일 정판사 '위폐' 사건에 대한 2심 상고가 결국 기각됨으로써 법정투쟁의 길이 막히자, 피고 및 변호사단 측은 시민들에 대한 직접 호소와 사법 당국을 넘어서는 권력자, 즉 하지와 맥아더에게 호소하는 방법을 택했다.

변호사단은 우선 시민들에게 직접 호소하기 위한 방법으로 정판사 '위폐' 사건의 진상에 대한 책자를 발간했는데, 책의 제목은 『소위 '정판사위폐사건'의 해부』이고, 부제는 "반동파 모략의 진상을 폭로함"이었으며, 그 내용은 1심 불복 당시에 제출했지만 현재 기록으로 남아 있지 않은 「상고이유서」의 내용을 거의 그대로 포함시킨 것으로 추정된다. 저자의 성명은 박수환으로 되어 있지만, 그 내용이 김용암 변호인의 최후 변론과 거의 유사한 것으로 보아 실제 저자는 김용암인 것으로 추정된다. 실명이 아닌 가명을 사용한 것은 사법 당국의 법적 제재를 피하기 위한 것으로 보인다. 책의 마지막 부분을 참고하면 이 책이 탈고된 것은 4월 24일이며, 인쇄는 6월 15일, 발행은 6월 18일로 되어 있다[이 책은 한국전쟁 당시 미군이 노획, 수집하여 미국립문서보관소(NARA)에 보관되어 있다가[185] 2007년 공개된 것으로 보인다].

---

184) 「위폐 사건 여신, 담당 형사 고소」, 『자유신문』, 1947.12.25.
    「위폐 사건 담당 형사를 독직죄로 고소」, 『조선중앙일보』, 1947.12.25.

이렇듯 변호사단은 정판사 '위폐' 사건의 진상을 시민들에게 알리기 위한 책자를 간행하는 한편, 1947년 6월 「Explanatory Statement for Appeal to the Superior Court for 'Counterfeit Case at Jung-Pan-Sa'」라는 제목으로 된 118쪽에 달하는 영문 진정서를 작성하여, 하지에게 보내는 편지[186]와 함께 8월 5일 하지 남조선주둔미국육군 사령관 앞으로 정식 제출했다.[187] 내용은 제목에서도 알 수 있듯이 1심 결과에 불복하여 상고를 제기할 당시에 제출했던 「상고이유서」를 영어로 번역한 것으로 추정된다. 편지를 보내는 주체는 정판사 '위폐' 사건 재판 당시 피고 측 변호인으로 참여했던 한영욱, 백석황, 강혁선, 이경용, 강중인, 김용암, 윤학기 변호사와 새로 합류한 유영윤 변호사를 포함한 8명이었다. 변호사들의 이러한 진정서에 대한 미군정의 처리 과정은 다음과 같다.

- 진정서를 접수한 미 육군 24군단 법무감(Judge Advocate)은 우선 자체적으로 검토한 후 1947년 8월 11일 하지에게 전달했다.
- 하지는 8월 12일 참모장(Chief of Staff)을 시켜 "법무감에게 이 문제에 대해 미군정청 법무부를 통해 추가 조치가 필요한지의 여부를 확인하겠다"고 연락을 취한 뒤, 8월 13일 미군정장관(Commanding General, USAMGIK) 측에 법무부가 이 문제와 관련된 새로운 증거를 조사하고 어떤 교정적인 조치가 필요하거나 취해져야 하는지에 대해 의견을 줄 것을 요청하는 서한을 보내

---

185) RG 242, Entry 299, Box 433, Series Tile Captured Korean Documents, Doc No. SA2007, Item #79.
186) 편지의 내용을 요약하면, 남조선의 경찰과 사법 당국이 일제 잔재와 극우파 한민당의 영향으로 수많은 비민주적인 판결을 내려 왔으며, 그중에서도 정판사 '위폐' 사건은 민중에게 공산당이 위폐를 제조했다는 인상을 심어 주려는 정치적 의도하에서 판결이 내려졌으므로, 다시 한 번 민주적이고 정치적으로 편견 없이 이 사건을 재조사해 주기를 요청한다는 것이다.
187) 「정판사 위폐 사건에 변호사단 진정」, 『독립신보』, 1947.8.10.
「정판사 사건 진정/변호사단이 하-지 중장에게」, 『조선중앙일보』, 1947.8.10.

며, 자신이 접수한 편지 및 「Explanatory Statement」를 첨부했다. 또한 가능한 한 빨리 이 문제에 대해 보고할 것을 요청했다.

- 8월 26일 미군정 사령부(Headquarters, USAMGIK) 부관참모(Adjutant General) 얼 로즈(Earl L. Rhodes)는 하지에게 "「Explanatory Statement」는 단지 이전에 1심 결과에 불복하여 2심에 상고를 제기할 때 사용했던 문서일 뿐이며 이미 법무부에서 조사한 바 있고, 새로운 내용은 없다. 이 사건은 매우 신중하게 조사되고 신중하게 재판이 진행되었으며, 미국인 관리들도 사건 조사에 참여했고, 공판에서 증언도 했으며, 법무부 연락 장교는 재판 전에 이 사건을 매우 신중하게 조사하여 법무부의 조선인 직원들에게 충고를 하기도 했다. 법원의 결정이 틀렸다고 믿을 만한 이유가 전혀 없다. 1심 판결이 공소원으로 상고되었으나 원심이 확정되었으며, 교정적 조치는 부적당하며 취하지 않는 것이 바람직하다"는 내용의 답신을 보냈다.
- 8월 29일 남조선주둔미국육군 사령부(Headquarters, USAFIK)는 법무관을 통해 유영윤에게 답신을 발송했다.

이로써 변호사단이 하지에게 「Explanatory Statement」 제출을 통해 사건의 재심을 실시하려는 시도는 무위로 끝나고 말았다. 그러나 변호사단은 맥아더 사령부와 미국 법조계에도 동일한 「Explanatory Statement」를 보냄으로써 국제적 여론을 환기할 계획을 세웠는데,[188] 실제로 전달이 되었는지의 여부는 알 수 없다.

한편, 사법 당국 역시 이러한 변호사단의 활동에 맞서기 위해 출판 활동을 벌였다. 담당 검사 조재천은 경찰 잡지인 『민주경찰』[189]에 정판사 '위폐'

---

188) 「정판사 위폐 사건에 변호사단 진정」, 『독립신보』, 1947.8.10.
　　「정판사 사건 진정/변호사단이 하-지 중장에게」, 『조선중앙일보』, 1947.8.10.
189) 조재천, 「위폐사건공판기록(판결문 기1)」, 경무부교육국, 『민주경찰』, 창간호, 선광인쇄주식회사, 1947년 6월, 126~164쪽.
　　조재천, 「위폐사건공판기록(기2)」, 경무부교육국, 『민주경찰』 제2호, 선광인쇄주식회사, 1947년 8월, 67~70쪽.

사건의 재판 당시 자신이 작성 제출한 「공판청구서」, 「공판청구서(2)」, 「논고 요지」, 「재논고 요지」를 총 2회에 걸쳐 게재했다. 또한 법학 학술지『법정』190)에도 「논고」를 총 4회에 걸쳐 연재했다. 그리고 서울지방심리원은 정판사 '위폐' 사건의 공판 기록을 책자로 인쇄, 발행했다. 책의 제목은『위폐사건 공판기록』이며, 내용으로는 검찰 및 재판부 측에서 작성한 「공판청구서」, 「논고 요지」, 「재논고 요지」, 「정판사 급 독도 위조지폐 사건 공판 요약표」, 「제28회191) 공판조서」, 「판결문」을 포함하고 있다.

홍미로운 점은 이 책자를 인쇄한 곳이 대건인쇄소인데, 이는 1946년 6월 초 천주교계에서 미군정으로부터 근택빌딩의 조선정판사 시설을 임대하여 설립한 인쇄소로서192) 1946년 10월 6일 창간된『경향신문』을 인쇄한 곳이라는 점이다. 당시 천주교는 우익 성향이었으며 이에 따라 사법 당국의 입장을 대변하는『위폐사건 공판기록』을 인쇄했던 것으로 보인다. 즉, 정판사 '위폐' 사건의 유죄를 입증하려는 의도로 만든 책이 정판사 인쇄 시설을 통해 인쇄된 것이다.

한편, 서울형무소에 수감 중이던 이관술, 박상근, 정명환 등은 4월 말경 대전형무소로 이감되었고, 마포형무소에 수감 중이던 송언필도 5월 7일 대전형무소로 이감되었다.193) 이관술은 건강이 좋지 못하여 주사를 맞고 지냈다. 송언필은 5월 9일 아침 「애국가」와 「적기가」를 부르고 만세를 부르며 대우 개선을 요구했는데, 이에 형무소 측이 수갑을 채우고 벌을 주자

---

190) 현재 남아 있는 자료의 출처는 다음과 같다.

　　조재천, 「정판사위폐사건 논고(3)」, 『법정』 제2권 제7호, 법정사, 1947년 7월, 42~25쪽.

　　조재천, 「정판사위폐사건 논고(4완)」, 『법정』 제2권 제8호, 법정사, 1947년 8월, 39~42쪽.

191) '제30회'의 오기.

192) 경향신문사사 편집위원회, 『경향신문 40년사』, 경향신문사, 1986, 76~82쪽.

193) 「이관술 등 대전에 이감」, 『민중일보』, 1947.5.18.

이에 항의하여 5월 12일부터 단식투쟁을 했다.[194] 송언필은 별실에 격리되어 다른 수감자들과의 접촉은 물론 가족과의 면회도 일절 금지되었다. 그러던 중 6월 29일 간수부장 김용욱은 언사가 공손하지 않다는 이유로 송언필을 마구 구타하고 뒷수갑을 채워 놓았는데, 이러한 불법적이고 비인도적인 폭행에 분개한 송언필은 당일부로 또다시 단식을 시작했고, 2주일 가까이 단식투쟁을 계속함에 따라 몸이 극히 쇠약해져 생명이 위독해졌다.

또한 서울형무소에 수감 중이던 박낙종도 병이 심해져 병감(病監)으로 이송되었다. 그럼에도 이들에 대한 가족들의 면회는 금지되었고, 반일운동자구원회에서는 보석을 위해 노력했으나 받아들여지지 않았다.[195]

1948년 8월 15일 대한민국 정부 수립을 앞두고 「헌법」을 비롯하여 여러 법령이 제정되었다. 8월 11일에는 국무회의에서 「사면법」 초안이 통과되었고,[196] 8월 20일에는 제46차 국회 본회의에서 약간의 문구 수정을 통해 상정되어 「사면법」이 통과되었으며,[197] 8월 30일 국무회의를 통해 「사면법」을 「법률 제2호」로 정식 공포하여 효력이 발생되었다.[198] 그러나 「사면법」의 적용 범위에는 방화, 통화 위조, 수회, 업무상 횡령, 상해치사, 강도, 살인, 강간, 마약 취체령 위반, 총포 화약 취체 규칙 위반, 「법령 제127

---

194) 「지방 형무소 시찰기 (상)/형무소마다 초만원 상태」, 『경향신문』, 1947.5.20.
　　　「대구형무소에 옥사자/영양 의료 부족으로 1년에 33명」, 『독립신보』, 1947.5.21.
　　　「남조선 형무소 시찰기 (상)/격증해 가는 옥사자」, 『민보』, 1947.5.22.
195) 「일제식 혹형에/송언필 씨 단식으로 항거」, 『노력인민』, 1947.7.6.
　　　「소위 정판사 사건 관계/송, 박 양 씨 위독」, 『노력인민』, 1947.7.19.
　　　「정판사 사건의 송, 박 양 씨 단식」, 『조선중앙일보』, 1947.7.20.
196) 「정치범 제외?/특사령 초안 통과 16일 상정」, 『조선일보』, 1948.8.13.
197) 「양도묘용을 국민은 기대/사면법 국회를 통과」, 『동아일보』, 1948.8.21.
198) 「사면법 공포 결정/실제 문제는 사법부서 처리/국무회의」, 『경향신문』, 1948.8.31.
　　　「사면법 작일 공포/출옥까지엔 아직 수일」, 『경향신문』, 1948.8.31.
　　　「사면법 작일 공포/국회 인준을 받어 실시」, 『동아일보』, 1948.8.31.
　　　「사면법 정식 공포/상당한 시간을 요구 예상」, 『동아일보』, 1948.8.31.

호: 미곡 밀수출」위반, 전선(電線)법 위반과 인명 살상, 폭동, 파괴 행위는 제외됨으로써 정판사 '위폐' 사건 관계자들은 사면 대상에서 제외될 수밖에 없었다.[199]

한편, 서울형무소에서 복역 중이던 박낙종은 1948년 9월 초 기자와의 인터뷰에서 (1) 정판사 '위폐' 사건은 정치적 모략이며, (2) 조선인의 정부가 수립되었다면 사건으로 인해 수감 중인 피의자들을 석방해야 한다고 말하며, (3) 단독정부를 비판했다.[200] 이 인터뷰 기사를 마지막으로 정판사 '위폐' 사건으로 수감된 자들에 대한 향후 거취는 더 이상 찾아볼 수 없다.

다음으로 정판사 '위폐' 사건 피의자들의 최후에 대해 알아보겠다.

이관술의 최후에 대해서는 2006년부터 2010년까지 활동한 진실·화해를 위한 과거사 정리 위원회에서 대전·충청 지역 형무소 재소자 희생 사건으로 조사가 이루어져 2010년 6월 22일 진상 규명 결과가 발표되었다.[201] 보고서 내용에 따르면 이관술은 대전형무소 재소자 및 보도연맹원에 대한 총 3차의 살해 시기 중 제2차 시기(1950년 7월 3일경부터 7월 5일까지)에 해당하는 7월 3일 총살되었다.[202] 이관술이 총살당하는 것을 직접 목격한 당시 대전형무소 형무관 겸 특별경비대 부대장이었던 이준영은 이관술은 대전형무소 수감 기간 동안 지사의 면모를 보였으며, 총살당하기 직전 마

---

199) 「특사 범위 결정/방화, 수회, 횡령 등 제외」, 『경향신문』, 1948.8.13.
　　　「정치범 제외?/특사령 초안 통과 16일 상정」, 『조선일보』, 1948.8.13.
200) 「잠 못 이는 독방의 번민/박낙종 왈 … 죄 없으니 참회 없다」, 『국제신문』, 1948.9.5.
201) 진실·화해를위한과거사정리위원회, 『2010년 상반기 조사보고서』 5권, 진실·화해를위한과거사정리위원회, 2010, 189~574쪽.
202) 진실화해위원회의 본 사건 조사 과정에서 진실 규명 신청인인 이관술의 5녀 이경환은 김창숙의 며느리 손응교가 이관술의 장녀인 이정환에게 이관술이 1950년 7월 3일 총살되었다고 말했다는 사실을 진술했으며(2008년 1월 9일 진술), 사건 당시 대전형무소 특별경비대 부대장이었던 이준영은 이관술이 총살되는 현장을 목격했다고 진술했다(2009년 1월 30일 진술).

지막으로 "대한민국 만세"를 외칠 의향이 있느냐는 질문에 "대한민국 만세"는 외치지 못하지만 "조선 민족 만세"는 외칠 수 있다고 대답했고, 이 대답을 하자마자 총살당했다고 진술했다.

또한, 박낙종은 목포형무소에 수감되어 있다가 이관술과 마찬가지로 한국전쟁 직후에 총살되었다.[203]

이관술과 박낙종 이외에 정판사 '위폐' 사건의 다른 수감자들의 최후에 대해서는 알려져 있지 않다. 그러나 송언필, 김창선, 신광범, 박상근, 정명환, 김상선, 김우용, 홍계훈이 감형되었다거나 석방되었다거나 만기 출소했다는 내용이 언론에 전혀 보도되지 않은 점으로 보아 이들 역시 이관술과 마찬가지로 한국전쟁 당시 남한 국군 측에 의해 사살되었거나 혹은 북한으로 넘어갔을 것으로 추측될 뿐이다.

한편, 피의자들 중 유일하게 체포되지 않았던 권오직은 1946년 5월 정판사 '위폐' 사건 피의자들에 대한 검거가 시작된 이후 경찰의 체포령을 피해 도주했다가 월북했으며, 1948년 8월 해주에서 열린 남조선인민대표자대회에서 제1기 최고인민회의 대의원으로 선출되었다. 1950년 2월에는 헝가리 주재 조선민주주의인민공화국 공사로 활동했으며, 1952년 3월에는 중국 주재 대사로 부임했다. 그러나 1953년 8월 김일성이 박헌영을 비롯한 남로당계를 숙청할 때 소환되어 조선노동당 중앙위원회 후보위원에서 축출되었으며, 이후 반당, 반국가 파괴 분자라는 이유로 숙청되어 평북 삭주 농장으로 추방되었다.[204]

---

203) 박낙종 역시 목포형무소 수감되어 있다가 한국전쟁 발발 직후 처형당했다는 기록이 있으나 구체적인 사료로 확인된 바는 없다. "5월 '조선정판사 사건'으로 경찰에 검거되어 무기징역을 선고받고 목포형무소에 수감되었다. 한국전쟁이 일어난 직후 총살되었다"([박낙종], 강만길·성대경, 『한국사회주의운동 인명사전』, 창작과비평사, 1996, 183쪽).

204) [권오직], 위의 책, 35쪽.

2. 정판사 '위폐' 사건에 대한 대응

본 절에서는 정판사 '위폐' 사건과 관련하여 미군정, 우익, 좌익 각 세력이 어떻게 대응했는지를 살펴볼 것이다.

1) 미군정의 대응

본 소절에서는 정판사 '위폐' 사건의 전개 과정에서 미군정이 구체적으로 어떻게 조선공산당을 탄압했으며 좌익 및 조선공산당의 반발에 어떻게 대응해 나갔는지를 살펴보겠다.

미군정은 정판사 '위폐' 사건을 처리함에 있어 하지를 비롯한 미군정 수뇌부 및 CIC가 직접 개입하기도 했지만, 경찰, 우익 세력(정당, 단체, 언론), 사법(법무부, 법원, 검찰) 등 활용 가능한 모든 수단을 총동원했다. 재판 이전까지는 미군정 주도하에 경찰, 우익, 검찰이 동원되었고, 재판 시기 및 재판 종결 이후에는 미군정의 직접 개입은 줄어들고 사법부, 법원, 검찰이 주로 관여했다.

정판사 '위폐' 사건은 1946년 5월 초 피의자들에 대한 체포 및 수사 개시 이래로 매우 복잡한 양상으로 전개되었다. 사건과 관련하여 수많은 부수적인 사건들이 연달아 일어났고, 좌우익 정당, 사회단체, 언론, 피고, 변호사단, 판사, 검사, 사법부, 미군정 수뇌부 등 수많은 세력들이 각종 담화, 성명, 언명을 발표하며 대립하는 등 폭발적인 연쇄 반응을 불러일으켰다.

이렇게 정판사 '위폐' 사건이 유달리 복잡하게 전개된 이유는 무엇일까? 그 실마리는 사건의 초기 단계에서 찾아볼 수 있는데, 그것은 바로 이 사건이 급조된 사건이라는 점이다.

앞에서 살펴보았듯 미군정은 1946년 5월 미소공위 결렬 시점을 전후하여 새로운 대한 정책과 새로운 방식의 '좌익 탄압 정책'을 구상하고 있었다. 그리고 정판사 '위폐' 사건은 명백히 그러한 새로운 정책하에서 이루어진 '공작 정치' 방식의 조선공산당에 대한 탄압 사건이었다. 그리고 앞서 언급했던 조봉암 편지 공개 사건이나 여운홍 인민당 탈당 및 사회민주당 창당 사건도 이와 마찬가지였다.

그런데 정판사 '위폐' 사건은 조봉암 사건이나 여운홍 사건과는 다른 점이 있다. 두 사건은 모두 미군정이 수개월 전부터 치밀하게 기획하고 준비했다가 5월 초순에 터뜨린 공작 사건이었다. 그러나 정판사 '위폐' 사건은 그렇게 치밀하게 기획된 것이 아니라 매우 짧은 시간 내에 급조된 사건이었다.

그렇다면 왜 미군정은 정판사 '위폐' 사건을 급조했는가? 앞에서 지적했듯 경찰은 1946년 5월 4일 뚝섬 위폐 사건 용의자 4인을 검거했는데, 그중에는 우익 인사인 대한독립촉성국민회 뚝섬지부 조직부장 이원재가 포함되어 있었다. 당시는 '위폐처럼 보이는 진폐'와 '진폐처럼 보이는 위폐'가 뒤섞여 화폐 유통에 혼란을 보이고 있었으며, 이에 대한 대중의 반감이 매우 컸다. 이런 상황에서 우익 인사가 개입된 위폐 사건이 세상에 알려지면 이는 우익 측에 정치적으로 엄청난 타격이 될 수 있었다. 그랬기 때문에 경찰 측은 이를 상부에 보고했고, 장택상 등 경찰 책임자는 이를 미군정과 상의했다. 그 과정에서 뚝섬 위폐 사건 피의자들에게 징크판을 판매한 김창선이 조선정판사 소속 조선공산당원이라는 사실에 착안해 5월 8일 정판사 직원들을 대거 검거했으며, 1주일 만에 사건의 전모를 급조했다. 그러나 지나치게 서둘러 사건을 급조했기 때문에 그 내용에 사실과 다르거나 논리적으로 앞뒤가 맞지 않는 등 허점이 많았고, 그로 인해 사건이 조작된 것이 아니냐는 의혹이 봇물처럼 쏟아졌던 것이다.

이렇게 사건을 급조한 미군정은 5월 15일 정판사 '위폐' 사건에 대해 최초의 공식적인 발표를 했다. 공보부의 발표문 내용을 통해 미군정에 다음과 같은 의도가 있었음을 알 수 있다.

첫째, 발표문에는 '공산당', '공산당원'이라는 말이 여러 번 등장한다. 이는 사건이 단순히 몇몇 개인들에 의해서가 아니라 공산당 차원에서 조직적으로 행해진 것임을 강조하는 것으로서, 이 발표가 사건의 전모를 순수하게 발표하는 것이 아니라 사건의 배후 세력이 공산당임을 알리는 데에 초점이 맞춰져 있음을 알 수 있다.

둘째, 여타의 위폐 사건과는 달리 이 사건은 경찰이 아니라 군정청 공보부 명의로 발표되었다. 그런 점에서 이 발표의 무게감과 신뢰감을 더함으로써 대중에게 미치는 효과를 극대화하려는 미군정의 의도를 읽을 수 있다.

셋째, 발표문에는 '경찰 보고에 의하면'과 같은 표현이 지나칠 정도로 여러 번 등장한다. 그러나 실제로는 미군정 스스로도 5월 8일 이후 CIC를 통해 수사에 직접 개입한 사실이 있다.[205] 그럼에도 이를 드러내지 않은 채 '경찰 보고'를 강조한 것은 미군정이 이 사건의 수사에 직접적으로 개입하지 않았다는 인상을 줌으로써 이 발표의 파장에 따른 책임을 회피하려는 것으로 해석할 수 있다. 즉, 미군정은 이 발표가 미군정이 조선공산당을 공격하기 위해 행한 정치적 행위로 해석될 수 있는 여지를 차단하려는 의도가 있음을 알 수 있다. 이 역시 공작 정치 방식의 면모를 보여 준다.

넷째, 발표 내용에는 뚝섬 위폐 사건에 대한 언급이 전혀 없다. 정판사 '위폐' 사건이라는 것 자체가 뚝섬 위폐 사건에 연루된 김창선을 조사하는 과정에서 확대 수사된 것이고, 5월 9일 이래 각종 신문 기사에서는 뚝섬 위폐 사건과 정판사 '위폐' 사건이 혼재되어 보도되어 왔으므로 이에 대한 시민들의 혼란을 방지하기 위해서라도 뚝섬 위폐 사건에 대한 조사 결과를

---

205) "증인 이철원의 공술에 의하여 본 건에 관한 군정청 공보부 제1회 발표의 재료 출처는 우익 정치단체가 아니고 CIC였던 것이 판명되었고"(서울지방심리원, 「논고 요지」, 『위폐사건 공판기록』, 대건인쇄소, 1947, 26쪽).

따로 발표하거나 최소한 정판사 '위폐' 사건 발표문 내에 뚝섬 위폐 사건에 대해 간단히 언급하는 것이 필요했다. 그럼에도 군정청에서는 전혀 그런 조치를 취하지 않았다. 이는 우익 측이 연루된 뚝섬 위폐 사건에 대한 언급을 회피함으로써 우익에 대한 비난의 여론이 커지는 것을 원천적으로 막기 위한 것이었다.

전체적으로 봤을 때 5월 15일의 발표는 조선공산당에 대한 공격의 효과는 높이면서도 조선공산당 공격에 대한 비난의 화살로부터는 벗어나기 위한 미군정의 교묘한 의도가 숨겨져 있다고 할 수 있다.

한편, 정판사 '위폐' 사건은 미군정의 발표 이전부터 이미 신문에 일부 기사가 나면서부터 정계와 대중들의 비상한 관심을 끌게 되었으며, 미군정의 발표가 있자 사회적으로 엄청난 충격과 반향을 불러일으켰다. 모든 일간지는 즉시 대서특필하기 시작했고, 우익 측의 조선공산당에 대한 비난이 쏟아지기 시작했다. 여기까지는 미군정의 공작 방식이 효과를 거두는 것처럼 보였다.

그러나 조선공산당 측은 즉각 자신들이 사건과 무관함을 주장했고, 미군정의 발표에 의혹을 제기하며 미군정 및 경찰에 진상을 발표할 것을 요청하기 시작했다.

미군정의 입장에서 조선공산당 측의 반발은 어느 정도 예상했겠지만 자신들이 발표한 내용에 그렇게 오류와 의혹이 많을 것이라고는 예상하지 못한 것으로 보인다. 미군정은 그러한 의혹에 대해 제대로 답변을 할 수가 없었다. 그런 상황에서 박헌영의 방문을 받은 조병옥 경무부장은 "이번 사건은 뚝섬 사건이다"라고 말함으로써[206] 오히려 미군정의 발표에 대한 의혹을 키웠으며, 미군정은 더욱 궁지에 몰리게 되었다.

---

206) 「위조지폐에 관하야/조공 의견서, 성명 발표」, 『자유신문』, 1946.5.17.

상황이 이렇게 돌아가자 미군정은 경찰 관계자들에게 사건에 대해 일체 함구할 것을 명령했다. 이는 경찰이 사건에 대해 발표함으로써 혹시라도 미군정의 오류가 밝혀질 경우 입게 될 타격을 우려한 것이었다.

장택상 제1관구경찰청장은 이러한 명령에 따라 5월 16일 기자단과 문답에서 사건에 대해 진상을 발표하라는 기자들의 요구에 대해 '미군정 공보부의 명령으로 사건에 대해 아무것도 말할 수 없다'고 답했는데, 그러면서도 '위폐 제조가 정판사 지하실에 이루어졌다는 미군정의 발표 내용은 자신의 보고서에는 없는 사실'이라고 발언함으로써 논란의 불씨를 남겼다.[207]

또한 같은 날 이구범 본정경찰서장은 "위조지폐 사건에 대한 공보부 특별 발표는 상부의 발표이라 무엇이라고 말하기 어려우나 나의 의사로는 잘 되지 못하였다고 생각한다. 첫째로 이 사건은 아직 취조가 끝나지 않은 것을 발표한 것은 경솔하였다. 둘째로 지폐를 정판사 지하실에서 인쇄하였다는 발표는 무근한 사실이다. 셋째로 이관술, 권오직이 사건에 관련하고 있는지 없는지는 취조하여 보지 못한 이상 분명치 않다. 넷째로 이번 사건은 뚝섬 사건과 관련이 있음에도 불구하고 이번 발표에서 빠진 것은 이번 발표가 사건의 전모가 아닌 것을 말한다"고 말했다.[208] 이는 미군정을 곤혹스럽게 하는 발언이었다.

이러한 장택상과 이구범의 발언은 미군정의 발표가 경찰의 보고에 의한 것임을 강조했기 때문에 그로 인해 조선공산당 측의 비난이 경찰에 집중되는 것에 대한 대응의 차원에서 이루어진 것으로 보인다. 또한 이는 미

---

207) 「내게는 발표할 자유 없다/위조지폐 사건에 장 경찰부장 담」, 『독립신보』, 1946.5.17.
    「뚝섬 사건과 관련 있다/장 부장 함구」, 『조선인민보』, 1946.5.17.
    「장 경찰부장 기자단과 1문1답」, 『중앙신문』, 1946.5.17.
    「괴(怪)! 뚝섬 위폐 사건은 발표하지 안는 이유?/장 경찰부장과 기자와의 문답」, 『해방일보』, 1946.5.18.
208) 「본정서장 이구범 담」, 『중앙신문』, 1946.5.17.

군정 공보부의 발표가 조선인 경찰 관계자들과의 충분한 소통과 정보 공유하에서 이루어진 것이 아니며, 미군정 측의 독단적이고 갑작스러운 결정에 의한 것이었음을 방증한다.

그리고 사건에 대한 함구령이 장택상 경찰청장 등 경찰 수뇌부에게까지는 전달되었지만 이구범 본정서장 등 수사를 담당한 일선 경찰에게까지는 제대로 전달되지 않았던 것으로 보인다. 이는 미군정의 사건 대응 방식이 치밀하지 못했으며, 갑작스럽게 진행되었음을 또한 방증한다.

이러한 상황을 다시 종합해 보면 미군정의 정판사 '위폐' 사건에 대한 발표는 정상적인 절차를 통한 것이 아니라 매우 급박한 상황에서 갑자기 이루어진 것으로 보인다. 이는 뚝섬 위폐 사건에 독촉 소속 피의자가 포함되었기 때문에 뚝섬 위폐 사건을 시급히 은폐해야 할 정치적 필요에 따른 것이었다고 할 수 있다. 그랬기 때문에 미군정의 발표에는 오류와 의혹이 많았던 것이다. 이러한 오류와 의혹에 대해 조선공산당 측이 강력하게 문제를 제기하자, 미군정은 경찰이 발표하지 못하도록 함구령을 내려 입단속을 했던 것이다. 그러나 이는 미봉책에 불과해 사태를 원만하게 수습할 수 없었으므로 사건에 대한 의혹은 일파만파 확대되어 나갔다.

한편, 미군정은 정판사 '위폐' 사건의 수사를 구실로 조선공산당의 물적 토대를 파괴했다. 5월 18일에는 CIC 소속 미군과 미헌병들이 직접 출동하여 근택빌딩을 포위하고, 건물 내로 진입하여 조선공산당 및 해방일보사 사무실을 수색하고 증서, 인장, 문서 등을 압수한 후 근택빌딩을 폐쇄했다. 이로써 조선정판사는 폐쇄되었고, 『해방일보』는 무기 정간을 맞은 후 결국 폐간되었다. 그리고 5월 27일에는 적산 관리 문제를 구실로 조선공산당 본부로 하여금 근택빌딩에서 나갈 것을 명령했고, 이에 따라 조선공산당은 5월 30일 남대문으로 이전해야 했다.

미군정의 이러한 강경 조치에는 두 가지 목적이 있었던 것으로 보인다.

한 가지 목적은 미군정의 발표에 대한 조선공산당의 반박을 논박하기 위해 피고의 유죄를 입증할 수 있는 증거를 찾는 것이었다. 당시 미군정은 5월 15일 공보부 발표에 대한 조선공산당 및 좌익 측의 반박을 재반박하지 못해 곤란한 상황에 처해 있었다. 이미 대부분의 피의자를 체포한 상태이며, 이들에 대한 경찰 수사가 진행 중인데도 수사 당국과는 별도로 미군정 측이 직접 수사에 개입하여 증거 자료를 확보하려고 했다는 점에서 미군정이 당시 상황을 타개하기 위해 얼마나 급박하게 움직이고 있었는지를 알 수 있다.

또 다른 목적은 사건의 수사와는 별도로 조선공산당을 탄압하는 것이었다고 할 수 있다. 이러한 급습과 폐쇄 조치는 정판사 '위폐' 사건의 수사만을 목적으로 한 것이라고는 보기 힘든 측면이 있기 때문이다. 조선정판사에 대한 수색의 필요성이야 인정한다고 해도 해방일보사와 조선공산당의 사무실까지 압수 수색하며, 수색이 끝난 후에도 조선공산당 본부를 제외한 근택빌딩 전체를 폐쇄시킴으로써 『해방일보』를 폐간시키고, 조선정판사와 산업노동조사소, 동무사 등을 모두 폐쇄시킨 것은 상식적으로 이해하기 힘들다. 이러한 점에서 볼 때 이날 급습의 또 다른 목표는 조선공산당의 활동을 파악하고 약점을 잡는 것과 조선공산당 기관지인 『해방일보』 및 각종 선전물을 인쇄하는 조선정판사를 폐쇄함으로써 조선공산당의 입을 봉쇄하는 것이었다고 할 수 있다.

그러나 미군정은 5월 15일 공보부 발표에 대한 조선공산당 측의 반박에 대해 이렇다 할 논박을 할 수 없었다. 이에 우선 수사력을 총동원하여 정판사 '위폐' 사건 피의자들의 범죄 사실을 입증할 수 있는 증거를 확보하려 했다. 즉, 일단 범죄 사실에 대한 발표부터 해 놓고 그다음에 증거를 찾았던 셈이다.

우선 미군정은 경찰로 하여금 총력을 기울여 피의자들에 대한 수사를 진행하고 아직 체포되지 않은 이관술, 권오직에 대한 수사망을 확대해 나갈 것을 강력히 주문했을 것으로 보인다. 나중에 다루게 될 피의자들에 대한 경찰의 혹독한 고문에 대한 논란도 이러한 상황과 무관하지 않은 것으로 보인다.

그러나 경찰 수사는 이렇다 할 성과를 내지 못했다. 나중에 다시 다루겠지만 정판사 '위폐' 사건 피의자들의 유죄를 입증할 만한 뚜렷한 증거물이 없었기 때문에 경찰은 피의자의 자백에 의존하여 범행 사실을 입증하려고 했는데, 피의자들 간의 자백이 일치하지 않았기 때문이다.

이에 미군정은 경찰 수사의 한계를 느끼고 검찰의 힘을 동원하기로 결정했다. 그리하여 5월 23일 검사국은 공식적으로 사건의 지휘권을 넘겨받았고, 조재천, 김홍섭 검사를 경찰서로 출장을 보내 수사를 지휘하도록 했다. 특히, 조재천은 일제강점기에 일본 고등문관시험에 합격하고 해방 직전까지 평양에서 판사와 검사로 재직했으며, 1946년 1월에는 경성지법 부장검사로 임명된 엘리트 검사였다.

그리고 5월 25일에는 미국인 경무부장 매글린 대령의 사무실로 피의자들을 데려다 놓고 조병옥, 장택상 등 경찰 책임자들을 총동원하여 직접 취조했으며, 5월 27일에는 매글린, 조병옥, 장택상, 노덕술 등이 모여 장시간에 걸쳐 비밀회의를 진행했다. 그리고 5월 28일에는 매글린, CIC 브루스 대위, 조병옥, 장택상, 노덕술, 이구범, 최난수, 김홍섭 등이 모두 입회한 가운데 조선정판사에서 위조지폐 시험 인쇄를 했다. 이는 피의자의 증언 외에 물적 증거가 없는 상황에서 물적 증거를 확보하기 위한 노력의 일환으로 볼 수 있다.

이렇게 경찰에서 아직 검사국으로 사건을 송국도 하기 전에 검사국이 수사의 책임자 역할을 떠맡아 증거품을 넘겨받고 경찰에 검사를 파견하여 수사를 진두지휘하는 것은 극히 이례적인 일이었다. 또한 경무부 및 경찰

당국의 최고 수뇌부를 총동원하여 직접 범인을 취조하고 사건에 대해 의
논하는 것 역시도 사상 초유의 일이었다. 이는 정판사 '위폐' 사건의 처리가
미군정에 있어 얼마나 시급하고 중요한 일이었으며, 또한 단지 취조를 하
는 것만으로도 모자라 말단 수사진으로부터 경찰 최고책임자 및 군정장관
까지 한 자리에 모여 장시간 회의를 벌일 정도로 해결이 잘 되지 않는 골
치 아픈 문제가 존재했음을 방증한다.

조선공산당 측의 진상 규명 요구에 대해 미군정은 언론 통제를 강화하
기 시작했다. 러치 군정장관은 5월 4일 공포한 「군정법령 제72호」를 적용
하여 경찰로 하여금 정판사 '위폐' 사건에 대한 미군정 공보부의 발표에 반
박하는 내용의 호외, 벽신문, 전단을 압수, 단속토록 했다.209) 그리고 그
러한 포스터나 전단을 만들거나 붙이는 사람은 즉시 체포하고 재판에 회
부하여 엄중하게 처벌할 것이라고 경고했다.210) 이는 당시 미군정에 대한
민중의 불만과 부정적인 여론을 공권력으로 막으려는 것이었다.

그런데 정판사 '위폐' 사건과 관련하여 「군정법령 제72호」의 적용이 좌
익과 우익에 차별적으로 적용되었다는 정황을 발견할 수 있다. 민전 조사
위원회에서 5월 28일 장택상을 방문하고 나눈 문답 내용을 보면211) 당시
우익 단체들은 시내 곳곳을 다니며 확성기, 포스터 등을 이용해 위폐 사건

---

209) 「해방일보 호외 압수」, 『동아일보』, 1946.5.17.
　　「위조지폐 사건에 대해 어긋나는 '삐라' 부치면 검속」, 『조선일보』, 1946.5.17.
210) 「불법 포스타 금단/군정관이 엄중히 포고」, 『중앙신문』, 1946.5.26.
211) 「조, 장 양 부장과 문답/위조지폐에 민전 조사위원이」, 『독립신보』, 1946.5.30.
　　「공산당 운운은 경솔/위폐 사건에 장 경찰부장 언명」, 『중외신보』, 1946.5.30.
　　「위폐 사건의 진상은 취조 당국도 미지다/장 경찰부장 반동 모략을 조소」, 『청년해방
　　일보』, 1946.5.30.
　　「미구에 발표한다/악질 선동은 자멸할 것」, 『현대일보』, 1946.5.30.
　　「일체 발표 못한다/민전 조사위원회, 당국과 문답」, 『조선인민보』, 1946.5.31.
　　「위조지폐 사건/민전 조사위원회 발표」, 『중앙신문』, 1946.5.31.

이 조선공산당의 소행이라며 선동하고 있었고, 『동아일보』를 비롯한 우익 신문들은 사실 무근의 허위 기사를 통해 조선공산당을 공격하고 있었다. 그런데 이에 대해 장택상은 만약 진상이 밝혀졌을 때 그들의 주장이 사실이 아닌 것으로 드러나면 오히려 그들이 대중의 신뢰를 잃은 것이므로 그냥 내버려 두라는 궤변으로 이를 방치 및 방조하고 있었다.

이는 군정청에서 발표한 「군정법령 제72호」에 의한 언론 통제가 실제로는 좌익과 우익에 이중적으로 적용되고 있었음을 보여 준다. 즉, 미군정과 경찰 당국은 위폐 사건과 관련하여 자신들에게 유리한 결론을 도출할 때까지 진상 규명 발표를 보류하는 한편 좌익의 전단이나 포스터 선전 활동은 엄벌에 처하고, 우익의 좌익에 대한 불법적인 공격은 방치함으로써 좌익의 언론 투쟁을 교묘하게 통제 및 탄압했다고 할 수 있다.

한편, 미군정은 5월 15일 공보부 발표 이래 계속되는 조선공산당 측의 요구에도 불구하고 사건에 대한 추가적인 수사 결과를 스스로도 발표하지 않았으며, 경찰에 내린 함구령도 계속 유지했다. 미군정과 경찰은 수사 과정이 진척되는 대로 곧 발표하겠다는 식으로 발표를 미루다가 결국 끝까지 침묵을 지켰다.[212]

7월 19일 검사국에서 기소를 함에 따라 공판청구 내용이 공개되었는데 이것이 미군정 공보부 발표 내용과 차이가 있었지만 미군정은 아무런 해

---

212) 「장 경찰부장 기자단과 1문 1답」, 『중앙신문』, 1946.5.17.
　　「위조지폐 일당 송국/발행액 900만 원으로 확대」, 『한성일보』, 1946.5.18.
　　「일체 발표 못한다/민전 조사위원회 당국과 문답」, 『조선인민보』, 1946.5.31.
　　「위폐 사건 독도, 근택이 관련/러취 장관 담」, 『중앙신문』, 1946.6.5.
　　「위폐 사건 금명간에 발표/이번엔 경찰부에서 할 듯?」, 『조선인민보』, 1946.6.18.
　　「최대의 죄악을 발본색원/허구낭설이라든 위폐 사건/대량 검거의 태풍」, 『동아일보』, 1946.6.26.
　　「김 검사장 담」, 『대동신문』, 1946.7.10.
　　「발표는 사법부와 함께」, 『조선인민보』, 1946.7.10.

명을 하지 않았다. 또한 미군정의 발표 내용이 경찰의 보고에 기반을 둔 것이라고 했으므로 경찰의 수사 내용이 검사의 기소 내용과 같은 것인지 다른 것인지에 대한 문제 제기가 있었으나 경찰 측은 역시 끝끝내 입을 다 물었다.213)

이렇듯 미군정 측이 사건의 중간 수사 결과 등을 일절 발표하지 않고 비밀에 부친 것은 첫째는 좌익 측의 반박을 논박하기 어려웠던 면이 있고, 둘째는 사건에 대해 발표할 경우 조선공산당 측으로부터 또 다른 반박이 나오게 되는 것을 우려했기 때문이며, 셋째는 수사 당국이 가지고 있는 정보를 비밀에 부침으로써 조선공산당 측이 재판에 미리 준비할 수 없도록 하려는 의도에서였던 것으로 보인다. 만약 정판사 '위폐' 사건의 피고들이 위폐를 제조한 것이 사실이라면 자연스럽게 재판을 통해 범죄 사실이 드러날 것이므로 숨길 필요가 없을 텐데, 굳이 이러한 비밀주의를 고수한다는 것 자체가 사건에 의혹이 있으며 미군정 측이 뭔가를 숨기고 있다는 것을 방증한다고 할 수 있다.

정판사 '위폐' 사건이 조작되었다는 의혹이 제기되었지만 미군정이나 수사 당국 측은 그에 대해 침묵을 지키는 가운데, 조선공산당 본부에 대한 습격과 근택빌딩 폐쇄, 『해방일보』 폐간, 조선공산당 본부 강제 축출 등이 이어지자 미군정이 정판사 '위폐' 사건을 이용하여 공산당을 탄압한다는 여론이 형성되기 시작했다.

이에 5월 21일 러치 군정장관은 "이번 위조지폐 사건은 정치 문제가 아니라 경제 문제이므로 피의자의 소속 정당에는 관심도 없고 관계하지 않을 것이며 단지 사건이 중대한 만큼 관계된 사람은 최고형으로 엄중히 처벌할 것이다. 그런데 근택빌딩에 있는 사람은 일단 사건과 관계가 있든 없

213) 「불원 경찰부서도 발표/장 부장 담」, 『조선인민보』, 1946.7.21.

든 모두 조사할 것이며, 이는 정당과는 상관이 없다. 사건의 조사가 완전히 끝날 때까지 근택빌딩은 폐쇄할 것이다"는 내용의 언명을 했다.[214] 즉, 사건을 정치 문제로 보지 않겠다는 것이었다.

한편 7월 19일 검찰이 피의자들을 기소한 직후인 7월 21일 조선공산당은 '재판 관련 8개 조항'을 하지에게 요구했고, 여러 좌익 단체들도 신문 지면을 통해 각각 재판 방식에 대해 다양한 요구를 연일 쏟아 내기 시작했다.

그러자 김병로 사법부장은 7월 24일 공보부를 통해 「신문인에게」란 제목으로 언론계를 향한 성명서를 발표했는데, 위폐 사건 재판에 대해 최근 각 신문이 여러 가지 성명과 의견을 쏟아 내는 것에 불쾌감을 표현하며, 일부 신문은 위폐 사건을 재판소가 아닌 신문지상에서 취급하게 하려 한다거나 정치적인 목적으로 특정 정당의 이익을 위해 성명하고 있다고 비판했다. 또 사법 당국은 사건을 정당과는 무관하게 보통의 형사사건과 마찬가지로 개인적인 범죄의 차원에서 취급하여 진행할 것이며, 재판은 공개될 것이므로 누구나 방청할 수 있음을 발표했다. 마지막으로 신문이 사실을 왜곡하거나 재판소의 판결에 영향을 미치는 발표를 할 경우 현행 「형사법」에 저촉되어 고발될 것이라고 강하게 경고했다.[215]

---

214) 「최고형으로 처벌할 터/위조지폐 사건에 러 장관 언명」, 『독립신보』, 1946.5.22.
　　「위폐는 국가의 대죄/러취 장관의 중대 언명」, 『동아일보』, 1946.5.22.
　　「정당과는 무관 진상 조사/위조지폐 관계자에 최고형 집행」, 『서울신문』, 1946.5.22.
　　「위조지폐 사건 단호 처단/정당은 불관, 범죄가 문제일 뿐/러 장관이 언명」, 『자유신문』, 1946.5.22.
215) 「위폐 사건/정치적 야망에서 왜곡 보도는 위법/김 사법부장 언론계에 성명」, 『대동신문』, 1946.7.25.
　　「재판은 공개하겠다/위폐 사건과 김병로 씨 담」, 『독립신보』, 1946.7.25.
　　「위폐 사건에 애매한 성명은 과오/진상 알려면 공판을 방청하라」, 『동아일보』, 1946.7.25.
　　「위폐 사건에 대해/김 사법부장 언론계에 멧세지」, 『서울신문』, 1946.7.25.
　　「위폐 사건 재판은 공개/김병로 사법부장 담」, 『자유신문』, 1946.7.25.

이러한 김병로의 성명에 대해 서울시 민전 서기국에서는 7월 27일 담화를 발표하여 위폐 사건은 그 발생과 경과를 종합하여 볼 때 정치적 모략에서 발단된 것인데 정당과 무관계하다는 김 사법부장의 말은 모순된 궤변이라고 강력히 비판했으며, 사건의 재취조와 재판의 공정성 확보 및 언론보도 제한 폐지만이 정당한 해결책이라며 위폐 사건에 관한 조선공산당의 요구를 지지했다.[216]

또한 러치는 7월 26일 공보부를 통해 조선공산당 측의 '재판 관련 8개 조항' 요구[217]에 대한 하지의 거절 서한을 소개하는 성명서를 발표했다. 하지의 서한 내용은 다음과 같다.

이 진정서는 상당히 호한(浩瀚)한 것으로 여러 가지의 놀랄 만한 성명과 청원이 기재되었는데 그것은 조선공산당이 확실히 착오된 생각을 가지고 잇다는 것을 표시하는 것으로 이 대규모의 위폐 사건에 관한 피고의 재판을 공산당의 재판으로 만들려는 의도라고 보는 것입니다.

이 기회에 나는 나의 이전의 지령을 귀관에게 재언하는 바이어니와 피고의 다수가 우연히 공산당원이었다고 하드라도 재판의 공정에 있어서는 아무 관계가 없는 것, 이번 사건에 있어서는 국가와 국민에 대하야 중대한 범죄를 한 차등(此等) 개인을 재판하는 것으로 할 것. 이 사건은 다른 모든 범죄 사건과 꼭 같이 취급할 것 등입니다.

나는 이 재판이 예의와 권위로써 진행될 것과 피고의 권리가 완전히 보장될 것과 피고와 조선 국민에 대한 공정을 기하기 위하야 유능한 관리의 검토를 거칠 것을 희망하는 바입니다. 어떤 경우에 잇든지 정치적 모략이나 보복적 수단으

「정당과는 무관계로 진범인을 추구/사실 왜곡하는 신문은 고발」, 『조선인민보』, 1946.7.25.

「정당은 무관계로 취조/위폐 사건에 김 사법부장 담」, 『중앙신문』, 1946.7.26.

216) 「위폐 사건에 관해 조공 요구를 지지/서울시 민전 발표」, 『현대일보』, 1946.7.28.

217) 조선공산당이 정판사 '위폐' 사건 재판에 관해 미군정에 요구한 8가지 사항에 대해서는 제3장 2절 3)에서 보다 자세히 다룰 것이다.

로써 구형을 하는 것은 용인치 아니할 것입니다.[218]

이렇듯 미군정 측은 지속적으로 정판사 '위폐' 사건은 정치적 사건이 아니라며 사건을 정치 문제화하지 말 것을 좌익과 언론 측에 요구했다.

하지만 실제로 위폐 사건을 개인의 문제가 아닌 정당의 문제로 본 것은 미군정 자신이었다. 5월 15일 공보부 발표문에서 공산당 및 공산당원이란 단어를 지나치게 반복적으로 사용하여 강조한 것, 뚝섬 위폐 사건 증거물에 레닌 사진, 스탈린 사진, 공산당원증을 첨부시킨 것, 근택빌딩 폐쇄 시 조선공산당 본부 압수 수색 및 조선공산당 기관지 『해방일보』 폐쇄, 조선공산당 본부의 근택빌딩 퇴거 명령, 우익 단체나 언론의 조선공산당 공격에 대한 방치 등 직간접적으로 미군정이 위폐 사건을 공산당에 대한 탄압의 구실로 삼아 왔다고 보기에 충분한 예는 무수히 많다.

그랬던 미군정이 이제 와서 조선공산당이 위폐 사건의 누명을 벗기 위해 벌이는 정당방위 차원의 활동들에 대해 정치적 접근이라며 무장해제를 요구하고 있는 것이다. 자신이 유리할 때는 정치 문제화하여 조선공산당을 대대적으로 탄압해 놓고, 좌익 측이 이를 정치적 탄압으로 받아들이고 대응하면서 상황이 불리해지자 뒤늦게 정판사 '위폐' 사건은 정치 문제가 아니므로 정치 문제화하지 말라는 미군정의 태도는 대단히 자기모순적이고 이중적인 태도라고 할 수 있다. 그리고 그러한 이중적 태도를 취하는

---

218) 「공산당 재판 아니다/위폐 사건의 개인을 단죄」, 『동아일보』, 1946.7.27.
「위조지폐 사건의 공판은 공개하야 공정히 하겟다/군정장관 성명」, 『서울신문』, 1946.7.27.
「모략, 보복은 단불용인/위폐 공판에 러-치 장관 성명」, 『자유신문』, 1946.7.27.
「재판엔 피고 권리 보장/정치 모략은 불용/하 중장, 공산당 청원에 성명」, 『조선인민보』, 1946.7.27.
「어떤 경우라도 구형은 정략과 보복을 단 불허」, 『중앙신문』, 1946.7.27.
「위폐 사건 재판 공정을 기하겠다/하 중장 성명」, 『현대일보』, 1946.7.27.

미군정 측의 최상부에는 하지가 있었다.

한편, 5월 15일 공보부 발표 이래 정판사 '위폐' 사건의 수사 과정에서 굉장히 더딘 진행을 보이던 수사 당국은 7월 19일 기소를 기점으로 급반전하여 속전속결식으로 사건을 처리하려는 태도를 보였다. 이는 피고와 변호사 측에게 재판을 준비할 시간을 주지 않은 채 가능한 빠른 시간 내에 재판을 마무리하고 유죄판결을 내려 사건에 대한 의혹과 논란을 잠재우려는 것이었다.

기소 당일인 7월 19일 담당 검사와 판사가 정해졌으며 하루 만인 7월 20일 제1회 공판일이 7월 29일로 결정되었다. 제1회 공판일이 기소일로부터 불과 10일 후로 정해지면서 조선공산당 측에서는 재판을 준비할 수 있는 기간이 너무 짧은 것에 대해 불만이 생길 수밖에 없었다. 이에 조선공산당 측은 검사국과 미군정에 사건의 재취조를 요구했지만 미군정과 사법부 측은 이를 받아들이지 않고 예정대로 재판을 강행했다.

이에 조선공산당 측은 7월 29일 제1회 공판일에 두 가지 투쟁 방침을 세웠다. 하나는 좌익 계열의 청년들을 동원하여 공판을 보러 온 방청객들을 선동하여 법원 앞에서 시위를 벌이는 것이었고, 또 하나는 변호사들을 통해 재판장 기피 신청을 하는 것이었다.

이러한 조선공산당의 투쟁 방식에 미군정은 놀라지 않을 수 없었다. 전자에 대해서는 경찰이 법원 내로 들어온 방청객들을 진압하고 내쫓는 과정에서 강경 대응을 함으로써 1명의 사망자와 다수의 부상자가 생겼고, 이러한 소요 사건 관련자 50인을 군정 재판에 회부했다. 또한 후자에 대해서는 1심과 2심 모두 기각 처리했다. 이로써 미군정과 조선공산당의 충돌은 격화되었고, 정국은 심상치 않게 돌아가게 되었다.

또한 정판사 '위폐' 사건 제1회 공판일인 7월 29일 주간신문 『건국』 호외가 발행되어 그날 밤중에 배부된 바가 있었는데, '피에 굶주린 경관'이라는 제목으로 위폐 공판 소요 사건에 대한 기사를 게재했다.[219] 기사에는 (1) 위폐 사건 재판일에 발포한 경관을 체포하여 처벌하라, (2) 경찰 책임자를 즉시 파면하라, (3) 위폐 사건 공산당 관계자를 석방하라, (4) 공개의 탈을 쓴 암흑 재판의 음모를 분쇄하라는 내용이 포함되어 있었다.[220]

이 내용이 불온하다는 이유로 제1관구경찰청에서는 조선공산당 중앙위원회 위원 겸 『건국』 주간 김광수를 불구속으로 취조했으며, 재판관 모욕, 미군정 비방 등 「맥아더 포고령」 위반으로 8월 20일 경성지방법원 검사국으로 김광수를 구속, 송국했다.[221] 그리고 검사국에서 신언한 검사에게 취조를 받던 김광수는 8월 23일 '안녕질서 위반죄'로 기소되었다.[222] 그 후로 김광수의 재판 진행 과정은 언론에 알려지지 않다가 11월 4일 서울지방법원 제2호 법정에서 민동식 판사 주심, 신언한 검사 입회하에 김광수에 대한 공판이 개정되었음이 보도되었다.[223] 공판에서 신언한 검사는 김광수를 「신문지법」 위반으로 징역 8개월을 구형했고, 이에 대해 변호사는 "신문지법이라는 것은 광무 11년 이래 일제가 조선을 억압하기 위한 목적으로 제정한 차별적 법령이며, 이는 군정법령 제11호로 사실상 소멸된

---

219) 박수환, 『소위 '정판사위폐사건'의 해부』, 아세아서점, 1947, 4쪽.
220) 「불온지 산포한 일당을 엄사 중」, 『대동신문』, 1946.8.1.
221) 「불온 삐라 배포자 기소」, 『대동신문』, 1946.8.21.
　　「김광수 씨 송국」, 『독립신보』, 1946.8.22.
222) 「김광수 씨 기소」, 『독립신보』, 1946.8.25.
　　「김광수 씨 기소」, 『자유신문』, 1946.8.25.
　　「김광수 씨 기소」, 『조선인민보』, 1946.8.25.
　　「김광수 기소/건국신문 주간」, 『조선일보』, 1946.8.25.
　　「김광수 기소」, 『동아일보』, 1946.8.27.
223) 「신문지법 위반/김광수 금고형」, 『대한독립신문』, 1946.11.5.
　　「김광수 씨 공판」, 『독립신보』, 1946.11.5.
　　「김광수 징역 8개월 구형」, 『동아일보』, 1946.11.5.
　　「신문지법 위반으로 김광수 씨 8월 구형」, 『자유신문』, 1946.11.5.

것이나 마찬가지이므로 피고의 무죄를 주장한다"고 변론했다. 그리고 11월 11일 언도 공판에서 민동식 판사는 「신문지법」 위반으로 징역 8개월에 집행유예 2년을 선고했다.[224]

이러한 미군정과 조선공산당의 충돌 격화의 배경으로는 조선공산당의 대미 노선 변화를 들 수 있는데, 이것이 정판사 '위폐' 사건 전개 과정을 통해 터져 나오도록 촉발시킨 직접적인 계기는 결국 사법 당국의 속전속결식의 재판 처리 방침이었다고 할 수 있다.

정판사 '위폐' 사건의 1심 재판의 시작과 함께 미군정과 조선공산당 측의 대립은 각각 공판정에서의 검사와 변호사 간의 대립으로 치환되었다.

미군정은 1946년 4월까지도 재조(在朝) 법조계를 장악하지 못하고 있었는데, 정판사 '위폐' 사건에 대한 재판이 시작되기 직전인 7월경 이른바 김병로-김용무-이인 체제를 갖춤으로써 재조 법조계를 장악하게 되었다. 이에 재조 법조계는 대부분 미군정에 협조적이고 친(親)한민당 우익 성향의 법조인들로 구성되었다. 이에 따라 정판사 '위폐' 사건과 같은 정치적 사건에 있어서는 우익 편향적인 판결이 내려질 가능성이 높았다.

특히, 사건을 담당한 양원일 재판장은 조재천 검사와 마찬가지로 일제 강점기에 일본 고등문관시험에 합격한 엘리트로서 반공 우익적인 성향에 가까웠다고 할 수 있다.

양원일은 앞서 언급한 미군정의 속전속결식 재판 처리 방침에 따랐거나

---

224) 「김광수 씨 집행 유예」, 『경향신문』, 1946.11.12.
「김광수 2년 집유형」, 『대한독립신문』, 1946.11.12.
「김광수 씨 집유」, 『독립신보』, 1946.11.12.
「김광수 씨에 2년 집예」, 『동아일보』, 1946.11.12.
「김광수 씨 언도/집행유예 2개년」, 『서울신문』, 1946.11.12.
「김광수 씨 2년 집유」, 『자유신문』, 1946.11.12.
「김광수 씨에 집행유예 언도」, 『조선일보』, 1946.11.12.

혹은 주도했다고 볼 수 있는데, 정판사 '위폐' 사건의 제1회 공판일을 지나치게 이르게 잡음으로써 변호사들로 하여금 변론 준비는커녕 정판사 '위폐' 사건과 관련된 수천 페이지에 달하는 수사 기록을 제대로 읽어 볼 시간조차 주지 않았다. 또한 이에 변호사들이 공판 연기를 신청했으나 받아들이지 않았다. 그리고 피고들을 각각 분리 심리하려는 방침을 세웠으며, 피고들의 반발로 결국 합석 심리를 허용하긴 했지만 이관술에 대해서만큼은 끝까지 분리 심리를 고수했다. 아마도 양원일은 미군정이 정판사 '위폐' 사건을 어떻게 처리하기를 원하는지 알고 있었으며, 재판이 시작되기 전부터 이미 자신이 어떤 판결을 내려야 할지를 생각하고 있었던 것으로 추정된다.

이에 더하여 제1회 공판에서 변호사들이 양원일 재판장을 기피하고, 제2회 공판에서 피고들이 피고 회의를 고집하고 합석 심리를 요구하며 심리를 거부했기 때문에 양원일은 변호사들과 피고들에 대한 반감이 커질 수밖에 없었다. 따라서 양원일에게 중립적이고 공평 정대한 판결을 기대하기란 처음부터 무리였다고 할 수 있다.

양원일의 공판정에서의 발언이나 재판 진행 태도를 보면 판사가 아니라 마치 또 한 명의 검사인 것과 같은 인상을 주고 있음을 확인할 수 있다. 특히, 양원일은 제13회 공판에서 검사가 신청한 증인, 증거는 거의 다 채택하는 반면, 변호사들이 신청한 증인에 대해서는 1명을 제외한 모두를 보류시켰고, 피고들이 신청한 증인, 증거는 모두 기각시키는 등 편파적인 태도를 보였다.

무엇보다 검사의 논리가 변호사들의 논리에 막혀 모순을 드러내자 조재천 검사와 함께 증거를 조사하겠다며 두 차례에 걸쳐 각각 개성 방면과 남부 지방으로 출장 여행을 다녀오기도 했으며, 검사의 「공판청구서」의 모순을 해결하기 위해 해당 부분을 「판결문」에서 수정하기도 했다.

이러한 양원일 판사와 조재천 검사의 유착은 예상했던 대로 검사의 구형을 그대로 받아들여 피고들에게 유죄판결과 함께 징역 10년 이상 최고 무기 징역에 이르는 중형을 선고하는 결과를 낳았다.

한편, 양원일 판사 외의 다른 판사들도 정판사 '위폐' 사건과 관련해 일치단결하는 모습을 보였다. 양원일 재판장 기피 신청은 일사천리로 1심과 2심 모두 기각 처리되었고, 위폐 제조 현장을 목격했다고 진술했던 안순규가 공판정에서 이를 번복하자, 즉시 구금하고 재판에 회부하여 위증죄로 징역 1년을 선고했으며, 미군정 법조 체제의 핵심 인물이자 한민당계 인사인 김용무는 상고 심의를 담당하여 기각시켰다.

결국 정판사 '위폐' 사건에 대한 재판부의 이러한 편향적 태도는 미군정이 1946년 7월경 김병로-김용무-이인 체제를 갖춤으로써 재조 법조계를 장악했을 때 이미 결정된 것이라고 할 수 있다.

정판사 '위폐' 사건 재판 1심에 참여한 변호사는 9명이었는데, 그중 조평재, 윤학기, 강중인 3명은 재판 도중에 각각 기타 사건 관련 처벌, 징계 등으로 중도 하차해야 했다.

정판사 '위폐' 사건에서 가장 먼저 배제된 변호인은 조평재였다. 7월 29일 제1회 공판이 시작되기 직전인 7월 28일 이른바 검사국 기밀비 사건이 일간지를 통해 보도되었는데, 사건의 전모를 간략히 소개하면 다음과 같다.[225]

당시 서울지법 검사들은 각종 사건 발생 시 출동에 필요한 자동차도 제공되지 않았고, 검사장은 경찰서장 등과의 회동비 및 경찰관에게 표창할 장려금 등도 필요했으므로 수사에 필요한 자금을 일부 사건의 피의자로부터 마련하고 무죄 석방을 해 주는 사례가 공공연하게 발생했다.

1946년 2월 폭리 사건으로 김영천 검사의 취조를 받던 이종민이라는 자가 변호사 이충영을 통해 사법부 형사국장 최종석에게 250만 원을 내는 조

---

225) 「관용 기밀비 기부 밧고/해괴! 피의자 석방/사법부 내의 불상사건」, 『중앙신문』, 1946. 7.28.

건으로 석방시켜 줄 것을 제안했고, 최종석은 민사국장 최병주를 통해 담당 검사 김영천에게 그 뜻을 전달했다. 그 과정에서 검사장 박승유, 차석검사 김용찬도 개입했고, 법무국장 대리 김영희, 대법원장 김용무도 승낙했다.

그러나 이종민은 돈을 내지 않고 도주했다. 그런데 3월 이종민은 상해죄로 피검되어 다시 김영천 검사의 취조를 받게 되었다. 이때 이종민은 변호사 조평재를 통해 또다시 최종석에게 돈을 내겠다고 제안했으며 검사국이 이를 받아들이자 매형 박찬영과 조평재 변호사를 통해 58만 원을 내고 석방되었다. 검사국은 그중 20만 원으로 자동차를 1대 구입하고, 나머지 38만 원을 기밀비로 충당했다. 이것이 바로 세칭 검사국 기밀비 사건이었다.

이 사건을 경무부 수사국장 최능진(崔能鎭)이 5월경 극비밀리에 취조 중이었는데, 사법부와 관련된 사건은 검사국이 취조하는 것이 마땅하다고 생각하여 사건을 검사국으로 넘겼다. 그러나 검사국은 2개월이 지나도록 취조만 거듭할 뿐 기소 여부를 결정치 못하다가 7월 28일 언론에 보도된 것이었다.

사건의 책임 범위가 검사국 및 사법부 전체로 확산될 기미를 보이는 가운데, 최능진은 검사국에 관련자의 엄격한 처단을 요구하며 그렇지 않을 경우 끝까지 추궁하겠다고 발언했다.226)

그러나 경성지법 검사장 김용찬은 검사국이 기밀비로 받은 것은 아니며 중간 인물이 돈을 받은 사실은 있고, 부정 사실이 있으면 처벌하겠다는 원칙적인 얘기만 한 채 사건의 진상을 정식으로 발표할 의향이 없음을 밝혔다. 또한 이인 검사총장은 구체적 언급을 회피했다.227)

그러던 중 8월 8일 검사국은 이종민, 최종석, 조평재, 박찬영을 취조한

---

226) 「엄격한 처단을/최 수사국장 담」, 『중앙신문』, 1946.7.28.
227) 「부정 사실 있으면 처분/김 검사장 기자단과 문답」, 『독립신보』, 1946.8.2.
　　「기밀비로 밧지 안엿다/김용찬 검사장 기자단과 1문1답」, 『중앙신문』, 1946.8.2.

후 서울형무소에 수감했고,[228] 8월 19일 기소하여[229] 재판이 시작되었다. 10월 18일 구형이 있었고,[230] 10월 30일 언도 공판에서 최종석(사기) 징역 1년 6개월, 이종민(횡령) 징역 6개월(집행유예 2년), 조평재(「맥아더 포고령」 위반) 벌금 1천 원, 박찬영 무죄의 선고가 내려졌다.[231]

이 사건은 뇌물 공여자인 이종민에게 지나치게 관대한 처사였고, 뇌물 수수자의 대표로서 최종석에게만 약간의 처벌이 내려졌을 뿐 사법부 및 검사국 관련자 김영희, 박승유, 김영천, 김용찬 등에게는 아무런 처벌도 내려지지 않았다. 이들은 공판정에 증인으로 출석했으나 자신들과의 관련 사실을 전면 부인했고 검사국 기밀비의 실체 자체를 인정하지 않았으며, 재판부는 이들의 말을 그대로 인정했다.

물론 변호사인 조평재에게 잘못이 없는 것은 아니지만 정작 뇌물 수수의 이익을 받아 챙기고 무죄 석방을 내림으로써 법적 질서를 파괴한 것에 대해 훨씬 더 엄중한 처벌을 받아야 할 검사국 관련자들은 소위 '모르쇠'

228) 「50만 원 회물(賄物) 사건/조평재 변호사 등 수감」, 『대동신문』, 1946.8.10.
「검사국 의혹 사건 표면화/전 형사국장 최종석 등 수감 취조」, 『독립신보』, 1946. 8.10.
「사법부 수회(收賄) 사건 본격화/이종문 외 관계자들 다수 수감」, 『조선인민보』, 1946. 8.10.
229) 「조평재 등 3명 기소」, 『대동신문』, 1946.8.20.
「전시 수회(收賄)죄로 기소/관용 기밀비 사건의 피의자들」, 『중앙신문』, 1946.8.22.
230) 「검사국 기밀비 사건 각각 구형」, 『경향신문』, 1946.10.19.
「재판소 기밀비 사건 구형」, 『독립신보』, 1946.10.20.
「기밀비 사건 구형」, 『자유신문』, 1946.10.20.
231) 「사법부 기밀비 사건 체형 언도」, 『경향신문』, 1946.10.31.
「전 형사국장이든 최종석은 사기죄」, 『독립신보』, 1946.10.31.
「검사국 기밀비 사건/최종석에 체형 언도」, 『동아일보』, 1946.10.31.
「기밀비 사건/최고 1년 6월」, 『대동신문』, 1946.11.1.
「전 형사국장 최종석에 1년 역」, 『대한독립신문』, 1946.11.1.
「기밀비 사건 언도」, 『자유신문』, 1946.11.2.

및 '꼬리 자르기'로써 책임을 회피했고, 중간 브로커 역할을 한 조평재만 처벌을 받았다.

물론 조평재에게 내려진 처벌 역시 과중한 처벌이라고 할 수는 없는데, 재판부에서 뇌물 중개가 아니라 「맥아더 포고령」 위반이라고 하는 모호한 죄목을 사용한 것과 벌금 1천 원 형이라고 하는 가벼운 처벌을 내린 것은 결국 조평재의 반발을 누름으로써 불똥이 검사국으로 튀는 것을 막기 위한 고려였다고 할 수 있다.

그러면서도 조평재에게 비록 가벼운 처벌이나마 처벌을 내림으로써 검사국 측은 정판사 '위폐' 사건의 변호인단으로부터 변호인 한 명을 축출시키는 효과를 거두었으며, 아울러 정판사 '위폐' 사건 변호인단에 대한 대중의 부정적 이미지를 확산시키는 효과를 노릴 수 있었다.

이 사건과 관련하여 사법 당국 측이 정판사 '위폐' 사건의 변호사 중 1명인 조평재를 탄압했다고까지 말할 수는 없으나 적당한 사법 처리를 통해 자신들에게 쏟아질 비판을 막고 적당한 선에서 마무리 짓는 데에 조평재를 이용하면서도 정판사 '위폐' 사건의 변호인단 측의 힘을 약화시킬 수 있었다고 할 수 있다.

두 번째로 정판사 '위폐' 사건에서 배제된 변호인은 윤학기였다. 윤학기에 대한 징계 과정을 다시 살펴보면, 양원일은 8월 28일 제5회 공판에서 피고들의 합석 심리 요청을 거부하고 자기 혼자 질문하는 방식으로 심리를 진행했다. 이에 대해 윤학기가 "이 재판은 죽은 재판이며, 마치 활동사진이나 연극에서 보는 재판과 같다"며 비판하자, 양원일은 이 발언을 문제 삼아 신성한 재판을 모독했다며, 윤학기를 징계위원회에 회부했다. 이로써 윤학기는 9월 9일 정직 8개월 처분을 받았고, 결국 윤학기는 정판사 '위폐' 사건 재판에서 배제되었다.

세 번째로 정판사 '위폐' 사건에서 배제된 변호인은 강중인이었다. 강중인에 대한 징계 사건의 전모는 다음과 같다.[232] 대전지방법원에서는 충남 천안군 성환면 인민위원회 및 청년동맹 간부들이 (1) 소작료 3·7제를 선전하고, (2) 민주주의와 공산주의에 대해 해설을 하고, (3) 임시정부가 수립되면 인민위원회가 현재의 관공서를 대행하게 될 것이므로 그들의 지시에 순응할 필요가 없어질 것이라고 말하고, (4) 국군준비대에 백미 50가마니를 기부하여 무허가 도외 반출을 방조했다는 것에 대해 「맥아더 포고령 제2호」위반, 「충남 주요 식량 도외 반출 취급 규칙」위반으로 구속, 기소되어 공판에 회부된 사건이 있었는데, 강중인이 이 사건 피고들의 변호를 맡아 집행유예 선고를 받아 내어 석방시킨 일이 있었다.

그런데 강중인의 변론 중에 "해방 직후 우리가 염원하든 바 자주 정부가 수립되어 인민재판이 실시되었다고 하면 피고인들의 이러한 애국적 행동에 대하야 그 가슴에 훈장을 채워주지는 못할망정 3, 4개월이나 경찰에 구금하였다가 급기야 공판정에까지 끌어내지 않았으리라"는 부분을 문제 삼아 강중인을 징계위원회에 회부하는 사건이 발생했다.

징계위원회는 "변호인으로서 피고인들의 범죄 행위를 찬양하고 군정을 비방하야 사법 기구 전체의 위신을 실타(失墮)케 하여서 변호사로서의 품위를 훼손했다"는 취지의 결론을 내렸으며 9월 19일경 1심에서 6개월 정직 처분을 내렸다. 강중인은 항소했으나 10월 20일경 2심에서 1심을 인용함으로써 6개월 정직 처분이 확정되었다.

이에 따라 강중인은 10월 21일 정판사 '위폐' 사건 제24회 공판부터 재판에 참여할 수 없게 되었다. 제24회 공판은 검사의 구형이 있는 중요한 시점이었으므로 변호사단의 타격은 클 수밖에 없었다.

---

232) 강중인, 「6개월 정직 처분 받고 (상)」, 『독립신보』, 1946.11.9.
　　강중인, 「6개월 정직 처분 받고 (중)」, 『독립신보』, 1946.11.10.
　　강중인, 「6개월 정직 처분 받고 (하)」, 『독립신보』, 1946.11.12.

이미 집행유예로 마무리된 재판에서의 변론 내용을 꼬투리 잡아 변호사의 자격을 정지시킨다는 것은 강중인 변호사에 대한 명백한 탄압이라고 할 수 있으며, 정판사 '위폐' 사건에 영향을 미치려는 의도가 존재한다고 볼 수 있다.

이런 식으로 1심 참여 변호사 9명 중 3명이 공판 도중에 재판에서 축출당했다. 이들 3명에 대한 배제가 조직적이고 계획적으로 이루어졌다고까지는 말할 수 없겠으나 당시 재조 법조계가 정판사 '위폐' 사건 담당 변호사들에 대해 결코 호의적이지 않았으며 이들에게 작은 문제라도 발생할 경우 이를 확대하여 징계, 처벌 조치를 내림으로써 이들을 견제하려 했던 분위기가 있었던 것만은 사실인 것으로 보인다.

정판사 '위폐' 사건은 미군정과 사법 당국으로서는 상당히 '힘겨운' 싸움이었다. 그러한 힘겨운 싸움에서 최선을 다해 만족스런 결과를 내는 데 공로를 세운 경찰과 사법 관계자들에게 사법 당국은 승진과 표창으로 보답했다.

우선 7월 9일 경찰이 검사국으로 사건 송국을 잘 마무리한 데 대해 본정경찰서 수사주임 최난수 경위는 그 후 제1관구경찰청 수사주임으로 영전했으며, 8월에는 제3관구경찰청(충청남도) 수사과장으로 전임했다.[233] 그리고 11월 28일 1심 재판이 종결된 이후인 12월 10일 서울지방법원 검사국에서는 27명의 우량 경찰관을 표창했는데, 특히 최난수에게는 정판사 '위폐' 사건 검거 수훈으로 대공장을 수여했다.[234]

한편, 김용무 대법원장은 12월 24일 형사 공판 직무 수행에 대한 공적을 표창하는 자리를 마련하고 사법관, 경찰관, 형무관 9명을 표창했는데,[235]

233) 「위폐 사건 담당한 최 경위는 영전」, 『서울신문』, 1946.8.25.
　　 「최난수 씨/충남에 전임」, 『현대일보』, 1946.8.25.
234) 「경찰관 표창」, 『독립신보』, 1946.12.10.
　　 「검사국에서 우량 경관 표창」, 『대동신문』, 1946.12.11.
　　 「최난수 씨에 대공장」, 『자유신문』, 1946.12.13.

그중에는 정판사 '위폐' 사건을 담당한 인물들이 5명(주심판사 양원일, 배석판사 김정렬·최영환, 서기 이우경·양백승 등)이나 포함되어 있었다.

이를 통해 정판사 '위폐' 사건 처리가 미군정 당국에 얼마나 중요한 일이었는지를 짐작할 수 있으며, 사법 당국이 사건 처리 결과에 대해 크게 만족하고 있음을 확인할 수 있다. 또한 경찰과 사법 관계자들에게 향후 정판사 '위폐' 사건과 같은 좌익 사건을 어떻게 다루어야 하는지를 제시한 것이라고 할 수 있다.

1심 재판 종결 이후로 변호사단 측은 2심이 열리기 전까지 성명서 발표 등 언론을 통해 정판사 '위폐' 사건을 공론장으로 끌어내리려는 전략을 시도했다. 11월 28일 정판사 '위폐' 사건 제30회 공판에서 언도 판결 직후 변호사단은 다음과 같은 내용의 성명서를 발표했다.

이 사건이 얼마나 허무맹랑한 것이라는 것은 30여회에 걸친 공판정에서 피고들이 진술한 창자를 끊는 듯한 호소와 반증, 우리 변호사단의 정의에 불타는 항변, 양심적인 정치가 문화인의 온갖 발언을 종합해서 이미 충분히 증명되었다고 본다. 오늘 공판정에서의 판결 언도에서 재판소는 논리적 증거를 무엇 하나 제시한 일이 있는가? 경찰관과 기타인의 증언이 아니면 유리한 증거를 거꾸로 뒤집어씌운 것이 아닌가?

양원일 판사와 조재천 검사는 남선 여행의 결과 신문과 숙박계를 위조라고 하는 결론은 얻었는데 우리의 준열한 비판에 서지 못하게 되자 다시 위법과 기적과 해괴로 돌아가지 않을 수 없었다. 이것이 오늘의 유죄판결 이유인 것이다. 우리는 박낙종 씨의 조상의 곡성에 동감을 느끼면서 사법부에 대하여 다시 한번 외치노니 "정의는 권력에 있는 것이 아니고 인민의 가슴 속에 있는 것이다".

---

235) 「사법, 경찰, 형무관/김 대법원장 표창」, 『대동신문』, 1946.12.25.
　　「사직 완수자 표창장 거행」, 『대한독립신문』, 1946.12.25.
　　「사법사무공로자/대법원에서 표창」, 『동아일보』, 1946.12.25.
　　「사법에 공헌한 9 관리에 표창」, 『한성일보』, 1946.12.26.

이 모든 왜곡은 정권이 인민에게 돌아오는 데서만 시정될 수 있다는 것을 부언한다.236)

그런데 사법 당국에서는 이러한 변호사단의 성명이 사법관에 대한 모독과 중상이며 일반 민심을 교란시키는 언동에 해당한다며 문제 삼기 시작했다. 그래서 서울지방법원 검사국 원택연 검사는 사건에 대한 조사에 착수했으며 12월 6일 변호사단 측의 강혁선, 한영욱, 오승근 변호사를 호출하여 취조했는데, 김용암, 백석황, 강중인 변호사는 호출에 응하지 않았다.237)

또한 12월 9일에는 변호사단의 성명서를 신문에 게재했다는 이유로 중외신보사 편집국장 한일대, 발행인 강진희, 독립신보사 편집국장 서광재를 소환하여 성명서의 출처, 취재 경위, 성명서 내용에 대한 기자의 견해 등에 대해 세밀히 조사했다.238)

이러한 성명서 사건은 언론 탄압의 문제로 비화되어 기자단 측의 항의가 있었다. 이에 대해 이인 검사총장은 12월 10일 기자단과의 문답에서

---

236)「사법부에 다시 외치노니 정의는 권력에 있지 않고 인민의 가슴 속에 있다」,『독립신보』, 1946.11.29.
「변호사단 성명 발표」,『서울신문』, 1946.11.29.
「변호사단 성명」,『자유신문』, 1946.11.29.
「정의는 인민의 가슴 속에 있다/공판 마치고 변호사단 성명」,『중외신보』, 1946.11.29.
237)「정판사 위폐 변호인들/검사국에서 전부 호출」,『자유신문』, 1946.12.7.
「위폐 사건 변호사 성명 문제화/검사국서 취조」,『서울신문』, 1946.12.8.
「변호사 측의 성명서 취조」,『대동신문』, 1946.12.10.
「위폐 담당 변호인의 성명서 문제화」,『조선일보』, 1946.12.10.
「정판사 위폐 사건 변호사 성명 분규」,『대한독립신문』, 1946.12.12.
「변호인 불출두로 성명 문제 주목시」,『조선일보』, 1946.12.13.
238)「독립, 중외 양 신문 편집인 검사국에」,『경향신문』, 1946.12.10.
「변호사 측의 성명서 취조」,『대동신문』, 1946.12.10.
「정판사 사건 변호사단 성명 문제화」,『독립신보』, 1946.12.10.
「위폐 담당 변호인의 성명서 문제화」,『조선일보』, 1946.12.10.

언론 탄압은 아니라고 하면서도 "중외, 독립 두 신문은 공판 진행 중에 위폐 사건 피고들을 애국자니 혁명 투사니 하여 무죄 석방하라고 했으며, 이 사건을 허구 날조라 하여 판검사를 추방하라는 성명서를 게재하였다"라며 사법권을 모독하는 보도를 해서는 안 된다고 발언했다.[239]

이상에서 살펴본 바를 통해 당시 변호사단 측과 사법 당국 측의 전략을 알 수 있다. 변호사단은 판결이 내려지고 1심이 종결되자 바로 성명서를 발표했고, 이 성명서는 언론을 통해 공표되었다. 재판의 종결로 인해 일단 정판사 '위폐' 사건의 진실 공방을 할 공론장이 사라진 변호사단 측으로서는 2심이 열리기 전까지 어떻게든 언론을 적극적으로 활용할 필요가 있었다.

반면, 사법 당국은 1심 재판에서 승소했기 때문에 다시 정판사 '위폐' 사건을 두고 공방할 필요가 없었다. 1946년 5월 중순 당시에는 언론을 적극적으로 활용해 정판사 '위폐' 사건을 여론의 도마 위에 올림으로써 공산당을 비판하는 것이 유리한 전략이었고 그로 인해 원하는 효과를 얻었지만 이제는 오히려 언론을 통해 정판사 '위폐' 사건의 의혹을 두고 공방이 벌어지는 것이 불필요하며 부담스러웠기 때문이다.

이에 사법 당국은 판결과 반대되는 모든 의견은 '사법권의 모독'이라는 죄명을 내세워 반대 의견에 대한 원천 봉쇄를 시도하기 시작했다. 그 첫

---

239) 「고구마 사건은 시장 허가로 가격도 지정한 것」, 『경향신문』, 1946.12.11.

「작금의 제문제/이인 총장과 문답」, 『대동신문』, 1946.12.11.

「언론 자유의 한계성/한 신문편집인에 호출/이 검사총장과 기자단 문답」, 『독립신보』, 1946.12.11.

「이 검사총장 언명/도색영화꾼은 엄벌/삐스켓 문제 등은 군정장관에 보고」, 『동아일보』, 1946.12.11.

「도색 영화 건 엄벌/시장의 비스켓 처치 유감/검사총장과의 문답」, 『서울신문』, 1946.12.11.

「도색 사건은 엄중 처단/이 검사총장 담」, 『자유신문』, 1946.12.11.

「도색영화는 엄벌/시 고구마 사건은 경고/이 검사총장 담」, 『한성일보』, 1946.12.12.

번째 작업은 1심 결과를 비판하는 성명서를 발표한 변호사단과 성명서를 게재한 신문사에까지 강하게 압력을 넣는 것으로 나타났다.

이러한 조치는 비록 반대 의견을 개진하는 변호사단이나 이를 공론화시 키는 언론인들에게 실형 선고까지는 내리지 못하더라도, 검사국에서 관련 자들을 소환하여 조사하는 것만으로도 공포 분위기를 조성함으로써 언론 사가 자체 검열을 통해 반대 의견 확산을 막는 효과는 충분히 낼 수 있었다.

이러한 미군정 및 사법 당국의 태도를 잘 보여 주는 사건이 또 있는데, 그것은 바로 김광수 필화 사건이다.

1947년 8월 2일 민전 상임위원 겸 남로당 중앙위원 김광수가 경무부에 체포되었다.[240] 검거 이유는 남로당 기관지인 『노력인민』 7월 2일 자에 김광수 본인 명의로 게재한 이관술에 대한 기사[241] 내용의 「맥아더 포고 령 제2호」 위반 및 주간지 『건국』 7월 21일 자 부록 제29호에 게재한 정판 사 '위폐' 사건과 관련된 글[242]의 「신문지법」 위반이었다.

---

240) 「민전 간부 3씨 피검」, 『경향신문』, 1947.8.5.
　　「홍증식 씨 등 경찰에 피검」, 『동아일보』, 1947.8.5.
　　「홍증식 등 3명 피검」, 『민중일보』, 1947.8.5.
　　「민전 3씨 피검」, 『조선중앙일보』, 1947.8.5.
　　「민전 3씨 구금 이유/포고령 제2호 위반」, 『경향신문』, 1947.8.6.
　　「홍 씨 등 구금 이유」, 『자유신문』, 1947.8.6.

241) "이러한 이관술 선생에게 민족적인 영예는 드리지 못할망정 허무한 사건을 날조하야 일제 이상의 박해를 가하고 있음은 조선 인민의 통분을 자아내고 있는 것이다. 이관 술 선생은 오랜 생애를 일제와의 투쟁에 일관해 왔거니와 그 인간적인 면에서도 참으 로 진실하고 양심적이였으니 선생을 함정에 빠트린 적의 무리들도 그를 '위대한 군자' 라고 칭송하고 있는 것이다. 오늘 이 선생은 철창에서 모든 활동의 자유를 약탈당하 고 있거니와 오히려 이 같은 진실한 애국자요, 또 진실한 군자가 박해당하고 있다는 사실이 적 자신의 정체를 스스로 폭로하는 좋은 증거가 되어 있는 것으로 이러한 점 으로서도 조선 인민에게 위대한 교훈과 영향을 주고 있는 것이다"(「인민의 지도자/민 족 해방 이외에 무사심/혈투 일관의 이관술 선생」, 『노력인민』, 1947.7.2.).

242) 원문은 확인할 수 없으나 「반공특공대 검사와 형사」라는 제목으로 정판사 '위폐' 사건

「신문지법」이란 일제가 조선의 언론을 탄압하기 위해 제정 및 사용한 악법이었는데 경찰은 이를 좌익 탄압의 도구로 사용하기 위해 부활시켜 적용한 것이었다. 이러한 「신문지법」 문제에 대해 8월 9일 조병옥 경무부장은 기자단과 회견하고 「신문지법」이 엄연히 존재함을 강조했다.[243]

한편, 김광수는 8월 27일 서울지방검찰청으로 송청되어 김영천 검찰관에게 취조를 받았으며,[244] 8월 30일 기소되었다.[245] 그리하여 제1회 공판은 9월 15일 서울지방심리원 대법정에서 사광욱 심판관 주심으로 개정되었다.[246] 담당 변호인은 정판사 '위폐' 사건 1심에 참여했던 윤학기와 「Explanatory Statement」를 하지에게 제출할 때 참여했던 유영윤 변호사였다.

김광수는 재판장의 두 기사에 대한 책임 추궁에 대해 우선 『노력인민』 7월 2일 자 이관술 관련 기사는 자신의 명의로 게재되긴 했으나 실제로는 본인이 직접 집필한 것은 아니며 단, 정치적 책임은 지겠다고 답변했으며, 『건국』 7월 21일 자 부록 기사에 대해서는 자신이 『건국』 주간의 자리에서 떠난 후에 발행된 것이므로 자신과는 관계가 없다고 답변했다.

제2회 공판은 10월 2일 개정되었는데 김영천 검찰관은 김광수에 대한

과 관련하여 검찰진을 공격하는 글이라고 한다. 송건호, 『송건호 전집 9 민주언론 민족언론 · 2』, 한길사, 2002, 73쪽.

243) 「신문지법 적용할 터/조 경무부장 담」, 『독립신보』, 1947.8.10.
　　「일제의 악법, 신문지법/폐지되엇나, 않되엇나!」, 『조선중앙일보』, 1947.8.10.
244) 「김광수 씨 등 송청」, 『경향신문』, 1947.8.28.
　　「김광수 씨 기소?」, 『동아일보』, 1947.8.30.
245) 「김광수 씨 기소」, 『경향신문』, 1947.8.31.
　　「김광수 씨 기소」, 『조선중앙일보』, 1947.8.31.
　　「김광수 씨 기소」, 『중앙신문』, 1947.8.31.
246) 「관계 공판」, 『독립신보』, 1947.9.16.
　　「김광수 씨 공판 개시」, 『민중일보』, 1947.9.16.
　　「김광수 씨의 제1회 공판」, 『조선중앙일보』, 1947.9.16.
　　「제1회 공판/뻔뻔스럽게 책임 회피」, 『독립신문』, 1947.9.17.

사실심리를 마친 후 「맥아더 포고령 제2호」 위반, 「신문지법 제13조 및 26조」 위반으로 금고 10개월을 구형했으며,[247] 이어 담당 변호인 윤학기, 유영윤의 변론이 있은 후 폐정했다. 그리고 10월 13일 언도 공판에서 사광욱 심판관은 구형대로 금고 10개월의 선고를 내렸다.[248]

이에 김광수는 10월 18일 1심 판결에 불복하여 상고했고,[249] 1948년 3월 24일 고등심리원에서 개정된 2심 공판에서 이병용 검찰관은 1심과 똑같이 금고 10개월을 구형했다.[250] 그런데 1948년 4월 7일 언도 공판에서 김우설 심판관은 원심을 파훼하고 『건국』 기사의 「신문지법」 위반에 대해서는 무죄, 『노력인민』 기사의 「맥아더 포고령 제2호」 위반에 대해서는 벌금 3만 원의 판결을 내렸다.

이러한 판결의 이유로써 김우설 심판관은 "광무 11년 법률 제1호의 신문지법은 본래 일본이 우리 조선 민족에게만 적용키 위하여 제정 공포케

---

247) 「김광수 씨 금고 10개월을 구형」, 『경향신문』, 1947.10.3.
　　　「김광수 10개월 금고 구형」, 『독립신문』, 1947.10.3.
　　　「김광수 씨 공판/금고 10개월을 구형」, 『독립신보』, 1947.10.3.
　　　「김광수에 금고 10개월 구형」, 『동아일보』, 1947.10.3.
　　　「김광수 씨에 금고 10개월 구형」, 『조선중앙일보』, 1947.10.3.
　　　「김광수 씨 구형」, 『중앙신문』, 1947.10.3.

248) 「김광수에게 10개월 금고 언도」, 『독립신문』, 1947.10.14.
　　　「김광수 씨에 금고 10개월 언도」, 『민중일보』, 1947.10.14.
　　　「김광수 금고 10월」, 『자유신문』, 1947.10.14.
　　　「김광수 씨에 금고 10개월」, 『조선일보』, 1947.10.14.
　　　「민전 김광수 씨 금고 10개월 언도」, 『조선중앙일보』, 1947.10.14.

249) 「김광수 씨 불복 상고」, 『경향신문』, 1947.10.23.
　　　「김광수 씨 불복 상고」, 『조선중앙일보』, 1947.10.23.
　　　「김광수 씨 불복 상고」, 『독립신보』, 1947.10.24.

250) 「김광수 씨 상고 공판/원심대로 10월 구형」, 『동아일보』, 1948.3.26.
　　　「건국지 주간 2심의 구형」, 『중앙신문』, 1948.3.26.
　　　「김광수 씨에 10개월 구형」, 『조선중앙일보』, 1948.3.27.

한 것임은 역사상 저명(著名) 사실임으로 필경 동법은 법령 제11호 2조에 규정된 종족(種族)을 이유로 하여 차별을 낳게 하는 법률에 해당한즉 기위 (旣爲) 법령의 발포로 폐지된지라 하겠으니 동 공소 사실에 대하여는 증명이 충분하더라도 죄가 된다고 할 수 없을 것이다"고 밝힘으로써 「신문지법」이 폐지되었다는 해석을 내렸다.251)

그러자 이인 검찰총장은 4월 9일 "신문지법은 광무 11년에 제정한 것인만큼 한일 합방 전에 시행되었으니 하등 종족을 차별하는 법령이 아니었으며, 또한 현재에 있어서도 1당을 대변하여 민심을 교란케 하는 신문이 있음에 비추어 동 법령은 철폐할 수 없다"고 언명하며 김광수 사건을 대법원에 비상 상고했다.252)

이로 인해 5월 21일 대법원에서는 상고심의 해석을 뒤집어 「신문지법」은 아직 존속한다는 견해를 밝힘으로써 상고심에서의 「신문지법」에 대한 김광수의 무죄 선고를 파훼했다. 그러나 비상 상고에서는 법령에 대한 해석만을 할 뿐 일단 판결된 형기를 변경할 수 없으므로 김광수에 대한 무죄 선고에는 변경이 없는 것으로 결정되었다.253)

이상에서 알 수 있듯 당시 사법 당국은 정판사 '위폐' 사건에 대해 1심 판결과 다른 내용을 주장하는 기사에 대해서는 「맥아더 포고령 제2호」는 물론 일제강점기의 악법인 「신문지법」마저 적용하여 신문에 일절 게재되지 않도록 민감하게 반응했음을 알 수 있다.

결국 사법 당국은 1심에서의 승리가 확보된 이상 굳이 정판사 '위폐' 사

---

251) 「신문지법 이제야 폐지/김광수 씨 공판에 신판례」, 『독립신보』, 1948.4.8.
　　「건국지 김광수 사건/벌금 3만 원 언도」, 『민중일보』, 1948.4.8.
　　「조선에 신문지법 업다/고등심리원서 신판례」, 『자유신문』, 1948.4.8.
252) 「신문지법은 존속한다고/검찰총장이 신판례 비상 상고」, 『자유신문』, 1948.4.17.
253) 「구한국 시대의 신문지법 상존/비상 상고에 대법원 판례」, 『경향신문』, 1948.5.23.
　　「원심 파훼 판례」, 『민중일보』, 1948.5.23.

건이라는 주제가 공론장에 등장하는 상황을 만들고 싶지 않았으며, 그로 인해 반대 의견이 아예 언론에 발붙일 수 없도록 '법치'라는 무기를 통해 공안 통치를 펴기 시작한 것이라고 할 수 있다. 그리하여 정판사 '위폐' 사건에 대해 1심 재판 결과와 조금이라도 다른 의견을 주장하는 언론 보도에 대해서는 강경하게 대응했다. 이로써 사실상 정판사 '위폐' 사건에 대해 다른 이야기를 꺼내는 것은 금기시되었다.

또한 피고와 변호사단 측은 1심 재판 결과에 불복하여 상고함으로써 법적 투쟁을 시도했다. 그러나 사법 당국은 이를 허용하지 않기 위해 기각했다. 변호사단은 「상고이유서」를 영문으로 번역하여 하지 사령부에 진정했으나 하지는 이를 거부했다. 그리고 피고 측은 상고와는 별도로 고문 경관에 대해 2차에 걸쳐 고소했다. 이 역시 정판사 '위폐' 사건을 공론장으로 끌어들이려는 법적 투쟁 방식의 일환이었다.

이러한 고문 경관을 상대로 한 법적 투쟁은 1심 종결 이후 갑자기 발생한 것은 아니었다. 1946년 9월 5일 제9회 공판정에서 변호사단은 고문한 경관에 대한 증인 조사를 법정에서 해 달라는 요청을 했으나 기각되었고, 9월 17일 제13회 공판정에서 송언필은 변호인단에게 고문한 경관을 별도로 고소해 달라고 부탁한 적이 있었다. 그러나 사법 당국은 상고를 기각한 것과 마찬가지로 고문 경관에 대한 고소 역시 기각했다. 이로써 피고 및 변호사단 측의 법적 투쟁을 원천 봉쇄하려 했음을 알 수 있다.

2) 우익의 대응

한편, 우익 측은 정판사 '위폐' 사건이 알려짐과 동시에 이를 좌익 공격의 구실로 삼아 적극적으로 이용했다. 이러한 우익 측의 좌익 공격은 주로 정당, 단체, 신문 등의 선전, 테러 등으로 나타났다. 그리고 미군정은 이러한 좌익에 대한 우익의 공격을 적극적으로 활용했다.

우익 정당 및 단체 들의 선전 및 테러 활동을 통한 좌익 공격의 사례를 살펴보면 다음과 같다.

1946년 5월 8일 경찰이 조선정판사를 급습하여 정판사 '위폐' 사건 피의자 10여 명을 체포한 사실이 알려지면서 우익 측에서는 '공산당이 위폐를 만들었다'고 주장하는 가두연설, 전단, 벽신문, 포스터, 성명서 발표 등의 선전 활동을 벌이기 시작했고, 일각에서는 좌익에 대한 테러도 발생했다.

5월 11일 밤 양주 의정부의 일부 우익 인물들은 불량배를 규합 사주하여 위생재료제작회사 공장을 습격, 사무소를 파괴하고 좌익계 인물들을 구타, 고문하는 사건이 발생했다. 그들이 테러를 감행한 이유로서 내세운 3가지 중 하나가 바로 '공산당은 지폐를 위조했다'는 것이었다. 254)

또한 5월 12일 서울운동장에서는 반탁 진영에서 주최한 독립전취국민대회가 대대적으로 개최되었는데, 이 대회가 끝난 후 참가자들 중 일부가 종로 거리를 행진하며 확성기를 통해 "공산당이 시내 요처에 방화를 계획하고 있다", "공산당이 위조지폐를 퍼트렸다", "죽어라! 따려라! 공산당을!"이라고 외치고 다니며 공산당에 대한 비난과 공격을 선동했다. 255) 그리고 평안청년회 등 일부 시위대는 조선인민보사, 자유신문사, 중앙신문사를 습격하여 인쇄 설비를 훔쳐가거나 파괴하는 등의 대규모 테러가 발생했다. 256)

이후 5월 15일 미군정 공보부에서 조선정판사 직원을 포함한 조선공산당원들이 위폐를 인쇄했다고 공식적으로 발표하자 좌익에 대한 우익의 비난이 폭증했다. 대한독립촉성국민회는 5월 16일 기자단 정례 회견에서 "조

---

254) 「각 지방에 파급된 "죽여라", "부셔라"의 결과/폭도 두목의 죄상은 이러타」, 『해방일보』, 1946.5.16.

255) 「이러타」, 『해방일보』, 1946.5.14.

256) 「3 신문사를 습격/전취 데모 끄테 일부 폭행」, 『서울신문』, 1946.5.14.

선공산당의 음모하에 거대한 위조지폐를 발행하야 조선경제를 교란하며 국민생활을 파훼한 것은 일대 죄악이다"라고 언명했고,[257] 한민당은 5월 17일 기자단 정례회견석상에서 "천하의 공당으로서 선언한 공산당이 이같이 불법행위를 하고 경제계를 교란시킨 죄과는 해체로서 천하에 사과해야 할 것이다"는 담화를 발표했다.[258] 또 반탁전국학생연맹은 5월 18일 위폐 사건 성토대회를 개최했고,[259] 애국단체연락위원회는 5월 19일 대한독립촉성국민회 회의실에서 한국독립당, 한국민주당, 독립촉성애국부인회, 대한독립촉성전국청년총연맹, 대한독립촉성노동총연맹, 대한독립촉성국민회 등 70여 단체 대표자가 모여 위폐 사건의 대책을 강구하며 공산당의 범행 소탕을 결의했으며,[260] 조선애국부녀동맹에서는 5월 23일 조선공산당 반역행위 성토대회를 열었다.[261]

또한 명확한 날짜와 출처가 확인되지는 않지만 이경남에 따르면 공산당이 지폐를 위조했다는 말에 격분한 평안청년회 송태윤 총무부장, 박청산을 포함한 회원 50~60명이 근택빌딩으로 몰려가 석전 끝에 사옥 내부까지 진입하여 조선정판사와 조선공산당 본부를 쑥밭으로 만들어 파괴하고 창문에 공산당을 비난하는 현수막을 건 일이 있었다.[262]

257) 「조공의 죄악은 크다/독립촉성국민회의 경고」, 『동아일보』, 1946.5.17.
258) 「공산당 해체로 천하에 사과하라/한민당 선전부장 담」, 『동아일보』, 1946.5.18.
　　「공당 해체해라/한민당 함 선전부장 담」, 『중외신보』, 1946.5.18.
　　「지폐 위조로 경제 교란/공당의 책임은 중대/한민당 함 선전부장 발표」, 『한성일보』, 1946.5.18.
259) 「위조지폐에 성토 대회」, 『동아일보』, 1946.5.17.
260) 「매국 행위 철저 소탕/70여 단체가 회합/위폐 사건 대책 강구」, 『한성일보』, 1946.5.20.
261) 「위폐 사건 성토/애부동맹서 개최」, 『동아일보』, 1946.5.23.
　　「위조 행위 폭로/애부 강연회 성황」, 『동아일보』, 1946.5.24.
262) 이경남, 「청년운동 반세기 (4) 서북청년회 ④ 좌익타도 내걸고 '평청' 발진」, 『경향신문』, 1986.11.26.
　　이경남, 『분단시대의 청년운동』 상, 삼성문화개발, 1989, 44~51쪽.

이 외에도 사건 발표 직후부터 5월 말까지의 시기에 우익 측은 좌익에 전단, 신문, 포스터, 확성기, 가두연설 등을 이용하여 정판사 '위폐' 사건에 대해 조선공산당을 비난하고 해체를 주장했으며, 조선공산당뿐 아니라 민전 산하 각 단체에 대해서도 일괄적으로 비난을 퍼붓고 다녔다.[263] 그러나 미군정과 경찰 당국은 「군정법령 제72호」를 내세워 좌익 측의 선전 활동은 억압하면서도 우익 측의 활동은 수수방관하는 이중적인 면모를 드러냈다.

이후에도 정판사 '위폐' 사건의 주요 국면마다 우익 측은 담화, 성명을 발표하며 조선공산당 측을 비난했다. 6월 10일 전국애국단체연합회는 본정 경찰서를 비롯한 각 관계 당국에 건의서를 제출했는데, "공산당 당비로 사용키 위하여 지폐를 위조하였으며 당원 전부가 위조지폐를 사용하였으니 전 공산당원의 가택 신변 수색, 재산동결, 몰수 등을 행할 것이며, 당수를 체포하여야 하며, 민주주의민족전선 산하 단체 전부에 걸쳐 동일한 처리를 요구한다"는 실로 극단적인 내용이었다.[264]

또한 7월 21일 조선공산당이 하지에게 재판 관련 8개조 요청 사항을 편지로 전달한 데 대해, 독립촉성국민회에서는 담화를 발표하여 이제껏 소련에게 아첨해 오던 조선공산당이 미군정에 아첨하는 것은 '절조 없는 매춘부의 추태'라며 강하게 비난했고, 담당 검사를 경질시키고 좌익 법조인

---

263) 「지폐 사건 조사단 초청/조 경무부장과 의견 교환」, 『조선인민보』, 1946.5.22.
　　「위조지폐 사건 공산당과 무관/조 경무부장 조사단과 문답」, 『현대일보』, 1946.5.22.
　　「조, 장 양 부장과 문답/위조지폐에 민전 조사위원이」, 『독립신보』, 1946.5.30.
　　「공산당 운운은 경솔/위폐 사건에 장 경찰부장 언명」, 『중외신보』, 1946.5.30.
　　「위폐 사건의 진상은 취조 당국도 미지다/장 경찰부장 반동 모략을 조소」, 『청년해방 일보』, 1946.5.30.
　　「미구에 발표한다/악질 선동은 자멸할 것」, 『현대일보』, 1946.5.30.
　　「일체 발표 못한다/민전 조사위원회, 당국과 문답」, 『조선인민보』, 1946.5.31.
　　「위조지폐 사건/민전 조사위원회 발표」, 『중앙신문』, 1946.5.31.
264) 「위폐 사건 처단을/애국단체연합회서 건의」, 『동아일보』, 1946.6.11.
　　「소위 위폐 사건에 대한 3회 성명/조공 중앙 서기국 발표」, 『청년해방일보』, 1946.6.23.

을 참가시켜 재조사하라는 것은 사법의 신성을 모독하는 폭언 난문(亂文)
이라고 힐난했다.[265]

또한 7월 29일 위폐 공판 소요 사건이 발생하자 우익 진영은 공산당이 폭
력적 행동으로 법질서를 파괴했다며 일제히 비난하고 나섰다. 한민당 선
전부는 8월 2일 기자단 회견 석상에서 "폭력으로 법정을 점령하고 피고를
탈환하려 했으며 시위와 가두연설을 통해 법의 권위를 모독하고 공안을 문
란시켰다"며 조선공산당을 강하게 비난했다.[266] 또한 민주의원은 8월 3일
"군중이 폭력으로써 공판을 방해하고자 법정을 점령하여 지휘하는 경찰에
대하여 폭행을 가하며 온갖 선전과 시위와 가두행렬을 한 것은 사법의 신
성을 무시한 것으로서 실로 유감스러운 일이며 금후는 여사한 행동이 절대
없기를 경고하는 바이다"라는 담화를 통해 경고했다.

이렇듯 한민당을 비롯한 우익 정당과 각종 우익 단체들은 정판사 '위폐'
사건을 조선공산당뿐만 아니라 좌익 전체에 대한 비난의 구실로 삼아 적
극적으로 활용했음을 확인할 수 있다.

다음으로 우익 신문들은 조작 및 허위 기사를 통해 좌익을 공격했다. 이
러한 조작 및 허위 기사 중에는 실수에 의한 오보도 있었지만 대부분 확인되
지 않은 사실을 거르지 않고 유포한 것이며, 사실관계를 조작하는 악의적인
것도 포함되어 있었다. 그중 중요한 것들을 중심으로 하나씩 살펴보겠다.

『한성일보』는 5월 12일 자 기사[267]에서 정판사 '위폐' 사건에 대한 내용
을 다루면서 근택빌딩 정문 사진을 게재했는데, 사진의 왼쪽 끝에 교묘하
게 '조선공산당 중앙위원회'의 현판이 선명하게 보이도록 했다. 이에 대해

265) 「조공의 망동은 미군정하 사법의 신성을 모독/독촉국민회 담하 발표」, 『대동신문』,
     1946.7.26.
266) 「한민당 선전부 담/대중은 감시코 있다/반성하여야 할 공당 태도」, 『동아일보』, 1946.
     8.3.
267) 「기계, 서류를 또 압수/갈수록 커지는 위조지폐 사건」, 『한성일보』, 1946.5.12.

5월 14일 조선공산당 중앙위원회 서기국은 『한성일보』의 악의적 의도에 항의하며 당분간 『한성일보』 기자의 조선공산당 출입을 금지한다는 성명을 발표했다.[268]

『동아일보』[269]는 5월 17일 자 기사에서 정판사 '위폐' 사건의 전말에 대해 소개했다. 이에 따르면 8·15 이후 조선공산당은 재정난을 해결하기 위해 정판사에 지폐 원판이 있다는 것을 알고 박낙종을 내세워 정판사를 접수한 후, 1945년 10월 20일 오후 6시경 이관술, 권오직의 지령으로 박낙종, 송언필, 박필상(이필상의 오기), 김창선, 정명환, 박상근이 공모하여 당일(혹은 10월 22일) 오후 7시경 김창선이 미리 절취하여 보관했던 원판의 일부를 이용하여 200만 원을 인쇄했고, 그 후 사람들의 눈을 피해 매번 일요일 밤을 노려 제2회는 12월 5일 200만 원, 제3회는 2월 12일 100만 원, 제4회는 2월 20일 200만 원, 제5회는 3월 25일 200만 원, 총 5회에 걸쳐 900만 원을 인쇄했다는 것이었다.

그런데 이러한 『동아일보』의 기사 내용은 매우 상세한 정보가 담겨 있어 얼핏 신빙성이 있어 보인다. 그러나 위폐를 인쇄했다는 날짜 자체가 앞뒤가 맞지 않는데, 우선 제1회 인쇄일이 앞에서는 10월 20일로, 뒤에서는 10월 22일로 같은 날짜 신문의 두 기사 간에 다르게 나타나고 있다. 또한 총 5회의 인쇄일이 모두 일요일이라고 했는데 제1회 인쇄를 했다는 10월

---

268) 「모 신문기자 조공 출입금지」, 『독립신보』, 1946.5.15.
「한성일보 기자의 출입을 당분간 금지한다/본당 중앙위원회 서기국」, 『해방일보』, 1946.5.15.
269) 「백일하에 폭로된 공당원 지폐 위조 사건의 죄상/경제 교란과 배후의 마수」, 『동아일보』, 1946.5.17.
「위조 발행한 지폐는 공산당에 제공키로 결의/취조 중의 범인들이 자백」, 『동아일보』, 1946.5.17.
「매 일요마다 5회에 거처 900만 원을 인쇄/전부 백 원 권, 당원증 등 증거품 압수」, 『동아일보』, 1946.5.17.

20일 혹은 10월 22일은 각각 토요일과 월요일이며, 제2회 12월 5일은 수요일, 제3회 1946년 2월 12일은 화요일, 제4회 2월 20일은 수요일, 제5회 3월 25일은 월요일로서 위폐 인쇄를 했다는 날 중 단 하루도 일요일이 아니라는 점에서 기사의 허술함이 드러난다고 할 수 있다.

그러나 사건 서술 방식이 나중에 재판의 「공판청구서」나 「판결문」과 유사한 형식을 띠고 있다는 점에서 『동아일보』가 전혀 허황된 얘기를 상상하여 쓴 것은 아니며, 초기 경찰 수사 기록에 근거했을 가능성이 크다. 그런 점에서 『동아일보』 기사의 허술함은 초기 경찰 수사의 허술함에 기초한 것일 가능성이 크다.

『한성일보』 5월 23일~25일 자 및 『동아일보』 5월 24일, 26일 자는 『현대일보』 및 『해방일보』가 정판사 '위폐' 사건과 관련이 있다는 기사를 게재했다. 5월 15일 공보부의 발표와 이에 대한 조선공산당의 반박 이후 수사 당국의 후속 발표가 늦어지면서 사건의 진위에 대한 세간의 의견이 분분해지고 있었다. 이에 일부 우익 신문들은 여러 가지 추측성 기사를 보도하기 시작했는데, 그중 한 가지는 조선정판사에서 인쇄한 위조지폐가 조선공산당 자금으로 사용되었는데 그중 일부가 좌익지인 『현대일보』 및 『해방일보』로 흘러갔다는 것이었다.

사건의 발단은 1946년 4월 초순으로 거슬러 올라간다. 4월 6일 현대일보사 경리부장 김생훈은 20만 원을 조선상업은행에 예금했다. 그런데 이 20만 원이 조선상업은행에서 조선은행으로 넘어간 후에 조선은행 측이 그 20만 원(혹은 그중 19만 원)을 위조지폐로 판명하여 통고함으로써, 경기도 경찰부 수사과는 김생훈 및 관련자를 구치하여 취조했다.[270] 돈의 출처를

---

270) 「38 이남의 경제 교란을 기도하는 흑막은 과연 그 누구냐?」, 『대동신문』, 1946.4.15.
「20만 원 위조지폐/현대일보 간부가 피체/상은(商銀)의 출납구에서 폭로」, 『대동신문』, 1946.4.15.

조사한 결과 김생훈이 받은 돈은 『현대일보』의 경성 총판매권을 희망하는 강철이라는 사람이 보증금으로 지불한 것이었고, 강철은 김봉록(혹은 김봉한)으로부터, 김봉록은 이명환으로부터 받은 것이었다. 그런데 수사과에서는 이명환을 검거한 지 1주(혹은 3주) 만에 증거 불충분으로 석방하고 사건의 추궁을 중단했다.271)

그로부터 한 달 정도 지난 5월 17일(혹은 19일) CIC는 돌연 김생훈을 검속하여 조사하게 되었는데, 『한성일보』 5월 23일, 5월 24일, 5월 25일 자 및 『동아일보』 5월 24일 자에서는 정판사 '위폐' 사건과 관련하여 본정서에서 5월 19일 『○○일보』 경리부장 등 3명을, 5월 23일 『해방일보』 경리부장 등 3명을 검거하여 구금 취조하는 중이라는 내용의 기사를 냈다.272) 이에 대해 『현대일보』는 이러한 『동아일보』와 『한성일보』의 기사가 허구적인 중상과 무고라며 강력히 반발했는데, 그 근거로서 장택상 경찰청장 및 경찰 당국에 문의한 결과 김생훈은 경찰이 아니라 CIC에 수감되어 있으며, 정판사 '위폐' 사건과는 아무런 관련이 없다는 것을 들었다. 그리고 이렇게 『현대일보』를 무고하는 신문사들을 향해 해방 이전 일제의 주구(走

271) 「좌우 정당, 법조인 임회하 진정한 재취조를 요구」, 『조선인민보』, 1946.7.21.
　　　「위폐 사건에 조공 측 성명」, 『자유신문』, 1946.7.21.
　　　「정판사 위폐 사건에 관하야/조공 중위 서기국 성명」, 『현대일보』, 1946.7.21.
　　　「위폐 진상 규명/조공서 질문」, 『중앙신문』, 1946.7.22.
　　　「위폐 사건 기소에 이의/조공 대표 검사총장 등을 방문코」, 『조선인민보』, 1946.7.22.
　　　「재조사 요구」, 『중앙신문』, 1946.7.22.
　　　「조공, 지방법원에 위폐 사건 재취조 요구」, 『현대일보』, 1946.7.22.
272) 「위폐 사건 의외 확대/모 신문사 간부 3명을 인치」, 『한성일보』, 1946.5.23.
　　　「위폐 20만 원 압수」, 『한성일보』, 1946.5.24.
　　　「위폐 사건 각계에 파급/해방일보 간부 인치 취조」, 『한성일보』, 1946.5.25.
　　　「위폐 900만 원 어디 갔나?/먼저 신문사에 비화/○○, 해방 경리부장 취조」, 『동아일보』, 1946.5.24.
　　　「상업은행 창구에 나타난 20만 원의 위폐/○○일보 사건 재차 취조」, 『동아일보』, 1946.5.24.

狗)였다가 해방되니 전에 지은 죄에 따른 공포심과 피해망상에서 정의의 세력을 물려고 달려드는 '미친개'가 되었다고 맹비난하며, 시민들은 광견에 주의하라고 당부했다.[273] 또한 해방일보사에서는 해방일보사 경리국장이 체포되지 않았을 뿐만 아니라 현재 매일 출근 중이라며『동아일보』와『한성일보』기사의 허구 날조를 규탄하는 성명서를 발표했다.[274]

이에『동아일보』는 5월 26일 자에서 한 걸음 더 나아가 조선공산당이 900만 원의 위폐를 제조한 후『해방일보』에는 50만 원,『현대일보』에는 28만 원을 제공했다는 의혹을 제기했다. 그 근거로서 5월 10일 본정서에서 해방일보사 여사무원 2명을 유치 조사한 결과 이들이 수차례에 걸쳐 은행에 50만 원을 예금했음을 자백한 것과 현대일보사에서 상업은행에 예금하려다가 발각된 20만 원과 정판사 위조지폐가 동일한 계통의 것으로 판단된다는 것을 들었다.[275] 이에 대해『현대일보』는 더욱 강력하고 원색적인 표현을 쓰며 이러한 공방을 "일제를 상전으로 모시는 친일반동분자의 주구'와 '전 직원 13명에 불과한 가난한 지식인의 신문"의 대결에 비유하며, 양심이 있거든 미친개가 아니라 사람이 되라며 강경한 어조로 비난했다.[276]

그럼에도『동아일보』는 5월 28일 자에서는 현대일보사 경리부장이 여전히 본정서에 유치 중이라는 주장을 굽히지 않았으며, 다만 해방일보사 경리부장은 소환 취조를 받고 귀가되었다고 한 걸음 물러서면서도 운영자

---

273) 「사괴 반동 제신문 본보를 모함/시민은 광견에 주의하라」,『현대일보』, 1946.5.25.
274) 「해방일보 간부 인치된 일 없다」,『독립신보』, 1946.5.27.
　　　「위폐 사건 또 악선전/반동 신문의 날조 되푸리/해방일보 발표」,『조선인민보』, 1946.5.27.
　　　「동업 신문 모함에 대한 해방일보사 성명」,『현대일보』, 1946.5.27.
275) 「해방일보에 50만 원, 현대일보엔 28만 제공」,『동아일보』, 1946.5.26.
276) 「마침내 미첫고나/동아일보에 보내는 공개장/현대일보 사원 일동」,『현대일보』, 1946.5.27.

금 관계를 계속 조사 중이라며 자신의 주장이 완전히 틀린 것은 아니라는 식으로 맞대응했다.[277] 이에 대해『현대일보』는 조선신문협회 상임이사회에『동아일보』를 제명할 것을 건의했다.[278]

또한 우익지인『대중일보』와『대동신문』도『동아일보』에 합세하여 본정서에서 취조를 받고 있는 정판사 '위폐' 사건의 피의자들이 현대일보사의 20만 원도 자신들이 제조한 위폐의 일부라는 것을 자백했다는 기사를 실었다.[279]

CIC에 구속 중이던 김생훈은 취조 결과 하등 혐의가 없다고 인정되어 6월 10일 무죄 석방되었는데, 석방된 당일 본정서에서는 다시 김생훈을 구금 취조했으며, 결국 6월 28일 무죄로 다시 석방되었다.[280] 이로써 우익 신문의 주장은 허구였음이 드러나는 것으로 좌우익 신문 간의 길고 치열한 공방은 끝이 났다. 조선공산당 중앙위원회 서기국에서는 7월 20일 성명서를 발표하여『현대일보』위폐 사건의 피의자인 이명환을 석방한 이유가 무엇인지 밝히라고 당국에 요구했으며,[281] 조선공산당 측 대표로 김광수와 이승엽이 경성지방법원 검사장 김용찬을 방문하여 다시 한 번 그 이유를 물었는데, 증거 불충분으로 석방했다는 간단한 답만 들을 수밖에 없었다.[282]

---

277)「해방 경리부장 일단 취조 후 석방」,『동아일보』, 1946.5.28.

278)「동아일보 본사를 모함/신문협회에 즉시 제명 건의」,『현대일보』, 1946.5.30.

279)「현대일보의 20만 원도 공산당의 위조지폐로 판명」,『대중일보』, 1946.6.8.
    「20만 원 위폐 사건/조공 위폐 일부임을 확인/준열한 취조에 범인 자백」,『대동신문』, 1946.6.8.

280)「[사고] 본보를 무고턴 위폐 사건/중상과 모략을 분쇄코 김생훈 씨 수 석방」,『현대일보』, 1946.7.1.
    「김생훈 씨 무죄 석방」,『중앙신문』, 1946.7.2.

281)「좌우 정당, 법조인 입회하 진정한 재취조를 요구」,『조선인민보』, 1946.7.21.
    「위폐 사건에 조공 측 성명」,『자유신문』, 1946.7.21.
    「정판사 위폐 사건에 관하야/조공 중위 서기국 성명」,『현대일보』, 1946.7.21.
    「위폐 진상 규명/조공서 질문」,『중앙신문』, 1946.7.22.

이상에서 살펴본 『현대일보』 및 『해방일보』 위폐 연루 논란 사건은 미군정이 5월 15일 수사 발표 이후 좌익의 반박에 대해 명확한 해명을 하는 후속 발표가 계속 늦춰지면서 우익 신문들을 중심으로 해서 유언비어에 가까운 추측성 허보를 남발한 사례 중 하나이다. 또한 그러한 허보에 대해 미군정 및 경찰 측은 아무런 법적 조치를 취하지 않았기 때문에 우익 신문들은 이를 악용하여 이후에도 또 다른 허보를 유포했다. 소위 '묻지 마' 식 기사, '아니면 말고' 식 기사의 남발은 언론의 자유를 악용한 폭력의 형태로서 당시 해방 정국에서 좌우 갈등을 부추기고 좌우익 간의 골을 더 깊게 만드는 역할을 했다.

『동아일보』 5월 30일 자와 『한성일보』 5월 30일 자는 김광수가 위폐 시험 인쇄에 입회했다는 오보를 내보냈다. 앞서 언급했듯이 5월 28일 수사 당국은 조선정판사에서 위폐 시험 인쇄를 했다. 인쇄 시험이 끝나자 『동아일보』[283]와 『한성일보』[284] 등 일부 우익 신문들은 정판사 '위폐' 사건이 조작된 것이 아니라 실제로 있었던 사건이라는 주장을 실은 기사를 보도하기 시작했다.[285] 그리고 인쇄 실험이 공명정대하게 이루어졌음을 강조하기 위해 조선공산당 중앙위원 김광수가 입회했으며 인쇄 결과를 보고 놀라서 돌아갔다는 내용을 해당 기사에 포함시켰다.

이로 인해 김광수의 인쇄 실험 현장 입회 여부가 논란의 핵심으로 떠오르게 되었다. 김광수는 5월 30일 『동아일보』와 『한성일보』의 기사가 허

---

282) 「위폐 사건 기소에 이의/조공 대표 검사총장 등을 방문코」, 『조선인민보』, 1946.7.22.
　　「재조사 요구」, 『중앙신문』, 1946.7.22.
　　「조공, 지방법원에 위폐 사건 재취조 요구」, 『현대일보』, 1946.7.22.

283) 「진폐 못잖은 위폐/공당원 위폐 인쇄 감정 결과/위폐 시험, 의운 일소」, 『동아일보』, 1946.5.30.

284) 「위폐 사건은 일단락/실험 결과 물적 증거 확연」, 『한성일보』, 1946.5.30.

285) 위폐 시험 인쇄와 관련된 우익 신문의 허위 보도에 대해서는 제3장 2절 2)에서 보다 자세히 다룰 것이다.

위 날조라고 강력히 비난하고 자신은 전혀 입회한 적이 없음을 주장하며 기사의 정정, 취소를 요구했다.[286)]

이러한 논란에 대해 장택상 경찰청장은 기자단과의 회견에서 5월 28일 김광수는 자신을 만나려고 그 장소에 왔지만 입장 금지를 당하여 그대로 돌아갔을 뿐, 인쇄 시험에 입회도 참관도 하지 않았다며 김광수 입회설을 전면 부인했다.[287)]

이에 대해『한성일보』는 장택상이 6월 3일 "김광수 씨는 인쇄 실험할 때까지도 정판사의 설비로서는 도저히 그러한 위폐가 나올 수 없다고 주장했고 그날 우리가 정식으로 입회시킨 것은 아니나 실험장까지 들어온 것이 사실이며, 신문기자들을 내여보낸 후에도 김 씨는 그냥 남아 있었는데 나중에 브르스 대위의 거절로 인해서 중도에 퇴장했든 것이다. 김 씨가 끗끗내 될 수 없다든 위폐가 의외에도 틀림없이 나왓으니 물론 놀래였을 것이다"[288)]라고 말했다는 기사를 보도함으로써 김광수가 비록 끝까지 입회하지는 않았지만 입회 현장에 있었던 것은 사실임을 계속 주장했다. 이러한『한성일보』의 보도는 앞서 보도된 장택상의 6월 1일 발언 내용과 배치되는 것이다. 장택상의 6월 1일 발언에 대한 보도는 기자단과의 회견이었으며『자유신문』,『서울신문』,『현대일보』,『조선인민보』,『중앙신문』5개 신문에 공히 보도된 것이므로 사실인 것으로 보인다. 그런데 장택상의 6월 3일 발언 보도는『한성일보』의 단독 보도였고, 자사의 이전 보도를 옹호하는 내용이

286)「반동 신문 날조 보도/김광수의 위폐 시쇄 입회는 무근」,『조선인민보』, 1946.5.31.
287)「위폐 실험에 김 씨 입회는 낭설/장 경찰부장 담」,『자유신문』, 1946.6.2.
　　「정판사 직공 불참여, 김광수 씨 입회 무근/장 경찰부장 담」,『조선인민보』, 1946.6.2.
　　「정판사 직공 사용과 김 씨 입회 사실 무근/위조지폐 사건 경찰부장 발표」,『중앙신문』, 1946.6.2.
　　「김광수 씨 입회는 허보/'위폐 사건' 진상 불원 발표」,『현대일보』, 1946.6.2.
　　「위조 시험 인쇄에 대하야/장 경찰부장 담」,『서울신문』, 1946.6.4.
288)「김광수 씨는 중도에 퇴장/위폐 인쇄 실험장에 출현」,『한성일보』, 1946.6.4.

므로 사실이 아닐 가능성이 존재한다. 만약 『한성일보』의 6월 3일 보도가 사실이 아니라면 이는 『한성일보』의 조작 허위 보도인 것이 되므로 문제가 간단하게 풀리지만, 만약 『한성일보』의 6월 3일 보도가 사실이라면 장택상은 김광수의 입회 여부에 대해 6월 1일과 6월 3일 두 가지 상충되는 언급을 한 셈이 된다.

이런 상황에서 본정서 수사주임 최난수는 기자단과의 회견 석상에서 김광수가 위폐 시험 인쇄 현장에 입회했지만 상부의 지시에 의해 진실을 말할 수 없다고 주장함으로써 장택상의 6월 1일 발언과 충돌될 뿐만 아니라 외압이 있었음을 암시하는 발언을 함으로써 파문을 일으켰다.[289] 이에 대해 6월 4일 장택상은 기자단과의 정례 회견 석상에서 "김광수 씨는 절대로 입회하지 않았다. 우리가 입회를 거절한 것이다. 그럼에도 불구하고 입회했다고 하는 것은 무슨 심사인지 모르겠다"고 언급했고, 노덕술 수사과장도 "본정서 수사주임이 그렇게 말하였을 리가 없다. 만일 사실이라면 엄중 처단하겠다. 김광수 씨는 입회하지 않았다는 것을 다시금 명백히 언명한다"라고 언급하여[290] 『한성일보』의 6월 3일 보도는 허위임이 밝혀졌다. 이에 장택상 경찰청장은 6월 4일 최난수 본정서 수사주임과 그 담화 취재 기자를 불러 진상을 조사했고[291] 6월 6일 이구범 본정서장이 출입기자 전원에 대해 청취한 결과 최난수가 문제의 발언을 한 것이 사실이었음이 판명되었다.[292] 그러나 이후 후속 보도가 없어 경찰청에서 최난수에게 어떤

289) 「본정서 최 수사주임 담」, 『서울신문』, 1946.6.4.
　　　「위폐범에 사식 금지/본정서 최 수사계장 담」, 『한성일보』, 1946.6.4.
　　　「정판사 위폐 사건/김광수 씨 입회 여부에 장 경찰부장과 의견 대립」, 『조선인민보』, 1946.6.5.
　　　「상부서 히다면 히다고 할 수박게/최 본정 수사주임 담」, 『조선인민보』, 1946.6.5.
290) 「허위 보도하는 심사 알 수 없다/김광수 씨 입회는 거짓말」, 『현대일보』, 1946.6.5.
291) 「김광수 씨 입회 여부에 장 경찰부장과 의견 대립」, 『조선인민보』, 1946.6.5.
292) 「최 주임의 담화는 사실/김광수 씨 입회 여부의 흑백」, 『조선인민보』, 1946.6.7.

조치를 취했는지, 또 『한성일보』에 어떤 조치를 취했는지는 알 수 없다.

이러한 논란의 근본적 원인은 군정청과 경찰 수뇌부의 비밀주의에 있다. 이들은 인쇄 시험 결과를 조작하려고 하지는 않았을지 모르나 최소한 자신들에게 불리한 결과가 나올 것을 우려했다. 그렇기 때문에 철저하게 비밀리에 인쇄 시험을 진행한 것이었다. 이러한 비밀주의는 우익 언론과 본정서 수사주임 등 일부 세력에게는 의도했든 의도하지 않았든 하나의 메시지를 전달했다. 그것은 '군정청이 위폐 사건을 실제 있었던 것으로 보려고 의도하고 있다'는 것이었다. 그래서 이들은 과감하게 허위 사실을 유포한 것이다. 이러한 허위 사실 유포 행위를 하게 된 심리적 배경에는 설사 허위로 밝혀진다 한들 상부에서 막아 주지 않겠느냐는 기대가 있었던 것으로 볼 수 있다.

그런데 이러한 허위 사실에 대해 김광수 및 좌익 언론 측에서 강력하게 반대하고 문제시하자 장택상을 비롯한 경찰청 수뇌부는 일단 최난수와 우익 신문의 허위 사실 유포를 부인할 수는 없었다. 그러나 그렇다고 이러한 허위 사실 유포 행위에 대해 이들을 처벌하지도 않은 것으로 보인다.

우익 신문 및 일부 경찰서원이 경찰 당국의 입장을 고려하지 않은 채 너무 지나치게 나섬으로써 좌익에게 공격의 빌미를 준 것에 대해 경찰청 수뇌부는 불만이 있었을 것이고, 특히 일개 경찰서 수사주임이 경찰청장의 말을 반박하는 것은 명백한 하극상으로서 경찰 조직의 위계질서를 흔드는 도전적인 행위이므로 상부로서는 용납하기 어려웠을 수도 있다.

그러나 그렇다고 해서 자신들의 수족인 우익 신문과 경찰서원에게 공식적인 징계를 내린다는 것은 자칫 좌익의 세력을 키워 주고, 정판사 '위폐' 사건의 허구성을 인정하는 방향으로 상황이 흘러갈 수 있기 때문에 내부적으로 자제할 것을 경고했는지는 모르겠지만, 공식적으로는 별다른 조치를 취하지 않은 것으로 보인다.

결국 이러한 일련의 사태를 통해 우익 신문의 '아니면 말고' 식 기사, 일부 경찰 내부의 도발적인 돌출 행동 등이 경찰 상부의 통제를 벗어날 수 있는 지점으로 조금씩 행동반경을 키우며 움직이고 있었음을 알 수 있다.

『동아일보』5월 31일 자와『한성일보』5월 31일 자는 위폐 인쇄 실험이 있었던 당일인 5월 28일 저녁과 5월 29일 새벽 정판사 '위폐' 사건을 담당하고 있는 본정서 경찰서원의 자택에 괴한이 침입했다는 기사를 보도했다.

『동아일보』[293]는 본정서 수사계 제1주임 최난수에 따르면 5월 28일 저녁 본정서원 김원기, 홍승표, 현을성 집에 각각 정체불명의 사람들이 1~2인씩 와서 해당 형사의 집이 맞는지를 확인하거나 집의 문패를 적고, 집의 도면을 그려 가는 등 수상한 행동을 벌였으며, 5월 29일 새벽 4시경 김원기, 최난수 형사의 집에 괴한 2명이 침입하여 폭행을 시도하다가 도주했고, 또 김창덕, 이희남 형사에게 어떤 5명이 위폐 사건을 취조하게 된 경위를 물은 적이 있다며 위폐 사건 관련 형사들에게 어떤 세력으로부터 위협이 가해지고 있음을 암시했다.

또한『한성일보』[294]는 5월 28일 본정경찰사 수사계 전원의 각 자택에 밀정 2명씩을 배치하여 정탐한 후, 5월 29일 새벽 2시경 김원기의 집에 권총을 가진 괴한 5명이 침입했다가 도주했다고 보도했는데,『동아일보』보다 한 걸음 더 나아가 괴한의 정체는 위폐단의 범인들이며, 이러한 행동의 이유는 5월 28일 인쇄 실험 결과 범행의 전모가 공개될 것을 두려워하여 최후의 발악을 하고 있는 것이라고 주장했다.

이러한 괴한의 침입에 대해 5월 30일 제1관구경찰청장 장택상은 "본정

---

293) 「공당원 위폐 사건에 또 새론 괴사/경기도 장 경찰부장 발표」,『동아일보』, 1946.5.31.
　　「사건의 단서를 힐문/피해 '위폐사건' 취조 경관 노리는 괴한/피해 경관 담」,『동아일보』,
　　1946.5.31.
294) 「위폐단의 최후 발악/김 형사 주임 자택에 흉한」,『한성일보』, 1946.5.31.

경찰서장 보고에 의하면 이달 29일 밤에 괴한배가 위조지폐 취조 형사 주택에 5인 침입하야 흉행하라다가 발견되어 목적을 달치 못하고 도주한 사실이 잇다. 이 같은 행동은 절대로 경찰이 묵과치 못한다. 이후로 이 같은 괴한은 발견되면 최고형을 과할 것이오, 사법경찰의 존재를 위하야 전적으로 박멸할 준비와 각오를 가지고 있다"라고 공식 발표했다.295) 이에 5월 30일 한국민주당 기자단 정례회견에서 함상훈 선전부장은 '취조 담담 형사의 집에 괴한이 침범 협박하야 당국을 무시하는 태도에 대하야 당국은 신속히 진상을 규명 발표하기 바란다'는 담화를 발표했다.

그러나 6월 3일 본정서 수사대 형사 김창덕은 "나는 소위 위폐사건을 담당해 본 적도 없고 취조도 해본 적도 없다. 뿐만 아니라 어떤 다섯 사람이 정자옥 앞에서 '당신네들은 어떻게 알고 단서를 잡아 취조를 시작하였오?' 하고 힐문 당한 적도 없다. 그럼에도 불구하고 이런 발표를 하여 거기에 무슨 관련이나 있는 듯이 한 것은 심히 유감으로 생각한다"296)며 최난수의 발언 및 『동아일보』 5월 31일 자 기사를 전면 부인했다. 또한 『현대일보』297)는 본정서 김원기 형사의 가족이 6월 4일 밝힌 바에 따르면 "지난 5월 29일 새벽 4시경에 절도 2명이 침입하였으나 목적을 달치 못하고 도주하였는데 전기 김 씨가 거주하는 영락정 일대에는 근일 수삼차 절도 사건이 있어 김 씨 댁에서도 주의를 하여 오든 차이라 절도사건은 불행 중 다행히 아무런 피해도 없었으나 이 조고마한 사건이 위폐 사건과 무슨 관계가 있는지 신문지상에까지 왜곡 게재되어 김 씨 가족으로서는 절도 침입보다 오히려 허위기사로 말미암은 피해를 더 느끼고 있다고 한다"고 보도했다.

---

295) 「엄중 처벌할 방침/경기도경찰부장 발표」, 『동아일보』, 1946.5.31.
　　「위폐 취조 형사 집에 괴한 침입/장 경찰부장 발표」, 『서울신문』, 1946.6.1.
296) 「괴한에 힐문 받은 일 없고 위폐 취조 경관도 아니다」, 『조선인민보』, 1946.6.5.
　　「김창덕 형사 담」, 『조선인민보』, 1946.6.5.
297) 「내 집에 온 도적을 악용하지 마시오/김 본정서원 가족 담」, 『현대일보』, 1946.6.5.

이상의 사건에 대한 기사를 종합해 볼 때 5월 29일 새벽에 김원기 형사의 집에 괴한이 침입했다가 도주한 것은 사실로 보인다. 그러나 이들 괴한은 2명이었고, 단순 절도범이었을 가능성이 높다. 그런데 최난수는 이 사실에 5월 28일 어떤 사람들이 김원기, 최난수, 홍승표, 현을성의 집 근처를 찾아와 탐문했다는 것과 또 어떤 사람들이 김창덕, 이희남에게 위폐 사건에 관해 질문했다는 것을 추가하여 단순 절도가 아니라 조직적이고 계획적인 범행의 일환으로 엮었고, 또 그 시점이 5월 28일 인쇄 실험 다음 날이라는 점과 피해 경관들이 모두 위폐 사건 관련자들이라는 점을 범행 동기로 추정하여 본정서장 이구범에게 보고했다.

그런데 최난수의 보고 내용에 등장하는 같은 본정경찰서원 김창덕과 김원기 측의 반박으로 볼 때 최난수의 보고는 허위일 가능성이 매우 높다. 특히, 김창덕은 위폐 사건 관련자도 아니기 때문이다. 이구범은 최난수뿐만 아니라 다른 본정서원들의 동향을 정확히 파악하고 있었으므로 최난수의 보고의 허점을 알고도 이를 묵인하거나 최난수와 함께 허위 보고를 공모했을 가능성이 높다. 그리고 이구범은 그러한 내용을 장택상에게 보고한 것으로 보인다.

그러나 이구범의 보고를 받은 장택상은 여러 형사들이 겪었다는 개별적 사건들에 대한 구체적 설명 없이 이를 뭉뚱그려 단지 '5월 29일 위폐 취조 형사 주택에 5인이 침입했다'는 내용으로 왜곡하여 5월 30일에 발표했다. 『동아일보』는 5월 31일 자 기사에서 이를 그대로 받아썼으며, 『한성일보』는 5월 31일 자 기사에서 이를 더 부풀려 범인의 정체가 위폐단이며, 5월 28일 모든 본정서원 형사들 집에 2명씩의 밀정이 붙었다는 이야기를 만들어 내기까지 했다.

이러한 괴한 침입설은 5월 28일 시험 인쇄 결과와 연계하여 발생된 것으로서 조선공산당이 위폐 사건의 배후라는 것을 더 확실하게 보이도록 하는 효과를 노린 모략이라고 할 수 있다. 그러한 모략의 발원지는 본정서 수사주임 최난수 및 이구범이며, 이를 확대 재생산한 것은 장택상과 우익 신문들이다. 장택상이 최난수 혹은 이구범의 보고가 허위임을 알았는지는 명확히 알 수 없다. 그러나 자신의 이름으로 나가는 발표문 첫머리에 '본 정경찰서장 보고에 의하면'이라고 명기한 것은 자신의 책임을 회피할 여 지를 만들기 위한 장치로 보인다.

장택상이 이구범의 보고가 허위임을 알았든 또는 그렇지 않았든 장택 상은 자신의 발표가 위폐 사건의 배후로 발표된 공산당에 대한 일반인들 의 의혹을 증폭시키고 분노를 일으키는 등 정치적 효과가 있으리라는 것 만큼은 충분히 인지했을 것이다. 또한 우익 신문들은 이러한 경찰청 측의 의도를 잘 알고 장택상의 발표 및 최난수와의 인터뷰를 좌익 공격을 위한 좋은 재료로 삼아 자신들의 상상력을 가미하여 기사화했던 것이다. 이러 한 하급 경찰관, 경찰 당국 수뇌부, 우익 언론의 협력 체제는 당시 좌익 공 격의 효과적인 도구로 사용되었음을 알 수 있다.

6월 25일 러치 장관 담화 발표와 검사국 및 경찰의 조선공산당 본부 수색 이후 일부 우익 신문들은 더욱 과감한 허위 기사를 내기 시작했다.

『동아일보』는 6월 26일 자 기사에서 "수사당국은 2, 3일 전부터 인천, 개성, 천안 등 지방에서 연루자를 인치하는 한편",[298] "위조지폐 사건은 그 후 취조가 끝나 근근 송국하리라고 하는데 검찰 당국의 활동은 지방으 로 뻗치고 잇다. 이미 개성서도 지난 6일부터 'CIC'에서 조공 계통과 인민 위원회 계통의 인물들을 검거하여 취조를 하는 등 인천, 천안 등지에서도 경찰에서 활동을 개시하고 좌익 단체에 손을 뻗치어 수사 중인데 사건은 전부 위폐사건과 관게된 듯하다"[299]라고 하여 정판사 '위폐' 사건 관련자들

---

298) 「최대의 죄악을 발본색원/허구낭설이라든 위폐 사건/대량 검거의 태풍」, 『동아일보』, 1946.6.26.

이 인천, 개성, 천안 등의 지역에서 검거 취조되고 있다고 보도했다. 이러한 내용은 6월 25일 러치 군정장관의 특별 담화 중 "사건은 나날이 중대화하여 갈 뿐 아니라 많은 증거가 속속 발견 중이며 다수의 인물이 연루되어 있으므로 근근 광범위의 검거가 있을 것이다"라는 내용과 연결되어 상당히 근거가 있는 것처럼 보이지만 사실이 아닌 허위 보도였다.

또한 『한성일보』는 6월 25일과 6월 26일 자 기사에서 정판사 '위폐' 사건의 범행 경위를 상세히 보도했다. 그 내용을 정리하면 다음과 같다.

6월 25일 보도 내용: 피의자의 자백에 근거함 [300]

- 위조 금액: 1,200만 원
- 송국 대상: 박낙종, 송언필, 김창선, 이필상, 정명환, 박명근[301] 등 총 9명
- 범행 경위:
  - 1945년 10월 중순 김창선이 송언필에게 조선공산당 자금 조달을 목적으로 위폐 제조를 제안하나 송언필은 거절함.
  - 2일 후 송언필이 김창선을 불러 간부의 승인을 말하며 위폐 제조에 동의함.
  - 10월 16일 오후 9시부터 10월 17일 오전 4시까지 사이에 근택빌딩 지하실에서 위폐를 제조함.
  - 10월 22일 오후 7시경 이관술이 위폐 제조 현장에 나타나 "동무들이 조선공산당을 위하여 밤잠도 못 자고 이다지 수고를 하여 주니 조선공산당으로서는 대단 감사를 표한다. 전번 제작한 돈은 잘 되어 완전히 소비를 하였으며 이후도 더 한층 노력하여 주기 바란다. 이후 건국 시에는 여러 동무들은 특별히 표창하기로 되였다"라고 연설하며 직공들을 격려함.
  - 직공들은 위폐 제조 시 회당 500원씩을 받았으며 마지막 날인 2월 8일에는 사례금으로 2,000원을 받음(사례금은 모두 위폐임).

299) 「지방에도 속속 검거/조공 인위 계통의 인물들」, 『동아일보』, 1946.6.26.
300) 「위폐 사건 범인의 자백/이관술 현장에서 격려」, 『한성일보』, 1946.6.25.
301) 박상근의 오기.

● 위폐 사용:

- 10월 16일에 제조한 위폐는 10월 22일 전에 모두 사용함.
- 정판사 여승무원 오정숙의 6월 14일 증언에 따르면 오정숙은 수차례에 걸쳐 사장 박낙종의 명의로 조흥은행 남대문 지점에 가서 다액의 예금을 했으며, 그중 하루는 은행 출납계원이 예금액 중 12,000원이 위폐라고 한 적이 있음.

6월 26일 보도 내용: 박낙종의 자백에 근거함302)

● 위조 금액: 1,200만 원
● 범행 경위:

- 1945년 10월 하순 김창선이 박낙종을 찾아와서 인쇄한 백 원권을 보이며 위폐 제조를 제안했으며, 이에 박낙종은 견본을 가지고 이관술에게 가서 상의한 결과, 이관술은 잘 만들 수 있다면 우선 100만 원만 만들어 달라고 하며, 자신이 관계했다는 것을 비밀로 할 것을 당부하며 나중에 사건이 폭로된다고 해도 자신에게 피해가 없도록 할 것을 부탁하며, 조선공산당 당원 중에서 직공을 선출하여 위폐 제조단을 결성하여 일에 착수시킴.
- 그 후 공장에서 위폐를 계속 제조했으며, 박낙종은 11월 초순 제1차로 제조된 50만 원을 금고에 넣어 두었다가 이관술에게 전달했더니 이관술은 제조가 잘 되었다며 직공들을 칭찬하며 감사하다고 함.
- 10월 하순부터 2월 8일까지 근택빌딩 지하실에서 총 6회에 걸쳐 매회 오후 9시부터 다음 날 새벽 4시까지 200만 원을 제조함.

『한성일보』의 기사는 검사의 수사 과정에서 있었던 피고인들의 증언에 기초했다는 점에서 눈여겨볼 필요가 있다. 우선 기존에 알려져 있던 위폐 제조 금액인 900만 원보다 300만 원이 더 증가한 총 1,200만 원의 위폐를 제조했다는 것과 총 6회에 걸쳐 각 200만 원씩 위폐를 제조했다는 것은 나

---

302) 「위폐 제조까지의 경위/범인 박낙종의 솔직한 고백」, 『한성일보』, 1946.6.26.

중에 나오는 「공판청구서」 및 「판결문」의 내용과 일치한다. 그런 점에서 위의 기사가 『한성일보』가 마음대로 지어낸 것이 아니라 수사 당국에서의 취재에 근거한 것임을 알 수 있다.

그런데 6월 25일 자와 6월 26일 자의 기사를 살펴보면 두 기사 간에 서로 상충하거나 혹은 그 자체적으로 앞뒤가 안 맞는 내용들이 있다.

첫째, 범행 시기에 대해 살펴보면 6월 25일 자 기사에서는 최초로 범행을 모의한 시기가 1945년 10월 중순이며 제1회 위폐 제조일은 10월 16일, 제2회 위폐 제조일은 10월 22일로 되어 있으나, 6월 26일 자 기사에서는 최초로 범행을 모의한 시기가 10월 하순이며, 제1회 위폐 제조일도 10월 하순으로 되어 있다.

둘째, 범행 모의 과정에 대해 6월 25일 자 기사에서는 김창선이 송언필을 최초로 찾아간 것으로 되어 있으나 6월 26일 자 기사에서는 김창선이 송언필을 거치지 않고 박낙종을 직접 찾아간 것으로 되어 있다.

셋째, 6월 25일 자 기사에서는 제1회 위폐 제조 시 제조 금액이 제2회부터 제6회까지와 마찬가지로 200만 원으로 되어 있으나 6월 26일 자 기사에서는 제1회 제조 금액으로 이관술이 100만 원을 주문했으나 50만 원을 제조했다고 하면서도 각 회마다 200만 원을 제조했다고 하여 자체적으로 앞뒤가 맞지 않는다.

넷째, 6월 25일 자 기사에서는 이관술이 제1회 제조한 위폐 200만 원을 제2회 제조일인 10월 22일 이전에 전액 소비했다고 했으나 6월 26일자 기사에서는 이관술은 11월 초순에서야 제1회 제조한 위폐 50만 원을 박낙종으로부터 처음으로 받았다고 되어 있다.

다섯째, 6월 25일 자 및 6월 26일 자 기사 모두 범행 시각이 매회 밤 9시부터 새벽 4시 사이라고 했으나 6월 25일 자 기사에서는 이관술이 10월 22일 위폐 제조 중인 현장을 방문하여 직공들에게 격려 연설을 한 시각이 오후 7시로 되어 있어 앞뒤가 맞지 않는다.

이러한 『동아일보』와 『한성일보』의 기사에 대해 조선공산당 중앙위원회 서기국에서는 6월 26일 강력한 항의 성명을 발표했는데,[303] 조선공산당이 반발한 것은 『한성일보』 6월 25일자 기사에서 이관술이 위폐를 제조하는 직공들에게 격려 연설을 했다는 내용과 『동아일보』 6월 26일 자 기사에서 개성, 인천, 천안 등지에서 CIC 및 경찰이 위폐 사건과 관계된 조선공산당, 인민위원회 등 좌익 단체 인물들을 검거하고 있다는 내용이었다. 조선공산당은 우익 신문들이 이러한 허위 기사를 통해 위폐 사건을 좌익에 뒤집어씌워 좌익 탄압을 선동하고 있다고 주장했다. 이러한 조선공산당의 항의는 단지 한 번의 허위 기사 때문이 아니라 전부터 계속되어 왔던 우익지들의 허위 보도에 대한 불만이 쌓였다가 폭발한 것이었다.

이러한 우익지들의 허위 기사 문제에 대해 검사국과 제1관구경찰청에서는 6월 26일 『한성일보』 편집국장 함대훈을 호출하여 취조했고, 장택상 경찰청장은 6월 26일 기자단에 "그 기사의 출처가 어데인지 방금 검사국과 경찰부에서 엄중 조사 중에 있으며 『한성일보』 편집국장도 검사국과 경찰부에 호출하여 조사 중이다. 누차 당국에서 발표치 않은 기사가 게재된 데 대하여 그 출처를 철저히 규명하겠다"라고 언명했고, 조재천 검사는 6월 27일 법조 기자단에 "위폐사건에 대하야 한성일보를 위시한 2, 3 신문에는 전연 허구의 기사가 보도되고 있는데 검찰 당국에서는 이러한 내용의 발표를 한 일이 없으며 또 전연 몰른다. 이러한 사건에 관한 당국의 확실한 발표도 없이 허구의 보도를 하여 인심을 현혹케 하는 것은 매우 유감

---

303) 「삼척동자도 믿지 못할 반동 신문의 날조/위폐 사건 악선전을 반박」, 『조선인민보』, 1946.6.27.
　　「인민을 소기고 세계를 소기려는 무고자 한성, 동아보에 대하야」, 『청년해방일보』, 1946.6.27.
　　「극악한 허보, 선동, 교사/위폐 사건에 대한 한성, 동아의 기사」, 『현대일보』, 1946.6.27.

으로 생각하는 바이다. 한성일보 기사에 관하여서는 목하 출처를 엄중히 조사하는 바이다. 책임 기자는 목하 전주 출장 중이라고 하나 진상이 밝혀지는 대로 엄중 처단할 방침이다"라고 발언하는 등 이전과는 달리 강력하게 대응했다.[304] 이에 대해 조선공산당 중앙위원회 선전부는 6월 28일 검사국과 경찰청의 조치를 환영하는 한편, 『한성일보』, 『동아일보』에 준엄하고 단호한 처벌을 내려 줄 것을 요망하는 담화를 발표했다.[305]

그렇다면 검찰, 경찰 등 군정 당국에서 이전의 허위 보도 때와는 달리 6월 26일 시점에서 우익 신문에게 강력한 경고의 메시지를 보낸 이유가 무엇인지에 대해 생각해 볼 필요가 있다. 이전의 대표적인 허위 보도로는 ① 『현대일보』 및 『해방일보』의 위폐 사건 관련설, ② 김광수의 위폐 시험 인쇄 입회설, ③ 정판사 '위폐' 사건 담당 경찰관 자택에의 괴한 침입설 등을 들 수 있다. ①은 갈등 구도가 가해자 『동아일보』, 『한성일보』 대 피해자 『현대일보』, 『해방일보』의 대립, 즉 언론사 간의 문제이므로 군정청이 직접 나설 이유가 없었다. ②는 갈등 구도가 가해자 『동아일보』, 『한성일보』, 최난수 수사주임 대 피해자 좌익 세력 및 장택상 경찰청장의 대립으로서 경찰의 상부와 하부가 가해자와 피해자 양쪽으로 갈라졌기 때문에 군정 당국이 대외적으로 어떤 조치를 취하기 곤란했다. ③은 갈등 구도가 가해자 『동아일보』, 『한성일보』, 최난수 수사주임, 장택상 경찰청장 대

---

304) 「위조지폐사건 위(圍)효코 출처 몰을 보도를 추궁/검사국과 경찰부서 언명」, 『조선인민보』, 1946.6.28.
  「위폐 사건 허구 보도로 기사 출처 규명을 언명/김, 조 양 검사 담」, 『중앙신문』, 1946.6.28.
  「위폐 사건 허구 보도 출처 규명」, 『중외신보』, 1946.6.28.
  「위폐 사건 허위 보도로/모 보 편집국장 검사국에 출두」, 『현대일보』, 1946.6.28.
305) 「일부 반동 신문 모략에 대한 검찰 당국 추궁은 당연」, 『조선인민보』, 1946.6.29.
  「반동 신문의 허구 보도를 일소하라/조공당 중앙 선전부 담화」, 『청년해방일보』, 1946.6.29.

피해자 좌익 세력의 대립으로서 허위 보도에 경찰이 개입한 상황이므로 군정 당국이 조치를 취하기 어려웠다.

군정청이 허위 보도에 대한 조치를 취하기 위해서는 가해자 측에 군정청, 검찰, 경찰이 없으면서 피해자 측에 군정청, 검찰, 경찰이 있을 때뿐이라고 가정할 때 ①, ②, ③은 모두 이에 해당하지 않았으므로 군정 당국의 조치는 취해지지 않았던 것이며, 군정 당국 입장에서 볼 때 허위 보도의 피해자가 좌익인 상황을 알면서도 방치할 만한 충분한 이유가 있었다고도 할 수 있다.

그러나 ④ 『한성일보』의 위폐 제조 경위 보도 및 『동아일보』의 위폐 사건 관련자 검거 보도는 갈등 구도가 가해자 『한성일보』, 『동아일보』 대 피해자 좌익 세력 및 군정청이었기 때문에 군정청은 이들 신문에 대해 강력한 조치를 취하지 않을 수 없었다.

이상에서 살펴본 바를 당시 군정청이 처한 상황과 관련지어 재구성해 보면 다음과 같다.

- 5월 15일의 군정청 공보부 발표가 조선공산당 측의 반박에 의해 여러 가지 허점이 드러나자 군정청은 이를 재반박할 논리를 만들기 위해 고심했다. 이를 위해 경찰과는 별도로 CIC가 직접 나서서 근택빌딩을 폐쇄하고 조선공산당 본부 및 해방일보사를 수색하여 여러 서류와 장부를 압수하기도 하고, 경찰이 정식으로 사건을 검사국에 송국하기도 전에 검사국에 총 수사 진두지휘를 맡겨 검사들을 경찰서에 출장 조사시키기도 했다. 또한 미국인 경무부장 매글린 대령의 사무실에 사건의 피의자들을 데려다 놓고 경무부장 이하 경찰의 수뇌부가 직접 취조하기도 하고, 정판사에서 경찰 수뇌부 입회하에 기자들의 출입을 금지시킨 채 비밀리에 위폐 시험 인쇄를 실시하기도 하는 등 도저히 상식적이라고는 볼 수 없을 정도로 총력을 기울였다.
- 그러나 그 후 20일이 넘게 지나도록 아무리 수사를 진행해도 미군정은 조선

공산당의 반박 논리를 재반박할 논리를 만들지 못했다. 이에 따라 미군정청은 사건의 진상을 발표할 수가 없었으며, 전전긍긍하며 후속 발표를 계속해서 미룰 수밖에 없는 상황에 놓여 있었다.

- 그런데 조선공산당 측은 6월 1일 이주하의 기자단 회견에서 "민전 조사단이 진짜 위폐 사건의 정체를 파악한 지 오래"라고 언명했다.[306] 이에 미군정으로서는 자칫 어설픈 논리로 수사 결과를 발표했다가는 조선공산당에게 허점을 보여 위폐 사건의 허구성을 인정하게 되거나 여론이 돌아서는 끔찍한 상황을 맞을 수밖에 없다는 판단하에 매우 조심스러운 태도를 취할 수밖에 없었다.

- 그런 상황에서 6월 22일 조선공산당이 제3차 발표를 통해 시급한 진상 발표를 요청하며 군정청을 향해 강한 질타를 가하자, 6월 25일 러치 군정장관이 직접 나서서 특별 발표를 통해 "사건이 확대되고 있는 중이며 조만간 대량 검거가 있을 것이라"는 막연한 이유를 대며 "조사가 완전히 끝날 때까지는 발표를 하지 않겠다"는 말로 일단 조선공산당 측의 반발을 막아 놓고, 시간을 벌고자 했던 것이라고 할 수 있다.

- 러치의 담화 발표 및 언명과 함께 6월 25일 검사국이 조선공산당 본부를 수색했다는 소식을 접한 일부 우익 신문들은 러치의 발언을 '위폐 사건 관련자를 강력히 처벌하겠다는 의지, 즉 강력한 좌익 탄압의 메시지'로 오해했다. 그리고는 이에 고무되어 앞다투어 허위 기사를 써댔다. 즉, 『한성일보』는 공산당의 죄악을 공개하겠다는 일념하에 검사국이 현재 진행 중인 증인 신문의 내용을 일부 입수하여 앞뒤가 맞지 않는 내용이 있는지 제대로 확인도 하지 않은 채 허술한 기사를 실었으며, 『동아일보』는 러치 군정장관이 후속 발표가 지연될 수밖에 없는 궁색한 이유로서 실체 없이 내세운 "근근 광범위의 대량 검거가 있을 것이라"는 말을 실체인 것처럼 보이게 하려는 충성스런 의도에서 "지방 각지에서 위폐 사건 관련 좌익 인사 검거가 이루어지고 있다"는 금방 들통날 추측성 허위 보도를 내보냈다.

---

306) 「위조지폐 사건에 조공 이 씨와 문답」, 『독립신보』, 1946.6.2.
　　「위조지폐 사건 진상을 속히 발표하라/허구 증거는 충분 파악」, 『조선인민보』, 1946.6.2.
　　「진짜 위폐사건의 정체 우리 조사단이 잡었다/조공 이주하 씨 기자단에 언명」, 『현대일보』, 1946.6.2.

● 이러한 허위 기사를 접하게 된 군정청은 경악할 수밖에 없었을 것이다. 이는 자칫하면 조선공산당 및 좌익에게 허점을 잡힘으로써 돌이킬 수 없는 역풍을 맞게 될 수 있는 매우 위험한 것이었기 때문이다. 즉,『한성일보』와『동아일보』의 허위 보도의 즉각적인 피해자는 조선공산당 및 좌익 측이 되겠지만 장기적인 차원에서 봤을 때 최대의 피해자는 군정 당국이 될 수밖에 없었던 것이다. 그런 이유로 군정청은 검사국과 경찰청을 움직여 해당 우익 신문의 편집인을 소환 조사했으며, 조재천 검사는 기자단을 통해 해당 신문 관련자들을 엄중 처단하겠다는 등 매우 신속하고도 강력한 조치를 취해야만 했다. 이들 신문이 입을 여는 것이 군정 당국에 너무 위험했기 때문에 급하게 입을 틀어막을 수밖에 없었던 것이다.

7월 6일 이관술이 체포되었다는 소식이 알려진 직후『대동신문』7월 9일 자,『한성일보』7월 9일 자,『동아일보』7월 10일 자는 일제히 본정경찰서 최난수 수사주임이 7월 7일 밤 9시경 관내 순시 중에 흉한 30여 명의 습격을 받았으며 이들 중 2명을 체포했다는 내용의 기사를 내보냈다. 기사에 따르면 체포된 2인 중 1인은 인민당원으로서 모 잡지사 기자라는 것이었다.[307] 그런데 이후 경찰청은 공식 언명을 통해 해당 습격 사건에 인민당원이 참가했다는 것은 전연 허위이고, 습격당한 인물 중에 최난수가 있었던 것도 아님을 밝혔다.[308]

이러한 점을 종합하여 보면 상기 우익 신문들은 "인민당원을 포함한 범인 일당이 이관술이 체포된 다음 날, 위폐 사건 담당자이자 이관술을 체포한 본정서 최난수 수사주임에게 테러를 가하려했다"는 내용의 허위 기사

---

307) 「인민당원 등 작당/본정서 수사주임 습격/주목되는 배후 관계」,『대동신문』, 1946.7.9.
　　「순시 중의 최 수사/30여 명 작당 폭행/잡고 보니 1인은 모 당원증을 소지」,『한성일보』, 1946.7.9.
　　「최 수사주임 피습」,『동아일보』, 1946.7.10.
308) 「최 주임 습격은 무근/경찰청서 공식 언명」,『중앙신문』, 1946.7.13.

를 냄으로써 이관술 체포에 대해 좌익이 폭력적으로 대응하고 있다는 유언비어를 유포하여 좌익에 대한 비난 여론을 유도하려 했음을 알 수 있다. 특히, 『동아일보』와 『한성일보』는 얼마 전 허위 보도로 인해 경찰과 검찰의 조사를 받았음에도 또다시 허위 기사를 내기 시작했다는 점에서 좌익 탄압을 위해서라면 수단과 방법을 가리지 않고 있었던 당시 우익의 분위기를 알 수 있다.

이상에서 살펴본 바와 같이 우익 신문들은 정판사 '위폐' 사건을 하나의 호재로 삼아 끊임없이 허위 기사를 씀으로써 좌익 타도에 열을 올렸다. 미군정과 경찰은 이러한 우익 신문의 좌익 공격을 방치함으로써 좌익 탄압에 이용했지만 때로는 그러한 허위 기사의 도가 지나쳐서 미군정에 부담이 될 정도로 통제 수준을 넘어서기도 했음을 알 수 있다.

3) 좌익의 대응

5월 15일 미군정 공보부의 정판사 '위폐' 사건에 대한 발표 이래 대중의 지지 이탈을 우려한 조선공산당은 조선공산당 및 피고들의 결백을 주장하며 사건에 대한 의혹을 제기하고 당국에 진상 규명을 요청했다.

그리고 이를 위해 가장 많이 사용한 방법은 합법적 언론 투쟁이었다. 미군정 공보부 발표 이래 조선공산당 측은 사건 전개 과정의 주요 국면마다 주요 인사들이 미군정이나 수사 당국 등을 직접 방문하여 항의, 요구 사항을 전달하거나 언론을 통해 각종 성명, 담화, 기자회견, 편지 등을 게재하여 자신들의 의도를 관철시키려 했다. 그리고 민전 산하 단체 등 각 좌익 계열 단체들은 이러한 조선공산당의 주장을 뒤이어 지지했다.

이러한 좌익의 대응은 처음에는 경찰이나 우익에 대한 비판이 주를 이루었으나 시간이 지남에 따라 점차 미군정에 대한 비판으로 대체되어 갔

표 3-21. 초기 좌익 측의 정판사 '위폐' 사건 관련 대응 현황

	날 짜	주 체	방 식	주요 내용
(1)	46.5.15.	조선공산당 중앙위	성명	조선공산당의 결백 주장
(2)	46.5.16.	박헌영	군정청 방문	조선공산당의 결백 주장
(3)	46.5.16.	이관술, 권오직	성명	공보부 발표 허위 주장, 우익 비판
(4)	46.5.16.	이주하	장택상 방문	조선공산당 결백 주장, 진상 규명 요청
(5)	46.5.17.	위폐사건진상조사위	성명	진상 규명 요청
(6)	46.5.17.	민청	성명	뚝섬 위폐 사건 진상 규명 요청
(7)	46.5.19.	민전 사무국	담화	우익 모략 비판, 진상 규명 요청
(8)	46.5.19.	조선공산당 중앙위	성명	압수 수색 유감
(9)	46.5.19.	중앙인민위원회	담화	압수 수색 해명 요구
(10)	46.5.21.	조선공산당 중앙위	성명	의혹 제기, 사건의 모략 주장
(11)	46.5.24.	이주하	장택상 방문	진상 발표 요청
(12)	46.5.28.	민전 조사위	조병옥, 장택상, 이구범 방문	우익 행태 비판, 진상 규명 요청
(13)	46.5.30.	조선공산당 중앙위	성명	근택빌딩 퇴거 명령 부당성 지적
(14)	46.5.31.	이주하	장택상 방문	진상 발표 요청
(15)	46.6.22.	조선공산당 중앙위	성명	조선공산당 탄압에 대한 군정 당국 비판
(16)	46.7.9.	조선공산당 중앙위	성명	이관술 석방 요구
(17)	46.7.10.	이주하	기자회견	이관술 결백 주장

출처: (1)「조선공산당에서 성명」,『독립신보』, 1946.5.16.
　　 (2)「위조지폐 사건은 '날조'라고 박헌영 씨, 러 장관 방문 지적」,『현대일보』, 1946.5.17.
　　 (3)「3천만 동포에게 소(訴)함」,『해방일보』, 1946.5.18.
　　 (4)「이 씨 경찰부 방문」,『독립신보』, 1946.5.18.
　　 (5)「위조지폐 사건 진상 조사로 각 사회단체 궐기」,『해방일보』, 1946.5.18.
　　 (6)「위폐 사건 진상 규명을 위해 독도 사건 발표하라/민주청년서 성명」,『현대일보』, 1946.5.18.
　　 (7)「민주 진에 대한 무상/지폐 사건 철저 규명/민전 발표」,『조선인민보』, 1946.5.20.
　　 (8)「근택빌 축출 사건/공산당서 진상 성명」,『조선인민보』, 1946.5.20.
　　 (9)「민주진영 파괴 공작/'위폐'에 대하야 중앙인위 담」,『중외신보』, 1946.5.20.
　　 (10)「지폐 사건에 조공서 2차 성명」,『조선인민보』, 1946.5.22.
　　 (11)「위폐 사건 진상 구명 요구/조공 대표 경찰부 방문」,『현대일보』, 1946.5.25.
　　 (12)「조, 장 양 부장과 문답/위조지폐에 민전 조사위원이」,『독립신보』, 1946.5.30.
　　 (13)「근택 삘 명도령으로 혼란 초래할 우려/공산당서 부당성 지적」,『조선인민보』, 1946.5.31.
　　 (14)「위조지폐 사건에 조공 이 씨와 문답」,『독립신보』, 1946.6.2.
　　 (15)「허구 위폐 사건 대중은 심판한다/조공 3차 성명 발표」,『현대일보』, 1946.6.24.
　　 (16)「즉시 석방을 요구/조공서 이관술 씨 검거에 성명」,『조선인민보』, 1946.7.10.
　　 (17)「조공 이주하 씨 기자단과 회견」,『조선인민보』, 1946.7.11.

다. 정판사 '위폐' 사건 관련 좌익 측의 주요 초기 대응 현황을 정리하면 표 3-21과 같다. 이러한 수많은 좌익 측의 언론 투쟁 중에서 가장 핵심이 되는 것은 표 3-21에서 진한 색으로 강조한, 3차에 걸친 조선공산당 중앙위원회의 성명이었다. 이것들을 중심으로 좌익 측의 투쟁 방향이 정해졌기 때문이다. 또한 이 세 가지 문서의 성격을 비교하면 조선공산당 및 좌익 측의 초기 대응 방식이 어떻게 변화되어 갔는지를 잘 알 수 있다. 세 가지 문서를 하나씩 분석하여 비교하면 다음과 같다.

5월 15일 군정청 발표가 있었던 당일 조선공산당은 즉각적으로 대처에 나섰으며, 조선공산당 중앙위원회 명의로 정판사 '위폐' 사건에 대한 「제1차 성명」을 발표했다.[309]

1. 이 지폐위조 사건에 조선공산당 중앙위원 이관술, 권오직 양인이 관련되었다고 발표하였는데 이상 양인은 이 사건에 전연 관계가 없다.
2. 이 사건에 관련되어 체포되었다는 14인을 모두 '조선정판사에 근무하는 조선공산당원'이라고 하였으나 사실과 다르다.
3. 동 발표에 "위조지폐 300만 원의 대부분은 근택빌딩 지하실에서 위조한 것이다"라고 하였으나, 근택빌딩 지하실에서는 인쇄기를 설치한 일이 전혀 없다.
4. 동 발표에 이 사건의 범인이라는 명칭하에 당 간부 및 당원이라는 칭호를 씌워 조선공산당이 이 사건과 무슨 관련이나 있는 듯이 발표한 것은 기괴천만이다. 당은 이 사건과 호말(毫末)만한 관련이 없을 뿐 아니라 이러한 경제 혼란의 행위에 대하여는 가장 용감히 투쟁하였고 투쟁할 것을 다시 한 번 천하에 공포한다.
5. 동 발표에 이 사건과 조선공산당 간부를 관련시킨 것은 어느 모략배의 고의적 날조와 중상으로 미소공위의 휴회의 틈을 타서 조선공산당의 위신을 국내 국외적으로 타락시키려는 계획적 행동이다.

---

309) 「반동파의 정치적 모략과 폭행을 분쇄하자/위조지폐 사건에 대한 설명」, 『해방일보』, 1946.5.17.

이 성명서에서 알 수 있는 점은 다음과 같다.

첫째, 조선공산당 측은 미군정의 발표 내용을 반박하면서도 발표 내용 전체를 부정하는 것이 아니라 일부 내용이 사실과 다름을 주장하고 있다. 우선 4항과 1항에서 조선공산당 전체나 당 간부 이관술, 권오직은 사건과 관련이 없음을 강조하고 있는데, 이는 달리 말하면 조선정판사의 일부 직원들이 지폐를 위조했을 가능성은 부인하지 않는 것이다. 또한 2항에서 피고 14인이 모두 조선공산당원인 것은 아니라고 했는데, 이는 달리 말하면 일부는 조선공산당원인 것을 시인하는 것이다. 또한 3항에서 근택빌딩 지하실에 인쇄기를 설치한 적이 없다고 주장했는데, 이는 공보부 발표 내용 중 지엽적인 것 하나만을 지적한 것이다. 이를 종합하면 조선공산당은 공보부 발표 내용을 반박하면서도 정판사에서 위폐를 제조한 사실이 있었을 가능성 자체를 부인하지는 않았다. 이는 조선공산당이 아직 사건의 전모에 대해 자체적으로 파악하지 못했음을 방증한다. 자체 파악이 안 된 상태에서 사건의 실체 자체를 섣불리 부정할 경우, 나중에 혹시 위폐 제조가 사실로 확인된다면 오히려 큰 역풍을 맞을 수 있기 때문이다. 따라서 우선은 자신들의 입장에서 사실이 아니라고 확신할 수 있는 부분에 대해서만 신속하고도 강력하게 반박 대응한 것이다. 한편, 이러한 사실은 조선공산당 측이 정판사에서 위폐 제조 사실이 있었는지 없었는지에 대해 모르고 있었다는 것을 방증하며, 따라서 조선공산당이 위폐 제조에 관여하지 않았음을 방증한다.

둘째, 조선공산당 측은 미군정의 발표 내용이 사실과 다르다고 주장하면서도 발표의 주체인 미군정을 비난하는 것이 아니라 5항에서처럼 "어느 모략배의 고의적 날조와 중상"을 비판하고 있다. 즉, 미군정이 이런 발표를 하게 된 것은 우익 측의 농간에 속았기 때문이라고 파악하고 있는 것이다. 이는 미군정과 우익에 대한 조선공산당 측의 인식을 보여 주는데, 조선공산당 측은 당시로서는 미군정을 '없는 사실을 꾸며 내어 모략할 만큼 사악한 존재'로까지는 생각하고 있지 않다는 것을 방증한다. 또한 당시 좌우 대립의 갈등 속에서 좌익에 대한 우익의 공격과 테러 등을 많이 겪었기 때문에 조선공산당의 시각에서 봤을 때 이러한 모략을 저질렀을 것으로 의심할 만한 존재는 우익 측 인물밖에 없었던 것으로 보인다.

조선공산당 중앙위원회 서기국은 5월 21일 정판사 '위폐' 사건에 대한 「제2차 성명」을 발표했는데, 그 내용을 요약하면 다음과 같다.[310]

1. 장택상 경찰청장과 이구범 본정경찰서장은 정판사 지하실에서 지폐를 위조한 일이 없다고 말했다.
2. 이구범은 이관술, 권오직에 대해서는 아직 조사를 하지 않았으므로 관련 여부를 알 수 없다고 말했다.
3. 이구범은 공보부 발표의 경솔을 비난했고, 장택상은 공보부 발표가 자기의 보고에 따른 것이라고 했지만 자기가 직접 발표한 것은 아니라고 하는 등 두 사람은 공보부 발표에 대해 그 책임을 회피했다.
4. 진짜 위폐 사건은 뚝섬 사건이며, 이는 공보부 발표 내용과는 아무 상관이 없다. 뚝섬 사건이란 독촉 인사들이 거액의 위폐를 제조한 사건이며, 공보부 발표는 뚝섬 사건에 관련되어 있는 정판사 직공 김창선이 공산당원임을 알고 이를 공산당원에게 덮어씌운 것이다. 구체적 근거는 다음과 같다.
   ① 지폐 인쇄기 7대는 뚝섬에서 압수한 것이다.
   ② 이시영과 안미생이 뚝섬 사건 증거물을 비밀히 관람했다.
   ③ 김창선의 범행은 조선공산당 입당 이전에 있었던 것이다.
   ④ 뚝섬에서 압수된 증거물에 적기, 레닌 사진 등을 일부러 첨부했다.
5. 이상을 통해 동 사건의 이면에는 일부 악질 반동 정객 거두들의 모략이 있지나 않는가를 지적하며, 조선공산당은 전연 관계없음을 단호히 성명한다.

---

310) 「지폐 사건에 조공서 2차 성명」, 『조선인민보』, 1946.5.22.

「제1차 성명」과 「제2차 성명」의 내용을 비교하면 다음과 같은 사실을 알 수 있다.

첫째, 「제1차 성명」을 발표했을 때는 조선공산당이 아직 사건의 전모에 대해 파악하지 못하고 있었다. 그러나 그로부터 6일 만에 발표된 「제2차 성명」에서는 조선공산당 측이 그사이에 사건의 전모에 대해서 나름대로 파악했음을 알 수 있다.

둘째, 「제1차 성명」은 조선공산당이 이 사건과 관계가 없음을 해명하는 데 급급했음을 보여 준다. 그러나 「제2차 성명」은 조선공산당이 그동안 파악한 정보를 통해 여러 가지 구체적인 의혹을 제기하며 미군정 발표가 모략임을 주장하고 있다. 즉, 「제1차 성명」이 수세적인 태도를 보였다면, 「제2차 성명」은 공세적인 태도를 보이고 있는 것이다.

셋째, 그럼에도 「제1차 성명」과 「제2차 성명」은 이러한 모략의 배후에 '일부 악질 반동 정객 거두들'이 있을 것이라고 의심하고 있는 점에서는 공통점을 보이고 있다. 여기서 말하는 '일부 악질 반동 정객 거두들'이란 이승만, 김구를 의미하는 것으로 보인다. 조선공산당이 그렇게 판단하게 된 것은 뚝섬 위폐 사건의 피의자 중에 독촉 소속 인물이 있으며, 이시영, 안미생이 증거물을 참관한 사실과 함께 정판사 '위폐' 사건 이후 우익 정당, 단체, 신문들이 조선공산당과 좌익을 갖은 방법으로 비난, 공격한 것에 근거한 것으로 보인다.

그런데 5월 18일 미군정이 근택빌딩 폐쇄 및 조선공산당 본부 압수 수색, 『해방일보』무기 정간 조치를 내리는 등 탄압을 가했는데도 왜 조선공산당은 아직까지 미군정을 의심하지 못하고 있는 것일까? 아마도 미군정의 탄압이 불만스러웠지만 그럼에도 그러한 탄압의 근본적인 원인 제공자는 우익 세력이며 미군정 역시도 우익에게 속고 있다고 인식하고 있던 것으로 보인다. 그러므로 미군정을 적대시하는 발언으로 자극하기보다는 공격 대상을 우익 세력으로 한정함으로써 미군정을 우익으로부터 떼어 내어 자기편으로 만드는 것이 현 상황에서는 보다 효과적이라는 전술적 판단을 내렸던 것으로 보인다.

조선공산당 중앙위원회 서기국은 5월 21일의 「제2차 성명」으로부터 약 한 달이 지난 6월 22일 「제3차 성명」을 발표했는데, 요지는 다음과 같다.[311]

1. 5월 15일 발표는 5월 8일 피의자 검거로부터 7일 만에 행해진 것이다. 이 7일 간의 취조로 피의자 성명, 범죄 장소, 범죄 액수 등을 밝혔는데, 그 이후로 거 듭되는 진상 발표 요청에도 불구하고 당국은 발표하겠다고 몇 차례나 언명하 면서도 5월 15일부터 오늘까지 39일이 지나도록 발표치 아니함은 무슨 이유 인가? 이는 확실히 5월 15일 발표가 허구인 것을 스스로 증명하는 것이다.

2. 이 허구 사건을 계기로 하여 우리 당은 5월 18일 본 당 본부 불의 대수색과 본 당 기관지 해방일보사 폐쇄와 뒤이어 본 당 본부 축출 명령 및 집행 등을 겪었다. 이는 실로 8·15 이후 그 예를 볼 수 없는 혹독한 박해이다. 이는 참으로 유감인 동시에 당국자로서 반성하기를 바란다.

3. 이 허구 사건의 모략적 장본인인 반동파는 그들의 모략을 종횡자재하게 극 악극흉하게 행사하며 전개하고 있다. 그러나 이러한 반동분자들의 조량(雕 粱)은 당국의 제재를 조금도 받지 아니한다. 도리어 당국은 허위 사건의 진 상 발표를 연시(延施)하여 이 반동분자의 악질적 조량을 용허하는 느낌을 동포에게 주는 것은 참으로 유감이다.

4. 대중은 이미 이 사건이 허구인 것과 반동분자의 극악한 모략의 소치라는 것 을 잘 알고 있다. 당국자는 비록 이 모략자를 방임하나 대중의 공정 무사한 심판은 그들의 머리 위에 가까워진 것을 명언(明言)한다.

「제3차 성명」에서 주목할 것은 「제1차 성명」이나 「제2차 성명」과는 달 리 당국, 즉 군정청에 대해 강한 어조로 비판의 목소리를 냈다는 것이다.

---

311) 「소위 위폐 사건에 대한 3회 성명/조공 중앙 서기국 발표」, 『청년해방일보』, 1946.6.23.

조선공산당은 5월 15일 미군정 발표 이래 엄청난 고통을 겪으면서도 그 주동자는 우익 반동 세력이며, 군정 당국은 속고 있다는 식으로 인식해 왔다. 그러나 발표 이후 39일이 지나도록 군정청에서 아무런 조치를 취하지 않는 것을 보며 군정 당국이 단지 반동 세력에 속고 있는 것이 아니라 오히려 모략 세력을 방조하거나 공모하고 있는 것이라는 식으로 인식이 전환된 것이다.

또는 조선공산당의 그러한 인식 전환이 이미 전에 있었을 수도 있지만 공식적으로 그러한 인식 전환을 드러낸 것은 이번 「제3차 성명」이 처음이라고 할 수 있다. 이는 조선공산당이 더 이상 군정 당국에 선처를 호소하는 방식만으로는 문제가 해결될 수 없다는 판단하게 되었고, 강력하게 항의하는 것을 통해 문제를 해결하는 방향으로 대응 방식이 변했음을 보여 준다.

한편, 1946년 7월에 들어와서 정판사 '위폐' 사건은 급진전을 보이게 되었다. 7월 6일 경찰은 이관술을 체포했고, 7월 9일 사건을 송국했으며, 7월 19일 검사국은 피의자들을 기소했다.

그러자 7월 20일 조선공산당 중앙위원회 서기국에서는 사건 관련 의혹에 대한 질문과 함께 담당 검사를 변경하고, 좌우익 정당 대표와 좌우익 법조인 입회하에 사건을 재조사할 것을 요청하는 성명을 발표했다.[312] 또한 이러한 조선공산당의 성명에 일제히 호응하여 부총, 민청, 전평 등 여러 좌익 단체는 기소에 대해 항의하거나 사건의 재취조를 요구하는 담화 또는 성명을 발표했다.[313]

---

[312] 「위폐 사건에 조공 측 성명」, 『자유신문』, 1946.7.21.
　　「좌우 정당, 법조인 입회하 진정한 재취조를 요구」, 『조선인민보』, 1946.7.21.
　　「정판사 위폐 사건에 관하야/조공 중위 서기국 성명」, 『현대일보』, 1946.7.21.
　　「담당 검사 변경과 내용 재조사 요망/위폐 사건에 대하야 조공 성명」, 『독립신보』, 1946.7.22.
　　「위폐 진상 규명/조공서 질문」, 『중앙신문』, 1946.7.22.

그리고 조선공산당 중앙위원회는 7월 21일 하지 군정사령관에게 정판사 '위폐' 사건의 재판과 관련하여 '8개 사항'을 요청하는 서신을 보내며 빠른 회답을 요구했다. 그 내용을 정리하면 다음과 같다.[314]

1. 현 사건 담당 검사인 조재천과 김홍섭을 경질하여 공명정대한 인격을 지닌 검사로 교체하고, 신임 검사로 하여금 좌우 양익의 대표자 3인씩 및 법조인 6인의 입회하에 피의자들을 재취조하여 그 기소 여부를 결정하도록 할 것.
2. 재판은 반드시 공개적으로 하고 재판장은 관선을 시인하나 적당한 인수의 좌우익 정당 대표의 배심하에서 재판을 진행토록 할 것.
3. 변호인은 귀국의 이름 있는 변호사를 초청하여 조선의 변호사와 동석하여 재판을 진행토록 할 것. 이 귀국 변호사는 평화확보회의를 통하여 초청코자 하니 허가하여 줄 것.
4. 귀국의 유수한 언론기관 대표자를 초청하여 재판에 대한 정확한 기사를 귀국민에 보도할 것을 허가하여 줄 것.
5. 미소공위는 현재 휴회 중이나 양 대표가 조선 문제에 비상한 관계를 가지고 있으므로 미소 대표가 공위의 대표를 초청하여 재판에 임석(臨席)하도록 허가하여 줄 것.
6. 법조인, 언론기관 및 조선공산당이 이 사건에 관하여 언론에 발표하는 것에 대한 일체의 제한을 폐지토록 하여 줄 것.
7. 이 사건은 조선공산당과 지대한 관계가 있는 만큼 피의자와 조선공산당 대표와의 정기적 면회를 허가하여 줄 것.
8. 조선공산당 대표로 3인 이상의 특별 변호인을 파송할 권리를 허용할 것.

위의 요청 사항을 살펴보면 우선 1, 2, 3, 5, 8번은 검사, 변호사, 판사

---

313) 「믿어지지 않는다/부총 담」, 『현대일보』, 1946.7.22.
　　「재취조 요망/민청」, 『조선인민보』, 1946.7.23.
　　「각 정당 참가하 배심 재판 요구/전평」, 『조선인민보』, 1946.7.23.
314) 「하 중장에 청원문/조공서 위폐 사건에 8조항 전달」, 『중앙신문』, 1946.7.23.

및 재판 방식에 관한 요구이며, 4, 6번은 언론에 관한 요구이고, 7번은 피고인에 관한 요구에 해당한다. 전체적으로 조선공산당은 사법 당국이 정판사 '위폐' 사건의 제1회 공판일을 지나치게 이른 시기로 잡은 것에서 알수 있듯 편파적 의도를 가지고 있으며, 현행 방식대로 재판이 이루어질 경우 사법부의 편파성으로 인해 재판에서 피고인과 조선공산당에게 불리한 결과가 나올 것임을 확신하고 있음을 알 수 있다. 또한 이러한 사법부를

표 3-22. 기소 이후 좌익 측의 정판사 '위폐' 사건 관련 대응 현황

	날 짜	주 체	방 식	주요 내용
(1)	46.7.20.	조선공산당 중앙위	성명	의혹 제기, 검사 변경 · 재조사 요청
(2)	46.7.20.	이승엽, 김광수	김용찬 방문	재조사 요구
(3)	46.7.21.	조선공산당 중앙위	하지 서한 송부	재판 관련 8개조 요청
(4)	46.7.22.	부총	담화	기소 내용 불신
(5)	46.7.22.	민청	담화	재조사 요청
(6)	46.7.22.	전평	담화	배심재판 요청
(7)	46.7.22.	민전 사무국	담화	이관술 석방 요구
(8)	46.7.24.	박헌영	기자회견	사법 당국 비판
(9)	46.7.24.	민전 의장단	담화	조선공산당 8개조 요청 수락 요구
(10)	46.7.24.	부총	성명	조선공산당 8개조 요청 수락 요구
(11)	46.7.25.	민청	하지 서한 송부	조선공산당 8개조 요청 수락 요구
(12)	46.7.26.	인민당 선전부	담화	재조사 요청
(13)	46.7.26.	협동조합중앙연맹	담화	배심제, 미 언론 · 법조 초청 요청

출처: (1) 「좌우 정당, 법조인 입회하 진정한 재취조를 요구」, 『조선인민보』, 1946.7.21.
(2) 「조공, 지방법원에 위폐 사건 재조사 요구」, 『현대일보』, 1946.7.22.
(3) 「조공, 하 중장에게 보내는 3,000언(言)을 넘는 서신 전문」, 『현대일보』, 1946.7.23.
(4) 「믿어지지 않는다/부총 담」, 『현대일보』, 1946.7.22.
(5) 「재취조 요망/민청」, 『조선인민보』, 1946.7.23.
(6) 「각 정당 참가하 배심 재판 요구/전평」, 『조선인민보』, 1946.7.23.
(7) 「속히 석방시키라/민전, 이관술 씨 검거에 담화」, 『조선인민보』, 1946.7.23.
(8) 「단호한 태도 취할 터/위폐 사건에 박헌영 씨 담」, 『조선인민보』, 1946.7.25.
(9) 「위폐 사건, 조공서 제출한 8개조를 시인하라/민전의장단 담화 발표」, 『현대일보』, 1946.7.25.
(10) 「공정한 재취조를 요구/부총」, 『조선인민보』, 1946.7.25.
(11) 「위폐 사건에 관해 민청 하 중장에 서한」, 『현대일보』, 1946.7.25.
(12) 「군정 좌우 정당 배심하 재심사를 요청/인민당서 담화 발표」, 『조선인민보』, 1946. 7.27.
(13) 「공판의 공정을 요망/협조연맹」, 『조선인민보』, 1946.7.27.

견제하기 위해 언론 및 여론의 활성화, 좌우익 진영의 공정한 감시, 미국 언론, 변호인의 참여 및 미소공위 대표 초청을 통한 사건의 국제 문제화를 꾀하고 있음을 알 수 있다.

그리고 이러한 조선공산당의 재판 관련 8개조 요청은 좌익 단체들의 연대 투쟁에 하나의 가이드라인이 되었으며, 그에 따라 각 단체들은 유사한 요청을 쏟아 내기 시작했다. 기소 이후 좌익 측의 정판사 '위폐' 사건 관련 대응 현황을 정리하면 표 3-22와 같다.

그런데 조선공산당이 이러한 청원을 하지 사령관에게 보낸 까닭은 무엇인가? 이는 6월 22일 조선공산당의 「제3차 성명」 이래 러치 군정장관의 주도하에 미군정 측의 조선공산당에 대한 탄압이 더욱 강화되었다는 사실과 관계가 있다.

6월 25일 러치는 기자단 정례 회견 석상에서 "미구에 상당히 넓은 범위에 걸쳐 관계자의 검거가 있을 것으로 안다"라고 언명하고,[315] "위조지폐 사건은 나날이 중대화하여 갈 뿐 아니라 많은 증거가 속속 발견 중이며 다수의 인물이 연루되어 있으므로 근근 광범위의 검거가 있을 것이다"라는 내용의 특별 담화를 발표하는 등[316] 강경 대응의 자세를 보였다.

---

315) 「철저적으로 구명 처단/러-취 장관 굳은 결의 표명」, 『대동신문』, 1946.6.26.
「최대의 죄악을 발본색원/허구낭설이라든 위폐 사건/대량 검거의 태풍」, 『동아일보』, 1946.6.26.
「위폐 사건 진전/발행고 1천여 만 원, 신증거도 발견/검찰 당국 대검색 개시」, 『자유신문』, 1946.6.26.
「위폐 사건 진상 정로(呈露)/증거 확실 검거 범위 확대」, 『한성일보』, 1946.6.26.
「위폐 사건에 러 장관 성명」, 『현대일보』, 1946.6.26.

316) 「위폐 사건 중대화/연루자 다수!/근근 광범위의 검거」, 『대동신문』, 1946.6.26.
「위폐 사건에 관해 러 장관 담화 발표」, 『독립신보』, 1946.6.26.
「증거는 더욱 확연/러-취 소장 특별 발표」, 『동아일보』, 1946.6.26.
「위폐 사건 진전/발행고 1천여 만 원, 신증거도 발견/검찰 당국 대검색 개시」, 『자유신문』, 1946.6.26.

그리고 러치의 담화가 있었던 당일 경성지방법원 검사국에서는 조재천 검사의 지휘 아래 제1관구경찰청 경찰들이 출동하여 남대문 일화빌딩에 있는 조선공산당 본부를 수색하여 금전출납부 등 서류와 장부를 압수했다.[317] 또한, 러치의 담화 이후 『동아일보』, 『한성일보』 등은 대대적인 허위 보도로 조선공산당을 압박했다.

이러한 상황에서 조선공산당은 러치 군정장관이 정판사 '위폐' 사건에 직접 개입하여 조선공산당에 대한 탄압을 주도하고 있다는 인상을 받을 수밖에 없었다.

게다가 조선공산당은 7월 20일 이승엽과 김광수가 이인 검사총장 및 김용찬 경성지방법원 검사장을 방문하여 면담했을 때[318] 검사국 및 사법부가 '상부'로부터 압력을 받고 있다는 것을 확인했다. 즉, 검사국의 7월 19일 기소는 수사 진행 과정에서 검사의 독자적인 결정에 따라 이루어진 것이 아니라 '발표를 독촉하는 데'로부터 압력을 받아 이루어진 것이었다. 검사국에게 기소를 독촉할 수 있는 곳은 사법부장 혹은 미군정의 수뇌부, 즉 러치 군정장관 혹은 하지 군정사령관이라고 밖에는 달리 생각하기 어렵다. 즉, 당시 미군정 수뇌부와 사법 당국은 서둘러 위폐 사건을 기소하고 재판을 진행

「러-취 장관 담화」, 『조선인민보』, 1946.6.26.
「광범위로 검거할 작정/러-취 장관 위폐 사건으로 언명」, 『중앙신문』, 1946.6.26.
「특별 발표」, 『한성일보』, 1946.6.26.
「위폐 사건에 러 장관 성명」, 『현대일보』, 1946.6.26.
317) 「검사국에서 돌연 조공 본부를 수색」, 『독립신보』, 1946.6.26.
「검사국 공산당 본부 수색」, 『청년해방일보』, 1946.6.26.
318) 「사법 당국에 조공서 항의」, 『중앙신문』, 1946.7.21.
「재조사 요구」, 『중앙신문』, 1946.7.21.
「공당의 이, 김 양 씨/김 검사장을 방문」, 『자유신문』, 1946.7.22.
「위폐 사건 기소에 이의/조공 대표 검사총장 등을 방문코」, 『조선인민보』, 1946.7.22.
「조공, 지방법원에 위폐 사건 재취조 요구」, 『현대일보』, 1946.7.22.
「공산당 측에서 검사국 방문」, 『동아일보』, 1946.7.23.

하여 마무리해야만 할 필요를 느끼고 있었다. 그래서 기소 다음 날인 7월 20일 서둘러 제1회 공판일자, 공판 장소, 담당 판사 및 검사를 결정했다.

조선공산당은 재판에 압력을 넣으려는 '상부'를 러치 군정장관으로 파악한 것으로 보인다. 그래서 러치에게 편지를 보내지 않고, 대신 러치를 통제할 수 있는 유일한 실력자인 하지 군정사령관에게 편지를 보낸 것이라고 할 수 있다. 그런데 하지에게 서한을 보낸 것만으로는 하지가 요청을 들어준다는 보장이 없으므로 하지에게 서한을 보냄과 동시에 그 내용을 언론에 흘려 바로 보도하게 함으로써 하지에게 압력을 가한 것이라고 추정할 수 있다.

이를 통해 조선공산당은 정판사 '위폐' 사건을 허위로 꾸며 낸 집단은 반동 우익 세력이고, 이를 이용하여 조선공산당을 탄압하는 집단은 미군정장관 러치 이하 사법부, 검사국, 경찰 등이라고 인식한 것으로 보이며, 하지까지는 이 모략에 관여하지 않는 것으로 파악하고 있는 것으로 보인다. 또한 조선공산당은 이러한 인식하에 언론 투쟁을 통해 적극적이면서도 합법적인 방식으로 재판에 대처하고 있음을 알 수 있다.

그러나 러치는 7월 26일 공보부를 통해 조선공산당 측의 '재판 관련 8개 조항' 요구에 대한 하지의 거절 서한을 소개하는 성명서를 발표했다. 이에 따라 미군정의 정판사 '위폐' 사건과 관련한 전략의 최상부에는 하지 군정사령관도 관련하고 있음이 확인되었다.

조선공산당 측이 하지에게 마지막 기대를 걸고 어떻게든 하지의 마음을 끌기 위해 노력했음은 조선공산당이 보낸 편지의 앞부분에 잘 드러난다. 이 앞부분은 8개조의 청원 내용이 나오는 뒷부분에 비해 지나치게 길다고 생각될 정도로 정성껏 쓰였으며, 조선공산당은 자신들이 미군정과 같은 편임을 강조하며 자신들을 모략으로부터 구해 달라는 내용으로 채워져 있다. 그러나 러치가 7월 26일 발표한 성명서에 포함된 하지의 편지 내용 공개와 함께 조선공산당의 그런 기대는 물거품이 되고 말았다. 그리고 조선공산당 측으로서는 언론을 통해 군정 당국을 비판하거나 공정한 처리를 호소하는 합법적 방법만으로는 사태를 해결할 수 없다는 것을 확인하게 되었다고 할 수 있다.

한편, 7월 22일 방북을 마치고 귀환한 박헌영은 조선공산당의 대미 노선을 '신전술'이라고 하는 강경 노선으로 전환했다. 제2장 2절 3)에서 살펴봤듯이 정판사 '위폐' 사건은 신전술 전환의 주요 원인이었으며, 이는 박헌영의 신전술 지침의 제1항319)에서도 확인할 수 있다.

조선공산당은 신전술에 따라 정판사 '위폐' 사건에 대한 조치를 취하기 시작했다. 박헌영은 귀환 직후인 7월 24일 기자 회견 자리에서 제1회 공판 기일을 너무 이르게 잡음으로써 변론 준비 기간을 주지 않으려는 사법 당국을 강하게 비판함과 동시에 "우리 당으로는 단호한 태도를 취할 것이다", "우리는 이러한 처치에 적극 항쟁하여야 한다"라고 선전 포고하듯이 말함으로써 강경 투쟁을 예고했다.320)

정판사 '위폐' 사건과 관련된 투쟁 방침은 2가지였는데, 하나는 대중투쟁이고 다른 하나는 공판투쟁이었다.

조선공산당 측의 대중 선전 활동은 이것이 처음은 아니었다. 5월 15일

---

319) "공위 휴회와 공산당 위폐 사건으로 인하여 대중들의 공산당에 대한 비난 공격이 심하여지자 그들의 공격과 공산당의 고립을 방지하기 위하여 할 수 없이 수세를 취했으나 그 수세는 반드시 공세를 잊어버리는 수세가 아니라 적극적 공세를 준비하기 위한 수세이었으며 2개월 동안 취한 수세에서 적극적 공세로 또는 작년 8·15 이후 전면적으로 전개했던 협조·합작노선을 근본적으로 전환시키지 아니하여서는 아니될 것"(이정박헌영전집 편집위원회, 『이정 박헌영 전집』 6, 역사비평사, 2004, 325쪽).

320) 「위폐 사건에 박 당수와 문답」, 『자유신문』, 1946.7.25.
「단호한 태도 취할 터/위폐 사건에 박헌영 씨 담」, 『조선인민보』, 1946.7.25.
「당황한 공판 기일 취택/정치적 의도 간과 불능」, 『중앙신문』, 1946.7.25.
「테로와 위폐에 대한 박헌영 씨 시국 종횡담」, 『현대일보』, 1946.7.25.

공보부 발표 이후 조선공산당 측은 가두연설, 전단, 포스터, 신문 호외 등을 통해 정판사 '위폐' 사건의 진상을 직접 대중에게 알리는 방식을 사용했다. 그러나 이러한 방식은 미군정이 5월 4일 공포한 「군정법령 제72호」에 의해 금지되었다. 경찰은 우익의 선전 및 테러 활동은 방치하고 좌익의 선전 활동은 제재하는 이중적인 방법으로 교묘하게 좌익의 활동을 탄압하고 있었다. 또한 조선공산당의 기관지, 책자 및 선전물을 담당하여 인쇄하던 조선정판사는 폐쇄되었다. 이런 상황에서 조선공산당 측은 상대적으로 대중 선전 활동보다는 신문 기사를 통한 언론 활동에 더 집중할 수밖에 없었다. 그 이유는 조선공산당은 1945년 「8월 테제」를 당의 노선으로 채택한 이래 대미 협조 노선하에 합법적인 활동을 전개하는 것을 원칙으로 하고 있었으므로 비합법적인 활동에 주력할 수 없었던 측면이 있기 때문이다.

그러나 박헌영 귀환 후 조선공산당의 대미 노선이 강경 노선으로 전환되면서 조선공산당 측은 신전술에 따라 대중 선전 활동을 강화하여 본격적인 대중투쟁을 계획하게 되었는데, 그것이 위폐 공판 소요 사건으로 나타나게 되었다.

위폐 공판 소요 사건의 전모는 다음과 같다. 정판사 '위폐' 사건 제1회 공판이 열리기 하루 전날인 7월 28일에는 마침 전평 국제노동연맹 가입 축하 대회가 열렸다. 이날 주요 연설자였던 조선공산당원들은 군중들에게 전단을 뿌려 선전하면서 다음 날인 7월 29일 법정에 참석하여 관련자들을 지지할 것을 촉구했다.[321] 그리고 일부 조직된 사람들이 7월 29일 아침에 법원 앞에서 군중에게 전단을 뿌리고 혁명가를 부르며 선동하여 공판정 진입을 시도했고, 경찰이 강경 진압하는 과정에서 사상자가 발생하게 된 것이다. 이날 뿌려진 전단의 일부 내용을 옮겨 보면 다음과 같다.

---

321) HQ USAFIK, G-2 Weekly Summary No. 46, (1 Aug 1946), 주한미육군 정보사령부 정보참모부, 『미군정정보보고서』 제12권, 일월서각, 1986, 157쪽.

동포들!!

소위 위폐 사건이란 꿈에도 없는 사실을 오즉 고문과 협박으로써 꾸며낸, 전연 엉터리 없는 모략이다. 그러면 이 모략을 꾸며낸 자는 누구냐? 인민의 당, 애국의 당인 조선공산당의 위신을 떠러뜨려 민족 멸망의 길을 가저올려는 자 그 누구냐?

시민들!!

그놈들이야말로 3상결정을 반대하고 여운형 선생을 습격한 놈들이며, 동포는 굶주리고 있는데 창고 속에 수천 가마니 쌀을 감춰둔 놈들이며, 실업자와 이재민(罹災民)은 거리에 헤매는대 요리집에서 장구치고 노래하는 놈이다!!

놈들이 제 욕심 제 뱃장만 채우기 위하여 가장 인민을 사랑하는, 인민을 위하야 용감히 싸우는 애국의 당 조선공산당을 모략으로써 뚜드려 뿌시려고 하는 것이다!!

동포들!!

이놈들을 없세버리지 안코서는 조선의 독립도 민주 발전도 없고 동포의 행복도 있을 수 없다!!

타도하자!! 놈들을!! 인민수심의 놈들을 국외로 추방하자!!

그리고 목을 노아 웨지자.

"순전한 모략인 소위 위폐 사건 관계자를 전부 즉시 석방하라!!"고.[322]

또한, 이날 대중투쟁의 사후 평가서로 보이는 문서가 일부 우익 신문에 폭로되었는데, 그 내용은 다음과 같다.[323]

322) 「정판사사건 재판시 법정 앞에서 뿌려진 전단」, 미국국립문서보관소, Record Group 332, 주한미군사실 문서철, 상자번호 29, 「정판사 공판시 뿌려진 전단」, 이정박헌영전집 편집위원회, 『이정 박헌영 전집』 제6권, 역사비평사, 2004, 326~327쪽에서 재인용.
323) 「폭로된 조공의 투쟁 선동/위폐 사건 공판을 방해/7·29 캄파 긴급 지령」, 『대동신문』, 1946.8.6.
「위폐사건 공판 소동과 드러난 이면의 계획 내용 (상)」, 『동아일보』, 1946.8.6.
「위폐사건 공판 소동과 드러난 이면의 계획 내용 (하)」, 『동아일보』, 1946.8.7.

7 · 29 캄파(투쟁) 방침

(一) 투쟁의 성과와 자기 비판

가. 성과

(1) 공판의 연기를 위한 방침이 관철되어 당의 위신을 굳게 지킬 수 있었고 조직된 대중을 더욱 공고한 지반(地盤)에 놓게 되엇다. 더욱이 노동자 학생이 제일 용감하게 선두에 나선 것은 큰 성과였다.

(2) 반동 진영의 야만성을 더욱 날카롭게 폭로하여 더 많은 대중을 우리 당 주위에 집결, 조직할 계기를 만드렀다.

(3) 경찰의 반동성과 아울러 그의 반동적인 상부와 비교적 순직(順直)한324) 하부(일부 악질분자를 제외)의 격리를 민중 앞에 노정(露呈)하였다.325)

나. 자기 비판

(1) 소위 위폐사건에 대한 해당 사업의 부족이 노정되었다. 그것은 미조직 소시민 대중의 부족으로 알 수 있다.

(2) 대체로 보아 동원 부족과 투쟁에 대한 계획성이 부족하였고 명령 계통이 불충분했다.

(3) 선전 활동이 동원 활동과 연락326)되지 못했다.

(4) '아지푸로'327) 활동에 있어 그 내용이 추상적이었다. 당 서기국 발표의 예증(例證)을 활용할 줄 몰랐다. '아지' 내용에 생활 문제를 첨부시키지 못한 것.

(5) 삐라328) 제작이 부족했다. 그리고 부족한 삐라를 유효하게 철포(撤布)329)할 줄 몰랐다.

(6) 투쟁의 편향

---

324) 마음이 순박하고 곧은.

325) 드러냈다.

326) 연결.

327) agitation(선동, アジテーション)과 propaganda(선전, プロパガンダ)를 축약, 합성한 일본어 アジプロ.

328) 선전물, 전단을 뜻하는 일본어 ビラ.

329) 산포(散布)의 오기.

㉠ 좌 경

- 경관에게 투석(投石)한 것.

- 데모에 구릅[330]성을 나타낸 것.

- 미조직 군중의 계급성을 무시하고 '공산주의 만세'를 호창(呼唱)한 것.

- 데모에 미조직 군중을 보강하려고 하지 않고 유리(遊離)하는 경향이 있는 것.

- 경관의 상부, 하부를 일률적으로 욕한 것.

㉡ 우 경

- 경관이 총을 댈 때 한꺼번에 후퇴한 것.

- '민주 경찰 만세'를 부른 것.

(二) 금후 선전과 선동 활동

(1) 소위 위폐사건의 허구성과 모략성을 더욱 날카롭게 과학적, 구체적으로 폭로 해설할 것(특히 서기국 발표의 문건을 더욱 깊이 인식하도록 노력할 것).

(2) 7·29 학살 사건의 진상을 널리 해설하고 경찰 상부(특히 조병옥, 장택상)의 야만성을 폭로할 것.

㉠ 공판정 내에서 조병옥은 반말로 민중을 모욕하고, 발언하는 사람을 체포한다고 대중을 공갈하였다.

㉡ 전부 쏘아 죽이라고 장택상은 대중 학살을 교사하였다.

㉢ 장택상은 자기 부하를 대중 앞에 구타하여 그의 광견성을 더욱 명백히 노정하였다.

㉣ 살상된 시체를 곧 병원에 보내는 것을 거부하였고 시체 하나는 암장(暗葬)하였다.

(3) 7·29 사건 폭로는 민생문제와 연결시켜(예컨대 장택상은 은닉미 적발은 게을리하여도 사람 죽이는 것에만 흥미를 가지고 있다는 등) 남조선의 물가 혼란의 책임을 규탄하도록 할 것.

(4) 좌우합작에 대한 민전의 5대 원칙을 항상 결부시켜 이것을 반대하는 반

---

330) 그룹(group).

동 거두와 위폐 날조의 모략을 직접 연결시킬 것.

(5) 민주주의적 방법에 의한 재조사를 강조, 해설하고 편당적인 판검사의 기피 운동을 연달아 일으킬 것.

(6) 이관술 동지의 무조건 석방을 아울러 주장하여 반동 거두의 번견(番 犬)[331] 조병옥, 장택상의 즉시 파면을 요구할 것.

(7) 북조선의 민주주의적 제도(토지개혁, 노동법령, 남녀동등(남녀동권 등)) 을 선전하므로 남조선의 혼란을 더욱 깊이 인식케 하고 '남조선을 북조선 화하라'는 스로간[332]을 내걸고 남북통일의 민주정권 수립에 모든 민중을 동원하는 방향으로 나가 8·15 기념의 민족적 행사에 총연결시킬 것.

(三) 선전의 구체적 방법

(1) '야체이카'[333] 선전부의 기초를 더욱 튼튼히 하기 위하여 동 선전부 책임 자 동무는 더욱 열성적으로 선전에 대한 학습을 하고 선전에 유능한 동 무들을 발견하여 선전부를 강화할 것.

(2) 선전 지시 첨부 삐라 원고를 참작하여 각 분야에서는 최대한도의 능력 을 발휘하여 삐라를 발행 배포할 것.

(3) 간단한 전단을 끊임 없이 붙이도록 할 것.

(4) 벽서 활동(변소, 장벽, 전주(電柱) 등에 백묵으로 쓰는 것)은 전연 없다 시피 하니 이것을 더욱 책동(策動)하며 이번에는 꼭 실행하도록 할 것.

(5) 집합 활동은 전부터 해 오던 양식(대집회, 소집회 등)으로 하되 기계적 으로 하지 말고 창조성을 발휘하여 타방면으로 계속할 것.

(6) 스로간은 첨부 삐라에 의거할 것.

그러나 위의 내용에서 보듯이 조선공산당 측은 이러한 대중투쟁이 나름 의 성과를 거둔 것이라고는 했지만, 실제로 대중의 지지를 모으는 효과를 거 두지는 못한 것으로 보이며, 오히려 과격 투쟁에 대한 반감을 사기도 했다.

331) 집을 지키거나 망을 보는 개. 앞잡이.

332) 강령, 구호를 뜻하는 영어 slogan.

333) 공산당의 말단 조직인 '세포'(細布)를 뜻하는 러시아어 ячейка.

위폐 공판 소요 사건 발생 이후 좌익과 우익 단체들은 각각 미군정 및 경찰의 과잉 대응과 조선공산당 및 좌익의 사법 질서 파괴를 주장하며 상대방을 비난했다. 그리고 좌익 및 우익 신문들은 이러한 좌우 단체들의 의견은 물론, 사설, 일반 대중의 반응을 게재하여 여론을 자기에게 유리하게 이끌고자 했다. 그중 대중의 반응 일부를 옮겨 보면 다음과 같다.

● 좌익지에서 게재한 대중의 반응
▼한민당 선전부 백경수 씨 담334)
나는 그 날 실지로 현장을 목격했는데 이번 사건은 경찰과 및 재판소가 책임을 져야 할 줄 안다. 이번 불상사가 일어난 중요한 원인의 하나는 경비에 계획성이 없었다는 것을 지적치 안을 수 없다. 즉 아침 일즉부터 적당한 수의 경관을 법원 밖에 세워 방청권 갖인 이 이외는 법원 안에 안 디려보냈드라면 군중이 야요를 하거나 소요를 할 리가 없지 안었을가 생각된다.
군중이 너무 많이 떠드니까 경비하는 경관대도 당황했든 것은 사실이다. 법정 안에 무장경관까지 다수를 배치시킨 것도 유감으로서 폭동이 있을 것을 예측하고 그렇한 조치로 나옷 듯하나 이는 너무 미리 겁을 집어먹지 안었는가 짐작된다. 사적으로 김용무 대법원장과 이인 검사총장을 찾어보고 나의 의견을 말해두었다. 그 날 경비의 총책임자인 조병옥 경무부장과 장택상 제1관구경찰청장의 언사는 너무 그날 일에 흥분한 끝에 아직도 그 흥분이 살어지지 안어 어떤 순간적으로 한 말이 아닌가 한다. 진심을 그런 말을 했다면 유감 천만이다.
▼변호사 이홍종 씨 담335)
오늘 아침 신문을 보고 분노와 흥분으로 지금까지 제 마음이 아니다. 이번 사건에 있어서 재판소의 경계는 완전히 실패이다. 요새 경찰은 너무 민중과 동떨어져 강압적이고 탄압이 심하며 민중을 무시하는 느낌이 있다. 이래서야 민중 경찰로서의 일반의 신뢰를 살 수 없지 안는가? 나도 그날 참고로 어떻게 재판을 진행하나 하고 가 보았는데 피고 한 사람에 무장 간수 한 명씩 딸고 그도 모

---

334) 「경찰과 법원의 공동 책임/한민당 선전부 백경수 씨 담」, 『독립신보』, 1946.8.1.
335) 「너무나 위압적/변호사 이홍종 씨 담」, 『독립신보』, 1946.8.1.

자라서 5명 이상을 딸케하야 무장간수가 12명에 법정 안에 들어선 무장경관이 40여 명이란 참 놀라운 현장을 보여주었다.

이렇게 법정 안을 어마어마하게 경비하고서야 어듸 피고들이 마음대로 바른 진술을 할 수 있겠는가? 이는 피고들을 위협하는 일종의 수단이 아닌가 생각된다. 법정서는 피고의 진술의 자유를 위하야 무장경관이나 간수가 들어왔다가도 나가는 것이 통례이어늘 이번 경개는 언어도단이다. 나는 그날 곧 김 대법원장에 경고하는 동시에 사적으로 강경한 항의를 했다.

그리고 조, 장 양 경비 총 책임자가 한 말은 삼척동자가 듯드래도 상식에 버서난 말이라고 생각된다. 잘했든 잘못했든 간에 사람을 죽인 이상 유감의 뜻을 표함이 옳을 것인데 도리혀 정당하다고 변명하며 가해 경관을 표창까지 한다는 데 이르러서는 무어라고 말할 수 없다. 양 책임자는 모름직이 큰 반성이 있어야 하고, 이 사건에 대한 책임을 저야 할 줄로 생각한다.

▼재미한족연합회 김호 씨 담[336]

지난 29일의 정판사 사건 공판에 그와 같은 일이 일어났다는 것은 어느 모로 보나 불상사가 아닐 수 없다. 군중이 너무 질서 없이 행동을 한다거나 말을 듯지 않고 시위 행렬, 폭행을 하야 무기를 사용치 않고서는 진압을 못할 경우가 아니면 여간해서는 발포는 아니하는 것인데 당일의 현장을 직접 보지 못했으니가 조단(早斷)키는 어려우나 재판정에까지 다수한 무장 경관대를 배치싵긴다는 것은 민주주의 국가의 취할 태도는 아닐가 생각한다. 미국서도 이렇한 예는 보기 힘든다. 질서 유지를 하는 데는 실탄을 발포치 않고서도 얼마든지 방법이 있을 수 있다. 난사(亂射)에 명중되어 횡액(橫厄)에 걸린 듯하다. 강제로 법정문을 깨트리고 들어와 피고를 빼아서 간다면 혹은 모르겠으나 방청객이 다소 떠든다고 실탄 사격이라 함은 언어도단이다. 법정 안의 질서를 유지 못하고 살인까지 낸 것은 당국이 응당 책임을 저야 할 것이다. 일제 시대에도 이번 일이 없었다는데 하여튼 민족적 비극이다. 이런 처사를 지휘한 책임자가 당연한 듯이 언명한 듯한 데 이는 잘잘못은 어듸로 갔든지 사회에 대하야 책임을

336) 「일대 민족적 비극/사회적으로 책임 추궁/재미한족연합회 김호 씨 담」, 『독립신보』, 1946.8.1.

저야 할 것이다.

● 우익지에서 게재한 대중의 반응

[설문] 위폐공판 소동에 대하야 어떻게 생각합닛가?[337]

▼경기공업학교 교원 정규필 씨 담

도대체 법치국가에서는 볼 수 없는 괴사다. 만일 사실무근한 일이라면은 그 재판에서 무죄라는 것이 백일하에 뚜렷하게 나타날 것이 아닌가? 나는 그러한 의미에서 이번 사건은 선량한 인민의 행위라고는 볼 수 없다.

▼경기고녀 교원 서기영 씨 담

불유쾌하기 이를 데 없는 일이오. 그 소란은 어떤 당에서 했던 큰 죄악이다. 그런 단체에 대해 경찰국은 철저히 감시하여 이 다음을 경계해야 할 것이다.

▼구정상회주 최재극 씨 담

나는 가보지 않아 그때의 정경은 모르나 여러 신문의 보도대로 무의식 대중을 어떠한 계획 아래 움직이어 이르킨 소란이라면 단연 배격해야 할 일입니다.

▼남대문협신양행 최기련 씨 담

엇지하려고 그런 짓을 한 것인지 그 뜻을 모르겠다. 하여튼 내 가족이 그런 짓을 하였다 하드라도 그것은 용서할 수 없는 일이다. 법도 없고 질서도 없이 살아야 가장 평온하게 살 수가 있단 말인가?

▼ 태백서적공사 기원홍 씨 담

이번 위폐사건 공판날 그 무질서한 군중의 행동에 대해서는 민족적 수치로서 대단히 유감으로 생각하고 또 일방 그로 말미암아 하나의 생명을 잃게 된 점에 대해서는 경찰의 부주의를 지적하고 싶으다.

▼조선화공기주식회사 강범식 씨 담

법치국가로서는 유감된 일이다. 배후관계 여하를 불문하고 사회적으로 죄악이라고 본다.

▼장사정 룡풍상회 김한배 씨 담

가보지는 못하였으나 신문지상으로 알았을 때 나는 대단 놀낫다. 데모와 테로

---

337) 「공판 소동은 반민주적/예방 대책을 강구 안 한 당국에도 실책」, 『동아일보』, 1946.8.6.

가 신성한 재판소에서 발생하였다는 것은 우리 민족의 수치요, 우리 자신이 민도가 야트다는 것을 표현한 것 박게 되지 않어 원통하기 전에 서글픈 감에 기가 맥혔다. 이후도 그 위폐사건의 공판이 속개될 것이니 차후로는 이러한 불상사가 없도록 원한다.

▼카토릭교 신부 리완성 씨 담

법이 있는 이상 그 법이 조커나 나뿌거나 직혀야 하는 것이 국민된 본분입니다. 이제 그 법이 못마땅한 것이라면 정당한 수단으로써 철폐 요구를 할 수 있는 것이 민주주의입니다. 만일 그러치 아니하면 사회 질서란 유지하지 못하게 되고 모-든 것은 파괴를 초래할 것입니다. 그날 이러난 소동은 첫재 법을 무시하였고, 둘재 따라서 무질서 하였읍니다. 하나의 희생을 내었다는 것은 퍽 유감으로 생각하나 그 희생을 내게 된 원인이 어데 있었는가를 알어야 합니다. 무릇 원인 없는 결과란 있을 수 없는 것이니 그날 군중이 법을 직히고 질서를 유지하였든들 경관의 무장이 무슨 필요가 있었겟으며 어린 희생을 낼 필요가 어데 있었겠읍니까?

▼한국여론협회 홍만길 씨 담

이날 소동은 세계적으로 처음 보는 추태다. 공산당은 그들의 이론과 실지 행동에 얼마나 큰 거리와 모순이 있는가를 스스로 폭로하였다. 그러나 유감인 것은 당국자에 하등의 '예모(豫謀)'가 없었다는 것이다. 공산당의 수법과 심술을 알거늘 이에 대한 예방적 대책을 강구하지 않은 것은 큰 실책이라고 할 것이다.

이렇듯 좌우익지의 성격을 감안한다 하더라도 위폐 공판 소요 사건에 대한 대중의 반응이 결코 조선공산당에게 유리하기만 한 것은 아니었음을 알 수 있다. 그렇다고 해서 대중들이 미군정에 우호적이었다고만도 볼 수 없다.

또한 위폐 공판 소요 사건에 대한 대중의 의식을 조사한 설문 결과가 있어 소개하면 다음과 같다. 한국여론협회에서는 1946년 8월 3일 정오부터 오후 4시까지 시내 3개처(종로, 서대문, 본정 입구)에서 통행인 1,960인에게 설문 조사를 실시했는데, 그중 "위조지폐 사건 공판 소동을 어떻게 보느냐?"는 질문에 대한 결과는 다음과 같다.[338]

(1) 공산당의 모략적 테로 행위다 (1,038인, 53%)

(2) 무정부 폭동은 민족적 대수치다 (401인, 20%)

(3) 당국은 단호한 처단을 나려야 할 것이다 (43인, 2%)

(4) 당연한 행동이다 (176인, 9%)

　　무효 (302인, 15%)

위의 선택지 중 (1), (2), (3)은 사실 중복될 수 있으며, 전체적으로 선택지의 문구가 사건에 대한 응답을 부정적으로 유도하려는 의도가 보이긴 하지만 그럼에도 사건의 핵심을 공산당의 책임으로 보는 여론이 과반수(53%)임을 알 수 있다. 또한 그럼에도 인명의 살상이 있었던 사건인 만큼 당국의 단호한 처단을 가장 중요시하는 극단적인 대답은 2%에 그침으로써 사법 당국에 시사하는 바가 크다고 할 수 있다. 또한 전체적으로 사건에 대한 반응을 부정적으로 유도하려는 의도가 있는 질문임에도 피고나 공산당의 편을 든 사람이 9%나 된다는 것도 시사하는 바가 크다고 할 수 있다.

이상의 자료들을 종합해 볼 때, 결국 대중은 극한 투쟁으로 내닫는 조선공산당의 노선에 결코 호의적이지 않았으며, 그런 점에서 조선공산당의 신전술에 의한 대중 투쟁은 효과적이지 않았다고 할 수 있다.

이러한 조선공산당의 대중을 끌어들이는 방식의 투쟁은 효과 여부를 떠나서 목적 자체가 당의 활로를 개척하기 위한 것이었으며, 그 목적을 달성하기 위해 대중을 수단화한 측면이 있음을 부정할 수 없다. 그 결과 애꿎은 중학생 1명이 사망했고, 50명이 군정재판에 회부되어 49명이 최고 5년의 실형을 선고받았고, 1명은 옥사했다. 그중에는 공산당원도 아니고 시위를 주도하지도 않은 사람들도 포함되어 있었다.

---

338) 「8원칙 지지가 다수/위폐 공판 소동은 공산계의 모략/한국여론협회조사」, 『동아일보』, 1946.8.6.

물론, 경찰의 진압 방식이 과격했으며, 미군정 수뇌부 및 사법 당국, 경찰의 수뇌부가 사후 처리에 있어서 민중을 폭도로 취급한 것은 비판받아 마땅하다. 그러나 결국 대중 투쟁을 통해 피해를 입는 것은 일반 민중들이었다는 점에서 조선공산당의 투쟁 방식은 한계가 있다고 할 수 있다.

정판사 '위폐' 사건과 관련하여 조선공산당 측이 신전술에 따라 전개한 또 다른 방법은 공판투쟁이었다. 이는 편파적으로 판결을 내리려는 재판부의 의도에 수동적으로 끌려가는 것이 아니라 합법적인 범위 내에서 적극적이고 공격적으로 맞서는 것이었다. 이에 따라 사용된 방법은 재판장 기피 신청, 피고 회의, 심리 거부였다.

이러한 공판투쟁은 소기의 성과를 거두기도 했다. 변론 준비 기간을 주지 않으려는 양원일 재판장의 의도에 맞서 변호인들은 재판장 기피 신청을 했는데, 비록 기피 신청이 기각당하긴 했지만 변호인들은 그만큼의 변론 준비 기간을 벌 수 있었다. 또한 모든 피고들을 한 명씩 단독심리하려는 재판장의 방침에 맞서 피고 회의를 요구했는데, 이를 통해 피고 간 의견을 교환할 수 있었다. 그럼에도 재판장이 단독심리를 강행하자 묵비권을 이용해 심리 거부를 함으로써 결국 합석 심리 방식을 끌어낼 수 있었다. 이러한 성과는 재판 과정에서 피고들에게 최소한의 권리를 찾게 해 주었으며 변호인단에게도 재판을 보다 수월하게 이끌 수 있는 토대를 마련했다.

그럼에도 정치적 판결을 하기로 마음먹은 재판부로부터 무죄판결을 얻어 내는 것은 불가능했다. 또한 제1회 공판부터 지나치게 양원일 재판장과 대립적인 구도를 취함으로써 피고들의 형량 결정에 부정적인 영향을 미쳤다고도 할 수 있다. 그런 점에서 합법적 공판투쟁이 지닌 한계 또한 명확했다고 할 수 있다.

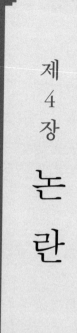

제 4 장

논 란

본 장에서는 정판사 '위폐' 사건과 관련된 주요 쟁점들을 검토할 것이다. 이를 통해 과연 이 사건이 공산당을 탄압하기 위해 미군정이 조작한 사건인지의 여부를 판단할 것이다.

본 장에서는 그러한 검토 결과를 크게 두 부분으로 나누어 정리했다. 한 가지는 정판사 '위폐' 사건과 관련하여 정황적으로는 의심이 되나 그렇다고 명확하게 입증되기는 어려운 '의혹'들에 대한 것이고, 또 한 가지는 정판사 '위폐' 사건의 판결이 지니고 있는 '모순'점들에 대한 것이다.

1. 정판사 '위폐' 사건에 대한 의혹

1) 미군정 공보부 발표 내용에 대한 의혹

첫째, 정판사 '위폐' 사건의 범행 장소에 대한 의혹에 대해 알아보겠다.

1946년 5월 15일 미군정 공보부는 위폐를 제조한 장소가 근택빌딩 지하실이라고 발표했다.[1] 그러나 근택빌딩 지하실은 식당으로 사용되고 있었으며,[2] 인쇄시설은 근택빌딩이 아니라 부지 내 별도의 인쇄공장 건물에 위치하고 있었다. 이는 미군정이 조선정판사와 근택빌딩의 구조에 대해서 제대로 알지 못한 채 발표한 것임을 방증한다.

위폐 제조 장소가 근택빌딩 지하실이라는 발표 내용에 대해 5월 15일 조선공산당 중앙위원회 서기국은 「제1차 성명」을 통해 근택빌딩 지하실에는 인쇄기를 설치한 적이 한 번도 없다며 즉각 강력하게 반박했고,[3] 5월

---

1) 「위조지폐 사건/공보부서 특별 발표」, 『독립신보』, 1946.5.16.

2) 이철승 · 박갑동, 『대한민국, 이렇게 세웠다』, 계명사, 1998, 247쪽.

3) 「조선공산당의 성명」, 『현대일보』, 1946.5.17.

16일 이관술과 권오직도 성명서를 통해 같은 주장으로 반박했다.[4] 그리고 장택상 경찰청장[5] 및 이구범 본정경찰서장[6]도 5월 16일 기자단과의 문답에서 각각 정판사 지하실에서 위조지폐를 인쇄했다는 공보부의 발표 내용을 부인했다. 경찰 당국자까지 지하실 관련 내용을 부인하자 미군정은 궁지에 몰릴 수밖에 없었다. 이에 조선공산당 중앙위 서기국은 5월 21일 「제2차 성명」을 통해 이를 지적하며 미군정을 몰아붙였다.[7]

이러한 반박에 대해 미군정은 아무런 답을 하지 못했다. 그러던 6월 4일 러치 군정장관은 기자단과의 문답에서 인쇄했다는 사실이 중요하지 인쇄 장소가 지하실인지 아닌지는 중요한 것이 아니라며 논란을 무마하려 했다.[8] 그러나 이는 논란에 대한 명쾌한 해명이 될 수 없었기 때문에 의혹은 계속되었고, 7월 20일 조선공산당 중앙위원회 서기국은 「제3차 성명」을 통해 이 문제를 다시 지적하고 나섰다.[9]

이후 수사 당국, 사법 당국, 미군정 그 어느 측에서도 지하실 논란에 대해 아무런 답변이나 해명을 하지 않았다. 검사의 「공판청구서」, 「논고」, 재판부의 「판결문」 어디에도 위폐 제조 장소가 구체적으로 명시되지는 않았으며, 단지 원래 정판사 인쇄 시설이 설치되어 있는 장소에서 위폐를 제조했다고만 나와 있을 뿐이다.

둘째, 정판사 '위폐' 사건의 피의자들이 제조했다는 위폐 금액에 대한 의혹에 대해 살펴보겠다.

5월 15일 공보부 발표에서 정판사 '위폐' 사건의 피고들이 제조했다는 위

---

4) 「소위 위조지폐 사건에 관한 공개 성명」, 『현대일보』, 1946.5.17.

5) 「장 경찰부장 기자단과 1문 1답」, 『중앙신문』, 1946.5.17.

6) 「공보부 발표에 상위 있다/본정서장, 기자단과 1문 1답」, 『조선인민보』, 1946.5.17.

7) 「지폐 사건에 조공서 2차 성명」, 『조선인민보』, 1946.5.22.

8) 「독도 사건과 관련성 잇다/위조지폐 사건에 대해 러 장관 언명」, 『독립신보』, 1946.6.5.

9) 「정판사 위폐 사건에 관하야/조공 중위 서기국 성명」, 『현대일보』, 1946.7.21.

폐 금액은 300만 원이었다. 그런데 다음 날인 5월 16일 제1관구경찰청 정보과에서는 위폐 제조 금액이 300만 원이 아니라 900만 원이라고 정정 발표를 했으며,[10] 5월 18일 경찰부장 장택상도 추가 보고에 따르면 위조지폐 금액은 900만 원이라고 밝혔다.[11]

이러한 착오는 실수에 의한 것일 수 있다. 특히, 5월 15일 공보부 발표는 경찰의 보고에 따른 것이라고 했으므로 경찰이 미군정에 보고하는 과정에서 통역 등 기타의 이유로 얼마든지 금액이 잘못 전달되었을 수 있다. 그런데 주목할 것은 이렇게 차이가 나게 된 이유에 대한 장택상의 해명이다. 장택상은 경찰서로부터 들어온 "추가 보고"에 의해 이런 결과가 발생했다고 했는데, 5월 15일과 5월 16일 단 하루 사이에 새로운 수사 결과가 발생했으며, 그것도 기존 금액의 3배로 증가할 만한 수사 결과가 있었다는 것은 다소 무리가 있는 설명이다. 이후 수사 당국은 그 추가 보고의 근거가 될 새로운 증거물 혹은 증언에 대해 어떠한 발언도 한 적이 없다.

이에 대한 의혹이 제기되자 6월 4일 러치 군정장관은 기자단과의 문답에서 장택상의 발언과 마찬가지로 추가 취조 결과 액수가 증가했다는 말만 되풀이했다.[12]

그런데 피고들이 제조했다는 위조지폐의 금액 변경은 여기서 그치지 않았다. 7월 19일 검사가 기소할 때 피고들이 제조했다는 위폐 금액은 다시 한 번 1,200만 원으로 증가되었다. 이에 7월 20일 조선공산당 중앙위원회 서기국은 「제3차 성명」을 통해 위폐 금액이 자꾸 증가하는 이유가 무엇인지를 밝히라고 강력하게 요구했다.[13] 그러나 이후 수사 당국, 미군정

10) 「지폐 위조 총액은 900만 원의 거액」, 『조선일보』, 1946.5.17.
11) 「총 900만 원 위조 지폐 또 발표」, 『자유신문』, 1946.5.19.
12) 「독도 사건과 관련성 있다/위조지폐 사건에 대해 러 장관 언명」, 『독립신보』, 1946.6.5.
13) 「정판사 위폐 사건에 관하야/조공 중위 서기국 성명」, 『현대일보』, 1946.7.21.

그 어느 측에서도 이에 대해 아무런 답변이나 해명을 하지 않았다.

그렇다면 1,200만 원이라는 금액은 어떻게 등장한 것인가? 더 이상의 자료가 없으므로 이를 추적한다는 것은 불가능하지만, 다음과 같은 합리적 추론을 해 볼 수 있다.

우선 검사 측 주장에 따르면 피고들은 총 6회에 걸쳐 매회 200만 원씩 총 1,200만 원을 제조했다고 했는데, 금액이 지나치게 딱 떨어진다는 인상을 준다. 마치 전체 위폐 제조 금액을 1,200만 원으로 정해 놓고 위폐 제조 횟수를 총 6회로 정한 다음 전자를 후자로 나누어서 매회 200만 원씩 인쇄한 것으로 정했다는 느낌을 준다.

그런데 흥미로운 것은 검사가 「공판청구서」에서 정판사 피고들이 위폐 인쇄용지로서 모조지 6연을 사용했다고 주장했다는 점이다.[14] 1연이 전지 500매이므로 6연은 전지 3,000매이다. 「판결문」에 따르면 정판사 '위폐' 사건의 피고들은 모조지를 반으로 절단하여 사용했으므로 전지 반절 크기의 모조지 6,000매를 사용한 셈이 된다. 따라서 모조지 6,000매에 백원권 20매짜리 대징크판을 이용하여 지폐를 인쇄했다고 하면 백 원권 총 12만 매(6,000매×20매)분을 인쇄한 셈이 된다. 따라서 위폐 제조 금액은 총 1,200만 원(100원×12만 매)이 되는 것이다. 피고들이 총 6회에 걸쳐 매회 200만 원씩 총 1,200만 원의 위폐를 제조했다는 검사 측의 주장은 실제 수사에 의해 이루어진 것이 아니라 이러한 산술적 계산을 통해 이루어진 것이 아니냐는 의혹이 제기될 수 있다.

이러한 추론이 사실과 합치하는지의 여부와는 별개로 수사 당국이 위폐 제조 금액을 거듭 변경한 것에 대한 의혹은 여전히 남아 있다.

셋째, 정판사 '위폐' 사건의 증거물이라는 징크판 9매에 대한 의혹에 대

---

14) 모조지 등 정판사 '위폐' 사건의 증거물에 대한 보다 자세한 검토는 제4장 2절 4)에서 할 것이다.

해 살펴보겠다.

5월 15일 공보부 발표에 따르면 정판사 '위폐' 사건의 증거물인 인쇄용 징크판 9매[15]가 행방불명되었다가 정판사에서 발견되었다고 했다. 이는 유력한 물적 증거로서 발표 내용에 사실성을 부여하는 역할을 했다고 할 수 있다.

그러나 이것은 전혀 사실과 다르다. 이 징크판 9매는 증거 제1호, 제2호, 제3호에 해당하는 것으로 정판사 '위폐' 사건과는 상관이 없는 것이다. 증거 제1호(흑색판 1매)는 5월 3일 윤경옥의 집에서 발견된 것으로 김창선이 판매하려다 미수에 그친 것, 즉 징크판 판매 미수 사건에 사용된 것이고, 증거 제2호(흑색판 2매, 청색판 1매, 자색판 1매)는 5월 4일 랑승헌의 집에서 발견된 것으로 뚝섬 위폐 사건에 사용된 것이며, 증거 제3호(흑색판 2매, 청색판 1매, 자색판 1매)는 5월 4일 김창선의 집에서 발견된 것으로 위폐 제조에 사용된 적이 없는 것들이었다. 무엇보다 이 징크판 9매는 100원권 1매를 인쇄하는 데 사용되는 소징크판이었고, 검사의 주장에 따르면 정판사 '위폐' 사건에 사용되었다는 징크판은 총 3매로서 100원 20매를 인쇄할 수 있는 대징크판이었다. 즉, 미군정은 정판사 '위폐' 사건과는 전혀 상관없는 징크판 총 9매를 정판사 '위폐' 사건의 증거물로 둔갑시켜 발표한 것이다. 따라서 공보부 발표에 등장한 징크판 9매는 정판사 '위폐' 사건의 증거물로서의 효력이 전혀 없다.[16]

그렇다면 미군정이 이러한 오류를 범한 이유는 무엇일까? 미군정의 이러한 오류가 알면서도 고의로 조작한 것인지 아니면 단순한 실수인지는 알 수 없다. 그러나 당시 경찰로부터 뚝섬 위폐 사건과 정판사 '위폐' 사건에

---

15) 흑색판 5매, 청색판 2매, 자색판 2매.
16) 징크판 등 정판사 '위폐' 사건의 증거물에 대한 보다 자세한 검토는 제4장 2절 4)에서 할 것이다.

대한 보고를 모두 받은 상태에서 미군정이 뚝섬 위폐 사건의 증거물을 정판사 '위폐' 사건의 증거물로 제시하여 정판사 '위폐' 사건에 대해서만 발표했다는 것은 단순한 실수 이상의 의도가 존재한 것이 아니냐는 의혹을 낳게 한다. 더구나 그러한 오류에 대해 추후 어떠한 해명도 하지 않았다는 점은 그러한 미군정의 의도에 대한 의혹을 더욱 확대시킨다고 할 수 있다.

넷째, 정판사 '위폐' 사건의 피의자 명단 변경에 대한 의혹에 대해 살펴보겠다.

정판사 '위폐' 사건 및 뚝섬 위폐 사건의 피의자들에 대한 경찰의 체포, 미군정의 사건 발표, 경찰의 송국, 검사국의 기소 명단을 보면 계속 변하고 있음을 확인할 수 있다. 이를 정리하면 표 4-1과 같다.

이러한 명단들 간에 차이가 있는 부분(표 4-1의 진한 색 부분)에 주목할 필요가 있다. (1) 안순규, 이한녕, 이필상, 이정환, 김영관 등 5인은 정판사 직공으로서 5월 초순에 체포되어 5월 15일 공보부 발표 시 정판사 '위폐' 사건의 피의자로 발표되었으며, 60일 남짓 경찰서에서 취조를 당했지만, 7월 9일 송국 시에 무죄로 석방되었다. 특히, 안순규에 주목할 필요가 있는데, 안순규는 정판사 공장장으로서 처음에는 정판사 '위폐' 사건의 피의자였으나 증인으로 바뀌어 위폐 제조 현장을 목격했다고 진술했다가 공판정에서 이를 부인했고, 위증죄로 기소되어 징역형을 선고받았다(이에 대해서는 제4장 1절 5)에서 보다 자세히 살펴볼 것이다).

(2) 이기훈, 윤경옥, 홍사겸은 5월 3일 김창선의 징크판 판매 미수 사건으로 경찰에 체포되어 조사를 받았는데 7월 9일 송국 시에 정판사 '위폐' 사건 피의자로 변경되어 검사국으로 넘겨져 조사를 받았다. 이들은 정판사 소속이 아니었음에도 정판사 '위폐' 사건의 피의자로 처리되었다는 점이 석연치 않다. 특히, 홍사겸에 주목할 필요가 있는데 7월 19일 기소 시에 이기훈, 윤경옥은 무죄로 석방되었지만 홍사겸은 뚝섬 위폐 사건 피의자로 변경

되어 기소되었다. 역시 그 과정이 석연치 않다(이에 대해서는 제4장 1절 2)에서 좀 더 자세히 살펴볼 것이다).

(3) 이원재는 5월 4일 뚝섬 위폐 사건 피의자로 체포되어 조사를 받았으나 6월 중순경 무죄 석방되었다(이에 대해서도 제4장 1절 2)에서 보다 자세히 살펴볼 것이다).

표 4-1. 정판사 '위폐' 사건 및 뚝섬 위폐 사건 피의자 명단 변경 현황

이름	나이	직책	체포	발표	송국	기소
이관술	45	조선공산당 재정부장	A	A	A	A
권오직	41	해방일보사 사장		A		
박낙종	48	조선정판사 사장	A	A	A	A
송언필	45	조선정판사 서무과장	A	A	A	A
신광범	41	조선정판사 인쇄주임	A	A	A	A
박상근	43	조선정판사 창고주임	A	A	A	A
김창선	35	조선정판사 평판과장	A, B, C	A	A, B	A, B
정명환	30	조선정판사 평판부과장	A	A	A	A
김상선	32	조선정판사 평판직공	A	A	A	A
김우용	28	조선정판사 평판직공	A	A	A	A
홍계훈	31	조선정판사 평판직공	A	A	A	A
안순규	50	조선정판사 공장장	A	A		
이한녕	39	조선정판사 화공	A	A		
이필상	46	조선정판사 재무과장	A	A		
이정환	18	조선정판사 평판직공	A	A		
김영관	25	조선정판사 평판직공	A	A		
이기훈	29	동아정판회사 직공	C		A	
윤경옥	24	조선단식인쇄소 직공	C		A	
홍사겸	24	조선단식인쇄소 직공	C		A	B
배재룡	32	수영사 직공	B		B	B
랑승구	40	무직	B		B	B
랑승헌	28	무직	B		B	B
이원재	35	독촉 뚝섬지부 조직부장	B			
A 합계			15명	16명	13명	10명
B 합계			5명	0명	4명	5명

*A: 정판사 '위폐' 사건, B: 뚝섬 위폐 사건, C: 징크판 판매 미수 사건.

2) 뚝섬 위폐 사건과 관련된 의혹

첫째, 뚝섬 위폐 사건의 피의자 이원재에 대한 의혹을 살펴보겠다.

1946년 5월 4일 경찰은 뚝섬 위폐 사건의 피의자 4인을 검거했다. 피의자는 배재룡, 랑승구, 랑승헌, 이원재였다.[17] 그런데 이 가운데 핵심 인물은 이원재이며, 이 사실은 좌우중도지를 막론하고 『조선인민보』,[18] 『중외신보』,[19] 『대동신문』,[20] 『서울신문』,[21] 『자유신문』[22] 모두에서 인정하고 있다. 그리고 이원재는 대한독립촉성국민회 뚝섬지부 조직부장이었다. 이로 인해 뚝섬 위폐 사건의 배후에 우익이 있는 것이 아닌가 하는 의혹이 제기되었다. 당시 좌우 대립이 심화된 상황에서 이는 우익에게 정치적으로 엄청난 타격이 될 가능성이 있었다. 더구나 압수된 인쇄기가 7대이며 위폐 제조 액수가 상당한 것으로 추정된다는 점에서 파장은 매우 클것으로 예상되는 상황이었다.

그런데 5월 8일 경찰이 조선정판사를 급습하여 위폐 사건 피의자들을 대거 검거하고, 5월 15일 공보부가 정판사 '위폐' 사건을 발표하며, 피의자들이 모두 공산당원임을 강조하면서 상황이 달라졌다. 더구나 공보부 발표 내용에는 정판사 '위폐' 사건에 대한 내용만 포함되고 뚝섬 위폐 사건에 대한 내용은 전혀 포함되지 않았다. 이제 불똥은 우익이 아니라 좌익으로 튀게 되었다.

---

17) 랑승구는 랑승헌의 형이며, 이원재의 이모부였다.
18) 「지폐 위조단 체포/석판기 7대 압수」, 『조선인민보』, 1946.5.7.
19) 「위조지폐범 타진」, 『중외신보』, 1946.5.9.
20) 「대규모의 지폐위조단/검거 동시에 인쇄기를 압수/지금까지 발각액이 5천만 원」, 『대동신문』, 1946.5.10.
21) 「위조지폐 수천만 원/본정서서 일당을 타진」, 『서울신문』, 1946.5.10.
22) 「판명된 것은 천만 원 정도/대 위조지폐 사건 불일 전모 판명」, 『자유신문』, 1946.5.12.

이에 5월 16일 박헌영은 군정청으로 찾아가 조선공산당의 결백을 주장했는데, 조병옥이 의외의 대답을 했다. 바로 "이번 사건은 뚝섬 사건이다"라고 말한 것이다.[23] 조병옥의 발언이 자세히 나와 있지 않고, 어떠한 맥락에서 말했는지를 알 수 없지만 이는 "정판사 '위폐' 사건이 뚝섬 위폐 사건과 관련이 있으며, 사건의 실체는 정판사 '위폐' 사건이 아니라 뚝섬 위폐 사건이니 걱정 말라"는 취지의 발언으로 볼 수 있다. 또한 같은 날인 5월 16일 이구범 본정경찰서장은 "이번 사건은 뚝섬 사건과 관련이 있음에도 불구하고 이번 발표에서 빠진 것은 이번 발표가 사건의 전모가 아닌 것을 말한다"라고 말했는데,[24] 이 역시 조병옥과 유사한 취지의 발언인 것으로 보인다.

이를 계기로 좌익 측에서는 뚝섬 위폐 사건과 이원재의 관계를 밝히라는 주장을 하기 시작했다. 이관술과 권오직이 5월 16일자로 조선공산당 중앙위원회 서기국 앞으로 보낸 성명서가 5월 17일과 18일 좌익 신문들에게 게재되었는데,[25] "이러한 허위의 사건이 발표된 것은 우익 반동파의 모략이며, 이러한 모략을 하게 된 계기는 뚝섬 독촉 지부 조직부장 이원재의 검거로 인한 위기를 벗어나고 좌익을 공격하는 기회로 삼기 위한 음모"라고 주장했다. 또한 민청 중앙위원회에서는 5월 17일 뚝섬 위폐 사건의 독촉 간부 이원재의 범죄가 조선공산당에게 뒤집어씌워지고 있음을 지적하며 당국에 뚝섬 위폐 사건의 진상 규명을 요청하는 성명을 발표했다.[26] 또한 좌익지인 『조선인민보』[27]도 5월 17일자 기사에서 조병옥의 발언과 공보

23) 「위조지폐에 관하야/조공 의견서, 성명 발표」, 『자유신문』, 1946.5.17.
24) 「본정서장 이구범 담」, 『중앙신문』, 1946.5.17.
25) 「이, 권 양 씨 성명서 발표」, 『중앙신문』, 1946.5.17.
   「소위 위조지폐 사건에 관한 공개 성명」, 『현대일보』, 1946.5.17.
   「전연 관계 업다/이, 권 양 씨 성명」, 『독립신보』, 1946.5.18.
   「3천만 동포에게 소(訴)함」, 『해방일보』, 1946.5.18.
26) 「위폐 사건 진상 규명을 위해 독도 사건 발표하라/민주청년서 성명」, 『현대일보』, 1946.5.18.

부 발표문의 의혹을 들며 이원재가 피의자인 뚝섬 위폐 사건이야말로 사건 해결의 중대 관건임을 주장했다.

한편, 5월 18일 일부 우익 신문들은 뚝섬 위폐 사건의 전말에 대해서 해명하기 시작했는데, 뚝섬 위폐 사건은 미수에 그친 사건이며, 이원재는 뚝섬 위폐 사건과 무관하다는 내용을 보도했다. 『동아일보』28)는 이원재는 단지 배재룡이 화투를 인쇄하여 팔자고 제의함에 따라 자금을 대어 준 사실밖에 없다고 했으며, 『한성일보』29)도 이와 유사하게 이원재는 단지 배재룡이 화투를 인쇄하여 팔자고 제의함에 따라 인쇄 장소로서 간장공장 2층을 빌려준 것밖에 없다고 주장했다.

또한 논란의 핵심으로 떠오른 대한독립촉성국민회에서는 5월 22일 성명을 발표하여 (1) 뚝섬에는 지부도 없으며, (2) 독촉 지부원 중에는 이원재라는 사람이 없고, (3) 범죄의 발생은 1945년 9월인데, 독촉 창립은 1946년 2월 8일이라고 주장했다.30) 이는 뚝섬 위폐 사건과 이원재가 관계없다는 주장에서 한 발 더 나아가 이원재는 독촉과 아무 상관없는 사람이며, 범죄 발생 당시인 1945년 9월에는 독촉이 아직 창립도 되지 않았으므로 뚝섬 위폐 사건과 독촉은 전혀 관계가 없다는 주장이었다.

그러던 중 검사국 지휘하에 정판사 '위폐' 사건과 함께 뚝섬 위폐 사건이 수사 중이던 6월 중순경 이원재는 "누구의 중개로서 내용도 모르고 집을 빌려준 것이 판명되어" 무죄 석방되었음이 언론을 통해 알려졌다.31) 그리고 검사 측이 7월 19일 기소 제기 시 작성한 「공판청구서」 중 뚝섬 위폐 사

27) 「독촉 간부 등을 검거」, 『조선인민보』, 1946.5.17.
28) 「독도에도 위조지폐/일당 6명을 검거 취조 중」, 『동아일보』, 1946.5.18.
  「국민회 이원재, 화투 자금을 제공」, 『동아일보』, 1946.5.18.
29) 「독도 사건은 원판 전매(轉賣)뿐!」, 『한성일보』, 1946.5.18.
30) 「위폐 사건에 무관/독촉, 성명서를 발표」, 『한성일보』, 1946.5.23.
31) 「위폐 사건 불일 송국, 뚝섬 관계의 이 씨는 무죄 석방」, 『한성일보』, 1946.6.24.

건의 범죄 사실에 따르면 "배재룡, 랑승구, 랑승헌은 이 외에 인쇄기, 용지, 잉크 등을 구입한 후 화투를 인쇄하겠다고 거짓말을 하여 랑승구의 처조카인 이원재를 통해 뚝섬 소재 곽재봉의 창고 2층을 빌려 11월경 인쇄기계를 설치하였다"라는 내용이 포함되어 있다.[32] 이원재가 사건과 관련이 없다면 굳이 「공판청구서」에 다른 피고들이 '거짓말'을 해서 이원재가 속았다는 내용을 넣을 필요가 없을 것인데, 그렇게 했다는 것은 검사 측이 이원재의 결백을 증명하기 위해 노력하고 있음을 방증한다.

그럼에도 이원재에 대한 좌익 측의 의혹 제기는 계속되었다. 조선공산당 중앙위원회 서기국은 기소 직후인 7월 20일 검찰에 질문을 제기하는 성명을 발표했는데, 그중에는 이원재의 석방 이유를 해명하라는 요구가 포함되었다.[33] 그러나 검찰은 이에 대해 답변하지 않았고, 뚝섬 위폐 사건의 재판은 7월 29일 구형과 8월 5일 선고를 내림으로써 종결되었는데, 양원일 재판장은 판결 주문에서 범죄 사실의 요지를 말할 때 검찰의 공판 청구서와 동일한 내용을 포함시켰다.[34]

그리고 그렇게 뚝섬 위폐 사건의 재판이 끝났음에도 양원일은 이원재의 결백을 증명하기 위해 노력했다. 8월 23일 정판사 '위폐' 사건 제3회 공판에서 양원일은 김창선에게 뚝섬 위폐 사건에 대한 사실심문을 할 때, 이원재에 대한 의혹 제기를 하나의 정당하지 못한 비방이나 중상으로 취급하는 태도를 보였다.[35]

이상에서 살펴본 바를 종합하면 1946년 5월 4일 경찰이 뚝섬 위폐 사건 피의자들을 체포했을 때 이원재는 분명히 사건의 핵심 인물이었다. 그러

---

32) 「위조지폐 사건 공판청구서 전문(하)」, 『동아일보』, 1946.7.30.
33) 「정판사 위폐 사건에 관하야/조공 중위 서기국 성명」, 『현대일보』, 1946.7.21.
34) 「수범에 6년 체형/뚝섬 위폐 사건 언도」, 『조선일보』, 1946.8.6.
35) 「점차 드러나는 사건 전모/고문에 못 이겨 묻는대로 답」, 『현대일보』, 1946.8.24.

나 5월 15일 미군정의 발표와 함께 정판사 '위폐' 사건이 등장하면서 뚝섬 위폐 사건 자체가 사라졌다. 이에 좌익 측에서 뚝섬 위폐 사건과 이원재의 진상 규명을 요구하자 수사 당국은 우익 신문을 통해 마지못해 뚝섬 위폐 사건을 해명하면서도 이원재는 사건과 무관함을 강조했고, 결국 6월 중순에 이원재를 무죄 석방했다. 이로써 이번에는 이원재가 뚝섬 위폐 사건으로부터 사라졌다. 그리고 계속되는 이원재에 대한 의혹 제기에도 사법 당국은 별다른 해명 없이 그저 이원재가 피고들의 거짓말에 속아서 위폐 인쇄의 의도를 모른 채 장소를 제공했다는 주장만 되풀이했다. 그리고 급기야는 이원재에 대한 의혹 제기를 경찰에 대한 비방과 중상으로 간주하는 태도를 보였다. 이런 점에서 독촉 출신의 이원재를 비호하는 수사 당국과 사법 당국의 태도는 뚝섬 위폐 사건이 우익 측과 관련되어 있었기 때문에 이를 덮기 위해 정판사 '위폐' 사건을 조작한 것이 아니냐는 의혹을 낳게 하며 이러한 의혹은 여전히 해소되지 않은 상태이다.

둘째, 뚝섬 위폐 사건의 증거물을 참관한 이시영과 안미생에 대한 의혹에 대해 살펴보겠다.

1946년 5월 6일 본정경찰서에 임정 요인인 이시영과 안미생이 나타났다. 이들은 이틀 전 뚝섬 위폐 사건 피의자들을 검거할 때 압수한 증거물들을 보고 조용히 사라졌다. 경찰이 이들을 불러서 뚝섬 위폐 사건의 증거물들을 보게 한 것이었다. 앞서 언급했듯이 이원재는 당시 독촉 뚝섬지부 조직부장이었고 이시영은 독촉 위원장이었다.

이 사실이 알려지자 좌익 측은 독촉 뚝섬지부 조직부장 이원재가 사건에 연루된 것과 더불어 이것이 뚝섬 위폐 사건이 우익 측과 관련된 것이 아니냐는 의혹을 제기하며 전단을 통해 선전했다.

우익 측은 이러한 좌익의 주장이 위폐 사건을 우익 측에 덮어씌우려는 모략이라고 주장하며 강력하게 반발했다. 그 과정에서 『동아일보』[36)는

"남자의 안미생을 여자로 넘겨 집푼게 첫재 실수요"라고 잘못 말하기도 했다. 실제로 안미생은 김구의 첫째 며느리로서 김구의 비서 역할을 하고 있었던 인물이었는데 자기들이 남자로 착각했으면서 오히려 좌익 측이 여자로 착각했다고 잘못 말한 것이다.

또한 민주의원의 함상훈 공보부장은 5월 18일 다음과 같은 담화를 발표했다.[37)

일부에서 임시정부 이시영, 안미생 양 씨가 위조지폐 사건에 관련된 것처럼 선전하나 그것은 허위다. 일전에 CIC에서 근택빌딩에서 지폐 위조기와 위조지폐 등을 압수하고 김구 총리의 참관을 요구했는데 때마침 김 총리는 입원 중이므로 그 대리로 이시영, 안미생 양 씨가 구경했을 뿐이다. 그런데 이것을 본 공산당에서 허위 선전한 것이니 기만당하지 말기를 바란다.

이 담화에서 눈여겨봐야 할 것이 몇 가지 있는데 첫째, 이시영과 안미생이 본정경찰서에 방문한 것은 5월 6일이며 이들이 본 것은 5월 4일에 압수한 인쇄기(석판 인쇄기 7대), 기타 재료 등 뚝섬 위폐 사건의 증거물이었지만, 함상훈은 근택빌딩 정판사에서 5월 8일 이후에 압수한 인쇄기와 위조지폐를 봤다고 했다는 것이다. 즉, 함상훈은 뚝섬 위폐 사건의 증거물과 정판사 '위폐' 사건의 증거물을 교묘하게 치환하고 있음을 알 수 있다. 둘째, 함상훈은 원래 '경찰서' 측에서 '이시영과 안미생'을 부른 것이 아니라 'CIC'가 '김구'에게 참관을 요청한 것이라고 했다. 이 말은 이시영 · 안미생 연루

---

36) 「횡설수설」, 『동아일보』, 1946.5.16.
37) 「임정 관련은 모략/함상훈 씨 담화」, 『동아일보』, 1946.5.19.
　　「위조지폐 사건에 임정 요인 무관계/함상훈 씨 담」, 『서울신문』, 1946.5.19.
　　「위폐 사건과 임정 요인 무관이라고 민의 발표」, 『중앙신문』, 1946.5.19.
　　「이시영, 안미생은 위조지폐 사건과는 관련 없다」, 『중외신보』, 1946.5.19.
　　「이시영, 안미생 양 씨/위폐 관련은 낭설」, 『한성일보』, 1946.5.19.

설에 대한 의혹을 해소한다기보다는 오히려 사건의 배후에 김구가 있고, 사건 조작의 배후에 CIC가 있다는 새로운 의혹을 확산시키는 말이었다.

좌익 측은 향후에도 계속 이시영, 안미생 연루설에 대해 문제 제기를 했다. 5월 21일의 조선공산당 중앙위원회 서기국의 성명,[38] 7월 20일 조선공산당 중앙위원회 서기국의 성명,[39] 7월 20일 이승엽, 김광수의 검사국 (검사총장 이인, 서울지방법원 검사장 김용찬, 차석검사 엄상섭) 항의 방문,[40] 7월 20일 민청의 성명[41]에는 모두 이시영, 안미생의 증거물 관람 경위에 대한 의혹 제기가 포함되어 있었다. 그러나 우익 혹은 수사 당국에서는 그에 대한 명확한 해명을 하지 못했다.

이후 정판사 '위폐' 사건에 대한 재판 진행 과정에서도 이 논란은 계속되었는데, 9월 13일 제12회 공판에서 변호인단은 "이시영, 안미생 씨 등에게 경찰서에서 비밀 취조 중인 증거품을 어찌하여 보이게 되엿는가의 동기"를 밝히라고 요구하며,[42] 이시영, 안미생을 증인으로 신청했다.[43] 한편, 9월 17일 제14회 공판에 증인으로 출석한 미국인 경무부장 매글린은 이시영, 안미생 양 씨에게 증거물을 보여 준 것을 아느냐는 질문에 처음 듣는 말이라고 대답했다.[44] 또한 9월 20일 제16회 공판정에서 증인으로 출석한 장택상 경무총감은 "본정서에서 이 사건을 취조 중 이시영 씨 등에게 증거물을 제시한 것은 자기도 신문에서 비로소 알고 조사해 보았는데 신문기자와 김

---

38) 「지폐 위조의 진범은 독촉 간부」, 『전국노동자신문』, 1946.5.24.
39) 「좌우 정당, 법조인 임회하 진정한 재취조를 요구/공산당, 위폐 사건에 성명」, 『조선인민보』, 1946.7.21.
40) 「재조사 요구」, 『중앙신문』, 1946.7.22.
41) 「재취조 요망/민청」, 『조선인민보』, 1946.7.23.
42) 「증거 제시 증인 소환 요구/위폐 공판 주목할 제2단계로」, 『자유신문』, 1946.9.15.
43) 「피고 사실심리 종결」, 『대한독립신문』, 1946.9.14.
44) 「장기 구금 명령한 일 없다/맥 경무부장의 주목되는 진술」, 『독립신보』, 1946.9.19.

광수 씨 등 좌익 진영 사람들에게도 제시한 일이 있으니 별로 문제될 일이 아니다"라고 대답했으며, 이날 증인으로 출두하기로 예정되어 있던 이시영은 "신병으로 인하여 증인으로 출두치 못하니 서면으로 대신하여 달라"며 공판정에 출두하지 않아 변호사 측은 대신 이구범 본정서장을 증인으로 신청했다.[45] 이에 9월 24일 제17회 공판정에서 증인으로 출석한 이구범은 재판장의 질문에 대해 "일부러 이시영, 안미생을 초청한 적이 없으며 이들이 우연히 경찰서에 왔을 때 보여준 것뿐"이라고 해명했다.[46]

이상에서 살펴본 바와 같이 공판정에서의 매글린, 장택상, 이구범의 증언은 모두 수사 당국에서 의도적으로 우익 인사들에게 증거물을 공람시킨 것을 부정하거나 모르는 척하고 있다. 이는 앞서 민주의원 함상훈과 검사국에서 "CIC가 김구를 초청하여 압수된 증거물을 참관케 하려했으나 김구가 병석에 있었기 때문에 대신 이시영과 안미생을 초청하여 참관케 했다"는 해명과는 배치된다. 그리고 논란의 당사자인 이시영은 증인 출두를 거부했다. 이렇게 이시영과 안미생은 사건으로부터 사라졌다.

이러한 정황을 종합하여 볼 때 다음과 같은 사실을 추정해 볼 수 있다.

① 5월 4일 본정 경찰서원들은 뚝섬 위폐 사건 피의자를 검거했으며 동시에 범죄 현장에서 위폐 인쇄기 등 증거물을 압수했다.

② 뚝섬 위폐 사건의 주요 피의자인 이원재가 독촉 뚝섬지부 조직부장이라는 사실을 알게 된 경찰은 이러한 사실이 우익 측에 대한 정치적 비난으로 이어질 수 있음을 예상하고 외부에 알리지 않은 채 수사를 계속하는 한편 상부에 보고했을 가능성이 크다.

③ 경찰 상부는 이를 독촉 측에 알려 어떻게 처리해야 할지 문의했고,

---

45) 「장 경무총감 등 증인 신문/위폐 사건 16회 오후 공판」, 『독립신보』, 1946.9.22.

46) 「공당원 위폐 사건 제17회 공판/정판사 위폐가 명확/조은 발행과장 오정환 씨의 증언」, 『동아일보』, 1946.9.25.

독촉 측에서는 5월 6일 이시영과 안미생을 본정경찰서로 보내 증거물을 둘러봤을 것으로 추정된다.

④ 경찰 상부는 우익이 연루된 뚝섬 위폐 사건을 은폐할 방법을 궁리하다가 김창선이 조선공산당원이며 조선정판사 직공이라는 사실에 착안하여 정판사 '위폐' 사건을 조작할 계획을 세웠을 것으로 추정된다. 앞서 언급한 함상훈의 말이 맞다면 여기에는 미군정도 개입했을 것으로 추정된다. 이에 따라 5월 8일 경찰은 조선정판사를 급습하여 피의자를 체포하고 인쇄기 등 기타 증거물을 압수했다. 그리고 이를 미군정에 보고했다.

⑤ 5월 10일 외국 기자단과 CIC 장교들이 본정서에 찾아와 증거물을 조사했다.[47)]

⑥ 좌익 측에서 이시영, 안미생의 증거품 참관을 문제 삼자 민주의원 함상훈 공보부장은 이들이 5월 6일 뚝섬 위폐 사건 증거물을 참관한 것이 아니라 5월 10일 정판사 '위폐' 사건 증거물을 참관한 것처럼 언급하며, 증거품 조사 및 초청의 주체 역시 본정경찰서가 아니라 CIC인 것처럼 발표하여 발뺌했다. 이후 검사국에서도 동일한 내용으로 답변했다. 검사국 측의 답변 중에서 수사 중인 사건의 증거품을 수사 당국 이외의 사람들에게 보여 준 것이 잘못이라는 점을 순순히 시인한 것은 다른 거짓말을 덮는 것이 더 중요했기 때문으로 생각된다.

⑦ 그럼에도 계속 의혹이 가라앉지 않고 공판정에서까지 문제가 불거지게 되고 결국 증인으로 출석한 미국인 경무부장 매글린이 이시영, 안미생의 참관 여부에 대해 모른다고 하게 되자, CIC의 핑계를 대기 어려워진 경찰 측은 기존의 거짓말을 고집할 수 없게 되었다. 이에 증인으로 출석한 장택상은 "좌익 측에게도 보여줬으므로 우익 측에게 보여준 것이 문제되

---

47) 「기계, 서류를 또 압수/갈수록 커지는 위조지폐 사건」, 『한성일보』, 1946.5.12.

지 않는다"며 이른바 '물 타기'식 답변을 했고, 마찬가지로 증인으로 출석한 이구범은 "본정서에서 일부러 초청해서 보여준 것은 아니고 미군정에서 증거품을 보러 왔을 때 우연히 이시영, 안미생 씨가 경찰서에 왔기에 큰 의미 없이 보여준 것이다"라고 대답하며 은근슬쩍 넘어가려 했다.

이런 점에서 뚝섬 위폐 사건의 용의자인 독촉 출신의 이원재, 뚝섬 위폐 사건의 증거물을 비밀리에 참관하고 돌아간 독촉 위원장 이시영 및 안미생, 그리고 이 사실을 해명하지 않고 조용히 덮으려는 경찰·검찰 등 수사 당국, 증인 출두를 거부한 이시영의 태도는 뚝섬 위폐 사건이 우익 측과 관련되어 있었기 때문에 이를 덮기 위해 정판사 '위폐' 사건을 조작한 것이 아니냐는 의혹을 더욱 강화시킨다고 할 수 있다.

셋째, 뚝섬 위폐 사건의 증거물인 인쇄기에 대한 의혹에 대해 살펴보겠다.

1946년 5월 4일 경찰이 뚝섬 위폐 사건 피의자들을 체포할 때 징크판, 잉크 재료 등 각종 증거물을 압수했는데, 여기에는 석판 인쇄기 7대가 포함되어 있었다. 인쇄기 7대 압수에 대한 언급은 좌우중도지를 막론하고 『조선인민보』,[48] 『서울신문』,[49] 『조선일보』,[50] 『한성일보』,[51] 『독립신보』[52] 모두에 등장하고 있다. 위폐 인쇄에 인쇄기 7대가 사용되었다는 것은 최소한 7매의 징크판을 사용하여 대량으로 위조지폐를 인쇄했다는 정황에 해당하며, 사건에 참여한 인원도 상당히 대규모였음을 방증한다.

그런데 본 사건의 공판 기록에는 뚝섬 위폐 사건의 증거물로서 석판 인쇄기 1대(증 제4호)[53]만이 등장한다. 인쇄기 7대 중 6대가 사라진 것이다.

48) 「지폐 위조단 체포/석판기 7대 압수」, 『조선인민보』, 1946.5.7.

49) 「위조지폐 수천만 원/본정서서 일당을 타진」, 『서울신문』, 1946.5.10.

50) 「1억 이상 위조지폐/모 정당 간부 등 배후 관계 엄사 중」, 『조선일보』, 1946. 5.11.

51) 「위폐 사건 더욱 확대/주모자 검거되는 대로 전모 판명」, 『한성일보』, 1946.5.11.

52) 「천수백만 원 위조/본정서에서 취조 중」, 『독립신보』, 1946.5.15.

53) 서울지방심리원, 「판결」, 『위폐사건 공판기록』, 대건인쇄소, 1947, 141쪽.

또한 수사 당국은 인쇄기 7대를 압수했다가 그중 6대를 증거물로 채택하지 않은 이유가 무엇인지도 밝히지 않았다. 이를 통해 수사 당국 및 사법 당국이 뚝섬 위폐 사건을 축소하려 한 것이 아니냐는 의혹이 강하게 제기될 수 있다. 만약 뚝섬 위폐 사건을 축소하려 했다면 그 이유는 무엇일까? 이는 우익이 관련된 뚝섬 위폐 사건을 축소, 은폐하고 좌익이 관련되었다는 정판사 '위폐' 사건을 조작, 확대함으로써 당시 위폐 범람으로 인한 경제적 혼란의 책임을 좌익에게 전가시키기 위한 것이 아니었냐는 의혹으로 연결될 수 있다.

넷째, 뚝섬 위폐 사건의 피의자 홍사겸에 대한 의혹에 대해 살펴보겠다.

앞서 언급했듯 홍사겸은 5월 3일 김창선의 징크판 판매 미수 사건으로 경찰에 체포되었는데, 조사 과정에서 뚝섬 위폐 사건에 사용된 징크판을 수정하고 판매를 중개한 혐의가 밝혀졌다. 그런데 7월 9일에는 정판사 '위폐' 사건 피의자로 변경되어 검사국으로 송국되었다. 그리고 검사국에서 조사를 받다가 7월 19일에는 다시 뚝섬 위폐 사건 피의자로 변경되어 기소되었다. 이러한 거듭되는 변경은 수사 당국이 무슨 일을 조작하고 있는 것이 아닌가 하는 인상을 주기에 충분하다.

사실 홍사겸은 뚝섬 위폐 사건의 피고인들 중 실제 범행에 관여하지 않은 유일한 인물이다. 그는 단지 김창선과 뚝섬 위폐단 사이의 중개 역할을 한, 속칭 '브로커'였다. 「판결문」에 따르면 실제로 그가 한 일은 1945년 10월경 김창선과 함께 징크판을 수정한 것과 10월 말일경 김창선이 배재룡, 랑승헌에게 징크판을 판매할 때 물건을 배달해 준 일밖에 없다. 그 때문에 배재룡, 랑승구, 랑승헌 등 뚝섬 위폐 사건의 다른 피고인들의 죄명은 '통화위조미수죄'인 데 반해 홍사겸의 죄명은 '통화위조미수방조죄'였다. 그럼에도 그는 징역 3년을 선고받았는데 이는 실제 범행을 저질러 징역 4년을 선고받은 랑승헌, 배재룡보다 형량이 불과 1년밖에 적지 않다는 점에서 형평

성에 맞지 않는다.

그렇다면 왜 홍사겸은 뚝섬 위폐 사건의 피의자로 변경되어 과도하게 처벌받아야 했는가? 판결 당시 양원일 재판장의 「훈유」의 내용에서 하나의 단서를 얻을 수 있다.[54) 재판장은 그가 공산당원이기 때문에 더 엄격히 처벌받은 것은 아니라고 강변하고 있으나 재판장이 「훈유」에서 군이 그러한 변명을 해야만 했다는 것은 그만큼 당시 세간에서는 홍사겸이 공산당원이기 때문에 뚝섬 위폐 사건 피의자로 공판에 회부되어 과도하게 처벌되었다는 말이 회자되고 있었음을 방증한다.

이러한 단서를 통해 홍사겸과 관련된 문제를 추론해 보면 다음과 같다. 1946년 5월 초로 다시 돌아가 보면, 경찰은 뚝섬 위폐 사건 피의자들을 체포하여 취조한 결과 이원재가 독촉 소속이라는 사실을 알게 되자 불똥이 우익으로 튈 것을 우려했다. 그래서 공보부 발표 때는 정판사 '위폐' 사건만을 부각시켜 뚝섬 위폐 사건을 은폐하려 했고, 이후 이원재를 무죄 석방시켰다. 그럼에도 세간에는 "뚝섬 위폐 사건은 우익의 범죄인데 수사 당국이 이원재만을 석방시켜 우익과의 관련성을 없애려고 했다"는 비판의 목소리가 있었을 것이다. 이에 수사 당국으로서는 확실하게 뚝섬 위폐 사건과 우익의 관련성을 지워야 할 필요성을 느꼈을 것이다. 비록 필요에 의해 홍사겸은 송국 시 정판사 '위폐' 사건의 피의자로 처리했지만, 뚝섬 위폐 사건에 공산당원인 홍사겸을 포함시킴으로써 더 이상 뚝섬 위폐 사건이 우익과 관련되어 있다는 여론을 잠재워야 할 필요성이 더 컸던 것이라고 추정할 수 있다. 이에 따라 홍사겸은 뚝섬 위폐 사건 피의자로 변경되어 처벌받았던 것이라고 할 수 있다.

홍사겸은 김창선과 친분이 돈독한 파트너로서 뚝섬 위폐 사건에 사용된

---

54) 「독도 위폐단 판결 언도/최고 6년으로」, 『대동신문』, 1946.8.6.

징크판을 수정하는 역할과 판매 창구로서의 역할을 담당했던 범죄자였다. 그러나 그가 공산당원이라는 사실로 인해 수사 당국은 홍사겸을 때로는 정판사 '위폐' 사건의 피의자로 처리했다가 때로는 뚝섬 위폐 사건의 피의자로 처리하는 등 그때그때 필요에 따라 이용했던 것으로 추론할 수 있다. 결국 뚝섬 위폐 사건의 피의자로서 독촉 소속 이원재는 사라졌고, 그 자리에 조선공산당 당원 홍사겸이 들어가게 되었다. 즉, 우익 피의자가 좌익 피의자로 뒤바뀐 것이다.

다섯째, 뚝섬 위폐 사건의 재판 처리 과정에 대한 의혹에 대해 살펴보겠다.

뚝섬 위폐 사건의 재판 과정을 보면 아무리 피고인들이 기소 내용을 인정했기 때문이라고 하더라도 너무나도 신속하게 일사천리로 진행되었다는 인상을 지울 수 없다.

뚝섬 위폐 사건의 공판은 단 2회 만에 끝났는데, 제1회 공판은 1946년 7월 29일, 제2회 공판은 8월 5일에 있었다. 제1회 공판은 기소 내용 확인, 사실 심리, 증거품 확인, 검사 논고 및 구형, 변호사 변론에 이르기까지 불과 4시간 30분 만에 끝이 났고, 제2회 공판이자 마지막 공판은 언도, 판결 주문 이유서 낭독, 피고 상고 방법, 훈유에 이르기까지 30분밖에 걸리지 않았으므로 재판에 걸린 총 소요 시간은 불과 5시간에 지나지 않는다. 강거복 변호사 외 다른 2인의 변호사는 공판정에서 발언하지도 않았고, 피고들의 최후 진술도 없었다.

또한 일부 신문에서는 제1회 공판에서 변호사가 무죄를 주장했기 때문에 판결에 불복, 상고할 것이 예상된다고 보도하기도 했으나[55] 예상과는 달리 피고들은 상고하지 않고 1심 결과를 순순히 받아들였다. 물론 피고들이 상고하지 않은 이유는 검사의 구형에 비해 선고에서는 각 피고당 징

---

55) 「랑승구에 6년 언도/작일, 독도 위폐 사건 공판」, 『독립신보』, 1946.8.6.
　　「랑승구에 6년 언도/독도 위폐 사건 공판」, 『자유신문』, 1946.8.6.

역 1~2년이 감형되었기 때문이라고도 할 수 있다. 그러나 '통화위조죄'나 '통화위조행사죄'가 아니라 '통화위조미수죄' 혹은 '통화위조미수방조죄'에 불과한데도 피고들이 각각 징역 3~6년을 선고받은 것을 생각하면 여전히 납득하기 어려운 반응이며, 오히려 피고들이 결과에 만족하고 있다는 추정을 가능케 한다.

여섯째, 뚝섬 위폐 사건의 피의자 배재룡에 대한 의혹에 대해 살펴보겠다.

(1) 뚝섬 위폐 사건 「공판청구서」와 (2) 뚝섬 위폐 사건 「판결문」 및 (3) 정판사 '위폐' 사건 「판결문」의 내용 중에서 뚝섬 위폐 사건의 범죄 사실 부분을 살펴보면 세 문서 모두 뚝섬 위폐 사건은 미수로 그친 사건이며, 그 이유는 제2차 위폐 인쇄 때에 배재룡이 인쇄기의 롤러를 비틀어 버렸기 때문이라고 설명하고 있다. 그런데, 배재룡이 롤러를 비틀어 버린 이유에 대해서 (1)의 내용과 (2), (3)의 내용이 차이가 있다. 해당 부분을 인용하여 비교하면 다음과 같다(밑줄은 필자).

(1) 뚝섬 위폐 사건 「공판청구서」(1946년 7월 19일)
"피고인 배재룡은 범죄 발각의 위험을 늣기어 고의로 로-라를 비트러 그 석판을 간 결과 불선명하게 되었음으로 그때마다 적용의 은행권위조의 목적을 달치 못한 것임."[56]

(2) 뚝섬 위폐 사건 「판결문」(1946년 8월 5일)
"배재룡은 양심에 가책을 받고 인쇄기의 롤-러-를 깨뜨려 인쇄를 못하게 하고 범행을 중지한 사건이다."[57]

(3) 정판사 '위폐' 사건 「판결문」(1946년 11월 28일)
"배재룡이 양심의 가책을 받아 범행을 중지하기를 결의하고 인쇄기의 '로-라-'

---

56) 「위조지폐 사건 공판청구서 전문 (하)」, 『동아일보』, 1946.7.30.
57) 「수범에 6년 체형/뚝섬 위폐 사건 언도」, 『조선일보』, 1946.8.6.

를 비트러 판을 깐 결과 인쇄가 불선명하게 되었으므로 소기의 은행권 위조의 목적을 달치 못하게"[58]

범행을 중지하기로 결심한 이유가 (1)에서처럼 범죄 발각의 위험을 느꼈기 때문이라기보다는 (2), (3)에서처럼 양심에 가책을 받았기 때문이라고 하는 쪽이 뚝섬 위폐 사건 피고인들, 특히 배재룡에게 선처를 베풀 여지가 더 커진다고 볼 수 있다. 물론 재판부가 「판결문」의 문구를 이렇게 수정한 것은 수사 진행 과정에서 새로운 조사 결과가 나온 것을 반영한 것이라고 볼 수도 있다. 하지만 다른 한편으로는 사법 당국이 이렇게 피고에 우호적인 태도를 취하게 된 것은 뚝섬 위폐 사건의 피의자들과 모종의 거래를 한 것이 아닌가 하는 심증적 의혹을 낳게 한다.

배재룡은 어떤 인물이었는가? 「공판청구서」에 나와 있는 뚝섬 위폐 사건의 범죄 사실과 제2회 공판에서의 김창선의 진술을 종합해 보면 배재룡은 수영사 인쇄소 직공으로서 김창선의 7, 8년 지기였는데, 위폐를 인쇄할 목적으로 김창선에게 징크판을 구해 달라고 부탁했으며, 위폐 인쇄 당시 직접 인쇄 작업을 담당했다. 다른 피고들 중 랑승구는 자금을 제공했으며, 랑승헌은 기타 노무를 담당했고, 홍사겸은 징크판 수정 및 전달을 맡았으므로 사실상 뚝섬 위폐 사건에서 주도적 역할을 한 인물은 배재룡이라고 할 수 있다. 그런데 판결 내용을 보면 랑승구가 징역 6년, 랑승헌이 징역 5년을 선고받았는데, 배재룡이 징역 5년을 선고받았다는 것은 뚝섬 위폐 사건에서 배재룡의 역할이 차지하는 비중에 비해 상당히 관대한 판결을 받은 것이라고 할 수 있다.

그런데 배재룡의 행적을 살펴보니 정판사 '위폐' 사건의 수사 및 재판 과정에서 여러 가지 활동을 한 사실을 발견할 수 있었다. 우선 배재룡은 1946년

---

58) 서울지방심리원, 「판결」, 『위폐사건 공판기록』, 대건인쇄소, 1947, 117쪽.

5월 28일 수사 당국이 정판사에서 위폐 시험 인쇄를 할 때 인쇄 작업에 참여했다. 이 사실이 알려지자 배재룡에 대한 의혹이 제기되었고, 이에 대해 장택상 경찰청장[59]과 본정경찰서 최난수 형사[60]는 특별한 의미가 없다는 식으로 반응했다.[61]

또한 배재룡은 검사 앞에서 정판사 '위폐' 사건에 대해 수차례 진술했으며, 9월 24일 제17회 공판에 증인으로 출석하기도 했다. 배재룡의 진술을 정리하면 다음과 같다.

● 날짜 미상, 검사에게 진술
(a) 징크판을 휘발유 아니고 석유로 닦은 것이면 2일 내이면 넉넉히 재생할 수 있소(조서 1권 331정 뒤).[62]

● 1946년 9월 7일, 검사에게 진술
(b) 정명환은 약 7년 전에 대일본영화주식회사의 마-크 현상 모집에 응모할 때 화공 도구로 그려 보았으므로 다소의 화공 기술이 있을 것이요(조서 11권 3088정).[63]
(c) 평판 직공으로만 있는 사람이라도, 징크판을 제판실에 갖어가서 '모리가에'를 하여 달라고 한 후 다시 갖어와서 인쇄하는 경우가 가끔 있으므로, 평균 5, 6년 보느라면 '모리가에' 방법을 알게 되오(조서 11권 3089정).[64]
(d) "안순규가 동 감방에 있을 때 어느 공일(空日)날 활판 부과장(副課長) 김 모를 맞나려 갔더니 그 사람이 타객과 나갔다 하므로 극장에 갔다가 귀가 도중

59) 「지폐 시쇄 현장에 배재룡/독도 위폐 사건과의 관련 극 주목」, 『조선인민보』, 1946.5.31.
60) 「독도 사건 관련을 확인/본정서 수사 주임 기자단과 문답/위폐 사건」, 『조선인민보』, 1946.6.1.
61) 서울지방심리원, 「판결」, 『위폐사건 공판기록』, 대건인쇄소, 1947, 117쪽.
62) 서울지방심리원, 「논고 요지」, 『위폐사건 공판기록』, 대건인쇄소, 1947, 62쪽.
63) 서울지방심리원, 「논고 요지」, 『위폐사건 공판기록』, 대건인쇄소, 1947, 63쪽.
64) 서울지방심리원, 「논고 요지」, 『위폐사건 공판기록』, 대건인쇄소, 1947, 62쪽.

정판사에 들린즉, 평판과에서 일을 하다가 무엇을 덮고 감추고 하므로 무엇을 하느냐고 물은즉 아무 대답도 아니하므로 나왔다"는 말을 합디다(조서 11권 3091정).[65]

(e) 안순규와는 송국될 때까지 약 50일간 같이 있었는데 안은 "처음 형사가 따구 5, 6개 때린 후는 때리지 않더라"고 말합디다(조서 11권 3092정).[66]

● 1946년 9월 24일, 제17회 공판에서 진술

(f) 자기는 안순규와 약 50일간 경찰서 한 감방에 있었는데 동인의 말이 금년 어느 공일(空日)날 활판 부과장 김모를 만나려 갔더니 그 사람이 외출하고 없었으므로 귀로에 조선정판사에 들렀더니 평판과에서 일을 하다가 무엇을 덮고 감추는 것을 보았다고 하더라.[67]

위의 (a), (b), (c)는 정판사 '위폐' 사건의 피고들이 위폐를 인쇄할 수 있는 기술을 보유하고 있다는 주장이며, (d), (e), (f)는 증인 안순규가 위폐 인쇄 현장을 목격했다고 진술한 것이 사실임을 뒷받침하는 내용으로서(위폐 인쇄 기술 보유 문제에 대해서는 제4장 2절 3)에서, 안순규의 현장 목격 증언에 대해서는 제4장 1절 5)에서 분석할 것이다), 모두 정판사 '위폐' 사건 피고들의 유죄 성립에 유리한 진술들이다. 즉, 배재룡은 검사 앞에서와 공판정에서 모두 검사에게 도움이 되는 진술을 한 것이다.

이상의 사실들을 종합하면 뚝섬 위폐 사건과 관련된 의혹을 크게 2가지로 정리할 수 있다. 첫째, 피의자 중 독촉 소속인 이원재는 수사 도중 무죄 석방되었고, 공산당원인 홍사겸은 뚝섬 위폐 사건 피의자로 변경됨으로써 결과적으로 피의자가 치환되었다. 사건의 중요한 증거물인 뚝섬에서 압수된 인쇄기 7대 중 6대는 사라졌다. 그리고 재판은 일사천리로 진행되어 단

---

65) 서울지방심리원, 「논고 요지」, 『위폐사건 공판기록』, 대건인쇄소, 1947, 36쪽.
66) 서울지방심리원, 「논고 요지」, 『위폐사건 공판기록』, 대건인쇄소, 1947, 22쪽.
67) 서울지방심리원, 「판결」, 『위폐사건 공판기록』, 대건인쇄소, 1947, 119쪽.

시간 내에 종결되었으며, 피고들은 '통화위조미수죄' 혹은 '통화위조미수방조죄'라는 죄명치고는 비교적 무거운 형량을 선고받았다. 그러나 아무도 최후진술도 하지 않았고, 상고도 하지 않은 채 순순히 판결 결과를 받아들였다. 그런 점에서 뚝섬 위폐 사건은 실제로는 인쇄기 7대에 해당하는 많은 양의 위폐를 인쇄했으며, 미수에 그친 것이 아니라 실제로 인쇄에 성공했지만, 우익이 관련되었기 때문에 재판부에서는 이 사건을 은폐, 축소한 것이 아니냐는 의혹이 제기될 수 있다. 그리고 5월 15일 공보부 발표에서 뚝섬 위폐 사건에 사용된 징크판 4매를 포함한 징크판 9매를 정판사 '위폐' 사건의 증거물로 치환했던 사실에서도 알 수 있듯이, 뚝섬 위폐 사건에서 제조된 많은 양의 위폐를 정판사 '위폐' 사건의 피고들이 제조한 것으로 조작하여 덮어씌우려 한 것이 아니냐는 의혹이 제기될 수 있다.

둘째, 배재룡은 정판사 '위폐' 사건과 관련하여 수사 당국의 위폐 시험 인쇄를 돕는 일을 했고, 검사에게 유리한 진술을 수차례에 걸쳐 했다. 또한 재판부는 「판결문」의 문구를 배재룡에게 우호적인 것으로 변경했고, 형량도 배재룡의 역할에 비해 상대적으로 가벼운 처벌을 내렸다. 이런 점에서 명확한 증거가 있는 것은 아니지만 정황적으로 볼 때, 재판부가 정판사 '위폐' 사건의 유죄를 성립시키기 위해 배재룡을 이용했으며, 그 대가로 배재룡에게 특혜를 준 것이 아닌가 하는, 즉 수사 당국 및 재판부와 배재룡 사이에 모종의 거래가 있었던 것은 아닌가 하는 의혹이 제기된다고 할 수 있다.

3) 경찰의 고문과 관련된 의혹

정판사 '위폐' 사건의 피고들이 유죄라는 검사 측 주장은 대부분 피고들의 범행 사실 자백에 근거를 두고 있었다. 그런데, 피고들은 공판정에서 자신들의 자백이 경찰의 고문으로 인한 허위 자백이었다고 주장했다. 만

약 이것이 사실이라면 피고가 유죄라는 검사의 주장은 결정적 타격을 입게 되며, 오히려 고문을 가한 경찰들이 범죄자로 처리되어야 하기 때문에 이는 정판사 '위폐' 사건에서 주요 논란의 쟁점으로 떠올랐다. 과연 고문은 있었는가?

미군정기의 경찰들은 대부분 일제 경찰 복무 경력자들로서 이들이 일제 강점기에 독립운동가를 비롯하여 수많은 피의자들을 고문했다는 것은 주지의 사실이었다. 또한 이들은 해방 이후에도 다른 많은 사건에서 고문, 폭행, 치사 등 가혹 행위로 인해 문제를 일으키기도 했으므로[68] 정판사 '위폐' 사건에서의 피고들에게도 고문이 행해졌을 개연성은 상당히 높다고 할 수 있다. 어느 미군 장교는 당시 미군정 경찰의 고문 행태를 다음과 같이 묘사했다.

얼마 전에는 한국 경찰의 손이 모자라서 우리 부대가 경찰서를 지키도록 배치된 적이 있습니다. 이틀을 경찰서에서 보냈는데 놀란 만한 일들이 있었지요. 나는 경찰이 각이 날카로운 나무 몽둥이로 사람들의 정강이를 때리는 것을 보았습니다. 경찰들은 사람 손톱 밑에 뾰족한 나무 조각을 쑤셔 넣는 짓도 했지요. 내가 기억할 수 없을 만큼 많은 사람들이 물고문을 받았어요. 그들은 한 친구의 입에다 고무 튜브로 계속 물을 퍼부어 거의 질식할 지경으로 만들어놓았지요. 또한 경찰들이 쇠몽둥이로 한 사람의 어깨를 갈기고 쇠고리에 매달아놓는 것도 보았어요.[69]

정판사 '위폐' 사건과 관련하여 경찰이 취조 과정에서 피고들을 고문했는지의 여부는 공판이 열리기 전부터 뜨거운 논란이 되었다. 그리하여 제1

---

68) 「고문 두 경관/체형을 언도」, 『자유신문』, 1946.5.1.
  「비민주적 경관 숙청 요망/경무총감부 출입기자단의 항의서」, 『경향신문』, 1946.11.3.
  「고문치사/인동 경찰에서」, 『경향신문』, 1947.1.12.
  「"고문선수" 김순경/취조 결과 공판에 회부」, 『경향신문』, 1947.1.25.
69) 마크 게인, 『해방과 미군정 1946.10-11』, 까치, 1986, 87쪽.

회 공판이 열리자마자 변호인단은 재판장 기피 신청을 하면서 공식적으로 고문 문제를 제기했고,[70] 이에 대해 장택상 경찰청장은 전혀 고문 사실이 없다고 말했다.[71] 제2회 공판에서 피고들은 피고 회의를 통해 작성 발표한 「결의문」에서도 경찰의 고문으로 인해 작성된 기록이 무효이므로 사건을 재취조할 것을 요구했고,[72] 김창선은 항의의 뜻으로 "일제잔재 악질경관 고문폐지"[73]라는 혈서를 쓴 셔츠를 입고 공판정에 나오기도 했다.

이에 대해 검사는 "경찰에서 뺨을 때린 정도의 일은 있지만 고문한 일은 없다고 말했다"라며 고문 사실을 부인하면서도,[74] "그것은 피고인이나 변호사 측의 고소에 의해서 별도로 취급될 문제"[75]라고 함으로써 고문 사실과 상관없이 공소를 유지하겠다는 의지를 보였다. 이러한 검사의 태도와 말을 통해 검사 역시 경찰에서 고문이 있었음을 알고 있지만 법적으로 인정하지 않으려 함을 알 수 있다. 그럼에도 장택상 경찰청장은 조성기 형사가 검사에게 "뺨을 때린 일이 있다"고 증언한 내용까지도 부정하며 전혀 고문이 없었다고 강력하게 주장했다.[76]

이후 공판에서 피고들은 상세하게 자신이 어떻게 고문당했는지를 설명했고, 그로 인해 어쩔 수 없이 허위로 자백했다고 주장했다. 공판에서 피고들이 자신이 받은 고문에 대해 진술한 내용을 정리하면 표 4-2와 같다.

---

70) 「편파된 재판의 우려 농후하다/위폐 사건에 재판장 기피 이유」, 『자유신문』, 1946.7.31.
71) 「발포 명령은 내가 했다/치사 사건에 과실 운운은 부당」, 『독립신보』, 1946.7.31.
72) 「결의문/위작된 기록에 의한 본 건 공판을 전면 거부함」, 『현대일보』, 1946.8.23.
73) 「착의에 혈서로 고문 규탄/검사 왈 "사실 아는 자, 전지전능자 뿐"」, 『조선인민보』, 1946. 8.24.
74) 「불법 조사를 지적/공소 취소를 주장」, 『중앙신문』, 1946.8.23.
75) 「김창선의 진술 기소 내용과 딴판/공소 기각 묵살에 변호사단 논박」, 『조선인민보』, 1946.8.24.
76) 「정판사 위폐 사건 관계자/고문 사실은 전무/장 청장과의 정례회견 담」, 『서울신문』, 1946.8.29.

표 4-2. 정판사 '위폐' 사건 피의자들의 고문 관련 진술 내용

시기	피고	고문 관련 진술 내용
8.23. 제3회 공판	김창선	재판장: 고문은 구체적으로 어떤 방법으로 하더냐? 김창선: 긴 널판의자에 눕힌 후 포승으로 포박하고 장시간에 걸쳐 약 두 되가량 되는 주전자에 채운 물을 코와 입으로 부어서 기절하게 했소. 몇 주전자나 먹었는지 헤아릴 수 없을 정도로 물을 먹는 고문을 당하였소. 재판장: 다른 방법은? 김창선: 포승줄로 두 어깨를 움직이지 못할 정도로 묶어 약 30분 내지 한 시간 동안 매달아서 손끝의 혈액순환이 정지되어 시퍼렇게 된 적도 한 번 있었고, 네 사람이 함께 달려들어 한 사람은 머리를 잡아 당기고 한 사람은 목검으로 마구 갈기고 두 사람은 구둣발로 함부로 차며 주먹으로 치기도 했소. 그리고 바른말을 하면 때리고 그들의 말대로 허위 자백을 하면 그치고 했소. 그리고 갖은 협박과 유도신문을 하고 "네가 만일 자백했다는 이유로 공산당에서 위협을 받을 염려가 있다면 경찰에서 네 자신은 물론 네 가족까지도 절대 보호하겠다. 검사국에서 형벌을 받더라도 경찰에서 보호해 주겠다. 공산당은 전부 없애 버릴 터이니 절대로 안심하고 여기서 묻는 대로 대답하라"는 말까지 하며 고문을 계속하여 할 수 없이 허위 자백하였소.[77]
8.27. 제4회 공판	홍계훈	재판장: 어떻게 고문을 하던가? 홍계훈: 경찰에서 3차 취조를 받았는데, "김창선이가 자백했는데 왜 자백 안 하느냐?"고 위협을 하며 형사 8명이 팔다리를 묶고 둘러앉아, 걸레로 입을 틀어막고 주전자 물을 코에다 막 부었다. 또 2일 반 동안이나 의자를 들리고 시멘트 바닥에 꿇어앉히기도 하였다. 나는 너무도 고문이 무서웠고 또 형사들이 강요해서 허위 자백을 하고 지장을 찍었다. 재판장: 고문 상처가 지금 있는가? 홍계훈: 지금은 없으나 가슴이 결린다.[78]
8.31. 제7회 공판	김우용	재판장: 고문은 어떤 정도이며 고문한 경찰관 이름은? 김우용: 정신이 없도록 몇 시간씩 매를 맞기도 하였으며 고문한 경관들 이름은 기억 못하나 그중 몹시 때린 사람은 최난수 수사주임이다.[79]
9.3. 제8회 공판	박낙종	본정서에서 당한 고문은 실로 40년 내에 보는 '진짜 고문'이었다. 내가 지난 5월 말경 본정서장실에서 김 검사의 취조를 종일 받고 유치장으로 들어갈 때 검사의 말이 "당신은 이로써 일단락을 지을 터이니 내일 다시 나오라"라고 하였는데 그 후 아무 소식이 없었다. 하루는 본정서 수사주임이 "너희들의 사건은 일단락 지으려 하였으나 좌익은 모략이 심하므로 고문을 하여서라도 기어코 사건을 성립시킬 것이며 너는 일제시대에도 꾸준히 투쟁을 하여 와 개인적으로는 대단히 동정을 하나 공산주의 세상이 되기 전에는 나가지 못할 줄 알아라"라고 하였으며 그 후부터는 고문이 심해졌다. (중략) 본정서에서는 내가 고문을 제일 안 받았는데도 불구하고 '시멘트' 바닥에 무릎을 꿇고 의자를 들고 하룻밤 두 낮을 지내어 탈항이 된 채로 검사의 취조를 받았으므로 검사는 그 당시 나의 모양으로 혹독한 고문을 받은 것을 알았을 것이며 또 다른 동지도 고문받은 흔적이 가라앉기 전에 검사의 취조를 받았는데 일전 제2회 공판에는 경찰로부터 "뺨을 두어 번 때렸다"는 보고밖에 못 들었다 함은 적어도 사직의 입장에서 어떻게 그렇게 말할 수 있는지 유감으로 생각한다.[80]

77) 「경찰 고문 사실을 역설」, 『대동신문』, 1946.8.24.

「조서는 고문으로 위작/네 차례나 코에 물을 부었오」, 『독립신보』, 1946.8.24.

「공당원 위폐 사건 제3회 공판 속개」, 『동아일보』, 1946.8.24.

「경찰의 취조 경위를 진술」, 『서울신문』, 1946.8.24.

표 4-2. 계 속

시기	피고	고문 관련 진술 내용
9.3. 제8회 공판	박상근	재판장: 경찰의 고문 방법과 취조에 대하여 할 말이 있는가? 박상근: 참 기가 막히고 억울하다. 경찰서에서 죽을 줄 알았는데 이와 같이 살아 나온 것은 기적이며, 공판정에서 진술을 하게 된 것은 나로서 영광이다. 나는 무슨 영문으로 경찰에 왔는지도 몰랐다. 경찰의 고문은 입으로 말할 수 없다. 조성기, 최난수, 기타 취조 형사 5, 6명이 나를 무수히 난타한 후 옷을 벗기고 의자에다 팔, 다리를 꽉 묶어놓고 1인은 배 위에 타고 앉아 수건으로 입을 막은 채 자백하라며 몇 주전자나 물을 먹였다. 나는 물론 정신을 잃었다. 물을 먹인 뒤에 의자를 들렸는데 팔이 조금 내려가면 여러 경관들은 왼쪽, 오른쪽으로 나를 무수히 난타했다. 이때 나는 오른쪽 턱뼈가 탈골이 되었고, 이를 김 검사에게도 보였으며, 이덕호 병원에서 치료까지 받았다. 이덕호 의사에게 왼편 옆구리가 간혹 결린다고 말하였다. 이날 고문은 아침 6시부터 밤늦도록 밥 한술 못 먹은 채 계속되었다. 아침에 물을 먹이고 또 저녁에도 물을 먹이고 나는 이로 인하여 전신이 뚱뚱 부은 데다가 얼굴 상처로 인해 밥을 먹을 수가 없었다. 당시의 취조 경관은 "너희들은 죽여도 그대로 죽이지 않겠다. 말려서 죽여 버리겠다"라고 말했다.[81]

「김창선 단독 심리/위폐 공판 제2일/뚝섬 사건만 시인, 정판사 사건은 부인」, 『자유신문』, 1946.8.24.

「전부 고문으로 위작/김창선 통분의 진술/위폐 공판 제3일」, 『조선인민보』, 1946.8.24.

「사실을 부인으로 일쇄(一鎖)/중요한 안순규의 증언 … "보았오"/위폐 사건 공판 제2일의 경과」, 『조선일보』, 1946.8.24.

「정판사 사건을 일체 부인/고문에 허위 자백한 것이라고 김창선 공술/위폐 사건 공판 제2회 제2일」, 『중앙신문』, 1946.8.24.

「고문한 경관 성명 지적/형사 입회하 취조 바덧다」, 『중앙신문』, 1946.8.24.

「점차 드러나는 사건 전모/고문에 못 이겨 뭇는대로 답/피고 전율하며 경과 진술」, 『현대일보』, 1946.8.24.

「악독한 일제적 고문으로 사건은 완전히 위작된 것이다/공판 제2일 김창선 씨의 답변 내용/소위 정판사 위폐 사건의 허구성은 점차 그 전모를 나타내고 있다」, 『청년해방일보』, 1946.8.28.

78) 「고문 못 이긴 허위 자백/김우용 사건 전부를 부인」, 『조선인민보』, 1946.8.28.

「고문, 고문에 어찌 하오/피고 오후에도 전적 부인」, 『현대일보』, 1946.8.28.

79) 「오즉 억울하단 말/피고 김우용 사실을 부인/정판사 위폐 공판 제7회」, 『서울신문』, 1946. 9.1.

80) 「고문 바든 진상을 진술/박낙종 공소 취하 요구/정판사 사건 공판」, 『서울신문』, 1946. 9.4.

「극적 장면 일운 공판정/박낙종의 진술로 방청석도 곡성/위폐 공판」, 『자유신문』, 1946. 9.4.

「공소를 취소하라/고문에 살은 것만 영광/피고들 진술에 만정 오열/소위 정판사 위폐 사건 공판 8일」, 『현대일보』, 1946.9.4.

표 4-2. 계 속

시기	피고	고문 관련 진술 내용
9.5 제9회 공판	김상선	재판장: 맹목적으로 도장을 찍은 것은 아닌지? 김상선: 압력을 받아 했다. 즉, 고문으로 인한 허위 자백이다. 5월 7일에는 현 주임이 비행기를 태우고, 11일에는 조성기 경사가 널빤지에 뉘어 놓고 물을 먹이고, 20일경에는 최 수사주임이 하룻밤 동안 아무것도 안 먹이고 의자를 들려 꿇어앉았고 그 밖에 이희남 경사가 물을 먹였다. 재판장: 고문했다는 경관을 조사하였으나 뺨 두 번 때린 이 외에는 절대로 없다고 하는데? 김상선: 전연 허위다.82)
9.6. 제10회 공판	신광범	신광범: 취조 경관이 "공산당에서 위조지폐를 박았다"라고 하는 말에 내가 "조선의 건국과 근로대중을 위한다는 기관에서 그런 일을 하였겠습니까?"라고 말하니 양팔을 묶어 널빤지에 뉘어 놓고 배 위에 올라 앉아 걸레로 입과 코를 막고 무려 다섯 시간 동안이나 계속 고문을 하였다. 조성기 형사는 머리를 끌어 당기어 때리고 찼는데, 나는 일제 시대에도 고문을 당해 본 경험이 있으나 이렇게 계속적으로 혹독한 고문은 못 보았다. 수차에 걸친 고문에 죽지 않으려면 도저히 허위 자백을 안 할 수 없는 상황이었다. 고문당한 지 4개월이 지난 오늘에도 다리와 양 팔뚝에 아직 남아 있는 이 상처를 보라. 재판장: 피고는 고문을 당했다 하나 조성기 형사부장을 검사국에서 조사 청취한 바에 의하면 뺨 두 차례밖에 안 때렸다고 하는데? 신광범: (기가 막히다는 듯이 한참 동안 묵묵히 한숨을 내쉬며) 전부 거짓말이다.83)
9.6. 제10회 공판	송언필	재판장: 고문당한 일이 있거든 말해라. 송언필: (일어서며) 분한 말은 일어나서 해야겠다. 5월 7일 검거당한 이래 10일 밤까지 만 4일 동안 밥 한술 안 먹고 계속적으로 고문당하였다. 최난수 수사주임을 비롯하여 조성기 형사부장 등 6, 7인의 평안도 사투리 쓰는 사람들이 형언할 수 없는 욕설과 난폭한 고문을 하여 나는 이곳에서 죽어 버리자는 결심으로 고문에 대해 왔다. 그 결과 왼편 눈이 실명되고 허리뼈가 부러졌으며 머리 가죽이 벌어졌다. (머리 가죽과 실명된 눈을 재판장에게 보임) 나는 만 4일 동안 고문당한 후에는 더 이상 고문을 당하지 않았는데, 만일 그 이후 또 고문을 당할 때에는 어떠한 방법으로라도 죽을 결심을 했다. 조선 말하는 왜놈들이 그전 주인인 왜놈들이 쫓겨 간 후 원수를 갚으려고 하니 재판장은 용단을 가지고 진정한 사법의 입장에서 사건을 구명하여 달라. 그렇게 악질로 법을 사용하는 사람에게 법을 맡기면 3천만 조선 동포는 절대로 행복해질 수 없다.84)

---

81) 「피고 송언필/법정서 방성통곡/박상근은 범행을 부인/위폐 공판 제2회 제7일」, 『대동신문』, 1946.9.4.

「박낙종, 공소 기각을 주장/박상근은 고문을 지적코 사실 부인」, 『독립신보』, 1946.9.4.

「너무 억울할 뿐/혹독한 고문에 방청인 경악」, 『독립신보』, 1946.9.4.

「공소를 취소하라/고문에 살은 것만 영광/피고들 진술에 만정 오열/소위 정판사 위폐 사건 공판 8일」, 『현대일보』, 1946.9.4.

82) 「정판사에는 총재인을 팔 주 아는 기술자 없오/위폐 사건 공판 김상선 진술」, 『독립신보』, 1946.9.6.

「증인 심리는 공판정에서/변호사단이 재판장에게 요구/위폐 공판」, 『자유신문』,

표 4-2. 계 속

시기	피고	고문 관련 진술 내용
9.9. 제11회 공판	박낙종	재판장: 고문은 어떻게 하였나? 박낙종: 본정서에서 김 주임 이하 여러 형사들에게 몇 번이고 졸도를 해 가며 고문을 받았으며, 결국 이러한 고문으로 인해 허위 자백을 하지 않을 수 없게 되었는데, 고문 외에도 일제 시대 고문으로 얻은 심장병으로 인해 도저히 장시일에 걸쳐 경찰에 대항할 수 없다고 생각하여 일단 허위 자백이라도 하여 고비를 면하고 공판정에서 사실을 밝히려 했소.[85]

이에 대해 양원일 재판장은 사실심리 때마다 피고들에게 "검사는 고문하지 않았는데 왜 자백했냐?"는 질문을 반복했는데, 이는 달리 말하면 '검사'는 고문하지 않았지만 '경찰'은 고문했음을 묵시적으로 인정하는 것이라고 할 수 있다.

한편, 제12회 공판부터 재판이 증거물 조사 단계로 넘어가자 김창선 등 일부 피고인들은 자신들이 경찰에게 고문을 당한 것으로 인해 상해와 질병을 앓게 되었다며 이를 검증해 줄 것을 재판부에 신청했고, 제13회 공판에서 재판부는 이 신청을 채택했다.[86]

1946.9.6.

83) 「고문 사실을 지적/전 피고가 범행을 부인」, 『독립신보』, 1946.9.7.

84) 「재조사를 요구/송언필이가 재판장에」, 『독립신보』, 1946.9.8.

85) 「박 피고 공산주의를 설명/정판사 위폐 사건 11회 공판」, 『독립신보』, 1946.9.11.
「부인으로 일관/피고 박낙종 심경 토로/정판사 위폐 공판 12회」, 『서울신문』, 1946.9.11.

86) 「위폐 공판/검사 신청 결정」, 『대동신문』, 1946.9.15.
「위조지폐 공판은 일단락/증인에 미군 장교 소환」, 『대한독립신문』, 1946.9.15.
「정판사와 본정서 검증」, 『독립신보』, 1946.9.15.
「정판사 현장을 검증/미인 경무부장도 출정」, 『동아일보』, 1946.9.15.
「증인 대부분 보류/정판사 시설 장부 등 감정/제13회 공판」, 『서울신문』, 1946.9.15.
「양 재판장 14일 정판사 시설 검증」, 『서울신문』, 1946.9.15.
「정판사 검증」, 『자유신문』, 1946.9.15.
「정판사를 임검/양 재판장 이하 대거 출동/위폐 공판 제12일」, 『조선일보』, 1946.9.15.
「검사, 변호인 신청 등 결정/각계 중요인물들 증인으로 등장/정판사 위폐 공판」, 『중외

그에 따라 9월 17일 제14회 공판에서는 백인제, 공병우 두 의사가 감정인으로 출석하여 피고들의 고문으로 인한 상처 여부를 진단했는데, 10월 3일 이들은 피고들의 상처 모두가 고문으로 인한 것으로는 볼 수 없다는 「감정서」를 제출했다.[87] 이러한 감정 결과가 피고들이 고문받지 않았는데도 고문받았다고 거짓말했다는 것을 의미하는 것은 아니며, 단지 검사를 실시한 현재 시점으로는 고문의 흔적을 확인할 수 없다는 것을 밝힌 것이었다. 그럼에도 이러한 감정 결과는 피고 측에 불리할 수밖에 없었다.

의사의 감정과는 별개로 공판정에서는 수사 당국의 고문 여부를 두고 공방이 계속되었다. 9월 20일 제16회 공판에서 증인으로 출석한 윤경옥은 본정서 유치장에 있을 때 김창선이 고문을 당했다고 말한 적이 있다고 증언했다.[88] 한편, 같은 날 증인으로 출석한 장택상 경무총감은 이전까지와는 태도를 바꾸어 뺨을 때리고 잠을 안 재우는 등 약간의 가혹 행위는 있었지만 고문 수준은 아니라고 진술했다.[89] 9월 24일 제17회 공판에서 증인으로 출석한 이구범 본정경찰서장은 절대로 고문이 없었다고 믿는다고 답했다.[90]

이렇게 고문의 여부를 두고 피고 측과 검사 및 경찰 측의 의견이 엇갈린 가운데, 10월 21일 제24회 공판에서 조재천 검사는 논고를 통해 고문에 대한 자신의 의견을 밝혔다.[91] 검사의 말을 요약하면 경찰에서 어느 정도 고문은 한 것으로 추측되나 피고인들이 말한 것처럼 혹독한 것은 아니었으며, 피고들은 고문을 과장하여 공판정에서 곤란할 경우 고문받아서 허위

신보』, 1946.9.15.

87) 「위폐 피고에 대한 경찰 고문은 무근/백, 이 양 공의 진단 결과」, 『대동신문』, 1946.10.6.

88) 「증인 신문 준열/위폐 공판 백중화」, 『대한독립신문』, 1946.9.21.

89) 「장 경무총감 등 증인신문/위폐 사건 16회 오후 공판」, 『독립신보』, 1946.9.22.

90) 「조은 발행과장 오장환 씨 심문/정판사 사건 제17회 공판」, 『독립신보』, 1946.9.24.

91) 서울지방심리원, 「논고 요지」, 『위폐사건 공판기록』, 대건인쇄소, 1947, 20~24쪽.

진술을 했다는 식으로 이용하고 있다는 것이었다. 또한 검사는 고문과 범죄 사실과는 별개의 문제이므로, 고문이 있다고 해서 범죄 사실이 사라지는 것은 아니며,[92] 고문으로 인한 진술의 신빙성에 문제가 생길 순 있겠지만 검사의 공소까지 위법이 되는 것은 아니라고 법리적으로 해석했다.[93]

이상의 결과를 종합하면 피고들은 혹독한 고문을 당했다고 주장했고, 경찰 및 검찰 측은 따귀와 같은 사소한 폭력 이상의 혹독한 고문은 없었다고 주장했다. 그러나 피고와 경찰 및 검찰 어느 쪽도 자신의 주장을 명백히 입증할 만한 직접적인 증거를 제시하지는 못하고 있으므로 결국 경찰이 피고들을 고문했다는 주장은 법적으로 입증되지 못했다.

그런데 경찰의 고문으로 인해 피고들이 허위로 자백했다고 볼 수 있는 간접적이고 정황적인 증거가 포착되었다. 그것은 김창선, 김상선, 박상근, 정명환, 홍계훈 등 피고들이 경찰서에서 자신들의 범행 사실을 진술한 조서 내용에서 찾아볼 수 있다. 진술 조서 내용을 언급한 박수환의 글을 인용하면 다음과 같다.[94]

김창선은

1946년 5월 6일 경사 조성기에게 대하야 제1차는 1945년 10월 20일경 야간 김상선과 같이 위조 12만 수천원을 제2차는 1946년 2월 10일경부터 3일 야간 계속하야 위폐 약 50만원을 각각 인쇄하였다는 요지의 진술을 하였고,

1946년 5월 8일 경사 이재금에게 대하야 제1차는 1945년 10월 30일경 야간 정명환, 김우용, 김상선, 홍계훈과 같이 5인이 송언필의 지도 하에 위폐 약 120만원을, 제2차는 1946년 2월 16일경부터 3일간 계속하야 우 5인이 송언필의 지도 하에 위폐 약 480만원을 각각 인쇄하였다는 요지의 진술을 하였고,

92) 서울지방심리원, 「논고 요지」, 『위폐사건 공판기록』, 대건인쇄소, 1947, 24쪽.
93) 서울지방심리원, 「논고 요지」, 『위폐사건 공판기록』, 대건인쇄소, 1947, 24쪽.
94) 박수환, 앞의 책, 10~13쪽.

1946년 5월 11일 경사 김성환에게 대하야 1946년 2월 15일경부터 3일 야간 계속하야 재단공인 박상근을 참가시켜 정명환, 김우용, 홍계훈, 김상선 등과 같이 위폐 약 500만 원을 인쇄하였다는 요지의 진술을 하였고,

1946년 5월 16일 순경 김창덕에게 대하야 제1차는 1945년 10월 28일경 정명환, 김상선, 김우용, 홍계훈과 같이 5인이 송언필 지도 하에 위폐 약 100만원을, 제2차는 동년 12월 26일경부터 3일 야간 계속하야 우 5인이 송언필 지도하에 위폐 약 200만원을 제3차는 1946년 2월 8일, 9일 양일간을 계속하야 송언필, 이관술, 권오직 3인 감독 하에 우 5인이 위폐 약 200만원을 각각 인쇄하였다는 요지의 진술을 하였고,

1946년 5월 21일 경사 조성기에게 대하야 1차는 1945년 10월 27, 8일경 야간 정명환, 김상선, 홍계훈, 김우용, 박상근과 같이 6인이 송언필의 지도 하에 위폐 약 200만원을, 제2차는 동년 11월 16일경 우 6인이 위폐 약 200만원을, 제3차는 동년 12월 23, 4일경 야간 우 6인이 위폐 약 200만원을, 제4차는 1946년 2월 10일경 야간 우 6인이 송언필 입회 하에 위폐 약 200만원을 각각 인쇄하였다는 요지의 진술을 하였고,

김상선은

1946년 5월 11일 순경 이희남에게 대하야 제1차는 1945년 10월 하순 경 박낙종, 신광범, 안순규, 박상근, 송언필 입회 하에 김창선, 정명환, 김영관, 홍계훈, 전병철과 같이 위폐 약 200만원을, 제2차는 동년 12월 초순 야간 신광범, 안순규, 박상근, 송언필 입회 하에 우 6인이 위폐 약 200만원을, 제3차는 동년 12월 하순 야간 우 4인 입회 하에 김창선, 정명환, 김영관, 홍계훈과 같이 5인이 위폐 약 200만원을, 제4차는 1946년 1월 하순 야간 박낙종, 신광범, 박상근, 안순규 입회 하에 우 5인이 위폐 약 200만원을, 제5차는 동년 2월 하순 야간 우 4인 입회 하에 우 5인이 위폐 약 200만원을, 제6차는 동년 3월 하순 야간 박낙종, 송언필, 신광범, 박상근, 안순규 입회 하에 우 5인이 위폐 약 200만원을 각각 인쇄하였다는 요지의 진술을 하였다고,

1946년 5월 20일 경사 이희남에게 대하야 제1차는 1945년 10월 하순 야간 김창선, 정명환, 홍계훈, 김우용과 같이 5인이 위폐 약 100만원을, 제2차는 동년 12월 23, 4일경 3일 야간 계속하야 우 5인이 위폐 약 400만원을, 제3차는 1946

년 2월 중순 경 2일 야간 계속하야 우 5인이 위폐 약 300만원을 각각 인쇄하야 김창선, 정명환이 각각 재단하였다는 요지의 진술을 하였고,

박상근은

1946년 5월 10일 경사 조성기에게 대하야 제1차는 1945년 10월 20일경 야간 박낙종, 신광범, 송언필, 김상선, 김창선, 정명환과 같이 밀의(密議)하야 김창선, 정명환, 홍계훈, 김상선, 김우용 등이 위폐 약 200만원을, 제2차는 동년 12월 5일경 우 7인이 밀의하야 김창선, 정명환, 홍계훈, 김상선 등이 위폐 약 200만원을, 제3차는 1946년 2월 20일경 야간 박낙종, 송언필, 김창선, 정명환, 김상선과 같이 밀의하야 김창선, 정명환, 홍계훈, 이정환, 김영관, 김우용, 전병철과 같이 8인이 위폐 약 200만원을 각각 인쇄하였다는 요지의 진술을 하였고,

1946년 5월 20일 경사 김재옥에게 대하야 제1차는 1945년 10월 중순 야간 박낙종, 이필상, 송언필, 신광범, 김창선, 정명환, 안순규와 같이 8인이 공장에 집합하야 김창선, 정명환이 김우용, 김영관 외 2인을 지도하야 위폐 약 200만원을, 제2차는 동년 12월 20일경 야간 우 8인이 공장에 집합하야 전 동양으로 위폐 약 200만원을, 제3차는 1946년 2월 20일경 야간 우 8인 외에 권오직이 참가하야 전 동양으로 위폐 약 200만원을, 제4차는 동년 3월 초순 경 야간 우 9인 입회 하에 전동양으로 위폐 약 200만원을 각각 인쇄하였다는 요지의 진술을 하였고,

정명환은

1946년 5월 16일 경사 조성기에게 대하야 제1차는 1945년 10월 20일경 야간 김창선의 지도로 위폐 약 100만원을, 제2차는 1946년 3월 초순 경 김창선의 지도 하에 김우용, 김상선과 같이 위폐 약 200만원을 각각 인쇄하였다는 요지의 진술을 하였고,

또 같은 1946년 5월 16일 경사 조성기에게 대하야 제1차는 1945년 10월 중순 경 야간 김창선의 지도 하에 김우용, 김상선과 같이 위폐 약 60만원을, 제2차는 1946년 3월 중순 2일 야간 계속하야 김창선의 지도 하에 우 3인이 위폐 약 120만원을 각각 인쇄하였다는 요지의 진술을 하였고,

1946년 5월 17일 경사 조성기에게 대하야 제1차는 1945년 10월 20일경 야간 김창선 지도 하에 김우용, 홍계훈, 김상선과 같이 4인이 위폐 약 200만원을, 제2차는 동년 10월 말 경 야간 김창선의 지도 하에 우 4인이 위폐 약 200만원을,

제3차는 1946년 2월 중순 경 야간 김창선 지도 하에 우 4인이 위폐 약 200만원을 각각 인쇄하였다는 요지의 진술을 하였고,

홍계훈은

1946년 5월 11일 경사 조덕순에게 대하야 제1차는 1945년 10월 중순 야간 박낙종, 김창선, 김상선, 김영관, 김우용과 같이 6인이 위폐 약 200만원을, 제2차는 동년 11월 20일경 야간 박낙종, 김창선 입회 하에 김영관, 김우용, 김상선과 같이 4인이 위폐 약 60만원을, 제3차는 동년 12월 25일경 야간 전 동양으로 위폐 약 40만원을, 제4차는 1946년 1월 7일경 야간 우 동양으로 위폐 100만원을 각각 인쇄하였다는 요지의 진술을 하였고,

1946년 5월 21일 순경 김창덕에게 대하야 제1차는 1945년 10월 중순 경 야간 김창선, 정명환, 김영관, 김우용, 김상선, 박상근과 같이 7인이 위폐 약 200만원을, 제2차는 동년 11월 20일경 야간 우 7인이 위폐 약 200만원을, 제3차는 동년 12월 28일 야간 우 7인이 위폐 약 200만원을, 제4차는 1946년 2월 26일경 야간 우 7인이 위폐 약 200만원을 각각 인쇄하였다는 요지의 진술을 하였다.

위의 조서 내용에서 우선적으로 알 수 있는 것은 피고들의 진술이 전혀 일관성이 없다는 점이다. 인쇄 날짜는 말할 것도 없고, 인쇄 횟수와 일수에 있어서도 2차 2일, 2차 4일, 3차 6일, 4차 4일, 6차 6일 등 여러 가지 진술이 존재한다. 인쇄 금액에 있어서도 약 62만 원, 약 180만 원, 약 300만 원, 약 400만 원, 약 600만 원, 약 800만 원, 약 1,200만 원 등 다양한 진술이 있었다. 또한 인쇄 참가 인원에 있어서도 김창선, 김상선만이 참가했다는 진술, 피고인이 전부 참가했다는 진술, 피고인들 외에 김영관만이 참가했다는 진술, 피고인들 외에 김영관, 전병철 2인이 참가했다는 진술, 피고인들 외에 김영관, 전병철, 이정환이 참가했다는 진술, 피고인들 외에 안순규만이 참가했다는 진술, 피고인들 외에 이필상만이 참가했다는 진술, 피고인들 외에 안순규, 이필상 2인이 참가했다는 진술 등 여러 가지 다른 진술이 있었다.

이들이 실제로 위폐를 인쇄했다면 위폐 인쇄 횟수, 날짜, 금액, 범행 가담자가 약간의 차이는 있을 수 있겠지만 이렇게까지 엇갈리는 진술을 한다는 것은 상식적으로 있을 수 없다. 그렇다면 이렇게 피의자들이 상이한 진술을 하게 된 원인은 무엇일까? 그것은 아마도 여러 경찰관들이 각각의 피의자들을 취조할 때 개별적 고문 및 강요에 의해 되는대로 진술을 받다 보니 그렇게 된 것이라는 합리적 의심이 가능하다.

그런데 이 조서 내용에서 또 하나 주목해야 할 것은 이러한 피의자들 간의 상이한 진술이 나오게 된 시점이 경찰이 피의자들을 5월 6일부터 21일까지 취조할 당시, 그러니까 초기 수사 과정에서였다는 점이다. 이 사실을 통해 당시 미군정은 1946년 5월 15일 공보부의 발표 이후 조선공산당 측의 반박에 대해 재반박하지 못한 채 사건의 전모에 대한 후속 발표를 미룰 뿐만 아니라 경찰의 발표도 제한하고 있었는데, 그 이유가 바로 경찰의 취조 결과 피고인들마다 진술 내용이 달라서 이를 어떻게 처리해야 할지 몰랐기 때문이었다는 설명이 가능하다. 이를 해결하기 위해 군정청은 5월 22일부로 사건에 관한 증거품을 검사국으로 옮겼으며,[95] 5월 23일에는 검사국에서 이인 검사총장 주재하에 재판소감독관 회의를 소집하여 김홍섭, 조재천 두 검사를 본정경찰서로 출장시켰던 것이라고 보면 날짜가 딱 맞아 떨어진다.[96] 김용찬 검사장이 "위폐 사건의 취조는 경찰서에서 능히 감당할 것이지만 사건이 매우 복잡할 뿐 아니라 검사국과 경찰이 협력해서 그 진상을 철저히 규명하고 엄정 공명할 취조의 결과를 보기 위하야 검사를 파견한 것이다. 그리고 사건이 보통 사건과 다른 점에서 우리 검찰 당사자로서는 더욱 신중히 취급해야 할 것이라고 믿는다"[97]라고 언명한

---

95) 「증거품도 검사국에 이송/지폐 사건」, 『조선인민보』, 1946.5.23.
96) 「위폐 사건 철저 규명/검사단 출동, 진두 지휘」, 『한성일보』, 1946.5.24.
97) 「검사진까지 출동해서 위폐 철저히 취조/김용찬 검사장 담」, 『동아일보』, 1946.5.25.

내용 중 사건이 매우 복잡하다고 말한 것 역시 경찰의 취조 결과에 따른 피고들의 범행 사실 자백 내용이 취합하기 매우 어려울 정도로 제각각이었다는 것을 의미한다고 해석할 수 있다.

경찰이 해결하지 못한 채 복잡하게 꼬여 버린 피고들의 진술 불일치 문제를 해결하기 위해 검찰은 어떤 방법을 사용했는가? 그것은 위폐를 인쇄한 날짜, 위폐 제조 금액, 참가자 등에 대한 하나의 표준을 정해 놓고 각 피고들에게 유도신문을 통해 이를 제시하여 진술을 끌어내는 방법이었다. 이러한 과정에 대해 박수환이 서술한 부분을 일부 발췌 인용하면 다음과 같다.[98]

● 1946년 6월 29일 김상선에 대한 신문조서 중

문: 창선의 말에 의하면 10월 하순 1야(夜), 12월 하순 연 3야, 2월 초순 연 2야 인쇄하였다고 하며 당신의 5월 20일 진술한 바도 창선의 말과 대동소이한데 어떠하오?

답: 그것이 오를[옳을] 듯한 기억도 납니다.

● 6월 29일 김우용에 대한 검사의 신문조서 중

문: 김창선이는 10월 1야, 12월 연 3야, 2월 연 2야 하였다고 하며, 당신은 5월 18일 진술 시 10월, 12월, 2월을 진술하였는데 어떠하오?

답: 본인은 연 3야 또는 연 2야 한 기억은 없습니다.

● 6월 30일 정명환에 대한 검사의 신문조서 중

문: 몇 회 인쇄하였오?

답: 작년 10월, 11월, 금년 2월의 3회이나 2월에는 연 2야 하였습니다.

(중략)

문: 김창선의 말에 의하면 연 3야 한 것은 12월 27, 28, 29일 밤의 일인데 피곤

98) 박수환, 앞의 책, 14~16쪽.

하기는 하지만 연말연시 4일이나 휴업하니 인쇄하자는 말까지 있었다는데
잘 생각하여 보시오.

답: 그런 기억은 없습니다.

● 6월 30일 홍계훈에 대한 검사의 신문조서 중

문: 조선은행권 인쇄 회수에 대하야 다른 피의자는 10월 하순 1회, 12월 27,
28, 29일 연 3야, 금년 2월 8, 9일의 연 2야 하였다고 말하는데 어떠하오?

답: 본인은 4회의 기억밖에 없읍니다.

　기록에 의하면 김창선을 취조한 횟수가 가장 많았는데, 경찰 조서 12회,
검찰 조서 15회 합계 27회였다. 그리고 다른 피고인들도 모두 10회 전후
로 취조받았다.[99] 범행 일시와 횟수, 참가자 등 특별히 새로울 것이 없는,
똑같은 내용의 신문을 반복한 것은 피고인들의 진술이 제각각 엇갈렸기
때문이었다. 그럼에도 피고인들의 진술은 통일되지 못했다. 위의 자료를
보면 검사가 피고들을 취조한 날짜는 6월 29일과 30일이므로 경찰서에 출
장 조사를 나간 지 한 달이 넘도록 아직 완전하게 피고 진술을 정리하지
못했음을 알 수 있다.

　앞서와 같은 유도신문 과정을 통해 검사는 마침내 경찰이 해결하지 못
한 피고들의 진술 불일치 문제를 '어느 정도' 정리, 해결했다. 물론 피고들
이 이러한 유도신문에 순순히 응할 수밖에 없었던 것은 취조실 근처에서
수시로 왔다 갔다 하는 형사들이 또다시 고문을 하면 어쩌나 하는 두려움
때문이었다고 할 수 있다. 이는 일부 피고들은 수사 과정에서 한국인 경찰
앞에서는 범행 사실을 시인했지만 검사나 미국인 경찰 앞에서는 부인했다
는 사실에서 미루어 짐작할 수 있다. 예를 들면, 정명환은 1946년 6월 7일
검사 김홍섭에게는 위폐 인쇄 사실을 부인했다가 같은 날 순경 장창해 앞

---

99) 위의 책, 14쪽.

에서는 위폐 인쇄 사실을 시인했다. 또 1946년 9월 17일 제14회 공판에서 증인으로 출석한 통역 장교 웜스 소령은 김창선과 안순규는 군정청 경무부 취조 당시, 조병옥, 장택상, 노덕술이 입회할 때는 위폐 인쇄 사실을 시인했다가 이들이 퇴석하고 미국인들만 남았을 때에는 다시 부인했다고 증언했다.[100] 이로 볼 때 피고들은 한국인 경찰 관계자들이 있을 때에는 고문이 두려워 범행 사실을 시인했던 것으로 추정된다.

이후 검사는 기타 증거물 문제, 피고 선정 등을 거쳐 1946년 7월 9일 피고들을 송국하게 되었고, 송국 이후 보다 더 확실하게 범죄 사실을 정리하여 7월 19일 피고들을 기소했다.

이제까지의 분석 결과를 요약하면, 경찰이 취조 당시 피고들을 고문했다는 직접적인 증거는 없지만 경찰의 고문으로 인해 피고들이 위폐 인쇄 시기, 위폐 제조 금액, 참가자들을 되는대로 진술했다고 볼 만한 정황적 증거가 존재한다. 그리고 이러한 피고들 간의 진술 불일치를 수습하기 위해 검사가 경찰에 파견되어 출장 조사를 했으며, 검사의 유도신문 및 경찰의 보이지 않는 고문에 대한 위협을 통해 인쇄 시기 등 각종 범죄 사실을 일치시켰다는 기록이 남아 있다. 이로 볼 때 정판사 '위폐' 사건은 고문 및 고문에 대한 위협을 통해 허위로 조작된 사건임이 강하게 의심된다고 할 수 있다.

4) 위폐 시험 인쇄에 대한 의혹

1946년 5월 28일 조선정판사에서는 수사 당국자들의 입회하에 비밀리에 위폐 시험 인쇄가 진행되었다. 그리고 시험 인쇄가 끝난 후 『동아일보』와 『한성일보』 등 일부 우익 신문들은 시험 인쇄가 잘 되었고, 압수된 위폐

---

100) 위의 책, 14쪽.

와 동일했다고 주장함으로써 정판사 '위폐' 사건이 실체가 있는 사건으로 입증되었음을 선전했다.

이는 앞서 제3장 1절 1)에서 설명했듯이 정판사의 인쇄기 및 인쇄 재료를 이용하여 시험 인쇄를 한 결과 만약 위폐 제조가 가능하고 그것이 압수된 위폐와 동일하다면 이는 압수된 위폐가 정판사 '위폐' 사건에서 제조한 위폐임을 입증하게 되는 것이며, 만약 위폐 제조가 불가능하거나, 위폐 제조가 가능하다고 해도 그것이 압수된 위폐와 동일하지 않다면 정판사 '위폐' 사건은 허구적 사건이 된다는 논리에 입각한 것이었다. 이러한 논리는 대단히 합리적이고 과학적인 검증 절차처럼 보인다. 그러나 이러한 논리에는 결정적인 허점이 존재한다.

첫째, 시험 인쇄한 지폐(이하, 시쇄권)가 정판사 '위폐' 사건에서 제조된 위폐의 특성을 보유하는가의 문제에 심각한 오류가 있다. 시쇄권이 정판사 '위폐' 사건에서 제조된 위폐의 특성을 보유하기 위해서는 시험 인쇄 당시의 작업 환경과 정판사 '위폐' 사건 당시의 작업 환경이 모두 동일해야 한다. 작업 환경에는 인쇄에 사용된 인쇄 도구 및 재료 일체와 인쇄 작업 참여자가 포함될 수 있다. 그러나 인쇄 작업 참여자의 동질성 문제는 논외로 하고, 인쇄 도구 및 재료 측면에서만 비교해 보겠다. 우선 오프셋인쇄기, 재단기, 모조지 등은 모두 시험 인쇄 당시와 정판사 '위폐' 사건 당시가 동일하다고 할 수 있다. 단, 잉크는 양자 모두 정판사에 비치된 것을 사용했다고는 하지만, 시험 인쇄 때 사용한 잉크가 정판사 '위폐' 사건 때 사용한 잉크와 정확하게 동일한 제품인지의 여부를 확인할 방법이 없고, 잉크 농도 조절이 동일한 방식으로 행해졌는지의 여부 또한 확인 불가능하므로 양자에 사용된 잉크 및 잉크의 사용 방식이 동일한지는 확인할 수 없다. 가장 중요한 것은 징크판인데, 시험 인쇄에 사용된 징크판은 정판사 '위폐' 사건에 사용된 징크판이 아니었다. 그 이유는 정판사 '위폐' 사건에 사용되었다는 징크판이 발견된 적이 없기 때문이다.[101] 시험 인쇄에 사용된 징크판은 ① 김창선이 배재룡에게 판매하여 뚝섬 위폐 사건에서 사용한 흑색 징크판을 이용하여 새로 제작한 흑색 소징크판 1매, ② 김창선이 배재룡에게 판매하여 뚝섬 위폐 사건에서 사용한 자색 소징크판 1매(증 제2호), ③ 김창선이 배재룡에게 팔지 않고 집에 남겨 둔 청색 소징크판 1매(증 제3호), ④ 직접 제작한 적색 소징크판 1매였으므로[102] 정판사 '위폐' 사건에 사용된 징크판이 아니라 오히려 뚝섬 위폐 사건에 사용된 징크판에 더 가깝다고 할 수 있다. 정판사 '위폐' 사건과 뚝섬 위폐 사건에 사용된 징크판은 1945년 9월경까지는 거의 같았다고 할 수 있겠지만 검사 측의 주장에 따르면 10월에 각각 다른 사람들(정판사 '위폐' 사건의 징크판은 김창선과 정명환, 뚝섬 위폐 사건의 징크판은 홍사겸)에 의해 모리카에(盛替)[103] 및 수정을 한 이후 차이가 생겼기 때문에 100% 동일하다거나 그에 준하는 유사성이 있다고는 할 수 없다.

이상에서 검토한 바를 정리하면, 시쇄권에 사용된 인쇄용지와 시쇄권의 재단 상태는 정판사 '위폐' 사건의 환경과 유사하다고 할 수 있으나, 시쇄권에 사용된 잉크 및 징크판은 정판사 '위폐' 사건의 환경과 유사하다고 할 수 없으므로, 결국 시쇄권은 정판사 '위폐' 사건에서 제조되었다는 위폐의 특성을 100% 대표하는 것이 불가능하다. 사용된 징크판의 측면에 한하여 말하자면 시쇄권은 정판사 '위폐' 사건이 아니라 오히려 뚝섬 위폐 사건에서 제조된 위폐를 대표(그것도 부분적으로나마)한다고 할 수 있는 것이다.

둘째, 시쇄권과 비교할 대상인 정판사 '위폐' 사건에서 압수된 위폐가 없

---

101) 증거물로서의 징크판에 대해서는 제4장 2절 4)에서 자세히 검토할 것이다.

102) 서울지방심리원, 「판결」, 『위폐사건 공판기록』, 대건인쇄소, 1947, 134쪽.

103) 일본어 '盛り替え'로서, 일본어 사전에 등재되어 있지는 않으나 직역하면 '북돋우기' 정도로 번역할 수 있으며, 인쇄 용어로서는 징크판의 마모된 부분을 '재생시키기 위한 작업 단계 중 하나'를 뜻한다.

었다. 비교 대상 위폐가 없으므로 시험 인쇄는 원천적으로 의미가 없게 되는 것이다. 검사 측은 다만 정판사 '위폐' 사건에서 제조한 것으로 검사 측이 주장하는 위폐(김창선이 조선은행에서 선별한 위폐)로 이를 대신하고자 했다. 즉, 정판사 '위폐' 사건에서 압수된 위폐도 없고, 시쇄권도 정판사 '위폐' 사건의 특성을 대표한다고 할 수 없는 상황에서 위폐 시험 인쇄 작업은 제대로 된 검증 능력을 가졌다고 보기 힘들다.

그럼에도 수사 당국은 이러한 불완전한 검증 논리에 기반을 둔 위폐 시험 인쇄를 강행했다. 이는 시험 인쇄를 통해 과학적인 검증을 하는 것이 목표가 아니라 시험 인쇄 결과를 통해 얻게 될 정치적 효과 때문인 것으로 보인다.

수사 당국이 위폐 시험 인쇄를 강행한 것에 정치적 의도가 있다는 근거로는 다음의 두 가지를 들 수 있다.

첫째, 시험 인쇄는 수많은 수사 당국 관계자들의 입회하에 실시되었는데, 조선공산당 측은 물론 심지어 기자단의 입회까지 금지한 채 철저하게 비밀리에 진행되었다는 점이다. 이렇게 시험 인쇄를 비밀리에 진행한 이유는 무엇이었을까? 이는 시험 인쇄에서 혹시라도 불리한 결과가 나올 경우에 오히려 경찰이나 우익 세력이 역풍을 맞게 될 것을 우려했기 때문인 것으로 보이며, 군정청 및 수사 당국에 의한 여론 조작의 가능성을 의심케 한다. 만약 시험 인쇄에서 군정청에 유리한 결과가 나온다면(즉, 위폐 인쇄가 가능하며, 압수된 위폐와 동일하다면) 당연히 이를 조선공산당의 주장을 반박하는 증거로 삼으면 되고, 또 만약 시험 인쇄에서 불리한 결과가 나온다면(즉, 위폐 인쇄가 불가능하거나 혹은 위폐 인쇄가 가능했지만 압수된 위폐와 다르다면) 결과를 발표하지 않거나 유리한 결과로 조작하면 되기 때문이다. 그런 점에서 수사 당국의 의도가 의심스럽다고 할 수 있다.

둘째, 앞서 언급했듯 시험 인쇄가 끝난 후 우익 신문들은 시험 인쇄가 잘 되었고, 압수된 위폐와 동일했다고 주장했다. 그러나 실제로 이날 인쇄된 시쇄권은 겨우 2장에 불과했다. 그것도 완전하게 4색으로 인쇄된 것은 1장(증 제98호)뿐이었고, 다른 1장은 자색, 즉 뒷면만 인쇄한 것(증 제97호)이었다. 이것만으로 인쇄가 잘 되었다고 보기에는 표본이 너무 부족하다. 그리고 시험 인쇄된 위폐와 압수된 위폐가 동일한 것인지 아닌지의 여부는 아직 전문가의 감정이 끝나지도 않은 상태였다. 그럼에도 수사 당국이 우익 신문들에게 비밀리에 진행된 위폐 시험 인쇄 결과를 취재 자료로 제공했다는 것은 역시 과학적 검증보다는 정치적 효과를 얻으려는 의도가 다분한 것으로 볼 수 있다.

이상을 종합하여 볼 때 수사 당국이 비밀회의를 거쳐 결정한 위폐 시험 인쇄는 징크판, 위폐와 같은 핵심적인 증거물이 없는 상황에서 물적 증거를 확보하고 이를 우익 신문의 선전 도구로 활용하여 정치적 효과를 얻으려는 의도에서 행해진 것이 아니냐는 의혹이 강력하게 제기될 수 있다.

5) 안순규의 위폐 인쇄 현장 목격 증언에 대한 의혹

검사 측에서 피고들의 유죄를 입증하는 유력한 증거로 내세우는 것 중 하나는 정판사 공장장 안순규의 위폐 제조 현장 목격 증언이었다. 안순규는 경찰, 미군 방첩대, 경무국, 검사 등 여러 수사 기관에서 조사를 받을 때 1946년 2월 10일 일요일, 즉 정판사 '위폐' 사건의 총 6회에 걸친 위폐 인쇄 중 마지막 제6회 인쇄 때 피고인들이 조선정판사에서 위폐를 인쇄하는 현장을 자신의 눈으로 직접 목격했다고 진술했으며, 또 같은 내용을 「목격기」에 썼다. 그런데 공판정에 증인으로 출석한 안순규는 이 같은 현장 목격 진술이 경찰로부터 고문의 위협을 느껴 허위 진술한 것이라며 번복했다. 그러자 검사 측은 안순규를 위증죄로 고발했고, 안순규는 재판을 받고 징역 1년 형에 처해졌다.

그러나 안순규의 증언이 사실인지 허위인지에 대한 논란은 재판 초기부터 끝날 때까지 계속되었으며, 정판사 '위폐' 사건 자체의 진위와 직결되어 매우 중요한 이슈였다. 과연 진실은 무엇인가?

안순규 증언의 진실 여부를 본격적으로 논하기에 앞서 우선 증언과「목격기」의 내용이 정확하게 무엇인지 파악할 필요가 있다. 그러나 안순규의 현장 목격 진술에 대한 수사기관의 조서 및 자필「목격기」전문은 현재 남아 있지 않다. 따라서 전문은 아니지만 일단 현재 남아 있는 자료 중에 관련된 것들을 찾아보면 다음과 같다(밑줄은 필자).

(a)『조선일보』에 보도된, 안순규가 경찰 혹은 검사에게 진술한 증언 내용104)
정판사 공장장 안순규가 말하기를 2월 10일게105) 위조지폐 인쇄하는 장면을 목격하였다는데 즉, 2월 10일게 명치좌(明治座)106) 구경을 갔다 시간이 늦어 집에 가든 도중 정판사를 지날 때 공장 뒤문이 열렸기에 가 본즉 공장에는 박성근, 신광범, 김창선, 증명환 등이 있기에 이상하여 들어가 본즉 박상근이가 돈 박은 종이를 접어들고 밖으로 나감으로 이게 무슨 일들이냐고 안이 말한즉 김창선이가 "살려주게. 이것은 우리가 사리사욕을 취하는 것이 않이고 상부의 명령으로 공산당비로 사용한 것일세"라고 말하였다는 말을 하고,

(b)『동아일보』에 보도된, 안순규의「목격기」내용107)
1946년 2월 10일 정오경 조선정판사 인쇄직공 김한배 집을 갔드니 동인이 외

---

104)「사실을 부인으로 일쇄(一鎖)/중요한 안순규의 증언 …… "보았오"」,『조선일보』, 1946.8.24.
105) 게(= 경에).
106) 현재 서울 중구 명동1가에 있는 명동예술극장의 전신으로서 1936년 일본 영화 전문 상영관으로 개관했으며 1946년 1월에 국제극장으로 개칭되었다.
107)「사용(私用) 아니오 당비에/인쇄 현장에서 들은 안순규 씨 수기」,『동아일보』, 1946. 8.25.

출하고 없으므로 정오가 지나 조선정판사 앞흘 당도한즉, 동사 후문이 열엿기에 드러간즉, 사무실에는 아무도 업는 것 갓고 공장 안을 보니 박상근이 활판실 입구 압헤 잇다가 본인을 보고 평판실로 급히 드러감으로 즉시 뒤를 따라 가보니 기계 바닥에 노힌 인쇄물을 반에 접어가지고 나오는 순간에 백 원 지폐 인쇄한 것이 보이엇습니다. 박상근은 곳 가지고 평판실을 나갓스나 재단실로 갓는지 박그로 갓는지는 미상입니다. 본인은 "노는 날 무엇을 하느냐?" 하엿드니 김창선이가 무색한 어조로 "잘못하엿습니다. 살려 주시오" 하고, 신광범은 기계 엽헤서 역시 무색한 어조로 "개인 사욕이 아니라 당 자금이 부족해서" 라고 말을 어물어물하고 끗흘 맷지 못하엿소. 그래서 나는 공포를 느끼며 집으로 도라갓소.

(c) 박수환의 글에 기록된, 안순규의 「목격기」 내용[108]

안순규는 (중략) 경찰에서 2월 10일은 일요일임으로 본정 방면에 놀너 갓다가 귀로에 조선정판사 앞에 다달아 후문을 보니 마침 문이 열이어 있었기에 후문으로 정판사에 들어가니 사무실에는 사람이 있는 것 갓지 않고 공장문이 열이어 있기에 굽어보니 마침 박상근이 활판실 입구에 서서 있었고, 박상근이 자기를 보자 평판실 쪽으로 감으로 자기도 평판실에 딸아 들어갔드니 거기에는 정명환, 김창선, 신광범이 서서 있었고, 또 재단하지 않은 지폐가 놓여 있었으며 인쇄는 다 - 박은 후인 것 같기도 하였으나 혹은 인장판 인쇄되어 있지 않은 것 같이 기억된다는 요지의 증언을 하게 되었다.

(d) 판결문에 기록된, 안순규의 「목격기」 내용[109]

증인 안순규의 작성 제출한 목격기라고 제(題)한 서면 중, "자기가 서기 1946년 2월 10일 정오경 조선정판사 인쇄 직공 김한배 집을 갔드니 동인이 외출하고 없으므로 귀로에 조선정판사에 들러 공장문을 보니 피고인 박상근이 활판실 입구 앞에 있다가 자기를 보고 급히 드러가므로 즉시 뒤를 따라 가 보니 기계 바닥

---

108) 박수환, 앞의 책, 30~31쪽.
109) 서울지방심리원, 「판결」, 『위폐사건 공판기록』, 대건인쇄소, 1947, 118쪽.

에 놓인 인쇄물을 반에 접어 가지고 나올 순간에 백 원 지폐 인쇄한 것이 보이였는데 동 피고인은 어데로 갔는지 알 수 없었으며 노는 날 무엇을 하느냐고 하였드니 피고인 김창선이가 무색한 어조로 잘못하였으니 용서하여 주시요 하고 피고인 신광범도 역시 무색한 어조로 개인 사욕이 아니라 당 자금이 부족하여서 하는 일이라고 말을 어물어물하고 끝을 맺을 못하였고 피고인 정명환도 있었으나 아모 말도 없었고 나는 공포를 느끼어 곳 집으로 도라왔다"는 취지의 기재

(e) 논고 요지에 기록된, 배재룡이 9월 7일 검사에게 진술한 증언 내용110)
증인 배재룡의 9월 7일 진술에 의하면 "안순규가 동 감방에 있을 때 어느 공일(쏜日)날 활판부과장 김 모를 맞나려 갔더니 그 사람이 타객과 나갓다 하므로 극장에 갔다가 귀가 도중 정판사에 들린즉, 평판과에서 일을 하다가 무엇을 덮고 감추고 하므로 무엇을 하느냐고 물은즉 아무 대답도 아니하므로 나왔다는 말을 합디다"라고 하며(11권 3091정),

(f) 판결문에 기록된, 배재룡이 9월 24일 제17회 공판에서 진술한 증언 내용111)
증인 배재룡의 당 공판정(제18회)에서의 "자기는 안순규와 약 50일간 경찰서 한 감방에 있었는데 동인의 말이 금년 어느 공일(쏜日)날 활판 부과장 김모를 만나려 갔더니 그 사람이 외출하고 없었으므로 귀로에 조선정판사에 들렀더니 평판과에서 일을 하다가 무엇을 덮고 감추는 것을 보았다고 하더라"는 취지의 공술

이를 종합하여 안순규가 위폐 인쇄 현장을 목격했다는 당일의 행적을 재구성해 보면 다음과 같다.

1946년 2월 10일은 일요일이었다. 휴일이었으므로 안순규는 명치좌(明治座)에 구경을 갔다가(또는 회사 동료의 집에 찾아갔다가 만나지 못하고) 귀가하

---

110) 서울지방심리원, 「논고 요지」, 『위폐사건 공판기록』, 대건인쇄소, 1947, 36쪽.
111) 서울지방심리원, 「판결」, 『위폐사건 공판기록』, 대건인쇄소, 1947, 119쪽.

는 길에 회사(조선정판사) 앞을 지나게 되었다. 그런데 정판사 후문이 열려 있는 것이 보여서 후문을 통해 회사로 들어갔다. 사무실 쪽을 보니 아무도 없는 것 같아서 공장(인쇄소) 쪽을 봤더니 공장문이 열려 있었다. 공장 안으로 들어가 보니 활판실 입구 앞에 박상근이 서 있다가 안순규를 보고 급하게 평판실로 들어갔다. 이상히 여겨 즉시 평판실로 따라 들어갔더니 그 안에는 신광범, 김창선, 정명환이 서 있었고, 인쇄한 100원권 지폐가 아직 재단되지 않은 채 놓여 있었다. 그때 박상근이 위폐를 인쇄한 종이를 접어 들고 어디론가 나가 버렸다. 안순규가 휴일인데 뭐하느냐고 묻자 김창선은 "잘못했으니 용서해 주시오"라고 대답했고, 신광범은 "이것은 개인의 사리사욕을 위해서 하는 것이 아니라 당 자금이 부족해서 하는 것이다"라며 말을 흐렸다. 그래서 안순규는 공포를 느끼고 집으로 돌아갔다.

이러한 행적을 토대로 안순규의 증언이 사실인지 쟁점별로 검토해 보자.

첫째, 정판사 앞 도로에서 후문이 보이는지의 여부에 대한 논란에 대해 살펴보겠다. 안순규의 증언 및 「목격기」의 내용 중 피고 측과 검사 측 사이에서 논란이 된 것 중 하나는 "안순규가 정판사 앞 도로에서 정판사 후문이 열린 것을 보고 들어갔다"는 내용과 관련하여 과연 정판사 앞 도로에서 정판사 후문이 보이는지의 여부에 대한 것이었다.

피고들은 정판사 앞에서는 후문이 보이지 않으므로 안순규의 진술은 거짓이라고 주장했다. 제13회 공판이 끝난 후 이루어진 정판사 현장검증에서는 이 문제도 검증했다. 박수환은 검증 조서를 인용하여 피고의 주장에 동의했다.

(g) 박수환의 글에 인용된 정판사 현장검증 내용[112]

정판사 후문은 벽돌 두 장 길이로 쌓은 담 내측에 단 미닫이 철판문이기 때문

---

112) 박수환, 앞의 책, 31쪽.

에 정판사 앞 노상에서는 그 문이 보이지 않는 것이다. 적어도 골목길로 1미 (米)[113] 40을 들어가야 편문 귀가 겨우 보이고 5미 30을 들어가야 편문 반이 보이고 8미 30을 들어가야 편문 전부가 보이고 12미 20을 들어가야 양문 전부가 보인다. (검증 조서에 의거) 그런데 정판사 앞에 다다라 후문을 보았다는 것은 무엇보다도 그 허위인 것을 여실히 증명하는 것이다.

이에 대해 조재천 검사는 다음과 같이 반박했다.

(h) 검사의 논고[114]
재판소의 검증 조서의 기재에 의하면 정판사 전(前) 도로에서는 공장 후문[115]이 보이지 않고 옆길로 조끔 드러가야 후문이 보이는 관계로 안순규의 진술 중 "정판사 앞에 당도한즉 공장 후문이 열렸기에 운운"이라는 것은 허위라고 역설하는 피고인도 있으나 안순규가 당 공판정에서 한 "대로(大路)서는 후문이 보이지 않으나 소로(小路)로는 3보 드러가면 보이요."라는 말과 전술 배재룡에 대하여 한 "정판사에 들린즉"이라는 말과를 종합 고려하면, 정판사 앞을 통과하게 되므로 소로로 들어가 자기의 20여년 내의 직장에 들린 것으로 생각되므로 허위 역설의 자료까지는 못 된다.

박수환과 조재천이 공통적으로 인정하는 것은 정판사에는 정문과 후문(편문)이 있었고, 정판사 앞 도로(대로)에서는 후문이 보이지 않으며, 후문을 보기 위해서는 골목길(소로)로 들어가야 하는데, 후문이 열렸는지 아닌지를 확인하기 위해서 후문을 반 정도라도 볼 수 있으려면 골목길로 최소한 5.3m는 들어가야 한다는 점이다.

---

113) 미터(meter, m).

114) 서울지방심리원, 「논고 요지」, 『위폐사건 공판기록』, 대건인쇄소, 1947, 36~37쪽.

115) (a), (b), (c), (d), (e), (f)와 (g), (h)를 종합적으로 비교 검토해보면 (a)에 언급된 '공장 뒤문'과 (h)에 언급된 '공장 후문'은 '정판사 후문'의 오기로 보인다.

그렇다면 안순규는 무슨 이유로 정판사의 골목길로 들어갔을까? 목격 증언의 전체적 맥락상 당시 안순규는 정판사에 들어가야 할 특별한 목적이나 볼일이 없었던 것으로 보인다. 그는 단지 오전에 외출했다가 볼일을 마치고 집으로 돌아가는 도중에 우연히 정판사 앞에 '도달'했을 뿐이었다. 즉, 안순규가 일부러 골목길로 들어갈 만한 특별한 동기는 없었다. 물론 인간의 모든 행동에 반드시 특별한 목적과 동기가 있어야만 하는 것은 아니므로 집에 가는 길에 정판사 앞에 도달하자 무심코 골목길로 들어갔거나, 혹은 공장장이라는 직책상 정판사 앞을 지나는 김에 공장에 별일 없는지 확인하기 위해 골목길로 들어갔다가 정판사 후문이 열려 있는 것을 봤을 수도 있다. 그런데 (a)에 따르면 안순규는 '시간이 늦어' 집으로 가고 있다고 했으므로 특별한 일이 없는 한 서둘러 귀가하는 것이 더 자연스럽다.

문제는 조재천의 설명이다. 조재천은 일부러 골목길로 들어갔다는 부자연스러움의 문제를 해결하기 위해 안순규의 증언이나 「목격기」인 (a), (b), (c)를 인용하지 않고, 배재룡의 증언인 (e)를 인용했다. (a), (b), (c)에서는 정판사를 지나거나, 정판사 앞을 당도하거나, 정판사 앞에 다다랐다는 표현에서 알 수 있듯 정판사에 일부러 들어갈 의도가 없었음이 느껴지지만, (e)에서는 정판사에 들렀다는 표현에서 알 수 있듯 정판사에 들어갈 의도가 있다는 어감이 감지된다. 그러나 (e)는 안순규가 직접 말한 자료가 아니라 배재룡이 안순규의 말을 기억하여 재생한 간접적인 자료이므로 안순규의 의도를 파악하는 데 있어서 (a), (b), (c)보다 정확성이 떨어진다. 또한 (e)는 (a), (b), (c)보다 내용이 축약되어 있으므로 자료의 충실성도 떨어진다. 그럼에도 조재천은 자신이 수차례에 걸쳐 안순규로부터 받아내어 녹취한 증언과 공판 때마다 유력한 범죄 사실 자료로서 피고들에게 추궁할 때 사용하던 안순규의 자필 「목격기」 대신에 군이 배재룡의 증언에 등장하는 "정판사에 들린즉"이라고 하는 아주 작은 문구 하나를 인용하여,

안순규가 정판사에 들어갈 의도가 있었다는 식으로 해석하고, 나아가 "자기의 20여년 내의 직장에 들린 것으로 생각되므로"라고 확대 해석함으로써 피고 측의 논리적 반박과 이를 입증하는 정판사 현장검증 결과로부터 매우 궁색하게 빠져나가려고 시도했음을 알 수 있다.

검사 측이 제시한 안순규 증언 및 「목격기」의 주된 맥락은 안순규가 정판사 앞을 지나다가 '우연히' 후문이 열린 것을 보고 들어갔다가 위폐 인쇄를 하고 있는 장면을 목격했다는 것이다. 안순규가 '일부러' 일요일 낮에 정판사 공장 안으로 들어갔다고 하면 아무래도 개연성이 떨어지기 때문에 '우연히'라는 느낌을 강조했던 것이다. 그런데 문제는 검사 측이 현장을 제대로 가 보지 않은 채 증언과 「목격기」를 허위로 작성하다 보니 실제 정판사 건물과 도로의 물리적 구조와 맞지 않는 부분이 생겨나게 되었고, 이를 발견한 피고들의 반박에 몰리자, 앞서 강조했던 '우연히'라는 부분을 완전히 뺄 수도 없고 그대로 고수할 수도 없는 딜레마에 빠지게 되었던 것이며, 그로 인해 다소 궁색하고 억지스런 논리로 대응하고 있다고 보는 것이 보다 합리적인 설명일 것이다.

그리고 양원일 재판장은 조재천 검사와 마찬가지로 배재룡이 검사에게 증언한 (e)의 연장선상에서, 배재룡이 공판정에서 증언한 (f)를 판결문에 증거자료로 제시했으며, 안순규의 「목격기」인 (d)를 제시하면서도 실제 안순규의 「목격기」에 가까운 (b)를 그대로 인용하는 것이 아니라, 안순규의 「목격기」에 배재룡의 (e)와 (f)에 등장하는 '정판사에 들린즉', '정판사에 들렀더니'의 '들르다'라는 표현을 가져와 '조선정판사에 들려'라고 변형, 삽입시켜 (d)라는 조작된 「목격기」를 제작한 후, 이를 「판결문」에 증거자료로 제시함으로써 조재천 검사의 논리를 옹호하고 있음을 확인할 수 있다.

둘째, 후문과 공장 문이 열려 있었다는 점에 대한 의혹에 대해 살펴보겠다. 안순규는 증언 및 「목격기」에서 정판사의 후문과 공장 문이 모두 열려 있어서 들어갔다고 진술했다. 그러나 대규모로 위폐를 인쇄한다는 자들이 대낮에 문을 활짝 열어 둔 채로 범행을 저지른다는 것은 상식적으로 이해하기 어렵다. 1946년 10월 24일 제25회 공판에서 김용암 변호사는 변론을 통해 위폐를 인쇄하는 사람들이 공장문을 열어 둔 채로 인쇄했다는 것이 비상식적이라고 주장했다.[116] 또한 10월 26일 제27회 공판에서 피의자 신광범은 만약 위폐를 인쇄하고 있었다면 문 앞에 파수를 세웠을 것이므로 현장까지 들어오지 못했을 것이라며 비슷한 논리로 주장했다.[117] 박수환은 다시 한 번 이에 대해 정판사 후문과 공장문을 열어 놓았다는 것이 있을 수 없는 일이라며 문제를 제기했다.[118] 이러한 문제 제기에 대한 검사 측의 반론은 없었다.

물론 위폐 인쇄 마지막 날이라 긴장이 풀어졌을 수도 있고, 또 일요일이라서 사람들이 그 근처를 지나가거나 들어올 가능성이 낮으므로 후문과 공장문을 열어 놓았을 가능성이 전혀 없는 것은 아니다. 또한 골목길로 일부러 들어오지 않는 한 정판사 앞 대로에서는 후문이 열렸는지 아닌지가 보이지 않으므로 경계를 소홀히 했을 가능성도 있다. 그럼에도 대규모 위폐 인쇄라는 중대 범죄를 저지르는 이들이 후문, 공장문을 동시에 다 열어놓고 안순규가 공장 안으로 들어올 때까지 무방비로 있었다는 것은 납득하기 어렵다. 특히, 「공판청구서」에 따르면 피고들은 위폐 인쇄 시에 철저하게 역할 분담을 했으며, 인쇄주임인 신광범은 다른 일은 전혀 하지 않은 채 오직 '외인 내방 경계'만을 담당했다고 되어 있는데, 이렇게까지 경계가 허술했다는 것은 증언 자체를 신뢰하기 어렵게 한다.

---

116) 「피고들의 무죄 주장/위폐 사건 역사적인 대변론」, 『자유신문』, 1946.10.25.

117) 「찬란한 투쟁 역사 두고 자살 행위를 누가 하랴/정판사 사건 신광범 진술」, 『독립신보』, 1946.10.30.

118) 박수환, 앞의 책, 31~32쪽.

표 4-3. 정판사 '위폐' 사건 「공판청구서」 및 「판결문」에서 주장하는 위폐 인쇄 일시

차	회	위폐 인쇄 일시
제1차	제1회	1945년 10월 하순경 오후 9시~다음 날 오전 5, 6시경
제2차	제2회	1945년 12월 27일 오후 9시경~12월 28일 오전 5, 6시경
	제3회	1945년 12월 28일 오후 9시경~12월 29일 오전 7시경
	제4회	1945년 12월 29일 오후 9시경~12월 30일 오전 7시경
제3차	제5회	1946년 2월 8일 오후 9시경~2월 9일 오전 7시경
	제6회	1946년 2월 9일 오후 9시경~2월 10일 오후 1시경

셋째, 제6회 위폐 인쇄 소요 시간에 대한 의혹에 대해 살펴보겠다. 앞서 밝힌 바와 같이 「공판청구서」 및 「판결문」에 따르면 조선정판사에서의 위폐 인쇄는 총 3차 6회에 걸쳐 이루어졌다. 그 인쇄 일시를 다시 확인해 보면 표 4-3과 같다.

또한 「공판청구서」 및 「판결문」에는 위폐를 인쇄한 금액이 매회 동일하게 각각 약 200만 원씩이라고 되어 있다. 그런데 위폐를 인쇄하는 데 걸린 시간(보다 정확하게는 공장에서 인쇄, 재단하고 이를 사무실로 운반하여 금고에 보관하기까지 소요된 시간)을 비교해 보면 제1회와 제2회는 약 8~9시간, 제3회부터 제5회까지는 약 10시간으로 비슷한데, 제6회는 특이하게도 16시간이나 된다. 제1회나 제2회에 비해 두 배 가까운 시간이 걸린 것이다. 안순규가 위폐 현장을 목격했다는 것은 바로 이 제6회였으며 목격했다는 시각은 2월 10일 정오경이었다. 그런데 안순규는 "그 시각에는 재단하지 않은 지폐가 놓여 있었으며 인쇄는 다 끝난 것 같기도 했으나 인장판이 아직 인쇄되지 않은 것 같이 기억된다"고 진술했다.[119] 평소 같았으면 이미 위폐 인쇄를 다 마치고도 한참이 지났을 시각인데, 오직 그날만큼은 위폐 인쇄를 시작한 지 15시간이 지났는데도 아직 재단 작업 단계에 들어가지도 못했으며, 인쇄만 간신히 끝냈거나 혹은 인쇄조차도 아직 마무리

---

119) 위의 책, 30~31쪽.

하지 못했다는 것이다. 똑같은 200만 원을 인쇄하는 데에 유독 제6회 때만 이렇게 시간이 오래 걸렸다는 것은 대단히 부자연스러운 일이다.

이와 관련하여 2월 10일이 일요일이었으므로 피고들이 여유를 갖고 천천히 인쇄했을 가능성이 있다는 주장에 대해 박수환은 전기 동력으로 움직이는 기계의 작업 속도는 마음대로 빠르거나 더디게 할 수 없다며 반박했다. 또한 박수환은 피고들이 신체의 피로를 방지하기 위해 천천히 인쇄했을 가능성이 있다는 주장에 대해 그럴 경우 작업 시간이 길어져 오히려 더 피곤해질 것이라며 반박했다.[120]

또한 박수환의 말에 따르면 제1회부터 제4회까지는 재단을 제외한 인쇄 작업을 오전 3시 무렵에 마쳤다고 한다. 따라서 인쇄에만 걸린 시간은 6시간 정도라고 할 수 있다. 그리고 나머지 작업인 재단, 운반, 보관, 정리하는 데에는 오전 3시부터 5~7시까지 약 2~4시간이 걸렸다는 것을 알 수 있다. 그런데 제6회 때는 정오경에 인쇄를 마쳤다고 했으므로 인쇄에만 16시간이 걸렸으며, 재단, 운반, 보관, 정리하는 데에는 불과 1시간밖에 안 걸렸다고 할 수 있다. 인쇄 작업에 평소보다 지나치게 오랜 시간이 걸렸다는 것도 이상하지만, 나머지 작업에 평소보다 지나치게 적은 시간이 소요됐다는 것은 더더욱 상식적으로 납득하기 어렵다.

똑같은 인력이 똑같은 장소에서 똑같은 기계를 사용하여 인쇄했는데 제6회 때만 소요 시간이 이렇게 고무줄처럼 늘어난 이유는 무엇일까? 이는 안순규가 위폐 인쇄 현장을 목격했다는 시각을 정오경으로 맞춰야만 할 이유가 있었기 때문이라고 추론할 수 있다. 1946년 5월 초순 경찰이 조선정판사 직원 14인을 체포하여 취조할 당시 안순규는 증인이 아니라 피의자의 신분으로 취조를 받았다. 안순규는 정판사의 공장장이었으므로 공

---

120) 위의 책, 32~33쪽.

장 열쇠를 가지고 있었을 것이며, 그렇기 때문에 아마도 유력한 용의자로 지목되었을 것이다. 이에 경찰은 취조 과정에서 안순규에게 위폐를 인쇄한 것으로 의심되는 날짜들을 제시하며 그 날짜에 정판사에서 인쇄한 것이 아니냐고 추궁했을 가능성이 높다. 그리고 그 날짜 중에는 2월 10일이 포함되어 있었다. 그러자 안순규는 2월 10일 오전 동료 직공인 활판부과장 김한배의 집에 놀러갔다가 부재중이라 혼자 명치좌에 가서 구경을 하고 집으로 돌아간 일이 있으니 확인해 보라며 자신의 알리바이를 주장했을 것으로 추정할 수 있다. 확인 결과 알리바이가 사실로 드러나자[121] 경찰은 안순규를 피의자가 아니라 범행 현장을 목격한 증인으로 변경하고, 목격 증언을 허위로 조작했을 가능성이 있다. 그 과정에서 안순규에게 회유와 협박, 고문 등을 가했던 것으로 보이며, 안순규도 그렇게 하면 석방될 수 있다는 생각과 그렇게 하지 않을 경우 가해지는 고문 및 처벌의 두려움으로 인해 허위로 진술했을 것으로 추정된다.

그런데 안순규의 현장 목격 시각을 오전 7시 이전으로 하는 것은 너무나 부자연스럽다. 일개 직장인이 특별한 업무도 없는데 일요일 새벽에 회사에 들른다는 것은 누가 봐도 이상하기 때문이다. 그래서 어쩔 수 없이 안순규가 귀가하던 중인 정오경에 정판사 앞을 지나다가 우연히 후문이 열린 것을 보고 들어가서 현장을 목격하게 되었다는 식으로 조서를 작성했을 가능성이 크다. 그러나 볼일을 보고 집에 가다가 정오경에 정판사에 들렀다고 하는 것은 그 내러티브 자체로만 본다면 자연스러울 수 있겠지만, 위폐 인쇄에 소요된 시간의 측면에서 본다면 매우 부자연스럽고 억지스러운 면을 발생시킨다.

위폐 인쇄에 소요된 시간의 측면에서 생각할 때, 보다 자연스러운 증언

---

121) 서울지방심리원, 「판결」, 『위폐사건 공판기록』, 대건인쇄소, 1947, 119쪽.

을 만들려면 현장 목격 시각을 정오경이 아니라 좀 더 앞당겨서 아침 9시나 10시쯤으로 하면 좋았을 것이다. 그러나 그 시간대에는 안순규가 동료의 집에 들렀거나 명치좌에서 구경을 했다는 알리바이와 충돌하기 때문에 그렇게까지 빨리 앞당길 수는 없었고, 알리바이를 피하면서 최대한 이르게 잡은 목격 시각이 바로 정오경이었던 것이다. 그 때문에 조선정판사에서 위폐를 인쇄하던 직공들은 안순규가 목격하러 조선정판사에 올 때까지 평소와는 달리 '매우 천천히' 위폐를 인쇄할 수밖에 없도록 시나리오가 꾸며진 것이라고 추론해 볼 수 있다.

넷째, 안순규가 피의자에서 증인으로 변경된 것에 대한 의혹에 대해 살펴보겠다. 만약 검사 측 주장이 맞다면 안순규는 고문이나 유혹 등에 의해 허위 진술을 강요받은 것이 아니라 조사 과정에서 사실에 입각하여 현장을 목격했다는 진술을 자연스럽게 함으로써 피의자가 아니라 증인임이 밝혀졌다고 봐야 할 것이다. 안순규는 1946년 5월 9일 경찰이 취조할 당시 경찰의 고문으로 위폐 인쇄 현장을 목격했다고 허위로 진술했다고 밝혔는데, 검사 측의 말이 맞다면 이날 경찰의 고문은 없었으며, 그와 무관하게 안순규가 현장 목격 진술을 했다고 할 수 있다. 그리고 5월 9일 이래 경찰 조사 6회에 걸쳐 안순규는 거듭 현장을 목격했다고 진술했으며 이로 인해 안순규는 피의자가 아닌 증인으로 인정받게 되었다.

그런데 경찰의 초기 조사에서 다른 피의자들이 범죄 사실에 대해 진술한 내용을 살펴보면 안순규를 정판사 '위폐' 사건에 함께 참여한 공범으로 지목한 일부 사례가 다음과 같이 등장함을 알 수 있다(밑줄은 필자).[122]

김상선은 1946년 5월 11일 순경 이희남에게 대하야 제1차는 1945년 10월 하순경 박낙종, 신광범, <u>안순규</u>, 박상근, 송언필 입회하에 김창선, 정명환, 김영관,

---

122) 박수환, 앞의 책, 10~13쪽.

홍계훈, 전병철과 같이 위폐 약 200만 원을, 제2차는 동년 12월 초순 야간 신광범, <u>안순규</u>, 박상근, 송언필 입회하에 우 6인이 위폐 약 200만 원을, 제3차는 동년 12월 하순 야간 우 4인 입회하에 김창선, 정명환, 김영관, 홍계훈과 같이 5인이 위폐 약 200만 원을, 제4차는 1946년 1월 하순 야간 박낙종, 신광범, 박상근, <u>안순규</u> 입회하에 우 5인이 위폐 약 200만 원을, 제5차는 동년 2월 하순 야간 우 4인 입회하에 우 5인이 위폐 약 200만 원을, 제6차는 동년 3월 하순 야간 박낙종, 송언필, 신광범, 박상근, <u>안순규</u> 입회하에 우 5인이 위폐 약 200만 원을 각각 인쇄하였다는 요지의 진술을 하였다고.

박상근은 (중략) 1946년 5월 20일 경사 김재옥에게 대하야 제1차는 1945년 10월 중순 야간 박낙종, 이필상, 송언필, 신광범, 김창선, 정명환, <u>안순규</u>와 같이 8인이 공장에 집합하야 김창선, 정명환이 김우용, 김영관 외 2인을 지도하야 위폐 약 200만 원을, 제2차는 동년 12월 20일경 야간 <u>우 8인이</u> 공장에 집합하야 전 동양으로 위폐 약 200만 원을, 제3차는 1946년 2월 20일경 야간 <u>우 8인</u> 외에 권오직이 참가하야 전 동양으로 위폐 약 200만 원을, 제4차는 동년 3월 초순경 야간 <u>우 9인</u> 입회하에 전 동양으로 위폐 약 200만 원을 각각 인쇄하였다는 요지의 진술을 하였고….

위의 자료를 보면 김상선은 1946년 5월 11일, 박상근은 5월 20일 경찰 조사에서 안순규를 위폐 사건의 공범으로 지목했음을 알 수 있다. 같은 시기에 이루어진 경찰 조사에서 안순규는 스스로를 목격자라고 주장했고, 일부 다른 피의자들은 안순규를 공범으로 지목했다는 사실을 어떻게 봐야 할 것인가? 만약 검사의 공판청구서의 내용이 맞다면 안순규가 목격자가 아니라 공범이라는 김상선과 박상근의 진술은 거짓말 또는 착각이라고 할 수 있다. 그렇다면 김상선과 박상근은 왜 안순규가 공범이라고 거짓말 또는 착각을 했는가?

피의자들의 범행 일시, 위폐 제조 금액, 위폐 제조 시기는 기억에 따라 다소 다를 수 있겠지만, 범인이 아닌 사람을 범인으로 착각한다는 것은 있을 수 없는 일이다. 특히, 안순규의 위폐 인쇄 현장 목격이 사실이라면, 안순규는 1946년 2월 10일 공장 안에서 박상근과 마주쳤고, 박상근은 도망치듯 빠져나왔다. 그런데 박상근이 안순규와 위폐를 공모했다고 진술했다는 것은 말이 안 된다. 즉, 박상근이 위와 같은 거짓말 또는 착각을 했을 리는 없다.

이러한 사실은 앞서 밝혔듯 경찰의 초기 조사에 대한 전면적인 불신으로 이어질 수밖에 없다. 즉, 경찰의 조사가 박상근의 자유로운 진술에 의한 것이 아니라 고문이나 가혹 행위를 통해 특정한 시나리오에 따라 진행된 것이라는 방증이기 때문이다. 그 초기 시나리오의 일부 버전에서 안순규는 분명히 피의자 역할을 하기로 되어 있었다. 그러나 수사가 진행되면서 누군가의 결정에 따라 안순규는 증인 역할로 변경되었다. 피의자도 여러 명이고 수사를 맡은 경찰관도 워낙 많다 보니 혼선이 생겼고, 일부 경찰들은 안순규를 피의자로 설정하라는 원래 시나리오에 따라 수사를 진행했고, 일부 경찰들은 안순규를 증인으로 설정하라는 새로운 시나리오에 따라 수사를 진행했다고 볼 수 있다. 위의 자료들은 미처 삭제하지 못한 초기 시나리오의 일부 버전을 보여 주는 것이며, 따라서 본 사건의 수사 과정 전체가 특정한 시나리오에 의해 진행되었음을 보여 주는 것이라고 할 수 있다.

6) 장택상의 침묵에 대한 의혹

정판사 '위폐' 사건은 1946년 5월 8일 경찰이 정판사를 급습하여 피의자들을 체포한 것과, 5월 15일 미군정 공보부에서 "300만 원 이상의 위조지폐로써 남조선 일대를 교란하던 지폐위조단 일당이 일망타진되었다고 조선경찰 제1관구경찰청장 장택상 씨가 발표하였다"라고 발표함으로써 시작된 점에서 알 수 있듯이 사건 초기부터 경찰이 가장 직접적으로 관여했으며, 사건의 진상에 대해서 가장 잘 알고 있는 주체 역시 경찰이었다. 따라서 사건의 진상을 알아보기 위해서는 경찰 책임자들의 언행을 살펴보는 것이 필요하다.

경찰 수뇌부인 조병옥 경무부장, 장택상 제1관구경찰청장, 이구범 본정 경찰서장의 사건 관련 초기 발언을 다시 확인해 보면 다음과 같다.

미군정 공보부의 사건 발표 다음 날인 5월 16일 박헌영이 찾아갔을 때 조병옥은 "이번 사건은 뚝섬 사건이다"라고 말했다.[123] 또 같은 날 장택상은 기자단의 질문에 "(1) 공보부 발표는 내 이름으로 나간 것이지만 내가 한 것은 아니며 나의 보고와는 다른 점이 있다. (2) 사건과 관련해서는 상부로부터 함구령이 내려 말할 수 없다"라는 내용으로 답했다.[124] 그리고 같은 날 이구범은 기자와의 문답에서 "(1) 취조가 안 끝난 사건을 발표한 것은 경솔했다. (2) 지폐를 정판사 지하실에서 인쇄했다는 것은 사실무근이다. (3) 이관술, 권오직이 사건에 관련되어 있는지 여부는 아직 취조하기 전이므로 분명하지 않다. (4) 이번 사건은 뚝섬 사건과 관련이 있는데도 공보부 발표에서 빠진 것은 이번 발표가 사건의 전모가 아님을 말하는 것이다"라는 내용으로 말했다.[125]

이를 종합하여 볼 때 경찰이 5월 8일에 체포한 정판사 피의자들의 취조가 채 끝나지 않은 시점에서 장택상은 사건에 대해 중간보고 형식으로 미군정 상부에 보고했고, 미군정 측은 이를 조병옥, 장택상 등과도 충분히 협의하지 않은 상태에서 5월 15일 '공산당'이 위폐를 제조했다는 식으로

---

123) 「위조지폐에 관하야/조공 의견서, 성명 발표」, 『자유신문』, 1946.5.17.
124) 「내게는 발표할 자유 없다/위조지폐 사건에 장 경찰부장 담」, 『독립신보』, 1946.5.17.
「괴(怪)! 뚝섬 위폐 사건은 발표하지 안는 이유?/장 경찰부장과 기자와의 문답」, 『해방일보』, 1946.5.18.
125) 「본정서장 이구범 담」, 『중앙신문』, 1946.5.17.

발표했던 것임을 알 수 있다. 그리고 이 발표에 대한 조선공산당의 반박으로 사태가 커지자 미군정 상부는 장택상에게 함구령을 내렸는데,[126] 조병옥과 이구범은 함구령을 미처 전달받지 않은 상태에서 위와 같은 발언을 한 것으로 보인다.

중간보고 과정에서 조병옥, 장택상, 이구범 등은 위폐 제조 혐의에 대해 정판사 피의자들을 말 그대로 '의심'을 하고 있었으며, 공산당이 조직적으로 관계된 것인지의 여부를 집중적으로 취조했을 것으로 보이지만 아직 공산당이 조직적으로 관계된 사건이라고 확신하지는 못하는 상태였다. 그러나 미군정 측은 이러한 공산당이 사건에 관련되었을 가능성에 대한 보고만을 듣고서 그것이 실제 사실인 것으로 결론 지어 발표한 것이라고 추정할 수 있다. 미소공위 결렬 이후 어떻게 하면 공산당을 효과적으로 탄압할 수 있을지 구실을 찾고 있던 미군정으로서는 우연히 찾아온 기회를 놓치지 않고 공산당 탄압의 기회로 적극 이용했던 것이다.

미군정은 경찰 쪽에 이 사건이 유죄가 되어야 한다는 뜻을 밝힘과 동시에 별도의 지시 사항이 있을 때까지 함부로 사건에 관해 입을 열거나 사건에 대해 독자적으로 발표하지 말 것을 명령했고, 경찰 수뇌부는 이러한 미군정의 뜻에 따라 사건을 유죄로 성립시키기 위해 미군정에 적극적으로 협력했다. 한편 조선공산당 측은 지속적으로 장택상, 조병옥 등 경찰 수뇌부 및 미군정 측에 사건의 진상을 발표할 것을 요구했다.

그러나 이러한 조선공산당 측의 요구에도 불구하고 경찰 수뇌부 측은 곧 발표할 것이라고 답하면서도 끝까지 사건에 대해 함구로 일관했다. 심지어는 일부 우익 신문들이 취재 결과를 바탕으로 사건의 전모에 대해 보도하자 경찰은 검찰과 함께 해당 우익 신문 편집인을 소환하여 조사하기도 했다.

---

126) 「뚝섬 사건과 관련 있다/장 부장 함구」, 『조선인민보』, 1946.5.17.
　　「장 경찰부장 기자단과 1문1답」, 『중앙신문』, 1946.5.17.

이후 사건에 대한 재판이 시작되었고, 위폐 공판 소요 사건의 강경 진압에 대해 장택상, 조병옥 등이 비난을 받게 되고, 피고들에 대한 경찰의 장기 구금, 고문 논란에 대해 장택상, 이구범이 기자회견을 갖거나 공판에 증인으로 참석하는 일은 있었지만, 정판사 '위폐' 사건의 진상과 관련해서 장택상 등 경찰 수뇌부가 언급하는 일은 없었다.

즉, 미군정은 공보부 발표에 대해 여러 가지 의혹이 제기되자 장택상을 비롯한 경찰에 함구령을 내려 사건에 대해 일절 말하지 못하게 했으며, 장택상은 이러한 명령을 충실히 이행하여 결국 1심 재판이 끝날 때까지 그리고 1심 재판이 끝난 이후로도 자신이 알고 있는 정판사 '위폐' 사건의 전모에 대해 끝까지 입을 다물었던 것이다.

그런데, 9월 총파업과 10월 항쟁 이후 조미공동소요대책위원회가 조직되어 사태의 원인을 조사하는 과정에서 경찰의 과잉 진압이 핵심 원인으로 지목되면서 경찰의 책임 문제가 불거졌다. 좌우합작위원회에서와 마찬가지로 조미공위에서도 조병옥과 장택상의 퇴진을 강력히 요구했는데, 결국 하지는 이를 묵살했다.[127] 미군정으로서는 입법의원 개원을 앞두고 좌우합작위원회의 요구를 들어주지 않을 수 없었기에 조미공위와 같은 기구를 만들면서까지 중도파를 지원했음에도 경찰 조직의 두 수뇌를 해임할 수는 없었다. 오히려 조미공위가 종료된 이후 조병옥과 장택상은 자신들을 비난하고 친일 경찰의 축출을 요구한 최능진을 파면시켜 버리기까지 했다.

한편, 김규식과 안재홍 등 중도파의 조병옥·장택상 경질론은 이후로도 계속되었다. 1947년 5월 제2차 미소공위가 개최되기 직전 "브라운(Albert E. Brown)은 김규식과 안재홍에게 협조를 부탁했지만 김규식과 안재홍은 먼저 미군정에서 조병옥과 장택상을 해임할 것을 요청했다. 미군정으로부

---

127) 서중석, 『한국현대민족운동연구』, 역사비평사, 1991, 460쪽.

터 번번이 정치·사회적 개혁 요청을 거절당했던 김규식과 안재홍은 정계 은퇴 의사를 내비치며 브라운에게 압력을 행사했다".[128]

그럼에도 미군정은 끝내 조병옥과 장택상을 해임하지 않았다. 아무리 미군정의 입장에서 수족처럼 부릴 수 있는 경찰이 절실하게 필요했다고는 하지만, 중도파 중심의 과도정부 수립이라는 거시적인 전후조선처리방안의 차원에서 자신들이 적극적으로 지원하는 중도파의 요구를 외면하면서까지, 또 그로 인해 제2차 미소공위 진행에 차질이 발생하는 것을 무릅쓰면서까지 미군정이 조병옥과 장택상을 그토록 보호하려 한 까닭은 무엇이었을까? 이에 대한 하나의 실마리를 정판사 '위폐' 사건에서 찾을 수 있다. 소련의 정보 문서 일부분을 옮겨 보면 다음과 같다(밑줄은 필자).

> 김규식은 수도경찰서장 장택상의 경질을 요구하고 있다. 그러나 러치는 장택상을 경질하지 못할 것이다. 왜냐하면 그럴 경우 장택상은 위조지폐 사건에 대한 진실을 폭로할 것이라고 협박하고 있기 때문이다.[129]

이는 장택상이 정판사 '위폐' 사건의 진실과 관련하여 미군정의 약점을 잡고 있다는 말이며, 만약 이것이 폭로될 경우 미군정은 매우 곤란한 상황에 처하게 될 수 있음을 의미한다. 이는 그동안 미군정이 정판사 '위폐' 사건과 관련하여 왜 함구하라고 했는지와 연결된다. 이를 통해 미군정은 정판사 '위폐' 사건을 조작했으며, 장택상 등 경찰 수뇌부는 이를 함구하는 조건으로 자신의 정치적 생명을 연장하거나 권력을 키우는 데 이용했다는

---

128) 미소공위문서철, 롤번호 6, 「브라운 작성; 5월 19일 현재 정치상황」 1947.5.19., 정용욱, 『해방 전후 미국의 대한정책』, 서울대학교 출판부, 2003, 223쪽에서 재인용.

129) 「레베제브가 소련 원수 메레츠꼬브 동지와 쉬띄꼬브 대장 동지에게 보낸 남조선 정세에 대한 정보자료」, 1947.5.14., 국사편찬위원회, 『러시아연방국방성중앙문서보관소 소련군정문서, 남조선 정세 보고서 1946~1947』, 국사편찬위원회, 2003, 318~322쪽.

추정이 가능하다.

한편, 정판사 '위폐' 사건의 진실과 관련된 장택상의 발언은 김철수의 회고록에서도 찾아볼 수 있다(밑줄은 필자).

그런게 장택상이는 저 정판사 사건, 위조지폐 사건도 지가 말을 혀. 위조지폐를 헐라면 그 기계를 어떻게 하루밤에 옮겨 놨다가 또 하루 밤에 거기다 놓냐. 안 될 말이다. 아 그러면 네가 그렇게 발표해라. 그건 내가 못하겠다. <u>나도 시방 수도청장에서 조까 더 올라가고 싶은디 미국놈 내가 맞어들이야 된다.</u> 그런 놈이여. 위조지폐 사건이. 아 사실 어떻게 기계를 갖다 하루밤에 올라갔다 하루밤에 내려놔. 그게 헛소리여. 그런 사람인게 술 먹고 기집 좋아허고. 그게 모두 그 전에 양반 장가 아니여? 아 그런게 지가 그런가 보다 그러네. 거짓말 잘 허네.[130]

김철수의 회고에서도 장택상은 정판사 '위폐' 사건이 조작된 것임을 알고 있으면서도 출세를 위해 비밀을 묻어 둔 채 미군정의 뜻에 따라 사건을 처리한 것을 확인할 수 있다. 결국 비밀을 지킨 장택상은 경질되기는커녕 미군정기 내내 제1경무총감 겸 수도관구경찰청장 자리를 보전했으며, 1948년 8월 15일 정부 수립과 함께 초대 외무부 장관에 임명되는 등 출세가도를 달렸다.

---

130) 한국정신문화연구원 현대사연구소 편, 『지운 김철수』, 한국정신문화연구원 현대사연구소, 1999, 258쪽.

2. 정판사 '위폐' 사건 판결의 모순

1) 제1차 위폐 인쇄 시기에 대한 모순

정판사 '위폐' 사건에 대한 논란의 주요 쟁점 중 하나는 바로 범행 시기, 즉 위조지폐 인쇄 시기에 관한 것이었다. 그중에서도 제1차 위폐 인쇄 시기가 언제였는가 하는 문제는 최대의 핵심 쟁점이었는데, 이 문제를 두고 사건 담당 판검사와 변호사 간에 가장 치열한 공방이 벌어졌을 뿐 아니라, 판사와 검사가 함께 비밀리에 출장 조사를 다녀오는가 하면, 선고 공판일이 무기 연기되기도 했다. 이러한 제1차 위폐 인쇄 시기 문제를 상세히 검토해 보겠다.

검찰의 「공판청구서」 및 재판부의 「판결문」에는 피고들이 총 3차 6회에 걸쳐 위조지폐를 제조했다고 되어 있다.[131] 그런데 이상한 점은 제2차 및 제3차 인쇄 시기와는 달리, 가장 중요한 제1차 인쇄 시기만 날짜를 명시하지 못한 채 '1945년 10월 하순경'이라고 두루뭉술하게 표현했다는 점이다. 이는 형식적인 면에서 '범행 사실이 육하원칙에 의해 제시되어야 한다'는 「형사소송법」의 기본 원칙에 위배되는 것일 뿐만 아니라 내용적인 면에서도 검찰 및 재판부가 무엇인가를 숨기고 있다는 인상을 줌으로써 정판사 '위폐' 사건에 의혹을 제기하는 단초가 되었다.

그러나 범행 사실이 육하원칙에 의거해야 한다는 기본적인 사실을 모를 리 없는 검찰이 처음부터 위폐 인쇄 시기를 특정하지 않고 10월 하순경으로 제시하려고 했을 가능성은 없다. 검찰의 초기 수사 기록이 남아 있지 않아 정확히 알 수는 없지만, 검찰이 제1차 위폐 인쇄일로 특정한 날짜가 언제였

---

131) 서울지방심리원, 「공판청구서(1)」, 『위폐사건 공판기록』, 대건인쇄소, 1947, 7~8쪽.

표 4-4. 정판사 '위폐' 사건 「공판청구서」 및 「판결문」에 나와 있는 위폐 인쇄 일시

차	회	위폐 인쇄 일시
제1차	제1회	1945년 10월 하순경 오후 9시~다음 날 오전 5, 6시경
제2차	제2회	1945년 12월 27일 오후 9시경~12월 28일 오전 5, 6시경
	제3회	1945년 12월 28일 오후 9시경~12월 29일 오전 7시경
	제4회	1945년 12월 29일 오후 9시경~12월 30일 오전 7시경
제3차	제5회	1946년 2월 8일 오후 9시경~2월 9일 오전 7시경
	제6회	1946년 2월 9일 오후 9시경~2월 10일 오후 1시경

는지에 대한 단서를 알 수 있는 자료가 있는데, 그것은 바로 정판사 '위폐' 사건의 변호사단이 1946년 8월 19일에 발표한 「성명서」이다. 당시 변호사단은 제1회 공판에서 양원일 재판장 기피 신청을 한 이후, 법원이 이를 기각하고 제2회 공판일을 발표하자 「성명서」를 발표하여 정판사 '위폐' 사건이 조작된 사건임을 강력히 주장했는데, 이 문서에는 피고들이 10월 27일에 위폐 인쇄를 공모했다고 검찰이 주장한 것으로 나와 있다.[132] 이를 통해 검찰은 수사 초기에 범죄 공모일을 10월 27일로 잡았으며, 제1차 위폐 인쇄일은 10월 27일 이후의 어느 하루로 특정했을 것으로 추정할 수 있다.

그렇다면 검찰은 수사 과정에서는 제1차 위폐 인쇄일을 10월 27일 이후의 어느 하루로 특정했다가 왜 정작 기소할 때에는 「공판청구서」에 '10월 하순경'이라고 두루뭉술하게 기재한 것일까? 그것은 수사과정에서 그 특정한 날짜를 표기할 수 없는, 매우 곤란한 상황이 발생했기 때문이다. 그리고 곤란한 상황이란 바로 그 특정한 날짜에 피의자의 알리바이, 즉 부재

---

132) 「구체적 변호 자료는 수집/변호사단 임무 완수를 성명」, 『조선인민보』, 1946.8.20.
  「위폐사건 담당 변호사단 성명」, 『중앙신문』, 1946.8.20.
  「국가의 공복, 검사가 고문을 정당시하는 견해/정판사 위폐사건 변호사단 성명」, 『현대일보』, 1946.8.20.
  「변호사단 성명」, 『자유신문』, 1946.8.21.
  「불법으로 사건은 날조되고 검사는 고문을 정당시했다/변호사단 임무 완수를 성명」, 『청년해방일보』, 1946.8.20.

증명이 성립할 가능성이 있기 때문이었다.

부재증명을 주장한 피의자는 조선정판사의 사장 박낙종이었다. 박낙종은 본정경찰서로부터 검사국으로 송국된 1946년 7월 9일 이 사건이 허위라는 반증으로서 김홍섭 검사에게 자신은 10월 하순에 진주 방면 출장으로 서울에 없었다고 진술했으며,[133) 같은 내용을 9월 3일 제8회 공판[134)과 9월 9일 제11회 공판[135)에서도 공술했고, 하필원도 9월 30일 제19회 공판에서 증인으로 출석하여 같은 내용을 진술했다.[136) 이들의 주장을 정리하면 다음과 같다.

- 1945년 10월 22일, 23일 박낙종과 하필원은 진주 방면으로 출장을 가기 위해 서울역에 사람을 보냈는데 마산-진주 간 열차 사고로 열차표 발매가 중지었으므로 자동차로 이동하기로 했다.
- 10월 24일 박낙종과 하필원은 서울을 출발했는데, 자동차 고장으로 충주 홍아여관에서 숙박했다.
- 10월 25일 김천에서 강연하고, 환금여관에서 숙박했다.
- 10월 26, 27일 거창을 방문했다.
- 10월 28일 진주에 도착하여 강연을 했다.
- 11월 상순에 서울로 돌아왔다.

만약 1945년 10월 24일부터 11월 초까지 박낙종이 서울에 없었다는 사실이 입증된다면 검찰이 제1차 위폐 인쇄일을 10월 27일 이후의 어느 하루로 특정했던 초기 수사 내용은 전면 부정된다. 그럴 경우 검찰은 지금까지의 수사를 원점으로 되돌려 처음부터 다시 수사를 실시해야 한다. 따라서

---

133) 박수환, 앞의 책. 41쪽.
134) 「극적 장면 일운 공판정/박낙종의 진술로 방청석도 곡성」, 『자유신문』, 1946.9.4.
135) 「부인으로 일관/피고 박낙종 심경 토로/정판사 위폐 공판 12회」, 『서울신문』, 1946.9.11.
136) 박수환, 앞의 책, 42~43쪽.

검찰은 일단 박낙종의 부재증명 주장이 사실인지를 철저히 검토해야 했다. 그래서 검찰은 박낙종의 부재증명 주장을 들은 당일인 7월 9일 대구지방법원 검사국 김천분국에 환금여관 주인을 증인으로 신문할 것을 촉탁했다.

그러나 검찰에게는 시간이 많지 않았다. 여론으로부터는 피의자를 구속한 지 두 달이 다 되어 가는데 왜 수사 결과를 발표하지 않느냐는 압력을 받고 있었고, 미군정 상부로부터는 서둘러 기소하라는 압박을 받고 있었기 때문이었다. 박낙종의 부재증명 문제를 해결하지 않은 채 기소하는 것은 너무 위험했고, 그렇다고 박낙종의 부재증명 주장을 충분히 검토하기에는 시간이 부족했다.

검찰은 이러한 상황에서 묘안을 생각해 낸 것으로 보인다. 그것은 바로 제1차 위폐 인쇄일을 특정하지 않는 것이었다. 검찰로서는 혹시라도 성립할지 모르는 부재증명을 피해 나갈 수 있는 구멍을 만들기 위해 제1차 위폐 인쇄일을 특정하지 않고, 대신 '10월 하순경'이었다는 모호한 표현을 써서 「공판청구서」를 작성하여 기소함으로써 미군정 상부의 요구에 부응했던 것으로 보인다. 그렇게 검찰은 7월 19일에 기소했다.

그리고 기소 다음 날인 7월 20일 김천분국 검사 윤기출은 환금여관 주인 김경춘을 신문했다. 그리고 윤기출은 김경춘이 "박낙종은 1945년 10월 26일, 27일은 물론 그 전후에도 숙박한 일이 없다"고 말했다고 서울 검사국에 보고했다. 검사국으로서는 박낙종의 부재증명을 반박할 증언이 확보된 것이었다. 그리하여 8월 23일 제3회 공판에서 양원일 재판장은 이 조사 결과를 이용하여 박낙종의 부재증명 주장을 반박하며 피고 측을 강하게 몰아붙였다.[137]

그러나 양원일의 반박 주장에 대해 변호인들은 마치 기다렸다는 듯이

---

137) 「해방일보 야업 등 판명되면 사건은 완전히 전복/조 검사 언명」, 『서울신문』, 1946. 8. 24.

재반박 증거를 내놓았다. 그것은 『민주중보』 1945년 11월 3일 자 진주판 (증 제50호)과 11월 6일 자 부산판(증 제51호)이었는데, 해당 신문들에는 박낙종, 하필원이 10월 28일 진주에 도착해 청년동맹원 약 30명을 모아 놓고 강연을 했다는 기사가 게재되어 있었다. 이 증거물 제출로 박낙종이 1945년 10월 하순에 경남 지방을 여행했다는 사실이 명백하게 입증되자 양원일 판사와 조재천 검사는 당혹감을 감출 수 없었다. 그리고 이날 공판 내용이 언론에 보도되어 세간에 위폐 사건이 허위라는 여론이 확산되며 상황은 검사 측에 매우 불리하게 돌아갔다.

이에 조재천 검사는 8월 26일 "피고 박낙종은 작년 10월 26, 27, 28일에 남선 지방을 여행하였다고 하는데 제1차로 위조지폐를 인쇄한 것이 '10월 하순경'이라고 자백한 사실로 보아 막연하게 '하순경'이라고 하는 것은 10여 일 사이를 의미하는 것이니 그 10여 일 중 3, 4일을 여행하였다고 하더라도 전체 기한을 통하여 여행하였다는 것을 증명하여야 될 것이다"[138]라고 주장했다. 이는 그렇게 말함으로써 일단 『민주중보』의 증거력을 인정하여 자신들이 제1차 위폐 인쇄 시기로 주장한 10월 하순경 중에서 10월 26일 이후 부분에 대해서는 포기하면서도, 여전히 10월 21일부터 25일 사이에 위폐 인쇄가 이루어졌음을 주장하는 것이었다.

공판은 이렇게 박낙종의 부재증명 및 제1차 인쇄 시기에 대한 논란을 완전하게 해결하지 못한 채 계속 진행되었으며, 이와 관련하여 피고 측과 변호인단 측의 반박이 계속되었다. 변호인단 측은 박낙종의 부재 증명에 대한 추가 증거로서 9월 13일 제12회 공판에서 박낙종의 김천 여행 관계 기록을 증거물로 신청했으나 양원일 재판장은 9월 14일 제13회 공판에서 이를 보류시켰다.[139]

---

138) 「변호사 측이 제출한 증거품은 불충분/각종 사실이 죄상을 실증」, 『대동신문』, 1946. 8.27.

한편, 검사 측은 대전지방법원 검사국 충주분국에 박낙종이 숙박했다는 충주 홍아여관 주인을 증인으로 신문할 것을 촉탁했다. 그리하여 충주검사분국은 1946년 10월 19일 홍아여관 사무원 김재호를 증인으로 신문했는데, 김재호는 박낙종이 1945년 10월 24일 홍아여관에 하필원 등과 같이 숙박한 사실이 있다는 것을 증언하고 당시의 객부(客簿) 등본(謄本)까지 제출했다. 검사 측의 의도와는 달리 오히려 박낙종의 부재증명을 확인시켜 주는 결과가 나온 것이다. 그리고 이러한 충주분국의 조사 결과는 검사의 논고 및 구형이 예정되어 있었던 1946년 10월 21일 제21회 공판일 아침에 검사국에 도착했다. 이에 조재천 검사는 당혹스러웠지만 공판정에서 논고를 말할 때 1945년 10월 24일 이후 박낙종이 서울에 없었다는 사실을 인정하지 않을 수 없었다. 이에 따라 검사 측이 주장하는 제1차 인쇄 시기인 '10월 하순'은 10월 21일부터 23일까지 사이로 더욱 좁혀지게 되었다.

그러나 10월 21일부터 23일까지 사이에 제1차 위폐 인쇄가 있었다고 주장한다고 해서 박낙종의 부재증명과의 충돌을 피해 갈 수 있는 것은 아니었다. 검사 측의 공판청구서에는 김창선이 송언필과 정판사에서 숙직을 하면서 위폐 인쇄를 제의한 날짜는 '10월 하순경'이었고, 그로부터 '약 3일 후' 이관술이 최종적으로 위폐 인쇄 제의를 수락하고 위폐 인쇄에 끌어들일 직공들을 선발하여 위폐단을 조직한 후, 범죄를 공모하여 제1차 위폐 인쇄를 했다고 되어 있었기 때문이었다. 즉, 검사 측은 그동안 인쇄를 제의했다는 날짜도 10월 하순이고, 제1차 위폐 인쇄를 했다는 날짜도 그로부터 약 3일 후인 10월 하순이라고 주장해 왔는데, 박낙종의 부재증명을 피해 가려면 이 두 날짜가 모두 10월 21일부터 23일 사이에 있어야 했던 것이다.[140]

김창선이 송언필에게 위폐 인쇄를 제의했다는 날짜를 검사 측에 유리

139) 「정판사 검증」, 『자유신문』, 1946.9.15.
140) 서울지방심리원, 「공판청구서(1)」, 『위폐사건 공판기록』, 대건인쇄소, 1947, 6~7쪽.

하도록 10월 하순 중에서 최대한 이른 시기로 잡으면 10월 21일이라고 가정할 수 있다. 그럴 경우 인쇄 제의 수락 및 공모 날짜는 그로부터 약 3일 후인 10월 24일이 된다. '약 3일'이라는 말을 유연하게 적용하여 '2일'이라고 해도 인쇄 제의 수락 및 공모 날짜는 10월 23일이 된다. 그러나 공모 당일에 바로 인쇄를 할 수는 없었다. 김창선과 정명환이 했다고 하는 흑색, 청색, 자색 징크판 수정 작업과 도장판인 적색 징크판 제판 작업에도 시간이 걸리기 때문이다. 검찰의 주장에 따르면 정판사의 모든 직원들이 위폐 인쇄 작업에 참여한 것이 아니라 일부만 참여했기 때문에 범인들은 비밀리에 일을 진행해야 했으므로 낮에는 본인들의 업무를 하고 밤에 몰래 작업할 수밖에 없었을 것이다. 따라서 만약 수정 작업과 제판 작업 두 가지 모두를 하룻밤 사이에 끝마쳤다고 하더라도 인쇄는 10월 24일에 할 수밖에 없게 된다. 그러나 인쇄 작업을 지도한 박낙종은 이미 10월 24일부터 서울에 없었다는 것이 증명되었기 때문에 검사 측의 주장은 모순이 발생하게 된다.

이러한 모순을 해결할 수 없는 상황에서 정판사 '위폐' 사건 재판은 1946년 10월 31일 제28회 공판을 끝으로 변호사의 변론, 피고의 최후진술이 모두 완료되고 판결만을 남겨 놓게 되었다. 그러나 재판장 양원일 판사는 결심공판을 무기한 연기하고는 조재천 검사와 함께 11월 2일부터 10일까지 직접 충주, 진주, 부산 지역으로 출장 조사를 떠났다. 출장의 목적은 바로 박낙종의 부재증명을 반박할 증거를 찾는 것이었다. 이렇게 판사와 검사가 피고의 유죄를 입증할 자료를 찾으러 함께 비밀 출장을 간다는 것은 '사법부의 중립 원칙'을 파괴하는 행위였다. 그럼에도 재판부가 이런 무리수를 던진 것은 박낙종의 부재증명으로 인한 제1차 인쇄 시기 논란을 해결하지 않고서는 도저히 유죄판결을 내릴 수 없기 때문이었다.

그렇게 출장 조사를 마치고 돌아온 양원일 재판장은 11월 12일 제29회

공판을 개정했다. 그리고 개정과 동시에 조재천 검사는 자신만만하게 추가 논고를 발표했다.[141]

피고인 박낙종의 작년 10월 하순 서울 부재증명은 전회 논고에서는 인정하였으나 출장 조사 결과 이를 인정할 수 없다고 수정하는 바이다. 그 이유는 다음과 같다.

첫째, 박낙종, 하필원의 충주행은 인정할 수 없다.

1) 군위원회 선전책임자 이정 씨의 증언에 따르면 박낙종, 하필원 양 씨가 충주에 온 일이 없다고 하였다.

2) 충주 홍아여관에 가서 압수한 그 숙박인 명부를 본 결과 다음의 이유로 위조 또는 변조된 것으로 보인다.

① 검사의 증인 하필원에 대한 청취서의 기재에 의하면 동 여관에 숙박 시 숙박계를 안 했다는데도 불구하고 숙박인 명부에는 기재되어 있다.

② 박낙종, 하필원은 10월 24일만 1박 하였다 하였는데 24일, 25일 2박 하였다고 기재되어 있으며, 그것도 각 숙박마다 경성 자택서 와서 숙박한 것으로 기재되었으니 24일 숙박하고 25일 다시 경성 다녀와서 또 숙박한 것으로 되어 이상하다.

③ 도착 연월일 잉크색과 기타 잉크색이 다르며, 24일 이후 3일간 기재는 동일인이 한숨에 일사천리로 쓴 것으로 보인다.

④ 다른 날은 대개 경찰관의 검인이 있는데, 24일, 25일은 검인이 없다.

⑤ 표지는 물론이고 전후 수 매씩도 떨어져 없어졌고 더구나 그 배부를 보면 24일 기재분 이후는 일단 떼었다가 다시 편철한 흔적이 역연(歷然)하다.

⑥ 증인 이춘자는 "금하 이후 숙박객이 '우리 동무가 언제 와 잤는지 보고 싶으니 숙박인 명부를 좀 보여주시요'하고 차람(借覽)한 일이 수 회 있었소"라고 하였다.

141) 「정판사 사건 최후 결심/단식 중의 이관술 씨도 출정」, 『독립신보』, 1946.11.14.
「피고의 위증 판명/공산당 위폐 공판 결심」, 『한성일보』, 1946.11.14.
서울지방심리원, 「재논고 요지」, 『위폐사건 공판기록』, 대건인쇄소, 1947, 88~89쪽.

둘째, 박낙종, 하필원의 진주, 부산행도 인정할 수 없다.

1) 진주 인민위원회 위원장 박재균, 인민당 진주지부장 박진환, 공산당의 책임자 또는 간부 등을 조사하여 본 결과, 박낙종은 1945년 10월 하순경에 온 일은 없고, 왔어도 인민위원회회관 등에서 시사해설 강연을 한 일도 없다고 진술하였다.

2) 부산에 사는 전 진주서장 김광호는 박낙종이 강연을 한 일은 없었다고 증언하였으며, 박낙종이 타고 온 정문도 소유 승용차가 10월 말경 진주경찰서 또는 진주 군정청에 압수당한 일도 없다고 하였다.

3) 『민주중보』 기사도 의심스럽다.

① 위 증인들의 진술에 따르면 『민주중보』를 강독하였으나 그런 강연회 기사를 본 일도 없다고 했다.

② 증인 조리준의 증언에 의하면 『민주중보』의 박낙종 강연 기사를 취재한 구연효는 피신 중이라 한다.

③ 강연회를 개최하였다는 기사가 게재된 『민주중보』가 부산 공보과 신문철에는 없었고, 『민주중보』사 보관지가 11월분과 정월분이 분실되었다.

조재천의 주장에 따르면 1945년 10월 24일 충주 홍아여관 숙박부, 10월 28일 진주에서의 박낙종의 강연에 대한 기사를 게재한 『민주중보』 모두 피고 및 변호인단 측의 조작, 위조이며, 이에 따라 박낙종의 부재증명 일체가 성립하지 않는다는 것이었다. 이를 통해 조재천과 양원일은 박낙종의 부재증명 문제를 해결했다고 믿었다.

그러나 이에 대해 김용암 변호사는 다음과 같은 내용으로 재반박했다.[142]

금번 진주 등지에 출장 조사한 데 대하여는 변호인을 입회시키지 않은 데 불만을 느낀다.

---

142) 「정판사 사건 최후 결심/단식 중의 이관술 씨도 출정」, 『독립신보』, 1946. 11. 14.
박수환, 앞의 책, 44쪽.

첫째, 충주 홍아여관 숙박부가 위조라는 검사의 주장을 반박하겠다.

1) 검사가 홍아여관 숙박부가 위조라는 중요한 이유로서 숙박부 뒷장이 떨어져 있어 개철(改綴)한 흔적이 있다고 했는데, 그러나 원래 시골 여관 숙박부라는 것은 정중(鄭重)하게 관리하는 것이 아니고 아무렇게나 취급하는 것이므로 한 책을 가지고 수개월간 내객을 치부(致簿)하느라면 뒷장쯤은 떨어지는 것이 보통이다.

2) 또한, 검사는 10월 24, 25 양일 박낙종의 숙박 사실 게재란에는 경찰관의 검인이 없다고 하였으나, 이 역시 시골 여관의 일일 뿐 아니라 8·15 해방 직후의 일인 만큼 그렇게 질서정연하게 규칙적으로 날인되지 못했던 것이 또한 사실이다. 홍아여관 숙박부 자체에 의하여도 날인에 있어서 때로는 날인 대신에 ◎표 혹은 ○표로 대용되고 또 검인이 전혀 없는 날도 많이 있다. 동 장부에 있어서 경찰의 검인이 전혀 없는 것은 박낙종이 숙박한 10월 24일 기재뿐 아니라 동년 10월 19일, 21일, 11월 3일, 6일, 8일, 12일, 13일, 14일, 16일 등 기재에도 검인이나 기타 검사의 표적이 없다. 이러한 불완전한 숙박부에 있어서 10월 24일 기재에 검인이 없다고 해서 그 기재가 위조라고 하지 못할 것은 물론이다.

3) 박낙종의 숙박 사실을 입증하는 또 하나의 증거가 있다. 그것은 홍아여관 숙박부에 있어서 10월 23일분 기재와 24일분 기재는 같은 책장의 표면과 이면이었으며, 표면 10월 23일분 기재에 대하여는 당시 충주경찰서에 근무하였고 그 후 충북경찰 부수사주임으로 근무한 홍승기의 검인이 찍혀 있는 점이다. 이 검인이 홍승기의 인영에 틀림없다는 것은 충주경찰서 출근부에 날인되어 있는 홍승기의 인영과 대조한 결과 이미 증명된 것이다. 그러면 이 객부에 여백이 있었느냐 하면 이 객부는 초장부터 여백을 두지 않고 계속적으로 기재하는 방침이었을 뿐 아니라 간혹 여백이 생기면 곳 경찰서에서 횡선을 긋고 날인을 하여 추후 기재를 금지하였다. 이것은 필연코 유령(幽靈)적 쌀 배급을 방지하자는 의미일 것이다. 만일 그래도 이 숙박기가 위조라면 홍승기의 도장까지도 의심할 것인가?

둘째, 검사는 변호사단 측에서 제출한 『민주중보』가 위조가 아닌가 하고 의심하는데, 이는 주먹으로 바위를 때리는 것이며, 신문을 위조한다는 것은 과문(寡聞)이지만 처음 듣는 일이다. 『민주중보』는 당시 2만여 부 발행되는 남조선에 있어서 저명한 지방 신문인데, 검사가 이 신문도 위조한 것이라고 말한 데 이르러서는 언어도단이라고 밖에 생각할 수 없다. 사실이 엄연히 기재된 신문과 1년 전의 기억을 회상하여 하는 말 중에서 어느 쪽을 믿어야 옳은가? 그래도 신문을 무시하려는가? 재판장은 숙박부와 신문을 의심하지 말아야 할 것이다.

이러한 변호인의 구체적이고 논리적인 변론으로 인해, 장기간에 걸친 출장 조사를 실시하면서까지 박낙종의 부재증명을 논박하려고 했던 양원일과 조재천의 시도는 또다시 무위로 돌아가게 되었다. 그에 따라 언도 공판을 앞둔 양원일 재판장의 고민은 더욱 깊어질 수밖에 없었다.

양원일 재판장은 박낙종의 부재증명 문제에 대한 해결책을 찾기 위해 언도 공판일을 무기 연기했다가 16일 만인 1946년 11월 28일 제30회이자 최종 언도 공판을 개정했다. 장고 끝에 재판부 측이 생각해 낸 꼼수는 김창선이 송언필과 숙직하면서 위폐 인쇄를 제의했다는 날짜를 「공판청구서」에 '10월 하순경'이라고 되어 있던 것에서 「판결문」에는 '10월 중순경'으로 변경하는 것이었다.

인쇄 제의 날짜를 10월 중순으로 앞당기면 그로부터 약 3일 후 이관술이 제의를 수락하고, 범죄를 모의하고, 그다음 날 김창선과 정명환이 흑색·청색·자색 징크판을 수정하고, 적색판을 제판한 후 인쇄를 하더라도 10월 21일부터 23일 사이에 위폐를 인쇄했다고 주장할 수 있게 됨으로써 10월 하순경에 제1차로 위폐를 인쇄했다는 자신들의 주장과 충돌하지 않을 수 있기 때문이었다. 공판청구서와 판결문에 나와 있는 해당 부분을 인용하면 다음과 같다(밑줄은 필자).

「공판청구서」(1946년 7월 19일)
피고인 송언필 동 김창선 양인이 서기 <u>1945년 10월 하순경</u> 모야(某夜) 조선정판사에서 숙직할 때 서로 조선공산당 급 조선정판사의 재정난에 관한 담화를

하다가 피고인 김창선으로부터 "징크판이 있으니 돈을 인쇄 사용하면 어떻겠느냐?"고 제의함에 대하여[143]

「판결문」(1946년 11월 28일)
송언필, 김창선 양 인이 서기 <u>1945년 10월 중순경</u> 모야(某夜) 조선정판사에서 숙직할 때 서로 조선공산당 급 조선정판사의 재정난에 관한 담화를 하다가 김창선으로부터 "징크판이 있으니 돈을 인쇄 사용하면 어떻겠느냐?"고 제의함에 대하야[144]

그런데 이러한 재판부 측의 꼼수는 일견 박낙종의 부재증명 문제를 피해 갈 수 있을 듯 보였지만, 또 다른 문제에 직면하게 되었다. 그것은 김창선이 인쇄를 제의했다는 날짜를 10월 중순경으로 앞당길 경우 조선공산당이 근택빌딩 2층으로 이전해 온 시기와 맞지 않게 된다는 점이었다. 사실 조선공산당의 근택빌딩 이전 시기 문제 역시 공판정에서 계속된 논란 중 하나였는데, 이는 김창선이 인쇄 제의를 한 시기와 부합하는지의 여부와 관련이 있기 때문이었다.

조선공산당의 이전 시기에 대한 김창선,[145] 정판사 재무(회계)과장 이필상,[146] 이관술,[147] 동무사 사장 최승우[148] 등의 진술 및 신문 기사[149]의 내용을 정리하면 조선공산당 본부는 1945년 9월 상순과 중순경 안국동 구

---

143) 서울지방심리원, 「공판청구서(1)」, 『위폐사건 공판기록』, 대건인쇄소, 1947, 6쪽.

144) 서울지방심리원, 「판결」, 『위폐사건 공판기록』, 대건인쇄소, 1947, 114쪽.

145) 「김창선 심리」, 『현대일보』, 1946.8.24.

146) 서울지방심리원, 「논고 요지」, 『위폐사건 공판기록』, 대건인쇄소, 1947, 69쪽.
    박수환, 앞의 책, 45쪽.

147) 「이관술 심리 준열/증거품 제시와 논답 백열/위폐 공판」, 『대한독립신문』, 1946.10.19.

148) 최승우, 「소위 정판사 위폐 사건의 기소 이유를 박함 (중)」, 『현대일보』, 1946.8.22.

149) 「내걸은 조공당 간판/당 본부를 근택삘딍에」, 『중앙신문』, 1945.11.24.

행림서원 건물 2층에 자리를 잡았으며, 11월 23일 근택빌딩에 간판을 내걸었다는 사실은 확실하다. 그리고 그사이 어느 시기에 이전해 온 것인데, 한 번에 이전한 것은 아니고, 일부를 조금씩 옮겨오기 시작했으며, 이전을 완료한 것은 1946년 1월 중순경이라고 할 수 있다.

문제는 조선공산당의 일부를 최초로 이전해 온 시기인데, 여기에 대해서는 의견이 갈린다. 이 시기를 두고 이관술 등 피고 측은 11월 말이라고 주장한 반면, 검사 측은 10월 하순이라고 주장했다. 조재천 검사는 1946년 10월 24일 논고를 통해 조선정판사 금전출납부(증 제9호), 청구서(증 제32호), 조선공산당 금전출납부(증 제107호), 이필상의 공술 등을 근거로 조선공산당 본부가 근택빌딩으로 이전한 시기가 10월 하순이 확실하다고 주장했다.150) 결국 공판정에서 피고 측 대 검사 측의 주장은 '11월 말' 대 '10월 하순'의 싸움이었다. 누구의 주장이 맞는지는 공판정에서 가려지지 않았지만, 검사 측은 위폐 인쇄 제의일이 10월 하순이었다는 스스로의 주장과 부합시키기 위해서 줄기차게 근택빌딩 이전 시기를 10월 하순이라고 주장해 왔다.

그런 상황에서 재판부가 「판결문」에서 위폐 인쇄 제의일을 10월 중순으로 앞당기는 것은 조선공산당 본부의 이전일이 10월 하순이라는 검사의 주장과 충돌함으로써 새로운 모순을 발생시키는 것이었다. 사법 당국의 말대로라면 조선공산당 본부가 아직 이전도 하지 않은 시점인 10월 중순경에 이관술이 혼자 근택빌딩 2층 빈방에 있다가 박낙종의 제안을 듣고 범죄를 공모했다는 것인데, 이는 논리적으로 말이 되지 않기 때문이다.

재판부도 이 모순을 잘 알고 있었다. 그럼에도 그런 모순된 판결을 내린 것은 그렇게 하지 않고서는 도저히 박낙종의 서울 부재증명을 반박할 방법

---

150) 서울지방심리원, 「논고 요지」, 『위폐사건 공판기록』, 대건인쇄소, 1947, 56~58쪽.

그림 4-1. 검찰 및 재판부의 위폐 인쇄 관련 시기의 모순 구조도

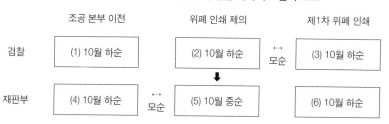

이 없었기 때문이다. 재판부는 어떻게 해도 해결되지 않는 딜레마를 두고 고민한 끝에 비록 조선공산당 본부의 근택빌딩 이전 날짜를 10월 하순이라고 본 검사 측의 주장과는 배치되더라도, 10월 24일 이후 박낙종의 부재 증명을 피해 가기 위해 과감하게 판결문을 뜯어고쳐 김창선이 위폐 인쇄를 제의한 시기를 10월 중순경으로 앞당기는 무리수를 두고 말았던 것이다.

이 사실은 검찰과 재판부가 이 사건을 유죄로 몰고 가기 위해 얼마나 작정하고 총력을 기울였는지를 여실히 보여 준다. 피고들은 이처럼 모순적인 1심 판결에 불복하여 상고했지만 사법 당국은 이를 기각시켜 버렸다. 거기에는 많은 이유가 있겠지만 2심을 할 경우 제1차 위폐 인쇄 시기의 문제에 대한 피고 측의 반박 주장에 대해 재반박할 방법이 없다는 것이 무엇보다 중요한 이유 중 하나였을 것이다.

이제까지 살펴본 제1차 위폐 인쇄 시기에 대한 문제점만으로도 재판부의 판결은 자체 모순을 비롯해 여러 치명적인 논리적, 법적 오류를 내포하고 있으므로 원천무효이며, 이에 따라 피고인들은 모두 무죄이다. 담당 판사와 검사는 상호 협력하에 이 사건을 유죄로 만들기 위해 비합법적이고 무리한 방법을 사용했으며, 심지어 판결문까지 조작하는 등 심각한 범죄 행위를 저질렀다. 범죄자는 피고인들이 아니라 오히려 판사와 검사였다.

이상에서 검토한 내용 전체를 종합하여 다시 한 번 간단히 정리하면 다음과 같다.

① 검찰의 주장(「공판청구서」 및 「논고」)에 따르면 (1) 조선공산당이 근택빌딩으로 이전한 시기, (2) 김창선이 송언필에게 위폐를 인쇄하자고 제의한 시기, (3) 제1차 위폐를 인쇄한 시기는 모두 1945년 10월 하순이었다. (1)의 시기에 대해 논란이 있지만 검찰의 주장을 받아들여 10월 하순임을 인정하고, 또 검찰에게 가장 유리하도록 가장 이른 날짜로 추정할 경우 10월 21일이라고 할 수 있다. 그리고 (2)의 시기에 대해서도 검찰에게 가장 유리하도록 가장 이른 날짜로 추정할 경우 10월 21일이라고 할 수 있다. 이럴 경우 조선공산당 본부가 이전해 온 날 밤에 김창선이 송언필과 숙직을 하다가 위폐 인쇄를 제의한 셈이 된다. 그로부터 약 3일 후에 이관술이 승낙했다고 했으므로 승낙일은 10월 24일이 된다. 여기서 말하는 '약 3일'을 최대한 검찰에게 유리하게 해석하여 2일이라고 해석할 경우 승낙일은 10월 23일이 된다. 그런데 그날 피고 10명이 다 규합해 위폐 인쇄를 공모했다고 해도 바로 위폐를 인쇄할 수는 없었다. 김창선과 정명환이 청색, 적색, 자색 징크판 3매를 수정 작업해야 했고, 또한 적색 징크판 1매를 제작하는 데 시간이 걸리기 때문이다. 정판사의 다른 직원들이 모르게 작업해야 했으므로 10월 23일 밤부터 10월 24일 새벽 사이 하루 만에 이 작업들을 모두 마쳤다고 할 경우, (3) 제1차 위폐 인쇄일은 아무리 일러도 10월 24일 밤 9시라고 할 수 있다.

② 그런데, 박낙종이 10월 24일 남부 지방(충주, 김천, 거창, 진주)으로 출장 여행을 떠났다며 알리바이를 주장하자, 검찰 측은 박낙종이 숙박했다는 김천의 환금여관 주인의 증언을 통해 숙박 사실이 없음을 주장하며 박낙종의 부재증명을 논박했다. 그러나 변호인들은 박낙종이 10월 28일 진주에서 강연을 했다는 『민주중보』 기사를 증거로 제출하자, 검찰 측은 이를 인정한다고 해도 10월 21일부터 25일 사이에 제1차 위폐를 인쇄했다면 '10월 하순경'이라는 말에 오류가 없다고 주장했다. 변호사단 측은 박낙종의 김천 여행 관계 기록을 증거물로 신청했으나 양원일 재판장은 이를 각하했다.

한편, 검찰 측은 박낙종이 숙박했다는 충주 홍아여관을 조사했는데 박낙종이 숙박했다는 증언과 숙박 기록이 나옴으로써 도리어 박낙종의 부재증명이 입증되었다. 그러자 검사는 그럼에도 10월 21일부터 10월 23일 사이에 제1차 인쇄를 했다면 '10월 하순경'이라는 말에는 아무 문제가 없다고 논고를 통해 주장했다. 그러나 ①의 분석 결과에 비추어 보아도 10월 23일에 위폐 인쇄를 했다는 것은 도저히 성립될 수 없었다.

이에 양원일 판사와 조재천 검사는 다시 증거를 조사하러 남부 지방으로 직접 출장을 떠났다. 그리고 출장 조사 결과 홍아여관의 숙박 기록의 허점 및 각종 증언을 제시하며 박낙종의 부재증명이 성립되지 않음을 주장했다. 그러나 변호사단이 검찰의 숙박 기록 허점에 대한 주장을 논리적으로 반박하자 검찰과 재판부 측은 궁지에 몰리게 되었고, 깊은 고민에 빠지게 되었다.

③ 제29회 공판으로부터 무려 16일 만에 제30회 언도 공판이 열렸는데, 박낙종의 부재증명 문제를 해결하기 위해 재판부 측이 생각해 낸 묘안은 (5) 김창선의 위폐 인쇄 제의 시기를 '10월 하순'에서 '10월 중순'으로 바꾸는 것이었다. 그렇게 되면 박낙종의 부재증명을 인정하더라도 (5) 김창선의 위폐 인쇄 제의 시기와 (6) 제1차 위폐 인쇄 시기 간의 모순이 해결된다. 그러나 그럴 경우 (4) 조선공산당이 근택빌딩으로 이전해 온 시기가 10월 하순이라는 검찰 측의 주장과는 또 다른 모순이 발생하게 된다. 재판부는 아마도 이러한 모순을 알았겠지만 일단 박낙종의 부재증명 문제를 해결하기 위해 임기응변으로 「판결문」을 뜯어고치는 식으로 밀어붙였다.

2) 송언필, 김창선의 조선공산당 재정 상태 파악에 대한 모순

다음으로 정판사 '위폐' 사건의 피고들이 범행을 저지르는 것이 가능했는지를 범행 공모 정황의 측면에서 검토해 보겠다. 재판부가 작성한 「판결문」에는 피고들이 위폐 인쇄를 공모했다는 상황이 다음과 같이 나와 있다 (밑줄은 필자).

송언필, 김창선 양 인이 서기 <u>1945년 10월 중순경</u> 모야 조선정판사에서 <u>숙직</u>할 때 서로 <u>조선공산당 급(及) 조선정판사의 재정난에 관한 담화</u>를 하다가 김창선으로부터 "징크판이 있으니 돈을 인쇄 사용하면 어떻겠느냐?"고 제의함에 대하야 송언필은 위험하다고 불응하였으나 <u>약 3일 후 동사 사무실에서 박낙종</u>

<u>에게</u> 대하야 "김창선이가 은행권 인쇄 사용 의논을 하는데 어떻게 생각하느냐?"고 문의한즉 동 박낙종은 주저하다가 <u>조선정판사 2층(조선공산당 본부)</u>에 있는 <u>이관술</u>에게 그 지(旨)[151]를 전하자 동인도 처음에는 주저하였으나 "탄로 되지 않고 될 수 있는 일이라면 군에게 일임하니 하여 보라"고 말하였으므로 <u>박낙종</u>은 사무실에 나려와 <u>송언필</u>에게, 송언필은 <u>김창선</u>에게 순차로 인쇄 부탁을 하고, 김창선은 신임하는 정명환, 김상선, 김우용, 홍계훈에게 "송언필이 가 공산당 자금으로 쓸 은행권을 인쇄하야 달라 하니 인쇄하여 쓰도록 하자"는 말을 하였던 바, 동인들도 최초는 반대 또는 주저하였으나 결국 승낙하고, 송 언필은 별도로 신광범에게 경계를, 박상근에게 용지 출고 급 재단을 부탁하야, 자에 피고인 전원은 은행권을 위조하야 조선공산당비로 행사할 것을 공모하고 범의(犯意) 계속 하에[152]

그런데 이러한 범죄 공모 상황은 크게 두 가지 면에서 의혹과 논란을 불 러일으켰다.

첫째, 송언필과 김창선이 위폐 인쇄를 공모했다는 1945년 10월 중순경 에는 조선정판사에 아직 숙직 제도 자체가 실시되지 않았다는 점이다. 1946년 8월 22일 제2회 공판에서 김창선은 숙직 제도가 1945년 11월 말 내 지 12월 초에서야 시작되었다고 진술했고,[153] 8월 23일 제3회 공판에서 김 창선은 송언필과 함께 숙직한 일이 없다고 진술했으며,[154] 9월 9일 제11회 공판에서 송언필은 1945년 10월에는 숙직 제도가 없었다고 진술했다.[155]

「숙직 일지」를 보면 검사 측이 주장한 위폐 인쇄 제의를 한 날이 언제

---

151) 뜻.
152) 서울지방심리원, 「판결」, 『위폐사건 공판기록』, 대건인쇄소, 1947, 114~115쪽.
153) 「김창선 심리」, 『현대일보』, 1946.8.24.
154) 「악독한 일제적 고문으로 사건은 완전히 위작된 것이다」, 『청년해방일보』, 1946.8.28.
155) 「기소 사실을 부인/피고 송언필, 반증을 진술/정판사 위폐 공판 11회」, 『서울신문』, 1946.9.10.

인지 확인할 수 있을 것이므로 9월 13일 제12회 공판에서 변호사단 측은 조선정판사의 「숙직 일지」를 증거물로 신청했으나[156] 9월 14일 제13회 공판에서 양원일 재판장은 이를 보류했다.[157]

그런데 이상하게도 경찰에서 압수했던 「숙직 일지」가 사라졌다는 사실이 뒤늦게 알려졌다. 이에 10월 27일 제26회 공판에서 신광범은 「숙직 일지」가 없어진 것은 경찰의 음모라고 진술했으며,[158] 10월 31일 제28회 공판에서 송언필도 "이 사건에 있어서는 정판사원들의 숙직 여하가 중요한 문제인데 경찰관이 숙직 일지를 압수한 후 그 행방을 모른다는 것은 괴상스러운 현상이다"라고 진술했다.[159]

둘째, 송언필과 김창선이 위폐 인쇄를 공모했다는 1945년 10월 중순경에는 두 사람 모두 아직 공산당원이 아니었다는 사실이다.[160] 송언필과 김창선이 조선공산당에 입당한 시기는 1946년 2월이며, 특히 김창선은 마지막(제6회) 위폐 인쇄가 있었다는 1946년 2월 10일 이후인 2월 20일에 입당했다.[161] 비록 송언필은 일제강점기에 공산당에 가입한 적이 있으므로 공

---

156) 「증거 제시, 증인 소환 요구/위폐 공판 주목할 제2단계로」, 『자유신문』, 1946.9.15.

157) 「정판사와 본정서 검증/위폐 사건 제12회 공판서 채택」, 『독립신보』, 1946.9.15.

158) 「찬란한 투쟁 역사 두고 자살 행위를 누가 하랴/정판사 사건 신광범 진술」, 『독립신보』, 1946.10.30.

159) 「숙직 일지 행방 알 리 없다/위폐 공판 최후 진술」, 『자유신문』, 1946.11.2.

160) 1945년 12월 말까지는 김창선과 송언필뿐만 아니라 정판사 '위폐' 사건의 피고 중 이관술과 박낙종을 제외한 나머지 8인 모두 공산당원이 아니었다.
서울지방심리원, 「공판청구서(1)」, 『위폐사건 공판기록』, 대건인쇄소, 1947, 5쪽.
「구체적 변호 자료는 수집/변호사단 임무 완수를 성명」, 『조선인민보』, 1946.8.20.
「위폐사건 담당 변호사단 성명」, 『중앙신문』, 1946.8.20.
「국가의 공복, 검사가 고문을 정당시하는 견해/정판사 위폐사건 변호사단 성명」, 『현대일보』, 1946.8.20.
「변호사단 성명」, 『자유신문』, 1946.8.21.
「불법으로 사건은 날조되고 검사는 고문을 정당시했다/변호사단 임무 완수를 성명」, 『청년해방일보』, 1946.8.20.

산당에 대한 충성도가 높은 것까지는 인정할 수 있지만, 그렇다고 해서 당원이 아닌 이상 공산당의 재정 상황이 어떤지에 대해서까지 알 수 있었다고 보기는 힘들다. 더구나 공산당원 경력 없이 그저 전문 인쇄공으로 일생을 살아왔던 김창선의 경우는 더 말할 것도 없다. 이렇듯 당원이 아닌 두 사람이 공산당의 재정 상태가 어렵다는 사실을 아는 것이 과연 가능했을까?

검찰과 재판부의 주장대로 두 사람이 공산당의 재정난에 대해서 알 수 있는 경로는 무엇이었을까? 우선, 공산당원 중 지인으로부터 그런 얘기를 들었을 상황을 가정할 수 있다. 하지만 가능성은 0에 가깝다. 공산당의 재정 관계는 일반 당원은 물론이고 중앙위원이라고 할지라도 간부파, 즉 박헌영파에 속하지 않은 사람들에게는 철저하게 비밀로 유지되어 왔다. 이는 1946년 8월 남조선 좌익 3당 합당이 논의되던 당시 "당의 재정 상태와 당세 등은 완전히 자파 외의 동지들에게는 봉쇄되어 있었고 중앙위원회에서도 토론되지 아니했다"[162]라며 '간부파'인 박헌영·이주하·이현상·김삼룡·이승엽 등의 자파주의적 당 운영 방식을 비난했던 조선공산당의 '대회파', 즉 반박헌영파였던 강진(姜進)의 글에서도 확인할 수 있다.

따라서 공산당 간부파가 공산당의 재정난에 대해 당원도 아닌 일개 인쇄소 직원들에게 직접 말했을 가능성은 없다. 또한 간부파가 주변인들에게 말하고 또 그 사람들이 자신의 주변인들에게 말을 하는 과정에서 여러 다리를 거쳐 송언필이나 김창선 같은 사람들에게까지 공산당의 재정난에 대한 얘기가 전해졌을 가능성도 전혀 없다고는 할 수 없겠지만, 강진 같은

---

161) 「조공서 또 성명」, 『독립신보』, 1946.5.22.
　　　「지위(紙僞)에 대해/조공서 성명 발표」, 『서울신문』, 1946.5.22.
　　　「지폐 사건에 조공서 2차 성명」, 『조선인민보』, 1946.5.22.
　　　「지폐 위조의 진범은 독촉 간부/적반하장의 모략 폭로」, 『전국노동자신문』, 1946.5.24.
　　　「농민 대중을 기만하는 조공의 모략 지령/위폐죄악 은폐에 급급」, 『대동신문』, 1946.7.21.
162) 강진, 「당내 열성자 동지 제군에게 고하노라」, 『조선일보』, 1946.8.28.

핵심 당원도 몰랐던 것을 보면 사실상 불가능한 일이라고 할 수 있다.

다음으로 송언필과 김창선이 공산당의 재정에 대해서 알 수 있었을 또하나의 가능성은 조선정판사와 조선공산당 본부가 같은 건물을 사용했다는 점에서 찾아볼 수 있다. 아무래도 같은 건물을 사용하다 보면 아무리 공산당의 재정난과 같은 비밀 정보라 할지라도 우연히 들을 수 있는 기회가 있을 수도 있기 때문이다. 그런데 앞 장에서 살펴봤듯이 검찰과 재판부의 주장에 따르면 조선공산당이 근택빌딩으로 이전한 것은 10월 하순이었다. 즉, 김창선과 송언필이 숙직하면서 담화를 나누었다는 10월 중순 당시는 조선공산당 본부가 이전하기 전이었으므로 이들이 우연히 조선공산당의 재정난을 듣게 되어 알게 될 가능성마저도 없다.

그러나 이러한 모든 가능성의 유무와 상관없이 어쨌든 알 수 없는 경로를 통해 송언필이나 김창선이 조선공산당의 재정난에 대해서 알게 되었고 그에 대해 담화를 나누었다고 하더라도, 당에 대한 충성도가 비교적 높은 송언필이 김창선에게 위폐 인쇄를 부탁했다면 모를까, 이익에 밝아 징크판을 절취하여 매각하는 범죄를 저지르는 김창선이 자신에게 돌아올 아무런 이익도 없음에도 공산당의 재정난을 걱정하며 굳이 위험부담을 무릅쓰고 직접 위폐를 인쇄하여 당비를 대겠다고 송언필에게 먼저 제의했다는 것은 상식적으로 도저히 납득하기 어렵다.

그러나 납득하기 힘들지만 백번 양보하여 김창선의 공산당에 대한 열정과 충성심이 넘쳐서 이러한 제의를 했다고 해도, 또 약 3일 후 송언필이 박낙종에게, 박낙종이 이관술에게 이런 제안을 전달했다고 해도 이관술이 단독으로 이런 중요한 결정을 내릴 수는 없었다. 이관술이 조선공산당 간부이며 재정부장이긴 하지만 이 정도의 중대한 사안은 이관술 혼자 결정할 수 있는 것이 아니며, 박헌영을 포함한 공산당 간부파 중에서도 핵심 인물들 간의 회의를 통해서만 결정될 수 있는 것이기 때문이다.

그러므로 이제까지 살펴본 여러 가지 정보와 추론을 종합하여 검찰과 재판부 측이 주장하는 범죄 사실이 성립되기 위한 시나리오를 인위적으로 재구성해 보면 다음과 같다.

1945년 10월 18일 이전의 어느 시기에, 아직 조선공산당 당원이 아닌 조선정판사 서무과장 송언필과 조선정판사 평판과장 김창선(또는 둘 중 어느 한 사람)은 알려지지 않은 어떠한 경로를 통해 조선공산당의 재정이 매우 어렵다는 사실을 알게 되었다.

두 사람은 1945년 10월 18일(10월 중순) 밤에 정판사에서 숙직하던 중, 그에 대한 담화를 나누었으며, 김창선은 송언필에게 위폐 인쇄를 제의했다.

그로부터 3일 후인 10월 21일(10월 하순) 조선공산당 일부가 근택빌딩으로 이사했는데, 이사한 당일인 10월 21일 송언필은 박낙종에게, 박낙종은 이관술에게 김창선의 위폐 인쇄 제의 내용을 전달했으며, 이관술은 김창선을 만나지도 않은 채 당일 단독으로 이를 수락하여 박낙종, 송언필을 통해 김창선에게 뜻을 전달했다.

다음 날인 10월 22일 김창선은 자신이 신임하는 직공들을 선발하여 위폐단을 조직했고, 이관술, 박낙종, 송언필 등은 오로지 김창선만 믿고 직공들과 위폐 제조를 공모했다. 김창선과 정명환은 하룻밤 만에 흑색, 청색, 자색 징크판 수정 작업과 적색 징크판 제판 작업을 완료했고, 10월 23일(10월 하순) 제1차로 위폐 200만 원을 인쇄했다.

그러나 당시 정황을 고려해 보면 이러한 시나리오는 누가 봐도 말이 안 되는 억지 주장에 불과하다는 것을 쉽게 알 수 있다.

3) 김창선, 정명환의 징크판 재생 및 제작에 대한 모순

다음으로 피고들이 기술적인 측면에서 위폐를 제조할 능력이 있었는지의 여부에 대해 여러 가지 논란이 있었다. 이 논란을 분석하기 위해서는 인쇄 방식에 대한 약간의 이해가 필요하다. 정판사에서 위폐를 인쇄할 때 사용한 방식은 오프셋인쇄(offset printing)163) 방식이었다. 오프셋 방식으로 조선은행권 100원권 을(乙)권 지폐를 인쇄하는 과정을 아주 간단하게 설명하면 다음과 같다.164)

① 화공 기술자가 그림을 그려 지폐의 원판을 만든다. 당시 조선은행권 100원권 을(乙)권 지폐는 앞면 흑(黑)색과 청(靑)색, 뒷면 자(紫)색으로 이루어졌으므로 원판 1조는 흑색판, 청색판, 자색판 3매로 이루어지며, 앞면의 지폐 번호 및 조선은행 총재 도장 부분의 적(赤)색판까지 합하면 4매라고 할 수 있다.
② 제판 기술자가 원판을 징크판(아연판)에 전사하여 징크판을 만든다. 검찰에 따르면 정판사에서 사용한 징크판은 원판 20매분을 한 번에 찍을 수 있도록 만든 대징크판이었다고 한다.
③ 평판 기술자가 징크판과 잉크, 용지, 오프세트 인쇄기 등을 이용하여 지폐를 인쇄한다.
④ 재단 기술자가 인쇄한 종이를 지폐 규격에 맞춰 재단한다.

그런데, 재판부의 판결에 따르면 정판사 '위폐' 사건의 범인은 총 10명이

---

163) 판에서 직접 피인쇄물(被印刷物)에 인쇄하지 않고, 중개 구실을 하는 고무 블랭킷에 일단 전사인쇄(轉寫印刷)한 다음, 용지에 인쇄하는 방법이다. 금속평판인쇄(金屬平版印刷)는 대부분 오프셋인쇄에 의해 인쇄되므로, 일반적으로 오프셋인쇄는 금속평판인쇄와 같은 뜻으로 쓰이고 있다([오프셋인쇄(offset-printing)], 두산백과 두피디아, http://www.doopedia.co.kr).

164) 박수환, 앞의 책, 24~25쪽.

었다. 그중 이관술, 박낙종, 송언필, 신광범 4명은 사무직이며 인쇄 기술이 없었으므로 당연히 실제 인쇄 작업에 참여하는 것은 불가능했다. 그리고 나머지 6명 중에 김창선, 정명환, 김상선, 김우용, 홍계훈의 5명은 '평판 기술자'였으며, 박상근은 '재단 기술자'였다. 이에 따라 과연 '화공 기술자'와 '제판 기술자' 없이 위폐 인쇄가 가능했을 것인가에 대해 의혹이 제기되었다.

첫째, 흑·청·자색 징크판 재생 문제에 대해 살펴보겠다.

조선정판사에는 조선총독부 일본인 관리들의 명령으로 1945년 8월 25일경부터 9월 6일까지 근택인쇄소에서 지폐를 인쇄할 때 쓰던 징크판이 남아 있었으므로 화공 기술과 제판 기술이 필요 없었다고 할 수도 있다. 그런데 정판사 '위폐' 사건에 사용되었다는 징크판은 연마기에 갈 목적으로 9월 19일 세사와 석유로 닦아 희미해진 것이므로 이것을 재생하기 위해서는 모리카에 및 수정 작업이 반드시 필요하다. 그리고 모리카에와 수정 작업은 제판 및 화공 기술에 속한다.

그런데 검사의 주장에 따르면 이러한 모리카에 및 수정 작업을 수행한 사람은 김창선과 정명환이었다. 그랬기 때문에 평판 직공인 김창선과 정명환이 이러한 제판 및 화공 기술을 보유하고 있었는가에 대한 의혹이 제기되었다.

이에 대해 조재천 검사는 「논고」를 통해 평판 직공이라도 오랫동안 일을 하게 되면 자연스럽게 모리카에 기술을 익히게 되며 김창선과 정명환은 평판 직공으로서의 경험이 풍부하므로 모리카에 기술을 보유하고 있었고 실제로 모리카에를 했다고 주장했다.[165]

박수환은 이러한 검사의 주장을 반박했는데,[166] 이를 요약하면 지폐 인

---

165) 서울지방심리원, 「논고 요지」, 『위폐사건 공판기록』, 대건인쇄소, 1947, 62쪽.
166) 박수환, 앞의 책, 25~26쪽.

쇄와 같은 세밀한 인쇄 작업에 있어서는 우수한 제판 기술자와 화공 기술자가 필요하며, 또한 우수한 제판 기술자가 모리카에를 하더라도 그 성공률은 다소 불완전한 것을 포함해 20~30%밖에 안 되는데, 평판 기술자인 정명환과 김창선이, 더구나 오른손 손목에 장애가 있는 김창선이 100% 완벽한 성공을 거두었다는 것은 말이 되지 않는다는 것이다.

김창선과 정명환이 정판사 '위폐' 사건에 사용되었다는 징크판을 완벽하게 재생할 수 있었다는 주장이 허위인 또 다른 이유를 뚝섬 위폐 사건의 징크판과의 비교를 통해 알아보겠다.

검찰 및 재판부에 따르면 정판사 '위폐' 사건에서 사용된 징크판 1조 3매(흑색판, 청색판, 자색판)와 뚝섬 위폐 사건에서 사용된 징크판 1조 3매(흑색판, 청색판, 자색판)는 둘 다 정판사에 있었던 것으로서 각 판은 원래는 모두 100원권 20매를 찍을 수 있는 대징크판이었다. 이 징크판들은 조선총독부에서 진폐 인쇄에 사용하기 위해 조선정판사에 제공한 것이었으므로 그 품질은 일개 위폐단에서 제작한 것과는 비교할 수 없는 최상의 수준이었다고 할 수 있다. 그런데 제2차 지폐 인쇄 계획이 무산되면서 정판사 직원들은 이 징크판들을 다른 용도로 사용하기 위해 연마기에 간 후에 1945년 9월 19일 세사와 석유로 닦았다. 따라서 징크판의 인쇄면은 희미해지고 품질도 떨어질 수밖에 없었다. 그리고 김창선은 9월 20일 이 징크판들을 절취하여 아라비아고무를 바른 후 잉크 창고 선반에 은닉해 두었다. 여기까지는 두 징크판은 동일한 수준으로 품질이 매우 안 좋은 상태였다고 할 수 있다. 따라서 위조지폐 인쇄의 성패가 품질이 매우 안 좋아진 이 두 징크판을 제대로 재생할 수 있느냐에 달려 있다고 해도 과언이 아니라고 할 수 있다.

그런데 검사 측은 두 징크판 중 정판사 '위폐' 사건에 사용되었다는 것과 뚝섬 위폐 사건에 사용된 것은 이후에 품질에 있어 큰 차이를 보였다고 했다. 검사 측 주장에 따르면 비전문가인 평판공 김창선과 정명환이 모리카에 및 수정 작업을 한 징크판은 흑색, 청색, 자색판 모두 20면 전체가 100% 완벽하게 재생되었다. 그 결과 정판사 '위폐' 사건에서는 완벽한 20면짜리 대징크판을 사용하여 진폐와 거의 차이가 없는 고품질 위폐를 1,200만 원에 달하는 막대한 양으로 인쇄할 수 있었다는 것이다.

반면, 제판 전문가인 홍사겸이 모리카에 및 수정 작업을 한 징크판은 흑색, 청색, 자색판 모두를 합하여 완전한 면은 하나도 없었고, 불완전하나마 사용 가능하다고 판단되는 것이 흑색 5면, 청색 2면, 자색 2면에 불과했다. 따라서 이러한 불완전한 대징크판을 그대로 사용할 수 없었기 때문에 흑색, 청색, 자색판 각 20면을 모두 소징크판으로 분할해서 사용 가능한 것만을 추려냈다. 그리고 김창선은 그중 흑색 1면, 청색 1면, 자색 1면을 배재룡에게 판매했고, 배재룡은 이를 이용하여 12월 하순경에 뚝섬에서 위폐 인쇄를 시도했으나 흑색판이 선명하지 않아 실패로 끝났다. 그래서 김창선으로부터 또 다른 흑색판 1면을 다시 제공받아 간신히 인쇄를 할 수 있을 정도였다. 또한 김창선은 윤경옥, 이기훈을 통해 홍사겸이 모리카에 및 수정 작업을 한 또 다른 흑색 소징크판 1면의 판매를 시도했는데, 도저히 쓸 수 없다고 하여 거절당하기도 했다.

즉, 일단 세사와 석유로 닦아서 희미해진 징크판은 홍사겸과 같은 제판 전문 기술자가 모리카에 및 수정을 해도 실패율이 매우 높은데, 김창선, 정명환과 같은 비전문가가 단 한 번에 각 20면짜리 대징크판 1조 3매 총 60면 모두 100% 재생에 성공했을 뿐만 아니라 원판과 같은 수준의 고품질 재생에 성공했으며, 이렇게 재생된 대징크판을 이용하여 1,200만 원이나 되는 다량의 고품질 위폐를 제조했다는 검사 및 재판부의 주장은 상식에 위배되는 허위임을 알 수 있다.

둘째, 적색 징크판 제작 문제에 대해 살펴보겠다.

앞서 밝혔듯 정판사에서 제조했다는 위폐는 조선은행권 100원권 을(乙)

권이었는데, 총 4가지 색깔로 도안이 되었으므로 이를 인쇄하기 위해서는 징크판도 색깔별로 흑색판, 청색판, 자색판, 적색판 4매가 필요하다. 그중 흑색, 청색, 자색 3가지 판은 정판사에 남아 있었지만 적색판은 없었으며, 검사에 따르면 김창선과 정명환이 적색판을 제조했다고 했다. 비록 적색판은 도안에 해당하는 부분이 아니라 지폐의 번호, 괄호와 조선은행 총재의 도장을 인쇄하는 것에 해당하므로 다른 색깔의 판에 비해 간단하긴 하지만 그럼에도 징크판을 제작하기 위해서는 화공 기술과 제판 기술이 필요한데, 과연 김창선과 정명환이 이를 제작하는 것이 가능했는가의 문제가 논란이 되었다.

8월 31일 제7회 공판에서 김우용은 "지폐 박는 도장판은 피고인 9명 중 맨들 줄 아는 사람은 하나도 업다. 공소 사실에는 김창선, 정명환 량 명이 맨드럿다 하나 기술상으로 보아 맨들기 어렵다"고 진술했고,[167] 9월 5일 제9회 공판에서 김상선도 "적색판은 김창선, 정명환으로는 만들 기술이 없다고 생각함"이라고 지적했다.[168]

이에 대해 검사는 「논고」에서 배재룡과 김한규의 증언을 인용하여 평판원이라고 해도 다소 경험이 있으면 화공 기술이 있을 수 있다며 반박했다.[169] 이러한 검사의 주장에 대해 변호인단은 10월 25일 발표한 성명서에서 김창선과 정명환이 화공 기술과 제판 기술이 없었으므로 적색판을 만들 능력이 없었음을 주장했다.[170] 또한 박수환은 제판 작업이라는 것이 대단히 복잡한 과정이며, 비전문가들이 할 수 있는 것이 아니라는 점에 대

167) 「오즉 억울하단 말/피고 김우용 사실을 부인/정판사 위폐 공판 제7회」, 『서울신문』, 1946.9.1.
168) 「추궁에 피고 어색/김상선도 전언을 번복 부인/위폐 사건의 제8일 공판」, 『조선일보』, 1946.9.6.
169) 서울지방심리원, 「논고 요지」, 『위폐사건 공판기록』, 대건인쇄소, 1947, 63~64쪽.
170) 「정판사 사건에 변호사단이 성명서 발표」, 『독립신보』, 1946.10.26.

해 다음과 같이 상세하게 논증했다.[171]

적색 징크판 제판에 대하야 설명하겠다. (중략) 그림 그리는 것을 제외하고도 그 이후의 기술 과정을 골자만이라도 설명하면 '코롬 페-파-'로부터 '하리꼬미', 소아연판, 모조지, 다시 모조지, 소아연판, 챠이나지 20면 '가다도리', '와리다시', 대아연판의 순서로 전사하고 최후로 징크판 보존 방법을 실시하는데 전사에는 반다시 제판기를 사용하여야 하고 최후 20면 징크판 제조에는 대제판기를 사용하여야 하는 것이다. 이것을 말노 할랴면 이렇게 간단한 것 같으나 실지에 20면 징크판을 제판하자면 '코롬 페-파-'에 그림 그리는 시간을 제외하고 제판하는 데만 숙련된 제판 전문가로서 7, 8시간이 걸이어야 되는 것이며, 소징크판에 제판 잉크를 올니는 농후 정도라든가 20면 '가다도리', 각 면의 위치를 측량하는 '와리다시' 작업 같은 것은 가장 어려운 작업인데 이것은 절대적으로 숙련된 전문 기술을 요한다. 만약 20면 제판에 있어서 '와리다시' 즉 위치를 조곰이라도 잘못 측량하면 '총재지인'이라는 도장이 '조선은행'이라는 글 줄 밑에 있지 않고 좌우상하로 변동하는 것이다.

이와 같이 화공 기술과 제판 기술이 없는 비전문가인 김창선, 정명환이 20면짜리 완벽한 적색 대징크판 제작에 성공했다는 것은 기술적으로 불가능할 뿐만 아니라, 특히 이러한 적색판의 제작과 함께 흑색, 청색, 자색 징크판의 모리카에와 수정 등 재생 작업의 전 과정을 단 하루 만에 마쳤다는 것은 소요 시간의 측면에서도 도저히 있을 수 없는 일이다.

셋째, 징크판 장기 보존 문제에 대해 살펴보겠다.

검찰과 재판부에 따르면 위폐 인쇄가 단기간에 이루어진 것이 아니라 제1차 1945년 10월 하순, 제2차 1945년 12월 하순, 제3차 1946년 2월 상순 등 장기간에 걸쳐 이루어졌으며, 또한 제1차와 제2차 사이, 제2차와 제

---

171) 박수환, 앞의 책, 27~28쪽.

3차 사이의 간격이 길므로 피고들이 징크판을 장기간 제대로 보존할 수 있는 기술을 보유하고 있는가에 대한 문제가 제기되었다.

9월 5일 제9회 공판에서 김상선은 범죄 사실이 없다는 증거로서 "찡크판은 15일 이상 간격을 두면 반다시 제판의 재생이 필요한데 피고 중에는 그런 기술이 업고 기술자라도 여러 차례는 못 쓰는 것"이라고 말하며 공소 내용을 반박했다.[172]

이에 대해 검사는 다음의 근거를 들어 모리카에를 하면 재생될 뿐만 아니라 장기간 보존이 가능하다고 주장했다.

정명환은 9월 5일 당 공판정에서 "'모리가에'만 하면 오래 보존 가능이요"라고 각 진술하였으며,[173]

김한규는 "징크판에는 '다다고무'를 칠하여 두는 것이나 1, 2개월 후 다시 사용할 생각이라면 '모리가에'를 하여 두는 것이 기술자의 보통 하는 일이요. '모리가에'만 하여두면 판이 마멸될 때까지는 몇 번이라도 사용가능이요.[174]

그러나 박수환은 다음과 같이 지적했다.

인쇄가 일단 끝난 후의 징크판 보존과 제판 기술 관계에 대하야 설명하겠다. 징크판을 단시간, 즉 24시간 이내 보존하려면 별로히 문제는 없다. 이것을 징크판 우에 '아라비아 고무'라든가, 'H 고무' 같은 것을 발나두면 그만이다. 징크판에 이 고무칠하는 것은 평판공으로서도 가능한 일이다. 그러나 징크판을 이 사건 제1차 인쇄하였다는 10월 하순부터 제2, 3, 4차 인쇄하였다는 12월 27, 8,

172) 「증인 심리는 공판정에서/변호사단이 재판장에게 요구/위폐 공판」, 『자유신문』, 1946. 9.6.

173) 서울지방심리원, 「논고 요지」, 『위폐사건 공판기록』, 대건인쇄소, 1947, 62쪽.

174) 위와 같음.

9일까지의 약 60여 일, 또 동 12월 27, 8, 9일부터 익년 2월 8, 9일경까지 약 40여 일이라는 장구한 기간을 보존하자면 여기에는 특별한 기술이 필요하며, 이 기술은 제판 부문에 속하는 것이다. 징크판을 장시간 보존하자면 징크판 우에 무든 인쇄 잉크를 닦고 다시 제판용 잉크를 올려서 화면을 재생시킨 후 '나승'을 뿌리고 다시 판을 닦은 다음 '아라비아 고무' 칠을 하여두는 것인데 입으로 말하면 이렇게 간단하나 이것을 실지로 하는 데 있어서는 비상한 숙련을 겸하는 어려운 작업이다. 여기에는 반다시 숙련된 제판 기술이 필요한 것이다.[175]

즉, 미사용하는 장기간 동안 징크판을 보존하기 위해서는 단지 모리카에를 한 것만으로는, 또 아라비아고무, H고무, 다다고무 등의 약품을 발라 놓는 것만으로는 부족하며, 별도의 보존 기술이 추가적으로 필요한데, 이는 숙련된 제판 기술에 속하는 것으로 정판사 '위폐' 사건의 피고들과 같은 평판 직공들이 보유했다고 보기는 힘들다고 할 수 있다.

결국 평판 직공에 불과한 피고들이 화공 기술과 제판 기술 전문가도 하기 힘든 징크판 재생, 제작, 장기 보존 작업을 단기간에 모두 100% 완벽하게 성공시켜, 우수한 품질의 위폐를 대량으로 인쇄했다는 검찰 및 재판부의 주장은 모순적이며 상식에 어긋난다.

4) 증거물의 실재에 대한 모순

어떤 사건이 유죄로 성립하려면 자백이나 증언 외에 이를 입증할 물적 증거가 반드시 있어야 한다. 그러나 정판사 '위폐' 사건 피고들의 유죄에 대한 증거물의 대부분은 피고, 증인, 감정인들의 진술과 증언을 기록한 조서, 청취서, 수사기록물, 공판 기록 등과 조선정판사의 서류(금전출납부, 회

---

175) 박수환, 앞의 책, 26쪽.

계장부, 청구서, 전표, 영수증, 출근 카드 등), 조선공산당의 서류(금전출납부, 재정 보고서, 당원 명부), 신문, 피고들의 공산당원증 등 간접적 증거인 문서 자료들이며, 인쇄와 직접적으로 관련된 물적 증거자료는 몇 가지밖에 없다. 검사 측이 제시한 위폐 인쇄 관련 증거물들을 하나하나 살펴보자.

그런데 증거물 목록을 보면 이상한 점이 발견된다. 징크판 판매 미수 사건과 뚝섬 위폐 사건, 그리고 정판사 '위폐' 사건의 증거물이 뒤섞여 있는 것이다. 이것은 사법 당국이 뚝섬 위폐 사건과 정판사 '위폐' 사건을 하나로 묶어서 동시에 기소했기 때문에 발생한 결과이긴 하지만 어느 것이 뚝섬 위폐 사건의 증거물이고 어느 것이 정판사 '위폐' 사건의 증거물인지는 자세히 살펴봐야 한다.

표 4-5. 뚝섬 위폐 사건 및 정판사 '위폐' 사건의 증거물 목록

증거물 번호	증거물	관련 사건
① 증 제1호	소징크판 1매(흑색 1매)	징크판 판매 미수 사건
② 증 제2호	소징크판 4매(흑색 2매, 청색 1매, 자색 1매)	뚝섬 위폐 사건
③ 증 제3호	소징크판 4매(흑색 2매, 청색 1매, 자색 1매)	없음
④ 증 제4호	석판 인쇄기 1대	뚝섬 위폐 사건
⑤ 증 제5호	지폐 인쇄용 잉크 3관(罐)	
⑥ 증 제8호	80근 모조지 140매	
⑦ 증 제35호	소징크판 소각 잔재 1포	없음
⑧ 증 제39호	위조 조선은행권 백 원권 1,335매	정판사 '위폐' 사건
⑨ 증 제40호	연마한 대징크판 3매	
⑩ 증 제41호	80근 모조지	
⑪ 증 제42호	인쇄용 잉크 4관(罐)	
⑫ 증 제43호	모눈종이("코롬 페파", column paper) 236매	
⑬ 증 제45호	위조 조선은행권 백 원권 33매	
⑭ 증 제47호	80근 모조지	
⑮ 증 제97호	조선은행권 백 원권 자색판 인쇄물 1매	
⑯ 증 제98호	조선은행권 백 원권 4도쇄 인쇄물 1매	
⑰ 증 제104호	조선은행권 백 원권 진권 15매	

출처: 신문 기사 및 『위폐사건 공판기록』, 『소위 '정판사위폐사건'의 해부』를 참고하여 필자가 작성(재판부에서 공식적으로 기록한 증거물 목록 문서는 발견되지 않음).

정판사 '위폐' 사건의 증거물처럼 선전된 뚝섬 위폐 사건의 증거물.

우선 목록의 ①부터 ⑦까지는 정판사 '위폐' 사건의 증거물이 아니다. ① 부터 ③까지는 김창선이 정판사에서 절취한 대징크판 1조 3매(흑색판 1매, 청색판 1매, 자색판 1매)를 홍사겸에게 모리카에 및 수정을 시켰으나 상태가 좋지 않아 대징크판으로서의 사용 가치가 없게 되자, 이를 소징크판 60매 (흑색판 20매분, 청색판 20매분, 자색판 20매분)로 분할한 뒤 그중 사용 가능하다고 판단되는 것만을 추려 낸 소징크판 9매(흑색판 5매, 청색판 2매, 자색판 2매)이다. 그 9매 중에서 ②는 김창선이 배재룡에게 판매하여 뚝섬 위폐 사건에 사용된 소징크판 4매(흑색판 2매, 청색판 1매, 자색판 1매)로서, 5월 4일 오후 경찰이 뚝섬 랑승헌의 집을 수색할 당시에 발견된 것이고, ①은 김창선이 윤경옥, 이기훈, 이창훈을 통해 판매하려던 소징크판 흑색판 1매로서 5월 3일 경찰이 윤경옥의 집을 수색할 당시에 발견된 것, 즉 징크판 판매 미수 사건에 사용된 것이며, ③은 김창선이 자신의 집에 보관하고 있던 소징크판 4매(흑색판 2매, 청색판 1매, 자색판 1매)로서, 5월 4일 오전 경찰이 김창선의 집을 수색할 당시에 발견된 것이며, 어떤 사건과도 관련된 증거물이 아니다. 또한 ⑦은 대징크판 1조 3매를 분할한 소징크판 60매 중에서 사용 가능한 9매(위의 ①부터 ③까지에 해당함)를 추려 내고 남은 사용 불가능한 소징크판 51매분(흑색판 15매분, 청색판 18매분, 자색판 18매분) 중 소각하고 남은 것이며, 이 역시도 어떤 사건과도 관련된 증거물이 아니다. ④부터 ⑥ 까지는 뚝섬에 있는 이원재의 간장 공장 2층 위폐 인쇄 장소에서 발견된 것으로 ④는 뚝섬 위폐 사건에 사용한 인쇄기이며, ⑤, ⑥은 뚝섬 위폐 사건 에 사용하고 남은 잉크 및 용지이다.

정리하자면, 엄격히 말해 ①은 징크판 판매 미수 사건에 사용된 것이고, ③과 ⑦은 직접적으로 관련된 사건이 없다. 그러나 이것들은 모두 뚝섬 위 폐 사건에서 사용된 소징크판인 ②의 원형이 되는 대징크판 1조 3매의 일 부였으므로 뚝섬 위폐 사건과 간접적으로 관계가 있다고 할 수 있다. 따라 서 크게 보아 뚝섬 위폐 사건의 증거물이라고 해도 무방하다. 그런 점에서 ①부터 ⑦까지는 정판사 '위폐' 사건의 증거물이 아니라 뚝섬 위폐 사건의 증거물인 것이다.

그러므로 검찰이 주장하는 정판사 '위폐' 사건의 증거물은 일단 ⑧부터 ⑰로 좁혀진다고 할 수 있다. 이 증거물들이 과연 정판사 '위폐' 사건의 피 고들의 유죄를 입증할 수 있는지에 대해 품목별로 검토해 보자.

첫째, 인쇄기 및 재단기에 대해 살펴보겠다.

증거물 번호를 확인할 수 없기 때문에 위의 증거 목록에는 포함시킬 수 없었으나 검찰의 「공판청구서」 및 재판부의 「판결문」에 따르면 정판사에 설치되어 있는 오프셋인쇄기 제2호 1대와 재단기가 등장하는 것으로 보아 이들이 증거물로 제출된 것으로 보인다.[176] 그러나 이 인쇄기와 재단기가 정판사에 설치되어 있었다는 사실만으로 위폐를 제조하는 데에 사용되었

---

176) 서울지방심리원, 「공판청구서(1)」, 『위폐사건 공판기록』, 대건인쇄소, 1947, 7쪽.
　　서울지방심리원, 「판결」, 『위폐사건 공판기록』, 대건인쇄소, 1947, 115쪽.

다거나 혹은 정판사에서 위폐가 제조된 사실이 있다는 것이 입증되지는 않는다. 따라서 증거물로 제출된 인쇄기와 재단기는 증거 능력이 없다.

둘째, 잉크에 대해 살펴보겠다.

재판부는 정판사에서 압수한 ⑪ 중 제42호 잉크 4관(鑵)[177]을 정판사 '위폐' 사건에 사용하고 남은 것으로 판단하여 증거물로 인정했다. 그러나 마찬가지로 이 잉크가 정판사에 존재하고 있었다는 사실만으로 위폐를 제조하는 데에 사용되었다거나 혹은 정판사에서 위폐가 제조된 사실이 있다는 것이 입증되지는 않는다. 따라서 증거물로 제출된 잉크는 증거 능력이 없다.

셋째, 모눈종이에 대해 살펴보겠다.

모눈종이("코롬 페파", column paper)는 제판할 때 사용되는 것으로서 재판부는 정판사에서 압수된 ⑫ 중 제43호 모눈종이 236매를 김창선과 정명환이 적색 징크판을 제작할 때 사용하고 남은 것으로 판단하여 증거물로 인정했다. 그러나 마찬가지로 이 모눈종이가 정판사에 존재하고 있었다는 사실만으로 위폐를 제조하는 데에 사용되었다거나 혹은 정판사에서 위폐가 제조된 사실이 있다는 것이 입증되지는 않는다. 따라서 증거물로 제출된 모눈종이는 증거 능력이 없다.

넷째, 인쇄용지에 대해 살펴보겠다.

재판부는 정판사에서 압수된 ⑩ 중 제41호 및 ⑭ 중 제47호를 합하여 80근[178] 모조지 12연 20매[179]를 정판사 '위폐' 사건의 피고들이 위폐 제조에 사용하고 남은 인쇄용지로 판단하여 증거물로 인정했다.

이러한 판단의 근거로서 제시된 검사의 「논고」[180] 및 재판부의 「판결

---

177) 병(瓶).

178) '근(斤)'은 당시에 영어 '그램'(gram, g)의 번역어로 사용되었다. 즉, '80근'이란 모조지의 무게를 표시하는 것으로서 80g/㎡를 의미한다.

179) '연(連, ream)'이란 모조지의 거래 단위로서 1연은 전지 500매분에 해당한다. 따라서 12연 20매란 전지 6,020매분에 해당한다.

문」181) 내용을 종합하여 모조지의 행방과 관련하여 당시의 상황을 재구성해 보면 다음과 같다.

해방 이후 조선총독부의 계획하에 1945년 8월 25일부터 9월 6일 사이에 근택인쇄소에서 다량의 지폐가 인쇄되었다. 이를 위해 조선은행은 근택인쇄소에 지폐 인쇄용 모조지를 공급했다. 인쇄를 마치고 남은 모조지의 양은 약 60~70연이었다. 그런데 9월 15일부터의 제2차 지폐 인쇄가 무산되자 1945년 10월 21일 조선은행 경기부장 토쿠지야(德地屋)는 조선서적인쇄주식회사의 관리인 최장수에게 근택인쇄소를 인수한 조선정판사에 전에 제공한 모조지가 남아 있으니 이를 가져가라고 했다. 최장수는 용도주임 유현을 조선정판사에 보내 남은 모조지를 전부 달라고 했으나 정판사에서는 일부를 남겨 둔 채, 50연만을 넘겨주었다. 그 후 1946년 5월 정판사 '위폐' 사건에 대한 수사로 경찰이 정판사를 수색하여 모조지 12연을 압수했다.

그런데 1945년 9월 정판사에 남아 있던 모조지의 양을 두고 검사 측과 피고 측의 주장이 엇갈렸다. 검사 측에서는 1945년 9월에 정판사에서 남아 있던 모조지의 양이 70연이었으며, 10월에 50연을 반납하고 남은 20연 중 6연은 위폐 인쇄에 사용하고 2연은 포스터 인쇄에 사용했으며, 1946년 5월에 12연을 압수당한 것이라고 주장했다. 반면, 피고 측은 1945년 9월에 정판사에서 남아 있던 모조지의 양이 62연이었으며, 10월에 50연을 반환했고, 1946년 5월에 나머지 12연을 전량 압수당했으므로 위폐 인쇄에 사용했을 수가 없다고 주장했다.

변호사단은 1946년 9월 5일 제9회 공판에서 "피고들이 80근 모조지 2연을 가지고 포쓰타-를 박엇다고 경찰에서 진술하엿다는데 우리 조사로는

---

180) 서울지방심리원, 「논고 요지」, 『위폐사건 공판기록』, 대건인쇄소, 1947, 66~67쪽.
181) 서울지방심리원, 「판결」, 『위폐사건 공판기록』, 대건인쇄소, 1947, 138~139쪽.

그런 모조지로 포쓰타- 백은[182] 것을 보지 못하엿스니 재판소와 경찰에서 조사를 하여 주기 바란다"고 말하며 반박했다. 이에 대해 검사는 "증 제69호[183] 19항에는 80근 모조지를 포스타- 인쇄에 사용한 것이 기재되어 있다"라고 답했다.[184]

이것만으로는 누구의 말이 진실인지 알기는 어렵다. 그러나 검사의 주장대로 정판사 측에서 감춰 둔 모조지 중 일부를 포스터를 인쇄하는 데 사용했고, 또 일부를 다른 용도로 썼다고 해도, 그렇다고 해서 정판사에서 감춰 둔 모조지를 반드시 위폐를 인쇄하는 데 사용했다는 증거는 없다. 앞서 다른 인쇄 재료의 경우와 마찬가지로 정판사에서 압수된 80근 모조지 12연 20매의 존재만으로 이 모조지가 정판사에서 위폐를 제조하는 데에 사용되고 남은 것이라거나 혹은 정판사에서 위폐가 제조된 사실이 있다는 것을 입증하지는 못하는 것이다. 따라서 증거물로 제출된 모조지는 증거의 효력이 없다.

다섯째, 징크판에 대해 살펴보겠다.

징크판은 정판사 '위폐' 사건의 핵심 증거물이었다. 정판사에서 인쇄했다는 조선은행권 100원권 을(乙)권은 흑색, 청색, 자색, 적색의 4색으로 도안된 지폐였으므로 이를 인쇄하기 위해서는 반드시 대징크판 1조 4매가 필요했다.

우선 검찰은 정판사에서 압수된 ⑨ 대징크판 3매를 김창선이 절취하여 정판사 '위폐' 사건에 사용한 대징크판 1조 3매(흑색판, 청색판, 자색판)라고 판단하여 증거물로 제출했으며, 재판부는 이를 증거물로 채택했다.

---

182) 박은.

183) 증 제69호가 무엇인지는 나와 있지 않으나 조선정판사의 장부 중 하나일 것으로 추정된다.

184) 「증인 심리는 공판정에서/변호사단이 재판장에게 요구/위폐 공판」, 『자유신문』, 1946. 9.6.

그러나 이 징크판 3매는 이미 연마된 것이므로 표면이 백지와도 같아 과거에 지폐 인쇄용으로 사용되었는지의 여부를 전혀 확인할 수 없다. 뿐만 아니라 정판사에 보관되어 있던 연마된 대징크판 30여 매 중에서 경찰이 무작위로 3매를 압수한 것이므로 피고들의 유죄를 입증하는 증거로서 부적합하다. 또한 재판부 역시도 「판결문」에서 "동 연마 징크판 3매(증 제40호)는 조선정판사에서 연마한 징크판 30여 매 중 3매를 압수한 것인데 본 건 위조 시 사용한 것인지 아닌지는 알 수 없고"라고 검사의 「피고인 김창선에 대한 제10회 신문 조서」를 인용한 것에서 볼 수 있듯 이 징크판 3매가 증거물로서 효력이 없음을 스스로 인정한 바 있다.[185] 재판부 스스로도 증거물로서의 효력을 인정하지 않은 징크판을 왜 증거물로 채택했는지 납득하기 어려운 대목이다.

또한 김창선과 정명환이 직접 제작했다는 대징크판 적색판 1매는 아예 발견되지 않았으며 따라서 증거물로 제출되지도 않았다.

결국 제출된 증거물 중에는 정판사 '위폐' 사건에 사용되었다는 대징크판 1조 4매로 볼 수 있는 것이 전혀 존재하지 않는다.

여섯째, 위조지폐에 대해 살펴보겠다.

위조지폐는 범행의 결과물로서 피고의 유죄를 입증할 수 있는 가장 결정적인 증거라고 할 수 있다. 그런데 경찰은 조선공산당, 해방일보사, 조선정판사, 김창선의 집 등을 수색했지만 어디에서도 위조지폐를 발견하지 못했다. 이는 수사 당국으로서는 치명적인 약점이었다. 수사 당국의 입장에서 생각해 보면, 최종 위폐 인쇄일인 2월 10일로부터 약 3개월이 지난 시점에서 수사가 시작되었으므로 그동안 조선공산당 측이 위폐를 한 푼도 남김없이 다 써 버렸기 때문에 피의자의 활동 공간에서는 위폐가 발견되지 않

---

185) 서울지방심리원, 「판결」, 『위폐사건 공판기록』, 대건인쇄소, 1947, 133~134쪽.

았다고 볼 수도 있다. 그러나 그렇다고 해도 무려 1,200만 원, 즉 100원권 12만 장이라는 엄청난 양의 위폐를 제조했는데 시중에서조차 단 한 장의 위폐도 발견하지 못했다는 것은 사건의 진위 논란에 대한 의혹을 불러일으키기에 충분했다.

이에 경찰은 김창선을 조선은행으로 데려가 조선은행이 보유하고 있던 위폐와 진폐들을 섞어서 보여 주며, 그중에서 정판사에서 인쇄한 것을 선별하도록 했고, 김창선은 위폐 33매를 골라냈다. 그것이 바로 ⑬ 중 제45호(이하, 선별권)이다. 검사는 논고를 통해 이 선별권이 정판사에서 인쇄된 위폐라고 주장했다.186)

그러나 김창선의 위폐 선별 작업에는 치명적인 문제점이 있다. 경찰이 김창선에게 정판사에서 인쇄한 위폐를 골라내도록 했을 때, 여러 종류의 위폐를 섞어 놓고 고르게 한 것이 아니라 진폐와 위폐를 섞어 놓고 고르게 한 것이다.187) 즉, 김창선은 '정판사에서 인쇄한 위폐'를 골라낸 것이 아니라 그저 '위폐'를 골라낸 것이었다. 그리고 김창선은 '다른 위폐와 구별되는, 정판사에서 인쇄한 위폐의 특징'을 진술한 것이 아니라, '진폐와 구별되는 위폐의 특징'을 진술했다. 따라서 김창선이 조선은행에서 위폐 33매를 골라냈다는 사실만으로 그것이 정판사에서 인쇄한 위폐라는 증거는 없다.

수사 당국도 김창선이 골라낸 위폐 33매(선별권)가 정판사에서 제조한 위폐라고 주장하기에는 논리적 근거가 부족함을 알고 있었다. 그래서 부족한 논리적 근거를 보충하기 위해 시도한 것이 5월 28일의 위폐 시험 인쇄였다. 이는 앞서 제3장 1절 1)에서 설명했듯이 정판사의 인쇄기 및 인쇄 재료를 이용해 시험 인쇄를 한 결과 만약 위폐 제조가 가능하고 그것이 선별권과 동일하다면 선별권이 정판사 '위폐' 사건에서 제조한 위폐임이 입증

---

186) 서울지방심리원, 「논고 요지」, 『위폐사건 공판기록』, 대건인쇄소, 1947, 31쪽.
187) 박수환, 앞의 책, 36쪽.

되는 것이며, 만약 위폐 제조가 불가능하거나 위폐 제조가 가능하다고 해도 그것이 압수된 위폐와 동일하지 않다면 정판사 '위폐' 사건은 허구가 된다는 논리에 입각한 것이었다.

그러나 이러한 논리는 제4장 1절 4)에서 설명했듯이 시험 인쇄한 지폐(이하, 시쇄권)가 정판사 '위폐' 사건에서 인쇄된 위폐와 동질적이라고 할 수 없다는 점에서 치명적 허점이 있었다. 그 이유는 무엇보다도 정판사 '위폐' 사건에서 사용되었다는 징크판이 발견되지 않았기 때문이다. 즉, 정판사 '위폐' 사건에서 사용되었다는 징크판이 전혀 발견되지 않은 상태에서는 시쇄권이 정판사 '위폐' 사건에서 제조한 위폐의 특성을 100% 구현해 낸다고 기대할 수 없으므로, 엄격한 의미에서 시쇄권은 선별권이 정판사 '위폐' 사건에서 제조된 위폐인지 아닌지를 검증하는 도구로 사용될 수 없다.

그러나 시쇄권 인쇄에 사용된 징크판(뚝섬 위폐 사건의 징크판)과 정판사 '위폐' 사건의 징크판이 비록 동일한 징크판은 아니지만 같은 원판을 이용해 제작된 징크판이라는 점에서 '어느 정도'의 유사성을 기대한다면, 불완전하나마 '어느 정도'의 검증 효과는 있을 것으로 기대할 수도 있다. 즉, 감정 결과 선별권과 시쇄권이 확연히 다른 것으로 판명된다면 선별권이 정판사에서 인쇄된 위폐가 아니라는 것이 증명된다고 할 수 있으며, 반대로 선별권과 시쇄권이 매우 높은 정도의 유사성을 보인다면 선별권이 정판사에서 인쇄된 위폐라고 볼 수도 있는 것이다.

어쨌든 이러한 불완전한 검증 도구의 한계를 전제로 하고, 조선은행 발행과장 오정환의 감정 결과를 살펴보자. 오정환은 1946년 9월 24일 제17회 공판에서 선별권과 시쇄권의 차이에 대한 감정 결과를 발표했는데, 그 요지를 정리하면 다음과 같다.[188]

---

188) 위의 책, 37쪽.
　서울지방심리원, 「논고 요지」, 『위폐사건 공판기록』, 대건인쇄소, 1947, 65쪽.

(1) 선별권과 시쇄권은 흑색과 자색에 있어서 빛깔이 다르며, 따라서 잉크가 다르다. 흑색 인쇄의 색감은 선별권이 농하고 시쇄권이 담하다.

(2) 선별권은 시쇄권에 비해 인쇄가 전면적으로 선명하다. 자색 인쇄의 선명도가 선별권은 완전하고 시쇄권은 불완전하다. 자색의 경우 선별권은 진권보다도 선명하다. 시쇄권은 많이 마멸된 판으로 인쇄되었고, 더욱이 자색판에 있어서 마멸의 정도가 심하다. 흑색 테두리 무늬의 마멸 정도도 선별권은 약하고, 시쇄권은 심하다.

(3) 선별권의 재단면은 톱날처럼 되어 있는 데가 있으나 시쇄권은 그렇지 않다.

(4) 앞면 좌하 우(隅)에 있는 '1'자의 두부(頭部) 형상[189]이 선별권은 사평면으로 되어 민틋하게 올라가고 있으나 시쇄권은 조금 도드라져 산과 같이 올라가고 있다.

(5) 앞면 사람 얼굴의 폭이 선별권은 넓고 시쇄권은 좁다.

(6) 앞면 좌상 우(隅)[190]를 보면 선별권에는 흰 점이 있으나 시쇄권에는 없다.

(7) 결론: 선별권을 인쇄하는 데 사용된 징크판과 시쇄권을 인쇄하는 데 사용된 징크판은 동일한 징크판은 아니나, 동일한 계통의 징크판이다.

이러한 오정환의 감정 결과에 대해 하나하나 분석해 보겠다.

(1)은 잉크 및 인쇄 시의 잉크 조절에 관한 사항으로 앞서 밝혔듯 정판사 '위폐' 사건 당시와 시험 인쇄 당시의 잉크 및 잉크 사용 상황이 같다고 볼 수 없으므로 논의에서 제외한다.

(2)는 인쇄의 선명도, 즉 징크판의 마멸 정도에 관한 사항이다. 감정 결과 시쇄권이 선별권보다 징크판의 마멸이 심한 것으로 나타났다. 이에 대해 박수환은 다음과 같은 내용으로 지적했다.[191]

서울지방심리원, 「판결」, 『위폐사건 공판기록』, 대건인쇄소, 1947, 65쪽, 135쪽.

189) 머리 부분 모양.

190) 모퉁이, 구석.

191) 박수환, 앞의 책, 37~38쪽.

① 정판사 '위폐' 사건에 사용한 징크판과 시쇄권에 사용한 징크판은 기본적으로 동일한 조건하에 제작되었으므로 마멸의 차이는 별로 나지 않는 것이 정상이다.

② 시쇄권의 징크판은 김창선이 우선적으로 배재룡에게 판매한 징크판이므로 예비용으로 남겨 두었던 정판사 '위폐' 사건에서 사용한 징크판보다 상태가 좋은 것이었을 가능성이 높다.

③ 또한 모리카에 및 수정 작업도 시쇄권의 징크판은 제판 기술자 홍사겸이 한 것인 반면 정판사 '위폐' 사건의 징크판은 비전문가인 김창선과 정명환이 한 것이므로 역시 시쇄권의 징크판이 정판사 '위폐' 사건의 징크판보다 상태가 좋은 것이었을 가능성이 높다.

④ 그런데도 시쇄권이 선별권보다 징크판의 마멸이 심하다는 것은 이치에 맞지 않는다.

⑤ 따라서 선별권은 정판사 '위폐' 사건에서 제조한 위폐가 아니다.

이에 더하여 시쇄권에 사용된 징크판은 한 번도 인쇄에 사용한 적이 없는 새것이었으며, 정판사 '위폐' 사건에 사용된 징크판으로는 1,200만 원을 인쇄했으므로 백 원권 20매짜리 징크판 1장으로 6,000회 인쇄한 셈이라는 점을 지적할 수 있다. 선별권 33매가 모두 초반에 인쇄된 것이라면 모르겠지만 만약 모두 마지막에 인쇄된 것이라면 이미 약 6,000번이나 인쇄 작업을 한 이후에 찍었으므로 징크판의 마멸이 심해졌을 가능성이 높다. 이에 따라 선별권이 시쇄권보다 마멸이 심화된 징크판으로 인쇄했을 가능성이 훨씬 높다고 할 수 있으며, 그런 점에서도 선별권은 정판사 '위폐' 사건에서 제조한 위폐가 아닐 가능성이 높다.

(3)은 재단에 관한 사항이다. 선별권이 정판사 '위폐' 사건에서 제조한 위폐라면 당연히 정판사에 비치된 재단기를 사용하여 재단했을 것이므로 선별권과 시쇄권의 재단 면은 같아야 한다. 그런데 선별권은 재단 면이 톱날처럼 되어 있으며 시쇄권은 그렇지 않다는 것은 문제가 있다. 박수환은 다

음과 같이 지적했다.[192]

① 재단 면이 톱날처럼 되어 있다는 것은 재단 면이 불규칙하고 위폐의 광폭이 일정하지 않다는 것을 의미한다. 이로 보아 시쇄권은 재단에 경험이 없는 사람이 재단기가 아니라 칼 같은 것을 가지고 손으로 재단한 것으로 추정된다.

② 피고 박상근은 우수한 재단공이며 1945년 8월 15일 직후 일본인들의 명령으로 정판사에서 지폐를 제조할 때 수억 원이나 재단한 경험이 있다. 따라서 지폐의 단면을 톱날처럼 재단했을 리가 없다.

따라서 시쇄권과 선별권이 이렇게 재단 면에서 현격한 차이를 보이며, 시쇄권의 재단 상태가 좋지 않다는 것은 선별권이 정판사에서 제조된 위폐가 아니라는 증거라고 할 수 있다.

(4), (5), (6)은 모두 징크판에 관한 사항이다. 여기에서 지적한 차이점들은 선별권과 시쇄권이 확연히 다른 징크판을 사용하여 인쇄되었다고 의심하기에 충분하며, 그럴 경우 선별권은 정판사 '위폐' 사건에서 제조된 위폐가 아니라고 볼 수 있다.

그러나 검사 및 재판부는 (4), 즉 앞면 왼쪽 아래 모퉁이에 인쇄된 숫자 '1'의 두부 형상에 있어 선별권과 시쇄권 간에 차이가 생긴 이유에 대해 다음과 같이 설명했다.

① 1946년 5월 조선은행 발행과장 오정환은 조선서적인쇄주식회사 사진주임 유석희에게 조선서적인쇄주식회사에서 납품한 백 원권 진권 중에 앞면 1자 두부 형상이 민틋한 것과 산과 같이 올라가는 것 2종이 있다고 통고했으므로, 일본인이 만든 원판에 2종이 있었을 가능성이 있다. 이에 따라 다음과 같은 추측이 가능하다. 1945년 8월 23일부터 9월 6일 사이에 조선총독부의 명령으로 조

---

192) 위의 책, 1947, 40쪽.

선정판사에서 지폐를 인쇄할 때, 내각인쇄국 기사 타자키는 조선서적인쇄주식회사 사진주임 유석회에게 여러 차례에 걸쳐 원판을 주며 이를 소부(燒付)한 징크판을 만들라고 했다. 그런데 타자키가 유석회에게 준 원판에는 1자 두부 형상에 차이가 있는 2종이 있었을 것이며, 따라서 유석회가 만든 소부한 징크판에도 2종이 생겼을 것이다. 타자키는 이 소부판들을 조선정판사에 전달했고, 정판사에서는 이 소부판을 전사하여 대징크판을 만들었으므로, 정판사의 대징크판에도 당연히 1자 두부 형상에 차이가 있는 2종이 있었을 것이다. 이후 김창선은 정판사에 남아 있던 징크판 4조 중에서 2조를 절취했는데, 그중 1조는 민틋한 것, 또 다른 1조는 산과 같이 올라가는 것이었다. 전자는 정판사 '위폐' 사건에 사용되었고, 후자는 뚝섬 위폐 사건 및 시쇄권 인쇄에 사용되었다. 따라서 선별권의 1자 두부 형상이 시쇄권과 달리 민틋하다고 해서 선별권이 정판사 '위폐' 사건에서 제조한 위폐가 아니라고는 할 수 없다.

② 원래 원판의 도안은 1자 두부 형상이 산과 같이 올라가는 형상이었다. 그런데 유석회가 원판을 소부하는 과정에서 1자 두부 형상에 티가 묻었을 가능성이 있다. 이 티가 묻은 소부판도 다른 소부판과 함께 타자키에게 제공되었고, 타자키는 다시 이 티가 묻은 소부판을 포함한 여러 소부판을 정판사에 제공했다. 정판사에서 이 소부판들을 대징크판으로 제판하는 과정에서 이 티가 묻은 소부판을 수정할 때 일필(逸筆)하여 1자 두부 형상이 민틋하게 바뀌어졌을 가능성이 있다. 따라서 징크판 중에는 1자 두부 형상이 민틋한 것이 포함되었고, 이것이 김창선이 절취한 2조 중에 1조였으며, 또한 그것이 정판사 위폐 사건에 사용되었다. 따라서 선별권의 1자 두부 형상이 시쇄권과 달리 민틋하다고 해서 정판사 '위폐' 사건에서 제조한 위폐가 아니라고 할 수 없다.

그런데 ②의 논리는 다음과 같은 이유로 개연성이 없다. 우선, 만약 1자 두부에 우연히 티가 묻어 이를 수정하는 과정에서 일필하여 민틋하게 된 것이라고 한다면 1자 두부 모양이 민틋한 지폐는 선별권 이외에서 발견될 가능성은 거의 없다. 일본인이 만든 여러 원판 중에 1자 두부에 티가 묻는 일이 반복해서 생길 가능성도 낮은 것은 말할 것도 없고, 우연히 복수의 원판의 1자 두부에 티가 묻었다고 해도 이를 수정하는 과정에서 똑같이 일필하여 똑같이 1자 두부가 민틋하게 올라가는 모양으로 바뀌게 될 가능성은 더욱 낮기 때문이다. 그런데 1자 두부 형상이 민틋한 것은 시쇄권뿐만 아니라 조선서적인쇄주식회사에서 조선은행으로 납품한 진폐에도 있었다고 했다. 우연의 일치가 이토록 지나치게 반복되는 것은 사실상 불가능하다. 또한, 이러한 논리로는 선별권 앞면 좌상 우(隅, 모퉁이)에 흰 점이 있는 것과 앞면 사람 얼굴의 폭이 넓게 된 것을 전혀 설명할 수 없다. 이로써 ②의 논리는 부정된다.

그렇다면 ①의 논리, 즉 원판에 1자 두부 형상이 상이한 것이 존재했다는 논리가 더 개연성이 있다고 할 수 있다. ①의 논리의 연장선상에서 오정환은 진폐 중에도 1자 두부 형상뿐만 아니라 (a) 표면 좌상 우에 새 날개 같은 흰 점이 있는 것과 없는 것, (b) 표면 흑색 테두리 무늬가 선명하고 불선명한 것, (c) 표면 좌하 우 아라비아 숫자 1자의 두부가 산과 같이 올라간 것과 민틋하게 올라간 것, (d) 표면 화상 얼굴이 넓은 것과 좁은 것, (e) 지면에 망문(網紋)이 있는 것과 없는 것, (f) 용지에 있어 후박한 것, 광윤(光潤)이 강약한 것, 지질이 표리가 부동한 것, (g) 표면 청색 인쇄의 색채가 농한 것과 담한 것 등 여러 가지 면에서 선별권과 같은 특징을 보이는 상이한 것들이 있다고 주장했다.[193]

오정환이 위와 같이 진술한 이유는 선별권과 시쇄권이 현격한 차이를 보이므로 전혀 다른 징크판을 이용해 인쇄된 것이며, 따라서 선별권은 정판사에서 제조된 것이 아니라는 주장을 반박하기 위한 것이다. 즉, 선별권과 시쇄권이 정판사에서 2종의 원판을 사용하여 만든 징크판으로 각각 만들어진 것이므로 비록 여러 가지 면에서 차이를 보이긴 하나, 그렇다고 해

---

193) 서울지방심리원, 「판결」, 『위폐사건 공판기록』, 대건인쇄소, 1947, 134~135쪽.

서 선별권이 정판사에서 만들어지지 않았다고는 할 수 없다는 것이었다.

이에 대해 박수환은 ① 진폐에 여러 가지 변종들이 있지만 각각의 변종의 특징을 모두 보유하고 있는 것은 없으며, ② 오정환의 주장은 단지 추측일 뿐 구체적인 증거가 없다는 내용으로 반박했다.194)

이상에서 분석한 점을 종합해 볼 때 선별권과 시쇄권은 징크판의 모양에서 현격한 차이를 보이므로 서로 다른 종류의 징크판으로 인쇄된 것일 가능성이 매우 높다. 비록 오정환은 선별권과 시쇄권이 2종의 원판에서 비롯된 것이라고 주장했으나 그 개연성이 낮아 명확하게 입증된다고 할 수는 없다. 따라서 선별권이 정판사에서 인쇄된 위폐라고 볼 가능성은 낮다고 할 수 있다.

(7)은 결론에 해당하는 사항이다. 오정환은 선별권을 인쇄하는 데 사용된 징크판과 시쇄권을 인쇄하는 데 사용된 징크판은 동일한 징크판은 아니나, 동일한 계통의 징크판이라는 교묘한 말로써 결론을 내렸다. 즉, (3), (4), (5)에서 보이는 선별권과 시쇄권의 현격한 차이를 무시할 수 없기 때문에 차마 동일한 징크판이라고까지 말할 수는 없었다. 그러나 그럼에도 그 둘이 동일한 '계통'의 징크판이라고 하는 다소 억지스러운 논리를 주장함으로써 결국 선별권이 정판사 '위폐' 사건에서 제조된 위폐라는 결론을 내렸다. 이로써 오정환은 선별권에 피고의 유죄를 입증하는 증거로서의 효력을 부여한 것이다.

박수환은 이러한 오정환의 결론에 대해 "선별권이 시쇄권과 동일한 계통에 속한다고 해서 정판사에서 인쇄된 위폐라고 할 수는 없는데, 그 이유는 오정환의 말처럼 동일한 계통에 속하는 3종의 원판이 있다면, 선별권은 정판사에서 인쇄된 것이 아니라 다른 3종 중의 1종에 속할 수도 있기

---

194) 박수환, 앞의 책, 38~39쪽.

때문이라"는 내용으로 반박했다.[195]

그런데 오정환이 정판사 '위폐' 사건에서 제조됐다는 위폐와 관련하여 추가적으로 진술한 내용 중에는 자신에게 주어진 역할의 범위, 즉 선별권과 시쇄권이 같은지, 다른지를 기술적으로 감정하는 것에 그치지 않고 선별권이 정판사 '위폐' 사건에서 제조된 위폐임을 설득하기 위해 노력하고 있음을 확인할 수 있다.[196] 그 내용을 정리하면 다음과 같다.

첫째, 오정환은 조선은행에서 보유하고 있던 백 원권 위폐 1,335매가 선별권과 동일한 것이라고 말하며 이를 정판사 '위폐' 사건의 증거물(⑧ 증거물 제39호)로 제출했다. 이는 오정환에게 맡겨진 담당 업무인 선별권과 시쇄권이 같은지의 여부를 검증하는 것과는 아무런 상관이 없다. 그럼에도 담당 업무와 상관없이 이런 일을 한 이유에 대해 추론해 보면, 선별권은 겨우 33매, 즉 3,300원이었으므로 정판사 '위폐' 사건에서 제조되었다는 전체 금액인 1,200만 원의 0.0275%에 해당하는 너무나도 적은 액수이므로, 이것만을 유죄의 증거로 채택하기에는 설득력이 떨어졌다고 판단했을 가능성이 있다. 이에 따라 조선은행에 보유하고 있던 위폐 1,335매, 즉 13만 3,500원을 더함으로써 좀 더 그럴듯해 보이는 증거로 만들려고 했던 것이 아니냐는 의혹을 제기할 수 있다. 그러나 33매에 1,335매를 더하여 증거물을 13만 6,800원으로 만들더라도 전체 금액 1,200만 원의 11.4%에 지나지 않는다.

둘째, 오정환은 1946년 9월 20일 현재 조선은행에 회수된 위폐 중 70만 원을 조사한 결과 선별권, 즉 정판사 '위폐' 사건에서 제조된 위폐와 같은 것으로 분류되는 위폐가 312,400원이므로 전체의 3, 4할에 해당한다고 했

195) 위의 책, 39~40쪽.
196) 「조은 발행과장 오장환 씨 심문/정판사 사건 제17회 공판」, 『독립신보』, 1946. 9. 25.
　　　「진위폐의 감정 본격화/위폐 공판에 조은 전문가 출정」, 『자유신문』, 1946. 9. 25.
　　　서울지방심리원, 「판결」, 『위폐사건 공판기록』, 대건인쇄소, 1947, 136쪽.
　　　서울지방심리원, 「논고 요지」, 『위폐사건 공판기록』, 대건인쇄소, 1947, 46~47쪽.

다. 그리고 2천 수백만 원의 위조권이 남조선 각지에 유통되고 있으며, 여기에도 같은 비율을 적용하여 3, 4할이 선별권, 즉 정판사 '위폐' 사건에서 제조된 위폐라고 생각된다고 말했다. 이를 금액으로 계산하면 대략 600만 원 초과 1,200만 원 미만에 해당한다. 즉, 이는 정판사 '위폐' 사건에서 제조된 상당한 금액의 위폐가 유통되고 있음을 말하는 것으로서, 정판사 '위폐' 사건의 심각성을 보여 주는 것이었다. 그런데 이러한 진술 역시 오정환에게 맡겨진 담당 업무, 즉 선별권과 시쇄권이 같은지의 여부를 검증하는 것과는 아무런 상관이 없다.

셋째, 오정환은 해방 이후 위폐 금액이 발견되는 양의 월별 추이를 설명했는데, 이는 맥락상 정판사 '위폐' 사건의 인쇄 시기에 연동되는 것으로 해석될 수 있으며, 또한 위폐 인쇄로 인한 경제적 혼란상을 진술했는데, 이 역시 맥락상 정판사 '위폐' 사건의 책임을 강조하는 것으로 해석되기 쉽다. 이러한 진술도 오정환에게 맡겨진 담당 업무, 즉 선별권과 시쇄권이 같은지의 여부를 검증하는 것과는 아무런 상관이 없다.

이러한 점을 종합하여 볼 때 오정환은 객관적이고 기술적인 감정인의 역할을 넘어서서 주관적이고 정치적인 판단을 하고 있다는 의혹을 사기에 충분한 진술을 했음을 알 수 있다.

이상의 감정 결과를 종합해 볼 때 선별권과 시쇄권은 여러 가지 측면에서 현격한 차이를 보이므로 같은 것으로 볼 수 없으며, 오정환 역시 동일한 징크판에 의해 인쇄된 것이 아니라고 밝혔다. 다만 오정환이 결론의 마지막 부분에 동일한 '계통'의 징크판에 의해 인쇄된 것이라는 모호한 판정을 덧붙인 것은, 정치적인 의도에서 감정 결과가 재판부 측에 유리하게 해석될 여지를 일부 남긴 것으로 볼 수 있다. 따라서 ⑬ 증 제45호 위폐 33매 선별권은 정판사에서 인쇄된 것으로 입증되기에 충분치 않으며, 제출된 증거물 중에는 정판사에서 인쇄된 위폐로 볼 수 있는 것이 존재하지 않는다.

지금까지 위폐 인쇄와 직접적으로 관련된 실물 증거자료들을 ①부터 ⑰까지 모두 검토해 보았다. ①부터 ⑦까지는 정판사 '위폐' 사건의 증거물이 아니었고, ⑨, ⑩, ⑪, ⑫, ⑭는 증거로서의 효력이 없으며, ⑰은 진폐이므로 아무런 증거가 되지 않고, ⑮, ⑯은 시험 인쇄 때 시쇄한 것(시쇄권)이므로 단지 검증을 위한 자료일 뿐, 정판사 '위폐' 사건의 직접적인 결과물이 아니며, ⑬은 김창선이 조선은행에서 정판사에서 인쇄한 위폐라고 선별한 것(선별권)으로서 유일한 증거물의 후보이고, ⑧은 ⑬과 같은 종류의 위폐이므로 ⑬이 증거물로 인정되느냐의 여부에 따라 증거물로서의 효력이 좌우되는 것이었다. 따라서 이러한 증거물들의 핵심은 ⑬이었다. ⑬의 선별권이 정판사에서 인쇄된 위폐로 증명되기 위해서는 불완전한 검증 도구이나마 ⑮와 ⑯의 시쇄권과의 비교를 통해 같은 것으로 드러날 경우뿐이었다. 그러나 선별권은 앞면 사람 얼굴의 폭, 앞면 좌상 우의 흰 점, 앞면 좌하 우 1자의 두부 형상, 재단 면의 톱날 모양 등에 있어 시쇄권과 현격한 차이를 보이므로 정판사에서 인쇄된 것으로 볼 수 없음이 드러났다.

결국 재판부에서 피고들의 유죄를 입증한다고 인정한 실물 증거 중 실제로 증거능력을 지닌 것은 하나도 없었다. 특히, 인쇄에 사용되었다는 징크판도 존재하지 않았고, 피고들이 정판사에서 인쇄했다는 위조지폐 역시 단 한 장도 존재하지 않았다. 이는 재판에서 사실의 인정은 반드시 증거에 의하여야 한다는 「형사소송법」상의 증거재판주의 원칙에 위배되며, 따라서 피고들은 무죄이다.

5) 검사 측 증인 현을성, 이구범, 이영개의 증언의 모순

경찰의 고문으로 인해 허위로 자백하지 않을 수 없었다는 피고들의 주장 및 변호사단 측의 강력한 항의로 인해 검사 및 재판부 측은 재판 초기부터 매우 어려움을 겪었으며 이로 인해 고심할 수밖에 없었다. 검사 측은 피고들이 자백이 허위가 아니라는 것을 입증하기 위해 여러 인사들을 증인으로 신청하여 공판정에 출석케 했으며, 그들의 증언 청취서를 증거물로 제시하기도 했다. 그중에는 1946년 5월 초순 본정경찰서에서 김창선과 함께 있었던 이영개의 증언, 사건 초기에 수사를 담당했던 이구범 본정경찰서장 및 현을성 경위의 증언 등이 포함된다.

그런데 이러한 증언들을 자세히 분석하여 보면 자체 모순 혹은 상호 모순이 발생함을 알 수 있다. 따라서 이러한 증언들은 오히려 역으로 검사 측이 경찰의 고문을 은폐하고 피고들의 자백이 허위가 아님을 증명하려 했다는 간접적인 증거로 작용한다고 할 수 있다. 이러한 검사 측 증인들의 증언을 하나씩 분석해 보고자 한다.

먼저 현을성의 증언을 검토하겠다. 현을성 경위는 본정경찰서 형사로서 뚝섬 위폐 사건 및 정판사 '위폐' 사건의 수사 개시 당시부터 사건을 담당한 인물이다. 그는 정판사 '위폐' 사건 및 뚝섬 위폐 사건의 피고들을 체포하고 수사를 개시하는 상황에 대해 자세한 증언을 남겼는데, 이는 정판사 '위폐' 사건 제29회 공판 시 검사의 「재논고요지」[197] 및 제30회 공판 시 재판부의 「판결문」[198]에 인용되어 있다. 현을성의 증언에 따라 정판사 '위폐' 사건 피고들을 체포하고 수사를 개시하는 경위를 날짜별로 정리하면 다음과 같다.

---

197) 서울지방심리원, 「재논고요지」, 『위폐사건 공판기록』, 대건인쇄소, 1947, 83~84쪽.
198) 서울지방심리원, 「판결」, 『위폐사건 공판기록』, 대건인쇄소, 1947, 123~129쪽.

- 1946년 4월 30일 현을성은 본정경찰서에서 일하던 도공 박순석으로부터 사직정 부근에 사는 어떤 사람이 하왕십리에 거주하며 청구사에서 근무하는 이창훈이라는 사람의 집에 지폐 인쇄판을 팔려고 가져온 것을 보았다는 말을 듣고 즉시 조성기 경사와 함께 사건의 조사에 착수했다.
- 5월 2일 현을성은 이창훈을 만나서 경찰서로 데려가 조사한 결과 지폐 인쇄판을 가져온 사람이 이창훈의 동생 이기훈의 친구라는 사실을 알게 되었다.
- 5월 3일 아침 7시경 현을성은 이기훈의 집으로 가서 물었더니 단식인쇄소 동료 직원인 윤경옥이 가져왔다고 대답하여 윤경옥의 집으로 찾아가 가택수색을 하여 소징크판 1매를 압수하고 그 출처를 물었더니 윤경옥은 단식인쇄소의 동료 직원인 홍사겸으로부터 난 것이라고 했다. 단식인쇄소로 찾아가서 홍사겸에게 물었더니 조선정판사의 김창선으로부터 받은 것이라고 하여, 조선정판사로 찾아가 김창선을 체포하게 되었다.
- 5월 3일 오전 10시 이후 정판사에서 김창선을 체포하여 본정경찰서로 데려와 11시경부터 취조했으나 김창선은 범행 사실을 강경히 부인했다. 이에 현을성은 김창선의 집에서 압수한 소징크판 4매를 보이고, 또 홍사겸의 자백 사실을 말하자 김창선은 정판사에서 훔친 징크판 2조 중 1조는 집에 가져갔다가 일부를 배재룡에게 팔고 1매는 홍사겸을 주었고, 다른 1조를 이용하여 1945년 10월, 1946년 2월에 김상선과 같이 정판사에서 위폐를 제조하여 송언필을 통해 공산당비로 제공했다고 자백했다. 이때가 오후 1시였다. 형사들은 오후 1시 반경 배재룡을 체포했고, 뚝섬에 가서 랑승구, 랑승헌, 이원재를 체포했으며, 또한 위조 장소인 간장공장 2층에서 인쇄기를, 랑승헌의 집에서 소징크판 4매를 발견하여 압수했다.
- 5월 4일 김창선은 여러 형사들에게 전일의 자백이 틀림없음을 거듭 시인했고, 자신이 공산당원임도 시인했다. 형사들은 김창선 집에 다시 가서 김창선의 공산당원증을 압수해 왔으며, 이구범 서장의 자택에 가서 보고했다. 이에 이구범은 직접 김창선을 조사했으며, 김창선은 역시 순순히 자백했다.
- 5월 5일 이구범은 장택상 경찰청장에게 가서 보고를 한 후, 본정경찰서로 돌아와 형사들에게 송언필과 김상선에 대한 체포 명령을 내렸다.
- 5월 6일 송언필의 주소를 알기 위해 홍계훈을 본정서로 데려와 물었다.

- 5월 7일 오전 3시 김상선을, 오전 10시 송언필을 체포했다. 김창선은 정명환, 김우용, 홍계훈도 공범이라고 자백했다. 김창선은 송언필의 범행 사실 부인 소식을 듣고 공산당의 제재를 두려워하여 범죄 사실을 부인했다. 이에 현을 성은 김창선을 일단 유치장으로 돌려보냈다가 수 시간 후 안심시키며 다시 묻자 김창선은 다시 범죄 사실을 자백했다.
- 5월 8일 정명환, 김우용, 박낙종을 체포했으며, 홍계훈은 6일 밤부터 계속 구속시킨 상태였다.
- 5월 10일 신광범, 박상근을 체포했다.

그런데 피의자 체포 및 수사 개시 상황에 대한 현을성의 증언은 매우 구체적이어서 사실적으로 보이지만 몇 가지 의혹이 제기될 수 있다. 우선 5월 15일 공보부 발표 당시 피의자였던 총 16명 중 9명에 대해서는 체포 및 수사 경위가 나와 있으나, 나머지 7명 즉, 당시 미체포된 2명(이관술, 권오직) 및 나중에 무죄로 석방된 5명(안순규, 이필상, 이정환, 김영관, 이한녕)에 대한 언급이 전혀 없다는 것이다. 물론 현을성의 증언에서 마지막으로 언급한 5월 10일 이후로부터 공보부 발표일인 5월 15일 이전, 즉 5월 11일부터 5월 14일 사이에 7명에 대한 체포령이 내려져 그중 5명이 체포되었을 수도 있지만 그럴 경우 5월 10일을 경계로 그 이전에 체포된 사람은 모두 끝까지 피고로 남고 그 이후에 체포된 사람은 모두 무죄 석방되었다고 하는 것은 지나치게 작위적이다. 그런 점에서 최종 피고만이 체포 및 수사 경위에 등장한다는 사실은 현을성의 증언 청취서가 7월 19일 기소에 의해 정판사 '위폐' 사건 피고의 최종 명단이 정해진 이후에 행해진 것이거나 혹은 부분적으로 조작되었을 가능성이 있음을 방증한다고도 볼 수 있다.

또한, 현을성의 증언은 신문 보도 내용과 차이가 있다. 1946년 5월 7일부터 5월 14일까지 피의자 체포 및 수사 개시 상황을 보도한 여러 신문 기사들의 공통적 내용을 정리하면 다음과 같다.[199]

- 5월 4일 본정경찰서에서는 뚝섬 위폐 사건 피의자 이원재, 배재룡, 랑승구, 랑승헌을 검거했다.
- 5월 8일 정오경에 본정경찰서와 제1관구경찰청은 무장 경관대를 조직하여 근택빌딩을 포위하고 조선정판사를 급습, 수색하여 피의자 10여 명을 검거했으며, 기타 사무원들을 취조했다.
- 5월 10일 아침에 미군 CIC가 중앙청에 가서 압수된 증거품을 조사했고, 위폐 사건에 개입하여 수사 당국으로 하여금 비밀리에 수사를 진행할 것을 명했다.

이를 바탕으로 현을성의 증언과 신문 기사의 차이점을 살펴보면 다음과 같다.

(1) 뚝섬 위폐 사건 피의자를 체포한 날짜가 현을성은 5월 3일이라고 한 반면 신문에서는 5월 4일로 보도되었다. 여러 신문에서 5월 4일을 언급했기 때문에 현을성의 증언이 잘못되었을 가능성이 크다.

(2) 정판사 '위폐' 사건 피의자 체포에 대해 현을성은 5월 6일, 5월 7일, 5월 8일, 5월 10일에 걸쳐 조금씩 피의자의 집을 급습하는 방식으로 이루어졌다고 말하고 있는 반면, 신문 보도에서는 5월 8일 무장 경관대의 포위에 의한 대대적인 방식으로 이루어졌다고 말하고 있는 점이 다르다. 이는 현을성이 사실과 다르게 증언했을 수도 있고 혹은 현을성이 5월 8일의 상황을 어떤 이유로든 자세히 설명하지 않아서 누락되었기 때문일 수도 있다. 어쨌든 현을성의 증언이 5월 8일 10여 명의 피의자가 체포된 사실을 정확히 설명하지 못하는 것은 사실이다.

199) 「지폐 위조단 체포/석판기 7대 압수」, 『조선인민보』, 1946.5.7.
「대규모의 화폐 위조 사건 발각/62만원을 위조」, 『동아일보』, 1946.5.9.
「거액의 위조지폐범/근택삘딩을 포위코 10며 명 검거」, 『한성일보』, 1946.5.9.
「대규모의 지폐위조단/검거 동시에 인쇄기를 압수/지금까지 발각액이 5천만원」, 『대동신문』, 1946.5.10.
「위조지폐 수천만원/본정서서 일당을 타진」, 『서울신문』, 1946.5.10.
「판명된 것은 천만원 정도/대 위조지폐 사건 불일 전모 판명」, 『자유신문』, 1946.5.12.
「천수백만원 위조/본정서에서 취조 중」, 『독립신보』, 1946.5.15.

이러한 피의자 체포 날짜 및 체포 방식의 차이는 얼핏 사소해 보일 수도 있지만 경찰의 고문 여부 논란과 관련하여 매우 중요하다.

우선 **뚝섬 위폐 사건** 피의자 체포 일자의 차이는 김창선의 범행 자백 시기와 관련될 수 있다. 만약 현을성의 말이 맞다면 5월 3일에 체포된 김창선은 체포된 직후 조사받기 시작한 지 2시간 만에 **뚝섬 위폐 사건** 및 **정판사 '위폐'** 사건의 범행 사실을 자백했고, 그로 인해 형사들은 5월 3일 오후 내내 **뚝섬 위폐 사건** 피의자를 체포하고 증거품을 수집하느라 바빴던 것이 된다. 조사를 개시한 지 2시간 만에 자백했다는 것은 경찰에서 고문을 당해서 허위 자백을 했다는 김창선의 말이 허위일 가능성을 높인다. 그런데 만약 여러 신문의 보도대로 **뚝섬 위폐 사건** 피의자들이 5월 4일에 체포된 것이라면, 김창선은 5월 3일이 아니라 5월 4일에 자백했을 가능성이 크다. 그 얘기는 김창선이 체포된 지 2시간 만에 자백한 것이 아니라 만 하루가 지나서 자백을 했다는 얘기이며, 그 '만 하루' 동안 고문을 받은 것이 아니냐는 의혹으로 연결될 수 있다.

물론 이러한 의혹은 어디까지나 추론일 뿐이며, 단지 날짜의 차이만으로 고문의 의혹을 제기하는 것이 논리적 비약이 아니냐는 반박이 있을 수 있다. 그러나 김창선이 2시간 만에 체포되었다는 검사 측의 주장이 나오게 된 경위를 보면 그러한 의혹의 합리적 근거를 발견할 수 있다.

정판사 '위폐' 사건에서 경찰의 고문으로 인해 피고들이 허위로 자백했다는 주장은 공판이 열리기 전부터 끝날 때까지 계속되었으며, 검사 측은 이에 대해 매우 민감한 반응을 보여 왔다. 이는 이 사건의 증거 대부분이 실물 증거가 아니라 증언이나 서류와 같은 간접 증거였으므로 증언이 허위일 경우 유죄 성립이 어렵기 때문이었다. 따라서, 검사는 10월 21일 제24회 공판정의 논고에서 많은 부분을 할애하여 피고들의 증언이 허위가 아닌 진실임을 밝히려고 했으며, 그를 위해 고문이 없었거나 있었다 해도 미미한 수준이었음을 입증하려 노력했음을 확인할 수 있다. 대표적인 것이 바로 김창선이 체포된 지 1일 내에 자백을 했다는 것이었다. 이를 인용하면 다음과 같다.[200]

증인 이구범은 공판정에서 "김창선이가 체포된 익일 석양 조사주임이 집에 와서 '김창선이가 정판사에서 돈을 인쇄하여 공산당비로 썼다는 중대한 말을 한다'고 보고하므로 의외의 중대 사실에 놀래여 곧 서에 가서 김창선을 직접 맛나 본즉, 눈물을 흘리면서 자세한 사실을 자백하면서 '사리사욕을 위하여 한 것이 아니고 공산당비에 쓰고저 위폐를 인쇄하였소' 하는데 증인의 과거 경험으로 보아 허위 진술이 아니라고 보였소"라고 공술하였는 바(김창선은 이 증언에 대하여 하등의 반박 또는 보충 신문 요구가 없었음), 가사 어느 정도의 고문이 있었다 하더라도, 그 용맹한 투쟁성을 자타가 공인하는 공산당원이고 더구나 세포회 책임자이고 출판노동조합 서울 지부 청소년부장인 당 35세의 장년이 1일 내에 없는 중대 사실을 허위 자백하였다고 생각하는 사람은 없을 것이다. 뿐만 아니라 "김창선의 가족이 집으로 차저 왔기에 '창선이는 취조관에 대하여 솔직히 자백하였음으로 벌이 다소 감하여질 것이라'고 말하였소"(7권 2116정)라는 증인 안순규의 진술 내용으로 보더라도 김창선의 자백이 진실이라는 것을 알 수가 있다.

이와 마찬가지의 취지에서 검사는 논고를 통해 신광범과 박상근도 체포된 당일 자백했다고 다음과 같이 주장했다(밑줄은 필자).[201]

신광범, 박상근은 5월 10일 체포되었는 바, <u>즉일 일체 자백하였음</u>이 기록상 명백하니, 가사 어느 정도의 고문이 있었다 하더라도 일제 시대 이래 투쟁 실적이 있는 동인들(박에 관하여는 중 제50호 기재 참조)이 그에 못 견디여 즉일에

200) 서울지방심리원, 「논고 요지」, 『위폐사건 공판기록』, 대건인쇄소, 1947, 30쪽.
201) 서울지방심리원, 「논고 요지」, 『위폐사건 공판기록』, 대건인쇄소, 1947, 30~31쪽.

없는 중대 사실을 허위 자백하였다고 생각하는 사람은 없을 것이다.

그런데 검사는 이러한 주장에도 불안함을 느꼈는지 11월 12일 제29회 공판에서 재논고를 통해 다음과 같이 김창선이 자백한 시간을 '1일 내'에서 '2시간 내'로 단축시켰다(밑줄은 필자).

김창선은 <u>오전 11시</u> 서로 데리고 가서 물은즉 강경히 부인하므로 최후에 동인 가에서 압수하여 온 징크판을 동인의 목전에 내여 밀고 홍사겸의 증언도 말하면서 "이래도 네가 부인할 수 있느냐?"고 맹렬이 추궁한즉, 김창선은 말이 마키고 머리를 수그리고 있다가 "잠간 생각할 시간을 주시요" 하므로 가만히 있은 즉, "사실은 공산당의 관계가 있으므로 무서워서 부인하였읍니다. 사실대로 말할 터이니 내 입에서 탄로가 되었다는 말은 숨겨주시요"라고 제시하고, "징크판 2조를 절취하여, 1조 일부분은 배재룡에게 팔고 홍사겸에게 견본으로 주고, 타 1조는 정판사에서 사용 인쇄하여 공산당비로 썼소" 하고 일체를 자백하였는데 그것은 동일 <u>오후 1시경</u>이며,[202]

전회에는 당 공판정에서의 증인 이구범(본정경찰서장)의 공술에 의하여 김창선이가 체포된 익일에 서장인 동 증인에 대하여 순순이 자백한 것을 인정하고, 적어도 공산당원인 김창선이가 경찰에서 가사 어느 정도의 고문을 받았다고 하더라도 1일 이내에 없는 중대 사실을 자백할 리 만무하고, 따라서 그 자백은 진실이라는 취지로 논고하였던 바, 금일은 전술과 같이 김창선이가 취조관에 대하여 <u>2시간 만에 자백</u>하였고 그간 하등의 고문이 없었다는 것을 새로이 말하여, 전회 논고 (一二) (1)의 제목은 '<u>김창선의 2시간 내의 자백</u>'이라고 수정하고, 따라서 그 진실성은 120%까지 인정될 것이라는 것을 단언하는 바이다.[203]

---

202) 서울지방심리원, 「재논고 요지」, 『위폐사건 공판기록』, 대건인쇄소, 1947, 83~84쪽.
203) 서울지방심리원, 「재논고 요지」, 『위폐사건 공판기록』, 대건인쇄소, 1947, 84~85쪽.

이렇듯 김창선이 고문을 받지 않았으며 체포된 지 2시간 내로 자백했다는 것을 입증하기 위해 검찰은 11월 12일 제29회 공판, 즉 최종 공판을 한 회 앞둔 상황에서 처음으로 「현을성의 증언 청취서」를 등장시켰다. 그리고 재판부는 11월 28일 제30회 선고 공판에서 「판결문」을 통해 그러한 「현을성의 증언 청취서」 전문을 인용했다. 그런 점에서 현을성의 증언의 신빙성에 의혹이 제기될 수 있다.

다음으로 이구범의 증언을 검토하겠다. 피의자 체포 및 수사 개시 상황에 대한 또 다른 자료는 바로 이구범 본정경찰서장이 9월 24일 제17회 공판에서 증인으로 출석하여 진술한 내용이며, 이는 검사의 「논고」에도 일부 인용되었다. 재판부의 판결문에 포함된 이구범의 증언은 다음과 같다.[204]

증인 이구범의 당 공판정에서의 "자기는 경성 본정경찰서장인데 피고인 김창선이 체포된 익일 오후 7시 반경 집에서 석반을 먹을 시 최난수 등 서원 3명이 와서 김창선이가 중대한 사실을 자백하였다고 말하며 보고하기를 조선정판사에서 위조지폐를 다액 인쇄하였으며 그것은 공산당비로 제공하였다 하므로 본인은 의외의 중대 사실에 놀래여 곧 본정서로 가서 김창선을 대면하야 본즉 동인은 눈물을 흘리면서 자세히 사실을 자백하고 사리사욕을 위하야 한 것이 아니고 공산당비에 쓰고저 지폐를 인쇄하였다고 하였는데 본인의 과거 경험으로 보아 허위 자백이 아니었고, 기 후 2, 3일 되여 피고인 신광범의 청취서를 본즉 그리 만들레야 만들 수 없는 체계적 자백이였던 고로 자신을 얻어 상부에 보고를 하고 기 후 수일 되여 신광범을 대면하여 본즉 동인은 손목에 고문 자리가 있다고 하기에 형사을 조사하야 본즉 그것은 체포시 포승으로 긴박(緊縛)한 자리라고 하였으며 노덕술 수사과장이 와서 조사 시에 본인과 신광범과 3인이 있을 때 신광범을 보고 우리는 서로 다 경상도 사람이다, 경상도 사람은 선전술이나 남을 속이는 술은 없으나 솔직하고 정직하다는 것은 자랑으로 하고 있

---

204) 서울지방심리원, 「판결」, 『위폐사건 공판기록』, 대건인쇄소, 1947, 122~123쪽.

는 바이니 사실대로 말할 지며 아니한 것을 하였다고 하여서는 안 되고, 한 것을 아니하였다고 하여도 안 된다고 말한즉 신광범은 실컷 울고 나더니 나의 아버지도 경찰관이였소, 그래서 당신을 볼 때 다른 사람을 보는 것과 다르오. 이런 일을 하여서 돌아가신 아버지께도 면목이 없소 하면서 본 사건을 전부 자백하였으므로 그 후는 자신을 가지고 형사에게 사건 취조를 일임하였는데 형사들에게는 절대로 고문하지 말라고 주의하였으므로 고문은 아니하였다고 생각한다"는 취지의 공술(단, 피고인 이관술에게 대하야는 제18회 공판조서 중 이상의 공술 기재가 증거됨)

이구범의 증언에 따라 정판사 '위폐' 사건 피고들을 체포하고 수사를 개시하는 경위를 날짜별로 정리하면 다음과 같다.

- 5월 4일 오후 7시 자택에서 본정서 형사로부터 김창선이 정판사에서 위폐를 인쇄하여 공산당비로 제공했다고 자백했다는 보고를 받고, 직접 본정서로 가서 김창선을 대면하여 물어보니 김창선이 사실을 자백하고 사리사욕을 위해서가 아니라 공산당을 위해서 했다고 진술했다.
- 그로부터 2, 3일 후(5월 6일 혹은 7일) 신광범의 범행 자백 청취서를 보고 확신을 얻어 상부에 보고했다.
- 그로부터 수일 후 신광범을 대면하여 물어보니 사실을 자백했다.

그런데 이구범의 증언을 현을성의 증언과 비교해 보면 모순되는 점이 있음을 알 수 있다.

첫째, 신광범의 체포 날짜가 다르다. 현을성은 신광범이 5월 10일 체포되었다고 했으나, 이구범은 김창선의 자백을 들은 날로부터 2~3일 후, 즉 5월 6일 혹은 7일에 이미 신광범의 범행 자백 청취서를 접했다고 했으므로 신광범이 그 이전에 체포되었음을 전제로 하고 있다. 현을성과 이구범 두 사람 중 누구도 일부러 거짓말을 하지 않았다고 가정한다면, 이는 둘

중 한 사람 혹은 두 사람 모두가 잘못 기억하고 있기 때문이라고 일단 생각해 볼 수 있다.

둘째, 이구범이 상부, 즉 장택상 제1관구경찰청장에게 정판사 '위폐' 사건에 대해 최초로 보고한 날짜 및 정황이 다르다. 현을성은 이구범이 김창선을 직접 취조한 다음 날인 5월 5일 상부에 보고했다고 했으며, 이구범은 김창선을 직접 취조하고도 여전히 확신하지 못하다가 신광범에 대한 상세한 청취서를 읽고 난 후에야 비로소 범죄 사실에 대한 확신이 생겨 상부에 보고했다고 했으므로, 5월 6일 혹은 7일 이후에야 상부에 보고한 셈이 된다. 이는 두 증언 간에 보고 날짜가 며칠 차이 나는 정도의 수준이 아니라, 보고를 하게 된 정황, 즉 김창선의 자백을 들은 즉시 상부에 보고한 것인지, 아니면 김창선의 자백을 듣고도 확신이 생기지 않아 신광범의 청취서를 읽고서야 확신이 생겨서 상부에 보고를 한 것인지의 차이이므로 단순한 기억 오류에 의한 것이라고는 설명하기 힘들다. 따라서 이를 통해 현을성과 이구범 둘 중의 한 명이, 혹은 둘 다 거짓말을 하고 있는 것이라고 밖에는 생각할 수 없다.

만약 이구범의 말이 맞고, 현을성의 말이 거짓이라면 신광범은 5월 10일보다 더 빠른 5월 6일 혹은 7일 이전에 체포된 셈이 되므로, 앞 절에서 언급한 '신광범이 5월 10일 체포된 당일 자백을 했다'는 검사의 주장은 사실이 아니게 된다.

그러므로 검사의 주장이 사실이 되려면 현을성의 말이 맞고, 이구범의 말이 거짓이어야 한다. 그렇다면 상부 보고는 5월 5일에 이루어졌으며 그 이후인 5월 10일에 신광범이 체포된 것이 된다. 그럴 경우 이구범은 신광범의 체포 날짜를 5월 6일 혹은 7일 이전으로 앞당기고 상부 보고 날짜를 5월 6일 혹은 7일 이후로 미루는 거짓말을 한 것이라고 할 수 있다. 왜 이구범은 이런 거짓말을 했는가? 그 단서는 이구범의 증언 속에 들어 있는

데, 위의 이구범의 증언을 보면 피의자를 취조함에 있어 본정경찰서원들은 전혀 고문하지 않았고, 강압에 의해 서둘러 수사를 진행하지 않았으며, 확신이 들기 전까지는 상부에 보고도 하지 않았다는 것을 강조하고 있음을 알 수 있다. 즉, 이구범은 본정경찰서에서 피고들을 고문과 강압에 의해 수사하지 않았다는 점을 주장하기 위해 경찰의 신중함과 인내심을 지나치게 강조하다보니 신광범의 체포 날짜와 상부 보고의 날짜를 사실과 어긋나게 증언하고 만 것이다. 이구범은 이 외에도 신광범이 자신의 선친을 언급하며 울면서 자백했다는 구체적인 정황을 언급함으로써 신광범의 자백의 진실성을 입증하려 했다. 이런 점에서 만약 이구범의 말이 거짓이라면 그 이유는 조재천 검사와 마찬가지로 경찰이 고문을 하지 않았음을 주장하기 위한 것이었음을 추론해 볼 수 있다.

이러한 점을 종합하여 볼 때 현을성의 증언과 이구범의 증언은 모순되고 있으며, 어느 쪽이 거짓말이든 간에 경찰은 고문과 강압에 의해 수사를 진행했다는 의혹과 이를 은폐하기 위해 거짓말을 하고 있다는 의혹으로부터 자유로울 수 없음을 알 수 있다.

마지막으로 이영개의 증언을 검토하겠다. 이영개[205]는 1946년 5월 초

---

205) 이영개는 1949년 반민특위에 체포되어 특별검찰부에 송치되었으며, 2002년 민족정기를 세우는 국회의원 모임이 발표한 친일파 708인 명단과 2008년 발표된 민족문제연구소의 『친일인명사전』에 등재된 악질 친일파이다. 1906년 평양 태생으로 1917년에 일본 도쿄로 건너가 1934년 주오대학 법학부를 졸업했다. 졸업 이후 변리사로 활동했으며, 1935년에는 대동아공영권 논리를 내세운 동양협화회(東洋協和會)의 회장에 취임했고, 1939년 이토 히로부미(伊藤博文) 사망 30주년 기념 추도회에서 이토의 공적을 기리는 조문을 발표했다. 이후 도쿄와 경성을 왕래하며 약종 무역상 등 상업에 종사했으며, 1940년 경성 지원병훈련소에 의약품 300인분을 헌납했다. 1941년에는 도쿄에서 조직된 황민실천협의회(皇民實踐協議會) 정치국원으로 활동했으며, 1943년 대일본황도회(大日本皇道會) 도쿄지부 부회장 및 이사를 역임하며 황국신민화에 앞장섰고, 귀국하여 1944년 항공기 부품 제조 판매 회사인 금강항공공업주식회사 대표취체역, 제국제제(帝國製劑)주식회사 대표취체역, 조선합성수지공업주식회사 취체역

순 적산 불법 접수 혐의로 본정경찰서 유치장에 구금되어 있었던 사람인데, 5월 3일부터 5~6일간 김창선과 같은 유치장에 있는 동안에 김창선으로부터 범죄를 자백하는 얘기를 들은 적이 있다고 진술했다. 재판부에서는 이영개의 증언을 안순규의 증언과 마찬가지로 정판사 '위폐' 사건의 유죄를 입증하는 유력한 증거로 삼아 이를 공판에서 피고들의 사실심리가

에 취임했다. 1945년 1월 송도항공기주식회사 취체역에 취임하고 1945년 7월 육군대장 마츠이 이와네(松井石根)를 총재로 하는 대일본흥아회(大日本興亞會)의 조선지부 고문을 지냈다. 미술상으로도 유명하여 일제강점기 일본으로 빼돌려진 문화재 유출과 관련이 깊다는 혐의가 있다. 이영개의 악행은 해방 이후에도 계속되었는데, 1945년 9월 초순 미군 진주 직전 일본인 경기도경찰부장 오카 히사오(岡久雄) 및 경기도 경제과 고위 관료 등이 공모하여 동양방적주식회사 및 종연방적주식회사의 면포를 협박으로 강탈했을 때 이들에게 사례금을 주고 면포 1만 필 이상을 사들여 수백만 원의 폭리를 취한 범죄를 저질렀으며, 이를 자본으로 시가 수억 원 대의 일본인 소유 가옥 10여 채를 사들인 모리 행위를 했다. 이 사건으로 1949년 제1심에서 징역 5년을 구형받고, 징역 1년을 선고받았지만 제2심에서 무죄로 석방되었으며, 검찰에서 상고하여 1950년 4월 다시 구속되었다. 1960년 5·16군사정변 이후 일본으로 망명했다.
「일인(日人)과 매국한(賣國漢)이 결탁/거액의 금품 편취(騙取)/강(岡, 오카) 전 경찰부장 등 취조」, 『매일신보』, 1945.10.5.
「종로보안서, 전 경기도경찰부장 강구웅(岡久雄, 오카 히사오) 등의 종방창고물품 횡령사건을 공갈 수뢰(收賂)죄로 송국하다」, 『매일신보』, 1945.10.16., 국사편찬위원회, 『자료대한민국사』 제1권, 국사편찬위원회, 1968, 264쪽.
「적산 사취한 자들/고등검찰청서 속속 기소」, 『경향신문』, 1949.1.27.
「운자금은 누가?/음모사건에 이영개를 취조중」, 『경향신문』, 1949.2.3.
「귀속재산 모리배/적발에 가편」, 『동아일보』, 1949.4.29.
「적산 모리 이영개」, 『경향신문』, 1949.5.7.
「공소시효 오늘로 종결/특위 총체적 업무처리에 분망」, 『경향신문』, 1949.8.31.
「반민 피의자 송치」, 『동아일보』, 1949.8.31.
「귀속재산 모리배/이영개를 또 상고」, 『경향신문』, 1949.10.28.
「귀속재산 모리배/이영개를 또 상고」, 『동아일보』, 1949.10.28.
「이영개 등 재구속」, 『경향신문』, 1950.4.16.
「귀산 횡령한 이영개 구속」, 『동아일보』, 1950.4.16.
[이영개], 친일인명사전 편찬위원회, 『친일인명사전』, 2, 민족문제연구소, 2009, 21~22쪽.

있을 때마다 범죄 사실을 추궁하는 데에 사용했다. 이영개의 발언 관련 내용을 정리하면 다음과 같다.

- 1946년 8월 23일 제3회 공판에서 양원일 재판장이 김창선에게 이영개의 증언에 대해 묻자 김창선은 거짓말이라고 하며 자신은 단지 "나는 단순히 뚝섬 사건에 관계되었는데, 고문에 이기지 못하여 허위 진술을 하여 우리 당과 동지들에게 사죄할 도리가 없으며 면목이 없다"고 말했을 뿐이라고 진술했다.[206]
- 이영개의 증언에 대해서 8월 31일 제7회 공판에서 김우용은 모른다고 말했고,[207] 9월 6일 제10회 공판에서 송언필은 전연 허위라고 말했으며,[208] 9월 9일 제11회 공판에서 박낙종은 "그 자는 과거에 친일파요. 사상 관계로 감옥에 오랫동안 있었다는 사람의 말이 아니기 때문에 인정할 수 없소"[209]라며 이영개의 증언의 신뢰성을 부정했다.
- 9월 13일 제12회 공판에서 검사는 이영개를 증인으로 신청했고,[210] 9월 14일 제13회 공판에서 재판부는 이를 채택했다.[211] 그리하여 9월 20일 제16회 공판에서 이영개는 증인으로 출석할 예정이었으나[212] 알 수 없는 이유로 공판정에 출두하지 않아 증인 심문은 일단 무산되었다.[213]

---

206) 「전부 고문으로 위작/김창선 통분의 진술/위폐 공판 제3일」, 『조선인민보』, 1946.8.24.
　　「사실을 부인으로 일쇄/중요한 안순규의 증언 … "보았오"」, 『조선일보』, 1946.8.24.
　　「고문한 경관 성명 지적/형사 입회 하 취조 바덧다」, 『중앙신문』, 1946.8.24.
　　「점차 드러나는 사건 전모/고문에 못 이겨 뭇는대로 답」, 『현대일보』, 1946.8.24.
　　「악독한 일제적 고문으로 사건은 완전히 위작된 것이다」, 『청년해방일보』, 1946.8.28.
207) 「공당원 위폐 사건 제7회 공판/적확한 증거품도 의연 부인」, 『동아일보』, 1946.9.1.
208) 「재조사를 요구/송언필이가 재판장에」, 『독립신보』, 1946.9.8.
209) 「30년간 투사가 위폐범 되니 참혹/박낙종, 심경을 설파」, 『대동신문』, 1946.9.12.
210) 「증인 소환을 신청/위폐 사건 공판 제12일 경과」, 『독립신보』, 1946.9.14.
211) 「정판사 현장을 검증/미인 경무부장도 출정」, 『동아일보』, 1946.9.15.
　　「증인 대부분 보류/정판사 시설, 장부 등 감정/제13회 공판」, 『서울신문』, 1946.9.15.
　　「정판사 검증」, 『자유신문』, 1946.9.15.
212) 「유치장에서 본 김창선/한 방에 유치되엿든 윤경옥 증언/위폐 공판」, 『자유신문』, 1946.9.21.

● 10월 17일 제21회 공판에서 이관술은 이영개가 매수당한 것이라고 진술했다.[214)

그런데 9월 20일 증인 심문이 무산되었던 이영개는 11월 12일 제29회 공판에 출석하여 김창선이 범죄 사실을 자백한 것이 사실이라고 진술했다.[215) 당시의 이영개의 진술은 재판부의 판결문에 다음과 같이 자세히 언급되어 있다.[216)

증인 이영개의 당 공판정(제27회)[217)에서의 "자기는 피고인 김창선과 서기 1946년 5월 2, 3일경부터 5, 6일 간 본정경찰서 한 감방에 있었는데 김창선이 처음 드러왔을 때 당신은 어떠한 일로 드러왔느냐고 물은즉 근택인쇄소에서 해방 직후 일본인의 명령에 의하야 지폐를 박었는데 그 원판을 감추어 두었다가 독도 사람에게 팔었는데 그 사건이 발각되어 드러왔다고 말하므로 우리는 흥미를 느끼여 지폐 위조 방법을 물어 보았더니 3색판은 있으나 도장판은 일본인들이 가저갔으므로 다시 그려야 한다고 하였으며 한번은 조사를 받고 오더니 나는 공산당원인데 형사가 가택 수색을 하여 당원증이 발견되면 큰일이라고 말하면서 큰 걱정을 하므로 본인은 독도 쪽에 원판을 조곰 팔었다는 사실이면 별로 중죄라고까지 할 수도 없고 공산당원이라고 하더라도 그렇게 큰 걱정할 것은 없다고 위안하였는데 또 한 번 조사를 받고 오더니 당원증도 발각되고 원판도 압수되었고 조선정판사에서 위조한 사실을 추궁하므로 부득이 일부를 자백하였는데 당에 대하야 중대한 영향을 끼치게 될 것이며, 자기는 영원히

---

213) 「증인 신문 계속/위폐 사건 공판」, 『독립신보』, 1946.9.22.
214) 「반증 들어 무죄 주장/이관술의 제1일 오후 공판」, 『독립신보』, 1946.10.19.
215) 「정판사 사건 공판 결심/검사, 변호인, 피고의 최후 논전」, 『경향신문』, 1946.11.14.
    「위폐 공판/우리를 사형 않으면 검사는 내가 죽이오」, 『대한독립신문』, 1946.11.14.
    「심리 종료, 내주에 언도/정판사 위폐 공판」, 『서울신문』, 1946.11.14.
216) 서울지방심리원, 「판결」, 『위폐사건 공판기록』, 대건인쇄소, 1947, 119~121쪽.
217) 제29회의 오류임.

당과 동지에게서 매장을 당하게 되었으니 참 기가 막힌다. 자백한 것이 후회막심이라고 하면서 소리를 내여 울므로 본인은 위안하면서 여러 가지로 이야기한즉 김창선이는 두 사람이 하였다고 자백하였다 말하므로 두 사람 가지고 되느냐고 물은즉 사실은 수인(數人)이 필요한데 거짓말 하였다고 말하였고, 그 다음 조사를 받고 오더니 금반(今般)에는 사실을 부인하였다 하면서 원판은 일본인들이 닦어 버렸고 기계도 부시고 갔으므로 아니 된다고 말하므로 본인은 "그러면 형사를 보고 그 원판과 기계로 인쇄불능이라는 말을 하여서 시험하여 보도록 하시오, 그러면 걱정할 것 없소"라고 위안하였으며, 또 그 다음에 조사를 받고 왔기에 인쇄불능이라는 말을 하였느냐고 물은즉 대답을 회피하고 다른 데로 화제를 돌려버림으로 본인은 김창선이가 그 말을 안 하였다는 것을 짐작하였고, 인쇄불능 운운이란 말이 허언이라는 것도 알았고 따라서 지폐 위조 사실이 있지 않은가 의심을 두었으며 또 전술한 바와 같이 김창선이가 일부 자백하였다고 말한 것과 조선정판사에서 인쇄한 일이 없고 독도게 원판을 판 일 뿐이라고 가정하면 당과 동지에게서 매장 당한다는 말까지 하면서 울 이유가 없는 점으로 보아 조선정판사에서 인쇄한 것은 사실이라고 생각하였고, 또 생각나는 한 가지는 전술 일부 자백한 이야기를 하면서 나는 원판을 가지고 있으며 일본인 인쇄 시의 기계 기술자, 재료가 그대로 있어서 틀림없이 박어낼 수 있으므로 자백한 사실은 면할 수 없다는 말까지 하였으며

이영개의 증언에 따라 김창선의 자백 경위를 시간 순으로 정리하면 다음과 같다.

- 5월 2일 혹은 3일 김창선이 경찰에 체포되어 본정서 유치장에 구금되어 들어왔을 때, 이영개가 들어온 이유를 묻자 김창선은 뚝섬의 배재룡에게 징크판을 판매했기 때문이라고 대답했다. 이영개가 흥미를 느껴 지폐 위조 방법을 묻자 김창선은 3색판은 있으나 도장판은 일본인들이 가져갔으므로 다시 그려야 한다고 대답했다.
- 제1차 조사를 받은 후, 김창선은 이영개에게 형사가 가택수색을 하여 자신의

공산당원증을 발견하면 큰일이라고 걱정했다.

- 제2차 조사를 받은 후, 김창선은 이영개에게 징크판과 당원증이 발각되어 압수되었으므로 조선정판사에서 위폐를 제조한 사실을 일부 자백했다고 말했다. 그리고 당과 동지에게 매장을 당하게 되었으므로 자백한 것이 후회된다며 소리내어 울었다. 또한 사실 위폐 인쇄에는 여러 명이 필요한데, 두 사람이 인쇄했다고 자백했다고 말했다.
- 제3차 조사를 받은 후, 김창선은 이영개에게 이번에는 범죄 사실을 부인했다고 말했다.
- 제4차 조사를 받은 후, 김창선은 이영개의 질문을 회피했다.

그런데 이영개의 증언을 현을성의 증언과 비교해 보면 여러 가지 모순되는 점이 있다.

첫째, 현을성의 증언에 따르면 김창선이 최초로 자백한 것은 5월 3일 오후 1시이며, 김창선이 자백하게 된 계기는 자신의 집에서 징크판을 압수당했기 때문이다. 그리고 이영개의 증언에 따르면 김창선이 최초로 자백한 것은 위에서 언급한 제2차 조사에 해당하며, 김창선이 자백하게 된 계기는 자신의 집에서 징크판과 함께 당원증이 발각, 압수되었기 때문이다.

그런데 당원증이 압수된 시기는 5월 4일이다. 그 근거는 다음의 「판결문」을 통해 확인할 수 있다.[218]

검사의 증인 조성기에 대한 청취서 중 "자기는 경성 본정경찰서 수사계 근무 경사인데 금년 5월 4일 피고인 김창선 가에서 동인의 공산당원증 등을 영치한 사실이 있는데 기록상 동년 5월 8일 영치로 되어 있는 것은 오기이며 우 사실을 피고인 김창선의 가족에게 물어보아도 알 수 있을 것이라"는 취지의 공술 기재 급 검사의 증인 이업순에 대한 청취서 중 "자기는 피고인 김창선의 처인

---

218) 서울지방심리원, 「판결」, 『위폐사건 공판기록』, 대건인쇄소, 1947, 121~122쪽.

데 금년 음 4월 4일(양 5월 4일)인가 익 5일에 두 번째 형사가 나와서 남편의 조선공산당원증(증 제36호) 등을 차저 갔다"는 취지의 공술 기재

그러므로 만약 현을성의 증언이 맞다고 하면 김창선이 최초로 자백한 것이 5월 3일이 되므로 5월 4일에야 압수되는 징크판을 본 후에 김창선이 자백하게 되었다는 이영개의 증언은 틀린 것이 된다. 반대로 이영개의 증언이 맞다고 하면 김창선은 5월 4일 압수된 징크판을 본 후에 자백한 것이므로 5월 3일 자백했다는 현을성의 증언은 틀린 것이 된다.

둘째, 현을성의 증언에 따르면 김창선은 5월 3일 최초 자백 이후 5월 7일까지는 범행을 다시 부인한 적이 없으며 여러 형사들과 이구범 서장에게까지 순순히 자백했다고 되어 있다. 그러다가 5월 7일 송언필의 범행 사실 부인 소식을 듣고 공산당의 제재를 두려워하여 범죄 사실을 부인했다가 경찰이 달래자 안심하고 다시 범행 사실을 순순히 자백했다고 되어 있다. 그런데 이영개의 증언에 따르면 김창선은 최초 자백 직후 당과 동지들에게 매장을 당하게 되었다며 자백한 것을 후회했다고 나와 있다. 그리고 다음 조사 때에 범행 사실을 부인한 것으로 나와 있다. 이러한 김창선의 자백 정황으로 볼 때 양 증언이 일치한다고 보기 어렵다.

셋째, 현을성의 증언과 이영개의 증언이 모두 맞다는 가정하에 자백 과정을 재구성해 보면, 김창선은 5월 3일 체포되어 오전 11시경 본정경찰서로 이송되어 온 후 일단 유치장에 구금되었다가 제1차 조사를 받고 범행 사실을 부인한 후 다시 유치장으로 보내졌다가 다시 제2차 조사를 받던 중인 오후 1시경 최초의 자백을 한 것이며, 따라서 이 과정에 소요된 총 시간은 오전 11시부터 오후 1시까지의 2시간이어야 한다.

그런데 이는 다음과 같은 점에서 납득하기 어렵다. 우선, 당시 경찰로서는 위폐 사건 취조에 총력을 다하고 있었으므로, 김창선을 체포하여 경찰

서에 데려왔다면 유치장에 구금시키는 것이 아니라 바로 취조를 개시했을 것으로 추정되는데, 불과 2시간 사이에 두 번이나 유치장에 보냈다가 다시 취조실로 데려오는 것을 반복했다는 것은 상식적으로 이해하기 힘들다. 또한 설령 그렇다고 하더라도 김창선이 본정경찰서로 체포되어 바로 유치장으로 보내지자마자 먼저 유치장에 있던 이영개 및 다른 범죄 피의자들에게 자신의 범행 사실에 대해 이야기했다는 것은 더욱 이해하기 힘들다. 김창선이 유치장에 들여보내졌을 당시, 언제라도 형사들이 취조를 하기 위해 들이닥칠지 모르는 상황에서, 처음 보는 낯선 사람들에게 "지폐 인쇄용 징크판을 뚝섬 사람에게 팔았다가 발각되었다", "3색판은 있으나 도장판은 일본인들이 가져갔으므로 다시 그려야 한다", "나는 공산당원인데 형사가 가택 수색을 하여 당원증이 발견되면 큰일이다"는 등 혹시라도 새어나갈 경우 자신에게 치명적일 수 있는 위험을 무릅쓰면서까지 범행 사실을 구체적으로 노출시켰다는 것은 상식적으로 이해하기 어렵다.

따라서 현을성의 증언과 이영개의 증언이 동시에 사실일 수는 없다. 만약 김창선이 체포된 지 2시간 만에 자백했다는 현을성의 증언이 사실이라면 이영개의 증언에 나오는 '취조 전과 도중에 자꾸 유치장으로 들여보냈다가 다시 불러오는 비상식적인 행동과 김창선의 무모한 발설 행위'와 양립하기 어려우므로 이영개의 증언은 거짓일 가능성이 크다.

그렇다면 이영개가 자신과 관련없는 사건에 대해 굳이 거짓말할 필요가 있었을까? 이영개의 거짓 증언으로 이익을 얻게 되는 측면을 생각해 보면, 우선 검사 측이 얻을 수 있는 것은 김창선은 징크판과 당원증 등 증거에 의해서 자백했으므로 고문을 받아 허위로 자백한 것이 아니라는 것, 즉 자백 증거의 진실성을 확보하게 되는 것이었다. 그런 점에서 이영개의 주장이 거짓일 가능성은 윤경옥의 증언에서 확인할 수 있다. 윤경옥은 1946년 9월 20일 제16회 공판에서 증인으로 출석하여 심문을 받는데 신문 기사에 보도된 내용은 다음과 같다.

재판장: 증인은 피고 김창선이와 본정서에 가튼 간방에 잇섯다지?
증인: 네.
재판장: 언제부터 멧칠 동안 잇섯든가?
증인: 5월 25일부터 7월 9일 송국시까지 함께 잇섯습니다.
재판장: 그러면 피고 김창선이가 고문 당한 것을 아는가?
증인: 물을 멕인 수건으로 코를 막기도 하엿다고 김창선이가 말한 일이 잇습니다.
재판장: 고문을 바덧다면 랑골에 물이 남어 잇섯든 것이며 상처도 잇섯슬 텐데 그런 것은 본 일이 잇는가?
증인: 그런 것은 본 일이 업습니다.[219]

본정서에서 5월 20일경부터 피고 김창선과 한 감방에 잇다가 7월 9일 동 사건 송국 당시 석방되엇는데 고문 광경은 보지 못하엿으나 김창선의 입을 통하야 고문 당한 이야기를 드럿었고 또 정판사 사건은 전혀 업는 일이며 뚝섬 사건과 왕십리 사건에 관계한 것은 잇서도 이 사건만은 애매하다고 나에게 말하엿다.[220]

유치장에서 김창선에게 고문당햇단 말을 십수차 드럿스며 또 김창선의 안색으로 보아 고문 당한 것 가튼 태도를 볼 수가 잇섯다. 그러고 김창선은 나를 보고 뚝섬 사건에는 관계가 잇스나 정판사 사건은 전연 알지도 못하는데 고문으로 인하야 그와 가티 진술하엿스니 애매하다 하더라.[221]

어느날 저녁 김창선이가 취조를 받고 돌아오더니 하는 말이 나는 사실을 부인하였는데도 불구하고 안순규는 보왓다고 말하니 죽을 일이라고 한탄하는 소리

219) 「증인 신문 준열/위폐 공판 백중화」, 『대한독립신문』, 1946.9.21.
220) 「증거 신문을 제출/증인 윤경국 등을 심문/위폐 공판 16회」, 『서울신문』, 1946.9.21.
221) 「유치장에서 본 김창선/한 방에 유치되엿든 윤경옥 증언/위폐 공판」, 『자유신문』, 1946.9.21.

를 듣고서 고문을 당한 것 같이 생각이 되었다.[222]

이어서 증인 심문으로 본정서에서 김창선이와 같이 구금되어 있었든 윤경옥 씨에 증인 심문으로 드러가 재판장 심문에 대하여 동서 유치 중 김창선이가 뚝섬 사건은 사실이나 정판사 사건을 전연 없는 사실이라고 하였다는 말, 5월 28일 저녁에 최난수 수사주임이 "너이들은 죽어 나갈 줄 알어라"는 등 말을 하였다는 것, 그 박게 여러 가지 진술을 하였다.[223]

이러한 윤경옥의 증언은 이영개의 증언과 정면으로 배치되는 것이었다. 누구의 말이 맞는지 확인할 수는 없지만 이러한 윤경옥의 증언은 이영개의 증언이 허위일 가능성을 보여 주는 중요한 근거가 된다.

그렇다면 이영개는 어떠한 이익을 얻게 되는가? 그것은 이관술의 말처럼 이영개가 경찰 혹은 검찰에 매수된 것일 가능성도 있으며, 또한 이영개 역시 범죄 혐의로 구금된 상황이었기 때문에 경찰이나 검사로부터 범죄에 대한 처벌을 경감해 주겠다는 식의 회유 혹은 협박이 있었을 가능성도 있다.

반면, 만약 이영개의 증언이 사실이라면 김창선이 체포된 지 2시간 만에 자백했다는 현을성의 증언은 거짓일 가능성이 크다. 이영개의 증언대로 김창선이 자신의 범죄 사실을 유치장에서 처음 알게 된 다른 피의자들에게 상세하게 말하게 되기까지는 그들 사이에 어느 정도 친분도 생기고 속마음을 얘기해도 될지 판단할 만큼의 신뢰가 쌓인 후라거나 경찰이 들락날락하지 않는 한밤중이라면 몰라도 만나자마자 2시간 사이에 그런 얘기를 모두 했다고 보기는 힘든 것이기 때문이다. 그렇다면 김창선은 체포된 지 2시간 만에 자백을 한 것이 아니라 다음 날인 5월 4일에 자백했을 가능성이 크다. 이는 앞서 밝혔듯 뚝섬 위폐 사건의 피의자들이 5월 4일에

222)「추측적인 증언/위폐 공판 제15일」,『조선일보』, 1946.9.21.
223)「증인 신문 계속/위폐 사건 공판」,『독립신보』, 1946.9.22.

체포되었다는 신문 보도 내용과 맞아떨어진다고 할 수 있다.

　그렇다면 현을성은 왜 그런 거짓말을 했는가? 이 역시 앞서 밝혔듯 5월 3일부터 5월 4일까지 행해진 고문 사실을 은폐하기 위해 김창선의 자백 시간을 앞당길 필요가 있었기 때문이라고 추정해 볼 수 있다.

　이상에서 살펴본 바를 종합하면 정판사 '위폐' 사건 및 뚝섬 위폐 사건의 피고들을 체포하고 수사를 개시하는 경위에 대한 현을성의 증언은 신문 기사 보도 내용, 이구범의 증언, 이영개의 증언과 여러 가지 면에서 불일치하므로 사실이 아닐 가능성이 매우 크며, 현을성이 허위 증언을 하게 된 데에는 고문 사실 및 그로 인한 피고들의 허위 자백을 은폐하기 위한 목적이 있었을 가능성이 크다. 또한 만약 현을성의 증언이 사실이라고 한다면 이와 양립할 수 없는 이구범의 증언, 이영개의 증언은 모두 거짓일 가능성이 크며, 이구범과 이영개가 허위 증언을 하게 된 이유도 역시 고문 사실 및 그로 인한 피고들의 허위 자백을 은폐하기 위해서였을 가능성이 크다. 결론적으로 검사 및 재판부 측은 고문 및 허위 자백 사실을 은폐 혹은 축소함으로써 피고의 유죄를 입증하려는 목적으로 현을성, 이구범, 이영개 등을 동원하여 다발적으로 허위 증언을 내세웠으나 그 과정에서 그 증언들 간에 서로 양립하지 않는 부분을 미처 파악하지 못함으로써 논리적 모순을 드러냈음을 확인할 수 있다.

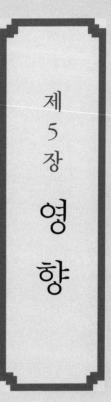

제
5
장

영
향

본 장에서는 정판사 '위폐' 사건이 미군정기 및 대한민국 정부 수립 이후에 미친 영향을 검토할 것이다. 단기적으로는 해방 정국의 정세 변화에 미친 영향을, 장기적으로는 한국 사회의 반공주의 체제 형성 및 공고화에 미친 영향을 살펴볼 것이다.

1. 정판사 '위폐' 사건과 해방 정국의 정세 변화

1) 미군정의 위기 모면

미군정은 왜 정판사 '위폐' 사건을 조작했는가? 그것은 당시 미군정이 처한 정치적 위기를 모면하기 위함이었다. 그렇다면 미군정은 1946년 5월 당시 어떤 위기에 처해 있었으며, 정판사 '위폐' 사건은 미군정의 위기 모면에 어떤 영향을 미쳤는가?

당시 미군정은 남조선 대중의 지지를 받지 못하고 있었다. 미군정 공보부가 1946년 4월과 5월에 실시한 여론 조사 결과는 표 5-1과 같다.[1]

(1)의 질문에 대해서는 그렇다와 아니다가 비슷하거나 농촌 지역에서는 오히려 아니다가 더 높은 것으로 봐서 전반적으로 미국인의 태도에 불만이 많음을 알 수 있다. 또한 (2)의 질문에 대해서는 그렇다가 아니다보다

---

[1] HQ, USAMG in Korea, Department of Public Information, "Effectiveness of Japanese and Soviet Propaganda in Seoul"(1946.4.12.), 한림대학교 아시아문화연구소, 『미군정기 정보자료집』, 1, 한림대학교 아시아문화연구소, 1995, 422~423쪽; HQ, USAMG in Korea, Department of Public Information, "Effectiveness of Japanese and Soviet Propaganda in the Provinces and in Seoul"(1946.5.20.), 위의 책, 438~443쪽, 전상인, 「1946년경 남한주민의 사회의식」, 『사회와 역사』, 52호, 한국사회사학회, 1997, 321~322쪽에서 재인용.

표 5-1. 미군정 공보부 여론 조사 결과

(1946년 4, 5월)

(1) "당신은 미국인이 한국인을 경멸한다고 보는가?"			
	그렇다	아니다	모르겠다
서울	40%	39%	21%
서울 이외의 도시	41%	40%	19%
농촌	29%	35%	36%
(2) "일제 시대(조선총독부)에 비해 미군정 시대가 나은가?"			
	그렇다	아니다	모르겠다
서울	63%	16%	21%
서울 이외의 도시	55%	12%	33%
농촌	49%	15%	36%

더 많긴 하지만 모르겠다는 응답이 상당히 높으므로 일제강점기보다 미군
정기가 더 좋다고 생각하지 않는 사람들이 상당히 많음을 알 수 있다.

또한 미군정 공보부가 1946년 4월 22일부터 5월 4일까지 남조선 전역
의 주민으로부터 광범위한 여론 청취를 한 결과 미군정의 위상과 인기는
매우 낮은 상태에 처해 있다고 자체적으로 진단했음을 알 수 있다.[2]

또, 1946년 8월 11일 한국여론협회가 서울 시내 3개 장소(종로, 본정 입
구, 노량진)에서 통행인 4,782명을 대상으로 실시한 설문 조사에서 "미군정
이 잘했다고 생각하는 점은 무엇인가?"에 대해서는 무려 4,686명(98%)이
기권했고 96명(2%)만이 위생 시설을 꼽았다. 또 "미군정이 잘못했다고 생
각하는 점은 무엇인가?"에 대해서는 1위 식량정책(2,534명, 53%), 2위 산업
운영과 주택 관리(1,482명, 31%), 기권(766명, 16%)의 순으로 나타났다.[3]

이를 통해 미군정에 대한 대중의 만족도가 매우 낮으며, 특히 식량정책
에 대해 불만이 매우 높음을 알 수 있다.

---

2) HQ, USAMG in Korea, Department of Public Information, "Recommended MG
Policies in Respect to Public Relations", (1946.5.6.), 위의 책, 427~431쪽, 전상인, 위
의 논문, 322~323쪽에서 재인용.

3) 「좌익 합당은 퇴세 만회의 모략/한여협회 조사」, 『동아일보』, 1946.8.13.

결국 미군정이 대중의 지지를 획득하지 못하게 된 가장 큰 이유는 식량 부족 사태와 물가 폭등 등 경제 정책의 실패였다. 식량정책의 실패는 미곡 자유화 조치의 실패로 인한 식량 부족 사태와 「식량공출제」의 부활과 관련된 것이었고, 물가 정책의 실패는 미곡 정책의 실패, 통화 남발, 적자 재정, 생산 부진으로 인한 물자 부족 등 여러 가지 문제가 복합적으로 관련된 것이었다.

이와 관련하여 우선 미군정의 식량정책이 어떻게 전개되었는지를 살펴보겠다.

일제는 1937년 중국 침략 이후 식량통제정책을 강화해 나갔으며, 1941년 태평양 전쟁 이후 전시 총동원 체제를 갖추면서 강력한 식량공출정책을 실시했다. 이러한 국가 차원의 식량 관리 체제는 1943년 「조선식량관리령」으로 법적 제도화가 완비되었다.

일제의 전시 식량 공출 정책의 기본적인 목표는 군수 식량과 대일 미곡 수출량의 최대 확보, 조선 내 최소한도의 식량 수급 유지라고 할 수 있다. 이는 일제가 1931년 만주 침략을 개시한 이후 조선, 일본, 만주를 하나의 경제블록으로 연계시킨 소위 '일·선·만 블록 체제'하의 삼각 바터(barter) 제를 통해 조선 농촌에 대한 최대한의 수탈로 이어졌다. 이로 인해 일제강점기 말기 5년간 조선 미곡 총생산량의 평균 53.5%가 공출되었으며, 조선의 농민층은 황폐화되었다. 이러한 일제의 폭압적 식량 공출은 고율 소작료와 함께 이중의 부담으로 작용하여 조선의 영세 소작농층에게 막대한 희생을 강요했다.[4)]

히로히토(裕仁)의 패전 선언 발표가 있기 직전인 1945년 8월 15일 오전, 조선총독부 정무총감 엔도 류사쿠(遠藤柳作)가 여운형에게 치안 협력을 요

---

4) 이승활, 「미군정기 식량공출정책의 고찰」, 경남대학교 교육대학원 석사학위 논문, 2005, 7~9쪽.

청했을 때 여운형이 제시한 5개 요구 조건 중 하나가 바로 '3개월치 식량을 확보할 것'이었다. 이는 일제강점기 말기에 식량 상황이 얼마나 어려웠는지, 그리고 해방된 조선에서 식량 정책이 얼마나 중요했는지를 방증한다. 여운형은 해방 직후 건준을 수립했고, 건준은 미곡 창고 및 식량 관련 단체들과 연계하여 식량 확보 및 배급을 관리함으로써 일제의 식량 통제 체제를 성공적으로 대체하여 운영해 나갔다.[5] 또한 1945년 9월 14일 건준에서는 인공 중앙인민위원회에서 결정한 선언, 정강, 시정방침을 발표했는데, 이 중 「시정방침 제17조」에는 '미곡 기타 일제 강제공출제의 철폐'가 포함되어 있었다.[6]

이러한 상황에서 남조선에 진주하게 된 미군정은 1945년 10월 5일 「미곡 배급제」를 폐지하고 미곡 자유화 조치, 즉 「미곡자유판매제」를 전격 실시했다.[7] 미군정이 이러한 조치를 취하게 된 이유에는 ① 일본으로의 쌀 수출 중단에 따른 국내 쌀 보유량의 증가, ② 1945년도 미곡의 풍작 예상, ③ 농민들과 중간 상인들이 은닉해 둔 미곡을 시장에 출하시키는 효과, ④ 많은 일본인의 본국으로 귀환 등 '식량 수급 관련 요인'뿐만 아니라 ⑤ 일제강점기 식량 공출제에 대한 조선인들의 반발, ⑥ 자유 시장 설치를 통한 조선인들의 미국에 대한 호감 상승 및 미군정에 대한 협조 기대 등 대중의 지지를 끌어내기 위한 '정치적 요인'도 포함되어 있었다.[8]

이를 통해 당시 인공을 견제하고 있던 미군정은 강제공출 폐지라는 개혁 정책을 선점함으로써 자칫 인공에게 포섭될 수 있는 민중을 포섭하고

5) 이혜숙, 『미군정기 지배구조와 한국사회』, 2008, 선인, 316쪽.
6) 「선언 정강 등 발표/중앙인민위원회의 결정」, 『매일신보』, 1945. 9. 19.
7) 「일반고시 제1호(미곡의 자유시장)가 공포되다」, 『군정청 일반고시 제1호』, 1945. 10. 5., 국사편찬위원회, 『자료대한민국사』, 제1권, 국사편찬위원회, 1968, 195~196쪽.
8) HUSAFIK, 1948: Part Ⅲ, Chapter Ⅵ, 26~27., 박성진, 「한국의 국가형성과 미군정기 식량정책」, 『사회연구』, 제4호, 한국사회조사연구소, 2002, 231쪽에서 재인용.

지지를 획득하려는 정치적 의도가 있었다고 추정할 수 있다. 즉, 미군정은 미곡 자유화 조치를 통해 일상생활의 가장 기본적인 문제인 먹거리까지 통제하는 전체주의 국가 일본, 그리고 해방이 되었다면서도 여전히 식량 통제를 하고 있던 건준 및 인민위원회 등 자치 기구와는 달리, 개인과 시장의 자유를 보장하는 민주주의 국가 미국의 이미지를 선전, 확산함으로써 대중의 인기를 끌고자 했던 것이다.

그러나 이러한 미곡 자유화 정책 실시는 일본으로의 미곡 밀수출 증가, 귀환 동포 증가에 따른 미곡 수요 증가, 모리배(투기꾼)의 매점매석으로 인한 쌀값의 폭등과 암시장의 번성으로 이어졌으며, 결국 식량 부족과 악성 인플레이션 등 경제적 파탄을 가져왔다.[9] 당시 현장을 지켜본 미국인들은 1945년 연말에 이르러 남조선 사회는 "투기와 매점매석, 밀매, 과소비, 인플레이션, 그리고 기아에 따른 난장판"이 되었다고 평가했다.[10] 특히, 서울을 비롯한 주요 도시의 식량난이 커다란 위기에 다다르게 되면서 미군정은 특단의 조치를 취하지 않을 수 없었다.

이로 인해 미군정은 1945년 12월 19일 「일반고시 제6호」를 발표함으로써 1946년 1월 1일부터 미곡 소매 최고 가격을 통제하기 시작했다.[11] 그리고 1월 25일 「미곡수집령」을 공포하여 2월 1일부로 미곡 수집을 실시했다.[12] 이로써 미곡 자유화 조치는 불과 4개월 만에 폐지되었고 일제강점기의 「미곡공출제」가 다시 부활하게 되었다.

---

9) 이혜숙, 앞의 책, 316쪽.

10) Lauterbach, 1946/47:2; Robinson, 1947, 76~79쪽, 전상인, 앞의 논문, 321~322쪽에서 재인용.

11) 「군정청, 미곡 소매 최고가격을 결정 발표하다」, 『서울신문』, 1945.12.20., 국사편찬위원회, 『자료대한민국사』 제1권, 국사편찬위원회, 1968, 632~633쪽.

12) 「법령 제45호(미곡수집령)가 공포되다」, 『군정청 법령 제45호』, 1945.12.5., 국사편찬위원회, 『자료대한민국사』 제1권, 국사편찬위원회, 1968, 916~918쪽.

미군정의 미곡 수집 계획에 따르면 1인당 하루에 3홉(合)씩 2월부터 6월까지 5개월 15일분으로 계산하여 4말 5되씩을 자가용미로 하고 그 외에는 강제로 수집하는 것이었다. 수집 방법은 우선 시장, 군수, 읍면장, 정회장들이 각호의 소유량을 조사한 후 이를 군정장관에게 보고하여 수집량을 결정하게 된다. 이후 한 가마(90㎏)에 150원씩을 최고 가격으로 하여 조선생활품영단이 사들이게 된다. 이에 응하지 않을 경우에는 120원에 강제로 사들이게 되며, 그럼에도 쌀을 내놓지 않을 경우 군정법 위반으로 군정 재판에 회부하게 되었다.[13]

당시 쌀값은 서울시 도매 물가의 경우 백미 1석에 1945년 12월에는 평균 840원이었으며, 1946년 1월에는 평균 1,800원이었다.[14] 쌀 1석을 2가마로 계산할 경우 미군정이 제시한 미곡 수매 최고 가격인 1가마 150원은 1945년 12월 시장가격 420원의 약 1/3 가격, 1946년 1월 시장가격 900원의 1/6 가격으로서 터무니없이 낮은 가격이었다. 더구나 미곡 수매 기관인 조선생활품영단은 일제강점기의 강제공출 기관이었던 조선식량영단을 개편한 것이었으며, 미곡 수매 강제 집행에 동원되는 물리력인 경찰 역시 대부분 일제강점기의 '친일' 경찰관들로 구성되었으므로 농민들은 일제 시기 미곡 강제 공출의 악몽을 떠올리며 미군정에 반감을 가질 수밖에 없었다.

또한 이러한 미곡 수집 계획에 좌익도 강하게 반발했다. 미군정은 조선생활품영단 이외에 기타 대행 기관 또는 개인 단체가 미곡 수매 및 관리, 운반에 개입하는 것을 엄금했으므로[15] 그동안 농촌 지역에서 식량관리를

---

13) 「군정청, 미곡수집령 공포에 따른 쌀의 강제 매상을 실시키로 하다」, 『조선일보』, 1946. 2.3., 국사편찬위원회, 『자료대한민국사』 제2권, 국사편찬위원회, 1969, 17~18쪽.

14) 조선은행, 『조선은행통계월보』, 조선은행, 1946.1.

15) 「타도와의 미곡 운반을 엄금/경찰은 발견하는 대로 몰수/간상배의 준동을 철저 봉살」, 『동아일보』, 1946.2.10.

담당해 왔던 지방인민위원회와 전농은 활동 기반이 무너질 우려가 있었던 것이다. 이에 전농은 농민조합, 협동조합, 인민위원회에 식량문제를 일임해 줄 것을 요구하기도 했다.[16]

한편, 지주 계급을 기반으로 하고 있는 한국민주당에서도 미군정의 식량 정책에 불만을 제기했다. 한민당은 2월 15일 미곡의 최고 가격이 원만히 실행되지 못하게 되어 도리어 도시 사람들을 아사시킬 것이라며, 미군정 당국에 미곡의 최고 가격을 철폐할 것과 자유 반입 반출시킬 것을 요구했다.[17]

결국 미곡 수집은 전체 생산 예상량의 5.3%, 목표량의 12%에 그쳤다. 이렇듯 미곡 수집 실적이 저조했던 것은 수집 시기가 늦었다는 점, 일제 식량공출기구 활용에 따른 농민들의 거부감, 시장가격에 훨씬 못 미치는 수매 가격, 지주와 모리배에 의한 미곡의 암시장 유통 및 밀수출, 미곡 수집을 체계적으로 총괄할 중앙통제기구의 부재 등 여러 가지 이유들이 복합적으로 작용한 결과라고 할 수 있다.[18]

또한 미곡 수집이 제대로 되지 않자 식량 위기를 겪게 된 도시민들도 미군정에 대한 불만이 극에 달하게 되었다. 3월 하순경부터 서울 시내 각지에서 모여든 굶주린 시민들이 쌀을 달라며 시위를 벌이기 시작했는데 3월 28일에는 시민 300여 명이,[19] 3월 30일에는 시민 3,000명이 시청에 몰려들어 시청 건물의 각 층 복도를 점거하고 쌀을 달라며 시위를 벌였다.[20] 또한 서울 중림정에 거주하는 이수영(46)이라는 사람이 쌀 5두를 사 가지

---

16) 「수집은 완전히 실패/일임하면 해결할 자신 있다/전농」, 『조선인민보』, 1946.3.26.

17) 「한민당, 미곡 최고가 철폐, 자유반입 허락 건의」, 『서울신문』, 1946.2.15.

18) 이승활, 앞의 논문, 15쪽.

19) 「쌀을 달라! 아우성 찬 시청/비 맞고 모인 군중 300여/처참, 랑하에 농성을 각오?」, 『조선인민보』, 1946.3.29.

20) 「들엇나! 쌀 달라는 아우성 소리!/어제도 3,000정민이/또 시청에 쇄도 탄원」, 『동아일보』, 1946.3.31.

고 귀가하던 중 괴한에게 쌀을 뺏기고 살해당하는 사건이 벌어지는 등 민심은 극도로 흉흉해졌다.[21] 4월 1일에 서울 시내에서 조사한 바에 의하면 무작위로 추출된 통행인 457명 가운데 38명이 "사람이 굶어 죽고 있다"는 소문을 들었다고 대답했다.[22]

이렇듯 1946년 봄 식량문제로 인한 미군정에 대한 대중들의 불만은 도시와 농촌, 좌익과 우익을 가릴 것 없이 극에 달하게 됨으로써 미군정으로서는 곤혹스럽지 않을 수 없었다. 더구나 이러한 식량문제가 본격적으로 대두된 것이 제1차 미소공위가 열리고 있는 시기와 겹치게 되면서 남조선에서의 정책 실패로 미군정이 남조선 대중들의 지지를 받지 못하고 있다는 사실이 소련과 북조선 측에 직접적으로 드러나게 되었고, 이에 따라 톡톡히 망신을 당하게 된 셈이라고 할 수 있다.

이에 미군정은 일단 한 발 물러서서 4월 24일 「군정법령 제77호」,[23] 5월 20일 「군정법령 제87호」[24]를 공포하여 각각 서울과 부산에 제한적으로 미곡을 반입하는 조치를 취함으로써 긴급한 식량 위기 사태를 모면하려고 했다.

그러나 미군정은 식량정책에 대한 근본적인 처방보다는 더욱 강경한 미곡 수집 정책을 추진해 나갔다. 미군정은 미곡 수집의 실패가 좌익 세력의 방해 때문이라고 판단했으며, 이에 따라 좌익에 대한 비상조치를 취해 나가기 시작했다.

제1차 미소공위가 한창 진행 중일 때는 미군정은 식량문제와 관련하여

---

21) 「쌀 기근의 비극 또 하나/쌀 5두로 괴한에 피살!」, 『동아일보』, 1946.3.31.

22) HQ, USAMG in Korea, Department of Public Information, "Starvation in Seoul"(1946. 4.2.), 『미 군정기 정보 자료집a』, 416~417쪽, 전상인, 앞의 논문, 305쪽에서 재인용.

23) 「법령 제77호(서울시에 관한 특별미곡령)가 공포되다」, 『군정청 법령 제77호』, 1946. 4.24., 국사편찬위원회, 『자료대한민국사』 제2권, 국사편찬위원회, 1969, 479~481쪽.

24) 「법령 제87호(부산시에 관한 특별미곡령)가 공포되다」, 『군정청 법령 제87호』, 1946. 5.20., 국사편찬위원회, 『자료대한민국사』 제2권, 국사편찬위원회, 1969, 639~641쪽.

좌익을 직접적으로 탄압하지 않았다. 그러나 미소공위가 결렬을 바라보던 시점에 이르러서는 좌익 탄압의 조치를 강화하기 시작했다. 그리하여 미군정은 『조선인민보』 3월 26일 자 사설 「식량과 우리의 요구」[25] 중 "미군정이 어찌 이에 무관심 할 수 있으랴?"라는 문구와 4월 2일 자 기사 중 4월 1일 시청에 나와 쌀을 달라고 요구하던 군중 중 그리고 이점례(36)가 무장 경관 혹은 미군 헌병에게 폭행을 당했다는 기사[26] 등에 대해 「맥아더 포고령」 위반 혐의로 4월 하순 『조선인민보』 사장 홍증식과 편집국장 김오성을 체포하여 군정 재판에 회부했다. 그리고 1946년 5월 4일 징역 90일과 벌금 3만 원을 선고했다.[27]

이렇듯 미군정은 식량정책의 실패로 인해 남조선의 경제 파탄을 불러일으켰고, 그로 인해 대중의 지지를 받지 못했다. 그리고 그러한 대중의 불만이 좌익과 결합하는 것을 두려워했다. 그리하여 식량정책에 대한 근본적 처방보다는 미군정의 미곡 수집을 반대하고 방해하는 좌익 세력에 대한 탄압을 통해 좌익의 발호를 억누르고 사태를 수습하고자 했다. 그리고 이러한 움직임은 제1차 미소공위 결렬을 전후로 본격적으로 실행에 옮겨지기 시작했다.

다음으로 미군정의 금융 통화정책이 어떻게 추진되었는지를 살펴보겠다.

1910년 8월 29일 일제는 대한제국의 국권을 박탈하고 강제로 병합했다. 그런데 강제 병합 과정에서 일제가 외교권과 더불어 가장 먼저 침탈해야 할 대상으로 여긴 것 중 하나가 바로 경제권이었다. 그에 따라 1904년 러일전쟁 발발 이후 일제는 대한제국의 경제권을 본격적으로 장악하기 시작했다. 1904년 8월 22일에 강제 체결된 「한일 외국인 고문 용빙에 관한

---

25) 「[사설] 식량과 우리의 요구」, 『조선인민보』, 1946.3.26.

26) 「쌀 대신에 총부리 응수/어제 시청 앞에 유혈의 참극」, 『조선인민보』, 1946.3.26.

27) 「인민보 대표 징역 90일과 3만 원」, 『중외신보』, 1946.5.5.

협정」(이른바, 제1차 한일협약)에 의거하여 1904년 말에 외국인 재정 고문으로 일본 대장성 주세국장 메가타 다네타로(目賀田種太郎)가 대한제국 탁지부 고문으로 파견되었다. 메가타는 부임 이후 화폐 정리 사업에 착수했는데, 이는 대한제국의 화폐를 폐기하고 일본에서 만든 화폐를 유통시킴으로써 일제의 경제 침탈을 쉽게 하려는 것이었다. 이를 위해 우선 전환국을 폐쇄하고 화폐 주조 사무를 일본 오사카 조폐국에 위탁하게 함으로써 대한제국의 주조권을 박탈했고, 탁지부와 일본제일은행28) 간의 계약 형식을 통해 화폐 정리 사업에 관한 사무 및 국고금을 취급할 수 있는 권리를 일본제일은행에 넘김으로써 일본제일은행이 법화(法貨) 발행을 담당하게 했다. 그리고 마침내 1905년 7월 1일부터 본격적으로 화폐 정리 사업, 즉 백동화(구 화폐)와 제일은행권(신 화폐)의 교환이 시작되었다. 이러한 일련의 화폐 정리 사업 과정을 통해 한국의 산업자본은 급격히 무너졌으며, 대한제국의 재정은 물론 화폐와 금융에 관한 모든 권한이 완전히 일제에 넘어가게 되었다. 또한 일본제일은행은 사실상 대한제국의 중앙은행 역할을 담당하게 되었다.

그런데 일본의 사설 은행인 일본제일은행이 대한제국의 중앙은행 역할을 하는 것에 대한 비판이 일자 일제는 1909년 한국은행을 설립하여 일본제일은행의 업무를 이관했으며, 강제 병합 이후인 1911년에는 한국은행을 조선은행으로 개칭했다. 이에 따라 제일은행권은 한국은행권, 조선은행권으로 이름이 바뀌며 일제강점기 내내 조선의 법화 역할을 했다.

그런데 조선 경제를 일본 경제에 종속시킴으로써 손쉽게 경제 침탈을 하고자 했다면, 강제로 병합까지 한 마당에 식민 모국의 통화인 일본은행권을

---

28) 일본제일은행(日本第一銀行)은 1878년 부산에 지점을 낸 이래 개항장을 중심으로 일본 화폐를 조선에 유통시킴으로써 일제의 경제 침략의 선봉 역할을 했으며, 1902년에는 대한제국의 허락 없이 제일은행권을 발행하기도 했다.

식민지 조선의 법화로 채택하여 통용시키는 손쉬운 방법을 두고, 일제는 왜 군이 별도의 조선은행권을 발행하여 조선 내에서 사용하도록 하는 복잡한 방법을 택했던 것일까? 그 이유는 일본과 조선에서 모두 일본은행권을 사용한다면, 조선의 경제 상황이 악화될 경우 그로 인해 발생하는 문제가 일본 본토에까지 영향을 끼칠 수 있으므로 이를 방지하기 위함이었다.

그러면서도 일제는 조선은행권 발행을 일본의 금융 통화 체제에 묶어두기 위한 효과적인 방책이 필요했다. 이를 위해 일제는 조선은행권 발행 제도의 기본을 정화준비제(正貨準備制)로 삼았다. 정화준비제란 발행액을 금본위제도하에서와 유사하게 일본은행권 등으로 이루어진 정화준비에 연동함으로써 조선은행권과 일본은행권의 등가 교환을 가능하게 함과 동시에 발행액을 자동 조절하려는 것이었다.[29] 즉, 조선은행권을 발행하기 위해서는 조선은행이 일본은행권을 보유하여야 했으므로 조선은행권은 일본은행권에 의해서 지배되고 조선은행권 발행량은 일본은행권에 의해서 조절되었다.[30] 또한 일제는 이러한 정화준비제를 탄력적으로 운영하기 위해 보증준비제(保證準備制)를 보조적으로 운용했다. 보증준비제란 조선은행이 시장 상황에 따라 조선총독[1924년 이후에는 대장(大藏)대신]의 허가를 받아 보증준비에 의한 은행권 발행액 한도를 초과하여 은행권을 발행할 수 있는 것이었다.[31] 그리고 일제는 이에 더하여 제한외발행제(制限外發行制)도 추가적으로 가능하게 했다. 즉, 조선은행권은 기본적으로 정화인 일본은행권 보유액으로 통화 발행액에 제한을 두되, 정화가 아닌 증권 준비를 통해서 통화 발행에 어느 정도 융통성을 발휘하며, 비상 상황에서는 제한외발행으로 통화발행을 보다 탄력적으로 운용할 수 있게 했던

---

29) 한국은행, 『일제시대 및 해방 이후 한국의 화폐』, 한국은행, 2004, 3쪽.

30) 위와 같음.

31) 위와 같음.

것이다. 그런 점에서 일제의 조선은행권 발행 제도는 이 세 가지가 혼합된 신축제한발행제도(伸縮制限發行制度)였다고 할 수 있다.

그러나 1937년 일제가 중일전쟁을 일으키면서 조선은행권 발행 제도에 변화가 나타나기 시작했다. 일제는 전쟁 경비를 마련하기 위해 화폐를 발행해야 했는데, 일본은행권을 발행할 경우 일본 국내 인플레이션 등의 부작용이 생기게 되므로 대신 조선은행권의 발행을 급속히 늘려 가기 시작했다.

우선 1937년「조선은행법」을 개정하여 보증발행한도액을 20여 년 만에 5천만 원에서 1억 원으로 확대했다. 또한 1941년 3월「조선은행법 및 대만은행법의 임시특례에 관한 법률」을 공포하고 4월 1일부터 시행하여 조선은행권 발행 제도를 기존의 신축제한발행제도에서 최고발행제도(最高 發行額制限制度)[32]로 변경했으며, 정화준비와 보증준비의 구분을 폐지하여 보증준비에 의한 발행한도를 대폭 확대했다.[33]

일제는 이러한 제도적 준비 과정을 거쳐 1941년 12월 미국을 도발해 태평양전쟁을 일으킨 후 이른바 총동원 체제를 가동하여 조선 내의 각종 물자와 인력을 징발했으며, 1942년부터는 조선은행권을 엄청난 규모로 찍어 내기 시작했다. 이에 따라 1937년 말 2.80억 원이던 통화발행고는 1941년 말 7.42억 원으로 증가했으며, 1942년 말 9.09억 원, 1943년 말 14.67억 원, 1944년 말 31.36억 원에 달하게 되었다.[34] 이러한 무분별한

---

32) "신축제한제도는 발행준비 외에 제한 외 발행을 허용하는 제도이며, 최고발행액제한 제도는 발행액의 최고한도만을 규정하고 발권은행이 그 한도 내에서 자유로이 발행할 수 있으며, 발행준비 내용에 대해서 발권은행의 자유재량에 맡기는 제도임. 변경된 최고발행액제한제도에서도 필요한 경우 은행권의 제한외발행을 할 수 있도록 하였음" (이석륜,『우리나라 금융사: 1910~1945』, 박영사, 1990, 514쪽, 위의 책, 21쪽에서 재인용).

33) 한국은행, 위의 책, 4쪽.

34) 한국산업은행,『한국산업경제10년사: 1945-1955』, 한국산업은행, 1955, 446~447쪽, 신

통화팽창 정책은 금융을 불안정하게 만들고 초인플레이션을 불러일으킴으로써 가뜩이나 총동원 체제하에 공출과 헌납을 강요당해 물자 부족을 겪고 있는 조선 민중들의 생계에 치명적인 악영향을 끼치게 되었다.

이런 상황에서 조선총독부 재무국장 미즈타 나오마사(水田直昌)는 1944년 말부터 금융 불안이 심각한 상황에 처했음을 감지하고 조선에서 모라토리엄(moratorium, 채무 지불유예)이 선포될 경우 대폭동이 일어날 것이라고 예상했다.[35] 이에 따라 예금 인출 쇄도에 대비하여 1945년 3월경 소각해야 할 구권 35억 원 정도를 소각하지 않고 따로 비축해 두었으며,[36] 해방 직전까지 총 40~45억 원을 비축해 두었다.[37] 이는 공식 통계에 잡히지 않는 불법 자금이었다.

일제는 전세가 급격히 불리해진 1944년 말까지도 조선은행권 대부분을 일본 대장성 인쇄국에서 제조할 수 있었다. 그런데 조선은행 부총재 호시노 기요지(星野喜代治)에 따르면 1945년에 들어서면서 미 공군의 제공권 장악으로 조선과 일본 간의 해상보급로가 차단되어 물자 수송이 어려워지자 기존 방침을 바꾸어 조선은행권을 조선 내에서 인쇄할 것을 추진했다.[38] 이에 따라 일제는 조선서적인쇄주식회사 시설을 이용하여 8·15 이전 1,000원권 70억 원,[39] 100원권 21억 원 등 총 91억 원을 인쇄해 두었

태곤, 「미군정 재정 금융정책의 전개와 그 성격」, 『부산상대논집』, 54집, 부산대학교 상과대학, 1987, 40쪽에서 재인용; 정태헌, 「해방 전후 금융기관의 자금 수급 구조와 은행권 남발의 배경에 대한 연구」, 『국사관논총』, 제84집, 국사편찬위원회, 1999, 103쪽.

35) 이연식, 「해방 후 한반도 거주 일본인 귀환에 관한 연구: 점령군·조선인·일본인 3자 간의 상호작용을 중심으로」, 서울시립대학교 대학원 박사학위논문, 2009, 79쪽.

36) 정병욱, 「해방 직후 일본인 잔류자들-식민지배의 연속과 단절」, 『역사비평』, 64집, 역사문제연구소, 2003, 133쪽.

37) 정병욱, 「8·15 이후 '융자명령'의 실시와 무책임의 체계」, 『한국민족운동사연구』, 33집, 한국민족운동사학회, 2002, 233쪽.

38) 한국은행, 앞의 책, 28~29쪽.

다.[40) 당시 조선은행권 중 최고액 화폐는 100원권이었지만, 종이도 부족하고 시간도 부족한 상황에서 한꺼번에 많은 양의 화폐를 찍어 내기 위해 당시 최고 액면가인 100원권의 무려 10배의 가치에 해당하는 1,000원권을 인쇄한 것이었다. 또한 8월 9일 소련의 참전 이후 급박해진 상황에서 조선은행 총재 타나카 테츠사부로(田中鉄三郞)는 8월 12일 도쿄로 가서 일본은행 및 대장성과 긴급 협의하는 등 다가올 사태에 대비했다.

그리고 마침내 8월 15일 정오 히로히토의 패전 선언이 있자 조선 내 은행 예금 인출이 쇄도하기 시작했고, 조선총독부와 조선은행 측은 미리 인쇄해 두었던 조선은행권의 일부를 발행하는 등 사태 수습에 나섰다. 공식 통계에 잡힌 조선은행권 발행고는 8월 14일 48.39억 원이었고 8월 15일 49.75억 원이었으므로 8월 15일 하루에만 1.36억 원이 발행된 셈이다. 그러나 8월 16일 하루에만 2억 원이 인출되자 조선총독부는 8월 17일부터 지불 억제 정책을 쓰는 한편, 준비해 둔 조선은행권을 계속 발행하기 시작했다.

그러던 8월 20일경 미군이 북위 38도선 이남에 진주할 것이라는 소식을 접하자 조선총독부는 안도의 한숨을 내쉬었다. 그리고 미군이 서울에 도착하기까지 약 20일간의 시간을 이용하여 인출 사태를 수습할 뿐만 아니라 자신들의 이익을 챙기기 위해 현금을 최대한 많이 확보하려는 계획을 세웠다. 어차피 일본으로 퇴각할 것이므로 조선의 경제야 엉망이 되건 말건 상관하지 않고 돈을 마구 찍어 내어 사용할 계획을 세운 것이었다.

이러한 계획에 따라 우선 8월 22일 조선은행 조사부장이 미발행권 보충을 위해 도쿄로 건너갔으며, 8월 24일에는 4억 원(일본은행권 3억 원, 조선은행권 1억 원)을 일본에서 공수했고, 9월 9일에는 조선은행권 3억 원이 일

---

39) 1,000원권 70억 원은 인쇄는 되었지만 조선은행의 조선인 직원들의 반대 등의 이유로 발행 및 사용되지는 못했다.

40) 정병욱, 앞의 논문, 2003, 133쪽.

본에서 추가로 도착했다.[41)]

또한 조선총독부는 조선은행권을 추가적으로 인쇄할 계획을 세웠는데, 이를 위해 미군과 교섭하여 미군 진주 이후에도 군표 대신 종전대로 조선은행권을 사용할 것을 허락받는가 하면, 『조선총독부관보』에 9월 1일부터 사용되는 신발행권(1,000원권, 100원권)을 고시하는 등 사전 준비 작업을 완료했다.[42)]

그리고 8월 25일경부터 9월 7일경 사이에 본격적으로 신권 인쇄 작업에 돌입했는데, 조선서적인쇄주식회사에서 인쇄하는 것만으로는 감당할 수 없어 사설 인쇄소로서는 비교적 시설이 좋았던 근택(近澤, 치카자와)인쇄소를 동원하여 대량의 지폐를 인쇄했다.[43)]

그리하여 8월 14일 48.39억 원이었던 통화발행고는 급증하여 8월 15일 49.75억 원,[44)] 1945년 8월 말 79.87억 원, 9월 말 86.80억 원에 달했다. 8월 14일로부터 계산하면 하루에만 1.36억 원, 보름 만에 31.48억 원, 한 달 반

---

41) 정병욱, 앞의 논문, 2002, 236쪽.

42) 위의 논문, 235~236쪽.

43) 해방 이후 조선서적인쇄주식회사와 근택인쇄소에서 인쇄하여 발행한 금액은 약 13억 원으로 추정된다. 통계 자료에 따르면 조선은행권 통화발행고는 8월 14일 현재 48.39억 원이고, 9월 말 현재 86.80억 원이므로 그사이에 발행된 금액은 약 38억 원이다. 이 금액에서 8월 15일 이전에 인쇄해 두었던 100원권 21억 원, 8월 24일 및 9월 9일 일본에서 공수해 온 4억 원을 제하면, 차액이 약 13억 원이다. 또한 당시 근택인쇄소에서 근무했던 김창선은 정판사 '위폐' 사건 제2회 공판에서 "일인(日人)들의 조은권 발행은 언제며 얼마나 되나?"는 재판장의 질문에 "작년 8월 23일부터 9월 5일이다. 13억 원을 백인다는 말을 들었다"라고 진술했다(「김창선 심리」, 『현대일보』, 1946.8.24.).

44) 1945년 8월 15일 전 조선의 통화발행고 49.75억 원 중 북조선에서 유통되는 금액은 18억 원이었다. 8월 한 달 사이에 북조선에 있는 은행들과 금융조합들이 서울의 본점들로 송금한 금액이 6억 원이고, 월남한 조선인 자본가, 상인, 일반 주민들이 가져온 금액이 2억 원가량인 점으로 보아 약 8억 원의 돈이 해방 이후 북조선에서 남조선으로 유입된 것으로 보인다(전현수, 「1947년 12월 북한의 화폐개혁」, 『역사와 현실』, 19집, 한국역사연구회, 1996, 179쪽.).

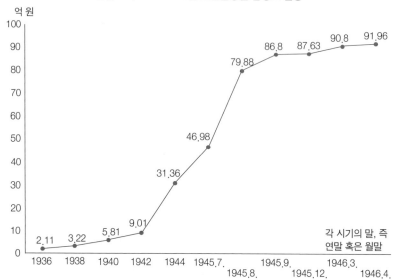

그림 5-1. 1936~1946년 조선은행권 발행고 현황

출처: 신태곤,「미군정 재정 금융정책의 전개와 그 성격」,『부산상대논집』54집, 부산대학교 상과대학,
1987, 40쪽; 한국은행,『일제시대 및 해방 이후 한국의 화폐』, 한국은행, 10쪽, 25쪽, 26쪽, 32쪽
의 자료를 이용함.

만에 38.41억 원을 발행한 것이다. 여기에 통계에 잡히지 않는 음성적 자
금인 미즈타가 비축해 둔 미소각 구권 40~45억 원을 합하면 1945년 9월
말 현재 실제 총 통화액은 대략 130억 원 정도였다고 추산할 수 있다.

　이러한 막대한 금액은 개인 예금 인출, 회사의 사업비 지불, 각 기관의
군인 · 관리 · 은행원 · 회사원의 봉급 · 퇴직금 · 귀환 여비 등 퇴각 자금
으로 사용되었으며, 그 외에도 은행 지출에 많이 사용되었는데, 이는 상환
받을 의도가 없는 무책임한 불법 융자 명령에 의한 자금 유용의 성격이 강
했다. 이러한 불법 융자금은 일본인세화회[45] 지원금 외에도 기밀비 및 김
계조(金桂祚), 박흥식(朴興植) 등 친일파 인사들에게 공작 자금으로 흘러들
어 갔다.[46] 이를 통해, 수많은 불법 자금이 조선총독부와 친분이 있었던

---

45) 조선 거주 일본인의 권익 보호와 귀환 원호를 위한 단체.

친일파 및 우익 인사들의 손으로 흘러들어 갔을 가능성이 크며, 이는 미군에 대한 접대와 로비 및 이승만·김구 세력에 대한 정치자금 제공으로 쓰였고, 또한 모리배(투기꾼)의 손에 들어가 미군정의 미곡 자유화 조치 이후 미곡의 매점매석과 일본으로의 밀반출로 이어진 것으로 보인다.[47]

이렇듯 일제는 해방 전후 시기에 미친 듯이 조선은행권을 찍어 내어 8월 15일부터 9월 9일 미군정 실시 선포 사이의 기간을 이용하여 발행했다. 그러나 당시 조선총독부는 정부 자격을 상실한 상태였고, 미군정은 아직 출범하기 전이었으므로 조선은 무정부 상태였다. 이러한 무정부 상태에서 정부를 자처한 조선총독부가 화폐를 발행했다면 그 화폐는 법적 근거를 갖는다고 볼 수 없다. 또한 화폐 발행 절차의 불법성 외에도 화폐 남발 의도의 불순성, 화폐 유통 이후의 부정적 효과, 화폐 인쇄 상태의 조악함 등 모든 면에서 위조지폐로서의 요건을 완벽하게 갖추고 있었다. 따라서 이 시기에 일제가 발행한 조선은행권은 사실상 '위조지폐'라고 할 수 있다.[48] 이제 막 해방되어 일제의 착취와 수탈의 굴레를 벗어나 독립국가 건설을 준비하기 시작한 조선은 이러한 대량의 위조지폐로 인해 출범도 하기 전에 이미 경제적으로 파탄 나고 말았다. 이는 조선총독부가 이 땅을 떠나기 전에 저지른 마지막 범죄이자 최악의 범죄였다.

그런데 문제는 여기에서 그치지 않았다. 일제의 이러한 불법적 통화 발

---

46) 정병욱, 앞의 논문, 2003, 133~136쪽.

47) 김기협, 『해방일기』, 2, 너머북스, 2011, 250~259쪽.

48) "일본 항복과 미군 진주 사이에 찍은 30억 원의 조선은행권을 위조지폐로 봐야 하지 않을까? 정품 지폐라면 정당한 발행권자가 정당한 발행 절차를 거쳐 정당한 규격으로 인쇄한 것이어야 한다. 미군이 진주해서 모든 권한과 책임을 넘겨받아 주기를 기다리는 상태의 조선총독부와 조선은행이 정당한 발행권을 가진 것이라고 보기 힘들다. 그리고 20여 일 동안 기존 통화량의 절반이 넘는 거액을 발행하는 데 정당한 절차를 거친다는 것은 상상할 수 없는 일이다. 그리고 그렇게 인쇄한 제품의 대부분이 기술적으로 불량품이었다"(김기협, 『해방일기』, 4, 너머북스, 2012, 89쪽).

행 및 남용 행태가 고스란히 미군정으로 이어진 것이었다.

하지 사령관은 우선 오키나와에 있을 때부터 조선총독부의 요구를 받아들여 미군 진주 이후에도 군표 대신 종전대로 조선은행권을 계속 사용하도록 조치함으로써 조선총독부가 해방 이후 불법적으로 조선은행권을 인쇄하는 범죄를 저지를 수 있는 여건을 마련해 주었다. 또한 진주 이후에는 조선총독부가 불법적으로 지폐를 인쇄했다는 사실을 알고도 이를 합법적인 것으로 사후 승인해 줌으로써 조선총독부가 인쇄한 불법 지폐를 유통시켰다.[49] 그런 점에서 조선총독부는 화폐 위조 주범이고, 미군정은 화폐 위조 공범이라고 할 수 있다.

또한 미군정은 일제의 통화 남발 정책을 그대로 승계했다. 미군정은 일제하의 조선총독부 재정 회계를 1945년 9월 말로 마감하고 1945년 10월 1일부터 1946년 3월 말까지를 회계연도로 하는 새로운 예산을 편성하여 집행했다. 그런데 결산 내역을 보면 세출이 18.68억 원이고 세입이 8.72억 원으로써 재정 적자가 9.96억 원이나 되었다.[50] 이를 해결하기 위해 미군정은 군표 발행을 계획하기도 했으나 미군정의 고문 역할을 하던 조선은행 부총재 호시노는 이를 반대하고 미군정 재무국장 찰스 고든(Charles J. Gordon) 중령에게 조선은행권을 찍으라고 권유했다. 이때부터 은행권 남발을 통한 미군정의 재정자금 확보가 일상화되었다. 게다가 일부 미군들은 은행권 남발을 통해 일본인들과 함께 불법적 이익을 취했으며, 일제로

---

49) "총독부-조선은행은 위조지폐를 제작은 했지만 유통 능력에 한계가 있었다. 미군 진주 때까지 찍어낸 위폐를 위폐범들이 나눠 갖고 있었을 뿐이다. 효과적인 유통 방법이 없다면 이 위폐의 대부분은 사장되고 말았을 것이다. 그런데 미군정은 30억 원 위폐를 정품으로 인정해줬다. 유통 문제를 해결해준 것이다. 불량품이라도 이 30억 원에 들어 있는 것이라면 조선은행에서 바꿔주게 했다. 30억 원 규모의 위조지폐 범죄가 미군정의 참여로 완성된 것이다"(위의 책, 89~90쪽).

50) 신태곤, 앞의 논문, 32쪽.

부터 돈을 받아 챙긴 파렴치한 친일파 및 우익 인사들을 보호했다.[51]

그 결과 1946년 3월 말 통화 발행고는 무려 90.79억 원에 달했는데, 미군정 회계연도 시작 직전인 9월 말로부터 4억 원이 증가한 셈이었다. 그중 2억 원은 마지막 3월 한 달 사이에 증가했는데, 이는 미군정기 3년간 통화 팽창의 중요한 원인 중 하나가 곡물 수집에 대한 정부 보상비인 점으로 보아[52] 2월 초순 시작된 「미곡수집령」의 영향인 것으로 보인다.

이러한 통화팽창이 주된 원인이 되어 남조선의 물가는 그야말로 천정부지로 치솟았다. 1945년 11월 말의 서울 시내 주요 상품 도매 물가는 8월 15일에 비해 평균 30배 이상 올랐으며 백미는 32원 70전에서 910원으로 무려 27.8배가 뛰었다.[53] 이로 인해 남조선의 경제 상황은 붕괴 직전이라고 할 정도로 극히 어려워졌으며, 대중들의 생활고는 자연스럽게 미군정에 대한 불만으로 연결될 수밖에 없었다.

다음으로 미군정의 조폐 정책을 살펴보겠다. 위에서 언급한 금융 통화 정책과 연계하여 봐야 할 것이 조폐 정책이다. 앞에서 살펴봤듯 일제는 해방 전후 무분별한 통화 팽창 정책을 시행했는데, 인쇄 여건이 좋지 않은 상황에서 짧은 시간에 급하게 다량의 지폐를 인쇄하다 보니 화폐의 품질이 이전에 비해 매우 조잡해지게 되었다. 그런데 미군정은 일제가 찍은 저질 화폐를 승인하여 통용시켰을 뿐만 아니라, 미군정 스스로도 질이 낮은 화폐를 인쇄·발행했다. 이로써 해방된 조선에는 위조지폐가 창궐하기 매우 쉬운 환경이 조성되었다. 이를 자세히 살펴볼 필요가 있다.

---

51) 정병욱, 앞의 논문, 2003, 136쪽.

52) 1945년 9월 30일부터 1947년 12월 31일까지 미군정하 통화팽창의 원인으로 '미곡수집에 대한 정부보상비'는 총 236.62억 원 중 30억 원으로 2위를 차지했다(조선은행조사부, 『조선경제연보』, 조선은행 조사부, 1948, I-284쪽, 신태곤, 앞의 논문, 41쪽에서 재인용).

53) 「해방 후 서울 물가 평균 30배로 폭등」, 『동아일보』, 1945.12.22.

표 5-2. 조선은행권 100원권 발행 현황

발행일	권종	규격(㎜)	앞면 도안	유통 정지일
1914.9.1.	금(金)권	163×96	대흑천상(大黑天像)	
1938.12.1.	개(改)권	162×93		1948.4.12.
1944.11.1.	갑(甲)권			
1945.8.15.	을(乙)권		수노인상(壽老人像)	
1945.12.10.	병(丙)권	160×93		
1946.7.1.	정(丁)권	162×91		1950년 화폐교환 시
1947.6.3.	무(戊)권	161×93		

출처: 한국은행, 『일제시대 및 해방 이후 한국의 화폐』, 한국은행, 2004, 1~37쪽.

일제강점기 및 미군정기에 발행된 조선은행권은 4종(1원권, 5원권, 10원권, 100원권)이었는데, 여기서는 가장 고액권이어서 통화 정책에서도 가장 중요시되었을 뿐 아니라 많은 위조지폐 사건에서 제조되었으며 정판사 '위폐' 사건과도 관련이 있는 100원권을 중심으로 살펴보겠다.

우선 조선은행권 100원권 발행 현황과 변천 과정을 정리하면 표 5-2와 같다.

1911년 8월 15일 「조선은행법」이 시행됨에 따라 한국은행이 개칭되어 탄생한 조선은행은 당초에 조선은행권의 제조를 일본 내각국에 발주했으나 사정이 여의치 못하자 일단 조선은행권 발행을 연기한 채 구 한국은행권과 일본제일은행권을 조선은행이 발행한 것으로 간주하여 사용했다.

그 후 조선은행은 조선총독부 인쇄국에 제조를 의뢰하여 1914년 9월 1일 최초로 조선은행권 100원권 금(金)권[54]을 발행했으며, 기존의 구 한국은행권과 일본제일은행권은 회수되었다.[55] 그리고 1924년 이후 조선은행권의

---

54) 당시 조선은행권은 금본위제하에서 금화와 태환(兌換)할 수 있다는 의미의 금태환권의 약칭으로서 금(金)권이라고 불렀다. 그러나 조선은행에서 실제로 금화로 바꿔 준 것은 아니며 또 다른 금태환권인 일본은행권으로 바꾼 후 일본에 가서 금화로 바꿀 수 있었으므로 사실상 금화로 바꾸기 어려웠다(한국은행, 앞의 책 3~4쪽).

55) 위의 책, 4~5쪽.

일부는 일본 내각인쇄국에서 제조되기도 했다.[56] 1920년대의 불황을 만주 사변을 통해 해결하면서 경기가 회복되자 조선은행은 침체에서 벗어나 예금, 자산이 증가하고 은행권 발행도 증가하기 시작했다.[57]

그러던 중 1937년 발발한 중일전쟁이 확대되면서 조선은행권의 발행이 폭증하기 시작했는데 이는 경제 성장에 따른 자연스러운 증가가 아니라 전비 자금 마련을 위한 비정상적인 증가였다. 이에 따라 1938년 12월 1일 조선은행권 100원권 개(改)권이 발행되기 시작했는데, 개(改)권은 바탕 무늬가 종래 1~2도에서 2~3도로 인쇄판수를 늘려 색상이 더 화려해졌으며, 앞면 도안이 금(金)권과는 달리 대흑천상(大黑天像)에서 수노인상(壽老人像)으로 변경되었다. 이러한 수노인상 도안은 이후 일제강점기와 미군정기에 발행된 화폐에 그대로 사용되었는데, 갑(甲)권, 을(乙)권, 병(丙)권, 정(丁)권, 무(戊)권에 이르기까지 색상과 디자인이 약간 바뀌었을 뿐 큰 변화가 없었다.

1941년 12월 태평양전쟁의 발발로 일제는 총동원 체제에 돌입했으며, 이후 발행된 조선은행권은 전쟁 중 물자가 부족해짐에 따라 가능한 한 인쇄를 간소화하고 품질도 낮춤에 따라 전반적으로 조잡해졌다.[58] 1944년 11월 1일에 발행된 조선은행권 100원권 갑(甲)권은 앞면의 경우 개(改)권과 비교해 색상이 바뀌었을 뿐 도수는 차이가 없으나 뒷면의 경우 1도로 낮추었음을 알 수 있다.

조선은행권은 1944년에 발행된 갑(甲)권까지는 일본 대장성 인쇄국에서 제조하여 반입되었다. 그러나 1945년에 들어서면서 전세 악화로 일본의 해상보급로가 차단됨에 따라 일제는 1945년 1월 조선은행권의 현지 제조

---

56) 위의 책, 6쪽.

57) 위의 책, 15쪽.

58) 위의 책, 27~28쪽.

계획을 수립했다. 그리하여 일본 대장성 화폐 제조 기술자 4명을 파견하여 조선은행권 1,000원권 70억 원과 100원권 을(乙)권 21억 원 합계 91억 원을 조선서적인쇄주식회사에서 인쇄하여 비축했다가 8월 15일 직후 100원권만 발행했다.[59] 또한 일제는 8월 15일 해방 이후부터 9월 8일 미군정 진주 전까지 추가적으로 조선은행권 100원권 을(乙)권을 인쇄했는데, 조선서적인쇄주식회사에서 인쇄하는 것만으로는 감당할 수 없어 사설 인쇄소로서는 비교적 시설이 좋았던 근택인쇄소를 동원하여 인쇄했다.

이러한 을(乙)권은 오프셋 방식으로 인쇄되었는데, 화폐 남발 의도의 불순성, 화폐 발행 절차의 불법성 등 화폐 발행의 법적 정당성을 떠나 화폐 인쇄 품질 면에서도 여러 가지 문제점이 있었다. 우선 일제는 다급한 상황에서 빨리 찍기 위해 지폐에 일련번호 대신 (1) 또는 (2)라는 기호만을 표기했다. 즉, 을(乙)권은 일련번호가 없는 무번호권이었다. 또한 극심한 물자 부족으로 지폐 전용 용지를 구입하지 못해 서울 시내 지물도매상에서 구입한 모조지를 사용했다. 또한 지폐 도안의 색깔도 흑색, 청색, 자색, 적색 네 가지로 매우 단순했으며, 사용한 잉크도 화폐 인쇄용 잉크가 아니다 보니 품질이 더욱 떨어질 수밖에 없었다. 더구나 같은 을(乙)권이라고 해도 8·15 이전에 인쇄한 것, 8·15 이후 조선서적인쇄주식회사에서 인쇄한 것, 8·15 이후 근택인쇄소에서 인쇄한 것들이 조금씩 달랐으며, 워낙 짧은 시간 내에 많은 양의 화폐를 급하게 인쇄하다 보니 불량품에 대한 검수도 제대로 이루어지지 않아서 진폐인지 아닌지 의심스러운 불량 지폐들이 속출했다.

이렇듯 100원권 을(乙)권은 색깔도 네 가지로 매우 단순하며, 종이도 상대적으로 쉽게 구할 수 있는 모조지이고, 일련번호도 없는 무번호권이었

---

59) 위의 책, 28~29쪽.

으며, 불량 지폐도 많아서 위조지폐를 제조하더라도 진폐와 분별하기가 쉽지 않았으므로 해방 직후는 위조지폐를 제작하기에 최적의 조건을 갖추고 있었다.

이런 상황에서 결국 100원권 을(乙)권 위조지폐가 출현하게 되었다. 조선은행 발행과장 오정환에 따르면 최초로 위조지폐가 발견된 것은 1945년 11월 7일경이었는데,[60] "방금 시내에는 백 원짜리 위조지폐가 돌아다니고 잇다. 이는 정당한 조선은행권과 대조해보면 명확히 판단할 수 있으므로 시민은 주의하기 바란다"[61]라고 한 점으로 보아 당시 위폐는 품질이 뛰어난 수준이 아니어서 위폐임이 쉽게 식별될 수 있었던 만큼 대단히 큰 혼란을 일으키지는 않은 것으로 보인다.

그런데 본격적으로 위폐가 범람할 수 있는 환경을 조성한 것은 미군정이었다. 조선총독부를 승계한 미군정은 조선은행과 조선서적인쇄주식회사를 인수하고 1945년 12월 10일 조선은행권 100원권 병(丙)권을 발행했는데, 병(丙)권은 을(乙)권과 디자인도 똑같고, 일련번호 대신 기호[62]가 쓰인 무번호권이라는 점도 같았으며, 오프셋인쇄 방식을 사용한 점도 같았다. 을(乙)권과 다른 것은 단지 색깔뿐이었다. 그런 점에서 병(丙)권은 을(乙)권의 연장이라고 할 수 있다. 무엇보다 초반에 발행된 기호 (3), (4), (5)권은 지폐의 지질이 상당히 좋지 못했다.

그런 상황에서 12월 23일 양주 미아리에서 위폐 사범이 검거되었는데, 액수가 무려 192만 원에 달했다. 이 소식이 알려지면서 사람들이 병(丙)권을 을(乙)권의 위폐로 오해하는 소동이 벌어지기도 했다.[63]

---

60) 서울지방심리원, 「판결」, 『위폐사건 공판기록』, 대건인쇄소, 1947, 136쪽.

61) 「100원 위조지폐 주의」, 『자유신문』, 1945.11.22.

62) (3)~(7)번이 사용됨.

63) 「위조지폐 190만 원 일당 8명을 일망 타진」, 『동아일보』, 1945.12.28.
   「200만 원의 위조지폐/양주서서 취한 취조 중 우연 발각」, 『자유신문』, 1945.12.29.

그러자 1월 말경 조선은행 측은 "위폐범 검거로 위폐가 대부분 압수되어 시중에는 위폐가 별로 없으며, 혹시라도 의심되는 병(丙)을 은행에 가져오면 바꿔주겠다"며 시민들을 안심시키는 한편,[64] 품질이 좋은 종이를 수입하여 새 지폐, 즉 병(丙)권 기호 (6), (7)권을 인쇄할 계획을 발표했다.[65] 결국 당시에 시민들에게 혼란을 준 것은 위폐라기보다는 일제가 찍어낸 을(乙)권 기호 (1), (2)권과 미군정이 찍어낸 병(丙)권 기호 (3), (4), (5)권이었던 것이다.

그러나 뒤늦게 비교적 품질이 좋은 병(丙)권 (6), (7)권을 발행했어도 시중에 가장 많이 통용되는 것은 여전히 을(乙)권이었다. 1946년 3월 말 현재 통화발행고가 90.80억 원이었는데, 그중 100원권은 65.68억 원으로 전체의 72.3%에 해당했다.[66] 100원권 을(乙)이 대략 33억 원이었으므로 이는 전체 통화발행고 90억 원의 약 36%이자, 전체 100원권 65.68억 원의 약 50%이다. 즉, 시중에 유통되는 100원권 두 장 중 한 장은 위폐로 의심될 만큼 품질이 불량한 을(乙)권 화폐였던 셈이다. 그럼에도 미군정은 조선총독부와 조선은행이 찍어낸 100원권 을(乙)권을 아무 문제가 없다고 인정해 줌으로써 이를 유통시켰다.[67] 전체 100원권의 반에 해당하는 을(乙)권이 불량지폐로 의심받다 보니 다소 품질이 떨어지는 위폐를 제조하여 사용하더라도 진폐인지 위폐인지 알 길이 없었다.

「양주 지폐위조단 7명에게 5년 역」, 『동아일보』, 1946.2.8.
「200만 원 위조지폐 사건/양주서 체포된 일당에 중형 언도」, 『자유신문』, 1946.2.8.
64) 「위조지폐는 태반을 압수/신형지폐는 은행에 가면 교환」, 『동아일보』, 1946.1.28.
65) 「신지폐 불원 출현」, 『동아일보』, 1946.1.29.
66) 한국은행, 앞의 책, 32쪽.
67) "조선은행권 기호 (1), (2) 호의 백 원 지폐를 일부 은행에서 취급을 안하엿섯는데 12일 군정청 재무국장의 지시로 각 은행에서 금후는 종전과 갓치 밧기로 하얏스므로 일반은 안심하고 일부 랑설에 끌리지 말고 사용하기를 바란다"(「각 은행에서 받게 되엇다」, 『조선일보』, 1946.4.13.).

그러던 중 3, 4월에 들어서자 진폐와 비슷한 우수한 품질의 위폐가 증가하기 시작했다.[68] 그러자 사람들은 위폐로 의심된다는 이유로 아예 기호 (1)~(5)권 자체를 받기 꺼려했으며 심지어 일부 은행에서는 100원권 지폐는 무조건 예금도 안 받고 교환해 주지도 않는 사태가 벌어졌다.[69] 이에 대해 조선은행은 교묘한 위폐에 주의할 것을 당부하면서도 그 수가 많지 않으므로 불안해하지 말고, 기호 (1)~(5)권에 대해서는 안심하라는 모순적인 권고를 했으며,[70] 군정청 재무국장은 위폐의 위험성을 근본적으로 해결하지 않은 채 은행으로 하여금 을(乙)권을 취급하도록 압력을 넣는 등 임시방편적이고 미봉적인 조치만을 취했다.[71] 그 결과 이후로도 100원권 지폐 위조 사건이 계속해서 발생하기 시작했으며, 그에 따른 피해는 고스란히 시민들에게 돌아올 수밖에 없었다. 서울지방검찰청 관내에서 1946년 1월 1일부터 12월 31일까지 발생하여 검찰에 수리된 화폐 위조 사건은 총 61건이며 송치된 인물은 총 227명이었다. 이는 주당 평균 1.17회 발생한 꼴이다.[72] 해방 이후 1946년까지 발생한 주요 위폐 사건들을 정리하면 표 5-3과 같다.

그런데 미군정은 100원권 금(金)권, 개(改)권, 갑(甲)권, 을(乙)권, 병(丙)권을 1948년 4월 12일이 되어서야 유통 정지시켰으므로 문제의 을(乙)권과 병(丙)권으로 인한 혼란은 사실상 미군정기 말기까지 계속되었다고 할 수 있다. 그런 점에서 미군정은 해방 이후 발생한 수많은 화폐 위조 범죄의 가장 큰 원인 제공자였다.

---

68) 서울지방심리원, 「판결」, 『위폐사건 공판기록』, 대건인쇄소, 1947, 136쪽.
69) 「문제의 백 원 지폐는 위조 외엔 모다 사용/기호 (1), (2)호 무효는 허설/조선은행 오발행과장 담」, 『조선일보』, 1946.4.13.
70) 「백 원짜리 위조지폐 불안하면 수검(受檢)하라」, 『동아일보』, 1946.4.13.
　　「문제의 백 원 지폐는 위조 외엔 모다 사용/기호 (1), (2)호 무효는 허설/조선은행 오발행과장 담」, 『조선일보』, 1946.4.13.
71) 「위조지폐 유행과 재무부장의 발표」, 『동아일보』, 1946.4.14.
72) 「통화위조만 61건/작년 1년간에 이러난 범죄」, 『독립신보』, 1947.4.4.

표 5-3. 1945~1946년에 발생한 주요 위조지폐 사건 현황

번호	검거/발표일	위폐 금액	검거 장소	피의자
(1)	1945.12.23.	192만 원	미아리	남리현, 한공근, 서대숙, 김현국, 진록리, 구성서, 황영수, 황선익, 진수평
(2)	1946.1.3.	미상	창신정	백창오 등 12명
(3)	1946.2.10.	2만 원	성동	박용문 등 4명
(4)	1946.3.16.	52만 2,100원	안암정	김재기, 김병희, 최린집, 김계길
(5)	1946.3.24.	102만 원	봉래정	김연성, 안경국, 윤정창, 정을갑, 황척렬, 박상선
(6)	1946.4.29.	150만 원	북미창정	이고산, 권성운, 이만우, 박두성, 최한복
(7)	1946.5.21.	미수	명륜정	임호성 외 13명
(8)	1946.7.10.	미상	신설정	김창수
(9)	1946.7.25.	60만 원	돈암동	박건하, 박정룡, 권영목, 위철, 박운균, 신원성, 박정필
(10)	1946.8.16.	20만 원	신당정	박기천, 정봉순 등
(11)	1946.8.16.	50만 원	동사헌정	김결
(12)	1946.8.21.	500만 원	북아현정	박태근, 고진룡 외 13명
(13)	1946.9.12.	30만 원	삼청정	임락수 외 10명
(14)	1946.10.22.	미수	미상	서재철, 황학성, 김기풍, 김갑진
(15)	1946.12.5.	54만 원	신설동	김영환, 김영배, 홍익표, 김성진, 안희선, 이병학, 김천규, 강세형, 이원수
(16)	1946.12.19.	31만 원	한강통	박기준, 노인섭, 이재우, 김관국, 이홍구, 조태운, 박흥보, 김영제, 임낙순, 안정원, 이춘택

출처: (1) 「위조지폐 190만 원 일당 8명을 일망 타진」, 『동아일보』, 1945.12.28.
　　　「200만 원의 위조지폐/양주서서 취한 취조 중 우연 발각」, 『자유신문』, 1945.12.29.
　　　「양주 지폐위조단 7명에게 5년 역」, 『동아일보』, 1946.2.8.
　　　「200만 원 위조지폐 사건/양주서 체포된 일당에 중형 언도」, 『자유신문』, 1946.2.8.
　　(2) 「지폐위조단 12명 타진」, 『동아일보』, 1946.1.7.
　　　「위조지폐범 타진」, 『자유신문』, 1946.1.7.
　　(3) 「위조지폐단 검거」, 『동아일보』, 1946.2.10.
　　(4) 「지폐위조단 체포/석판 위조기, 약품 등 압수」, 『서울신문』, 1946.3.18.
　　　「백만 원 위조지폐단 검거」, 『자유신문』, 1946.3.22.
　　　「위조지폐단/최고 6년 언도」, 『조선일보』, 1946.5.15.
　　　「늘어가는 통화 위조/해방 후 5건/약 400만 원」, 『대동신문』, 1946.6.27.
　　(5) 「위조지폐 68만 원/마포서서 제2차 지폐위조단 검거」, 『서울신문』, 1946.3.24.
　　　「늘어가는 통화 위조/해방 후 5건/약 400만 원」, 『대동신문』, 1946.6.27.
　　　「500만 원 위폐/피고 전부 사용 시인」, 『대동신문』, 1946.11.10.
　　　「100만 원 위폐 사건 1회 공판/피고들 사실을 자백」, 『동아일보』, 1946.11.10.
　　(6) 「문제의 2호 위조지폐 공판」, 『동아일보』, 1946.5.1.
　　　「위폐단 엄형」, 『대동신문』, 1946.6.20.
　　　「현직 경관 석긴 위폐단에 중형」, 『중앙신문』, 1946.6.20.
　　　「늘어가는 통화 위조/해방 후 5건/약 400만 원」, 『대동신문』, 1946.6.27.

(7) 「종로서에도 위조지폐단」, 『자유신문』, 1946.5.23.

　　「명륜정에 또 위조지폐단/원판 다수 압수, 범인 8인을 체포」, 『한성일보』, 1946.5.23.

　　「수모 등 6명 또 체포/명륜정 위폐사건 확대」, 『조선일보』, 1946.6.1.

(8) 「또 위폐 백 원 권/담배 사다가 발각」, 『동아일보』, 1946.7.24.

(9) 「위폐단 또 검거/최고형 처단 방침/조 경무부장 발표」, 『대동신문』, 1946.7.28.

　　「별계의 위폐 사건이 탄로/일당 7명을 종로서에서 취조 중」, 『동아일보』, 1946.7.28.

　　「60만 원 위폐 사건/조 경무부장 특별 발표」, 『중앙신문』, 1946.7.28.

　　「60만 원 위폐단 발각」, 『중외신보』, 1946.7.28.

(10) 「위폐단 또 체포/동서 20만 원을 압수」, 『동아일보』, 1946.8.18.

　　「백 원 권 위폐범 체포」, 『조선일보』, 1946.8.18.

(11) 「위폐단 또 검거」, 『대동신문』, 1946.8.18.

　　「50만 원 위폐범 또 발각」, 『서울신문』, 1946.8.21.

　　「1화가 50만 원을 위조」, 『조선일보』, 1946.8.21.

　　「50만 원 위폐범 체포/수범은 동서헌정 사는 화가」, 『현대일보』, 1946.8.21.

(12) 「500만 원의 위폐/북아현정에 또 출현/위조단 15명을 타진」, 『대동신문』, 1946.8.24.

　　「또 500만 원 위폐/일당 15명 체포」, 『동아일보』, 1946.8.24.

　　「500만 원의 위폐단/마포서 범인 2명 체포코 맹활동」, 『자유신문』, 1946.8.24.

　　「이번엔 500만 원/범인은 고려문화사 공무국장/위조지폐 범람시대」, 『조선일보』, 1946.8.24.

(13) 「위폐 또 탄로/마포서 범인 체포」, 『자유신문』, 1946.9.16.

　　「30만 원 위폐단/마포서에서 5차로 검거」, 『서울신문』, 1946.9.17.

(14) 「통화위조행사죄 황학성 5년 구형」, 『대한독립신문』, 1946.10.24.

　　「통화위조 미수/서재철에 5년 구형」, 『동아일보』, 1946.10.24.

　　「위폐 습득 사용범에 체형」, 『대동신문』, 1946.10.25.

(15) 「또 대규모의 위폐단 잡았다/거액과 기계도 압수코 경찰이 활동」, 『동아일보』, 1946. 12.6.

　　「8명의 위폐단 일망타진/수경에서 취조중, 인쇄기도 압수/약 30만 원은 행사, 24만 원은 분배」, 『경향신문』, 1946.12.7.

　　「또 드러난 위폐 사건 속보/54만 원을 인쇄/일당 8명 검거 사건 일단락」, 『동아일보』, 1946.12.7.

　　「또 위폐단 출현/범인 8명을 검거/30여 만 원도 압수」, 『조선일보』, 1946.12.7.

(16) 「박기준 외 9명/20일 제1회 공판」, 『경향신문』, 1946.12.19.

　　「박기준 등의 위폐 사건/30만 원 외에 여죄가 많다」, 『독립신보』, 1946.12.19.

　　「통화 위조한 박기준 등의 공판」, 『경향신문』, 1947.1.11.

　　「단죄 기다리는 위폐범/독촉 중앙위원 등 일당 14명」, 『독립신보』, 1947.1.18.

　이렇듯 해방 직후 조선에서는 '위폐처럼 보이는 진폐'와 '진폐처럼 보이는 위폐'가 뒤섞여 화폐 유통 체계에 혼란이 생기게 되었다. 이로 인해 식량 문제, 물가 문제, 실업 문제, 물자 부족 문제 등 여러 가지로 어려운 조선의 경제 상황은 더욱더 혼란에 빠지게 되었고, 대중들의 불만은 미군정을 향할 수밖에 없었다.

　이러한 상황에서 1946년 5월 4일 뚝섬 위폐 사건 용의자들이 검거되었는데, 그중에는 우익 인사인 독촉 뚝섬지부 조직부장 이원재가 포함되어 있었다. 만약 우익 인사가 개입된 위폐 사건이 세상에 알려지면 이는 우익에게 정치적으로 엄청난 타격이 될 수 있었다. 이는 미군정과 우익으로서는 절체절명의 위기였다.

이에 미군정은 정판사 '위폐' 사건을 조작했으며, 5월 15일 공보부를 통해 사건을 발표했다. 미군정의 공식 발표로 시중에 1,200만 원의 위폐가 돌아다니고 있다는 사실이 알려지자 시민의 혼란은 극에 달하게 되었다. 의심스러운 백 원짜리 지폐를 십 원짜리로 교환하기 위해 하루에 수천 명씩 은행에 쇄도했으며, 지폐의 진위를 막론하고 백 원짜리 지폐 자체가 통용되지 않게 되면서 상인들은 거래에 지장을 겪게 되었고, 민중들의 불만과 분노가 커져 갔다.[73] 당시 한 상인과 농민의 반응을 옮겨 보면 각각 다음과 같다.

최근 위조지폐로 인하야 일반 상인은 지폐의 진위의 감정이 곤난하야 거래에 큰 지장을 이르키고 있다. 우리들 가운데서도 위조지폐의 피해를 안이 입은 사람이 없으며 한 상점에 적어도 500원 내지 1,000원 가량의 위조지폐를 가지고 있는 형편이다.[74]

우리 농촌에서는 지폐의 진위를 막론하고 백 원짜리 지폐는 통용하지 못하고 있다. 이 때문에 불편은 말할 것도 없거니와 절약 절식하야 근근히 모흔 노동자 농민들의 가진 돈이 위조지폐란 데에 우리들의 실망과 분노는 무엇으로 표현햇으면 조흘지 모른다.[75]

위의 신문 기사는 모두 그 출처가 『동아일보』라는 점에서 정판사 '위폐' 사건에 대한 민중들의 불만을 과장하고 홍보하여 공산당에 대한 여론을

73) 「위조지폐와 우는 사람들」, 『동아일보』, 1946.5.18.
74) 「상인연합회 송병이 씨 담」, 『동아일보』, 1946.5.18.
75) 「진위불구코 백 원권 안 받어」, 『동아일보』, 1946.5.18.

부정적으로 몰아가려는 우익 세력의 의도가 엿보이는 것은 사실이다. 그럼에도 정판사 '위폐' 사건에 대한 공보부 발표 직후 대중들의 화폐 유통에 대한 불신이 높아지고 민심이 불안해졌다는 것은 확실해 보인다.

이러한 대중의 불만과 화폐 유통 혼란 상황에 대해 군정청 당국에서는 조선은행 발행과장 오정환 등을 급히 지방으로 파견하여 실정 조사 및 지폐 진위 감정을 실시했으며, 전문가를 초빙하여 금융기관 직원들을 대상으로 위폐 감별법 강습회를 추진하는 한편, 경찰의 수사 강화를 주문하며 사태 수습에 나섰다.[76]

그러나 미군정은 또 한편으로는 위폐 제조 범죄로 인해 민심이 불안해지고, 매점매석, 낭비 풍토가 조장되어 악성 인플레이션이 발생하는 등 문제가 심각해지고 있다는 취지의 담화를 발표했다.[77] 이는 일제의 화폐 남발, 미군정의 일제 화폐 정책 승계, 각종 경제 실책 등으로 인한 물가 폭등 등 모든 경제적 혼란에 대한 책임을 지폐 위조범, 즉 정판사 '위폐' 사건 관계자 및 조선공산당의 탓으로 돌리려는 의도가 다분하다고 할 수 있다.

그리고 미군정 측이 이러한 조선공산당의 경제 교란 문제를 해결하기 위한 해결사 역할을 자임하고 나섰다. 그리하여 5월 20일 미군정 당국은 100원짜리 신지폐, 즉 조선은행권 100원권 정(丁)권을 발행할 계획을 세웠으며,[78] 7월 1일 신권을 발행했다. 100원권 정(丁)권은 디자인에 있어 일본 정부의 휘장인 오동꽃과 일본의 상징인 벚꽃을 무궁화로 바꾸고, 제

---

76) 「위조지폐와 경제계/각 지방에 감정차 은행원을 급파」, 『동아일보』, 1946.5.17.
　　「공당원 지폐위조 사건과 각계의 반향과 대책/민심 불안이 확대/경기도 재무부장 담」, 『동아일보』, 1946.5.18.
　　「위폐 감정은 철저/도민은 안심하라/도 재무부장」, 『한성일보』, 1946.5.18.
77) 「위지폐 통용으로 영향 심대/매석, 매점, 낭비의 원인을 조성/도 재무부 발표」, 『조선일보』, 1946.5.19.
78) 「백 원짜리 신지폐 6월 상순경에 발행」, 『동아일보』, 1946.5.20.

조처의 표시도 일본내각인쇄국에서 조선서적인쇄주식회사로 바꾸며, 일본은행권 태환에 관한 일본어 문구를 삭제하는 등 일제 잔재 탈피를 시도했다. 또한 인쇄 방식도 오프셋인쇄에서 활판인쇄로 변경했다.

결국 미군정은 정판사 '위폐' 사건 발표를 통해 경제 혼란의 책임을 조선공산당에게 덮어씌움으로써 자신들이 마땅히 져야 할 책임과 감수해야 할 비난을 모면하고자 했다고 할 수 있다.

이러한 미군정의 정판사 '위폐' 사건 발표로 인해 조선공산당에 대한 대중들의 지지가 이탈하는 움직임이 나타났다. 1946년 6월 27일자 「주한미육군사령부 정보참모부 주간정보요약보고서」는 정판사 '위폐' 사건 이후 대중들이 좌익 인사들에게 보낸 편지를 다음과 같이 인용했다.[79]

대중들로부터의 편지가 공산주의자들을 호되게 비난하였다.
경상남도 하동읍의 한 농부는 민전 의장 김성숙에게 공산당으로부터 위조지폐를 받은 것에 대해 몰아 세웠다. 그는 물었다. "당신은 우리 인민들을 빨갱이들에게 넘겨주길 원했는가? … 나는 왜 당신이 이런 일을 했는지 이해할 수 없다." (PUS/826)
서울로부터의 한 편지는 이 상황에 대해 다음과 같은 말로 끝을 맺었다. "당국은 조선공산당을 해산할 권리가 있다." (20/5/PUS/815)
하동의 또 다른 농부는 다음과 같이 편지를 썼다. "나는 인민공화국과 공산당이 조선의 재건에 참여할 수 있도록 열심히 일해 왔다. 하지만 나는 '위조지폐 사건'에 대해 듣고서 충격을 받았다. 당신들(박헌영, 여운형)은 당신들의 행위에 대해서 할복으로 사죄해야 한다." (PUS/817)

이상의 자료들은 출처가 정확하지 않으며, 매우 적은 수의 인물들의 반응만 나와 있기 때문에 일반화하기에는 무리가 있지만 민중들이 정판사

---

79) HQ USAFIK, G-2 Weekly Summary No. 41, (1946.6.27.), 주한미육군 정보사령부 정보참모부, 『미군정정보보고서』, 제12권, 일월서각, 1986, 71쪽.

'위폐' 사건으로 인해 조선공산당과 인민공화국 등 좌익 세력에 대해 느낀 실망감, 배신감을 잘 보여 준다고 할 수 있다.

한편, 대중의 여론 변화는 정당이나 정치 지도자에 대한 지지율을 통해 확인할 수 있다. 이에 따라 정당 또는 정치 지도자 평가에 대한 당시의 설문 조사 결과를 살펴보았는데, (1) 1945년 11월, (2) 1946년 3월, (3) 1946년 7월의 자료가 있으므로 이를 비교하면 모스크바 3상회의와 정판사 '위폐' 사건으로 인한 영향을 대략적으로 파악할 수 있을 것으로 보인다.

먼저, 선구회라는 단체는 해방 후 최초로 여론조사를 실시했는데, 1945년 10월 10일부터 11월 9일까지 1개월간 각 정당·언론사·문화단체·학교 등 105개 단체를 대상으로 (1) 새로운 나라를 건국함에 있어 조선을 이끌어 나갈 지도자로 추천하는 인물, (2) 희망하는 정부 조직 형태, (3) 정부 내각 조직 시 추천하는 인물, (4) 과거의 대표적 조선 혁명가 등 4항목에 대해 설문 조사를 실시하여 발표했다.[80] 그중 건국 지도자의 자격으로는 (a) 국제 정세에 정통할 것, (b) 조선 사정에 통달할 것, (c) 가장 양심적일 것, (d) 가장 과학적일 것, (e) 가장 조직적일 것, (f) 가장 정치적으로 포용할 아량을 가질 것 등 총 6개의 기준이 제시되었다. 조사 결과 '건국 지도자'로 추천하는 인물은 1위 여운형(33%), 2위 이승만(21%), 3위 김구(18%), 4위 박헌영(16%), 5위 이관술(12%), 6위 김일성(9%), 7위 최현배(7%), 8위 김규식(6%), 9위 서재필(5%), 10위 홍남표(5%)의 순으로 나타났다. 또한, '과거 대표적 조선혁명가'로 평가하는 인물은 1위 여운형(195표), 2위 이승만(176표), 3위 박헌영(168표), 4위 김구(156표), 5위 허헌(78표), 6위 김일성(72표), 7위 안재홍(59표), 8위 김규식(52표), 9위 백남운(48표), 10위 최용달(40표)의 순으로 나타났다.[81]

---

80) 선구회본부 여론조사부, 「조선 지도인물 여론조사 발표」, 『선구』, 1945년 12월, 45~52쪽.
81) 각 응답의 백분율의 합이 100%를 넘는 것은 중복 투표였기 때문임.

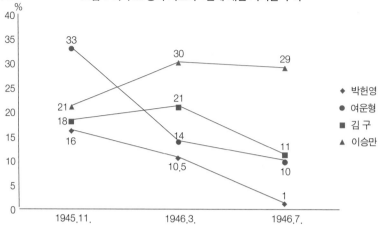

그림 5-2. 주요 정치 지도자 4인에 대한 지지율 추이

다음으로 미군정 공보부는 1946년 3월 16일~21일과 22일~29일, 두 차례에 걸쳐 서울 지역에서 각 정당 및 주요 인물에 대한 지지도를 조사했는데, 1차 조사에서는 1,908명, 2차 조사에서는 2,269명이 응답했다. 좌우익 세력 지지도에 대해서는 우파 정당들이 총 평균 41.5%, 좌파 정당들이 총평균 32%의 지지를 얻었으며, 개별 정당으로는 한민당 16%, 조선공산당 12%, 조선인민당 14%의 지지를 획득했다. 인물로는 우파 지도자들이 총평균 71%, 좌파 지도자들이 총평균 29%를 기록했고, 개인적으로는 이승만 31%, 김구 21%, 여운형 14%, 박헌영 10.5%의 순으로 나타났다. 정치 연합에 관해서는 민주의원 총평균 50%, 민전 총평균 30%의 지지를 얻었다.[82]

다음으로 한국여론협회가 1946년 7월 17일 서울 종로, 남대문 등의 지역에서 통행인 6,671명을 대상으로 설문 조사를 실시했는데, 초대 대통령

82) HQ, USAMG in Korea, Department of Public Information, "Statistical Analysis of Political Trends in Seoul"(1946.3.31.), 『미군정기 정보 자료집』, 1, 411~415쪽., 전상인, 「1946년경 남한주민의 사회의식」, 『사회와 역사』, 제52집, 한국사회사학회, 1997, 332쪽에서 재인용.

을 묻는 질문에 1위 이승만(1,916인, 29%), 2위 김구(702인, 11%), 3위 김규식(694인, 10%), 4위 여운형(689인, 10%), 5위 박헌영(48인, 1%)의 순으로 나타났다.[83]

이러한 3개의 조사 결과에 공통적으로 포함되어 있는 항목은 지도자에 대한 지지이므로 그중 이승만, 김구, 여운형, 박헌영만을 떼어 내어 지지율의 추이를 비교하면 그림 5-2와 같다.

설문 조사 기관, 설문 조사 참여자 수, 설문 조사 참여자, 설문 조사 질문이 다 다르므로 이러한 비교가 엄밀하다고 할 수는 없지만 박헌영의 지지율이 1946년 11월에서 1946년 3월 사이에 많이 하락했고, 특히 정판사 '위폐' 사건 이후인 1946년 7월에는 급격하게 떨어져 거의 바닥을 드러내고 있음을 알 수 있다. 이를 통해 정판사 '위폐' 사건으로 인해 대중의 지지가 박헌영과 조선공산당으로부터 급속하고도 대단히 많이 이탈했다는 것을 확인할 수 있다.

이상에서 살펴본 바를 종합하면 미군정은 경제 정책 실패로 인한 대중의 불만을 정판사 '위폐' 사건을 조작 발표하여 조선공산당에게 전가시킴으로써 정치적 위기를 모면할 수 있었다. 그렇다고 해서 미군정의 인기가 올라간 것은 아니었지만 미군정이 가장 경계하는 박헌영 및 조선공산당에 대한 대중의 지지율이 급락했으므로, 상대적으로 미군정이 반사 이익을 얻었다고 볼 수 있다. 그런 점에서 미군정의 정판사 '위폐' 사건 공작은 일단 '성공'적인 결과를 얻은 것으로 볼 수 있다. 반면에 조선공산당은 그때까지 우익에 비해 우세하다고 자부하고 있던 대중의 지지가 이탈하는 상황에 직면함에 따라 최대의 위기를 맞게 되었다고 할 수 있다. 이러한 점에서 정판사 '위폐' 사건은 권위주의 정치권력이 정치적 위기를 탈출하기

---

83) 「초대 대통령은 누구?/한국여론협회 조사 발표」, 『동아일보』, 1946.7.23.

위해 벌이는 조작 사건의 전형이라고 할 수 있다.

2) 1946년 하반기 갈등의 대폭발

정판사 '위폐' 사건 이후 1946년 하반기 남조선에서는 정치적으로 매우 복잡한 상황이 전개되고 그에 따라 복잡한 사건들이 수없이 터지면서 해방 이후 쌓여 왔던 온갖 갈등과 대립이 폭발하게 되었다. 그 과정과 결과에 대한 검토를 통해 정판사 '위폐' 사건이 갖는 의미에 대해 살펴보겠다.

제2장 1절 3)에서 살펴봤듯이 1946년 5월 제1차 미소공위 결렬 이후 미군정은 '조선공산당을 정치적으로 고립화'시키고 중도파를 육성하여 친미적 성향의 남조선과도정부를 설치하겠다는 미국 정부의 새로운 대한 정책을 구현하기 위해 좌익 탄압을 조선공산당에 집중함으로써 좌익 세력을 분열시킨다는 새로운 대좌익 정책을 수립했다. 그리고 이에 따라 크게 두 가지 방식으로 조선공산당을 압박하는 새로운 전술(신전술)[84]을 구사하기 시작했는데, 한 가지는 정판사 '위폐' 사건을 구실로 조선공산당 소유인 근택빌딩을 몰수하고, 기관지인 『해방일보』를 폐간하고, 인쇄소인 조선정판사를 폐쇄시키고, 조선공산당 본부를 압수수색하는 등의 직접적이고 물리적인 탄압 방식이었다. 다른 한 가지는 좌우합작을 추진하여 여운형으로 대표되는 '온건 좌파' 또는 '중도 좌파'를 지원함으로써 조선공산당을

---

84) 흔히 1946년 7월 조선공산당이 대미 강경 노선으로 전환한 것을 '신전술'(新戰術)이라고 표현하고, 이 신전술을 기점으로 조선공산당은 9월 총파업, 10월 항쟁 등 과격 폭력 투쟁을 전개함으로써 해방 정국을 혼란시켰다며 비판하는 경우가 많다. 그러나 조선공산당의 대미 노선 변화는 1946년 5월 미군정의 새로운 대좌익 전술에 대응하기 위한 정당방위 차원의 자구책으로서 등장한 것이다. 그러한 점에서 '신전술'은 조선공산당이 시작한 것이 아니라 미군정이 시작한 것이라고 할 수 있으며, 조선공산당의 '신전술'을 논하고자 한다면 그에 앞서 반드시 주목해야 하는 것이 바로 미군정의 '신전술'이다.

정계에서 배제시키고 고립시키는 간접적이고 정치적인 탄압 방식이었다.

이러한 미군정의 탄압으로 궁지에 몰릴 대로 몰린 조선공산당은 제2장 2절 3)에서 살펴봤듯이 결국 기존의 대미 협조 노선을 대미 강경 노선으로 변경하는 이른바 '신전술'로의 노선 전환을 지시했다. 그리고 이러한 신전술로의 노선 전환에 따라 정판사 '위폐' 사건과 좌우합작에 대해서도 기존과는 달라진 대응 방식을 보이게 되었다.[85]

그러나 그렇다고 해서 신전술이 지나치게 급진적이거나 과격한 폭력 전술인 것은 아니었으며, 조선공산당이 당장 전면적 무장투쟁에 돌입한 것은 더더욱 아니었다. 기존의 방식에 비해 다소 과격해진 면이 있는 것은 사실이지만, 김일성과 박헌영이 평양에서 합의한 대로 신전술은 '합법적 방식'에 '반합법적 방식'을 다소 가미한 수준이었다.

정판사 '위폐' 사건에 대해서는 7월 29일 제1회 공판일에 일부 공산당원들이 전단지를 뿌리고 혁명가를 부르고 구호를 외치며 군중들에게 피고들의 무죄를 주장했으며, 그중 일부가 경찰에게 돌을 던짐으로써 위폐 공판 소요 사건에 원인을 제공한 것은 사실이다. 그러나 그렇다고 해서 조선공산당이 조직적으로 폭력이나 테러를 가한 것은 아니었다. 또한 재판에 있어서도 정판사 '위폐' 사건의 변호사들이 제1회 공판 때부터 공격적인 자세로 변론에 임하여 양원일 재판장에 대한 기피 신청을 통해 변론 준비 기간을 확보하고, 수시로 신문에 성명을 발표함으로써 여론의 관심을 끌고 대중들에게 정판사 '위폐' 사건의 실체를 폭로하려는 강력한 공판투쟁을 벌인 것은 사실이다. 그러나 여전히 조선공산당은 합법적 테두리 안에서 언론을 통한 성명, 담화를 발표하거나 재판에서의 변론 활동을 통해 피고들의 무죄를 주장하는 등 매우 온건한 수준으로 대응할 뿐이었다. 물론 성명,

---

85) 신전술 변경 이후 정판사 '위폐' 사건에 대한 조선공산당의 대응은 대중투쟁과 공판투쟁으로 나타났으며, 이에 대해서는 제3장에서 살펴보았다.

담화의 내용이나 표현이 이전에 비해 다소 과격해진 면은 있었지만 그 방식만큼은 여전히 합법적이고 평화적이었다.

좌우합작에 대해서도 마찬가지였다. 신전술 이후 박헌영이 좌우합작을 반대한 것은 사실이다. 그러나 그렇다고 해서 무장투쟁을 벌여 좌우합작위원회를 습격한다거나 미군정이나 우익 인사에 테러를 가한 것은 아니었다. 그들은 좌우합작을 드러내 놓고 반대하지도 못했으며, 기껏해야 우익 측이 받아들일 수 없는 「좌우합작 5원칙」을 발표하거나 언론에 우익을 비난하는 「성명서」를 발표하는 등 합법적 테두리 안에서의 평화적인 방법을 사용하는 수준에 그쳤다. 또 조선공산당은 좌우합작에 대한 대응의 차원에서 좌익 3당 합당을 시도했는데, 이 역시도 미군정의 정책을 방해하고 심기를 거스르는 행동일 수는 있었겠지만 민주주의 제도하에서의 정당 활동이었으므로 합법적이고 평화적인 방식이었다.

그런데 이러한 조선공산당의 신전술은 1946년 9월 총파업과 10월 항쟁을 거치면서 폭력적 방식과 결합되고 만다. 그러나 이러한 폭력의 발산은 조선공산당 스스로가 주도한 것이라고 보기는 어려우며, 그동안 쌓여 왔던 미군정에 대한 민중들의 불만과 분노가 폭발적으로 터져 나온 결과였다. 조선공산당의 신전술은 단지 촉매제 역할을 했을 뿐이다. 먼저 폭력 전술을 사용한 쪽은, 그리고 그것도 매우 과격한 방식으로 사용한 쪽은 단연코 미군정과 우익이었다.

미군정의 신전술 전환과 조선공산당의 신전술 전환 이후 10월 항쟁에 이르기까지 남조선에서의 각종 정치적 갈등(미군정 - 좌익 간 갈등, 좌우익 간 갈등, 좌익 내 갈등, 민중 - 미군정 간 갈등)이 폭발하는 과정에 대해 살펴보겠다.

미군정은 좌익 분열책으로서의 좌우합작 공작과 조선공산당 고립화 정책으로서의 정판사 '위폐' 사건을 동시에 진행했다. 그러나 결국 미군정이 원하는 것은 좌우합작위원회를 발전시켜 과도 입법 기구를 만드는 것이었고, 이를 통해 과도정부를 수립하려는 것이었으므로 시간이 갈수록 더 무게를 두는 것은 좌우합작이었다.

신전술로 노선을 변경한 이후, 박헌영은 이러한 좌우합작 공작에 맞서기 위해 좌우합작 결렬을 추진하고, 좌익 3당 합당을 통해 좌익 내 분열을 막으려고 했다. 그런데 좌우합작은 그 이면에 숨겨진 미군정의 의도와는 상관없이, 그 용어 자체가 통합적 가치를 추구하는 것이므로 좌우 간의 극심한 분열과 대립에 지친 민중들의 열렬한 지지를 받고 있었기 때문에 박헌영으로서도 드러내 놓고 반대할 수는 없는 입장이었다. 또한 평양 회담에서 김일성도 민족통일전선 및 임시정부 수립을 위해 좌우합작을 반대하지 말 것을 주장하기도 했던 터였다.

1946년 7월 22일 귀환 직후 박헌영은 민전의장단 회의를 소집하여 좌우합작 철수와 입법기관 협력 금지를 요구했는데, 이주하와 홍남표는 찬성했고, 허헌과 백남운은 결정하지 못했으며, 여운형과 김원봉은 반대했다.[86] 그러자 박헌영은 타협안으로 5개 조건을 제시했으며, 이를 다수결로 통과시켰는데 이것이 나중에 좌익의 합작 조건으로 발표되는 「민전 5원칙」이었다.[87] 7월 25일 좌우합작 제1차 정식회담에서 민전은 이러한 「좌우합작 5원칙」을 우익 측에 전달했는데 그 내용은 (1) 모스크바 3상회의 결정 전면적 지지, (2) 무상몰수 무상분여(무상분배)의 토지개혁, 중요 산업 국유화 등 민주적 제도 개혁, (3) 친일파 민족반역자, 반동 거두 완전 배제 및 테러 박멸, 투옥된 애국지사 즉시 석방, (4) 남조선에서의 정권을 미군정으로부터 인민위원회로 이양할 것, (5) 군정 고문 기관 또는 입법 기관 창설을 반

---

86) 김무용, 「해방 후 조선공산당의 노선과 국가건설 운동」, 고려대학교 대학원 박사학위 논문, 2005, 163쪽.

87) HQ USAFIK, G-2 Weekly Summary, No. 46. 1946.8.1., 위의 논문 163~164쪽에서 재인용.

대할 것 등이었다.[88)

이러한 민전의 「좌우합작 5원칙」은 기존 조선공산당의 「좌우합작 3원칙」에 신전술적 요소가 추가된 것으로서 (1), (3)은 신전술 전환 이전인 6월 30일에 조선공산당 측이 발표한 「좌우합작 3원칙」에 있던 내용이고, (5)는 전부터 좌익 측이 반대해 오던 사항이었다. 신전술 이후 추가된 부분은 (2), (4)였는데, (2)의 '무상몰수 무상분배의 토지개혁'과 같은 조항은 도저히 우익 측에서 받아들일 수 없는 좌경적이고 강경한 것이었고, (4) '정권을 군정으로부터 인민위원회로 이양할 것'은 미군정 입장에서 볼 때 쿠데타에 가까운 것이었으므로 미군정과 우익으로서는 도저히 받아들일 수 없는 조건들이었다. 전체적으로 「좌우합작 5원칙」은 사실상 남조선을 북조선화하자는 것이었다. 따라서 「좌우합작 5원칙」은 형식적으로는 좌우합작에 조건부 찬성한다는 것이지만 사실상 좌우합작을 깨자고 하는 것이나 마찬가지였다. 이러한 박헌영의 좌우합작 결렬 시도는 박헌영이 방북했을 때 좌우합작에 참여하는 쪽으로 김일성과 합의한 결정을 사실상 뒤집는 것이었다.

또한 박헌영은 신전술 전환 이후 미군정의 좌익 분열책인 좌우합작에 맞서 좌익 내부 결집 및 대중적 기반을 강화하는 차원에서 남조선의 좌익 3당을 합당하기로 했다.[89) 이러한 방침은 7월 초 박헌영과 김일성이 모스크바를 방문했을 때 스탈린의 제의에 따라 추진되기 시작한 것으로서, 당시 소련군이 진주한 유럽 여러 나라에서는 공산당과 사회민주당 계열의 정당 간의 합당을 통한 좌익 정당의 대중화가 보편적으로 실행되고 있었다. 이에 따라 남북의 좌익은 각각 북조선에서는 북조선공산당과 조선신민당 등 양대 좌익 정당을 합당하여 북조선노동당(북로당)으로, 남조선에

---

88) 「민전측 주장/합작 5원칙에 기준/좌우 남북 완전 통일」, 『중앙신문』, 1946.7.27.

89) 좌익 3당 합당 과정에 대해서는 김남식, 앞의 책, 247~272쪽 참조.

서는 조선공산당, 조선인민당, 남조선신민당 등 좌익 3당을 남조선노동당(남로당)으로 합당하기로 했다.

이에 따라 북조선에서는 7월 23일 조선신민당 대표 김두봉이 북조선공산당에 합당 제의 서한을 보낸 이래 좌익 양당의 합당이 순조롭게 진행되어 한 달여 만인 8월 28일부터 30일까지 3일간 열린 합당대회를 통해 북조선노동당이 공식적으로 창당되었다. 남조선에서도 초기에는 3당 합당이 잘 진행되는 듯했다. 8월 3일 조선인민당이 조선공산당과 남조선신민당에 합당 제의 서한을 보내고 8월 4일 조선공산당이 이 제안에 수락할 의사를 표시할 때만 해도 합당은 순조로워 보였다.[90]

그러나 남조선 좌익의 분열은 미군정이 아니라 조선공산당 내부로부터 터져 나왔다. 8월 4일 조선공산당 중앙위원회에서 3당 합당 문제를 토의할 때 소위 '반박헌영파'가 3당 합당 문제를 당대회를 통해 처리할 것과 합당준비교섭위원회에 김삼룡, 이주하, 이현상 등 종파적인 당원들을 배제할 것을 요구했지만 묵살당한 사실이 있었던 것이다.

그러자 다음 날인 8월 5일 반박헌영파의 중앙위원 강진, 김근, 김철수, 문갑송, 서중석, 이정윤 등 6인은 「합동문제에 대하여 당내 동지들에게 고함」이라는 성명서를 통해 당 간부진이 3당 합당 문제와 같은 주요 문제를 독단적으로 처리하는 것을 비판하며 당대회 소집을 요구했고, 이로 인해 당내 갈등이 표면화되기 시작했다.[91] 이들은 경성콤그룹 중심의 박헌영파가 1945년 9월 당을 재건한 이래 한 번도 당대회를 치르지 않은 채 당 운영을 독단적으로 전횡해 왔음을 비판하며, 민주적 방식으로 당을 운영하고 주요 문제를 처리할 것을 주장했다. 이로 인해 박헌영파는 '간부파'로, 반박헌영파는 '대회파'로 불리게 되었다.

---

90) 「합동에 전적 찬성/인민당 제안에 공산당서 회답」, 『독립신보』, 1946.8.6.
91) 김남식, 앞의 책, 249쪽.

그러나 박헌영은 적의 방해가 심한 상황에서 당대회를 개최할 수 없으며, 합당은 정당하고 시급을 요하는 문제이므로 중앙위원회에서 처리해야 한다고 반박했다. 또한 박헌영은 문제를 제기한 이들 6인의 대회파를 반당분자로 규정하고, 8월 7일 이정윤을 제명하고 나머지 5인에게 무기정권(無期停權) 처분을 내리는 강경 조치를 단행했다.[92] 그러나 대회파의 주장은 지방 당원들의 큰 호응을 얻게 되었고, 영등포, 소사, 부평 등의 당 간부 177명은 열성자대회 준비위원회를 열어 간부파의 반성을 촉구하고 대회파의 성명서를 지지하는 결의를 했다.[93] 이로 인해 조선공산당은 완전히 둘로 갈라지게 되었다.

한편, 조선공산당의 내부 갈등을 계기로 조선인민당과 남조선신민당에서도 각각 내부 분열이 시작되었다. 조선인민당에서는 3당 합당 자체에 대해서는 이견이 없었지만 장건상, 이여성 등 여운형파는 민주적 과정을 거칠 것과 좌우합작을 촉진할 것을 3당 합당의 조건으로 제시한 반면, 김세용, 김오성 등 박헌영을 지지하는 부류는 좌우합작 중지와 무조건 합당을 주장했다. 수적 우세를 보이는 박헌영파는 확대중앙위원회를 열어 표결에 부치려 했고, 여운형은 이를 막기 위해 중앙위원회 위원장직 사의를 표명하며 잠적하기도 했다. 그러나 조선인민당은 결국 무조건 합당을 주장하는 친박헌영 성향의 '48인파'와 신중한 합당을 주장하는 친여운형 성향의 '31인파'로 분열된 채 어떠한 결론도 내지 못하고 당내 갈등만 증폭되어 갔다.

남조선신민당에서도 상황은 마찬가지였다. 기본적으로는 3당 합당에 찬성했지만 위원장 백남운 및 지지 세력은 여운형과 마찬가지로 민주적 절차

---

92) 「반대파에게 정권 처분/조공 박헌영 씨 기자단에 언명」, 『독립신보』, 1946.8.9.

93) 「열성자대회 내용/경인지방 모처 비밀회에서/조선적 이념에 입각/과오를 청산 재출발 결의」, 『동아일보』, 1946.8.28.

에 따라 합당해야 한다고 주장한 반면, 부위원장 정노식 및 주요 당 간부들은 박헌영과 마찬가지로 즉각 합당을 주장했다. 이에 따라 남조선신민당역시도 합당 신중론을 주장하는 백남운 계열의 '반간부파'와 무조건 합당을 주장하는 정노식 계열의 '중앙간부파' 사이의 대립과 갈등이 커졌다.

이로써 좌익 3당은 합당 문제가 대두되면서 각각 2개의 파벌로 쪼개져전체적으로 6개의 분파가 생겨났으며, 크게 보아 '무조건 합당론'과 '신중한 합당론' 또는 '박헌영파'와 '반박헌영파'의 두 그룹으로 갈라지게 되었다. 미군정이 아무리 시도해도 좀처럼 갈라지지 않던 좌익 세력들은 어이없게도 합당 과정을 계기로 내부 갈등이 걷잡을 수 없이 폭발하면서 핵분열하듯 스스로 갈기갈기 찢어져 버렸다.

그런데 이러한 좌익 분열에 정판사 '위폐' 사건도 부분적으로 영향을 미쳤다고 할 수 있다. 좌익 분열은 크게 조선공산당 내의 박헌영파(간부파)대 반박헌영파(대회파) 간의 분열과 박헌영 및 여운형의 분열로 나누어 볼수 있는데, 일부 자료에 따르면 정판사 '위폐' 사건은 양자 모두에 관계가있었다고 볼 수 있는 정황이 존재한다.

우선 전자의 경우를 살펴보겠다. 좌익 3당 합당 과정에서 박헌영파가 반박헌영파 간부 강진을 비롯한 6명을 제명 및 무기정권 처분하자 조선공산당 내의 일부 당원들은 반발하고 나섰다. 이들은 8월 9일 부평에서 모여열성자대회준비위원회를 개최하고 모스크바 3상회의 결정에 대해 반탁에서찬탁으로 돌아선 것, 일제 말기 이주하가 원산에서 조선을 소련 연방화하려는 음모를 꾸몄다는 것 등 간부파의 오류를 지적했는데, 그중에는 이관술과 권오직이 무슨 이유로 체포되고 도주했는지 정판사 '위폐' 사건의 진상을 조선공산당이 발표하라는 요구도 포함되어 있었다.[94] 물론 이 사건

---

94) 「열성자대회 내용/경인지방 모처 비밀회에서/조선적 이념에 입각/과오를 청산 재출발 결의」, 『동아일보』, 1946.8.28.

의 출처가 『동아일보』였고, 당시 『동아일보』는 좌익의 분열을 위해 많은 기사를 쏟아 내고 있었으며, 워낙 허위 기사를 많이 내보낸 전력이 있으므로 내용의 신뢰성을 담보하긴 어렵지만, 이것이 사실이라면 조선공산당 내부에서도 정판사 '위폐' 사건의 배후에 조선공산당 간부파가 개입되어 있는 것이 아니냐는 의혹이 제기되고 있었던 것으로 보인다. 그리고 이는 조선공산당의 분열을 심화시키는 데에 일정 정도 영향을 미쳤을 가능성이 있다고 할 수 있다.

다음으로 후자의 경우를 살펴보겠다. 박헌영과 여운형 간의 주된 분열의 원인은 좌우합작이었다. 여운형은 1945년 8월 15일 건준 수립과 함께 화려하게 정계의 전면에 등장했으며, 가장 대중적인 인기와 명망을 누리고 있었다. 그러나 곧 건준이 박헌영계에 장악되고, 이어서 인공 수립에서도 박헌영에게 실질적인 주도권을 내어 준 채 명목상의 대표를 맡게 되었다. 그리고 1945년 말경 인공이 미군정의 탄압을 받고 사실상 해체된 이후 여운형의 정치적 영향력은 크게 축소되었다. 박헌영의 조선공산당은 당원뿐만 아니라 전평, 전농 등 각 대중 단체를 기반으로 강력한 조직과 지지 기반을 갖추었지만, 여운형은 개인적인 명성과 소수 친여운형계 인사를 제외하고는 조직력이 부족했다. 또한 1946년 초 탁치 정국 속에서 극심한 좌우 대립 구도가 형성되자 박헌영의 좌경 대립 노선이 정치적 입지를 굳히면서 여운형의 타협과 협상을 중시하는 중간파 통일전선노선은 설 자리가 많이 좁아졌다. 그런 상황에서 미군정이 여운형을 중심으로 하는 소위 '중도좌파'를 견인하고, 박헌영을 중심으로 하는 소위 '극좌파'를 배제, 탄압하는 정책을 사용하여 좌익 내 분열을 시도하면서 여운형과 박헌영의 갈등이 심화된 것이라고 할 수 있다.

여운형으로서는 좌우합작이 하나의 정치적 기회일 수 있었으며, 박헌영으로서는 위기였다. 이러한 이해관계의 차이로 인해 두 사람의 사이가 벌어지는 과정에서 정판사 '위폐' 사건이 하나의 촉매로 작용했다고 추정될 수 있는 정황이 있다.

실제로 여운형은 정판사 '위폐' 사건과 관련하여 담화나 성명을 발표한 적이 전혀 없다. 그 이유를 정확히 알 수는 없으나, 여운형이 실제로 정판사에서 '위폐'를 제조한 사실이 있었다고 믿었을 수도 있고, 또는 정확한 내막을 알 수 없으므로 수사와 재판이 끝날 때까지 지켜보기로 방침을 세운 것일 수도 있으며, 또는 좌우합작의 성공을 위해서는 미군정의 협력이 필요하므로 침묵했을 수도 있다. 또한 박헌영이 인공을 사실상 장악한 이후 여운형이 소외된 것에 대한 섭섭함에서 말을 아꼈던 것일 수도 있다. 그러나 정확한 이유가 무엇이든 간에 박헌영으로서는 이러한 여운형의 태도에 섭섭함을 느낀 것으로 보인다. 그리고 여운형이 미군정의 좌우합작 공작에 놀아난다거나 혹은 박헌영과 조선공산당 측을 멀리하려 한다고 생각했을 수도 있다.

박병엽에 따르면 박헌영은 제4차 방북 시기인 6월 29일 북조선공산당 당국자들과의 협의회에서 여운형의 좌우합작운동에 대해 매우 비판적이었다. 박헌영은 여운형이 야심가여서 자신의 지위가 약해지자 미국을 등에 업고 새 국면을 주도해 나가려 하고 있으며, 미군정은 정판사 '위폐' 사건을 근거로 조선공산당을 탄압하고 민전을 분열시켜 여운형을 끌어들여 단독정부 수립의 기초를 마련하려 한다고 강조했다. 그러므로 결국 여운형은 미국의 전략에 말려들어 이용당할 것이라고 말했다.[95]

그런데 박병엽에 따르면 여운형은 미군정이 정판사 '위폐' 사건을 계기로 조선공산당에 대한 탄압을 가속화하자 러치 군정장관을 찾아가 부당성을 항의했다고 한다. 그럼에도 조선공산당 측은 여운형이 미군정에 강력히

95) 박병엽 구술, 유영구·정창현 엮음, 『김일성과 박헌영 그리고 여운형』, 선인, 2010, 67~68쪽.

요구하지는 않았다고 뒷말을 했다고 한다.[96]

그러나 미군정의 문서에 따르면 박헌영이 여운형에게 미군정의 농간에 놀아나지 말고, 좌우합작이 커다란 실패작이 될 것이라고 경고한 뒤, 여운형은 미군정 당국자에게 7월 29일 개정되는 정판사 '위폐' 사건 공판으로 피고들을 징역을 보낸다든가 하는 식으로 박헌영을 거칠게 다루는 것이 미국의 계획을 성공시키는 데 필수적이라고 귀띔해 주었다고 한다.[97]

이상을 종합해 볼 때 박헌영과 여운형의 사이가 악화되는 데에 있어 정판사 '위폐' 사건이 어느 정도 역할을 한 것은 사실로 보인다. 그리고 이러한 좌익 분열은 결국 '신전술' 실패의 주요한 축이 된다.

한편, 미군정은 1946년 8월 초 시점에서 좌익의 움직임에 매우 당황하고 있었다. 7월 22일 박헌영이 귀국한 이후 조선공산당의 태도가 달라진 것이었다. 그전까지만 해도 좌우합작이라는 대의명분 앞에서 이러지도 저러지도 못한 채 갈팡질팡하던 조선공산당은 7월 25일 「민전 5원칙」을 내세우며 사실상 좌우합작 반대의 입장을 표명하고 나섰다. 게다가 5원칙 중에는 정권을 인민위원회로 넘기라는 쿠데타적인 요구도 포함되어 있었다. 이는 인민공화국 및 인민위원회를 부활시키겠다는 것으로서 모스크바 3상회의 직후 김구의 임정이 대대적인 반탁운동을 벌이며 미군정 접수를 시도했던 악몽을 떠올리게 할 만큼 위험한 것이었다.

무엇보다 7월 29일 정판사 '위폐' 사건 제1회 공판일에 발생한 소요 사건은 미군정에게 경악스러운 일이었다. 조선공산당 측으로서는 반합법적인 과격 시위 정도를 벌인 것이었지만 미군정으로서는 법원 구내로 수많은 데모대와 군중들이 몰려들어 왔다는 것 자체가 공권력에 도전하는 것이었으

---

96) 위의 책, 147쪽.
97) 「재한국 정치고문(랭던)이 국무장관에게」 1946.8.2., 김국태 역, 『해방 3년과 미국 I : 미국의 대한정책 1945~1948』, 돌베개, 1984, 329~331쪽.

므로 조선공산당 측이 드디어 본색을 드러내고 폭력 투쟁을 개시하는 것이 아닌가 하는 의심과 불안감에 휩싸이게 되었다. 얼마 전까지만 해도 바보 같을 정도로 때리면 때리는 대로 속수무책으로 맞고만 있던 물러터진 조선 공산당이 아니었던 것이다. 정확히는 알 수 없지만 조선공산당이 기존의 대미 협조 노선을 포기하고 대미 강경 노선으로 선회한 것 같은 정황이 포착됨에 따라 미군정은 비상경계 태세에 돌입하게 되었다. 이에 따라 7월 29일 위폐 공판 소요 사건을 강경 대응하는 과정에서 중학생 전해련 군이 경찰의 총을 맞고 사망하는 일이 벌어졌으며, 소요 사건 관련자 50명을 체포하여 군정 재판에 회부하여 실형을 선고했다. 또한 경찰은 8월 4일 전해련 군의 장례일 조문 행렬을 급습하여 책임자 이영, 오영을 포함한 조문객을 체포했으며, 그중 일부 조문객들은 실형을 선고받았다. 또한 7월 29일 주간신문 『건국』호외를 통해 정판사 사건 및 위폐 공판 소요 사건과 관련하여 경찰과 사법부를 비판한 김광수를 취조, 구속, 기소하여 「신문지법」 위반으로 실형을 선고했고, 7월 30일 정판사 사건이 허위임을 주장하는 삐라를 뿌렸다는 이유로 대학생들을 재판에 회부하여 벌금형을 내리기도 하는 등 미군정 측은 정판사 '위폐' 사건과 관련하여 군정, 경찰, 사법부를 비판하는 조그마한 움직임에 대해서도 철저하게 억압하고 탄압했다.

이런 상황에서 8월 3일 조선인민당이 조선공산당과 남조선신민당 측에 좌익 3당 합당을 제의했다는 소식을 들은 미군정은 거의 패닉 상태에 빠지게 되었다. 그동안 미군정은 여운형을 잘 구슬려서 김규식과 함께 중도파 세력을 형성하기 위해 엄청난 노력을 해 왔다. 우선 미군정은 좌우 극단주의자들에 의해 중도파가 흔들리지 않도록 사전 정지(整地) 작업을 마쳤다. 말 안 듣는 '고집불통 영감탱이'들인 극우파 이승만과 김구는 일찌감치 정계에 발을 못 붙이게 해 놓았고, 불순하고 위험한 '빨갱이' 세력인 극좌파 조선공산당은 정판사 '위폐' 사건이라는 기가 막힌 조작 사건을 통해 완전히 쑥대밭을 만들어 놓았다. 그리고 좌우합작 회담에는 초대 미군정장관 아놀드 소장 등 미군정 고위 관료들이 직접 참여하여 합작위원들의 권위도 세워 주고, 좌우합작 회담 장소도 일부러 미소공동위원회가 열렸던 덕수궁 석조전으로 잡음으로써 분위기도 고조시켰다. 그렇게 지극 정성으로 공을 들인 끝에 7월 25일 좌우합작위원회를 발족시킴으로써 중도좌파 여운형 세력을 극좌파 박헌영 세력으로부터 간신히 떼어 놓았다고 생각했는데, 그로부터 1주일 만인 8월 3일 여운형이 먼저 조선공산당과 남조선신민당에 합당하자고 제의한 것이었다. 믿었던 여운형에게 일말의 배신감마저 드는 순간이었다. 만약 좌익 3당이 합당된다면, 그리하여 합당을 통해 몸집이 더욱 커진 좌익이 좌우합작위원회의 다수를 차지하고, 입법기구를 장악하고 행정기관까지 장악한다면, 그리고 미소공위가 재개되어 좌익 중심의 남북통일임시정부가 수립된다면, 미군정으로서는 그야말로 죽 쒀서 개 주는 꼴이었다. 이는 미군정으로서는 상상하고 싶지도 않은 최악의 시나리오였다.

그러나 8월 초 당시로서는 미군정이 아직 좌익 내부 갈등의 심각성을 파악하지 못했던 것으로 보인다. 따라서 미군정의 공작과 상관없이 좌익 세력 스스로가 내부 갈등으로 인해 분열될 것을 예상할 수 없었던 미군정으로서는 좌익 3당 합당을 막기 위한 긴급 조치를 취할 필요성을 느꼈다. 그래서 급한 불부터 끄기 위해 일단 미군정은 좌익 전체에 대한 대대적인 탄압을 개시하기로 결정했다. 어떻게든 좌익 3당 합당을 막아야 했던 것이다.

그리하여 미군정은 제1관구경찰청장 장택상의 지휘 아래 서울 시내 경찰서원 300여 명을 비상 동원하여 좌익 인사들에 대한 대대적인 소환, 수배, 검거, 취조를 실시하기 시작했다.[98] 경찰은 8월 5일 민전의장단 장건

---

98) 「모종 대사건 발생?/경찰 총동원 활동」, 『대동신문』, 1946.8.9.
　「정계 요인 수 명 검거/300 경관 동원코 비상 활동 개시」, 『서울신문』, 1946.8.9.

상, 이주하, 이여성 등 5명에게 구인장을 발송하여 이여성, 장건상을 취조하는 것을 시작으로[99] 민전 간부 56명을 검거했고, 8월 7일 이강국, 김오성, 김세용, 홍진유, 조평재의 가택을 수색했으며,[100] 또한 조선민족혁명당의 당수 김원봉도 소환 조사했다.[101] 또한 「맥아더 포고령」 위반 혐의로 1946년 5월 4일 군정재판에서 『조선인민보』 사장 홍증식과 편집국장 김오성에 대해 징역 90일과 벌금 3만 원을 각각 선고한 바 있었는데, 형 집행을 유예하고 있던 홍증식을 8월 8일,[102] 김오성을 9월 1일[103] 전격적으로 구속 수감하여 형을 집행했다.

경찰이 내세운 검거의 명분은 8월 15일 광복 1주년 기념일을 계기로 좌익 측이 폭동을 계획하고 있으므로 이를 사전에 차단하겠다는 것이었다. 일제가 독립운동가들을 탄압하기 위해 실시한 악법인 예비검속이 부활한 셈이었다. 물론 미군정으로서는 지난 7월 29일 위폐 공판 소요 사건을 돌이켜 볼 때 8월 15일 군중이 운집하는 상황을 이용하여 조선공산당이 모종의 폭동을 일으킬지도 모른다고 예상했을 수도 있다. 하지만 폭동 계획은 전혀 사실이 아니었다.

그런데 이런 경찰의 대대적인 검거 와중에 좌익의 내분이 터져 나오기 시

---

99) 「인민당 이여성 수 취박/장건상, 이주하는 의연 피신」, 『대동신문』, 1946.8.6.
　　「이여성 등 계속 취조」, 『대동신문』, 1946.8.8.
100) 「경관대 질풍 신뢰의 대활약/민전 간부 등 대검거/좌익의 모종 대음모 발각」, 『대동신문』, 1946.8.10.
　　「각계 요인 검거 선풍/현 군정관리도 관련/신익희, 백관수 양 씨 댁도 수색」, 『독립신보』, 1946.8.10.
　　「사건, 연합국에 관련/악질적 음모는 용서 못 한다/장 청장 담」, 『한성일보』, 1946.8.11.
101) 「좌익 거물 속속 취조/김원봉, 장건상, 강진 등/음모 사건 일익 심각」, 『대동신문』, 1946.8.13.
102) 「인민보사 사장 홍증식 씨 피검」, 『독립신보』, 1946.8.9.
103) 「김오성 씨 피검」, 『서울신문』, 1946.9.4.

작했다. 8월 5일 대회파 6인이 간부파를 비판하는 성명을 발표하자 7일 박
헌영이 이들 대회파에 대한 강경 대응 조치를 취한 것이었다. 미군정으로
서는 사태를 파악할 필요가 있었다. 그리하여 경찰은 8월 10일 강진, 김근,
문갑송, 서중석, 최홍렬, 하필원 등 반박헌영파 조선공산당 간부 등 50여 명
을 검거했다가 취조 후 석방했다.[104]

좌익 인사들에 대한 검거와 취조, 조사를 통해 미군정은 좌익 3당 합당
과정에서 불거진 박헌영파와 반박헌영파 간의 갈등이 매우 심각하다는 것
을 파악하게 되었다. 미군정은 이 기회를 놓치지 않고 우익 언론을 통해
좌익 내부 분열상을 대중에게 폭로했다. 이는 대중에게 좌익에 대한 실망
감과 부정적인 이미지를 확산시키는 한편, 박헌영파의 독단적 당 운영 행
태를 비판하여 박헌영 세력을 고립시키고 여운형 계열을 확실하게 분리해
냄으로써 좌익 3당 합당을 막고 좌우합작을 성공시키려는 시도였다.

그리하여 『동아일보』 8월 13일자는 사설 및 머리기사를 포함하여 1면
전체를 공산당의 분열상을 분석, 폭로하는 기사로 가득 메웠다.[105] 그리고
『조선일보』는 반박헌영파의 대표 격인 강진이 박헌영파를 비난하는 글을
8월 28일부터 3일 연속으로 게재했다.[106] 이로 인해 박헌영과 조선공산당

---

104) 「또 5명을 검거/작일 경찰부에서」, 『동아일보』, 1946.8.13.
　　　「검거한 조공 간부/1일 만에 석방」, 『자유신문』, 1946.8.14.
105) 「[사설] 좌익의 방향 전환」, 『동아일보』, 1946.8.13.
　　　「조선공산당은 어데로?/관료적 독선주의의 청산이 급무/재건 당초부터 약체/찬탁과
　　　위폐로 민심 이탈」, 『동아일보』, 1946.8.13.
　　　「분열을 내포한 파벌/시험대에 노힌 조선공산당」, 『동아일보』, 1946.8.13.
　　　「조공 산하의 인민당/절대 다수는 장 씨 계열」, 『동아일보』, 1946.8.13.
　　　「또 5명을 검거/작일 경찰부에서」, 『동아일보』, 1946.8.13.
　　　「당 대회 급속 소집을/반간파(反幹派)서 필요성 지적」, 『동아일보』, 1946.8.13.
　　　「당 대회의 소집 천연(遷延)/정략 빈곤과 전략 우선으로」, 『동아일보』, 1946.8.13.
106) 강진, 「당내 열성자 동지 제군에게 고하노라」, 『조선일보』, 1946.8.28.
　　　강진, 「당내 열성자 동지 제군에게 고하노라 ②」, 『조선일보』, 1946.8.29.

간부파는 3당 합당을 성사시키는 것은 고사하고, 당 내외적으로 비판이 쏟아지는 가운데 회복하기 힘들 정도로 곤란한 상황에 빠지게 되었다.

절체절명의 위기에 빠진 박헌영파를 구원한 것은 북쪽에서 온 소식이었다. 8월 28일부터 8월 30일까지 열린 북조선공산당과 조선신민당 간의 합당을 선포하는 북조선노동당 창립대회에서 3당 합당에 대한 발표를 통해 반박헌영파를 반동적 종파주의자, 분열적 반당 행위자로 규정하고, 조선공산당이 대회파 6인을 제명, 정권 처리한 것이 타당한 결정이었다고 인정함으로써 박헌영파의 손을 들어준 것이다. 이로써 김일성은 1945년 10월 10일부터 13일까지 열린 조선공산당 북조선 5도 당 책임자 및 열성자대회에 이어서 두 번째로 박헌영을 위기에서 구해 준 셈이었다. 그 당시에는 이영, 정백, 최익한 등 장안파에 대한 비판 결정을 내렸고, 이번에는 대회파 및 여운형, 백남운 계열을 종파주의자로 몰아세움으로써 박헌영을 대신하여 정적들을 처리해 주었다. 이 두 번의 계기를 통해 김일성은 남조선 내에서 박헌영의 당권을 확실하게 밀어주는 동시에 북조선 내에서 자신의 당권을 더욱 강화할 수 있었으며, 남북 조선 전체에서 박헌영을 누르고 좌익 세력의 최고 지도자로 떠오르게 되었다.

김일성의 도움으로 남조선 좌익 내에서 박헌영파의 입지가 다시 강해지기 시작했으며, 조선인민당, 남조선신민당 내에서도 무조건 합당파의 주장에 무게가 실리기 시작했다. 전평, 전농, 민청, 부총 등 좌익계 대중단체들로 구성된 3당합동촉진위원회에서도 북조선노동당 창립대회의 결정에 따라 분파의 즉시 해체를 요구하며 조속히 합당할 것을 촉구했다.

그리하여 좌익 3당의 무조건 합당파 측은 여운형과 백남운을 배제한 채 9월 4일 3당합동준비위원연석회의를 통해 남로당으로의 합당 결정서를 가

강진, 「당내 열성자 동지 제군에게 고하노라 ③」, 『조선일보』, 1946.8.30.

결했으며 남조선노동당준비위원회를 구성했다.[107] 뒤늦게 이 소식을 접한 공산당 대회파 및 인민당 내 여운형 측과 신민당 내 백남운 측은 강하게 반발했지만, 남로당준비위원회의 움직임을 막을 수는 없었다.

이렇듯 북로당 측에서 박헌영을 지지함에 따라 박헌영파를 중심으로 좌익 3당 합당이 급물살을 타게 되자 미군정은 매우 다급해졌다. 8월 31일 하지 사령관은 미군정 공보부를 통해 「조선민중에게 보내는 말」이라는 제목의 장문의 담화문을 발표하여 일부 조선인들이 언론, 출판, 집회의 자유를 이용하여 미국의 노력에 부당한 공격을 가하며 허위 선전을 하고 있는데, 이는 「맥아더 포고령 제2호」 위반으로 간주하겠다고 밝혔다.

미군정은 이러한 사실상의 선전 포고를 내린 후 9월 6일부터 행동을 개시하여 좌익 신문들을 정간시키고 박헌영을 비롯한 좌익 인사들에 대한 전격적인 체포령을 내리는 초강경 조치를 단행했다.

9월 6일 미군 헌병대는 조선인민보사, 중앙신문사, 현대일보사를 급습하여 출근해 있던 조선인민보사 및 중앙신문사 직원들을 모두 구속하고, 미군정은 『조선인민보』, 『중앙신문』, 『현대일보』를 정간시킴으로써 대대적이고 전격적인 좌익 언론 탄압에 나섰다.[108] 군정청 측이 밝힌 정간 이유는 「맥아더 포고령 제2호」 위반 기사 게재였다.[109] 정판사 '위폐' 사건으로 인한 『해방일보』 폐간 및 『청년해방일보』 등록 취소 이후 또다시 좌익

---

107) 「3당 합동 결정/준비위원회도 구성」, 『자유신문』, 1946.9.6.

108) 「3 신문 정간」, 『대동신문』, 1946.9.7.
    「인민, 현대, 중앙 등 3사에 정간 명령/군정재판에 기소될 터/'조선 국민에 고함' 포고」, 『대동신문』, 1946.9.7.
    「미군 포고령 위반/좌익 3 신문 정간」, 『대한독립신문』, 1946.9.7.
    「인민보, 현대일보, 중앙신문 등/3 신문 정간」, 『조선일보』, 1946.9.7.
    「3 신문사 간부 15일 군정재판」, 『대동신문』, 1946.7.12.

109) 「중앙신문은 휴간 전 위법/현대, 인민보는 포고 제2호 위반/3 신문 정간 이유」, 『조선일보』, 1946.9.18.

언론에 대한 본격적인 탄압을 개시한 것이었다. 이에 각 신문사를 비롯한 조선기자회는 하지 사령관에게 세 신문의 정간을 해제하고 구금 중인 언론인들을 석방할 것을 거듭 요청했는데,[110] 미군정 측은 구금된 언론인들 중 일부를 석방할 뿐 세 신문사의 정간을 해제하지 않았다. 이에 출판노조는 9월 25일 3사 복간을 주장하며 전평의 총파업에 합류했고, 이에 따라 서울 시내 일간지 대부분이 약 1주일간 휴간되었다. 파업 기간 중 우익 청년 단체 100여 명이 9월 30일 자유신문사를 습격하여 편집국장 등 직원을 구타하고 시설을 파괴하는 일이 발생했다.[111] 한편, 미군정은 구금시켰던 『조선인민보』 및 『중앙신문』 기자들 대부분을 석방했고, 중앙신문사 편집국장 이상호, 총무부장 황대벽에게는 9월 30일 군정재판에서 징역 1년 6개월을 선고했다가[112] 10월 2일 하지 사령관의 특명으로 집행유예 및 석방했다.[113] 그러나 미군정은 3사의 정간은 계속 해제하지 않다가 『조선인민보』는 결국 폐간시켰고, 『현대일보』는 우익 측인 대한독립청년단의 서상천에게 발행권을 넘겨 1947년 1월 29일 속간시켰으며, 『중앙신문』 역시 우익 측 인사로 하여금 1947년 4월 19일 속간시켰다.[114] 이러한 하지 사령부의 조치는 좌익에 대한 대대적인 탄압에 앞서 미리 좌익의 입을 봉쇄하려는 시도였다고 할 수 있다.

이어서 9월 7일 하지 사령부는 역시 「맥아더 포고령 제2호」 위반을 구실로 좌익 간부들에 대한 대대적인 체포령을 내렸다. 김삼룡, 이주하, 홍

---

110) 「3 신문 정간 해제를 요청/신문기자회 대표 하지 중장 방문」, 『조선일보』, 1946.9.14.
　　「3 신문의 속간/하 중장에 진정」, 『서울신문』, 1946.9.18.
111) 「파업 중에 테로/자유신문사 등 습격」, 『서울신문』, 1946.10.5.
112) 「이, 황 양 씨에 1년 반 언도/중앙신문 사건 판결」, 『조선일보』, 1946.10.2.
113) 「이상호 씨 석방」, 『독립신보』, 1946.10.4.
　　「중앙신문 사건/이, 황 양 씨 석방」, 『자유신문』, 1946.10.4.
114) 송건호, 『송건호 전집 9 민주언론 민족언론 · 2』, 한길사, 2002, 69쪽.

남표가 체포되었고, 좌익 인사 수십 명이 가택을 수색당했다. 박헌영과 이강국은 체포를 피해 몸을 숨겼으며 이후 월북하게 된다. 이로써 1945년 8월 해방을 맞아 재건된 조선공산당은 불과 1년여 만에 사실상 다시 불법화되었다.

한편, 미군정에게 쫓기는 몸이 된 박헌영은 최후의 수단으로 조선공산당의 산하 단체인 전평을 이용하여 총파업을 통해 미군정에 대항하기로 결정했다. 사실 총파업 방침은 박헌영이 7월에 평양을 방문했을 때 김일성 및 소련군 지도부와 합의한 사항이었으며 시기는 노동자와 농민의 연대를 끌어내기 위해 추수가 끝나는 10월 전후로 삼았다. 그러나 미군정의 체포령이 떨어지며 상황이 급박하게 돌아가자 박헌영은 총파업의 시기를 다소 앞당기게 된 것이다.[115]

그런데 사실 미군정은 이미 노동계에 대한 탄압을 진행하고 있었다. 그로 인해 각 공장 및 기업들은 미군정에 대한 불만이 쌓여 갔으며, 뿐만 아니라 그럼에도 파업을 자제시킨 채 대미 협조 노선만을 견지하는 무력한 전평 및 조선공산당에 대해서도 불만을 품게 되었다. 1946년 5월 미소공위 휴회 이래 미군정은 좌익 노동조합인 전평을 약화시키고 우익 노동조합인 대한노총을 강화시키려는 전략을 구사했다. 이를 위해 우익 테러단이 전평을 비롯하여 노동조합 조직을 파괴하기 시작했고, 이러한 상황과 맞물려 5월 13일 철도국, 6월 12일 영등포 한성피혁회사, 7월 14일 영등포 조선피혁공장, 8월 3일 인천 동양방적 등은 전평을 탈퇴하여 대한노총에 가입하기도 했다.

또한 노동 조건에 대한 불만으로 인한 파업과 미군정에 대한 불만 및 그로 인한 충돌과 파업이 속출하고 있었다. 6월 8일에는 동양방직 인천공장

---

115) 정창현, 「좌익 정치세력의 '삼당합동' 노선과 추진과정」, 서울대학교 석사학위논문, 1993, 53쪽.

직공 700여 명이 대우 개선을 요구하며 총파업을 벌였고, 그중 450명은 상경하여 전평 본부에서 유숙하며 본사에 대우 개선을 요구했다. 7월 3일에는 조선화물자동차회사에서 미군이 트럭 30대를 강제 인수하자 노동자 500여 명과 미군 30여 명 및 무장 경관 100여 명이 충돌하여 노동자 50여 명이 부상당하고 200여 명이 검거되기도 했다.

이런 상황에서 1946년 8월 16일 경찰은 전평 서울본부를 습격하여 가맹자 기록을 포함한 각종 문서를 압수했다. 또한 1946년 여름을 강타한 콜레라와 홍수, 그리고 미군정의 쌀 공출 문제 등이 겹치면서 박헌영의 신전술이나 지시와 상관없이 이제 노동계의 불만은 폭발 직전이었다.

좌익 3개 신문이 정간되고 박헌영 등 좌익 간부들에 대한 체포령이 내려진 지 며칠 후인 9월 13일, 서울 용산의 철도 노동자 3천여 명은 미군정청에 대우 개선을 요구했다. 그러나 미군정 측에서는 아무런 반응이 없었다. 그러자 9월 23일 부산에서 8천여 명의 철도노동자들이 서울노동자들이 제시한 것과 똑같은 대우 개선을 요구하며 파업에 돌입했다. 이에 동조하여 서울 철도노동자들도 총파업을 시작했으며, 9월 25일에는 출판노조 1,300여 명과 대구우편국 종업원 400명이 파업에 참여했다. 그리고 9월 26일 전평은 남조선총파업투쟁위원회를 결성하여 본격적 투쟁에 들어갔다. 그리고 전국 각지에서 수많은 노동자들이 파업에 참가하기 시작했다. 이른바 9월 총파업이 시작된 것이었다.

미군정은 이러한 파업을 불법으로 간주하고 9월 26일부터 노조 간부와 노동자들에 대한 대대적인 검거를 실시하기 시작했다. 그리고 미군정은 경찰뿐만 아니라 대한민주청년동맹과 같은 우익 청년 단체를 동원하여 전평을 비롯한 좌익계 노동조직을 무자비한 폭력으로 철저하게 파괴했다.

한편, 이러한 파업의 열기는 노동자뿐만 아니라 일반 민중에게로까지 확산되었다. 10월 1일 대구역 앞에서 파업 중인 노동자 500여 명이 시위를 벌였는데 경찰이 시위대에 발포하여 1명이 사망하는 사건이 발생했다. 당시 민중들은 미군정의 무리한 하곡 수집 정책에 대해 불만을 느끼고 있었으며, 이와 더불어 친일 경찰의 횡포에 대한 분노가 극에 달해 있었으므로 이 사건은 민중들의 분노가 폭발하는 계기가 되었다. 그리하여 경찰의 발포 및 살해 사건에 분노한 수많은 대구 시민들이 시위대에 가담하면서 시위대는 대구경찰서를 비롯하여 각 파출소를 점령하고 무기를 탈취했으며, 수십 명의 경찰을 살해했다. 이른바 10월 항쟁의 시작이었다. 이로써 '노동자들'의 총파업은 '전 민중'의 항쟁이라는 새로운 국면으로 전환되었다.

미군정은 10월 2일 대구 지역에 계엄령을 선포하고 시위를 진압하기 시작했으며, 수많은 사람들이 체포, 구속되거나 즉결 처분당했다. 그러나 미군정과 경찰에 대한 민중의 분노는 가라앉지 않았으며, 이후 항쟁은 남조선 전역으로 확산되어 12월까지 약 3백만 명이 참여했다. 그러나 미군정은 자신들의 과오를 반성하기는커녕 공권력과 우익 청년 단체[116]를 동원하여 항쟁에 참여한 민중을 거의 학살하듯 가혹하게 진압함으로써 1946년 하반기는 피로 얼룩지게 되었다. 민중의 피해는 극심했으며 정국은 더욱 혼란스러워졌다.

그런 상황에서 1946년 10월 박헌영을 비롯한 조선공산당 지도부는 북으로 넘어가야 했으며, 이로써 조선공산당은 사실상 지하조직이 되었다. 지하화된 조선공산당은 우여곡절 끝에 3당 합당의 형식을 거쳐 남조선노동당을 창당했으나 반쪽짜리 정당에 불과했다. 이로 인해 조선 좌익 전체의 주도권은 김일성에게로 넘어갔으며, 남조선과 북조선 사이의 정치적,

---

116) 9월 총파업과 10월 항쟁의 발발을 계기로 반공 세력 결집의 필요성을 느끼게 되면서, 대한독립청년단, 조선민족청년단, 서북청년회를 비롯한 각종 우익 청년 단체들이 결성되기 시작했다. 서북청년회의 결성과 역사적 정체성에 대해서는 윤정란, 『한국전쟁과 기독교』, 한울, 2015 참조.

사회적 이질화는 더욱 심화되어 갔다. 박헌영에 반대하던 좌익들은 사회노동당을 만들었으나 오래 못 가서 무력화되었다.

좌우합작위원회는 「좌우합작 7원칙」을 내세우며 의욕을 보였지만, 미군정이 원하는 남조선과도입법의원이 탄생한 이후 유명무실해졌다. 좌익 3당 합당과 좌우합작 모두에서 실패를 겪은 여운형은 실의에 가득 찬 채 정계 은퇴를 선언하고 만다. 미군정은 선거를 통해 입법의원을 조직했지만 계획했던 중도파 중심이 아니라 극우파 중심의 단체로 전락함으로써 민중의 지지를 얻지 못함에 따라 정계 통합에 또다시 실패하고 만다.

결국 1946년은 엄청난 에너지가 폭발한 한 해였음에도 박헌영파, 여운형파, 미군정 모두의 실패로 끝났다. 남조선에서는 친일 경찰과 한민당 극우파들만 권력에 한걸음 더 다가가게 되었으며, 북조선에서는 김일성의 권력만 더욱 커졌을 뿐이다.

한편, 1947년 5월 제2차 미소공위가 재개됨에 따라 여운형이 활동을 재개하고, 중도파 좌우합작 세력이 다시 힘을 받는 듯했으나, 얼마 못 가 극우파가 여운형을 암살하고, 제2차 미소공위가 결렬됨에 따라 남조선에서는 중도좌익 세력마저 설 곳을 잃고 말았다. 한반도 문제가 국제연합(UN)으로 이관됨에 따라 미국과 소련 및 그들의 충실한 대리자 이승만과 김일성은 각각 단독정부 수립에 착수했다. 중도 우익을 대표하는 김규식 세력 및 뒤늦게 이승만과 결별한 김구 세력은 남북 합작을 통해 이를 막으려 했지만 때는 이미 너무 늦어버렸다. 그리하여 결국 1948년 한반도에는 대한민국과 조선민주주의인민공화국이라는 반쪽짜리 국가 두 개가 탄생하게 되었다.

돌이켜 볼 때 해방 2년 차인 1946년, 미군정의 좌익 및 민중 탄압이라는 폭풍 같은 시기를 겪고 났을 때, 남북의 분단은 사실상 결정된 것이나 다름없었다. 그리고 그러한 비극적 폭풍의 신호탄은 1946년 5월의 정판사 '위폐' 사건이었다.

3) 일제강점기 억압적 국가기구의 부활

정판사 '위폐' 사건은 일제의 대표적 억압적 국가기구인 경찰과 사법 기구가 미군정을 통해 인적, 제도적으로 부활하는 중요한 계기가 되었다고 할 수 있다.

미군정은 군정 초기부터 군정 관료 기구를 정비해 나갔는데, 미군정에 있어 특히 중요한 부서는 경무국과 법무국이었다. 이는 이들 부서가 치안과 직접적으로 관련되어 있으며, 경찰, 형무소, 법원, 검찰 등 중앙과 지방에 걸쳐 방대한 조직 및 인원을 포함하고 있기 때문이었다. 따라서 미군정은 다른 어느 부처보다도 경무국-경찰 및 법무국-법원 조직의 인선에 있어 신중할 수밖에 없었다.

미군정은 이러한 신중한 인선 작업을 통해 1946년 중반까지 대표적인 억압적 국가기구인 경찰과 사법 기구 정비를 완료했다. 그리고 이러한 경찰과 사법 기구의 정비 완료는 정판사 '위폐' 사건을 비롯한 좌익에 대한 본격적 탄압 실행을 위한 사전 준비 단계로서의 역할을 했다. 그 과정을 하나씩 살펴보겠다.

우선 경찰 기구 정비 과정을 살펴보겠다.

1945년 8월 15일 해방과 함께 여운형이 엔도 정무총감으로부터 치안권을 인계받은 이래 건준 산하의 치안대가 조직되어 서울 시내 경찰서를 접수했다. 당시 일본인 경찰은 물론 조선인 경찰들은 대부분 출근을 거부하고 도망친 상태였다.[117] 그러나 8월 18일 아베 노부유키(阿部信行) 총독은 일본군의 엄존과 행정권 이양 취소를 발표했으며, 20일에는 일본군 정예부대 800여 명을 경찰관으로 발령하여 서울 시내 주요 경찰서를 탈환했

---

117) 해방 이후 미군 주둔까지 경기도 경찰부 소속 경찰관의 출근율은 조선인 20%, 일본인 90%였다(수도관구경찰청, 『해방이후 수도경찰발달사』, 수도관구경찰청, 1947, 94쪽).

다. 건준치안대는 지방치안대, 경위대, 학도대, 자위대, 보안대, 청년대 등의 자생적 치안 단체들과 협력하여 치안 유지에 주력했다. 그 과정에서 일본 경찰들과 충돌이 일어나기도 했다.118)

진주 이래 미군정이 가장 우려한 문제는 바로 치안 문제였으며, 이를 위해 경찰 기구를 정비하는 것이 시급했다. 이에 따라 9월 14일 니시히로 타다오(西廣忠雄) 경무국장 및 오카 히사오(岡久雄) 경기도경찰부장의 파면과 함께 자생적 치안 단체의 해산과 조선인 경찰관의 복귀를 명했다. 또한, 해방 직전 경기도경찰부 형사과장이었으며, 해방 이후 종로경찰서장으로 재직 중이던 최연(崔燕)을 경기도경찰부장 보좌관 겸 경무과장(총경)으로 승진 임명하는 등119) 일제강점기 조선인 경찰 경력자들을 간부진으로 등용했다. 9월 중순에서 10월 초까지 서울 시내 10개 경찰서에 발령된 서장은 모두 일제강점기 경찰관이나 군수 출신이었다.120) 또 9월 16일에는 경찰관강습소(10월 2일 경찰학교로 개칭)를 개설하여 확대된 경찰 조직을 충원하기 시작했다.

미군정에게는 이러한 경찰 조직을 미군정의 뜻에 따라 잘 관리하고 통솔할 인물이 필요했다. 이에 따라 다른 고위직 관료들도 마찬가지이지만 영어 구사 능력과 친미 반공 우익적인 성향을 지닌 인물을 등용하고자 했다. 그러한 조건에 따라 경찰 책임자로 추천받아 낙점된 인물이 바로 조병옥과 장택상이다.

우선 조병옥에 대해서 살펴보면, 미군정은 10월 21일 중앙에는 경무국을 창설하고, 지방에는 도지사 예하에 경찰부장을 두었는데, 조선인 경무국장으로는 조병옥을 등용했다. 조병옥은 경무국장으로 취임한 후, 규모

---

118) 안진, 『미군정과 한국의 민주주의』, 한울아카데미, 2005, 183쪽.
119) [최령], 친일인명사전 편찬위원회, 『친일인명사전』 3, 민족문제연구소, 2009, 703~704쪽.
120) 「비화 한 세대 (80) 군정경찰 [11] 민주적 서장 선출」, 『경향신문』, 1977.2.28.

면에서나 조직 체계 면에서 군사 조직과 유사한 경찰 체계를 확립하는 데 전력을 기울였다. 이에 따라 조병옥은 경찰 인원을 일제강점기 조선 전체의 경찰 규모보다 더 큰 규모인 25,000명으로 책정하고 경찰 조직을 미군과 같이 사단제로 편성했으며, 경찰청 - 경찰서 - 지서로 연결되는 계통적인 경찰망 조직을 형성하여 중앙에서 일사분란하게 통제할 수 있도록 경찰 편제를 조직했고, 경화기와 중화기 등으로 중무장하도록 했다.

이렇듯 계속되는 경찰 조직 확대와 충원으로 "해방 직전 남북한 통틀어 10,000여 명이던 한국인 경찰관은 해방 후 불과 3개월 만인 11월 중순 남한 지역만 해도 15,000명으로 급증"[121]하게 되었다. 그리고 12월 27일 군정장관의 명령으로 「국립 경찰의 조직에 관한 건」을 발표하여 각 도의 경찰부를 중앙 경무국의 지휘하에 둠으로써 중앙집권적인 경찰 체제를 확립했다.[122] 또한 조병옥은 1월 16일 경무국이 경무부로 승격되면서 다시 경무부장으로 임명되었다.

다음으로 장택상에 대해 살펴보겠다. 미군정의 경찰 기구 정비 재편 노력에도 1945년 말까지는 아직 경찰기구의 완전한 조선인화가 확립되지 못했는데, 치안의 핵심적 요직인 경기도경찰부장(서울과 경기도 지역 관할)의 자리가 안정화되지 않았기 때문이다.[123] 1945년 10월 초순 아놀드 군정장관의 고문단은 미군정에 경기도경찰부장으로 장택상을 추천했는데, 장택상은 이를 '의외의 결정'으로 여기고 한동안 수락하지 않았다고 한다.[124]

---

121) 안진, 앞의 책, 186쪽.

122) 위의 책, 183~184쪽, 270쪽.

123) 미군정 초기 경기도경찰부장을 맡은 인물은 스탈린(1945.10.21.~11.6.), 조개옥(1945. 11.6.~11.17.), 밀러(1945.11.17.~12.25.), 스톤(1945.12.25.~1946.1.12.)으로 계속 변경되었다.

124) 장병혜 · 장병초 편, 『창랑 장택상 자서전: 대한민국 건국과 나』, 창랑장택상기념사업회, 1992, 68쪽.

그러던 중 12월 27일 **모스크바 3상회의** 결정 내용이 국내에 알려지면서 경찰 체제에 큰 변화의 계기가 되며 장택상이 경기도경찰부장직을 수락하게 되는 두 가지 사건이 일어나게 되었다. 한 가지는 반탁에 신중론을 펴던 한민당의 송진우가 12월 30일 새벽에 암살당한 것이었고 또 한 가지는 서울 시내 경찰서장 8명이 임정 봉대와 관련하여 사직하게 되는 사건이었다.

후자에 대해 설명하면 다음과 같다. **모스크바 3상회의** 결정 내용이 알려지면서 전국적으로 반탁 분위기가 형성되었다. 이에 1945년 12월 29일 서울 시내 10개 경찰서 서장들은 종로서에서 모임을 갖고 대책을 숙의한 결과 반탁을 결의하고 군정에서 이탈해 독자적인 치안대를 운영하겠다는 성명서를 발표했다.

한편, 당시 중경임정 내무부장 신익희는 12월 30일 자신이 이끌던 행정연구위원회를 통해 반탁운동을 할 것과 군정청 소속 한국인 직원을 중경임정 산하에 둔다는 내용의 포고문을 작성했는데, 그날 저녁 이들 10개 경찰서 서장과의 회합을 약속했다. 이를 알게 된 미군정은 신익희와 만나는 서장은 모두 파면 조치하겠다는 내용을 통고했지만, 그럼에도 8인의 경찰서장125)은 신익희와의 모임에 참석했다.

다음 날인 12월 31일 신익희는 자신의 명의로 「국자 1호」 및 「국자 2호」를 발표하여 전 군정청 한국인 직원 및 경찰들은 중경임정의 지휘를 받으라는 명령을 내렸다. 미군정으로서는 이러한 경찰과 임정의 움직임을 결코 묵과할 수 없었다. 이에 따라 신익희에 대한 체포령을 내리고 김구를 소환하는 한편, 신익희와의 모임에 참석한 8명의 경찰서장에 사표를 내도록 지시했으며, 불응하면 명령 불복종으로 파면과 동시에 입건하겠다고 했다. 이에 8명의 서장은 성명서 발표와 함께 사표를 제출했고, 군정청은 1월

---

125) 동대문(김정제), 마포(박수직), 본정(손석도), 서대문(최운하), 성동(이희상), 성북(김일석), 용산(김정채), 종로(이성실).

4일 이들의 사표를 수리했다.[126]

이러한 일련의 사태는 미군정이 경찰을 아직 완전히 장악하지 못했다는 사실을 방증하며, 미군정이 가장 큰 관심을 두고 있던 치안 유지와 이를 담당하는 경찰 체계에는 큰 공백이 있음을 말하는 것이었다.

이러한 상황에서 장택상은 치안문제 및 경찰직에 관심을 갖게 되었으며, 경기도경찰부장직을 수락하기로 결심했고,[127] 1946년 1월 12일 경기도경찰부장에 임명되었다. 임명된 직후인 1월 18일 장택상은 송진우 암살을 위시한 각종 테러와 암살 등 범죄 행위에 강경 대응하겠다는 입장을 밝히고 경찰관의 전시 편제를 실시하겠다는 포고문을 선포했다.[128] 그리고 치안 강화를 위해 전문적인 수사 인력을 확보하여 경찰진을 강화하기 시작했다.

우선 장택상은 그동안 공석이었던 서울 시내 8개 경찰서 서장을 포함한 9개 경찰서 서장[129]에 대한 인사를 1월 26일 단행했는데,[130] 일제강점기에 악행이 자자했던 이른바 '친일 경찰'이 다수 포함되어 있었다. 또한 노덕술(盧德述)을 경기도경찰부 수사과장으로 임명했으며,[131] 장택상이 1938년 청구구락부 사건으로 체포되어 서대문경찰서에서 취조를 당할 때 자신을 고문했던 경찰관 가창현(賈昶鉉)을 1계급 특진과 함께 수원경찰서

---

126) 수도관구경찰청, 앞의 책, 126~127쪽.
「비화 한 세대 (106) 군정경찰 [37] 반탁의 소용돌이」, 『경향신문』, 1977.4.11.
「비화 한 세대 (107) 군정경찰 [38] 8 서장 일괄 퇴진」, 『경향신문』, 1977.4.12.
정병준, 『우남 이승만 연구』, 역사비평사, 2005, 510~511쪽.

127) 최선우·박진, 「미군정기 수도경찰청장 장택상 연구」, 『경찰학논총』 제5권 제1호, 원광대학교 경찰학연구소, 2010, 194쪽.

128) 수도관구경찰청, 앞의 책, 131~132쪽.

129) 동대문(이익흥), 마포(강신창), 본정(이구범), 서대문(장기상), 성동(이중수), 성북(윤파), 영등포(문학주), 용산(김형진), 종로(윤명운).

130) 수도관구경찰청, 앞의 책, 135쪽.

131) 위의 책, 133~134쪽.

장으로 임명했다. 이후 가창현은 장택상을 친형님처럼 모셨다고 한다.[132]
3월 1일에는 서울 시내 10개 경찰서를 통할하는 중앙경찰청을 설치하고
초대 경무감으로 경기도경찰부 총무과장인 최연을 겸임시켰다.[133] 또한
미군정에 의해 1월 4일 서대문경찰서장직을 사임해야 했던 친일 고등계
경찰 출신 최운하(崔雲霞)를 다시 불러들여 3월 10일 용산경찰서장에 임명
했다.[134] 그리고 4월 11일 직제 개편으로 장택상은 제1관구경찰청장[135]에
임명되었다.

장택상은 1월 12일 경기도경찰부장 취임 연설에서 "경찰관은 민주주의
원칙에 입각한 경찰정신을 갖추고, 엄정중립의 태도로 불편부당하여 공평
한 입장에서 성의를 다하여 치안을 확보함으로써 새로운 국가건설에 이바
지하여야 한다"[136]라고 하는 등 표면적으로는 경찰의 민주성과 공정성을
내세웠지만, 실제로는 1월 18일 있었던 **학병동맹** 사건에 대한 처리 방식에
서 알 수 있듯 미군정 및 우익 단체와 연결하여 좌익을 탄압하고 있었다.
그러한 점에서 장택상의 친일 경찰 등용은 테러 및 폭력 방지라는 치안 유
지 목적을 위한 전문적 수사 인력 확보의 일환이었다기보다는 좌익 탄압
이라고 하는 정치적 목적을 위해 친일 경찰들에게 면죄부를 주고 등용시
켜 자신에게 충성을 다하도록 하려는 의도의 발로였다고 할 수 있다.

이로써 1946년 1월에 출범하여 4월경 체제 정비를 마친 조병옥-장택상
체제는 이후 미군정기 내내 탄탄하게 지속되었다.

---

132) 「비화 한 세대 (110) 군정경찰 [41] 고문 경찰의 발탁」, 『경향신문』, 1977.4.15.
133) 「시내 경찰의 총본영/수도경무청을 신설/3월 1일부터 본정서서 사무 개시」, 『동아일
　　보』, 1946.3.6.
　　「최 초대경무감의 취임 포부」, 『동아일보』, 1946.3.13.
134) 오유석, 「최운하-친일 사찰 경찰의 총수」, 반민족문제연구소, 『청산하지 못한 역사:
　　한국현대사를 움직인 친일파 60』 3, 청년사, 1994, 126~139쪽.
135) 서울 및 경기도 지역을 관할함.
136) 수도관구경찰청, 앞의 책, 128~129쪽.

그 이유로는 우선, 내부적으로는 경찰 하부 조직의 경우 일제강점기 경찰 근무 경력이 있는 이른바 친일 경찰들이 대부분이었으므로 이들은 자신들의 치명적인 약점으로 인해 생존을 위해 조병옥, 장택상에게 절대복종하지 않을 수 없었으며, 1945년 12월 17일「조선 국립경찰의 조직에 대한 건」에 의해 경무부 산하로 일원화된 중앙집권적 국가경찰 조직 체제를 형성했고, 또한 인물 면에서도 경찰 내에 조병옥, 장택상 체제에 도전할 만한 세력이 존재하지 않았기 때문이다.

또한 외부적으로는 조병옥, 장택상, 친일 경찰 모두가 좌익이라고 하는 공동의 적이 있었으므로 이러한 좌익 탄압을 목표로 반공 극우적인 전선 하에 단결할 수 있었으며, 이를 통해 미군정의 절대적인 신임을 받고 있었기에 가능한 일이었다. 그런 점에서 미군정의 경찰 인사는 조기에 성공적으로 정착했다고 할 수 있다.

그리고 이러한 조병옥-장택상 체제하에서 조직과 규모 면에서 급성장하게 된 경찰은 미군정의 좌익 및 민중 탄압에 있어 가장 중요한 자원으로 활용되었다. 그리고 조병옥-장택상 체제 출범 이후 미군정의 좌익 탄압에 있어 가장 큰 '성과'를 거둔 사례는 1946년 1월의 학병동맹 사건과 1946년 5월의 정판사 '위폐' 사건이라고 할 수 있다.[137] 정판사 '위폐' 사건을 통해 조병옥-장택상을 중심으로 하는 친일 경찰 체제는 확고하게 자리매김하게 되고 미군정의 절대적 신임을 받게 됨으로써 향후 반공 체제 형성의 중요한 물적 토대를 이루게 된다. 또한 법적 한도를 넘어선 피의자에 대한 장기 구금 및 고문과 증거 조작을 통한 강압 수사 방식이라는 일제 경찰의 유산도 정판사 '위폐' 사건을 거쳐 확대 재생산되었으며, 위폐 공판 소요 사건에서의 비무장 대중에게 총을 쏘는 과잉 진압 방식 역시도 미군정으로부터 공

---

137) 장택상은 자신이 처리한 여러 사건 중 이 두 사건에 큰 정치적 의미를 부여하고 있다(장병혜, 『상록의 자유혼: 창랑 장택상 일대기』, 창랑장택상기념사업회, 1992, 75~78쪽).

식적인 승인을 받게 됨에 따라[138] 1946년 가을의 9월 총파업과 10월 항쟁에 대한 과잉 진압 및 이후 제주 4·3 사건에 대한 학살로 이어졌다.

다음으로 사법 기구 정비 과정을 살펴보겠다. 경무국-경찰의 조직 정비는 앞서 살펴보았듯 비교적 이른 시기에 정착되었다. 그러나 법무국-법

---

138) 장택상, 조병옥, 김용찬, 러치, 하지 등은 7월 29일 법원에 있던 군중을 폭도로 규정하고 그러한 폭도를 진압하기 위해서는 총을 쏘든지, 때려죽이든지, 발로 차든지, 군대를 동원하든지 어떤 수단과 방법을 쓰든지 다 허용된다는 인식을 하고 있다. 발포로 인한 학생의 죽음이 있었음에도 경찰 측의 과실 인정이나 사과는커녕 오히려 폭도 해산이라는 목적을 수행하는 과정에서 어쩔 수 없이 발생한 사고 정도로 치부하고, 하늘을 향해 쏜 총에 맞아 사망했다는 궤변으로 경찰이 살인 의도가 없었음을 강변하며, 희생자가 소수였다는 점에서 경찰의 인내와 관용을 칭찬하는 등 경찰을 두둔하기에 여념이 없다. 이를 통해 군정 및 경찰 당국 지도자들은 법정의 신성함과 재판의 존엄성은 중시하면서도 생명과 인권에 대한 고려는 전혀 찾아볼 수 없음을 알 수 있다.
(「무정부적 폭도/적극적으로 퇴치 탄압/부상 당한 장 경찰부장 발표」, 『대동신문』, 1946.7.31.
「발사는 당연 조치/전 군 참사에 조 경무부장 담」, 『독립신보』, 1946.7.31.
「테로리즘 근절에 적극 주력/장 경찰부장 담화를 발표」, 『동아일보』, 1946.7.31.
「조 경무부장/계획적 소란은 대죄/위폐 공판에 대한 언명」, 『동아일보』, 1946.7.31.
「발포 책임 내게게/경관 태도는 표창감/장 경찰청장, 기자단에 담화」, 『조선인민보』, 1946.7.31.
「폭도라고 인정/사망자 발생 유감 아니다/조 경무부장의 담화」, 『조선인민보』, 1946.7.31.
「불법이면 죽어도 할 수 없다/김 검사장 담」, 『조선인민보』, 1946.7.31.
「위폐 공판 소동과 당국 태도/당일 사자 발생은 법을 위해 유감될 것 업다」, 『서울신문』, 1946.7.31.
「조 경무부장 담」, 『자유신문』, 1946.7.31.
「경관 발포 치사 사건의 귀추/경찰 활동을 표창할 터」, 『현대일보』, 1946.7.31.
「입법안과 공판일 살상에 대해/러 장관과 문답」, 『현대일보』, 1946.7.31.
「위폐 공판 방해 폭동은 조선을 위해 불행/하-지 중장 성명」, 『대동신문』, 1946.8.1.
「불행한 사실/하 중장, 위폐 공판 사건에 성명」, 『독립신보』, 1946.8.1.
「공보부 특별 발표/하-지 중장 의견」, 『동아일보』, 1946.8.1.
「불상사건에 하 중장 성명」, 『조선인민보』, 1946.8.1.
「개인 범죄의 공판이다/하 중장 위폐 공판에 견해 발표」, 『중앙신문』, 1946.8.1.)

원의 경우는 사정이 달랐다. 경찰과 달리 판사, 검사, 변호사 등 법률가는 고도의 전문 지식이 필요한 직종이었으므로 조선인 법률가 집단은 엘리트 의식이 강했으며, 미군정에 일방적으로 복종하려는 태도를 갖기 어려웠다. 물론 이들 중 일제강점기에 판검사를 역임했던 이들은 친일 부역 행위자라는 오명에서 자유로울 수 없었으나 경찰만큼 직접적으로 민중을 탄압한 이미지는 아니었으며, 해방 당시 법률 전문 지식을 갖춘 인물들이 워낙 극소수였기 때문에 이들을 쉽게 내칠 수 있는 상황이 아니었으므로[139] 이들은 친일의 부담에서도 일정 정도 자유로울 수 있었다. 따라서 미군정으로서는 이러한 엘리트 집단을 다룬다는 것이 쉽지 않았다.

미군정이 군정청 각 부처의 수장으로 삼으려 했던 인물은 영어 구사가 능숙하고, 반공 우익적이며, 자신들에게 협조적(또는 순종적)인 사람이었다. 그런데 다른 부처에 비해 사법부는 수장이 부처와 관계된 실무적인 지식, 즉 전문적인 법률 지식을 갖춰야 할 필요성이 훨씬 컸다. 그렇지 않고서는 전문직 엘리트 지식인들로 구성된 법원 조직을 통솔하기 힘들었기 때문이다. 그러나 당시 법조계에서는 이 모든 조건을 다 갖춘 인물, 특히 영어 구사 능력과 법률 지식을 모두 갖춘 인물은 없었던 것으로 보인다.

이에 따라 미군정 측은 사법부의 최고 수장인 법무국장 자리에는 영어 구사 능력을 갖춘 인물, 대법원장 자리에는 법률 지식을 갖춘 인물을 배치하여 이들을 중심으로 사법부를 이끌려고 했다.

전자로서는 미국 예일대학교 정치학 박사 출신의 이화여전 교수 김영희가 선정되었는데, 이는 신임 법무국장으로 취임한 에머리 우달(Emery Johnson Woodall) 소령이 조선인 법률가 집단 간의 접촉 과정에서 통역으로 일하던 김영희를 신임하게 된 결과였다. 이후 미군정 측은 1945년 10

---

139) 해방 당시 조선 법원의 판검사 중 조선인의 비율은 10% 정도에 불과했으며, 나머지 90%는 일본인이었다. 또한 조선인 변호사의 수도 극히 적었다.

월 9일 김영희를 조선인으로서는 최고위직인 법무국장 보좌관에 임명하고, 그를 대표로 하는 일단의 조선인 관료들(장후영, 김영상, 구자관, 최병석, 전규홍 등)을 법무국 과장급으로 임명했다.[140]

또한 후자로는 변호사 출신의 김용무가 선정되었는데, 김용무는 한민당 발기인이자 중앙집행위원회 문교부장이며, 아놀드 군정장관이 10월 5일 선발한 군정장관 고문관 11인 중 한 명이었다. 미군정 측은 10월 11일 법무국 및 법원의 일본인 관리 및 판검사들을 전원 파면시키고 김용무 대법원장을 비롯한 판사 39명과 김찬영 대법원 검사장을 비롯한 검사 23명을 임명했다.[141]

그런데 이러한 미군정의 김영희-김용무 체제는 법조계의 강한 반발을 샀다. 미군정 입장에서 볼 때 이는 경무국에서의 조병옥-장택상 체제에 비견할 수 있는 것이지만 법조계와 경찰계의 상황과 분위기와는 전혀 다른 것이었다. 우선 김영희로 대표되는 비법률가 집단이 사법부의 수뇌부로 등용되었다는 사실에 대해서는 엘리트 집단인 조선인 법률가 집단 전체가 받아들이지 못했고, 김용무로 대표되는 한민당 출신의 인물들이 많이 등용되었다는 사실에 대해서는 많은 비한민당계 조선인 법률가들이 사법부 내에 정치적 편향성이 우려된다는 점에서 반발했다.

이러한 사법부 인사에 대해 서울변호사회는 법률가로서의 자격이 없는 인물들을 등용했고 한민당 측 인물들에 편중된 인사라며 반발했고,[142] 또한 임명된 판검사들 중에서도 대략 반수가 인사 조치에 불만을 품고 등청하지 않았다.[143] 그러나 미군정 측은 11월 14일 법무국에서 일하게 된 김

---

140) 이국운, 「해방공간에서 사법기구의 재편과정에 관한 연구」, 『법과 사회』 29호, 법과 사회이론학회, 2005, 146~147쪽.

141) 법원행정처, 『법원사』, 법원행정처, 1995, 169~170쪽.

142) 「사법 독립의 원칙 강조/통역인과 불순 정당인 책동을 배제/변호사회, 군정장관에 건의」, 『자유신문』, 1945.10.12.

영희, 전규홍, 박용균 등 조선인 비법률가 3인과 번스 등 미국인 비법률가 20여 명에게 변호사 자격을 수여하고, 기존의 모든 변호사회와 조선변호 사협회를 폐지하고 새롭게 조선변호사회를 설치하여 모든 판사와 변호사 를 강제로 가입시키고, 대법원장이 회장을 자동적으로 겸임하게 하는 조 치를 취했다.[144] 여기에 더해 수사권이 검찰 이외의 부처에도 주어지고, 경기도경찰부 형사과장이 검사의 지휘하에 피의자를 검거했는데 경찰부 장이 구속 명령을 취소시키고 도리어 형사과장을 군정 재판에 회부하는 사건이 발생하는 등 사법부의 독립성이 타 부처와 경찰에 침해를 받게 되 자 서울변호사회 측의 반발은 격화되었다.[145]

그러나 미군정 측은 이러한 반발에 아랑곳하지 않고 12월 10일 김영희 를 법무국장 대리로 임명하고 12월 17일 법무국지령 7호로서 사실상 법무 국장의 권한을 부여하는 등 김영희-김용무 체제를 밀고 나갔다.[146] 이에 대해 김용무, 김찬영, 이홍종, 이인, 김용식, 백석황, 조평재, 홍순엽 등을 대표로 하는 조야(朝野) 법조계는 하지 사령관, 러치 군정장관, 테일러 법 무국장에게 김영희 대신 자체적으로 선출한 심상직을 법무국장 대리로 임 명할 것을 요구하는 결의서를 전달했다.[147] 미군의 지휘는 받을 수 있어 도 비법률가 조선인의 지휘는 받을 수 없다는 조선인 법률가 엘리트 집단 의 위기의식의 발로였던 것이다.

143) 「임명된 판검사에 등청은 불과 반수」, 『자유신문』, 1945.11.1.
144) 「새 자격 심사로 된 변호사/조선인 3명 미인 20여 명 임명」, 『자유신문』, 1945.11.16.
145) 「군정 당국의 사법권 운영/조선 실정에 부적합/서울변호사회에서 중대 건의」, 『자유 신문』, 1946.12.15.
146) 이국운, 앞의 논문, 150쪽.
147) 「조야법조단이 건의/사법 행정은 엄정 중립/운영상에 중대 책임을 각오」, 『자유신문』, 1945.12.21.
   「조야법조단/군정 수뇌자 방문 건의」, 『자유신문』, 1945.12.23.
   「재야법조단 건의/법무국장 대리 경질하라」, 『중앙신문』, 1945.12.23.

그리고 **모스크바 3상회의** 결정이 전해지자 이를 구실로 대법원, 대법원 검사국, 서울공소원, 서울공소원 검사국, 서울지방법원, 서울지방법원 검사국, 서울소년심판소, 특별재산심판소, 특별범죄심사위원회, 법무국 법전편찬부, 민사과, 형사과 등 전 사법진 200여 명은 12월 29일 임정 봉대를 내세우며 일제히 총파업을 단행했다.[148] 표면적으로는 신탁통치 반대였지만 이면적으로는 김영희를 사법부의 수뇌로 삼은 미군정에 대한 법조계 내부의 반발 심리가 크게 작용했던 것으로 보인다.

이후 법조계의 반김영희 전선에 균열이 가기 시작했는데, 우선 전국적으로 탁치 정국이 격화되어 좌우 대립이 심화되면서 법조계에서도 좌우 분립이 일어나 좌익 성향의 법조인들은 1946년 2월 12일 조선법학자동맹을 결성했다.[149] 또한 **김계조 사건** 또는 **국제문화사 사건**이라고 불리는 사건이 발생했는데, 이는 재조 법조계의 분열을 가속화시키는 계기가 되었다.

김계조 사건이란 전 조선광업회사 사장 김계조가 일본인 조선총독부 고위직 관료로부터 현금과 현물 약 1,000만 원을 제공받아 국제문화사를 조직하고, 친일 정부를 세우려는 음모를 추진한 사건으로서,[150] 담당 판사는 오승근, 검사는 김홍섭이었다. 그런데 이에 대한 공판이 진행 중이던 2월 20일 김용무는 담당 판사 오승근의 민사 전임을 지시했고, 그 배경으로 김용무가 국제문화사의 중역으로 참여한 적이 있었다는 사실이 알려졌다. 이에 경성재판소 판검사 40여 명은 2월 25일 대법원장 불신임안을 법무부에 제출했고, 오승근 판사도 3월 27일 김용무의 이러한 조치에 대해 강하게 비판하고 나섰다.[151] 이러한 강력한 반발에 결국 4월 3일 김용무가 사

---

148) 「사법진 총파업」, 『자유신문』, 1946.1.1.

149) 「법학자동맹 결성」, 『자유신문』, 1946.2.17.

150) 「김계조 형제 사건/작일 제1회 공판 개정」, 『중앙신문』, 1946.1.18.

151) 「대법원장의 간섭 지시로/전임 문제에 대해 오판사 담 발표」, 『서울신문』, 1946.3.28.

표를 제출하며 대법원장에서 물러남으로써 사태는 마무리되는 듯했다.[152]

그러나 제1차 미소공위 결렬을 목전에 앞둔 5월 2일경 김용무가 비공식적으로 대법원에 등청[153]하며 유임될 것 같은 조짐이 보이자 사법부 및 법원은 김용무에 반대했던 판검사들을 중심으로 동요하기 시작했으며, 미군정은 5월 4일 「군정법령 제72호: 군정 위반에 대한 범죄」라는 악질적인 법령을 공포하며 공안 정국으로 몰아감으로써 정국은 더욱 뒤숭숭해졌다. 그럼에도 강중인 사법부 총무국장은 5월 6일 기자회견에서 김용무 불신임안 제출에 앞장선 판검사의 좌천설 및 사법부 및 법원 요직에 한민당 요인 기용설 등을 일축했다.[154] 그러나 법조회 이홍종, 법학자동맹 조평재 등은 사법부 내의 한민당 침투와 사법부의 좌익 배척을 비판했다.[155]

그러던 중 5월 16일 사법부는 4명의 차장을 두는 4차장제로의 조직 개편과 함께 김영희 사법부 사제(司制)차장 임명, 김용무 대법원장 유임, 이인 대법원 검사총장 임명, 백석황 마산지청 판사, 오승근 장흥지청 판사 발령 등 대대적인 인사이동을 실시했다.[156] 그리고 5월 20일 사법부장 우

---

152) 「대법원장 사임/후임이 주목, 2일 사법부 이동」, 『자유신문』, 1946.4.4.
153) 「사법부 내 공기 험악/대법원장 불신임 문제 여파로」, 『중앙신문』, 1946.5.5.에 따르면 김용무가 등청하기 수일 전에 김용무에 대한 불신임안 제출을 주도한 7 판검사들이 좌익으로 간주되어 조사받은 사실이 있었다고 한다.
154) 「복잡 미묘한 작금의 사법 진 내의 공기/인사 이동, 정당인 기용설 유포」, 『독립신보』, 1946.5.6.
   「사법부를 싸고 도는 모략 책원을 추궁하라/강중인 총무국장 기자단과 문답」, 『해방일보』, 1946.5.7.
   「편당적 운운은 모략/인사 이동도 공명정대히/강 사법부 총무국장 담」, 『동아일보』, 1946.5.8.
155) 「사법부의 암운 의연 저회(低徊)」, 『조선인민보』, 1946.5.8.
156) 「사법부 인사 이동」, 『동아일보』, 1946.5.18.
   「세인 주시 중의 사법부 이동 발령」, 『자유신문』, 1946.5.18.
   「사법부 인사 이동 단행/드디어 16일부로 발행/오승근 판사는 전남 장흥으로」, 『중외신보』, 1946.5.18.

달이 사임했고, 5월 21일 김영희가 사임했으며, 5월 24일에는 김용무의 유임 조치 및 김용무 반대파에 대한 좌천 조치에 반대하며 민사국장 최병권, 형사국장 최종석, 공소원 검사장 구자관, 총무국 사무관 조기열, 지방판사 오규석, 오승근, 지방검사 신내영, 황을봉, 공소원 판사 한영욱, 공소원 검사 백석황 등이 대거 사표를 제출했다.[157] 그리고 우달이 사임한 이래 공석이던 사법부장 자리에는 7월 12일부로 김병로가 임명되었다.

미군정이 이러한 일련의 인사 조치를 단행한 데에는 다음과 같은 의도가 있었던 것으로 파악된다.

첫째, 그동안 재조, 재야 법조계를 통틀어 모든 조선인 법조계 엘리트 집단의 반대를 무릅쓰고 조선인 사법부 수장감으로 전폭적인 지지를 보냈던 김영희를 4명의 차장(법제차장, 법무차장, 행정차장, 사제차장) 중의 1명의 자리에 임명함으로써 김영희에 대한 지지를 철회하고 사실상 좌천시켰으며 결국 사임케 했다. 이는 미군정이 조선인 법조계의 의견을 수용한 것이라고 할 수 있다.

둘째, 그럼에도 미군정은 많은 법조인들이 반대하는 김용무를 유임시킴으로써 김용무에 대한 지지의 뜻을 확실히 하고 김용무에 대한 반발 의견을 철저하게 묵살했으며 오히려 김용무 불신임안을 주도했던 판검사들을 좌천시키는 방법으로 사임하게 만듦으로써 반대파들을 재조 법조계에서 아예 축출해 버리는 강경책을 사용했다. 또한 일제강점기에 허헌과 함께 3대 민족 인권 변호사로 명망이 높아 어느 누구도 반대할 수 없었던 김병로와 이인을 각각 새로운 사법부장과 대법원 검사총장에 임명함으로써 김용무로 인해 실추된 사법부의 신망과 권위를 회복하고자 했다. 그런데 김병로는 한민당 중앙감찰위원장, 김용무는 한민당 문교부장, 이인은 한민

「김 대법원장은 유임」, 『동아일보』, 1946.5.19.
157) 「판검사 사직 바람/23일까지 11명」, 『동아일보』, 1946.5.19.

당 당무부장 출신이었으므로 이는 미군정이 사실상 한민당계를 중심으로 재조 법조계를 장악하겠다는 의도를 보여 주는 것이다.

이로써 미군정 초기의 김영희-김용무 체제는 조선인 법률가들의 반발로 반년 이상 혼란 중에 있다가 1946년 중반을 기점으로 김병로-김용무-이인 체제로 대체되어 정착되었으며 미군정기 내내 지속되었다.

이러한 미군정의 법무부 조직 개편으로 김용무에 대한 반발은 사법부 및 법원 등 재조 법조계 내에서는 사라졌지만 그 바깥, 즉 재야 법조계에서까지 완전히 사라진 것은 아니었고 서울법조회, 법학자동맹 등 변호사 단체들을 통해 계속되었다. 김용무는 대규모 인사이동이 마무리된 이후 지방을 시찰했는데 6월 9일 광주지방법원에서 "사법권에 있어서 엄정 중립이니 불편부당이니 하는 자는 사법관의 자격이 없다. 그리고 경찰증거 서류가 불비하다 하더라도 건국을 방해하는 자는 철퇴를 내려야 한다"[158] 라는 내용의 훈시를 한 것이 문제가 되었다. 이에 서울법조회는 진상 규명을 요구하는 내용을 러치 군정장관에게 진정했고,[159] 법학자동맹에서는 러치 군정장관에게 김용무에 대한 불신임안을 전달했다.[160]

즉, 미군정 측은 경찰 조직과는 달리 엘리트 전문가 집단인 조선인 법률가 집단을 재조 법조계 내로 온전히 흡수하여 통제하는 데에 어려움을 겪었으며 1946년 5월 미소공위 결렬을 전후로 타협책과 강경책을 동시에 사용하여 재조 법조계를 장악하는 데에 간신히 성공했다. 그러나 이는 반대

---

158) 「법령 제72호는 정지/미군정 협력만이 사법관의 책무다」/김용무 씨와 기자단 문답」, 『서울신문』, 1946.6.18.
159) 「3심제도의 부활 요청/법조회에서 러-취 장관에 진정」, 『독립신보』, 1946.7.11.
　　「3심제 부활을 요구/경성법조회서 진정」, 『자유신문』, 1946.7.11.
　　「명랑한 사법 건설 위하여 3심제도 부활 요청/비민주적의 72호 법령 철폐 등/법조회에서 러-취 장관에 진정」, 『중앙신문』, 1946.7.11.
160) 「김용무 씨 해임/법학자동맹 당국에 요구」, 『현대일보』, 1946.7.19.

자를 내보내는 방식이었으므로 재야 법조계에까지 장악이 이루어진 것은 아니었고, 여전히 불씨는 남아 있게 되었다.

정판사 '위폐' 사건과 연관지어 생각해 본다면 미군정은 정판사 '위폐' 사건의 공판이 시작되기 전 사전 정지작업으로써 사법부와 법원을 친미 우익적인 한민당 중심의 조직으로 갖춰 놓음으로써 조선공산당과의 본격적인 '공판 전쟁'을 준비한 것이라고도 볼 수 있다.

이러한 작업이 반드시 정판사 '위폐' 사건만을 위해서 실시된 것이라고 볼 수만은 없겠으나 1946년 5월 미소공위가 결렬되면서 미군정은 어떤 식으로든 좌익 탄압을 위해 사법부 및 법원 조직을 시급히 정비할 필요성을 인지했던 것이라고 할 수 있다.

정판사 '위폐' 사건은 이러한 재조 법조계와 재야 법조계 간의 대립 구도가 형성된 이후 양자가 법정에서 충돌한 최초의 중대 사건이라고 할 수 있다. 그리고 정판사 '위폐' 사건은 이러한 재야 법조계와 재조 법조계의 복잡한 갈등이 법조계 내 좌우 대립 구도로 변해가는 계기가 되었다고 할 수 있다.

미군정과 우익의 탄압에 분노를 느낀 다수의 변호사들은 더욱 좌익에 동조하게 되었고, 극우 반공적인 성향의 판검사들은 사법을 좌익 탄압의 도구로 사용하고 싶은 유혹에 더욱 빠지게 되었다. 그렇게 좌우 대립이 첨예화하고 좌익에 대한 탄압이 심화되는 과정에서 오승근, 조평재와 같은 일부 변호사들은 현실적인 판단에 따라 좌익과의 관계를 끊거나 중립적인 입장을 취했고, 김홍섭과 같은 검사는 좌우 대립으로 인한 민족적 비극을 양심적으로 고뇌하며 법조계를 떠나기도 했다.

정판사 '위폐' 사건이 법조계에 미친 또 다른 영향 중의 하나는 재조 법조계의 반공 우익화가 강화되면서 일제강점기의 '사상검찰'이 부활하기 시작했다는 것이다. 정판사 '위폐' 사건 이후, 9월 총파업과 10월 항쟁을 거치는 과정에서 미군정은 경찰, 미군 헌병, 미군 방첩대 등의 물리력에 지나치게 의존함에 따라 여론의 비난이 강해지면서 사태가 악화되자 좌익 사건에 보다 효과적이면서 강력하게 대응할 수 있는 다른 방식이 요구되었는데 그 역할을 검찰이 자임하고 나서면서 '사상검찰' 조직의 본격적인 부활이 시도되었다.[161] 정판사 '위폐' 사건으로 미군정 및 사법 당국으로부터 능력을 인정받고 명성을 얻게 된 조재천은 반공 사상 검사의 입지를 굳히며 승승장구하게 되는데, "검찰은 1947년부터 조재천 정보부장(부장검찰관)이 지휘하는 정보부를 강화하여 좌익 관계 소요·파업·테러 사건 등의 수사 및 기소 지휘를 전담시키고자 했다".[162]

또한 사상검사로 유명한 선우종원과 오제도가 바로 정판사 '위폐' 사건 및 조재천의 영향을 받게 되었다. 선우종원은 정판사 '위폐' 사건의 입회 검사로서 "공산당과 나의 싸움은 이때부터 시작되었다"[163]고 회고한 바 있고, 오제도는 1947년 10월 서울지방검찰청 부서 변경 시 조재천 정보부장 아래에서 직속 부하 직원으로 일하면서 사상검사로 성장하게 되었다.[164] 이러한 검찰의 '사상검찰'화 시도는 검찰권 강화를 위한 수단으로서의 측면이 강하다. 당시 검찰은 법원 조직에서 완전히 분리되지 못한 상태였고, 미군정이 경찰에 대해 전폭적인 지지를 보내는 상황에서 경찰에 밀리는 형국이었으므로 검찰의 입지는 그리 크지 못했기 때문이다.

조재천은 1947년 8·15 폭동 음모 사건[165]이라는 대규모 좌익 사건의

---

161) 강성현, 「1945~1950년 '검찰사법'의 재건과 '사상검찰'의 '반공사법'」, 민주화운동기념사업회, 『식민지 유산, 국가 형성, 한국 민주주의』 1, 책세상, 2012, 347쪽.

162) 위와 같음.

163) 선우종원, 『격랑 80년』, 삼화출판사, 2009, 94쪽.

164) 「검찰관 부서/전면적 변경」, 『경향신문』, 1947.10.2.

165) 「작효, 대검거 선풍」, 『경향신문』, 1947.8.13.
「해방기념일 앞두고 대규모의 검거 선풍/민주 진영의 요인들 속속 피검」, 『독립신보』, 1947.8.13.
「작효 경찰관이 총동원/좌익 요인을 검거/민전 산하 수백명 유치 취조 중」, 『동아일보』,

기소를 맡으며166) 사상검찰의 실력을 키우려 했지만, 이와 같은 좌익 사건들 대부분은 미군이나 경찰이 중심이 되어 체포와 수사, 수사 발표167) 등을 하며 전면에 나선 후에 송청을 하면, 검찰이 그 뒤를 이어받아서 기소와 재판을 하는 등의 부차적인 역할에 그칠 수밖에 없었다.168) 그러나 이후 1948년 3월의 「군정법령 제176호: 형사소송법의 개정」과 1948년 8월의 「군정법령 제213호: 과도검찰청법」 등을 통해 검찰관을 조금씩 강화해 나갈 수 있었으며, 1948년 12월 1일 「국가보안법」이 제정되면서 사상검찰은 제도적으로 부활하게 되었다.

이후 오제도 검사는 조선민주애국청년동맹을 「국가보안법 제1조 3항」 위반으로 기소해 징역 1년을 구형한 것을 시작으로 1949년 국회 프락치 사건 조작을 지휘했는데 이를 계기로 실질적으로 사상검찰의 전성시대가 열리기 시작했다. 오제도의 제안으로 1949년 4월 20일 창설된 '국민보도연맹'의 확대 과정도 '사상검찰화'를 통해 검찰이 경찰과의 주도권 경쟁에서

1947.8.13.

「모종 사건의 음모 혐의로 좌측계에 일대 선풍/백남운 씨 등 400여 명 일시에 검거」, 『민중일보』, 1947.8.13.

「백남운, 이기석 씨 등 백여 명 검거」, 『조선중앙일보』, 1947.8.13.

「좌익 유인 피검/검거 이유는 아직 불명」, 『중앙신문』, 1947.8.13.

166) 「8·15 사건 관계자 기소」, 『경향신문』, 1947.11.11.

「좌익 요인들 기소/박헌영 씨 등은 기소 중지」, 『조선중앙일보』, 1947.11.11.

「8·15 폭동 관계자」, 『동아일보』, 1947.12.3.

167) 「전율! 국제적 대폭동 계획/8·15를 계기로/남로당의 대음모/싸부신 전 주경 소영사도 가담」, 『동아일보』, 1947.10.14.

「수도청 특별 발표(10월 13일)/우익 정당 말살코 좌익 천하를 기도/8·15 기념 행사 가장 비밀 투쟁 공작 개시/박헌영 싸부신 합작 지도/참모부는 해주/선동출판물을 이송/전 경찰서 파괴 우익 요인을 암살」, 『동아일보』, 1947.10.14.

「8·15 폭동 음모/수도청서 진상 특별 발표」, 『경향신문』, 1947.10.14.

「8·15 폭동 음모/수도청서 진상 특별 발표(승, 전)」, 『경향신문』, 1947.10.15.

168) 강성현, 앞의 글, 347쪽.

우위를 점하는 계기가 된 사례라고 할 수 있다.[169] 이후 1949년 12월 19일 공포된 「법률 제80호: 헌병과 국군 정보기관의 수사 한계에 관한 법률」과 12월 20일 공포된 「법률 제81호: 검찰청법」을 통해 검찰은 헌병, 육군 방첩대, 사법경찰관 등을 누르고 검찰 중심의 수사 지휘와 수사기관의 일원화를 이뤄 낼 수 있었다.[170]

이러한 검찰의 사상검찰화를 통한 검찰권 강화의 과정에서 법조계 내의 좌익 숙청이 수차례에 걸쳐 일어나게 되었다. 1947년 12월 서울지방검찰청의 지휘하에 사법관시보 남상문, 홍승기, 서범석, 서기 정찬용, 이장수, 임재식 등 법원 내 남로당 세포조직 관계자들이 체포되었으며[171] 담당 검사 조재천은 이들을 「맥아더 포고령 제2호」 위반으로 기소했다.[172] 이후 조재천이 철도경찰청장으로 부임한 후 오제도 검사가 사건을 이어받아 각 징역 1년, 10개월, 8개월을 구형했고,[173] 이천상 판사는 각 징역 10개월, 8개월을 선고했다.[174]

1948년 8월 대한민국 정부가 수립된 지 얼마 지나지 않은 12월에 「국가보안법」이 제정되었다. 이로써 반공주의 사상 통제 체제가 모습을 갖춰 가기 시작했다. 검찰은 이러한 상황에서 법조계 내의 좌익 숙청 작업을 본

---

169) 위의 글, 372쪽.
170) 위의 글, 369~371쪽.
171) 「남 사법관시보 검거」, 『경향신문』, 1947.12.17.
　　「재판소 직원 검거 사건 확대」, 『경향신문』, 1947.12.18.
　　「법원 내 좌익계 관계자들 송청」, 『경향신문』, 1947.12.31.
　　「법원 내 세포 사건 관계자 또 피검」, 『경향신문』, 1948.1.6.
172) 「법원 내 남로당 세포 사건 기소」, 『경향신문』, 1948.1.9.
173) 「사법부 적색 사건/최고 1년을 구형」, 『동아일보』, 1948.2.14.
　　「법원 세포 사건 구형」, 『경향신문』, 1948.2.15.
174) 「법원 세포 사건 언도」, 『경향신문』, 1948.2.21.
　　「적색 사법관시보 등/최고 징역 10개월 언도」, 『동아일보』, 1948.2.22.

격적으로 개시했다.

그러면서 정판사 '위폐' 사건에 참여했던 변호사들에게도 칼날이 향하기 시작했다. 우선, 1949년 2월 정판사 '위폐' 사건에 참여했던 강중인,[175] 윤학기[176] 변호사가 각각 「국가보안법」 위반으로 수감, 기소되었다.

그리고 1949년 7월부터 대대적인 법조계 좌익 탄압이 벌어졌는데 이른바 법조 프락치 사건이다. 법조 프락치 사건은 1차와 2차로 구분할 수 있는데, 제1차 사건의 피고는 검사 1명, 변호사 10명으로 총 11명이었고, 제2차 사건의 피고는 판사 4명, 검사 2명, 일반인 1명으로 총 7명이었다. 제1차 사건의 피고 11명 중 정판사 '위폐' 사건 변호인이 5명(백석황, 강중인, 윤학기, 이경용, 강혁선)이나 되었다.

제1차 및 제2차 법조 프락치 사건에서의 검사 측의 논리를 간단하게 정리하면 피고들이 조선공산당, 남로당, 북로당이나 법학자동맹, 반일운동자구원회 등 좌익 단체에 가입하여 활동했으므로 「국가보안법」 위반이라는 것이었다.

그러나 이봉규, 송문현 판사 등 재판부 측은 「국가보안법」 제정 이전의 행위를 소급 적용할 수 없다는 '죄형법정주의' 원칙을 주장했다. 이에 따라 판사들은 검사들의 구형에 비해 매우 낮은 형량을 선고했고, 이는 검찰과 법원 전체의 대립으로 확산되었다.[177] 제1차 및 제2차 법조 프락치 사건

---

175) 「강 변호사 형제 피검」, 『경향신문』, 1949.2.12.
　　 「강종구 6명 등 불일 중에 송청」, 『동아일보』, 1949.2.25.
　　 「강중인 씨 송청」, 『경향신문』, 1949.3.4.
　　 「강중인 변호사 송청」, 『자유신문』, 1949.3.4.
176) 「윤학기 씨 피검」, 『경향신문』, 1949.3.4.
　　 「윤 변호사 송청」, 『동아일보』, 1949.3.10.
　　 「윤학기 변호사 송청」, 『자유신문』, 1949.3.10.
177) 「보안법 '집유'에 말썽/검찰측 "법원은 신뢰할 수 없다"/법원측 "검찰청은 월권이다"」, 『경향신문』, 1950.3.26.

표 5-4. 제1차 법조 프락치 사건 1심 재판 결과[178)

피고 이름	구형	선고	비고
김영재(서울지검 차장검사)	3년	2년, 집유 3년	-
백석황(변호사)	12년	3년	정판사 '위폐' 사건에 변호인으로 참여함
강중인(변호사)	8년	3년	정판사 '위폐' 사건에 변호인으로 참여함
윤학기(변호사)	8년	2년	정판사 '위폐' 사건에 변호인으로 참여함
이경용(변호사)	8년	2년, 집유 4년	정판사 '위폐' 사건에 변호인으로 참여함
강혁선(변호사)	4년	무죄	정판사 '위폐' 사건에 변호인으로 참여함
양규봉(변호사)	12년	4년	-
오규석(변호사)	8년	2년, 집유 4년	-
장진호(변호사)	5년	2년, 집유 4년	-
김승필(변호사)	3년	2년, 집유 4년	-
조노현(변호사)	3년	2년, 집유 4년	-

표 5-5. 제2차 법조 프락치 사건 1심 및 2심 재판 결과[176)

피고 이름	1심 구형	1심 선고	2심 구형
김진홍(서울지법 판사)	8년	5년	8년
김두식(서울지법 판사)	3년	무죄	3년
강일구(서울지법 판사)	2년	무죄	2년
김영하(부산지법 판사)	2년	무죄	2년
이정남(서울지검 검사)	5년	무죄	5년
이사묵(서울지검 검사)	3년	무죄	3년
백상덕(일반인)	3년	2년	2년

「판결에 이견 대립!/법조푸락치 사건 위요(圍繞)코/검사측과 판사측에 냉전」, 『국도신문』, 1950.3.26.

「판검사 간 또 대립/법조 푸락치 언도 문제로」, 『동아일보』, 1950.3.27.

「보안법 운영에 대해/엄정히 하라!/선우종원」, 『경향신문』, 1950.4.6.

「보안법 사건에도 집예, 보석할 수 있다/김 법무차관 담」, 『동아일보』, 1950.4.7.

178) 「백석황에 12년/법조 푸락치에 어제 구형」, 『경향신문』, 1950.2.28.

「김영재에 3년/어제 법조 푸락치 구형」, 『동아일보』, 1950.2.28.

「보안법 '집유'에 말썽/검찰측 "법원은 신뢰할 수 없다"/법원 측 "검찰청은 월권이다"」, 『경향신문』, 1950.3.26.

「1차 법조 세포/최고 4년형/담당 검사 단연 불복 항소 제기」, 『서울신문』, 1950.3.26.

179) 「김진홍에 8년/법조 푸락치 구형」, 『동아일보』, 1950.3.16.

의 재판 결과를 정리하면 표 5-4, 5-5와 같다.

제1차 법조 프락치 사건의 피고 11명 중 1심 판결에서 무죄나 집행유예가 아닌 실형을 선고받은 피고는 총 4명이었는데 그중 3명(백석황, 강중인, 윤학기)이 정판사 '위폐' 사건 변호인이었다.

이상에서 살펴본 바와 같이 제1차 미소공위가 결렬되는 시점에서 미군정은 김용무를 재등용하고 미군정에 반대하는 판검사들을 좌천시키는 인사 조치를 함으로써 재조 법조계 장악을 개시했으며, 김병로를 사법부장으로 등용함으로써 김병로-김용무-이인 체제로 친미 우익 성향의 재조 법조계를 구축했다. 그리고 이를 통해 정판사 '위폐' 사건에 대한 재판의 유죄판결을 이끌었다.

정판사 '위폐' 사건을 통해 재야 법조계와 재조 법조계 간의 대립 구도는 좌우 대립 구도로 변모해 갔으며, 정판사 '위폐' 사건 이후 검찰은 더욱 우경화되어 1949년경에는 일제의 사상검찰이 부활하게 되었다. 이러한 검찰 조직은 향후 대한민국 반공 사상 통제 체제의 중요한 물적 토대를 마련하게 된다.

「최고 8년 구형/법조 푸락치 사건」, 『자유신문』, 1950.3.16.

「보안법에 신 판례/제2차 법조 푸락치 사건/5명에 무죄 언도」, 『경향신문』, 1950.3.22.

「대부분이 무죄/검사는 즉시 공소/2차 법조 푸락치 사건 1심서 언도」, 『동아일보』, 1950.3.22.

「법조 푸락치 언도/5명 무죄에 검사 공소」, 『자유신문』, 1950.3.22.

「보안법 적용에 견해 대립/법조 사건 무죄 언도에/담당 검사 부당하다고 논박」, 『독립신문』, 1950.3.22.

「"보안법 신판례"/정희택 검사 담」, 『조선일보』, 1950.3.22.

「1심서 무죄 법조 푸락치/결심서 최고 8년을 구형」, 『경향신문』, 1950.6.13.

「법조 푸락치 제2심 구형」, 『동아일보』, 1950.6.13.

「김진홍에 8년 구형/법조 푸락치 2심」, 『자유신문』, 1950.6.13.

2. 정판사 '위폐' 사건과 한국 사회의 반공주의

1948년 정부 수립 이후 한국전쟁과 군부 독재를 거치면서 대한민국은 세계적으로 손꼽히는 강력한 반공 국가가 되었다. 그리고 반공주의는 이승만, 박정희, 전두환 정권 등 권위주의 독재 정권이 대중을 통제하고 권력의 기반을 다지는 데에 사용한 가장 강력하고도 효과적인 수단이었다. 1980년대 후반에 들어와서 국내적으로는 대통령 직선제 부활에 따른 정치적 민주화가 진행되고, 세계적으로는 공산권 붕괴로 인한 냉전 체제가 종식됨으로써 반공주의의 위력이 상당히 약화되었다고는 해도 한반도는 계속 남북 분단과 대립 상태를 유지하고 있기 때문에 반공주의는 여전히 한국 사회의 주류 이념으로 자리 잡고 있다.

그런데 '반공주의'는 '공산주의 사상을 반대하는 정치경제적 이념'이라는 의미 외에 '공산주의 사상 자체를 금기시하고 통제하는 사상 통제 체제'라는 의미를 지닌다고 할 수 있다.

여기서 '사상 통제'란 어떠한 개인 또는 단체를 그 행위나 행위의 결과를 통해 처벌하는 것이 아니라 특정한 사상을 가졌다는 이유만으로 처벌함으로써 그러한 사상 자체를 금기시하여 원천적으로 차단하는 것을 뜻한다. 이는 '인간의 양심과 사상의 자유를 억압한다'는 점에서 민주주의 원칙에 위배될 뿐만 아니라 오히려 민주주의를 위협하는 요소로 작용한다. 설령 사상 통제가 사회에 해악을 끼치는 범죄를 사전에 방지함으로써 공동체를 지키겠다는 선한 목적에서 출발한다고 하더라도 사상 통제를 실제로 적용하는 과정에서 권력자가 자신을 반대하는 세력을 탄압하고 특정한 정치적 목적을 달성하는 데에 악용되기 쉽기 때문이다.

본 절에서는 정판사 '위폐' 사건이 대한민국의 반공주의 사상 통제 체제 형성에 어떤 영향을 미쳤으며, 1948년 정부 수립 이후 반공주의 체제의 공고화와 어떤 관계가 있는지를 살펴볼 것이다.

1) '낙인찍기'를 통한 반공주의 체제 형성

한국의 반공주의 사상 통제는 언제 시작되었는가? 한국의 반공주의는 남
북 분단국가 체제가 성립되었던 1948년이나 한국전쟁이 있었던 1950년 이
후에 갑자기 생겨난 것이 아니라 일제강점기에 기원을 두고 있다. 그런 점
에서 1945년부터 1948년까지의 미군정기 3년은 일제의 반공주의 사상 통
제 체제가 소멸되었다가 다시 구축되는 과도기적 기간이라고 할 수 있다.

먼저 일제강점기의 반공주의에 대해 살펴보겠다. 일제는 1910년 조선을
강제 병합한 이래 헌병과 군대를 이용한 '무단 통치'를 실시했으나 3·1운
동 이후 조선인들의 통치를 효율화하기 위해 이른바 '문화 통치'라고 하는
민족 분열 정책으로 전환했다. 이는 조선인들의 민족 해방 투쟁이 러시아
혁명과 급진주의 사상의 영향을 받아 공산주의, 무정부주의 등과 결합하는
상황에서 전투적 해방 투쟁에 대한 탄압을 강화하고, 다른 한편으로는 친
일 세력을 육성함으로써 조선인 내 계급 분열을 획책하여, 궁극적으로는
독립 운동 자체를 무력화하려는 것이었다.[180]

이에 따라 일제는 1925년 「치안유지법」을 제정하여 일본 국내는 물론
조선에도 적용했다. 「치안유지법 제1조」는 "국체(國體)를 변혁하고 또는
사유재산제도를 부인하는 것을 목적으로 하여 결사를 조직하거나 또는 그
정(情)을 알고서 이에 가입한 자는 10년 이하의 징역 또는 금고에 처함"이
라고 되어 있는데, 이를 통해 알 수 있듯이 「치안유지법」은 독립운동가와
사회주의자를 탄압하고, 사회주의 사상이 조선 민중 사이에 퍼지는 것을

---

180) 정영태, 「일제말 미군정기 반공이데올로기의 형성」, 『역사비평』, 16집, 역사문제연구
　　소, 1992, 126~127쪽.

철저하게 막기 위해 만들어진 법률이었다. 일제는 이러한 「치안유지법」을 효율적으로 집행하기 위해 사상 탄압을 전문으로 하는 고등계 경찰과 사상검사를 배치했다. 그리고 1925년부터 1928년까지 4차에 걸친 조선공산당 탄압 사건을 통해 조선의 공산주의 운동을 말살하고자 했다.

이후 조선의 공산주의 운동은 일제의 탄압과 내부 분열, 코민테른의 당 승인 취소의 과정을 겪으며 약화되었다. 조선인 공산주의자들은 1929년 이후 파벌 해소와 노동자, 농민 등 대중적 기초 강화를 바탕으로 당을 재건하려는 운동을 벌였으나 일제 경찰의 체포가 이어지며 성과를 거두지 못하고 지리멸렬해 갔다.

그러던 중 1930년대 독일에서 나치즘이 부상하고 일제가 만주를 침략하면서 파시즘의 팽창에 따른 위기가 조성되자 1935년 7~8월 코민테른 제7차 대회에서는 '반파시즘 인민전선전술'을 채택했다. 이의 영향으로 스페인 내전이 발생하고 외몽골, 신장, 만주, 북중국에서 소련의 영향력이 확대되자, 일제는 1936년 「사상범보호관찰법」을 공포 및 시행했으며, 1936년 11월 베를린에서 독일과 「일독방공협정」이라는 반코민테른 협정을 맺었다.[181] 또한 1937년 만주에서 활동하던 동북항일연군과 조국광복회가 보천보를 습격하는 사건이 벌어지고, 중일전쟁 발발 직후 중국에서 제2차 국공합작이 이루어진 상황에서 일제는 1937~1938년 혜산사건을 벌이는 한편, 1938년 시국대응전선사상보국연맹[182] 및 조선방공협회를 결성하여 방공 · 방첩(防共 · 防諜) 활동을 대대적으로 강화했다.

조선방공협회는 조선 전국을 망라하는 조직망을 구축하고 대중을 대상으로 사상전람회 · 영화 · 연극 · 강연회 · 좌담회 등을 개최하여 공산주의

---

181) 이태훈, 「일제말 전시체제기 조선방공협회의 활동과 반공선전전략」, 『역사와 현실』, 93집, 한국역사연구회, 2014, 134쪽.

182) 1941년 대화숙(大和塾)으로 개편됨.

의 폐해를 교육하고 일제의 '성전'(聖戰)의 정당성을 선전하려 했다. 그 과정에서. (1) 공산주의, 코민테른, 소련을 상징하는 표상으로 '적마'(赤魔)의 이미지를 주입하여 공산주의의 '악마성'을 강조했으며, (2) 공산주의가 부모 자식 관계를 부정하는 등 일상생활을 파괴하고 상식적 도덕률을 훼손한다고 함으로써 '비도덕성'을 강조했고, (3) 결국 공산주의 사상이 세계 인류를 위협하는 '병독'(病毒)임을 강조하여 감염되지 말아야 함을 세뇌시키고자 했다.[183]

   이렇듯 일제의 「치안유지법」, 사상검찰 등 사상 통제 기제[184]의 구축을 통해 생겨난 '불온'한 사상범에게 부과된 '아카'[185]라는 '적'(敵)의 개념은 초기에는 공산주의자, 사회주의자, 아나키스트 등 일본의 국체에 위협이 되는 '과격분자', '불순분자'만을 의미했다. 그러나 1935년 코민테른에서 인민전선전술을 채택하자 적화(赤化)의 공포를 느끼게 된 일제는 방공·방첩 활동을 벌여 나갔으며, 그 과정에서 '아카'는 외연이 확대되어 공산주의자뿐만 아니라 자유주의자, 반전주의자, 평화주의자, 민주주의자, 진보

---

183) 위의 논문, 161~166쪽.

184) 사상 통제 기제란 사상 통제를 가능하게 하는 법적, 제도적 기구를 말한다고 할 수 있다. 강성현(2012)에 따르면 사상 통제 기제란 사상 통제법, 사상 통제 기구, 관변 사상 동원 단체의 3요소로 구성된다고 한다. 일제는 1925년 「치안유지법」(사상 통제법)을 제정했고, 1928년 사상검찰(사상 통제 기구)을 구축했으며, 1938년부터 사상보국연맹, 방공협회, 대화숙(관변 사상 동원 단체) 등을 조직함으로써 사상 통제 기제를 완성했다. 그리고 이러한 사상 통제 기제를 이용하여 일본의 국체에 대한 위협으로서 '아카'(アカ, 赤)로 대표되는 '불온'한 사상범들을 효율적으로 처벌할 수 있었다. 한편, 대한민국은 1948년 12월 1일 「국가보안법」(사상 통제법)을 제정했고, 1949년 4월 보도연맹(관변 사상 동원 단체)을 조직했으며, 1949년 중반 이후 사상검찰(사상 통제 기구)을 구축함으로써 일제의 사상 통제 기구를 정부 수립으로부터 불과 1년도 안 걸려 완벽하게 부활시켰다. 그리고 역시 이러한 사상 통제 기제를 이용해 대한민국의 정체성과 정통성을 부정하는 '빨갱이'들을 효율적으로 처벌할 수 있었다.

185) '빨강' 혹은 '빨갱이'를 뜻하는 일본어.

주의자 등 공산주의와 연대하여 침투할 수 있는 모든 것을 가리키게 되었다.[186] 그리고 공산주의는 일상생활을 파괴하고 인류를 멸망시킬 수 있는 '악마성', '비도덕성', '전염성'의 이미지를 갖게 되었다.

이러한 일제의 반공주의는 조선의 대중들에게 어떤 영향을 미쳤는가? 이에 대해 정영태(1992)는 한편으로는 친일 경찰, 관료, 식민지 지주, 부르주아, 민족개량주의자들이 반공이데올로기와 황국신민화를 전파하는 것을 통해 '봉건제와 자본제의 옹호 = 친일 민족 반역 행위', '사회주의 = 민족주의'라는 인식을 심어 주게 되었지만, 다른 한편으로는 일정 정도 '공산주의 = 소련의 지시하에 적화 혁명을 달성하려는 파괴와 선동을 일삼는 과격분자'라는 인식을 갖게 하는 데에도 영향을 미친 것으로 평가했다.[187]

다음으로 이러한 일제강점기의 반공주의가 어떻게 미군정기의 반공주의로 연결되었는지를 살펴보겠다.

1945년 8월 15일 일제의 패망으로 조선은 해방되었다. 그리고 해방은 다른 모든 조선인들에게와 마찬가지로 조선인 공산주의자들에게도 찾아왔다. 일제의 강경한 탄압하에 자기 목소리를 내지 못한 채, 지하활동을 벌이거나 은둔해 있거나 수감되어 있던 공산주의자들은 조선 역사상 처음으로 활동의 자유를 얻게 되었다. 일부 성미 급한 공산주의자들은 8월 15일 당일부터 조선공산당을 재건하겠다고 나섰다. 또한 8월 16일부터는 서대문형무소를 비롯하여 전국의 정치범이 전격적으로 석방되었다. 이로써 일제의 사상 통제는 종식을 고했고, 「치안유지법」제정 이래 20년간 불법화되었던 공산주의 활동은 마침내 합법화되었다.

앞서 밝혔듯 일제강점기에 조선인 공산주의자는 '아카', 불순분자 등 부정적인 낙인이 찍혀 있었다. 그러나 해방 이후에는 일제에 의해 낙인이 찍

---

186) 강성현, 앞의 논문, 177~178쪽.
187) 정영태, 앞의 논문, 129~130쪽.

했다는 것 자체가 오히려 긍정적 이미지로 작용할 수 있었다. 따라서 공산주의 세력은 일제로부터 박해받은 민족 해방 투사(민족지향성), 노동자·농민 등 민중의 복리를 위해 노력하는 투쟁가(민중지향성)라는 이미지를 갖게 되면서 도덕적 우월성과 함께 대중의 지지를 획득할 수 있었다. 이로 인해 좌익 세력은 건준과 치안대, 인민위원회를 조직하며 건국 사업에 뛰어들어 적극적으로 활동을 개시했다.

반면, 민족주의 세력은 1920년대 이후 일제의 민족 분열 정책에 따라 자치론자, 개량주의자가 되어 일제에 순응하며 독립운동을 포기했거나 1930년대 후반 이후 일제의 민족말살정책에 따라 아예 적극적 친일파로 변절하여 황국신민화에 앞장서며 일제의 주구 노릇을 한 사람들이 많았다. 또는 그렇지 않았다고 하더라도 적극적으로 항일투쟁을 벌였거나 일제의 탄압을 받은 인물들이 좌익에 비해 상대적으로 적었다. 또한 일제에 협력하여 큰 부를 이룬 민족자본가, 대지주 출신이 많았다. 따라서 해방 이후 민족주의 세력은 나라를 팔아먹은 친일 매국노이자 민족을 배반한 민족반역자(반민족지향성), 온 민중이 일제의 압제 아래 빈궁에 시달리고 있을 때 개인적인 영달을 추구하고 경제적 부를 축적한 파렴치한(반민중지향성)이라는 이미지로부터 자유롭기 힘들었다. 이에 따라 우익은 대중의 지지를 얻기 힘들었을 뿐만 아니라 일부 친일 기득권 세력은 생사 존립 자체가 위태로운 상황이었다. 따라서 8월 15일 이후 조선총독부와 친일 세력은 말할 것도 없고 안재홍을 제외한 대부분의 우익 세력은 좌익에게 정치적 주도권을 뺏긴 채 숨을 죽이고 사태를 관망하고 있었다. 무엇보다 소련군이 남하하여 서울을 비롯한 조선 대부분 지역을 점령한다는 소문이 돌았기 때문에 우익들의 입지는 좁아질 수밖에 없었다.

그러나 8월 20일경 소련이 아니라 미국이 서울을 점령한다는 소식이 전해지면서 그때까지 몸을 사리고 있던 조선총독부와 친일 세력 및 우익 측은 재빠르게 움직이기 시작했다. 조선총독부는 건준에게 이양했던 행정권과 치안권을 다시 요구했고, 오키나와에 있는 하지에게 연락을 취하여 한국에 사회 질서를 교란하는 위험한 좌익 세력이 존재한다고 악선전을 했다.[188] 또한 우익들은 인공 타도와 임정 봉대를 내세우며 한민당 창당을 준비함으로써 좌우 대립의 각을 세웠고, 미군정 수립 직후 하지 사령부에 건준, 인공에 대한 온갖 악선전을 해댔다. 또한 하지 사령관이 이끄는 미군 제24군단은 38선을 경계로 소련군과 대치하게 되면서 '조선에서 소련에 우호적인 세력이 집권하는 것을 방지한다'는 목적하에 반소·반공주의 정책을 수립하게 되었다.[189]

이렇듯 해방 직후 일제 조선총독부, 친일파 및 우익 세력, 미군정은 '유리한 항복 조건 및 조선에서의 이익 극대화', '생존권 유지·기득권 연장 및 정권 장악', '소련과의 경쟁에서의 승리'라는 각자의 목표를 추구함에 있어 상호 공통의 정치적 이해관계가 있음을 확인함에 따라 '반공주의'라는 하나의 울타리 안에서 일종의 동맹 관계를 맺게 되었다.

이로써 해방과 함께 소멸된 것처럼 보였던 반공주의 체제는 채 한 달도 되지 않아 미군정을 중심으로 다시 가동되려는 조짐을 보이기 시작했다. 그러나 아무리 남조선의 정치권력을 장악한 미군정이라고 해도 미국 정부측의 소련과의 협조 체제, 조선인 대중들의 일제강점기 억압 체제로부터의 자유 요구, 인공 및 인민위원회에 대한 대중들의 광범위한 지지라는 상황 속에서 갑자기 공산주의 세력을 불법화한다거나 무력으로 탄압할 수는 없었다.

따라서 우선은 사상 통제 기제에 해당하는 법적, 제도적 장치를 정비하

---

188) 서중석, 『한국현대민족운동연구』, 역사비평사, 1991, 256쪽.
189) 김용직, 『사료로 본 한국의 정치와 외교 1945-1979』, 성신여자대학교출판부, 2005, 20쪽.

는 것이 필요했다. 미군정 초기에는 대중의 지지가 필요했기 때문에 표면적 자유화 조치로서 1945년 9월 21일 「일반명령 제5호」를 통해[190] 「치안유지법」, 「조선사상범보호시찰령」, 「조선사상범예비구금규칙」 등 악법으로 불리는 일제강점기 사상 통제와 관련된 구 법령들의 폐지를 발표하기도 했다. 하지만 「맥아더 포고령 제2호」, 「군정법령 제19호 제4조」 등을 통해 군정에 반한다고 판단되는 행위에 대해서 임의로 처벌하는 것이 가능했으므로 「치안유지법」이 없이도 사상범, 정치범을 얼마든지 양산할 수 있었다.

또한 미군정은 억압적 국가기구라고 할 수 있는 경찰, 검찰, 법원 등 치안·사법 기구를 조직했으며, 한민당 등 반공 극우 세력을 그 수뇌부에 임명하고, 일제강점기 조선총독부 근무 경력자를 실무진으로 등용, 배치함으로써 좌익 세력을 효과적으로 탄압할 준비를 갖춰 나갔다.

그러나 아무리 미군정이 법률과 치안 기구, 사법 기구 등 제도를 정비한다고 해도 일제강점기 때처럼 좌익 사상을 가졌다는 것만으로 좌익을 탄압할 수는 없었다. 좌익에는 일제에 맞서 싸운 항일 투사가 많았던 만큼 좌익에 지지를 보내는 대중들이 많았기 때문에 이러한 좌익을 탄압한다는 것이 미군정으로서는 부담일 수밖에 없었던 것이다. 만약 그럴 경우 미군정은 조선의 민중들에게 '겉으로는 민주주의니 사상의 자유니 하며 내세우지만 결국 그 본모습은 일제와 마찬가지로 조선 민중과 항일투사를 억압하는 세력'으로 받아들여짐으로써 대대적인 반발에 직면할 것이기 때문이었다.

따라서 미군정이 공산주의 세력을 탄압하고 사상을 통제하기 위해서는 물리적인 사상 통제 기제를 구축하는 것도 중요하지만, 좌익으로부터 대중

---

190) 「포악한 법률을 폐지/아 군정장관이 지령」, 『매일신보』, 1945.9.22.

의 지지를 이탈시키는 것이 필요했다. 그리고 이를 위해서는 공산당 및 공산주의에 부정적인 이미지를 덧씌움으로써 낙인을 찍는 과정이 필요했다. 즉, 법률 및 경찰, 사법기구 등 '억압적 통치 기구'와 같은 사상 통제의 '하드웨어'(hardware)적 측면을 정비하는 것 못지 않게 '낙인찍기'와 같은 사상 통제의 '소프트웨어'(software)적 측면을 가동하는 것이 중요했던 것이다.

그런데 낙인찍기는 낙인을 찍는다고 해서 무조건 찍히는 것이 아니라 대중의 공감과 동의를 얻을 때에만 찍히는 것이라고 할 수 있다. 또한 한 번 낙인찍기에 성공했다고 해서 대중에게 바로 받아들여지는 것이 아니라 여러 차례에 걸쳐 낙인찍기에 성공함으로써 부정적 이미지가 일정 수준 축적되어야 대중에게 받아들여질 수 있다. 또한 그렇게 낙인찍기가 완성되고 나면 낙인찍힌 대상을 탄압하더라도 대중의 반발이 적을 뿐만 아니라 대중도 낙인찍히지 않도록 스스로 자기 검열을 하는 등 사상 통제의 효과가 제대로 나타나게 된다.

앞서 밝혔듯 좌익 측은 '민족지향성'과 '민중지향성'의 측면에서 도덕적인 우위를 차지하고 있었다. 미군정과 우익 측으로서는 좌익의 긍정적인 이미지에 흠집을 낼 필요가 있었다. 미군정기 3년은 공산주의 혹은 좌익에 대한 부정적인 이미지를 덧씌우고 낙인을 찍는 과정의 반복이었다고 해도 과언이 아니다. 이러한 미군정과 우익의 좌익에 대한 낙인찍기 과정에 대해 살펴보겠다.

우익 측은 먼저 좌익을 '친일파'로 낙인찍으려 했다. 이는 좌익이 지닌 '민족지향성'에 흠집을 내기 위한 것이었다. 그러나 국내 우익 세력에는 변절하여 일제와 타협한 자들이 많았으므로 먼저 자신들의 약한 '민족지향성'을 보강할 필요가 있었다. 이들은 이를 김구 등 임정 세력을 통해 확보하려 했다. 임정은 좌익 세력보다도 '민족 투사'로서의 이미지가 강했으며, 특히 김구의 한국독립당 계열은 '반공 우익' 성향을 지녔으므로 국내

우익 세력의 방패막이가 되어 주기에 안성맞춤이었다.[191]

우선 한민당은 창당도 하기 전인 9월 8일 창당 발기인 600여 명의 명의로 임정 봉대와 인공 타도를 주장하는 성명서를 발표했는데, 그들은 인민공화국을 "일본의 압박이 소환(消渙)되자 정무총감, 경기도경찰부장으로부터 치안유지 협력의 위촉을 받고 피를 흘리지 않고 정권을 탈취하겠다는 야망을 가지고 나선 일본제국의 주구(走狗)들이다"라며 강하게 비난했다.[192]

또한 우익을 자처하는 대표적인 친일파 이종형(李鍾馨)은 자신이 사장으로 있는 『대동신문』을 통해 여운형의 '친일 행각'을 폭로했다. 2월 10일자에서는 여운형이 학병 권유를 했다는 『경성일보』 기사 전문을 인용하여 2면을 할애하여 대서특필했고,[193] 2월 17일과 18일에는 여운형이 일제 검사 앞에서 전향을 선언했다는 문답 내용과 친일 한시를 공개했다.[194] 그러나 이들은 모두 '가짜 뉴스'였다. 전자는 일본인 신문기자의 날조였으며 후자는 이종형 자신이 직접 지은 한시를 여운형이 지었다고 거짓으로 꾸민 것이었다.[195]

---

191) 김구 세력을 이용하여 좌익이 지닌 '민족 투사' 이미지를 상대적으로 약화시키려는 전략은 하지 사령부에도 받아들여졌으나 결국 실패로 끝났다. 미군정은 김구를 귀국시켜 우익 중심의 정계 통합의 재료로 사용하고자 했다. 그러나 김구 세력은 비록 반공 우익적이긴 했으나 지나치게 민족주의적 혹은 독자적 입장을 고수하여 모스크바 3상 회의 결정 직후 반탁 쿠데타를 벌임으로써 미군정에까지 대립하게 되었다. 따라서 미군정 측으로서는 김구라는 카드를 더 이상 사용할 수 없게 되었다.

192) 「한국민주당 발기인, 대한민국임시정부 외에 소위 정권을 참칭하는 일체의 단체 및 그 행동을 배격하는 결의와 성명서를 발표하다」, 국사편찬위원회, 『자료대한민국사』, 제1권, 국사편찬위원회, 1968, 60~63쪽.

193) 「여운형의 충성/친일의 활증을 보라/이것도 발전적 해소라 할가/팔방미인의 반역상 습자/정계의 칠면조/매국적 미로아」, 『대동신문』, 1946. 2. 10.

194) 「반성한 여운형의 고백/결국은 대지(對支) 공작의 전쟁범?/여의 자필 자작 시초(詩抄)」, 『대동신문』, 1946. 2. 17.
「반성한 여운형의 고백 (속)/일제에게 충성을 결심」, 『대동신문』, 1946. 2. 18.

195) 정병준, 『몽양 여운형 평전』, 한울, 1995, 73쪽.

이러한 시도에도 불구하고 일제의 탄압을 가장 심하게 받은 좌익 세력이 '친일파'였다는 억지 논리에 대중은 흔들리지 않았으며, 결국 좌익에 대한 '친일파' 낙인찍기는 실패로 끝났다.

하지만 미군정과 우익 측은 이 외에도 끊임없이 좌익에 대한 낙인찍기를 시도했다. 가장 잘 알려진 대표적인 낙인찍기의 성공 사례는 1945년 12월 모스크바 3상회의 결정에 대한 왜곡 보도를 통한 '매국노' 낙인이었다.

이를 이용하여 우익 측은 대대적인 반탁 운동을 벌이며 '모스크바 3상회의 결정 지지 = 신탁통치 찬성 = 독립 반대 = 매국노 = 반민족 세력'이라는 등식을 통해 공산주의자에는 소련에게 조국을 팔아먹는 '매국노', 소련에는 '조선을 적화하려는 음험하고 탐욕스런 국가'라는 부정적 이미지를 덧씌웠다. 이는 즉시 독립을 열망하던 당시 대다수 대중들에게 대단히 성공적으로 작용했다. 비록 시간이 지난 후 소련이 아니라 미국이 신탁통치를 주장했다는 사실이 밝혀졌고, 모스크바 3상회의 결정이 조선임시정부를 수립하고 지원하는 측면이 있다는 사실을 많은 대중들이 인정하게 되었지만 우익 측의 흑색선전의 효과로 좌익이 이미 입게 된 타격은 돌이킬 수 없는 것이었다. 게다가 박헌영 - 존스턴 기자회견 사건으로 인해 박헌영은 또다시 소련에 나라를 팔아먹는 매국노라는 이미지가 덧씌워지게 되었다.

반대로 극우 반탁세력은 '모스크바 3상회의 결정 반대 = 신탁통치 반대 = 독립 찬성 = 애국자 = 민족 세력'이라는 프레임을 통해 긍정적 이미지를 스스로에게 덧씌움으로써 좌우익의 도덕성에 역전 현상이 발생했다. 이를 통해 공산주의자 및 좌익의 '민족지향성' 이미지는 상당히 훼손되었고, 우익 및 친일 세력은 반탁 주장을 하는 것만으로 자신들의 '친일 민족반역자' 이미지를 상당 부분 떨쳐 내고 '애국자'를 자처할 수 있게 되었다.

다음으로 1946년 5월 미군정은 정판사 '위폐' 사건을 발표하여 조선공산당에 '경제 파괴범'의 낙인을 찍음으로써 조선공산당 및 좌익 측의 도덕성에 치명적인 타격을 입혔다. 그런데 이러한 '경제 파괴범'이라는 낙인은 보통의 지폐 위조범에게 찍히는 낙인과는 차원이 다른 것이었다. 보통의 지폐 위조범에게 찍히는 '탐욕', '사기꾼'이라는 낙인은 '사익 추구자'에 지나지 않지만, 정판사 '위폐' 사건 피의자들에게 찍힌 '경제 파괴범'이라는 낙인은 '공익 파괴자'의 성격을 띠기 때문이다. 일부 우익 세력은 아예 처음부터 정판사 '위폐' 사건 피고들은 사익 추구 이외에 '경제 교란'이라고 하는 숨겨진 목적이 있었다고 비난했다. 이들의 주장에 따르면 조선공산당이 사익을 추구하는 목적하에 위폐를 제조하는 범죄를 저질렀으나 결과적으로 경제에 혼란을 준 것이 아니라, 아예 처음부터 해방된 조선의 경제를 혼란시킴으로써 공익을 파괴할 목적으로 위폐를 제조하기로 작정했다는 것이었다. 그러나 검사의 「공판청구서」와 「논고」, 재판부의 「판결문」 조차 그 어디에도 피고들이 경제를 교란하기 위해 범죄를 저질렀다는 내용은 나타나지 않는다. 이러한 '경제 파괴범'이라는 낙인의 구체적인 사례를 열거하면 다음과 같다(밑줄은 필자).

- 1946년 5월 15일 『동아일보』 사설[196)]
  지폐를 위조하야 <u>경제계</u>를 <u>교란</u>하고
- 1946년 5월 15일 미군정 공보부 발표[197)]
  300만 원 이상의 위조지폐로써 남조선 일대를 <u>교란</u>하든 지폐위조단 일당이 일망타진되엿다고 조선 경찰 제1관구경찰청장 장택상 씨가 발표하엿다.
- 1946년 5월 17일 한국민주당 선전부장 함상훈 담[198)]
  천하의 공당으로서 선언한 공산당이 이같이 불법행위를 하고 <u>경제계</u>를 <u>교란</u>시킨 죄과는 해체로서 천하에 사과해야 할 것이다.

---

196) 「[사설] 학원의 모략을 분쇄하라」, 『동아일보』, 1946.5.15.
197) 「총액 300만 원/위조지폐 사건 전모」, 『자유신문』, 1946.5.16.
198) 「공산당 해체로 천하에 사과하라/한민당 선전부장 담」, 『동아일보』, 1946.5.18.

- 1946년 5월 18일 『동아일보』 기사199)

  일제 정치 미테서도 보지 못하든 공산당원을 중심으로 한 대규모의 위조지폐 사건이 발각되어 조선의 <u>경제계</u>는 더 한층 혼란의 궁지에 빠지고 말았다.

- 1946년 7월 10일 『대동신문』 기사200)

  900만 원 이상의 지폐를 위조하여 건국 도상에 있는 우리 조선 <u>경제계</u>를 근본적으로 <u>교란</u>하려든 조선공산당원의 위조지폐 사건의 일당과

- 1946년 7월 19일 경성지방법원 검사장 김용찬 담201)

  정판사 내에서 조선은행권 백 원 권 1,200만 원을 위조하야 조선공산당 본부 재정부장 이관술에게 교부 행사케 하여써 <u>경제</u>를 <u>교란</u>케 하고

- 1946년 7월 28일 『동아일보』 기사: 「공판청구서」 전문202)

  행사담당자 이관술의 손을 통하야써 그지음 경성부내에서 조선공산당비로 하야 <u>경제</u>를 <u>교란</u>하고

- 1946년 7월 29일 『동아일보』 기사203)

  이번 공판은 일제시대에서도 볼 수 없든 범죄일 뿐 안이라 건국 전야에 있는 조선의 <u>경제</u>를 극도로 <u>교란</u>한 중대사건을 심리하는 것으로

- 1946년 7월 30일 『대동신문』 기사204)

  조선 <u>경제</u>를 <u>교란</u>시킬 목적으로 1,200만 원이라는 거액을 위조하여 조공당비에 사용하는 한편으로는 계속 인쇄하든 중에 폭로되어 피검당한 소위 조선정판사장 겸 공당원인 박낙종 외 12명의 위조지폐 사건은

---

199) 「위조지폐와 우는 사람들!」, 『동아일보』, 1946.5.18.

200) 「조공원의 위폐단/15명 9일 송국」, 『대동신문』, 1946.7.9.

201) 「'공당원 위폐 사건' 수 기소/김 검사장, 사건 진상을 발표」, 『동아일보』, 1946.7.20. 김용찬 검사장은 조재천 검사가 작성한 「공판청구서」 전문에는 없는 '경제를 교란케 하고'라는 문구를 삽입하여 발표했다.

202) 「공당원 위폐 사건 공판청구서 전문 (상)」, 『동아일보』, 1946.7.28. 『동아일보』는 실제 「공판청구서」 전문에는 없는 '경제를 교란하고'라는 문구를 삽입했다.

203) 「법정에서는 공당원 위폐 사건/국난을 악용한 경제교란범/삼천만 앞에 대죄!/명 29일 박낙종 등 12명 공판」, 『동아일보』, 1946.7.29.

204) 「조선공산당원의 대 위폐 사건 공판 개정/먼저 독도 사건부터 심리」, 『대동신문』, 1946.7.30.

이러한 '경제 파괴범'이라는 낙인은 두 가지 부수적인 효과를 지닌다고
할 수 있다.

하나는 공산주의자들이 '건국'을 방해하는 '반민족적' 행위자라는 것이
다. 이는 기존에 공산주의자나 좌익이 지녔던 민족 해방 투사로서의 이미
지, 즉 '민족지향성'을 깎아내리는 효과를 가지며 '건국 파괴범'이라는 이
미지를 덮어씌우는 것이었다. 이러한 '반민족성', '반국가성' 낙인에 대한
구체적 사례를 열거하면 다음과 같다(밑줄은 필자).

- 1946년 5월 9일 『한성일보』 기사[205]
  건국 도정에 이러한 경제 교란을 개획적으로 일으켰다는 것은 추호라도 용
  서 못할 일이며
- 1946년 5월 10일 조병옥 경무부장 담[206]
  조국광복의 중대한 이 때에 더욱이 지폐위조로 경제계를 교란시키는 자들의
  항위에 대하여서는 새삼스러히 말할 것은 없는 독립방해자이다.
- 1946년 5월 16일 경성지방법원 검사국 담[207]
  이런 사건은 한 개 국민의 경제를 교란 혼돈 시킬 뿐만 안이라 조국 재건의
  중대한 사명에 큰 장애가 되는 때문이다.
- 1946년 5월 17일 『동아일보』 사설[208]
  정권쟁탈을 위한 무소부지의 소행은 드디어 지폐위조에까지 이르러 경제계
  를 교란하는 친일파, 민족반역자와 동렬에 서게 되었으니
- 1946년 5월 17일 『동아일보』 촌평[209]
  지폐 위조는 조국 재건에 폭탄이 되고 수류탄이 되는 거지

205) 「거액의 위조지폐범/근택삘딩을 포위코 10여 명 검거/경제 교란의 배후 마수 주목」,
　　『한성일보』, 1946.5.9.
206) 「전모는 불일 발표/조병옥 경무부장 담」, 『동아일보』, 1946.5.10.
207) 「조국 재건을 방해/단호히 처단할 터/검사국 당국의 태도」, 『동아일보』, 1946.5.17.
208) 「[사설] 자기 비판의 시기/조공에 일언함!」, 『동아일보』, 1946.5.17.
209) 「휴지통」, 『동아일보』, 1946.5.17.

- 1946년 5월 18일 『한성일보』 논설210)

  무슨 억하심정으로 3천만 남녀가 한결 같이 갈망하야 마지않는 <u>조국</u> <u>재건</u>의 성업을 가로맛터야 한단 말인가?

- 1946년 5월 20일 『한성일보』 기사211)

  우리 <u>경제계</u>를 <u>교란</u>시컷고 그 영향은 <u>새 나라 건설 과업</u>에 크나큰 지장을 미치게 하였다.

'경제 파괴범'의 낙인이 갖는 또 하나의 효과는 공산주의자들이 대중의 경제생활을 무너뜨려 민생을 힘들게 한다는 것이었다. 이는 기존에 공산주의자나 좌익이 지녔던 '민중의 대변자'로서의 이미지, 즉 '민중지향성'을 깎아내리는 효과를 가지며 대신 '민생 파괴범'의 이미지를 덮어씌우는 것이었다. 이러한 '반민중지향성' 낙인 사례를 열거하면 다음과 같다(밑줄은 필자).

- 1946년 5월 16일 독립촉성국민회 담212)

  조선공산당의 음모하에 거대한 위조지폐를 발행하야 조선 <u>경제</u>를 <u>교란</u>하며 <u>국민생활을 파훼</u>한 것은 일대 죄악이다.

- 1946년 5월 17일 『동아일보』 기사213)

  일개인의 행위도 아니고 적어도 <u>근로대중</u>을 위한다는 공산당의 간부와 정당원들이 당 본부 안에 잇는 인쇄소를 이용하야 지폐 란발로서 인민을 도탄에 빠지게 한 사건인 만큼

- 1946년 5월 18일 『한성일보』 논설214)

  더구나 이 나라의 <u>근로대중</u>의 복리를 위하야 싸우지 않으면 아니되는 위대한 사명을 띄운 공산당으로서 천인공노할 거액의 위조지폐를 람발하야 혼란

---

210) 「공산당의 음모는 확실, 위조지폐범 죄상 명백」, 『한성일보』, 1946.5.18.

211) 「사설 조폐국 총 붕괴/조공 본부의 경계도 삼엄」, 『한성일보』, 1946.5.20.

212) 「조공의 죄악은 크다/독립촉성국민회의 경고」, 『동아일보』, 1946.5.17.

213) 「백일하에 폭로된 공당원 지폐 위조 사건의 죄상/경제 교란과 배후의 마수」, 『동아일보』, 1946.5.17.

214) 「공산당의 음모는 확실, 위조지폐범 죄상 명백」, 『한성일보』, 1946.5.18.

기에 허덕이고 잇는 <u>동포들의 생활</u>을 한층 더 <u>비참한 도탄</u>에 밀어 너흐며

● 1946년 8월 1일 대한독립촉성전국총연맹 성명서[215]

자당의 세력을 확충함으로써 개인의 정권욕을 만족키 위하여 <u>경제를 교란하</u>여 <u>대중</u> 생활을 이와 같은 곤란에 <u>빠트린 것</u>만 해도 천인이 공노할 것이어늘

이러한 '경제 파괴범'이라는 낙인은 그동안 누적되어 온 모든 경제 문제, 즉 일제의 화폐 남발, 미군정의 일제 금융 통화정책 승계로 인한 물가 폭등, 일제 및 미군정의 잘못된 조폐 정책에 따른 '위폐 같은 진폐', '진폐 같은 위폐'의 양산으로 인한 화폐 유통의 불안, 잘못된 식량정책으로 인한 식량 위기 및 곡물 가격 폭등 등에 대한 대중의 불만을 일시에 조선공산당에 덮어씌워 버리는 책임 전가의 효과를 지닌다(밑줄은 필자).

● 1946년 5월 20일 『조선일보』 촌평[216]

▲위조지폐는 인플레를 조장하고 <u>경제계를 교란</u>케 만들고 <u>화폐의 신용을 타락</u>케 하며 따라서 <u>민심을 불안</u>케 하는 등 그 죄악은 왜적 이상의 악질이라고 단정치 않을 수 없는 일

또한 우익 측은 이것을 더 확대해석하여 경제 파괴를 통해 대중들의 생활을 파탄 냄으로써 대중들로 하여금 불만을 갖게 하여 결국 공산혁명을 조장한다는 것이었다(밑줄은 필자).

● 1946년 5월 독립전취국민대회 조선공산당 철저타도실천위원회 전단지[217]

경악! 9백만 원 위조지폐 사건! (공보국 발표)

이는 공산당 악희의 최대한 전술이다. 인푸레를 조장하야 세민(細民)계급,

---

215) 「경제 파탄의 총 책원지/조공은 즉시 해체하라/독촉전청총연맹 성명서」, 『대동신문』, 1946.7.15.

216) 「색연필」, 『조선일보』, 1946.5.20.

217) 김현식, 정선태 편, 『'삐라'로 듣는 해방 직후의 목소리』, 소명출판, 2011, 278쪽.

즉 노동자, 농민, 봉급생활자들을 생활난에 모라넣고는 그 원인을 남조선미
군정에 돌니고 그 책임을 자본가와 지주에 전가하여 무산계급으로 하여금
미군정과 자본가와 지주에 대한 적개심을 고취하여 계급투쟁에 일석이조의
실효를 어들려는 것이었으나 배달혼의 영지(靈智)는 이 험악한 살인적 모계
(母系)를 용인치 않고 발근(拔根)한 것이니 민족이여! 이 적귀 조선공산당 타
도에 분연히 총궐기할지어다.

- 1946년 7월 15일 대한독립촉성전국청년총연맹 성명서[218]
3천만 민중을 해방의 환희에서 생활의 공포로 유도하여 조국애를 소실케 하
고 공산주의의 독재를 몽상하여 매국, 매족한 것도 원적(原籍)이어늘 옥상가
옥으로 위폐를 남발하여 모 외국 혁명의 비참한 전철을 밟으려 한 조선공산
당의 죄, 실로 천인공노이다.

- 1946년 8월 1일 『대동신문』 사설[219]
정권 야욕과 소아병적 모략에 여념이 없는 조공은 위폐를 남발하여 민중의
생활을 파괴하므로써 민중의 적색혁명 의욕을 조장시키고 또한 위조폐로써
당자(黨資)를 만들려는 1석2조의 음모를 쓰는 것은 말할 것도 없는 일이다.

한편, 기본적으로 거액의 위조지폐를 제조하여 사용했다는 것은 불법적
인 사익을 추구했다는 것을 의미하므로 탐욕의 이미지와 관련될 수밖에
없다. 정판사 '위폐' 사건이 알려지면서 우익은 조선공산당의 탐욕을 비난
했다. 이는 기존에 공산주의자나 좌익이 지녔던 '청렴', '청빈'의 이미지를
깎아내리는 효과와 함께 경제 형편이 어려운 일반 대중들의 '상대적 박탈
감' 및 '분노'를 자극하는 것이었다(밑줄은 필자).

- 1946년 5월 10일 『동아일보』 촌평
▼400여 만 원의 지폐를 위조해서 은행에 맥겨 노코 쓰든 자는 ○○당원이라고-

---

218) 「천인공노할 조공 죄악/위폐 사건 철저 처치 촉구/독촉청련에서 성명서」, 『대동신문』,
1946.8.1.
219) 「[사설] 조공당원 위폐 사건 심판」, 『대동신문』, 1946.8.1.

▼흔하고도 귀한 조선 돈에 어쩐지 <u>그들의 경기만은</u> 풍성풍성하드라니!²²⁰⁾

또한 위조지폐라는 것 자체가 '가짜' 돈이라는 의미이므로 우익 측은 '가짜', '위조', '사기꾼'의 이미지를 강조하여 공산주의자의 '진실성', '진정성'을 훼손함으로써 결국 좌익에 대한 대중의 '신뢰'를 떨어뜨리고자 시도했다(밑줄은 필자).

● 1946년 5월 반탁전국학생총연맹²²¹⁾

삼천만 백의족(白衣族)에게 위조를 폭로한다

인류 화폐 청사(靑史)를 유린한 조공 간부들아!

건국준비위원회도 왜적과 결탁한 <u>위조</u>다.

인민공화국의 유령 정권도 <u>위조</u>다.

민전 산하 1천만도 <u>위조</u>다.

인민보, 현대일보, 해방일보, 중앙신문도 <u>위조</u>다.

농민에게 분배한다는 토지정책도 <u>위조</u>다.

그네들이 부르는 조국 3천만 강산도 <u>위조</u>다.

그네들이 부르는 민주주의도 공산팟쇼요, <u>위조</u>다.

조공, 전평, 전농, 학생단체도 <u>위조</u>다.

독서회도 휴(休)를 책동하기 위한 <u>위조</u>회다.

그네들이 쓰는 지폐까지 <u>위조</u>다.

<u>위조배의 거성</u> 박헌영 동무여, 조공을 대표하여 3천만 백의족에게 사죄하라.

<u>위조진(陣)의 명성</u> 이관술, 권오직 동무여, 천벌이 두렵거든 한시 바삐 자수하라.

또한, 앞서 언급했듯 1946년 5월 15일 미군정 공보부에서 정판사 '위폐' 사건에 대해 최초의 공식 발표를 했을 때의 발표 내용에는 위폐 제조의 장

---

220) 「횡설수설」, 『동아일보』, 1946. 5. 10.

221) 김현식, 정선태 편, 앞의 책, 291쪽.

소가 근택빌딩 지하실이라고 되어 있었다.[222] 그러나 이것은 사실이 아니었으며, 결국 러치 군정장관은 어디서 위폐를 제조했는지 장소가 중요한 것이 아니라며 한발 물러섬으로써[223] 사실상 지하실에서 위폐를 인쇄한 것이 아님을 스스로 인정했다.

그렇다면 왜 미군정은 사실과도 다른 지하실이라는 장소를 범행 장소로 명시했는가? 이는 미군정이 지하실이라는 용어가 연상시키는 '어두움', '비밀', '음모'의 이미지가 미치는 효과를 고려한 것으로 보인다. 설령 일부러 그런 것이 아니라 단순한 착오나 실수라고 해도, 어쨌든 그러한 지하실에서 위폐를 제조했다는 내용이 발표됨으로써 대중들은 공산당원들이 어두운 지하실에서 비밀리에 위폐를 제조하는 모습을 떠올리게 되었을 것으로 보인다.

이는 일제강점기부터 은둔 생활을 하며 지하활동을 벌인 공산당원들의 이미지와 박헌영의 자색주의(自色主義)적, 비밀주의적 당 운영 방식과 결합하여 대중들의 머릿속에서 더욱 그럴듯한 이미지로 각인되었을 것으로 볼 수 있다.

이상에서 살펴본 정판사 '위폐' 사건으로 인해 공산주의자들이 갖게 된 '경제파괴범'이라는 낙인은 공산당이 그동안 누리고 있었던 '민족지향성', '민중지향성'의 이미지를 모두 파괴하는 정반대의 이미지를 심어 줌으로써 공산당원의 도덕성을 실추시키고 대중의 지지를 이탈시키는 데에 상당히 큰 효과를 낸 것으로 보인다.

특히, 당시 1946년의 식량 위기, 수해, 콜레라 등 어려운 상황을 고려하면 복잡한 좌익 우익 정치 논리에 관심을 두기보다는 당장 하루하루의 생존의 문제를 고민할 정도로 생활고를 겪는 수많은 빈곤층 대중들에게 조

---

[222] 「위조지폐 사건/공보부서 특별 발표」, 『독립신보』, 1946.5.16.
[223] 「독도 사건과 관련성 잇다/위조지폐 사건에 대해 러 장관 언명」, 『독립신보』, 1946.6.5.

선공산당에 대한 부정적인 이미지를 더욱 확실하게 심어 주었다고 할 수 있다. 그런 점에서 정판사 '위폐' 사건에서의 '경제 파괴범' 낙인은 모스크바 3상회의 이후의 '찬탁 매국노' 낙인보다 훨씬 더 파괴력이 컸을 것이라고 추정할 수 있다.

다음으로 미군정과 우익이 시도한 것은 '폭동범' 또는 '내란범'이라는 낙인이었다. 조선공산당의 신전술 전환 이후 위폐 공판 소요 사건, 9월 총파업과 10월 항쟁이 잇따라 발발하면서 '소요', '폭동'이라는 용어가 신문지상에 많이 등장하게 되었다. 그럼으로써 좌익에 대한 폭력 분자, 파괴 분자의 이미지가 생겨날 수 있었다. 그러나 당시 이러한 사건에 참여한 사람들은 좌익이라기보다는 일반 민중이 대다수였으므로 좌익이나 공산주의자에게 그러한 이미지가 크게 덧씌워졌다고는 보기 힘들다.

또한 10월 항쟁 이후 조미공위가 발족되었는데, 이러한 소요, 폭동, 항쟁의 원인의 핵심으로 친일파 경찰관에 대한 처리 문제를 지적했다.[224] 이로 인해 폭동을 일으킨 대중들보다는 이를 유발한 경찰에 더 큰 책임을 묻는 분위기가 형성되었으므로 역시 좌익에 그러한 이미지가 확실하게 덧씌워졌다고 보기는 힘들다.

이후로 좌익 측이 폭력적인 투쟁을 크게 벌인 것은 별로 없었다. 1947년 2월 18일과 19일 전평은 제2차 전국대회를 개최했는데, 경찰이 이를 불법 집회로 간주하여 전평 간부 51명을 체포하는 일이 발생했고,[225] 이에 대한 항의로 3월 22일 24시간 총파업을 벌인 것이 다였다.[226] 그리고 5월부터는 제2차 미소공위가 개막되었으므로 좌익 측이 무력 투쟁을 벌일 일은 없었다.

그러던 중 1947년 7월 19일 여운형이 백주에 대로에서 암살되고 난 후

---

224) 서중석, 앞의 책, 460쪽.

225) 「남로, 전평 간부 등 피체/허성택, 이현상 씨 등 51명」, 『독립신보』, 1947. 2. 22.

226) 송광성, 『미군점령 4년사』, 한울, 1993, 192~193쪽.

제2차 미소공위가 사실상 결렬되어 가고 있던 7월 27일 좌익 측에서는 공위 활동이 성공할 수 있도록 공위경축 민주임정 수립촉진 인민대회를 대규모로 개최했다.[227] 그러자 미군정은 이에 대응하여 8월 11일 밤부터 12일까지 사상 초유의 대규모 좌익 인사 검거에 나섰다. 이른바 8 · 15 폭동 음모 사건이었다. 1년 전인 1946년 8월 초에 미군정이 좌익 3당 합당을 방해하기 위해 "좌익 측이 8월 15일 광복 1주년 기념일을 계기로 폭동을 계획하고 있다"는 명분을 내세워 좌익 인사를 대규모 소환, 검거, 조사했던 것과 판박이인 상황이었다.

그러나 이번의 검거는 규모도 훨씬 컸으며 파장도 컸다. 체포된 인물들은 남로당(이기석), 근로인민당(백남운, 장건상, 이영, 정백, 이여성 등), 인민공화당, 청우당, 민전, 인민위원회, 전평, 전농, 협동조합, 문학가동맹, 영화동맹, 연극동맹, 민주여성동맹, 법학자동맹 등 좌익계 인사와 독립신보 사장 장순각, 중외신보사, 노력인민사 직원 등 언론계 인사를 포함하여 서울에서만 약 400여 명이었고, 전국적으로는 약 2천 명이 검거되었다.[228] 검거된 인사 중에는 정판사 '위폐' 사건에 참여했던 조평재, 윤학기 변호사도 포함되어 있었다.[229] 이에 대해 미소공위 소련 측 수석대표 스티코프

---

227) 「임정수립 촉진인민대회 대성황!/퍼붓는 폭풍우 속에서 노호하는 인민의 분류(奔流)/폭압 속에 커가는 위력을 과시」, 『독립신보』, 1947.7.29.

228) 「작효, 대검거 선풍」, 『경향신문』, 1947.8.13.
「해방기념일 앞두고 대규모의 검거 선풍/미주 진영의 요인들 속속 피검」, 『독립신보』, 1947.8.13.
「작효 경찰관이 총동원/좌익 요인을 검거/민전 산하 수백명 유치 취조 중」, 『동아일보』, 1947.8.13.
「모종 사건의 음모 혐의로 좌측계에 일대 선풍/백남운 씨 등 400여 명 일시에 검거」, 『민중일보』, 1947.8.13.
「백남운, 이기석 씨 등 백여 명 검거」, 『조선중앙일보』, 1947.8.13.
「좌익 요인 피검 검거 이유는 아직 불명/언론인에도 검거 선풍 파급」, 『중앙신문』, 1947.8.13.

대장은 제54차 본회의에서 성명을 발표했는데, 이러한 좌익 인사 대검거는 미소공위를 결렬시킬 목적으로 행해진 것이라며 미국 측 대표단에 대책을 촉구했다.[230]

수도경찰청장 장택상은 검거로부터 2개월이 지난 10월 13일에서야 사건의 진상에 대해 발표했다.[231] 발표 내용에 따르면 좌익 세력은 8·15 기념식을 계기로 남조선 내 대규모 폭동을 계획했는데, 이 계획의 최고책임자는 평양에 있는 소련군 사령부 정치부[아나톨리 이바노비치 샤브신(Анатолий Иванович Шабшин) 주재], 해주에 있는 남로당 중앙정치위원회 대표 박헌영, 서울에 있는 남로당 중앙정치위원회 위원 7인(박헌영 대리 이주하, 허헌, 이기석, 김삼룡, 이승엽, 김용암, 구재수) 등 3자였다(김용암은 정판사 '위폐' 사건에서 가장 큰 활약을 보인 변호사로서 1심 불복 「상고이유서」를 기초한 것으로 추정되는 인물이다).

그리고 이들의 폭동 계획에 대한 구체적인 내용은 (1) 경찰서 습격 및 방화, (2) 경관 및 우익 요인을 살해, 그들의 주택 방화, (3) 관공서, 생산

---

229) 「법정서 변호사 구속」, 『경향신문』, 1947.8.13.
「윤 변호사도 피체」, 『동아일보』, 1947.8.13.
「조평재 씨 송청」, 『경향신문』, 1947.8.21.
「조평재 변호사 송청」, 『동아일보』, 1947.8.21.
「조평재 수 송청」, 『민중일보』, 1947.8.21.
「조평재 씨는 송청」, 『자유신문』, 1947.8.21.
「조평재 씨 송청」, 『중앙신문』, 1947.8.21.
230) 「남조선 대중적 검거에/미의 대책 강구를 주장/소 스티코프 장군 성명 발표」, 『독립신보』, 1947.8.23.
231) 「8·15 폭동 음모/수도청서 진상 특별 발표」, 『경향신문』, 1947.10.14.
「8·15 폭동 음모/수도청서 진상 특별 발표 (승, 전)」, 『경향신문』, 1947.10.15.
「전율! 국제적 대폭동 계획/8·15를 계기로/남로당의 대음모/싸부신 전 주경 소영사도 가담」, 『동아일보』, 1947.10.14.
「8·15 폭동 음모 사건/수도청에서 진상 발표」, 『조선일보』, 1947.10.14.

공장 파괴, (4) 군중 동원 시위행진으로 요약할 수 있다. 이 사건의 재판은 피의자들이 검거된 지 만 1년 2개월이 지난 1948년 10월 11일에서야 개정되었다.

이러한 경찰의 발표는 좌익 인사들에게 '폭동범', '치안 파괴범', '내란범'과 같은 낙인을 찍는 것이었다.

이 사건은 여러 가지 면에서 정판사 '위폐' 사건과 유사한 성격을 보이는데, (1) 정판사 '위폐' 사건은 제1차 미소공위가 결렬되는 시점에서, 8·15 폭동 음모 사건은 제2차 미소공위가 결렬되는 시점에서 발발했고, (2) 두 사건 모두 사건 발표에 대해 의혹이 많으며, (3) 사건 발표에 따르면 정판사 '위폐' 사건은 좌익이 남조선의 경제를 교란하려 했고, 8·15 폭동 음모 사건은 좌익이 내란을 음모하여 남조선의 치안을 교란하려 했다는 것으로서 각각 좌익의 이미지에 치명적인 범죄 사건이었으며, (4) 사건 발표로부터 재판이 열리기까지 추가 진상 발표 없이 장기간이 소요되었고, (5) 두 사건 모두 담당 검사가 조재천으로 동일하다는 점이다. 더 많은 연구가 필요하겠지만 이러한 점에서 8·15 폭동 음모 사건도 정판사 '위폐' 사건과 마찬가지로 미소공위 결렬을 촉진하고 좌익의 이미지를 실추시키기 위해 조작한 사건으로 의심된다고 할 수 있다.

주목해야 할 것은 이러한 낙인찍기와 이미지 조작이 각각 한반도 분단의 외적 규정력이라고 할 수 있는 미국과 소련의 직접적 협상 무대인 모스크바 3상회의, 제1차 미소공위, 제2차 미소공위가 종결되거나 결렬되는 시점에서 나타났다는 것이다.

즉, (1) 모스크바 3상회의 결정 전후인 1945년 12월 말, (2) 제1차 미소공위가 결렬된 시점인 1946년 5월 초, (3) 제2차 미소공위가 사실상 결렬된 시점인 1947년 7월 말 이후에는 각각 (1) 신탁통치 왜곡 보도 사건, (2) 정판사 '위폐' 사건, (3) 8·15 폭동 음모 사건 등 모두 미군정이 개입했거나 개입한 것으로 추정되는 공작에 의한 탄압이 있었으며, 이로 인해 좌익에는 각각 (1) 신탁통치를 찬성하여 소련에 나라의 주권을 팔아먹는 '매국노', (2) 위조지폐를 제조하여 나라의 경제를 교란시키는 '경제 파괴범', (3) 소련과 연계하여 폭동을 일으켜 치안을 교란시키는 '내란범'이라는 파렴치하고 도덕적으로 용인되기 어려운 이미지가 덧씌워졌고, 미군정과 우익은 이로 인해 정치적인 이득을 취할 수 있었다는 것이다.

이러한 미군정기의 공산주의자 및 좌익에 대한 부정적인 낙인들의 성공 사례가 쌓이면서 1948년경부터 빨갱이라는 용어가 좌익을 낙인찍는 용어로서 대대적으로 유행하게 되었다. 빨갱이란 단어는 공산주의자, 극렬분자 등을 가리키는 말로서 해방 직후에도 존재했다.[232]

그러나 1948년 분단 정부 수립을 앞두고 남로당의 2·7 구국투쟁과 제주 4·3 사건, 5·10선거 반대투쟁 등 단선단정 반대를 위한 좌익 및 대중들의 무력 투쟁이 발생하게 되면서 빨갱이는 기존의 '내란범' 이미지의 연장 선상에서 제거해야 할 사회 위험 세력으로 규정되었다. 이로써 일제강점기의 '아카'는 미군정기에 이르러 '빨갱이'라는 더욱 강력한 낙인으로 재탄생하게 되었다.

그리고 1948년 8월 대한민국 정부 수립 이후 여순 사건을 통해 「국가보안법」이 제정됨으로써 1949년 반민특위로 위기에 몰린 이승만과 친일 반민족 세력은 국회 프락치 사건을 조작하여 위기를 벗어날 수 있었다.

또한 반공 극우 세력은 대한민국에 '위협'이 된다고 느껴지는 반공 우익 지도자인 김구 역시도 하나의 '빨갱이'로 간주하고 제거했다. 또한 국민들을 빨갱이들로부터 보호하고 감시하기 위해 보도연맹을 창설했고, 사상검찰이 부활함으로써 사상 통제 기제를 완비하게 되었다. 이로써 대한민국

---

232) 주창윤, 「해방 공간, 유행어로 표출된 정서의 담론」, 『한국언론학보』 53권 5호, 한국언론학회, 2009, 372~373쪽.

표 5-6. 미군정기 및 정부 수립기 좌익에 대한 낙인의 형성 과정

시기	정치 상황	대표적 탄압 사건	좌익에 대한 낙인
1945년 12월	모스크바 3상회의의 결정 전후	신탁통치 왜곡 보도 사건, 박헌영-존스턴 기자회견 사건	'매국노'
1946년 5월	제1차 미소공위 결렬 직후	정판사 '위폐' 사건	'경제 파괴범'
1947년 8월	제2차 미소공위 사실상 결렬 직후	8·15 폭동 음모 사건	'내란범'
1948년	단선단정 전후	제주 4·3 사건, 여순 사건	'빨갱이'

은 대한민국의 정체 또는 이승만 정권에 반대하는 모든 '불순' 세력을 빨갱이로 낙인찍어 제거할 수 있는 사상 통제 체제로서의 반공주의 체제 국가로 탄생하게 되었다.

지금까지 살펴본 공산주의자 또는 좌익에 대한 낙인찍기 과정을 미군정기로부터 대한민국으로 연결되는 반공주의의 이행 과정과 연결시켜 생각해 보겠다.

이제까지의 낙인을 정리하면 (1) 모스크바 3상회의 직후 '찬탁 매국노', (2) 정판사 '위폐' 사건의 '경제 파괴범', (3) 8·15 폭동 음모 사건의 '내란범', (4) 단선단정 반대 투쟁의 '빨갱이' 라고 할 수 있다.

(1)과 (2)는 좌익에 '반민족적'이라는 이미지를 덧씌웠다는 점에서 공통점이 있다. (2)는 여기에 더하여 '반민중적'이라는 이미지를 추가하여 발전시켰다. 또 (2)와 (3)은 각각 '경제 파괴범', '치안 파괴범'으로서 '파괴'의 이미지를 덧씌웠다는 점에서 공통점이 있다. 다만 (3)이 (2)에 비해 보다 직접적인 위험성이 커졌다고 할 수 있다. 그런 점에서 (3)에는 '반사회적', '반체제적'이라는 이미지가 추가되었다고 할 수 있다. 또한 (3)과 (4)는 둘 다 치안을 파괴하고 사회를 위험하게 하는 '반사회적', '반체제적' 존재라는 점에서 동일하지만 (3)의 '내란범'이 그나마 범죄자일망정 인격체를 가리키는 말이라면 (4)의 '빨갱이'라는 용어는 인간이 아닌 빨간 바이러스 혹

은 괴물이라고 하는 '비인격체'의 이미지가 강하다. 따라서 단지 '정치범', '폭력범' 등 형무소에 가두어서 격리시켜야 할 대상이라기보다는 즉시 제거하지 않으면 내가 죽을 수도 있을 정도로 위험하고 전염성이 강한, 공포의 대상으로서의 이미지에 해당한다고 할 수 있다.

또한 낙인이 찍히는 대상의 외연에 대해 살펴보면 (1)에서는 박헌영 개인 혹은 찬탁 세력, (2)에서는 조선공산당, (3)에서는 인민당 등 중도 좌익, (4)에서는 중도우파, 민족주의 우파 등을 포함한 단선단정을 주장하는 모든 세력으로 확장되었음을 알 수 있다. 그리고 이러한 외연은 대한민국 정부 수립 이후 공산주의나 좌익은 물론 대한민국의 정통성을 부정하고 북한에 유화적인 혹은 평화통일을 주장하거나 독재에 반대하는 모든 세력으로까지 계속 확장되어 나갔다.

이러한 점에서 정판사 '위폐' 사건은 일제강점기의 반공주의 사상 통제 체제가 해방과 함께 소멸되었다가 좌익에 대한 낙인이라는 과정을 통해 대한민국 정부 수립 이후 다시 부활하는 과정에서 상당히 중요한 역할을 한 사건이라고 평가할 수 있다.

특히, 정판사 '위폐' 사건을 통해 형성된 '경제 파괴범'이라는 낙인은 다른 정치적인 낙인들보다도 일반 대중의 생활과 직접적으로 연관되는 낙인이라는 점에서 대단히 효과적이었다. 또한 이 사건은 조선공산당으로 하여금 '신전술'로의 전환을 가져오게 함으로써 이후의 '폭동범', '내란범', '치안 파괴범'의 이미지로 쉽게 연결시킨 다리 역할을 했다. 또한 그 결과 박헌영 등 조선공산당 지도부가 북으로 쫓겨 가는 계기를 마련함으로써 '도주범', '추방범'이라는 이미지를 낳게 되었고, 이는 결국 좌익에게 찍은 제거 또는 추방되어야 할 존재로서의 '빨갱이'라는 낙인과도 연결된다고 할 수 있다.

2) '기억의 조작'을 통한 반공주의 체제 공고화

1)에서는 정판사 '위폐' 사건이 낙인찍기의 일환으로서 대한민국 반공주의 체제 형성 과정에서 어떤 역할을 했는지를 살펴보았다. 여기에서는 미군정에서 대한민국으로 이어지는 반공주의 사상 통제 체제하에서 정판사 '위폐' 사건이 어떻게 다루어져 왔으며 반공주의 체제 공고화와 어떤 관계를 갖는지를 살펴볼 것이다.

앞서 언급했듯 정판사 '위폐' 사건은 권위주의 정치권력이 당면한 정치적 위기를 해결하기 위해 만들어 낸 조작 사건의 전형이었다. 그렇다면 권위주의 정권은 사건이 종료된 이후에 이러한 조작 사건을 어떻게 다루는가?

첫째, 사건에 대한 정권의 입장을 공식화하며 정부의 입장과 다른 의견이나 사건에 대한 일체의 의혹 제기, 진상 규명 요구는 허위 사실 또는 유언비어 유포 등 불법 행위로 취급하여 처벌한다. 이 과정을 통해 정권이 원하지 않는 기억은 배제된다.

둘째, 사건에 대한 정권의 입장을 기록물, 교육 프로그램 등에 포함시켜 끊임없이 반복 재생산함으로써 대중의 기억을 조작하고, 사상 통제 체제를 공고화하는 데에 적극 활용한다. 또한 사건을 소설, 드라마, 영화 등 대중문화 콘텐츠의 소재로 삼아 허구적 요소와 재미를 가미함으로써 사건에 대한 대중의 조작된 기억을 더욱 왜곡하고 확대해 나간다. 그 과정에서 정권은 그러한 기록물이나 교육 프로그램 혹은 대중문화 콘텐츠의 직접적인 생산자로 참여할 수도 있으며, 이들의 생산이나 유통을 기획, 유도, 장려하는 간접적인 지원자로서의 역할을 담당하기도 한다. 이 과정을 통해 정권이 원하는 기억만 선택적으로 재생산된다.

이상을 종합하면, 권위주의 정권은 1차적으로 사건을 조작한 데 이어서 2차적으로 사건에 관한 대중의 기억을 조작함으로써 사상 통제를 공고화

한다고 할 수 있다.

그렇다면 대한민국의 반공주의 정치권력은 구체적으로 정판사 '위폐' 사건을 어떻게 다루었는가?

첫째, 정판사 '위폐' 사건에 대해 사법 당국의 판결 내용과 다른 의견을 제기하는 것은 일절 금지되었으며, 이를 통해 정권이 원하지 않는 대중의 기억은 배제되었다.

이는 앞서 언급했듯 1심 판결 직후 변호사단의 성명서 발표에 대한 변호사 및 언론인 취조, 김광수 필화 사건(『노력인민』,『건국』기사 관련) 등에서 이미 시작되었다. 또한 1949년 제1차 법조 프락치 사건에서 정판사 '위폐' 사건 변호사들을 검거한 것도 정판사 '위폐' 사건에 대한 정권의 입장과 다른 의견을 통제함으로써 대중의 기억을 조작하려는 의도와 무관하지 않다고 할 수 있다.

한국전쟁 직후 정판사 '위폐' 사건의 피의자들이 처형되었으며, 한국전쟁 이후 반공주의가 남한 사회의 통제 체제로 확고해진 가운데 국내에서는 정판사 '위폐' 사건에 대한 의혹을 제기하는 것이 금기시되었다. 그러던 중 정판사 '위폐' 사건에 대한 논란은 일본에서부터 비롯되었다.[233]

일본의 유명한 인기 추리소설 작가 마쓰모토 세이초(松本淸張)는 일본의 종합 월간지 『주오고론』(中央公論) 1962년 1월호부터 월북 시인 임화(林和)를 주인공으로 하는 『북의 시인』(北の詩人)이라는 소설을 연재하기 시작했다. 그런데 『주오고론』10월호에는 정판사 '위폐' 사건을 다룬 내용이 게재되었는데, 이것이 미군정 당국과 경찰이 공모하여 공산당을 탄압하기 위해 꾸민 것으로 표현되자 한국에서 파문이 일기 시작했다. 마쓰모

---

233) 마쓰모토 세이초의 논란에 관해서는 「[독서] 큰 파문 일으킨 장편 '북의 시인'/일 추리 소설가 松本淸張 씨 작품 문제화/정판사 위폐 사건 등 실명 소설로/좌익활동을 두둔/ 조재천 씨 반박문 일 주간지서 특필」,『경향신문』, 1962.12.29. 참조.

토 세이초는 "당시 위조지폐 1,200만 원을 만들어 낸 사건은 공산당 탄압의 구실이라고 믿는다. 이것은 타인에게서 들은 것이 아니라 그 자신(임화)이 설정식(薛貞植, 당시 미군정청 근무)에게서 직접 들어서 알고 있는 일이다"라고 밝혔다.

이에 당시 사건의 담당 검사였던 조재천은 『동아춘추』 1962년 12월호234)에서, 당시 제1관구경찰청장이었던 장택상은 『동아춘추』 1963년 1월호235)에서 각각 항의문을 싣고 마쓰모토 세이초와 그의 소설 『북의 시인』을 비판했다. 또한 1962년 11월 24일 국제방송국에서는 대일 방송을 통해 조재천의 글을 낭독하고 마쓰모토 세이초와 그의 소설 『북의 시인』을 비판했다.

한편, 일본의 주간 잡지 『슈칸요미우리』(週刊讀賣)는 1962년 12월 30일호에서 「한국의 전 법무장관에 의해 공박 당한 마쓰모토 씨」라는 제목으로 조재천의 항의문을 논평하기도 했다.

또한 국내의 평론가나 작가들은 일제히 마쓰모토 세이초를 비난하고 나섰다.236)

문학평론가 백철은 "문학작품은 현실을 복사하는 것이 아니고 허구를 바탕 삼고 있는 것이기 때문에 실명이 등장하는 것은 원칙에 벗어나는 것"이라며, 마쓰모토의 소설이 "문학으로 취급할 수 없으며", "작가의 양심이나 태도로 보아 그 작품의 가치는 문제도 되지 않는다"고 평했다. 또한 "작

---

234) 조재천, 「松本淸張 씨에게 묻는다」, 『동아춘추』 제1권 제1호., 동아춘추사, 1962.12., 82~94쪽.

235) 장택상, 「속 松本淸張 씨에게 묻는다」, 『동아춘추』 제2권 제1호., 동아춘추사, 1963.1., 214~221쪽.

236) 마쓰모토 세이초에 대한 국내 평론가 및 작가의 비판에 대해서는 「우리 문학계의 반향/탈선 작가의 모랄/허구한 바탕에 실명은 말도 안 된다」, 『경향신문』, 1962.11.19. 참조.

품화할 테마는 언제나 정확한 조사와 파악이 필요하다는 것은 작가의 기본 태도라는 것"이라고 주장했다.

문학평론가 이어령은 "한국의 역사적인 야사를 그리는데 그처럼 소홀한 조사를 가지고 다룬 것은 작가의 모랄을 벗어난 것"이라며 그의 작품에서 "한국의 인간은 하나도 인간답게 형상화된 인물이 없다"고 지적하고 "왜 있는 인간 그대로를 그리지 않고 적과 백색을 물들여서 꼭 정치적으로만 묘사하느냐?"고 항의했다. 또한 "한국의 인간은 꼭 옛날 경시청의 조서처럼 묘사되어 있는 점"에 대해 불만을 표했다. 또 "만일 조련계의 선전용으로 이용하기 위해 이 작품을 쓴 것이라면 우리는 그 사신을 마쓰모토 씨의 솜씨대로 '섬의 작가'라는 소설을 또 하나 쓸 수 있다"고 말하며 "이 때 마쓰모토 씨의 감상은 어떻겠느냐?"고 물었다.

작가 정비석은 마쓰모토의 작품이 "전체적인 분위기로 보아 픽션이라고 할 수 없다"고 말하고 화제조차 삼으려 하지 않았다.

또한 『소년한국일보』 주간 조풍연은 「松本淸張論」을 『동아춘추』에 기고하여 그의 작품이 "픽션이라기보다 하나의 고발장이다. 남한에 있어서의 공산당의 활동을 과장하고 이에 대한 미군정의 탄압상을 과장, 뒷받침하기 위해 마치 진실성을 위장한 숫자와 명단과 일시와 장소를 기록적 효과를 노려 나열하고 있다"고 평했다.[237]

이러한 마쓰모토 세이초와 그의 소설 『북의 시인』에 대한 논란을 통해 정판사 '위폐' 사건의 1심 「판결문」 내용과 다른 의견을 제기한다는 것 자체가 금기시될 뿐만 아니라 외국 작가의 문학작품에도 비판을 퍼부을 정도로 경직된 당시 한국 사회의 반공주의 사상 통제 체제의 단면을 볼 수 있다. 조재천의 글을 실은 『동아춘추』 편집부의 글을 옮겨 보면 다음과 같다.

---

237) 조풍연, 「松本淸張論」, 『동아춘추』 제2권 제1호, 동아춘추사, 1963.1., 222~227쪽.

조재천 씨의 반박문에서 명백해진 바와 같이 조선정판사 위조지폐 사건은 공산당의 완전한 흉모에 의해서 실행된 것이었읍니다. 벌써 16년 전에 적색분자들은 이와 같은 악랄한 방법으로 사회 질서를 파괴하고 아울러서 자기네의 목적 달성에만 급급했던 것이므로 오늘날 어떤 형태로 그들의 음모가 계속되리라는 것은 알고도 남음이 있고 또 대부분의 국민들이 경험한 바입니다.

또한 이런 악착스러운 사건이 이제 와서 작품화, 공개된다는 사실에 우리는 유의하지 않을 수가 없읍니다. 왜냐하면 그들의 음모는 입체적으로 발달되었으리라고 판단이 가기 때문입니다.

따라서 우리들은 松本 씨의 작가로서의 양심을 물어야 하겠읍니다. 이것은 한국 전 지성의 소리라고 해도 과언이 아닐 것입니다. 그러므로 본지도 조재천 씨와 함께 松本淸張 씨에게 진상을 강력히 묻는 바입니다.

첫째 그것이 타국의 중대 사건을 다루었다는 점과 또 실명으로 작품화했다는 데 그 근거가 있읍니다. 사생활을 통해서도 인간들은 상대방이 어떠한 죄를 저질렀다고 해도 함부로 입 밖에 내어 공박을 못합니다. 둘째로 이 문제가 외국인에 의해서 다루어졌다는 것입니다.

松本 씨의 생각에는 어떤 신념이 있어서 공개했는지도 모릅니다. 나아가서는 한국을 깔보아서 곡필을 휘둘렀는지도 모릅니다.

이 기회에 이 사건을 문학적인 면을 포함해서 매듭지을 것을 다짐하는 바입니다.[238]

둘째, 정판사 '위폐' 사건은 반공 교육 프로그램, 각종 기록물, 대중문화 콘텐츠의 소재로 활용되어 정권이 원하는 방향으로 대중의 기억을 조작하고 사상을 통제함으로써 반공주의 정치권력을 공고화하는 수단으로 사용되었다.

우선 정판사 '위폐' 사건은 방공·방첩 프로그램 등을 통해 반공 교육의

---

238) 동아춘추 편집부, 「본고를 싣고 나서」, 『동아춘추』 제1권 제1호, 동아춘추사, 1962. 12., 94쪽.

소재로 활용되었다. 1948년 정부 수립 이후「국가보안법」제정, 사상검찰 부활 등으로 대한민국의 반공주의 사상 통제 체제가 구축되면서 1930년 대 후반의 방공·방첩 활동이 부활되었다.

1950년 5월 30일 총선거를 앞두고 공보처 내 선전대책중앙위원회에서는 15일부터 21일까지 '선거촉진 방공방첩 강화주간'을 실시했다. 이 기간에는 가극, 연극, 악극, 만담, 촌극 등의 공연 프로그램으로부터, 학교에서는 교내에 표어, 포스터를 첨부하고, 선거 및 방공·방첩에 관한 작문, 포스터 대회를 열고, 전차·버스 등 대중교통에는 포스터와 표어를 첨부하고, 모의 첩보전, 가장행렬, 웅변대회를 개최하는 등 대대적인 캠페인을 벌였다.

그중에는 공산주의 해부 전람회라는 것도 있었는데, 이는 미군정 실시 이래 남한에서 발생한 조선공산당 또는 남로당의 폭동, 형사사건에 관한 문건 서류(지령, 조직 등), 인물, 사진, 무기 등을 전시함으로써 '남로당의 악행과 공산주의 음모를 폭로하여 이들에 대한 적개심을 앙양케 하는 것'을 목표로 했다. 그리고 주최 측은 이러한 사건의 대표적인 예로서 정판사 '위폐' 사건과 국회 프락치 사건을 들어 이러한 전람회를 대규모로 실시하라는 지침을 내렸다.[239]

또한 정판사 '위폐' 사건은 반공 및 관변 역사 화보집·자료집의 주요 소재로 활용되기도 했다.

1960년대 초반 박정희 정권이 들어서면서 반공 화보집·자료집 및 관변 역사 화보집·자료집이 대량으로 출간되기 시작했다. 화보집의 경우 대체로 해방 이후 발간 당시까지의 주요 사건들을 큰 사진과 함께 간략하게 설명하는 식으로 구성되어 있었다. 또한 자료집의 경우 사진 대신 사건

---

239)「누설말자 군기, 분쇄하자 모략/방첩으로 멸공, 국방으로 통일/방공방첩 강조주간 실시」,『경향신문』, 1950.5.17.

에 대한 자료와 설명을 보다 자세히 서술하고 있다. 그리고 여기에는 정판사 '위폐' 사건이 빠짐없이 등장하고 있다. 그리고 그 내용은 당연하게도 공산당원인 피고들이 당시로서는 엄청난 금액의 위폐를 제조하여 사용했다는 것 일색으로 되어 있다. 이러한 책자의 발행처는 대검찰청, 중앙정보부 등 공안 기관으로부터 언론사 혹은 언론 단체, 관변 단체 등이라고 할 수 있다. 이러한 화보집 및 자료집으로는 다음과 같은 것들이 있다.

● 반공 화보집 및 자료집
- 대검찰청수사국, 『좌익사건실록』 제1권, 대검찰청수사국, 1965.
- 희망출판사편집부, 『남로당 주동 대사건 실록』, 희망출판사, 1971.
- 중앙정보부, 『북한대남공작사』 제1권, 중앙정보부, 1972.
- 극동문제연구소, 『북한전서』 하권, 극동문제연구소, 1974.
- 한국사진기자단, 『눈으로 보는 북괴 도발 30년사』, 한국사진기자단, 1977.
- 송효순, 『북괴도발 30년』, 북한연구소출판부, 1978.
- 한국편집기자회, 『사진으로 보는 남침 야욕 36년사』, 한국편집기자회, 1981.
- 조선일보사 출판국, 『전환기의 내막』, 조선일보사, 1982.
- 대공안보협의회, 『대공안보총서』, 대공안보협의회, 1987.
- 대한민국재향군인회, 『북한의 대남 적화 책동 - 과거 현재 2012년』, 대한민국 재향군인회, 2009.

● 관변 역사 화보집 및 자료집
- 이병도 외 편, 『해방 20년사』, 희망출판사, 1965.
- 경향신문사, 『KOREA 20년』, 경향신문사, 1968.
- 공동문화사 편집부, 『해방 30년사』, 공동문화사, 1975.
- 공동문화사 편집부, 『한국 근세 30년사』, 공동문화사, 1976.
- 한국역사편찬회, 『도설 한국의 역사』 (7) 현대사 Ⅱ, 내외문화사, 1980.
- 공동문화사 편집부, 『대한민국 근대 36년사』, 공동문화사, 1981.
- 한국편집기자회, 『기자가 본 역사의 현장』, 한국편집기자회, 1982.

- 일중당편집부,『한민족의 역사』7 현대사, 청북, 1983.
- 한국광복38년사편찬위원회,『대한민국 광복 38년사』, 삼선출판사, 1983.
- 4・7언론인회,『기자 25시』, 동아프레스, 1985.
- 대한민족사관연구회,『대한민국 40년사』상, 대한민족사관연구회, 1986.
- 한국방송인동우회,『광복 50년사』1권, 한국방송인동우회, 1995.
- 한국언론인클럽,『실록 대한민국』I, 한국언론인클럽, 1997.

이러한 반공 및 관변 자료집 중 일부[240]에는 똑같은 내용이 반복되었는데 글의 마지막 부분에 마쓰모토 세이초를 언급하고 있는 것으로 보아 당시 마쓰모토 세이초의 소설에 대해 국내 반공주의 체제가 느꼈던 두려움과 경계 의식이 상당히 컸으며, 이러한 자료집의 발간에도 마쓰모토 세이초의 소설에 대한 논란이 상당히 큰 역할을 했던 것으로 보인다. 또한 이들 자료집의 마지막에는 조재천이 직접 작성한 글도 인용되었다. 이는 사건 담당 검사의 말을 직접 인용함으로써 대중들로 하여금 정판사 '위폐' 사건에 대한 정권의 공식 입장의 신빙성을 강조하려 한 것이라고 볼 수 있다. 조재천의 글을 인용하면 다음과 같다.

조선공산당은 적산을 매수 또는 인계 받는 사람은 민족반역자라고 하면서 위협적 선전을 하는 한편 그들 자신은 중요 적산들을 많이 접수했다. 그 중의 하나가 현 경향신문사 건물인 조선은행권을 인쇄하던 근택빌딩이다. 해방 직후에는 일본 헌병의 경비하에 계속해서 은행권을 발행하고 있었다.

---

240) 이병도 외 편,『해방 20년사』, 희망출판사, 1965, 156~161쪽.
　　희망출판사편집부,『남로당 주동 대사건 실록』, 희망출판사, 1971, 29~44쪽.
　　공동문화사 편집부,『해방 30년사』, 공동문화사, 1975, 156~161쪽.
　　공동문화사 편집부,『한국 근세 30년사』, 공동문화사, 1976, 156~161쪽.
　　공동문화사 편집부,『대한민국 근대 36년사』, 공동문화사, 1981, 156~161쪽.
　　한국광복38년사편찬위원회,『대한민국 광복 38년사』, 삼선출판사, 1983, 156~161쪽.
　　대한민족사관연구회,『대한민국 40년사』상, 대한민족사관연구회, 1986, 156~161쪽.

이 빌딩을 접수한 조선공산당은 명칭을 '조선정판사'라고 개칭을 하고 공산당의 모든 인쇄물을 인쇄하였던 것이다. 그 인쇄소에서는 조선은행권을 찍던 옵셋트 인쇄기를 비롯한 각종 기계를 비롯하여 징크판, 잉크, 용지 기타 직공 전원을 그대로 보유하고 있었는데 이것을 1945년 가을에 조선은행권을 임의로 인쇄하여 발행하다가 다음해 4월에 탄로난 것이다.

그 때 공산당에서는 전혀 허위 날조된 사건이라고 우기고 우익에서는 조선공산당 위폐 사건이라고 맞섰다. 당시 신문의 수는 10여 개에 달하였는데 좌익 또는 중립지가 다수여서 독자들은 어리둥절했다.

나는 기자단에게 요망하여 이 사건을 '조선정판사' 사건이라고 하여 달라고 부탁했던 것이다. 그렇게 사건에 이름을 붙인 것은 완전한 수사도 완료되기 전에 국민들에게 선입감을 주어서는 안 된다고 판단했기 때문이다.

공판 때 방청석은 물론 판검사석과 서기석까지 점령한 조선공산당은 테러단까지 동원시켜 지방법원에서만 열린 30여회의 공판장을 수라장으로 만들어 기마 경찰까지 동원시키게 했다.

이들은 남조선의 인플레를 조성하려는 목적보다는 자기들의 정치 자금 조달 방법의 하나로써 계획했다고 보는 바이다.[241]

또한 정판사 '위폐' 사건은 반공주의적 대중문화 콘텐츠의 소재로도 활용

---

241) 조재천, 「정치자금 조달이 목적/나의 체험적 증언」, 이병도 외 편, 『해방 20년사』, 희망출판사, 1965, 161쪽.

조재천, 「정치자금 조달이 목적/나의 체험적 증언」, 공동문화사 편집부, 『해방 30년사』, 공동문화사, 1975, 161쪽.

조재천, 「정치자금 조달이 목적/나의 체험적 증언」, 공동문화사 편집부, 『한국 근세 30년사』, 공동문화사, 1976, 161쪽.

조재천, 「정치자금 조달이 목적/나의 체험적 증언」, 공동문화사 편집부, 『대한민국 근대 36년사』, 공동문화사, 1981, 161쪽.

조재천, 「정치자금 조달이 목적/나의 체험적 증언」, 한국광복38년사편찬위원회, 『대한민국 광복 38년사』, 삼선출판사, 1983, 161쪽.

조재천, 「정치자금 조달이 목적/나의 체험적 증언」, 대한민족사관연구회, 『대한민국 40년사』 상, 대한민족사관연구회, 1986, 161쪽.

되었다.

1960년대 이후 반공이 국가 정책으로 강화되면서 라디오 드라마,[242] 영화[243] 등 대중문화에서도 반공을 주제로 한 작품들이 많아지게 되었다. 그러한 흐름 속에서 정판사 '위폐' 사건을 다룬 작품들도 다수 등장하게 되었는데, 일부 예를 살펴보면 다음과 같다.

우선 동아방송(DBS)은 1964년 가을 개편을 통해 10월 6일부터 다큐멘터리 드라마『목격자』라는 프로그램을 신설했다.[244] 이 프로그램은 1945년 8월 15일 해방 이후 19년간 발생한 정치, 경제, 사회, 문화 등 각종 사건 중에서 50여 개를 선정하여 1주일에 1회씩 목격자가 사건에 대해 증언하는 형식으로 구성되었다.[245] 그리고 12월 29일 정판사 '위폐' 사건 편이 방송되었다.[246]

또한 동아방송(DBS)은 1970년 추동계 개편을 통해 10월 5일부터 다큐멘터리 드라마『특별수사본부』라는 프로그램을 신설했다.[247] 이 프로그램 역시 1945년 8월 15일 해방 이후 발생한 조선공산당, 남로당 관련 사건

---

242) 라디오에서 반공드라마의 시작은 1951년 1·4 후퇴 후이지만 전쟁 이후 대중들이 점차 정치적 목적이 직접적으로 드러나는 작품에 흥미를 느끼지 못했다. 이후 국책 홍보 드라마가 다시 본격화된 것은 1960년 이후라고 한다(문선영,「한국 라디오 드라마의 형성과 장르 특성」, 고려대학교 대학원 박사학위 논문, 2012, 146~147쪽).

243) 1967년 1월 16일 '국산영화 제작권 배정제'를 통해 제작사별로 할당받은 제작 편수의 40% 이상을 반공 및 계몽 영화로 책임 제작하도록 함으로써 1967년에는 반공 영화 제작 붐이 일어났다고 하며, 이 시기를 기준으로 반공영화라는 장르가 제도화되었다고 한다(정영권,「한국 반공영화의 제도화 연구」, 동국대학교 대학원 박사학위 논문, 2010, 182~183쪽).

244)「생기를 더욱 돋워/DBS 내월부터 '프로' 전면개편」,『동아일보』, 1964.9.29.

245)「오늘의 동아방송/10월 6일(화) 1230KC/이 역사의 증언을 듣자!!!/〈다큐멘타리·드라마〉목격자 (후 8·20)」,『동아일보』, 1964.10.6.

246)「오늘의 동아방송 1230KC/29일(화)/정판사위폐사건 (목격자 12 후 8시 20분)」,『동아일보』, 1964.12.29.

247)「민방 프로 개편/추동 체제로」,『동아일보』, 1970.10.3.

들을 다루었는데 대공 수사 실화를 극화한 스릴러 반공물이었다.[248) 이 드라마에는 사상검사 오제도, 조재천, 선우종원을 비롯하여 남로당 인사들과 특별수사본부의 민완 형사가 매회 단골로 등장했다.[249) 이 드라마가 가장 먼저 다룬 사건이 바로 정판사 '위폐' 사건이었는데, 워낙 인기가 많아 1970년부터 1980년 11월 30일 전두환 정권의 언론 통폐합으로 동아방송이 문을 닫을 때까지 잠시 쉬었을 때를 제외하고는 10년 동안 방송되었다. 문화공보부가 주최하는 1973년 제1회 대한민국방송상에서는 연출상을 수상했으며,[250) 1974년 제2회 대한민국방송상에서는 극본상을 수상하기도 했다.[251)

이러한 인기를 바탕으로 『특별수사본부』는 1972년 5월 29일 출판기념회를 갖고 책으로도 발간되었으며,[252) 전집으로 총 21권까지 발간되었다. 그중에 제1권이 「조선정판사 위폐 사건」[253)이다. 이 책의 내용은 극화를 심하게 하다 보니 실제 정판사 '위폐' 사건 전개 과정의 사실관계와는 동떨어진 면이 많이 나타나고 있다.

『특별수사본부』는 영화화가 되기도 했으며, 1973년부터 1976년까지 총 6편이 제작되었다. 단, 정판사 '위폐' 사건은 영화화되지 않았다.

그 외에도 정판사 '위폐' 사건은 TV 드라마로도 제작되었다. 1971년 10월

---

248) 「주말의 동아방송/추계 프로그램 개편/오는 5일(월)부터」, 『동아일보』, 1970.10.3.
249) 「방송 코너/남로당의 붉은 범죄 파헤치는 실록/DBS 특별수사본부 500회 맞아/기념 특집 방송, 자축 파티 등 열어」, 『동아일보』, 1972.5.29.
250) 「제1회 방송상 29개 부문 수여/대통령상 '우리들의 새노래' KBS/총리상엔 '광복 20년' TBC」, 『동아일보』, 1973.10.31.
251) 「2회 한국방송상 시상/최우수작품 소리의 고향/국무총리상 토요일 … 밤에/탤런트상 김성원, 김자옥 차지/가수상은 정미조, 송창식에게/극본상은 DBS '특별수사본부'/어나운서상 MBC의 차인태」, 『경향신문』, 1974.10.31.
252) 「동아방송 도큐멘터리 드라머 '특별수사본부' 출판기념」, 『경향신문』, 1972.5. 27.
253) 오재호, 『실록소설 특별수사본부 1: 조선정판사 위폐 사건』, 창원사, 1972.

18일부터 KBS에서 방영된『귀로』라는 드라마는 판사, 북한의 간첩, 대공수 사요원이라는 세 친구를 주인공으로 했는데,[254] 정판사 '위폐' 사건의 일화가 등장했다.[255] 또한 1972년 10월 9일부터 KBS에서 방영된『위조지폐』라는 드라마는 아예 정판사 '위폐' 사건을 주제로 하는 프로그램이었다.[256]

이상에서 살펴본 바와 같이 1960~1970년대 권위주의 독재 정권 시대에는 대중문화를 주요 선전 수단으로 삼아 오락성을 가미하여 반공주의적 계도를 목적으로 하는 대중소설, 라디오 드라마, TV 드라마 등이 다수 제작되었는데, 그러한 반공물에는 조선공산당, 남로당의 음모를 폭로하는 선정적인 수단으로서 정판사 '위폐' 사건이 적지 않게 사용되었음을 알 수 있다.

이렇듯 정판사 '위폐' 사건은 애초에 미군정에 의해 '허구적'으로 조작된 데 더하여 대중문화에서 다시 한 번 '허구화'라는 재생산 과정을 거치면서 사건에 대한 왜곡이 더욱 심해지게 되었다. 뿐만 아니라 대중 예술의 특성상 피의자들에 대한 부정적 묘사가 매우 극적이고 과장되게 표현됨으로써 대중들이 공산당과 공산주의자에 대해 갖게 되는 부정적 이미지는 더욱 강화되고 증폭될 수밖에 없었다. 그에 따라 정판사 '위폐' 사건은 반공주의를 강화하는 주요 소재로서의 역할을 하게 되었다고 평가할 수 있다. 또한 권위주의 정권은 이를 통해 정판사 '위폐' 사건과 관련된 대중의 기억을 정권이 원하는 방향으로 조작함으로써 반공주의 체제를 공고화하여 나갔음을 알 수 있다.

---

254) 「3 동창 그린 귀로」,『경향신문』, 1971.10.18.
　　「KBS 새 연속극 '귀로'」,『동아일보』, 1971.10.18.
255) 「위조지폐가 단서」,『경향신문』, 1971.11.15.
256) 「정판사 위폐사건/KBS '실화극장'」,『동아일보』, 1972.10.9.

제
6
장

결
론

본 연구는 1946년 5월에 발생한 정판사 '위폐' 사건이라고 하는, 작다면 작다고 할 수 있고 크다면 크다고 할 수 있는 하나의 사건에 주목했다. 그리고 이를 통해 1946년 당시 한반도의 정세 변화와 더 나아가서는 1945년부터 1948년까지의 미소 군정기라고 하는 한국 근현대사의 과도기의 성격에 대한 이해와 해석을 시도했다. 그리고 한 걸음 더 나아가 1945년 이전 일제강점기와 1948년 이후 남북 분단기로까지 시야를 넓혀 20세기 이후 한국 근현대사를 관통하는 역사적 맥락에 대한 이해와 해석을 시도했다.

20세기 한국 근현대사를 바라보는 시각과 설명하는 방법에는 여러 가지가 있을 수 있다. 필자가 정판사 '위폐' 사건을 통해 살펴본 20세기 한국 근현대사를 관통하는 하나의 흐름은 권위주의 정치권력이 체제의 위기를 극복하고 권력을 유지 혹은 연장하기 위해서 반공주의 체제를 가동시킴으로써 정권 유지에 반대된다고 판단되는 세력을 배제하고 탄압하며, 대중을 분열시켜 통제해 왔다는 점이다. 필자는 그러한 방식을 '반공주의적 분열 통치'라는 개념으로 설명하고자 한다.

일본 제국주의라고 하는 권위주의 정치권력은 3·1운동 이후 폭발적으로 터져 나오는 의열 투쟁, 무장 투쟁 등 조선인들의 강렬한 항일 투쟁을 식민 지배 체제를 유지하는 데에 가장 큰 위기로 받아들였다. 이러한 투쟁은 자체로도 위협적이지만 조선인 대중 전체로 파급되어 제2, 제3의 3·1운동으로 확산될 수 있다는 점에서 두려운 것이었다. 따라서 일제는 이른바 '문화 정치'라고 하는 민족 분열 정책을 실시하여 민족주의 계열의 개량화와 변절을 유도하여 이른바 친일파로 불리는 협력 세력을 양성하고 「치안유지법」 등 사상 통제 체제를 가동시켜 제국주의를 가장 극렬히 반대하는 사회주의 계열의 독립운동 세력을 탄압했으며, 이를 통해 항일 민족 해방 투쟁이 대중으로 확산되는 것을 막으려 했다. 또한 1930년대 만주사변과 중일전쟁 이후 코민테른의 '반파시즘 인민전선전술'에 맞서기 위해 일제는 방공·방첩 활동을 강화함으로써 반공주의 사상 통제를 강화했다. 이러한 과정을 통해 사회주의 계열 독립운동 세력과 민족주의 계열 독립운동 세력은 일제 말기 민족개량주의 계열의 변절과 적극적 친일 협력이 이어지며 분열과 갈등이 심화되었고, 그 갈등은 해방 후 좌우 대립의 불씨로 남게 되었다.

또한 1945년 해방 이후 남조선에 진주하게 된 미군정이라고 하는 권위주의 정치권력은 한반도에 친미반소적 정권을 수립하는 것을 목표로 했으므로 좌익 세력이 대중의 광범위한 지지를 얻으며 인공과 인민위원회 등 준국가기구를 설치하여 자치권을 행사하는 것이 가장 큰 위기였다. 따라서 미군정은 3년 내내 좌익을 탄압하고 우익을 양성하는 분열 통치 정책을 실시했다. 여기에 더하여 1946년 5월 이후에는 좌우합작을 통해 '중도좌익'과 '극좌'로 분열시켜 중도 좌익은 개량화하고 극좌는 배제하려는 공작을 벌였다. 또한 정판사 '위폐' 사건을 비롯한 조작 사건 등을 이용해 좌익에 대한 낙인찍기를 시도함으로써 대중의 지지를 이탈시키고, 경찰·사법·우익 단체·우익 언론들을 이용하여 좌익에 대한 대대적인 탄압을 가했다. 한편, 일제강점기 민족개량주의 세력과 친일 세력은 우익을 자처하며 미군정과 결탁하여 자신들의 생존과 기득권 유지를 위해 반공이라는 명분하에 좌익 탄압에 적극 가담했다. 이로써 일제강점기의 반공주의적 분열 통치는 미군정기에 이르러 더욱 강화되었다.

1948년 정부 수립 이후 대한민국의 권위주의 정치권력들 역시도 이러한 반공주의적 분열 통치를 적극 활용했다. 이승만 정권은 단독정부를 세웠다는 것과 친일파를 등용했다는 사실로 인해 출범 전부터 정통성에 위기를 겪게 되었다. 제주 4·3 사건과 여순 사건 등 무력 항쟁이 발생하면서 체제 전복의 공포를 느낀 이승만 정권은 친일 경찰과 서북청년단을 비롯한 반공 조직을 이용하여 정권에 반대한다고 의심되는 세력을 무력으로 진압 학살했고 「국가보안법」을 제정하여 일제의 반공주의 사상 통제 체제를 부활시켰다. 이를 통해 국민을 '반공 민족'과 '빨갱이'로 구분하는[1] 분열통치 정책을 실시했는데, 빨갱이는 단지 공산주의자나 좌익만을 지칭하는 것이 아니라 이승만 정권에 위협이 되는 모든 중도 세력, 자유주의자, 온건 우익, 변혁 세력, 일반 대중을 포함하는 것이었다. 그리하여 친일 청산을 목표로 「반민족행위처벌법」이 제정되고 반민족행위특별조사위원회가 구성되어 체제 유지에 위기를 느끼자 이승만 정권은 반공주의를 무기로 빨갱이를 소탕한다는 명분하에 국회 프락치 사건을 조작하고 반민특위를 습격하여 위기를 타개하여 나갔으며, 심지어 반공 우익의 대표적 인물인 김구까지도 암살했다. 한국전쟁의 발발과 함께 무능하고 무책임한 리더십으로 위기에 몰린 이승만 정권은 소위 '부역자 처벌'을 통해 국민을 분열시키고 공포 정치를 함으로써 위기를 극복하려 했으며, 정권을 연장하기 위해 부산 정치 파동을 일으키고, 이후로도 정적인 조봉암에게 간첩 혐의를 뒤집어씌워 사형시키는 등 권력에 위협이 되는 세력을 모두 좌익으로 몰아 제거했다.

박정희 정권은 태생부터 군사 반란을 통해 권력을 탈취했기 때문에 권력의 정당성이 없었으며, 정권 시작과 함께 굴욕적인 한일협정을 체결함으로써 국민적 저항에 부딪히게 되었다. 또한 3선 개헌과 유신헌법 개헌이라는 무리수를 두며 장기 집권을 시도함으로써 반독재 민주화 운동으로 위기를 맞게 되었다. 박정희 정권은 이를 극복하기 위해 임기 내내 일일이 열거할 수도 없을 만큼 무수히 많은 간첩 조작 사건을 만들어 냄으로써 독재를 비판하는 국민의 입을 막았다. 그 과정에서 박정희는 새로운 형태의 분열 통치술을 구사했는데, 그것은 반공주의와 지역주의를 연결시키는 것

---

1) 김득중, 『'빨갱이'의 탄생』, 선인, 2009, 412~416쪽.

이었다. 1971년 대선에서 호남 출신의 김대중이 '40대 기수론'을 내세우며 새로운 바람을 일으키자 영호남 간의 지역 갈등을 유발하는 선거 공작을 통해 재집권에 성공했으며 국민 분열을 정권 연장의 수단으로 삼았다.

박정희와 마찬가지로 군사 반란으로 권력을 탈취한 전두환 정권은 정권의 정당성에 문제를 제기하는 학생과 시민 사회를 탄압하기 위해 5·18민주화운동을 학살로 진압했으며, 광주 시민들을 폭도이자 빨갱이로 몰아세워 국민을 분열시킴으로써 박정희가 만들어 낸 호남에 대한 반공주의적 지역 차별을 대폭 강화시켰다. 이후로도 전두환 정권은 학림 사건, 부림 사건 등 수없이 많은 용공 조작 사건을 만들어 냈으며, 정권 내내 고문과 살인을 자행했다. 그리고 전두환의 뒤를 이은 군부 세력 노태우 정권은 군사 정권 종식에 대한 요구와 부정부패에 대한 국민적 분노와 저항이 심해지자 강기훈 유서 대필 사건을 조작함으로써 정권의 위기를 극복하고자 했다.

이명박·박근혜 정부에서는 '빨갱이'라는 용어가 '종북'으로 변했을 뿐 그대로 이용되었다. 국군 사이버사령부(현재, 사이버작전사령부)와 국가정보원은 대북 심리전을 펼친다는 명분 아래 야당 정치인 및 그들을 지지하는 시민들을 종북으로 몰아 악성 댓글을 달았으며, '좌파와의 역사 전쟁'이라는 구호하에 역사 교과서 국정화를 추진하여 반공 독재 미화를 시도했다. 또한 박근혜 정부는 이른바 서울시 공무원 간첩 사건을 조작하기도 했으며, 문화예술계 블랙리스트를 작성하고 관리하여 국민을 분열시켰다. 또한 세월호 사건으로 정권이 위기에 몰리자 반공 보수 단체를 동원하여 정부의 무능을 비판하는 모든 세력을 종북으로 몰아 공격했다. 국정 농단 사태에 분노한 시민들이 대대적인 촛불 집회를 엶으로써 탄핵당할 위기에 놓이자 친박 반공 세력은 이를 막기 위해 이른바 '태극기 집회'를 동원하여 촛불 집회에 참여한 시민들을 종북 좌파 혹은 반국가 세력으로 매도했다. 이 모든 것은 반공 극우파가 자신에게 정치적으로 방해된다고 판단되는 사람들을 종북 좌파로 규정하거나 여론 및 사건을 조작해 시민사회를 분열시킴으로써 권력을 연장하려는 구태 정치가 최근까지도 계속되고 있는 씁쓸한 현실을 보여 준다.

이상에서 살펴본 바와 같이 일제강점기, 미군정기, 대한민국으로 이어지는 제국주의, 점령군, 독재정권 등 권위주의 세력은 국민을 주권자가 아닌 통치의 대상으로 간주한 채 반정부 세력을 탄압하고 체제를 유지하기 위해 반공을 앞세워 끊임없이 조작 사건을 만들어 내고, 분열 통치술을 사용했다. 그러한 점에서 정판사 '위폐' 사건은 한국 현대사의 권위주의 정치권력이 정치적 위기를 극복하고 대중을 통제하기 위해 '반공주의적 분열 통치술의 일환으로서 꾸며 낸 조작 사건의 대표적 사례'라고 역사적 평가를 내릴 수 있으며, 한국 민주주의의 발전을 위한 반면교사의 사례로 삼아야 할 것이다.

1. 1차 자료

1) 신 문

『경향신문』,『국도신문』,『국제신문』,『노력인민』,『대동신문』,『대중일보』,『대한독립신문』,『독립신문』,『독립신보』,『동아일보』,『문화일보』,『민보』,『민주일보』,『민중일보』,『서울석간』,『서울신문』,『자유신문』,『전국노동자신문』,『조선인민보』,『조선일보』,『조선중앙일보』,『중앙신문』,『중외신보』,『청년해방일보』,『한성일보』,『해방일보』,『현대일보』

2) 자료집 및 참고 사이트

(1) 한국어

4·7언론인회,『기자 25시』, 동아프레스, 1985.

강만길·성대경,『한국사회주의운동 인명사전』, 창작과비평사, 1996.

건국청년운동협의회,『대한민국 건국청년운동사』, 건국청년운동협의회, 2007.

경무부교육국,『민주경찰』제2호, 선광인쇄주식회사, 1947년 8월.

경무부교육국,『민주경찰』창간호, 선광인쇄주식회사, 1947년 6월.

경찰사편찬위원회,『경찰 50년사』, 경찰청, 1995.

경향신문사,『KOREA 20년』, 경향신문사, 1968.

경향신문사사 편집위원회,『경향신문 40년사』, 경향신문사, 1986.

계훈모 편,『한국언론연표』II, 관훈클럽신영연구기금, 1987.

공동문화사 편집부,『대한민국 근대 36년사』, 공동문화사, 1981.

공동문화사 편집부,『한국 근세 30년사』, 공동문화사, 1976.

공동문화사 편집부,『해방 30년사』, 공동문화사, 1975.

국사편찬위원회,『러시아연방국방성중앙문서보관소 소련군정문서, 남조선 정세 보고
서 1946~1947』, 국사편찬위원회, 2003.

국사편찬위원회,『자료대한민국사』제1~15권, 국사편찬위원회, 1968~2001.

극동문제연구소,『북한전서』하권, 극동문제연구소, 1974.

김국태 역,『해방 3년과 미국 I : 미국의 대한정책 1945~1948』, 돌베개, 1984.

김남식 외,『한국현대사자료총서』1~15, 돌베개, 1986.

김현식, 정선태 편,『'삐라'로 듣는 해방 직후의 목소리』, 소명출판, 2011.

대검찰청,『한국검찰사』, 대검찰청, 1976.

대검찰청수사국,『좌익사건실록』제1권, 대검찰청수사국, 1965.

대공안보협의회,『대공안보총서』, 대공안보협의회, 1987.

대한민국재향군인회,『북한의 대남 적화 책동 - 과거 현재 2012년』, 대한민국재향군인
회, 2009.

대한민족사관연구회,『대한민국 40년사』상, 대한민족사관연구회, 1986.

두산동아 백과사전연구소,『두산세계대백과사전』, 두산동아, 2002.

민주주의민족전선 편,『해방조선』I, 과학과 사상, 1988.

박수환,『소위 '정판사위폐사건'의 해부』, 아세아서점, 1947.

반헌법행위자열전편찬위원회, 헌법제정 70주년 반(反)헌법행위자열전 편찬 1차보고회
보고서「헌정사 적폐청산과 정의로운 대한민국」, 2018.

법률신문사,『법조50년야사』상, 법률신문사, 2002.

법원행정처,『법원사(자료집)』, 법원행정처, 1995.

법원행정처,『법원사』, 법원행정처, 1995.

법원행정처,『한국법관사』, 육법사, 1976.

법정사,『법정』제2권 제7호, 1947년 7월.

법정사,『법정』제2권 제8호, 1947년 8월.

변태섭·강우철,『교학 한국사대사전』, 교학사, 2013.

서울지방심리원,『위폐사건 공판기록』, 대건인쇄소, 1947.

송효순,『북괴도발 30년』, 북한연구소출판부, 1978.

수도관구경찰청, 『해방이후 수도경찰발달사』, 수도관구경찰청, 1947.

신복룡 편, 『한국분단사 자료집』 1~6, 원주문화사, 1991~1993.

연세대학교 국제학대학원부설 현대한국학연구소 우남이승만문서편찬위원회, 『이화장 소장 우남 이승만 문서 동문편』 제15권, 중앙일보사 · 현대한국학연구소, 1998.

이병도 외 편, 『해방 20년사』, 희망출판사, 1965.

이정박헌영전집 편집위원회, 『이정 박헌영 전집』 1~9, 역사비평사, 2004.

일중당편집부, 『한민족의 역사』 7 현대사, 청북, 1983.

조선은행, 『조선은행통계월보』, 조선은행, 1945~1946.

조선일보사 출판국, 『전환기의 내막』, 조선일보사, 1982.

중앙정보부, 『북한대남공작사』 제1권, 중앙정보부, 1972.

진실 · 화해를위한과거사정리위원회, 『2010년 상반기 조사보고서』 1권, 5권, 진실 · 화해를위한과거사정리위원회, 2010.

친일인명사전 편찬위원회, 『친일인명사전』 1~3, 민족문제연구소, 2009.

한국광복38년사편찬위원회, 『대한민국 광복 38년사』, 삼선출판사, 1983.

한국박물관연구회, 『한국의 박물관』 4, 문예마당, 2001.

한국방송인동우회, 『광복 50년사』 1권, 한국방송인동우회, 1995.

한국방송인연합회, 『시련과 영광의 민족사』 1권, 한국방송인연합회, 2005.

한국사사전편찬회, 『한국근현대사사전』, 가람기획, 2005.

한국사진기자단, 『눈으로 보는 북괴 도발 30년사』, 한국사진기자단, 1977.

한국언론인클럽, 『실록 대한민국』 Ⅰ, 한국언론인클럽, 1997.

한국역사편찬회, 『도설 한국의 역사』 (7) 현대사 Ⅱ, 내외문화사, 1980.

한국은행, 『일제시대 및 해방 이후 한국의 화폐』, 한국은행, 2004.

한국편집기자회, 『기자가 본 역사의 현장』, 한국편집기자회, 1982.

한국편집기자회, 『사진으로 보는 남침 야욕 36년사』, 한국편집기자회, 1981.

한림대학교 아시아문화연구소, 『조선공산당 문건자료집 1945~1946』, 한림대학교 출판부, 1993.

희망출판사편집부, 『남로당 주동 대사건 실록(1945-1964)』, 희망출판사, 1971.

국사편찬위원회 전자사료관 http://archive.history.go.kr/

국사편찬위원회 한국사데이터베이스 http://db.history.go.kr/

한국민족문화대백과사전 http://encykorea.aks.ac.kr/

한국브리태니커온라인 http://preview.britannica.co.kr/

(2) 외국어

주한미육군 정보사령부 정보참모부, 『미군정정보보고서』, 일월서각, 1986.

山田勇雄, 『大京城寫眞帖』, 中央情報鮮溝支社, 1937.

Department of Defense. Joint Chiefs of Staff. U.S. Army Forces in Korea. Office of the Commanding General. (07/26/1947-06/30/1949), "*An Explanatory Statement for Appeal to the Superior Court for "Counterfeit Case at Jung-Pan-Sa"*", National Archives and Records Administration, 국사편찬위원회 전자사료관 http://archive.history.go.kr/

Department of Defense. Joint Chiefs of Staff. U.S. Army Forces in Korea. Office of the Commanding General. (07/26/1947-06/30/1949), "*Memorandum for Director*: *Department of Finance, Study on Issuance of New Currency to Prevent Counterfeiting*", National Archives and Records Administration, 국사편찬위원회 전자사료관 http://archive.history.go.kr/

2. 2차 자료

1) 논문

강성현, 「제주 4·3 학살사건의 사회학적 연구」, 서울대학교 대학원 석사학위 논문, 2002.

강성현, 「한국 사상통제기제의 역사적 형성과 보도연맹 사건, 1925-50」, 서울대학교 대학원 박사학위 논문, 2012.

강택구, 「조선인민공화국에 대한 미군정의 인식과 대응 연구」, 한림대학교 대학원 석사학위 논문, 1998.

강혜경, 「조병옥, 반공전선에 앞장선 '구국경찰'」, 『내일을 여는 역사』 제25호, 내일을 여는 역사, 2006, 128~138쪽.

고지훈, 「정판사사건 재심청구를 위한 석명서」, 『역사문제연구』 제20호, 역사문제연구소, 2008, 349~373쪽.

김경란, 「조선정판사 위조지폐 사건 연구」, 성신여자대학교 교육대학원 석사학위 논문, 1999.

김남식, 「최남선 기증도서에서 찾아낸 박헌영의 8월 테제」, 『역사비평』 제17호, 역사비평사, 1991, 299~302쪽.

김대현, 「국가보안법 제정 배경과 법조프락치 사건」, 연세대학교 대학원 석사학위 논문, 2012.

김도종, 「단정된 아관(俄館)의 역사에 대한 고찰: 해방 후 소련영사관의 활동 및 철수과 정을 중심으로」, 『국제정치논총』 38권 3호, 한국국제정치학회, 1999, 81~98쪽.

김무용, 「조병옥의 친미반공노선과 극우 테러」, 『역사비평』 제7호, 역사비평사, 1989, 242~255쪽.

김무용, 「해방 후 조선공산당의 노선과 국가건설 운동」, 고려대학교 대학원 박사학위 논문, 2005.

김무용, 「해방 후 조선공산당의 신전술 채택과 당면 과제」, 『역사연구』 제5호, 역사학 연구소, 1997, 213~321쪽.

김성보, 「소련의 대한정책과 북한에서의 분단질서 형성, 1945~1946」, 역사문제연구소 편, 『분단 50년과 통일시대의 과제』, 역사비평사, 1995, 49~96쪽.

김영희, 「미군정시대의 신문현상」, 『저널리즘연구』 제5호, 이화여자대학교 언론홍보 영상학부, 1975, 23~39쪽.

김왕식, 「미군정경찰의 정치적 위상」, 『한국문화연구원 논집』 65권 1~2호, 이화여자대 학교 부설 한국문화연구원, 1991, 201~229쪽.

김원덕, 「미군정 초기의 점령 정책」, 『건국대학교 대학원 학술논문집』 제38집, 건국대 학교, 1994, 112~131쪽.

모리 요시노부, 「한국 반공주의이데올로기 형성과정에 관한 연구 - 그 국제정치사적 기 원과 제특징 -」, 『한국과 국제정치』 제5권 제2호, 경남대학교 극동문제연구소, 1989, 171~192쪽.

문광석, 「조선공산당 8월 20일 테제와 9월 20일 테제 비교 분석」, 성균관대학교 대학원 석사학위 논문, 2004.

문선영, 「한국 라디오 드라마의 형성과 장르 특성」, 고려대학교 대학원 박사학위 논문, 2012.

박성진, 「한국의 국가형성과 미군정기 식량정책」, 『사회연구』 제4호, 한국사회조사연 구소, 2002, 219~248쪽.

박태균, 「1945년 - 1946년 미군정의 정치세력 재편계획과 남한 정치구도의 변화」, 서울 대학교 대학원 석사학위 논문, 1991.

박한용, 「일제강점기 조선 반제동맹 연구」, 고려대학교 대학원 박사학위 논문, 2013.

반병률, 「남한에 남은 혁명가 김철수(1893 - 1896)의 삶과 한국전쟁」, 『국제한국사학』,

국제한국사학회, 2014, 49~88쪽.

송유경, 「미군정과 좌익세력간의 대결구조 및 그 변화과정」, 『사회과학논집』 제10집, 동아대학교 부설 사회과학연구소, 1993, 235~255쪽.

송유경, 「미군정의 대한정책과 남한의 국가형성과정에 관한 연구」, 동아대학교 대학원 석사학위 논문, 1987.

송유경, 「신탁통치를 둘러싼 미군정과 좌익세력의 권력대결」, 『부산정치학회보』 제6권 제1호, 부산정치학회, 1996, 175~195쪽.

송재경, 「미군정 여론조사로 본 한국의 정치·사회 동향(1945~1947)」, 서울대학교 대학원 석사학위 논문, 2014.

신태곤, 「미군정 재정 금융정책의 전개와 그 성격」, 『부산상대논집』 54집, 부산대학교 상과대학, 1987, 25~50쪽.

신형기, 「해방직후의 반공이야기와 대중」, 『상허학보』 37권, 상허학회, 2013, 397~436 쪽.

오유석, 「미군정하의 우익 청년단체에 관한 연구: 1945-1948」, 이화여자대학교 대학원 석사학위 논문, 1988.

이강수, 「해방직후 국군준비대의 결성과 그 성격」, 『군사』 제32호, 국방군사연구소, 1996, 209~253쪽.

이국운, 「해방공간에서 사법기구의 재편과정에 관한 연구」, 『법과 사회』 29호, 법과사회이론학회, 2005, 135~175쪽.

이규성, 「조선공산당의 신전술 채택요인에 관한 연구」, 인하대학교 대학원 석사학위 논문, 2005.

이성근, 「해방직후 미군정치하의 여론동향에 관한 분석」, 『국제정치논총』 제25호, 한국국제정치학회, 1985, 119~131쪽.

이승활, 「미군정기 식량공출정책의 고찰」, 경남대학교 교육대학원 석사학위 논문, 2005.

이애숙, 「일제 말기 반파시즘 인민전선론 - 경성콤그룹을 중심으로 -」, 『한국사연구』 제126호, 한국사연구회, 2004, 203~238쪽.

이연식, 「해방 후 한반도 거주 일본인 귀환에 관한 연구: 점령군·조선인·일본인 3자 간의 상호작용을 중심으로」, 서울시립대학교 대학원 박사학위 논문, 2009.

이태훈, 「일제말 전시체제기 조선방공협회의 활동과 반공선전전략」, 『역사와 현실』 93 집, 한국역사연구회, 2014, 129~175쪽.

이하나, 「1950~60년대 반공주의 담론과 감성 정치」, 『사회와 역사』 95권, 한국사회사학회, 2012, 201~241쪽.

임나영, 「1945~1948년 우익 청년단 테러의 전개 양상과 성격」, 서울대학교 대학원 석
　　사학위 논문, 2008.

임대식, 「친일·친미 경찰의 형성과 분단활동」, 역사문제연구소 편, 『분단 50년과 통
　　일시대의 과제』, 역사비평사, 1995, 11~48쪽.

임성욱, 「미군정기 조선정판사 '위조지폐' 사건 연구」, 한국외국어대학교 국제지역대학
　　원 박사학위논문, 2015.

임성욱, 「조선정판사 '위조지폐' 사건의 재검토」, 『역사비평』 114호, 역사비평사, 2016,
　　408~440쪽.

장정은, 「해방 후 조선공산당의 활동과 노선변화」, 전남대학교 교육대학원 석사학위
　　논문, 2011.

전상인, 「1946년경 남한주민의 사회의식」, 『사회와 역사』 52호, 한국사회사학회,
　　1997, 291~339쪽.

전현수, 「1947년 12월 북한의 화폐개혁」, 『역사와 현실』 19집, 한국역사연구회, 1996,
　　175~218쪽.

정병욱, 「8·15 이후 '융자명령'의 실시와 무책임의 체계」, 『한국민족운동사연구』 33집,
　　한국민족운동사학회, 2002, 229~268쪽.

정병욱, 「해방 직후 일본인 잔류자들 - 식민지배의 연속과 단절」, 『역사비평』 64집, 역
　　사문제연구소, 2003, 129~149쪽.

정병준, 「1946~1947년 좌우합작운동의 전개과정과 성격변화」, 서울대학교 대학원 석
　　사학위 논문, 1992.

정영권, 「한국 반공영화의 제도화 연구」, 동국대학교 대학원 박사학위 논문, 2010.

정영태, 「일제말 미군정기 반공이데올로기의 형성」, 『역사비평』 16집, 역사문제연구
　　소, 1992, 126~138쪽.

정용욱, 「1945년 말 1946년 초 신탁통치 파동과 미군정 - 미군정의 여론공작을 중심으
　　로」, 『역사비평』 62집, 역사문제연구소, 2003, 287~322쪽.

정초희, 「조선공산당의 '신전술'에 관한 연구: 1945-1946」, 연세대학교 대학원 석사학
　　위 논문, 1991.

정태헌, 「해방 전후 금융기관의 자금 수급 구조와 은행권 남발의 배경에 대한 연구」, 『국
　　사관논총』 제84집, 국사편찬위원회, 1999, 101~131쪽.

정태현, 「미군정 초기 미국의 대한정책」, 『통일문제연구』 8집, 조선대학교 통일문제연
　　구소, 1990, 139~159쪽.

주창윤, 「해방 공간, 유행어로 표출된 정서의 담론」, 『한국언론학보』 53권 5호, 한국언론학회, 2009, 360~383쪽.

최규진, 「코민테른 6차대회와 조선 공산주의자들의 정치사상 연구」, 성균관대학교 대학원 박사학위 논문, 1996.

최선우 · 박진, 「미군정기 수도경찰청장 장택상 연구」, 『경찰학논총』 제5권 제1호, 원광대학교 경찰학연구소, 2010, 185~216쪽.

2) 단행본: 연구

강준만, 『한국현대사 산책 1940년대편』 1~2, 인물과사상사, 2006.

강준만 · 김환표, 『희생양과 죄의식』, 개마고원, 2004.

고지훈 · 고경일, 『현대사 인물들의 재구성』, 2005.

김광운, 『북한 정치사 연구』 1, 선인, 2003.

김기협, 『해방일기』 1~10, 너머북스, 2011~2015.

김남식, 『남로당 연구』 1~3, 돌베개, 1984~1988.

김남식 · 심지연, 『박헌영 노선 비판』, 세계, 1986.

김득중, 『'빨갱이'의 탄생』, 선인, 2009.

김민환, 『한국언론사』, 나남, 1996.

김병화, 『한국사법사』(현세편), 일조각, 1979.

김상구, 『김구 청문회』 2, 매직하우스, 2014.

김성보, 『북한의 역사』 1, 역사비평사, 2011.

김영호, 『한국 언론의 사회사』 상, 지식산업사, 2004.

김용직, 『사료로 본 한국의 정치와 외교 1945-1979』, 성신여자대학교출판부, 2005.

김이조, 『법조비화 100선』, 고시연구사, 1997.

김종범 · 김동운, 『해방전후의 조선진상』 제2집, 돌베개, 1984.

김종오, 『변질되어가는 한국현대사의 실상』 〈상〉, 종소리, 1989.

김홍식, 고지훈, 『1면으로 보는 근현대사』 2, 서해문집, 2009.

데이비드 콩드, 『분단과 미국』 2, 사계절, 1988.

도진순, 『한국민족주의와 남북관계』, 서울대학교 출판부, 1997.

리차드 로빈슨, 『미국의 배반』 1~2, 과학과 사상, 1988.

문준영, 『법원과 검찰의 탄생』, 역사비평사, 2010.

민주화운동기념사업회, 『식민지 유산, 국가 형성, 한국 민주주의』 1~2, 책세상, 2012.

박명림,『역사와 지식과 사회』, 나남, 2011.

박명림,『한국전쟁의 발발과 기원』 II, 나남출판, 1996.

박영수,『운명의 순간들』, 바다출판사, 1998.

박원순,『야만시대의 기록』 1~2, 역사비평사, 2006.

박일원,『남로당의 조직과 전술』, 세계, 1984.

박찬표,『한국의 국가형성과 민주주의』, 후마니타스, 2007.

반민족문제연구소,『청산하지 못한 역사: 한국현대사를 움직인 친일파 60』 3, 청년사, 1994.

브루스 커밍스,『브루스 커밍스의 한국현대사』, 창비, 2001.

브루스 커밍스,『한국전쟁의 기원』, 일월서각, 1986.

브루스 커밍스 외,『분단전후의 현대사』, 일월서각, 1983.

서대숙 외,『한국현대사의 재조명』, 돌베개, 1982.

서동만,『북조선사회주의체제성립사 1945~1961』, 선인, 2005.

서중석,『한국현대민족운동연구』, 역사비평사, 1991.

서진영,『중국혁명사』, 한울아카데미, 1992.

송건호,『송건호 전집 9 민주언론 민족언론 2』, 한길사, 2002.

송건호 외,『해방전후사의 인식』 1~6, 한길사, 1979~1989.

송광성,『미군점령 4년사』, 한울, 1993.

송남헌,『해방3년사』 I~II, 까치, 1985.

스칼라피노 · 이정식,『한국 공산주의 운동사』 2, 돌베개, 1986.

신복룡,『한국분단사 연구: 1943~1953』, 한울아카데미, 2006.

심지연,『해방정국의 정치이념과 노선』, 백산서당, 2013.

안   진,『미군정과 한국의 민주주의』, 한울아카데미, 2005.

양동안,『대한민국 건국사』, 현음사, 2001.

윤민재,『중도파의 민족주의 운동과 분단국가』. 서울대학교출판부, 2004.

윤정란,『한국전쟁과 기독교』, 한울, 2015.

이경남,『분단시대의 청년운동』 상, 삼성문화개발, 1989.

이연식,『조선을 떠나며』, 역사비평사, 2012.

이현희,『우리나라 현대사의 인식 방법』, 삼광출판사, 1998.

이현희,『한국 근현대사의 재조명』, 삼광출판사, 2000.

이혜숙,『미군정기 지배구조와 한국사회』, 선인, 2008.

임경석,『이정 박헌영 일대기』, 역사비평사, 2004.

임영태 편, 『식민지시대 한국사회와 운동』, 사계절, 1985.

전상인, 『고개 숙인 수정주의』, 전통과 현대, 2001.

정병욱, 『한국근대금융연구』, 역사비평사, 2004.

정병준, 『몽양 여운형 평전』, 한울, 1995.

정병준, 『우남 이승만 연구』, 역사비평사, 2005.

정용욱, 『미군정 자료 연구』, 선인, 2003.

정용욱, 『해방 전후 미국의 대한정책』, 서울대학교출판부, 2003.

정진석, 『언론과 한국 현대사』, 커뮤니케이션북스, 2001.

정진석, 『한국 신문 역사』, 커뮤니케이션북스, 2013.

조기안, 『미군정기의 정치행정체제』, 아람, 2003.

조맹기, 『한국언론사의 이해』, 서강대학교출판부, 2011.

지만원, 『제주 4·3 반란 사건』, 시스템, 2011.

최상룡, 『미군정과 한국민족주의』, 나남, 1988.

한국근현대사학회, 『한국독립운동사 강의』, 한울아카데미, 2007.

한국정치연구회, 『키워드로 읽는 한국현대사』 1, 이매진, 2007.

한창수, 『한국공산주의운동사』, 지양사, 1984.

홍석률, 『민주주의 잔혹사』, 창비, 2017.

Whitfield, Stephen J. *The Culture of the Cold War*, Johns Hopkins University Press, 1996.

3) 단행본: 회고록, 전기 및 기타

고영민, 『해방정국의 증언』, 사계절출판사, 1987.

고준석, 『민족통일투쟁과 조선혁명』, 힘, 1988.

고준석, 『해방 1945-1950』, 도서출판 흔겨레, 1989.

권희영·이명희 외, 『고등학교 한국사』, 교학사, 2014.

김성동, 『꽃다발도 무덤도 없는 혁명가들』, 박종철출판사, 2014.

김이조, 『한국법조인 비전: 법조를 움직인 대표적 인물 31인의 발자취』, 법률출판사, 1999.

김진배·오소백·이치백, 『한국법조의 세 어른』, 한국법조3성기념사업회, 1999.

김태호, 『끝나지 않은 심판』, 삼민사, 1982.

김태호, 『사건야화』 3권, 서음출판사, 1976.

김태호, 『제3의 재판』 2권, 홍진출판사, 1975.

김학준, 『가인 김병로 평전』, 민음사, 2007.

마크 게인, 『해방과 미군정 1946.10 - 11』, 까치, 1986.

박병엽 구술, 유영구 · 정창현 엮음, 『김일성과 박헌영 그리고 여운형』, 선인, 2010.

박병엽 구술, 유영구 · 정창현 엮음, 『조선민주주의인민공화국의 탄생』, 선인, 2010.

선우종원, 『격랑 80년』, 삼화출판사, 2009.

선우종원, 『사상검사』, 계명사, 1992.

안재성, 『이관술 1902-1950』, 사회평론, 2006.

이철승 · 박갑동, 『대한민국, 이렇게 세웠다』, 계명사, 1998.

장병혜, 『상록의 자유혼: 창랑 장택상 일대기』, 창랑장택상기념사업회, 1992.

장병혜 · 장병초 편, 『창랑 장택상 자서전: 대한민국 건국과 나』, 창랑장택상기념사업
회, 1992.

장성운, 『그때 울산사람들』, 울산 중구청, 2015.

장성운, 『인물기행 문화기행』, 울산매일, 1995.

조병옥, 『나의 회고록』, 해동, 1986.

최종고, 『사도법관 김홍섭 평전』, 나비꿈, 2015.

한국정신문화연구원 현대사연구소 편, 『지운 김철수』, 한국정신문화연구원 현대사연
구소, 1999.

3. 사진 자료

[權五稷], ia_0349, 『일제감시대상인물카드』, 국사편찬위원회 한국사데이터베이스, http:
//db.history.go.kr/

[朴洛鍾], ia_2018, 『일제감시대상인물카드』, 국사편찬위원회 한국사데이터베이스, http:
//db.history.go.kr/

[宋彦弼], ia_2690, 『일제감시대상인물카드』, 국사편찬위원회 한국사데이터베이스, http:
//db.history.go.kr/

[李觀述], ia_3566, 『일제감시대상인물카드』, 국사편찬위원회 한국사데이터베이스, http:
//db.history.go.kr/

Hans Jonan, "*Counterfeit 100 place with dies and rollers or printer of display at police
station at Seoul, will be used as evidence against 13 Korean prisoners*", National

Archives and Records Administration, 국사편찬위원회 전자사료관, http://archiv
e.history.go.kr/

찾아보기

● 인 명 ●

● 용 어 ●

기 타